백엔드 입문자를 위한

LEARN IT

모던 자바스크립트 & Node.js

How To
자바스크립트
최신 문법 +
백엔드 개발

이창현 지음

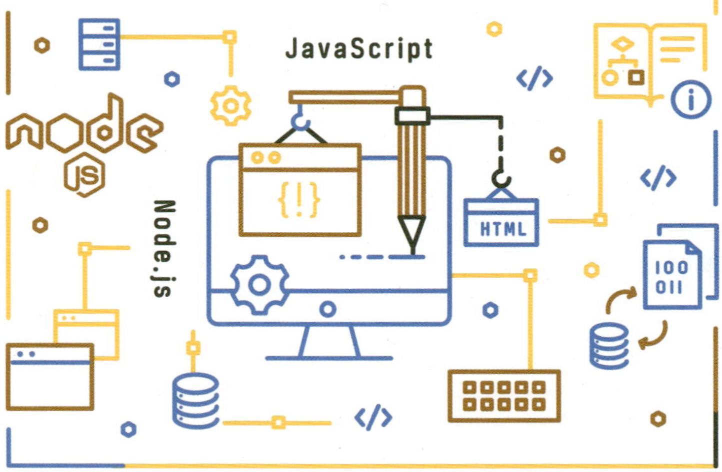

길벗 캠퍼스

이창현 | jamsuham75@naver.com

컴퓨터공학을 전공하고 20여 년간 다양한 산업체에서 SW 개발자로 활동하였다. 최근에는 AI 활용 솔루션 및 데이터 보안 연구에 관심이 많으며 평소에도 연구한 기술을 정리하고 소통하는 것을 좋아한다. 이러한 성격 탓에 집필, 번역, 강의 등의 여러 활동을 통해 독자 및 학생들과 소통을 하고 있으며 특히 미래의 IT 개발자를 꿈꾸는 학생들을 교육하는 일에 주력하고 있다.
현재는 성신여자대학교 융합보안공학과 겸임교수로 재직 중이며, 이창현코딩연구소의 대표로 활동하고 있다.

대표 저서 : 『나혼자 C언어』(디지털북스, 2021), 『나혼자 파이썬』(디지털북스, 2020), 『C# 프로그래밍의 정석』(혜지원, 2019) 등 총 9권.
번역서 : 『스파크를 이용한 자연어 처리』(한빛미디어, 2021), 『데이터 익명화를 위한 파이프라인』(한빛미디어, 2022)

저자 및 저서에 대한 자세한 정보를 원한다면 QR 코드를 스캔하세요.

백엔드 입문자를 위한
모던 자바스크립트 & Node.js

초판 1쇄 발행 • 2023년 7월 13일 | **지은이** • 이창현 | **발행인** • 이종원 | **발행처** • (주)도서출판 길벗 | **브랜드** • 길벗캠퍼스
출판사 등록일 • 1990년 12월 24일 | **주소** • 서울시 마포구 월드컵로 10길 56(서교동) | **대표 전화** • 02)332-0931 | **팩스** • 02)323-0586
홈페이지 • www.gilbut.co.kr | **이메일** • gilbut@gilbut.co.kr | **책임편집** • 신유진(backdoosan@gilbut.co.kr) | **디자인** • 강은경
제작 • 이준호, 손일순 | **영업마케팅 및 교재 문의** • 박성용(psy1010@gilbut.co.kr) | **영업관리** • 김명자 | **독자지원** • 윤정아, 최희창
전산편집 • 앤미디어 | **CTP 출력 및 인쇄** • 금강인쇄 | **제본** • 금강인쇄 | **베타테스터** • 권진이, 홍승진

길벗캠퍼스는 (주)도서출판 길벗의 IT대학교재 출판 브랜드입니다.

ISBN 979-11-407-0500-9 93000(길벗 도서번호 060087)
정가 34,000원

왜 Node.js인가

웹 개발을 하기 위한 수많은 플랫폼과 언어들이 존재하지만 그 중에 지속적으로 성장하며 주목받고 있는 것이 바로 Node.js입니다. Node.js는 2009년도 처음 발표되어 이후 빠른 속도와 확장성, 비동기 처리를 통한 효율성으로 인해 많은 개발자들의 관심을 받고 있고 현재 대기업에서 스타트업 기업까지 널리 사용되고 있습니다.

누구를 위한 책인가

이 책은 백엔드 서버를 만들어보고 싶은데 어떻게 시작할지 막막한 초보자 또는 학생들을 위한 책입니다. 코딩이 무엇인지, 서버와 클라이언트가 무엇인지, 프론트엔드와 백엔드가 무엇인지 몰라도 누구나 따라할 수 있는 백엔드 첫 입문 교재라고 할 수 있습니다.

책의 구성

이 책은 이러한 사전 지식 없는 초보자들도 흐름에 맞게 이해하고 따라 하면서 점차 코드가 완성되어갈 수 있도록 쉽게 설명하고 구성하였습니다.
처음부터 대단한 기능의 서버를 만들 필요는 없습니다. 일단 간단한 문법부터 작은 기능부터 시작하세요. 이러한 작은 코드들이 모여서 하나의 시스템을 이루게 될 것입니다. 이 책은 마당별로 어느 하나 놓치면 안되는 요소로 연계되어 있으므로 일독을 할 수 있게 구성되어 있고, 독자들이 직접 코드를 제작해 보면서 개발에 대한 자신감과 성취감을 고취시킬 수 있습니다.

첫째 마당. WEB UI 화면

백엔드 서버를 구현하기 위해서는 서로 통신할 수 있는 최소한의 프론트엔드가 필요합니다. 프론트엔드의 학습량도 제대로 한다면 만만치 않지만 이 마당에서는 우리에게 필요한 프론트엔드 기술인 HTML, CSS, 부트스트랩과 같은 최소한의 기술로 사용자가 쉽고 빠르게 웹 UI를 구성할 수 있게 합니다.

둘째 마당. 자바스크립트 문법

Node.js 기반의 서버는 자바스크립트 언어를 사용합니다. 이 마당에서는 자바스크립트의 가장 기본 문법인 변수, 연산자, 조건문, 반복문, 함수에 대해 학습합니다. 그리고 조금 더 나아가 사용자 요청에 따른 처리 방법인 이벤트와 이벤트 핸들러, 콜백 함수에 대해 학습합니다. 마지막으로 ES2015+ 문법을 통해 자바스크립트에서 사용하는 보다 향상된 문법과 기술을 학습합니다.

셋째 마당. Node.js 기반 서버

이 파트에서는 직접 간단한 서버를 만들어 봅니다. 서버의 가장 기본 기능인 라우터 구현과 데이터베이스 연동에 대해 학습하고, 특히 데이터베이스는 RDBMS인 MySQL과 NoSQL인 몽고DB 모두 다루어 봅니다. 이를 기반으로 간단한 게시판의 CRUD(Create, Read, Update, Delete) 기능 구현을 학습하고, 사용자 인증 시스템도 구현해 봅니다. 마지막으로 클라우드 서버에 배포하여 실제 웹서비스를 구축해 봅니다.

감사한 분들

언제나 내 주변의 모든 것이 그대로인 듯 하지만 가장 눈에 띄는 변화는 아이들의 성장인 것 같습니다. 몸은 성장했지만 여전히 말 안 듣는 두 아들 주성, 은성이 그 존재 자체만으로 감사합니다. 그리고 저를 포함한 세 아들 챙기느라 늘 분주하지만 언제나 믿음과 격려를 보내주는 아내에게 특별히 감사와 사랑의 마음을 전합니다. 또한 이 책을 집필하기까지 동기부여가 되었던 Node.js 풀스택 과정 모든 제자들과 특별히 후학 양성을 위해 좋은 기회를 주신 성신여자대학교 융합보안공학과 이일구 교수님, 원고의 진행과 탈고 과정 전반에 걸쳐 매끄럽게 진행해 주신 신유진 부장님, 최소영 님 모두 감사드립니다.

마지막으로 내 삶의 모든 것을 주관하시는 하나님께 감사와 모든 영광을 돌립니다. 주님의 깊은 생각과 계획은 알 수 없지만 분명한 것은 지금의 나를 이끌어주신 것 모두 주님의 은혜임을 고백합니다.

무한한 우주와 영원한 시간 가운데 나와 당신이 같은 공간, 같은 시대에 만나 함께 살아갈 수 있음에 감사하며.

저자 이창현

첫째 마당. WEB UI 화면

1장 | 자바스크립트 개발 준비

2장 | 간단한 웹 UI 생성

둘째 마당. 자바스크립트 문법

3장 | 데이터의 재료, 변수와 자료형

셋째 마당. Nodejs 기반 서버

10 Node.js 시작

11장 | MySQL 연동

프로그래밍 경험이 없는 경우에는 상세한 문법보다는 전체적인 동작 방식을 이해하는 것이 중요하다. HTML, CSS, 부트스트랩으로 웹 UI 제작 학습 → 자바스크립트 기본 문법 학습 → Node.js 웹 서버 제작 실습 → MySQL 연동 부분 건너뛰고 몽고DB 연동 학습 → 서버와 DB 연동, 화면 UI 출력으로 학습 마무리.

프로그래밍 경험이 있는 경우에는 기본 문법을 빠르게 진도를 나가고 ES2015+ 문법 등과 같은 모던 자바스크립트 문법에 집중한다. 기본 문법 빠르게 진행 → 모던 자바스크립트 문법에 집중 → Node.js 웹 서버 제작, DB 연동, 사용자 인증, 클라우드 배포 등 실습 → 서버 제작의 한 사이클 학습.

주차별	챕터	주제
1주	1~2장	과목 소개, 자바스크립트 개요, Node.js 설치, VSCode 설치, 브라우저 설치, HTML과 CSS 기초 문법 정리, 부트스트랩이란, 부트스트랩 사용방법, 간단한 웹 UI 생성
2주	3~4장	변수와 상수, 숫자형, 문자열형, 불리언형, null과 undefined, 심벌형, 객체형, 산술, 할당, 증감, 비교, 논리 연산자
3주	5장	조건문이란, if-else, 조건부 연산자 '?', switch-case 문
4주	6장	반복문이란, for 문, while 문, do~while 문 break와 continue 문
5주	7장	함수란, 함수 선언 방법, 지역변수, 전역변수, 함수의 기본값과 반환값
6주	8장	이벤트란, 이벤트 리스너, 이벤트 객체, 콜백 함수
7주	9장	ES2015+ 문법, 변수와 상수, 템플릿 문자열, 객체 리터럴, 화살표 함수, 비구조화 할당
8주	중간고사	
9주	10장	Node.js란, express 기반 웹서버 제작, GET 요청 처리, 서버에서 HTML 파일 전송
10주	11장	데이터베이스란, MySQL 설치, SQL 문과 CRUD, MySQL과 Node.js 연동
11주	12장	몽고DB 설정, 데이터베이스와 컬렉션 생성, CRUD 사용 방법, 몽고DB와 Node.js 연동
12주	13장	입력 데이터를 서버로 전송, DB에 자료 저장, 템플릿 엔진 EJS 사용, 게시물 생성/조회/삭제
13주	14장	게시물 내용 페이지 제작, 시멘틱 url 방식, 게시판 기능 개선, 검색 기능 생성
14주	15~16장	쿠키 보안, 세션 방식 구현, 로그인 페이지 기능 구현, 세션 저장, 회원가입 페이지 생성, 패스포트 사용, 이미지 업로드 기능 구현, 클라우드 서버 배포
15주	기말고사	

책 내용을 따라할 수 있는 실습 파일은 길벗 홈페이지를 통해 제공됩니다. 길벗 출판사 홈페이지(www.gilbut.co.kr) 검색란에 '모던 자바스크립트' 또는 'Node.js'를 검색 → 해당 도서 자료실의 '실습예제' 항목 → 실습에 필요한 예제 소스 파일을 다운받습니다.

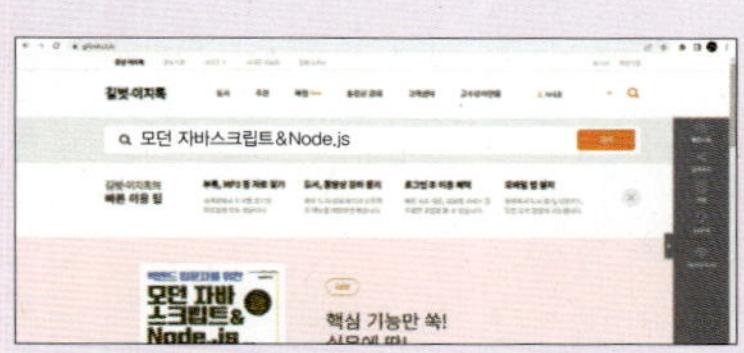

백엔드 서버를 구현하기 위해서는 서로 통신할 수 있는 최소한의 프론트엔드가 필요하다.
첫째 마당에서는 우리에게 필요한 프론트엔드 기술이 무엇인지와 필요한 환경 구성에 대해 살펴본다. 그리고 HTML, CSS, 부트스트랩에 대해 핵심적인 요소만 살펴보고 최소한의 기술로 사용자가 쉽고 빠르게 웹 UI를 구성할 수 있도록 학습한다.

첫 째 마 당

WEB UI 화면

1 장

자바스크립트 개발 준비

학 습 목 표

- Node.js의 탄생 배경과 자바스크립트의 역사를 이해한다.
- Node.js와 npm 개념을 이해하고 설치한다.
- 코드 작성을 위한 Visual Studio Code 편집기를 설치한다.
- Visual Studio Code의 확장 라이브러리를 이해하고 설치한다.
- 크롬 브라우저를 설치하고 개발자 도구를 사용한다.

1.1 JAVASCRIPT

자바스크립트란

자바스크립트의 시작

자바스크립트는 정적인 웹 페이지를 동적으로 만들기 위해 만들어진 프로그래밍 언어이다. 처음 웹이 등장했을 당시 웹 브라우저는 단순히 문서를 보여 주는 도구에 불과했다. 정적인 페이지라는 표현이 와닿지 않는다면 우리가 사용하는 워드나 한글로 만든 문서를 생각하면 된다. 1995년 당시 웹 브라우저 제작 업체였던 넷스케이프(Netscape) 사의 네비게이토(Navigator) 브라우저가 시장에 등장한다.

당시 HTML과 CSS로 간단한 정적인 웹 페이지를 만들 수 있었고, 넷스케이프의 네비게이토가 정적인 웹 브라우저 시장의 80% 이상을 장악하게 된다. 넷스케이프 사는 기존의 정적인 웹사이트를 동적인 웹사이트로 변경할 방법을 궁리했는데, 웹 페이지에 Script 언어를 추가하기로 하고 브랜던 아이크(Brendan Eich)를 영입하여 Mocha라는 새로운 언어를 탄생시켰다. Mocha는 이후 LiveScript로 이름을 변경하고, 브라우저에 LiveScript를 해석할 수 있는 엔진인 LiveScript Interpreter를 탑재하여 DOM 요소들을 조작할 수 있게 되었다.

자바스크립트라는 이름의 이야기

자바스크립트의 이름은 처음부터 자바스크립트가 아니였다. 넷스케이프 사는 당시 유행하던 자바(Java) 언어의 이름과 LiveScript의 이름을 혼용하여 자바스크립트(JavaScript)로 이름을 설정했다. 따라서 혼동하지 말아야 하는 것은 자바(Java) 언어와 자바스크립트(JavaScript) 언어는 연관성 없는 다른 언어라는 사실이다. 이름이 비슷해서 같은 언어이거나 비슷한 언어라고 생각하면 안 된다.

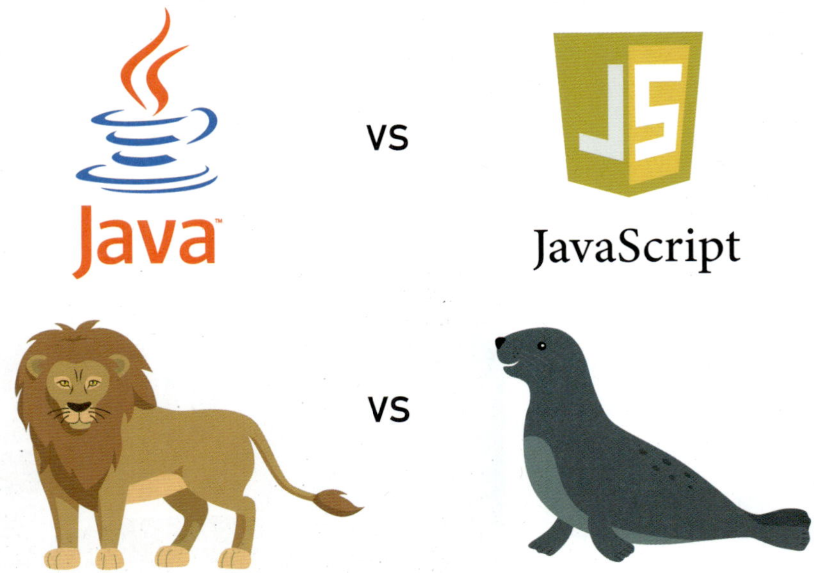

그림과 같이 사자와 바다사자가 이름만 비슷할 뿐이지 완전 다른 개체인 것과 같은 개념이다.

인터넷 익스플로러 등장

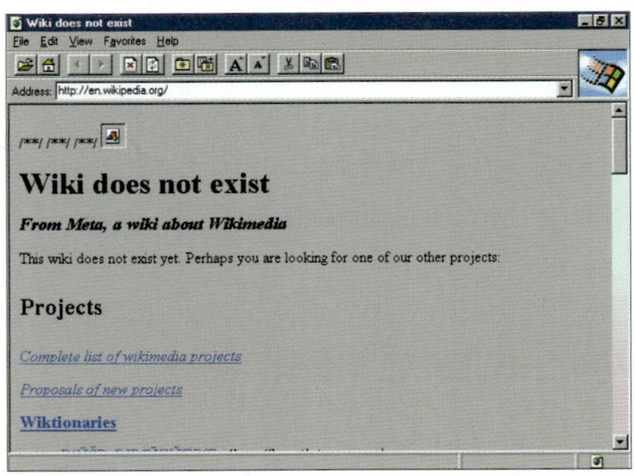

자바스크립트의 역사에 마이크로소프트(이하 마소) 사의 인터넷 익스플로러(Internet Explorer)는 중요한 역할을 담당하고 있다. 1996년, 넷스케이프의 브라우저 시장을 보고 마이크로소프트 자사의 브라우저인 인터넷 익스플로러를 출시했는데, 이 브라우저에서 사용하는 스크립트 언어는 jScript라는 언어였다.

그러나 마소의 운영체제에 브라우저를 끼워팔기하다 보니 인터넷 익스플로러의 점유율이 점점 높아지면서, 서로 다른 브라우저의 호환성에 대한 문제가 불거지기 시작했다.

자바스크립트와 ECMAScript

먼저 ECMAScript가 무엇인지 설명한다. ECMAScript는 ECMA라는 기관에서 만든 Script 언어이고, ECMA International은 정보통신기술(ICT)과 전자제품(CE)을 위한 국제표준기구로 C#, C++, Dart, JSON 등 여러 시스템을 위한 표준을 책임지고 있다.

앞서 불거진 표준화 문제로 자바스크립트를 개발한 넷스케이프 사는 더 향상된 표준화를 위해 기술 규격을 ECMA에 제출했고, 이는 ECMA-262라는 규격이 탄생한다. ECMAScript는 ECMA-262에 따라 표준화된 자바스크립트의 새로운 이름이며, 보통 ES1, ES2… ES6 등으로 이야기하는데 이는 ECMAScript의 배포된 버전을 의미한다. 참고로 마소의 인터넷 익스플로러는 자신들의 브라우저가 표준임을 선언했지만, ECMA 표준에 참여하지 않았다. 그래서 2000년대에는 ECMAScript4 이후의 표준안이 매우 느리게 진행된다.

자바스크립트 라이브러리의 등장

표준안이 더뎌지면서 여러 브라우저의 등장과 경쟁이 심화되자 웹 개발자들은 표준화의 필요성을 점점 느끼게 되었다. 이때 등장한 자바스크립트의 대표적인 라이브러리가 바로 jQuery다. jQuery는 자바스크립트의 기능을 사용자에게 편리하게 제공하기 위해 래핑된 함수 라이브러리로, 특히 DOM(Document Object Model)을 보다 쉽게 제어할 수 있게 되어 서로 다른 브라우저의 호환성을 신경쓰지 않아도 되기 때문에 개발자들 사이에 상당한 인기가 끌었다. 물론 현재도 많이 사용되고 있다.

jQuery를 또 다른 하나의 언어로 착각할 수도 있지만, jQuery는 자바스크립트 언어를 개발자가 편리하게 사용할 수 있게 만들어 놓은 도구에 불과하다.

자바스크립트의 독립

구글 크롬 브라우저에 탑재된 V8 자바스크립트 엔진의 빠른 성능 향상으로 자바스크립트 기반의 웹 애플리케이션에 대한 요구가 늘어나면서, 웹 기반의 시장을 급격하게 바꾼 사건이 발생한다. 2009년, 브라우저에서만 동작하던 자바스크립트를 브라우저 이외의 환경에서도 동작시킬 수 있는 자바스크립트 실행 환경인 Node.js가 등장하게 되었다. 이로 인해 자바스크립트는 웹 브라우저에서 벗어나 서버 사이드 애플리케이션, 데스크톱 애플리케이션, 모바일 애플리케이션 등 모든 플랫폼에서 동작할 수 있는 범용 프로그래밍 언어로 등극하게 된다.

왜 ES6인가?

Node.js의 등장으로 자바스크립트의 사용이 다양화되었다. 특히 서버 사이드 애플리케이션 개발과 같은 경우는 대규모 협업 체제를 이루게 되었다. 그러나, 자바스크립트라는 언어는 애초에 협업을 고려한 견고한 언어가 아니었기 때문에 언어 자체의 문제점들이 드러나게 되었다. 이에 따라 ECMAScript의 표준의 업데이트 요구가 늘어나게 되었고, 2009년 ECMAScript5, 2015년 ECMAScript6 등이 완성되면서 자바스크립트 역사의 분기점을 이루게 된다. 이제는 jQuery와 같은 라이브러리를 사용하지 않아도 웹 API와 자바스크립트 언어만으로 웹 애플리케이션을 만들 수 있게 되었다. 특히, ES6을 언급하는 이유는 ES6(ECMAScript 2015)에 추가된 표준 문법들이 기존에 자바스크립트의 잠재적 문제들을 깔끔하게 해결하고 가독성 및 유지 보수성의 문법들도 상당수 개선되었기 때문이다. 또한, ES6 표준 문법은 바벨(BABEL)과 같은 하위 문법을 따르는 코드로도 쉽게 다운그레이드할 수 있어 호환성 문제도 해결할 수 있게 되었다.

1.2

JAVASCRIPT

Node.js와 npm

Node.js와 npm 개념

Node.js 공식 사이트에서는 다음과 같이 정의하고 있다.

- Node.js는 Chrome V8 자바스크립트 엔진으로 빌드된 자바스크립트 런타임입니다. Node.js는 이벤트 기반, 논블로킹 I/O 모델을 사용해 가볍고 효율적입니다.
- Node.js의 패키지 생태계인 npm은 세계에서 가장 큰 오픈 소스 라이브러리 생태계이기도 합니다.

Node.js는 자바스크립트 기반으로 서버 사이드 서비스를 자바스크립트로 구현할 수 있게 만든 실행 환경이라는 의미이다. npm은 node package manager의 약자로 Node.js 기반에서 개발된 오픈 소스를 모듈로 올려놓은 일종의 앱스토어 같은 저장소이다. 예를 들어, 웹 개발에 필요한 jQuery와 같은 모듈을 사용하고 싶다면 npm 명령어를 통해 쉽게 다운로드하여 사용할 수 있다.

```
$ npm install jQuery
```

Node.js와 npm 설치

Node.js는 웹 브라우저 외부에서 자바스크립트 코드를 실행할 수 있는 자바스크립트 런타임 환경이다. 앞서 언급한 것과 같이 Node.js는 웹 브라우저의 도움 없이 자바스크립트 코드를 실행하는 환경이라는 것이다. 먼저 Node.js를 설치하려면 Node.js를 다운로드해야 한다. npm은 Node.js를 설치하면 같이 설치되고, 검색 엔진에 'Node.js'를 검색하면 공식 사이트(https://Node.js.org/ko/)가 바로 표시된다.

보통 LTS 버전과 Current 버전이 나오는데 책에서는 LTS 버전을 다운로드한다. 개인차는 있겠지만 LTS 버전은 안정된 버전이기 때문이다. 요즘 다양한 운영체제를 사용하지만, 실제 필드에서도 개발 환경 기반은 대부분 윈도우가 편리하기에 윈도우 기반의 파일을 다운로드한다. 또한, 윈도우 64비트 운영체제를 사용하고 있다면 자동으로 알아서 해당 윈도우 버전을 다운로드할 수 있게 보여 주기 때문에 버전에 신경쓰지 않아도 된다.

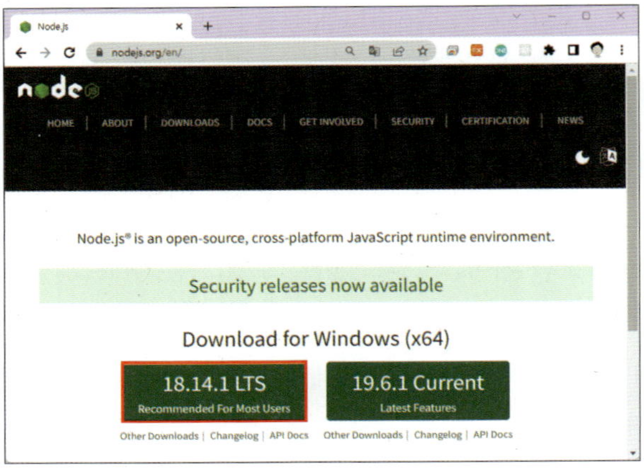

설치하여 Node.js Setup 대화상자가 표시되면 〈Next〉 버튼을 클릭하고, End-User License Agreement 화면이 표시되면 'I accept the terms in the License Agreement'를 체크 표시하여 동의한다. 〈Next〉 버튼을 클릭하여 다음 화면으로 쭉 넘어간다.

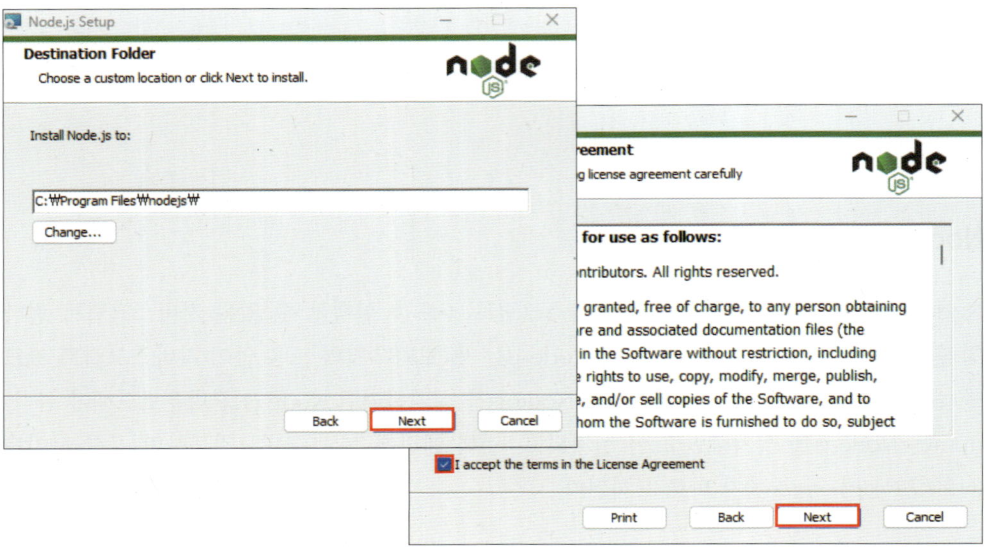

설치 경로는 기본으로 지정이 되어 있는데, 특별한 상황 아니면 굳이 설치 경로를 변경할 필요는 없다. 〈Next〉 버튼을 클릭하여 다음 단계로 넘어간다.

Custom Setup과 Tools for Native Modules 화면은 사용자 설정 과정이다. 〈Next〉 버튼을 클릭하여 다음 단계로 넘어가자.

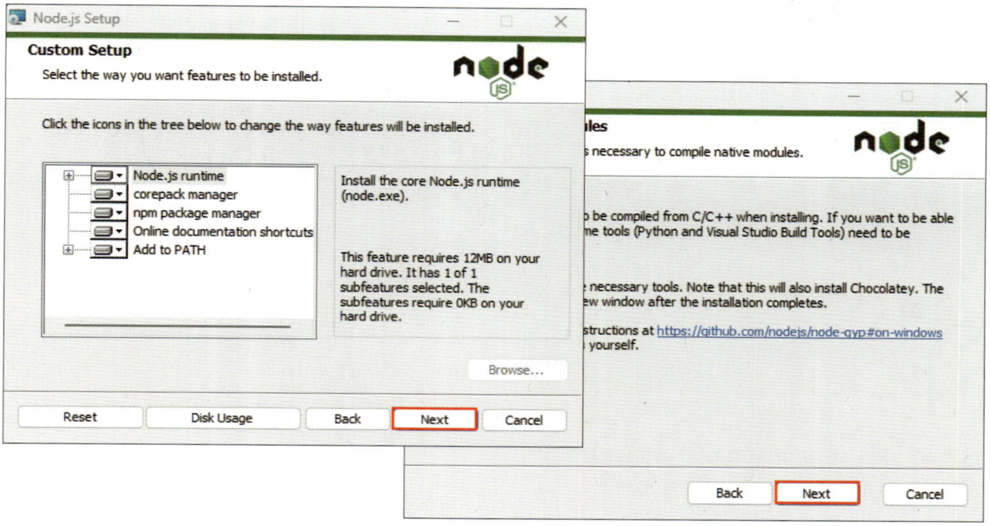

Ready to Install Node.js 화면이 표시되면 〈Install〉 버튼을 클릭하여 Node.js를 PC에 설치 시작한다. 설치가 완료되면 〈Finish〉 버튼을 클릭하여 마무리한다.

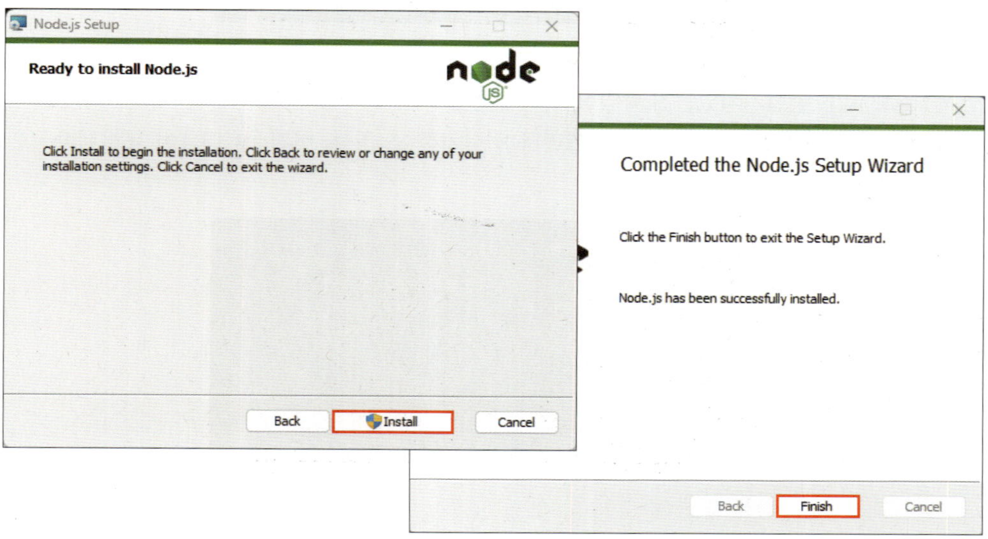

명령 프롬프트로 Node.js 확인

Node.js 설치가 끝나면 명령 프롬프트 창으로 확인한다. 명령 프롬프트 창은 〔윈도우(⊞)〕 검색창에서 'cmd'를 입력하거나, ⊞+R을 눌러 표시되는 실행 창에 'cmd'를 입력하면 명령 프롬프트 창이 표시된다.

〔윈도우(⊞)〕 검색창에 입력한 경우

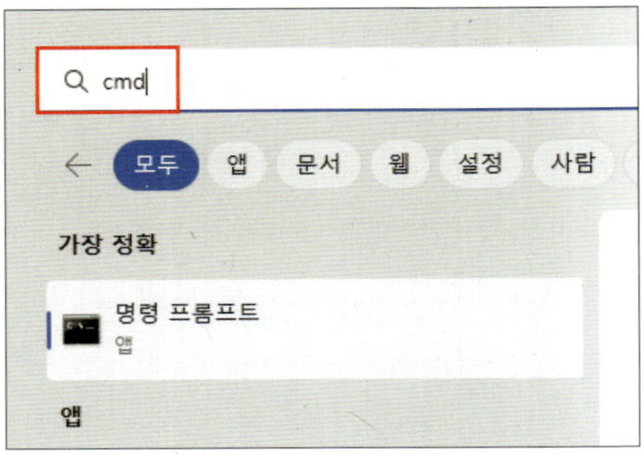

⊞+R을 입력한 경우

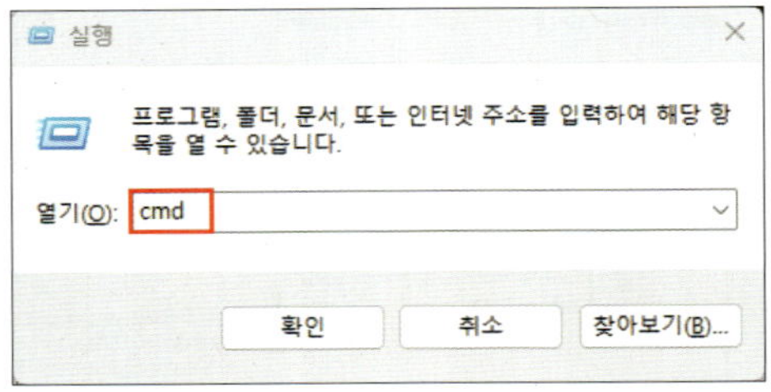

다음과 같이 명령 프롬프트 창이 표시된다.

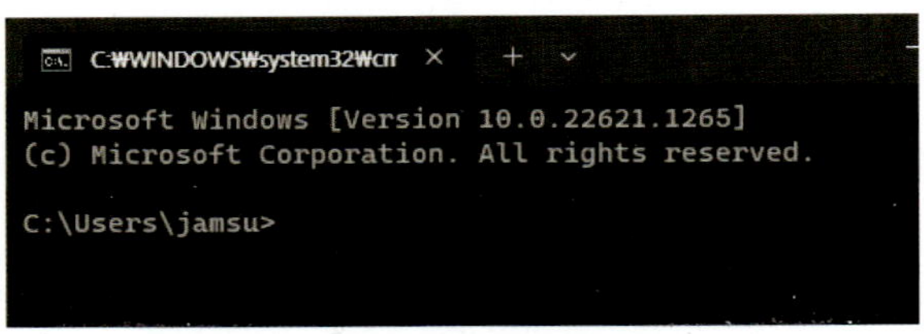

먼저 Node.js가 잘 설치되었는지 확인하기 위해 명령 프롬프트 창에서 node의 버전을 확인한다. 명령 프롬프트에 명령어 'node -v'를 입력하면 설치한 Node.js 버전 18.14.1이 표시된다.

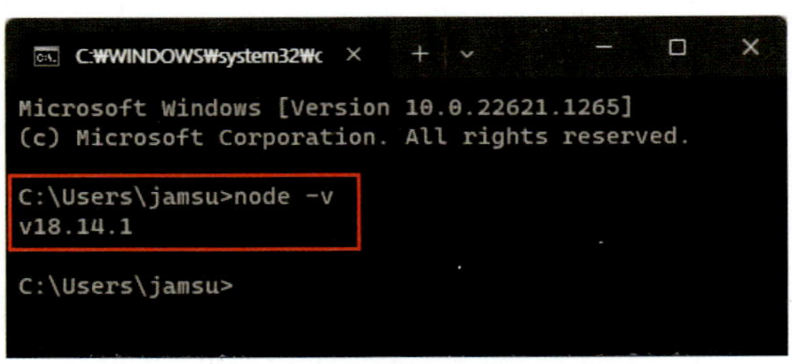

이번에는 Node.js의 동작이 잘 수행되는지 직접 실행한다. 명령 프롬프트에 명령어 'node'를 입력한다.

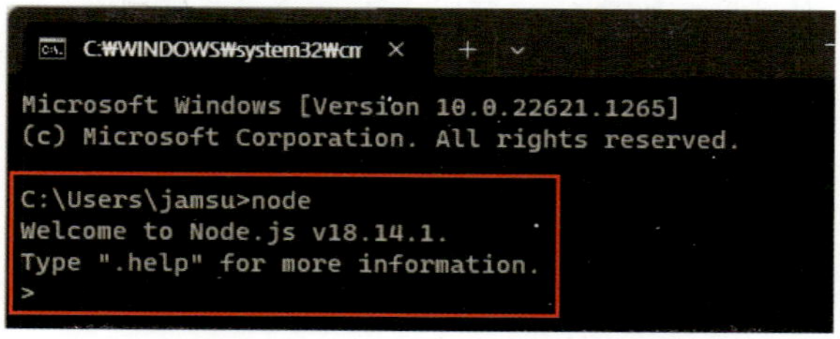

특이한 점은 node가 실행되면서 프롬프트의 모양이 〉로 변경되었다. 즉, node가 실행되면서 여기에 자바스크립트 코드를 입력하여 코드를 수행할 수 있는 환경이 된 것이다. 이 환경을 REPL(Read Eval Print Loop)라고 부르며, 자바스크립트 코드를 한 줄씩 간단하게 실행시켜 볼 수 있는 공간이다. 문자열 출력하는 코드를 한 줄 입력해 보자.

```
> console.log('Hello World');
```

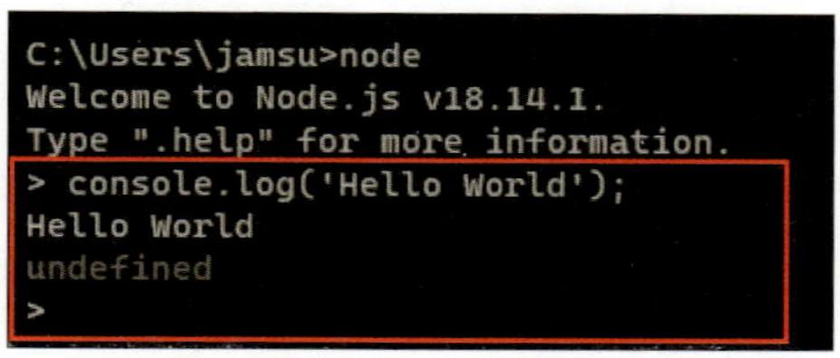

코드가 정상적으로 수행되어 'Hello World' 문자열이 출력되었다면 Node.js는 정상적으로 설치된 것이다. 여기서 REPL 환경을 빠져나가고 싶다면 Ctrl+C를 두 번 눌러 원래의 명령 프롬프트로 다시 돌아오면 된다.

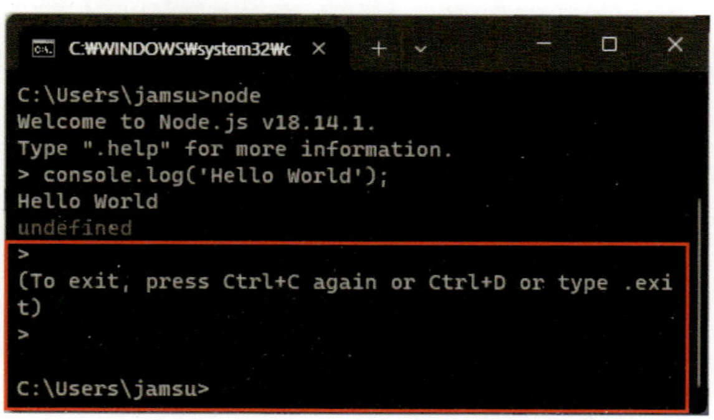

1.3 Visual Studio Code

코드 편집기 선택

자바스크립트 코드를 작성하고 관리할 코드 편집기를 선택하는 것은 매우 중요하다. 코드 편집기는 유행을 따르기 때문에 시기나 언어에 따라 코드 편집기를 선택해서 사용해야 한다. 이 중 현업 개발자들이 자바스크립트 언어 개발 시 가장 선호하는 개발 도구는 Visual Studio Code로, 우리도 이 환경에서 설치하고 작성할 것이다. 참고로 이전에는 웹 개발 시 Sublime Text나 Atom과 같은 개발 도구도 많이 사용되었고, 지금도 사용하는 개발자들이 많이 있다.

Visual Studio Code란

마이크로소프트(Microsoft) 사에서 오픈 소스로 개발한 텍스트 편집기이다. 일렉트론(Electron) 프레임워크를 기반으로 만들었고, 크로스 플랫폼을 지원하며, 윈도우, 맥, 리눅스 모두 지원하는 편집기이다.

Visual Studio Code 다운로드 및 설치

Visual Studio Code를 다운로드하고 설치해 보자. 검색창에 'Visual Studio Code' 또는 '비주얼스튜디오코드'를 입력하여 Visual Studio Code(https://code.visualstudio.com/) 사이트에 접속한다. 〈Download for Windows〉 버튼을 클릭하여 파일을 다운로드하고 실행하여 설치를 시작한다.

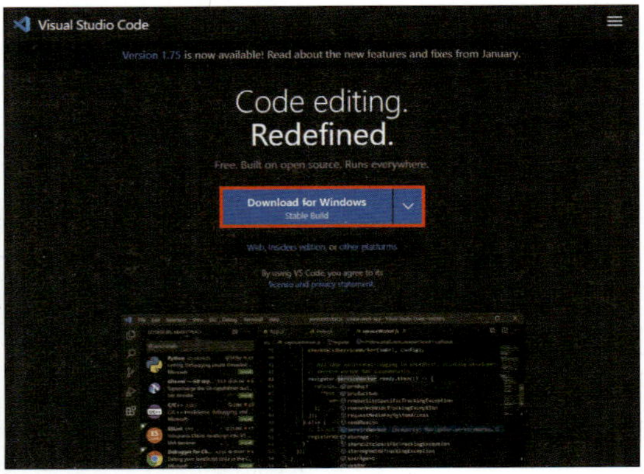

Microsoft Visual Studio Code (User) 설치 대화상자가 표시되면 사용권 계약 내용을 확인하고 '동의합니다'를 선택한 다음 〈다음〉 버튼을 클릭한다.

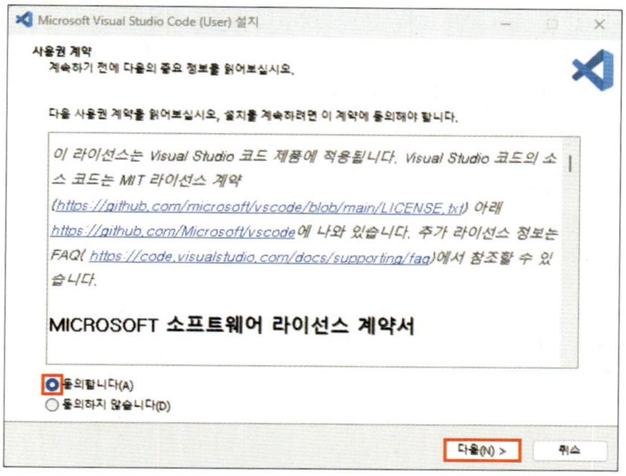

추가 작업 선택 화면에서 주의할 점은 'PATH에 추가'를 반드시 체크 표시해야 한다. 이는 PATH의 경우 체크 표시하지 않으면 별도로 환경변수를 추가해야 하는 번거로움이 있기 때문이다. 나머지 항목은 편의성에 따라 체크 표시해도 되고, 하지 않아도 상관없다. 설정이 끝나면 〈다음〉 버튼을 클릭한다.

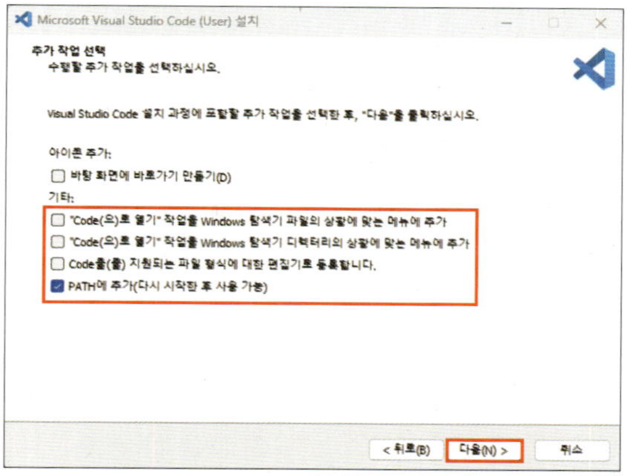

설정 준비가 끝나 설치 준비 완료 화면이 표시되면 〈설치〉 버튼을 클릭하여 설치한다.

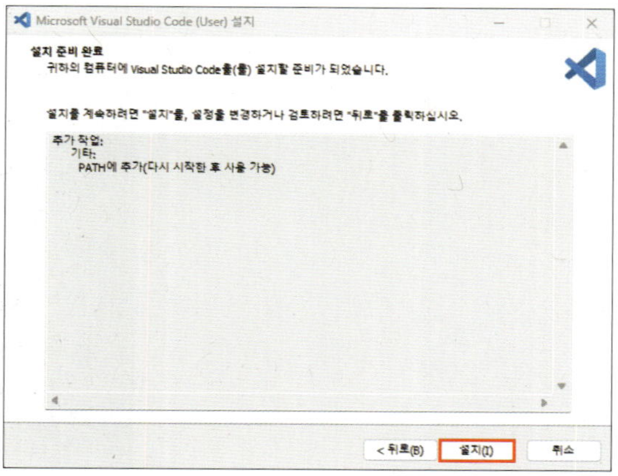

설치가 끝나면 다음과 같이 〈종료〉 버튼이 표시된다. 'Visual Studio Code 실행'을 체크 표시한 상태로 〈종료〉 버튼을 클릭하면 Visual Studio Code가 실행된다.

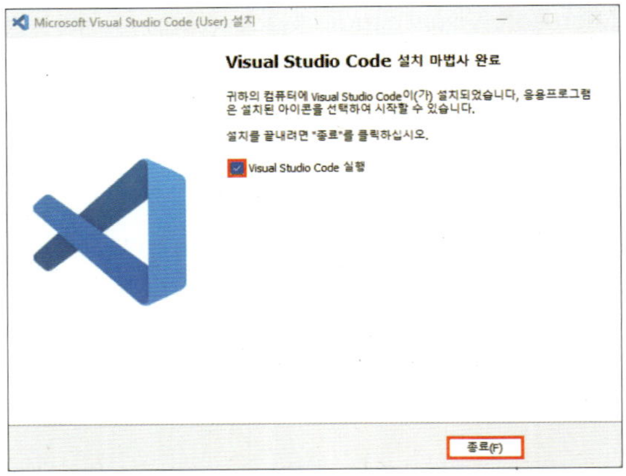

Visual Studio Code 실행

Visual Studio Code를 실행하려면 〔윈도우(■)〕를 클릭하고 앱 목록에서 'Visual Studio Code'를 클릭한다.

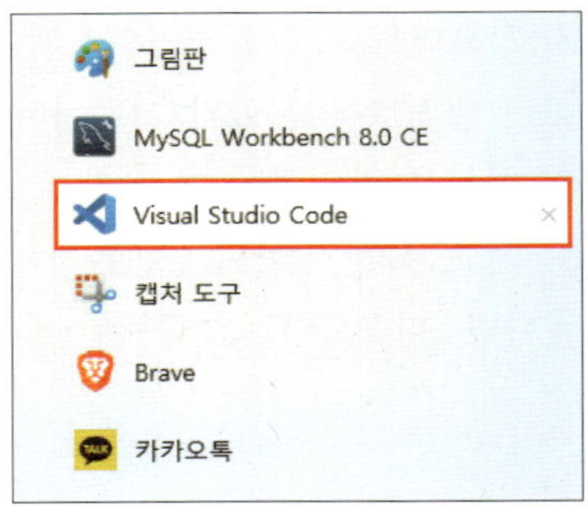

Visual Studio Code가 실행되는 것을 확인한다.

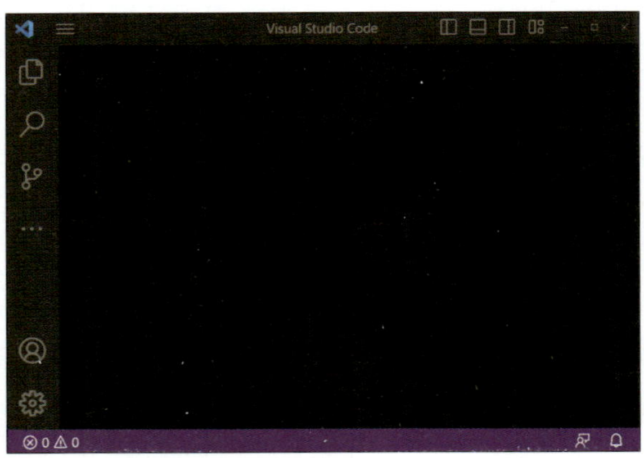

1.4 JAVASCRIPT

Visual Studio Code Extension

Visual Studio Code Extension이란

VSCode는 일반적인 소스 코드 편집기와 비슷하지만, 다른 편집기와는 달리 수많은 기능 라이브러리를 플러그인 형태로 추가할 수 있도록 구성되어 있어 개발 편의성이 높다. 확장 라이브러리는 수천 가지가 넘기 때문에 전부 사용하기는 무리가 있다. 여기서는 2가지 라이브러리를 설치하여 사용한다.

open in browser

VSCode에서 html 기반의 코드를 실행하는 경우 open in browser 확장 기능을 사용하면 편리하게 실행할 수 있다.

먼저 Visual Studio Code를 실행하고 [Extension(⊞)] 메뉴를 선택한 다음 검색창에 'open in browser'를 입력하여 검색한다.

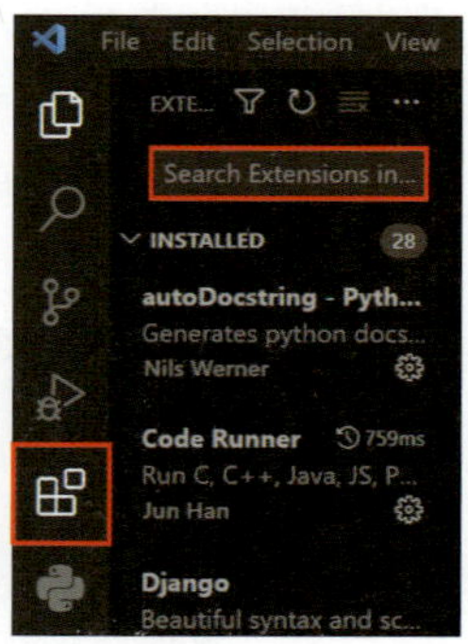

가장 상위에 검색된 항목을 클릭하면 다음과 같이 open in browser 설치 화면이 표시된다. 〈Install〉 버튼을 클릭하여 라이브러리를 설치한다.

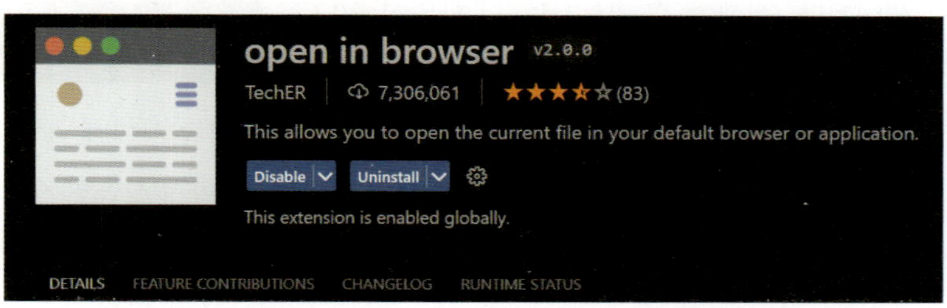

설치가 끝나면 HTML 파일은 시스템의 default browser에서 실행된다. 편집기에서 실행할 HTML 파일을 열고 마우스 오른쪽 버튼을 클릭하여 'Open In Default Browser'를 클릭하면 실행할 수 있다.

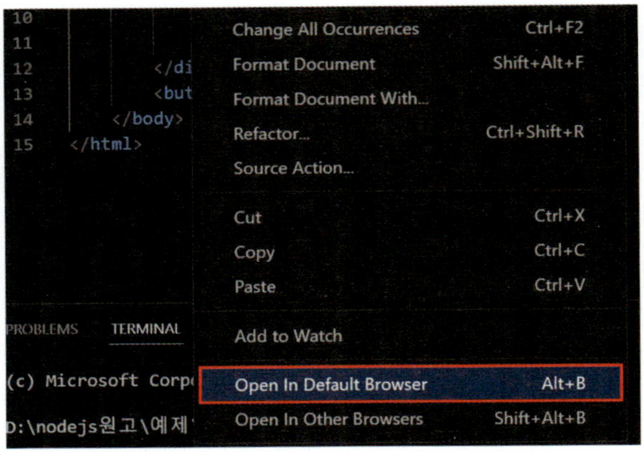

메뉴를 통해서 선택할 수도 있지만, 단축키 Alt+B를 이용하면 조금 더 편리하다. 지금은 작성한 HTML 파일 코드가 없어 컨텍스트 메뉴로 등록되어 있는 것만 확인한다.

Code Runner

Code Runner 기능은 백엔드 서버 코드를 편리하게 실행하기 위한 확장 라이브러리다. 마찬가지로 'Extension' 메뉴를 선택하고 검색창에 'Code Runner'를 입력하여 검색한다. 가장 상위에 검색된 항목을 클릭하면 다음과 같이 Code Runner 설치 화면이 표시된다. 〈Install〉 버튼을 클릭하여 라이브러리를 설치한다.

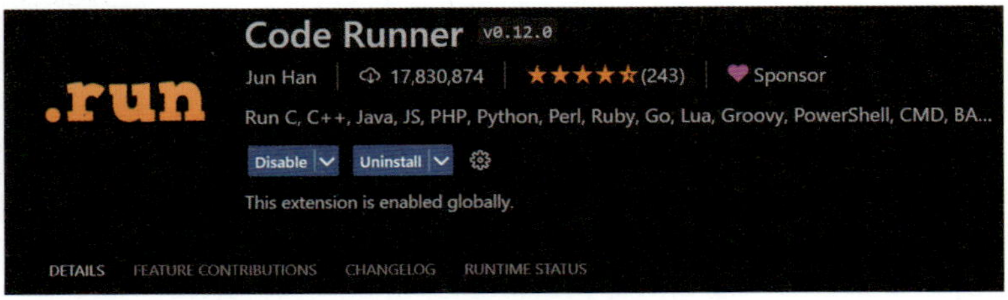

설치가 끝나면 VSCode의 오른쪽 상단에 다음과 같이 실행 버튼이 생성된다. 실행할 수 있는 코드의 파일이 있다면 실행 버튼을 눌렀을 때 코드가 실행된다.

현재 서버 코드를 만든 적이 없으므로 테스트하기는 힘들다. 오른쪽 상단에 실행 버튼이 생성된 것만 확인하고 넘어가자. 주로 백엔드 코드를 실행할 때 편리하게 사용할 수 있는 확장 기능이다.

1.5 브라우저

JAVASCRIPT

전 세계 웹 브라우저 점유율

우리가 웹 기반의 환경에서 정보 서비스를 받으려면 웹서비스를 받을 수 있는 도구인 웹 브라우저가 있어야 한다. 자바스크립트라는 언어는 처음에 웹사이트 내에서 동작하는 언어였고 프론트엔드 개발에 필수적인 언어이므로 반드시 웹 브라우저가 설치되어 있어야 한다. 전 세계 사람들이 가장 많이 사용하는 웹 브라우저 점유율을 살펴보고 자바스크립트 개발에 적합한 브라우저를 설치하자.

먼저 statcounter(statcounter.com) 사이트에 접속하면 다음과 같이 전 세계 웹 브라우저 점유율을 확인할 수 있다.

그림 1-1. 전 세계 웹 브라우저 점유율(출처 : statcounter)

점유율을 한 눈에 파악할 수 있도록 파이 그래프로 표현하자.

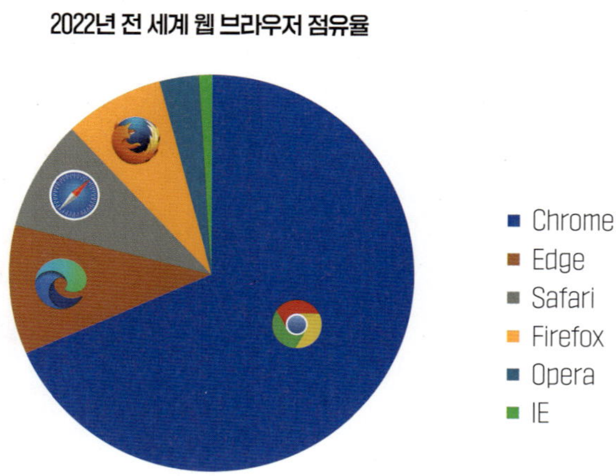

파이 그래프를 살펴보면 브라우저 크롬(Chrome)이 상당한 비중을 차지하고 있다. 크롬(Chrome)이 약 67%로 압도적인 1위를 차지하며, 그 뒤를 엣지(Edge), 사파리(Safari), 파이어폭스(Firefox)가 따른다. 크롬은 구글이 2008년도에 출시한 웹 브라우저로, 당시 윈도우 운영체제 사용자들은 주로 윈도우 내에 내장되어 있는 인터넷 익스플로러(IE)를 많이 사용했다. 특히 우리나라는 공공 인증서 설치의 이유로 더더욱 IE의 점유율이 높았다. 하지만 2012년을 기점으로 크롬이 IE를 제치며 전 세계 웹 브라우저 사용 1위를 차지했다. 크롬을 많이 찾는 이유의 가장 1순위는 속도이다. 당시 다른 웹 브라우저의 속도에 많은 불편함을 느꼈던 사용자들의 요구를 크롬이 해소해 주었다. 또한 크롬은 구글에서 개발했기 때문에 구글 서비스와 호환성이 매우 좋고, 개발자 도구도 지원하여 자바스크립트 개발자들에게 디버깅 환경도 제공한다. 우리도 크롬 웹 브라우저를 설치하여 사용하자.

알아두세요 인터넷 익스플로러(IE)는 개발사인 마이크로소프트 사에서도 더 이상 지원하지 않는 웹 브라우저이다. 후속 웹 브라우저로 엣지(Edge)를 출시했으며 크롬과 같은 엔진을 사용한다.

크롬 브라우저 설치

구글 검색창에 '크롬'을 입력하여 검색하고 가장 상위에 검색되는 'Chrome 브라우저 – Chrome 다운로드'를 클릭하여 사이트에 접속한다.

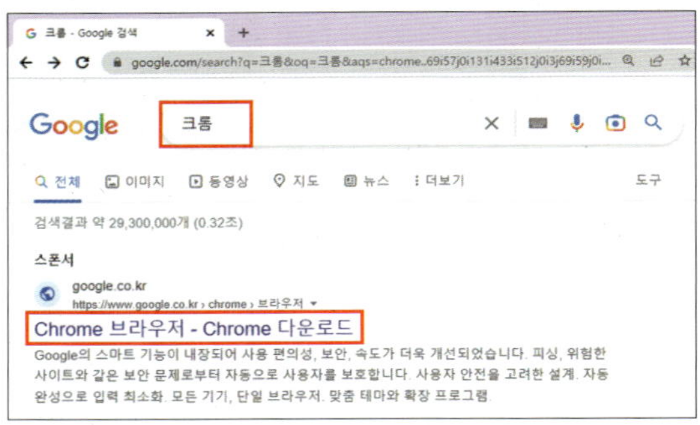

〈Chrome 다운로드〉 버튼을 클릭하면 'ChromeSetup.exe'가 다운로드 된다.

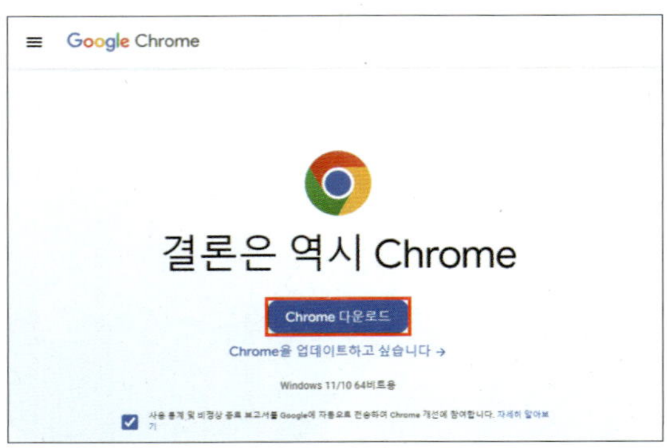

'ChromeSetup.exe' 설치 파일을 클릭하여 설치하고 크롬 브라우저를 실행한다.

크롬의 개발자 도구

웹 브라우저 개발자 도구의 시작은 넷스케이프와 모질라 재단에서 시작하였다. 현재는 모든 웹 브라우저에서 동일하게 제공되는 도구로써 사이트의 DOM 구성, CSS 및 자바스크립트 문법 등을 체크하고 분석이 가능하다. 우리는 크롬 개발자 도구를 통해 개발자 도구의 기능을 살펴본다.

개발자 도구를 띄우는 방법은 2가지다. 첫 번째는 메뉴를 통해 실행하는 방법으로 오른쪽 상단의 〔Chrome 맞춤설정 및 제어(⋮)〕 → 〔도구 더보기〕 → 〔개발자 도구〕 메뉴를 선택하면 화면에 표시된다.

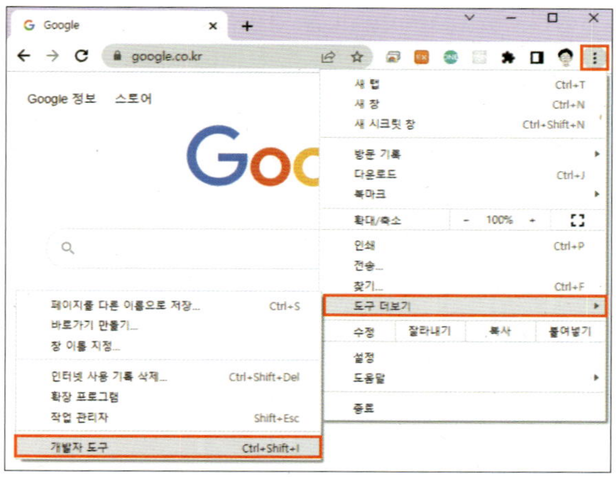

두 번째는 단축키를 통해 실행하는 방법으로 F12를 누르면 개발자 도구가 화면에 표시된다. 단축키가 편하므로 개발자 도구 실행 시 F12를 주로 사용한다. 다음과 같이 웹 브라우저와 영역이 구분되어 나타난다.

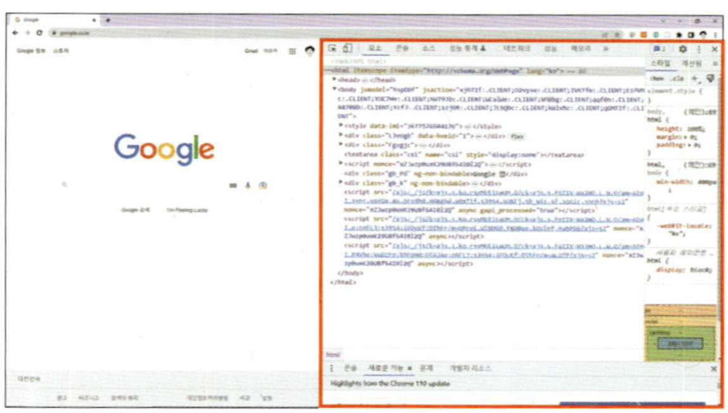

개발자 도구 상단에는 여러 메뉴가 있다. 이 중에서 가장 많이 사용하는 메뉴는 〔요소〕로, 현재 페이지의 HTML 소스와 CSS 스타일을 볼 수 있고 사용자가 선택한 요소에 해당하는 소스들의 영역을 표시하여 요소에 대한 코드를 쉽게 파악할 수 있다. 개발자 도구 화면에서 왼쪽 상단의 '화살표' 아이콘( )을 클릭하여 활성화하고 원하는 요소를 클릭하면 해당 소스 코드에 영역 표시가 된다.

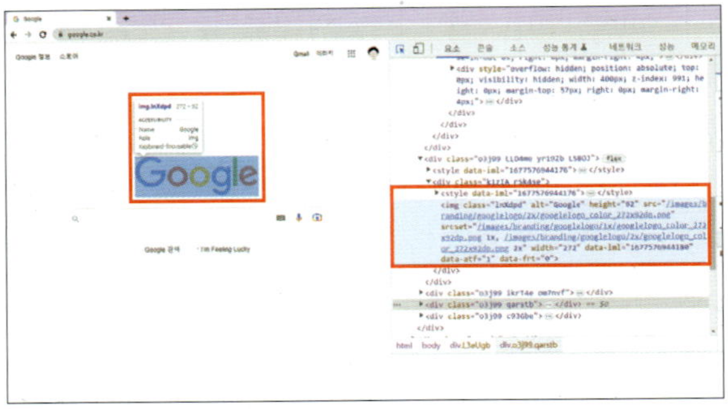

그다음 〔콘솔〕 메뉴는 로그를 확인하고 스크립트를 실행할 수 있다. 웹 페이지 실행 시 오류가 발생하면 콘솔 화면에서 확인할 수 있다. 콘솔 화면에 오류에 대한 로그 및 위치가 출력되어 소스를 수정하면 된다. 예를 들어, 자바스크립트 코드에서 document.write 함수의 이름에 오탈자가 생겨 'document.writ'를 입력하고 웹 페이지를 실행하면 콘솔 화면에 다음과 같이 오류의 내용과 위치가 표시된다.

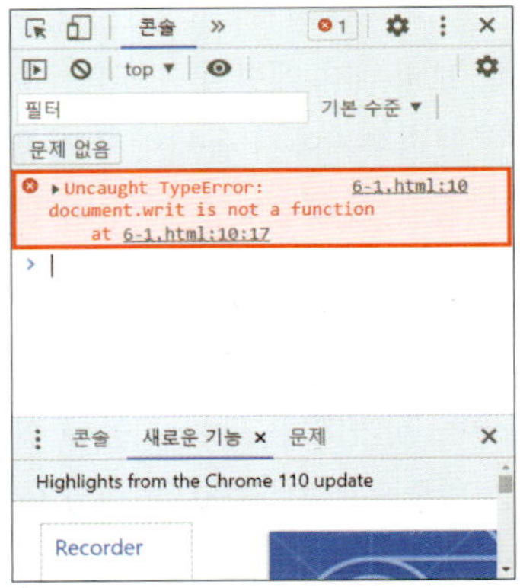

콘솔 화면에서 스크립트 코드 실행도 가능하다. 사칙 연산을 통해 계산도 가능하고 콘솔 화면에 로그를 남길 수도 있으며, 브라우저 기반의 경고 메시지 창 함수를 호출하여 메시지를 띄우게 할 수도 있다.

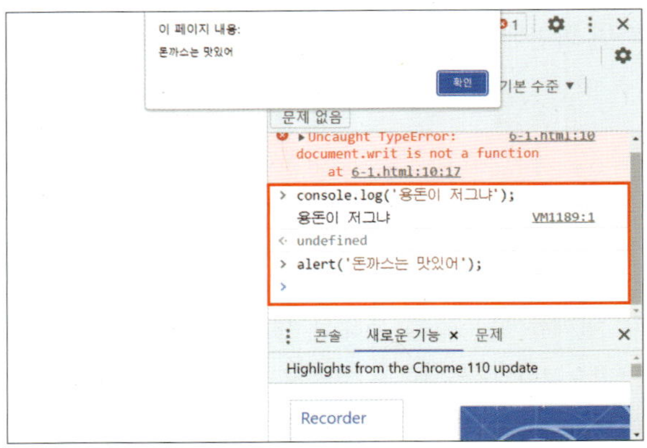

이 외에도 웹 개발 시 자주 사용하는 메뉴로 〔소스〕, 〔네트워크〕, 〔애플리케이션〕 등이 있는데 이 메뉴들의 기능은 프론트엔드 개발 시 필요할 때 별도로 살펴본다.

2 장

간단한 웹 UI 생성

학 습 목 표

- 프론트엔드의 구성 요소를 이해한다.
- 기본적인 HTML과 CSS 문법을 이해하고 사용한다.
- CSS의 선택자를 이해하고 사용한다.
- 부트스트랩을 활용하여 여러 컴포넌트를 사용한다.
- 부트스트랩을 이용하여 간단한 화면 UI 페이지를 만든다.

2.1

JAVASCRIPT

실습 환경 설정

실습 폴더 생성

실습 작업 파일을 저장할 폴더를 한 개 생성하고 폴더 이름을 'ch2'라고 설정한다. 생성 위치나 이름은 임의로 정해도 상관없다.

Visual Studio Code에서 폴더 열기

Visual Studio Code를 실행하고 메뉴에서 〔File〕 → 〔Open Folder〕를 클릭하여 생성한 폴더를 연다.

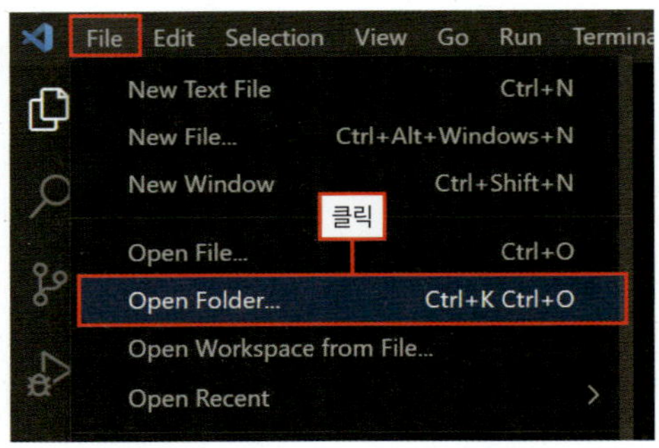

오른쪽 탐색기에 다음과 같이 'CH2'가 표시된다. 이제부터 생성되는 파일들은 'CH2' 폴더 내부에 생성된다.

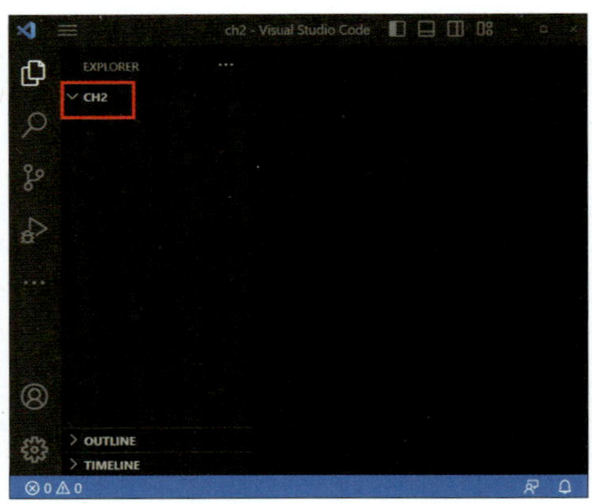

2.2 JAVASCRIPT

프론트엔드의 구성 요소

프론트엔드의 기본 언어

프론트엔드는 웹 브라우저에 표시되는 화면을 개발하는 기술로, 사용자와 직접 상호작용하는 기술이다. 호텔이나 리조트에 가면 고객을 맞이하고 안내하는 프론트 데스크처럼 마찬가지로 우리가 네이버, 구글과 같은 웹사이트에 접속했을 때 보이는 화면이 프론트엔드로 개발된 것이다. HTML, CSS, 자바스크립트는 프론트엔드를 개발하기 위해 반드시 알아야 할 필수 언어 3가지이다. 실제로 HTML과 CSS는 일반 프로그래밍 언어가 아니라 문서를 구조화하기 위한 마크업(Markup) 언어이다. 각 언어의 특징을 간략히 살펴보자.

페이지의 뼈대를 이루는 HTML

집을 지을 때 건축물을 생각해 보면 이해하기 쉽다. 가장 먼저 기초공사하고 건축물의 뼈대를 올려서 건축물의 기초 윤곽을 잡는다. HTML(Hyper Text MarkUp Language)이 하는 역할이 바로 웹 페이지의 뼈대를 구성하는 것이다.

뼈대는 형태만 만들어 놓은 것일 뿐 최적화가 되어 있지 않은 상태이다. 웹 페이지도 마찬가지로 폰트, 아이디, 비밀번호 입력창, 버튼 등 배치만 되어 있고 최적화는 되어 있지 않은 상태이다. 이러한 뼈대 구성은 HTML을 이용하면 구성할 수 있다.

화면을 멋지고 깔끔하게 만드는 CSS

CSS(Cascading Style Sheets)는 HTML로 만든 뼈대에 구체적인 레이아웃을 잡아주는 기능을 한다. 어떤 폰트를 사용할 것인지, 입력창들의 위치 및 크기, 버튼의 종류 및 색상 등을 정하여 화면을 보기 좋게 만들며, 윤곽만 잡혀있던 건축물을 구체화 시켜주는 역할과 비슷하다.

화면을 역동적으로 만드는 자바스크립트

화면의 뼈대를 만들고 스타일을 구성했다면 이제 기능을 구현할 수 있어야 하는데, 이를 위해 자바스크립트가 필요하다. 건축물로 예로 들면, 모양을 갖춘 형태에서 주거가 가능하도록 전기, 가스, 수도와 같은 기능을 추가하는 것이다.

웹 페이지의 경우도 HTML과 CSS로 모양만 예쁘게 만들었을 뿐, 로그인 화면이라면 아이디와 비밀번호를 입력하고 서버와의 계정 검사를 통해 로그인 여부 등의 기능을 구현해야 한다. 이러한 역할을 자바스크립트가 수행한다.

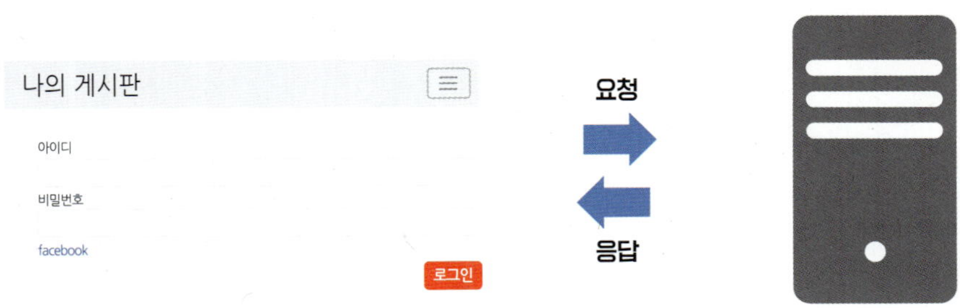

2.3

HTML과 CSS의 문법 정리

HTML이란

HTML은 Hyper Text Markup Language의 약자이다. 하이퍼텍스트(Hyper Text)는 현재 페이지에서 다른 페이지로 이동할 수 있는 링크를 말하고, 마크업(Markup)은 웹 페이지의 구조를 설계할 때 사용되는 언어라고 할 수 있다. 즉, HTML은 웹 페이지 구조 설계를 위한 페이지 이동 가능한 언어다. 이때 HTML을 구성하는 요소들을 태그(Tag)라고 하는데, 태그는 페이지를 구성하는 기능으로 HTML의 핵심이다. 다음은 태그 사용의 기본 형태이다.

〈태그명〉내용〈/태그명〉

HTML 문서는 모두 태그로 구성되어 있으며, 태그 이름은 〈 〉 꺽쇠 안에 들어간다. 수학에서 1+1이 2인 것처럼 HTML에서는 태그 사용을 〈태그명〉의 형태로 사용을 약속한 것이므로 무조건 이 문법에 따라야 한다.

HTML과 기본 태그

HTML 기반의 웹 페이지를 구성하려면, 반드시 〈html〉〈/html〉, 〈head〉〈/head〉, 〈body〉〈/body〉 3가지의 태그를 작성해야 한다. 태그의 사용 형태는 다음과 같다.

```
〈html〉
    〈head〉
        (문서의 기본 정보를 작성한다.)
    〈/head〉
    〈body〉
        (문서 화면에서 보이는 모든 내용들을 작성한다.)
    〈/body〉
〈/html〉
```

어떤 웹 문서를 만들어도 이 기본 구조를 무조건 구성하여 시작해야 한다. 〈html〉〈/html〉은 html 문서 전체의 시작과 끝을 알린다. 〈head〉〈/head〉는 이 문서의 정보를 기록하고, 〈body〉〈/body〉는 문서가 보이는 내용들을 이 안에 작성하면 된다. 앞으로 우리가 작성할 태그들 대부분이 body 태그 안에서 이루어진다고 생각하면 된다.

기본 태그	설명
〈html〉~〈/html〉	HTML 문서의 시작과 끝을 알리는 태그이다.
〈head〉~〈/head〉	직역하면 머리를 나타내며, HTML 문서의 정보를 담고 있는 부분이다.
〈body〉~〈/body〉	직역하면 몸통이다. 사람의 몸을 생각한다면 모든 보이는 행동들을 다 처리한다고 보면 되는데, HTML 문서로 보면 실제 문서상에 보는 모든 기능을 처리한다. 이 부분에서 실제로 수많은 태그가 사용된다.

HTML로 로그인 화면 구성

프론트엔드 제작을 위한 것이 아니므로 간단하게 로그인 화면 구성 정도의 HTML 태그를 살펴보자. 일반적인 로그인 화면 구성은 아이디 및 비밀번호 입력창과 로그인 버튼으로 구성되어 있다. HTML 태그를 사용하면 다음과 같이 구성할 수 있다. 먼저 코드를 작성할 파일을 생성하고 오른쪽 탐색기에서 마우스 오른쪽 버튼을 클릭하여 'New File…'을 선택한 다음 파일의 이름을 'login.html'로 입력한다.

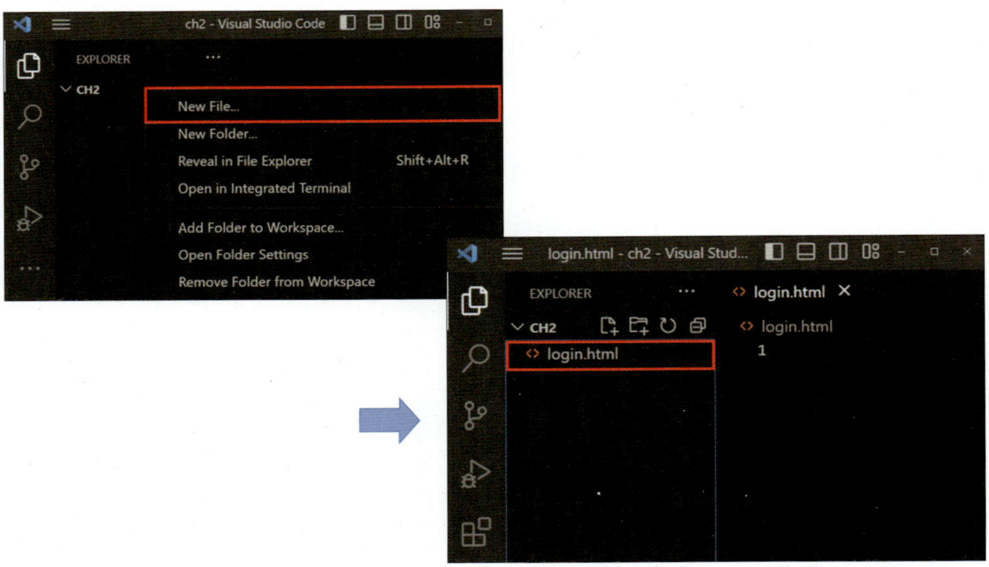

생성한 'login.html' 파일에 다음과 같이 코드를 입력하자.

```
1   <html>
2       <head>
3       </head>
4       <body>
5           <div>
6               <label>아이디</label>
7               <input type="text">
8           </div>
9           <div>
10              <label>비밀번호</label>
11              <input type="password">
12          </div>
13          <button type = "submit">로그인</button>
14      </body>
15  </html>
```

5, 9줄 : 〈div〉 태그는 특정 영역을 지정할 때 사용한다. 아이디와 비밀번호 각각의 텍스트와 입력창을 한 세트로 영역을 지정하기 위해 〈div〉 태그가 사용되었다.

6, 10줄 : 〈label〉 태그는 일반 텍스트를 지정할 때 사용하는 태그이다.

7, 11줄 : 〈input〉 태그는 의미 그대로 사용자가 데이터를 입력할 수 있는 컨트롤을 생성한다. 이때 태그의 속성으로 type을 지정할 수 있는데 type의 값에 따라 입력 컨트롤의 형태가 달라진다.

13줄 : 〈button〉 태그는 사용자가 클릭할 수 있는 버튼을 생성한다.

html 코드는 브라우저상에서 실행해야 한다. 코드상에서 마우스 오른쪽 버튼을 클릭하여 'Open In Default Browser'를 선택하면 지정한 브라우저에 html 코드 실행 화면이 나타난다.

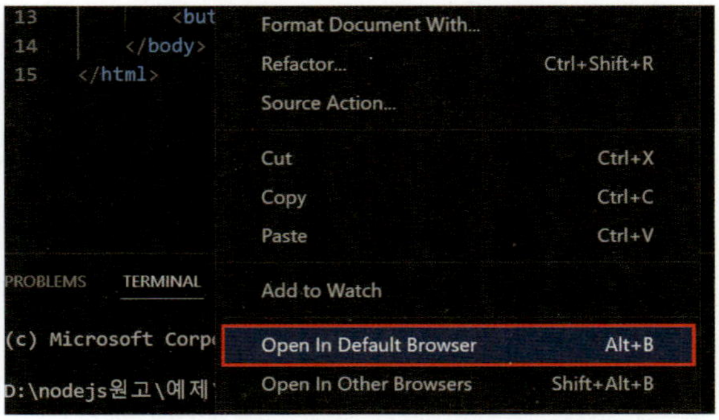

해당 브라우저에 html 태그로 작성한 아이디와 비밀번호 입력창과 로그인 버튼이 출력된다.

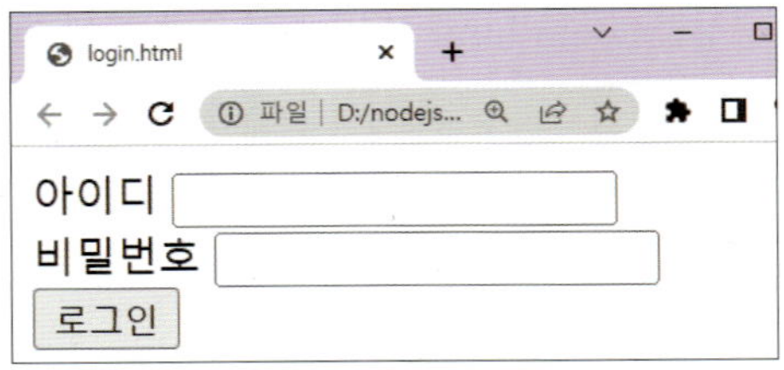

원하는 대로 아이디, 비밀번호, 로그인 버튼이 배치는 되었지만, 구성이 깔끔하지 않고 요소 간의 간격이나 정렬과 같은 스타일이 어색하다.

CSS란

CSS란 Cascading Style Sheets의 약자로 그냥 '스타일 시트'라고 부른다. 스타일을 설정한다는 것은 HTML로 만든 페이지의 레이아웃과 모양을 훨씬 더 좋게 만드는 기술로써, 웹 페이지 작성 시 반복적으로 사용되는 서식을 미리 설정하거나 글자, 색상, 프레임 등을 꾸밀 수 있다. 앞서 HTML로 작성했던 화면에 CSS를 사용하면 다음과 같이 개선할 수 있다.

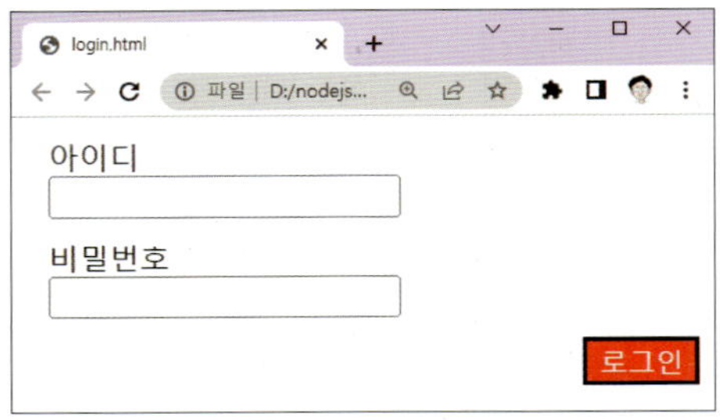

CSS에서 스타일의 내용을 만든 후 이것을 어떤 요소에 어떻게 적용할 것인가가 중요하다. 이때 사용하는 것이 CSS 선택자로 크게 3가지가 있다. 태그 선택자, 아이디 선택자, 클래스 선택자가 있으며, 이 선택자들은 우리가 실무 코드를 분석하거나 라이브러리를 통해 활용할 때 많이 사용되므로 잘 익혀두면 좋다.

CSS를 사용하는 방법은 별도의 CSS 파일로 분리하여 사용할 수 있는 외부 스타일 시트, HTML 코드 내에 포함하여 사용할 수 있는 내부 스타일 시트, 각 태그 문장마다 설정할 수 있는 케이스별 스타일 시트로 크게 3가지로 구분할 수 있는데, 여기서는 내부 스타일 시트 방법으로 설명하겠다. HTML 코드 내에서 CSS를 사용하려면 기본적인 포맷이 있다. 보통 〈head〉〈/head〉 태그 사이에 다음과 같이 CSS를 작성할 문법을 작성한다.

```
<style type ="text/css">
</style>
```

모든 CSS 코드는 〈style〉〈/style〉 태그 사이에 작성한다.

태그 선택자

태그 선택자는 앞에서 다루었던 HTML 태그를 선택자로 사용하기 때문에 그리 낯설지는 않을 것이다. 〈div〉, 〈input〉, 〈button〉 등의 태그 요소를 사용하여 CSS에서 지정한 것을 태그 선택자라고 한다. 버튼의 글자 색상을 빨간색으로 변경하고 싶다면 다음과 같이 작성할 수 있다.

```
button{
    color : red;
}
```

button 태그를 사용하는 요소들은 모두 글자 색상을 빨간색으로 설정하는 것을 의미한다. 또한, CSS에서 사용한 button은 태그로서 언급하지 않고 태그 선택자라고 한다. 이전에 작성한 코드에 CSS를 적용해 보자.

```
<html>
  <head>
      <style type ="text/css">
          button{
            color : red;
          }
      </style>
  </head>
  <body>
      <div>
          <label>아이디</label>
          <input type="text">
      </div>
      <div>
          <label>비밀번호</label>
          <input type="password">
      </div>
      <button type = "submit">로그인</button>
  </body>
</html>
```

<결과>

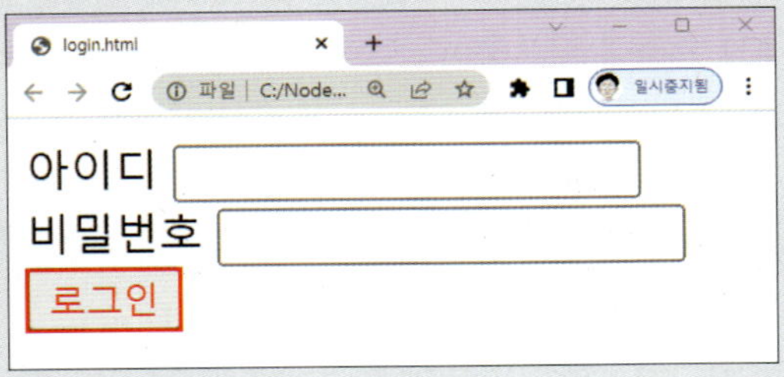

3~7줄 : CSS 영역이다. button 태그의 color 속성을 red(빨간색)로 설정한다는 의미이다. color 속성은 글자 색상을 의미하고, red, blue, black, white와 같이 영문 색상 이름을 입력하면 적용된다. 만약 256 색상을 다양하게 적용하고 싶다면 rgb(255,0,255)나 코드 색상표를 참고하여 더 세밀한 색상을 지정할 수 있다.

18줄 : CSS에서 button 태그의 글자색상을 빨간색으로 지정하였으므로 버튼의 글자색상은 빨간색으로 표시된다.

이번에는 로그인 버튼뿐만 아니라 아이디와 비밀번호 입력창도 조금 더 깔끔하게 스타일을 지정한다.

```
<html>
    <head>
        <style type ="text/css">
            div{
                margin : 10px 10px;
            }
            button{
                float: right;
                background: red;
                color : white;
            }
            input{
                width : 100%;
            }
        </style>
```

```
16        </head>
17        <body>
18            <div>
19                <label>아이디</label>
20                <input type="text">
21            </div>
22            <div>
23                <label>비밀번호</label>
24                <input type="password">
25            </div>
26            <button type = "submit">로그인</button>
27        </body>
28    </html>
```

〈결과〉

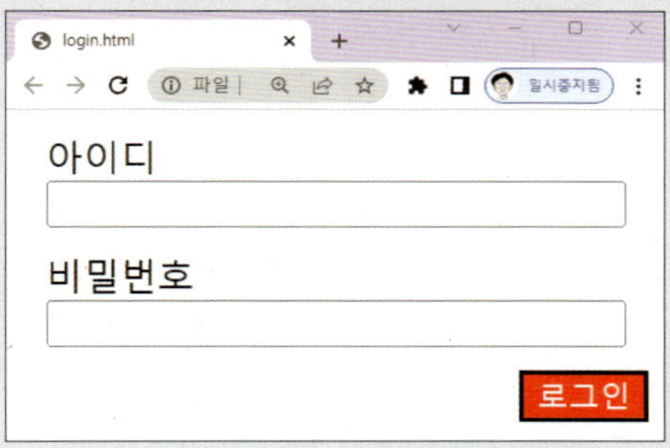

4~6줄 : div 태그에 margin 설정을 함으로써 html 코드 안에 사용되는 모든 〈div〉 태그는 오른쪽, 왼쪽 여백을 10px, 위쪽 아래쪽 여백을 10px 갖는다.

7~11줄 : button 태그에 버튼의 위치(float), 배경색(background), 글자색(color) 등의 속성을 설정했다. html 코드 안에서 사용되는 모든 〈button〉 태그들은 모두 이 설정에 따른다.

12~14줄 : input 입력창의 길이를 100% 비율로 설정하여 창의 크기가 변하더라도 입력창의 길이는 일정하게 유지할 수 있다.

태그 선택자를 이용한 CSS 적용으로 UI가 훨씬 더 깔끔해진 것을 확인할 수 있다.

더 알아보기 **margin**

margin은 요소의 주변 여백을 말한다. margin 속성을 설정함으로써 각 요소의 사이 간격을 설정할 수 있다. 개발자 도구를 통해 html의 문서 구조를 확인할 수 있다.

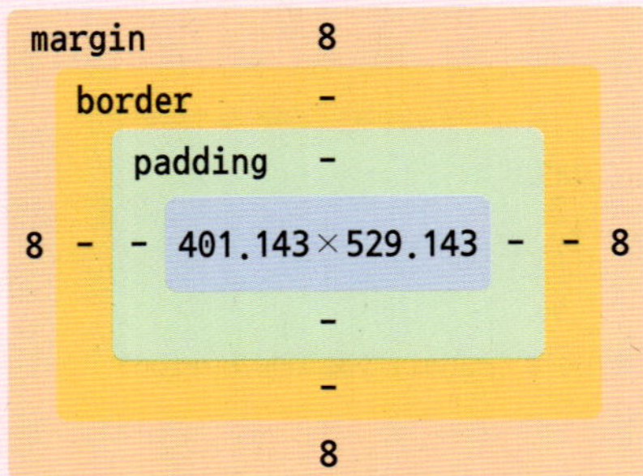

margin은 위쪽, 아래쪽, 오른쪽, 왼쪽 여백들을 설정할 수 있으며, 설정 단위는 픽셀(px), 센치(cm), 백분율(%) 등으로 지정할 수 있다.

아이디 선택자

아이디 선택자는 문서 안에서 1개의 특정 요소 객체를 가져와서 스타일을 지정하고 싶을 때 사용한다. 비교적 많이 사용되는 선택자다. 일반적으로 〈button id="login"〉, 〈p id="pg"〉와 같이 특정 태그에 id 속성을 설정할 수 있다.

CSS 문법에서는 태그 선택자처럼 해당 id로 스타일을 정의할 수 있다. 주의할 점은 지정 id 이름 앞에 #을 붙여야 한다.

```
#login{
    color : red;
}
```

이번에는 아이디 선택자를 이용하여 태그 선택자의 결과와 동일하게 스타일을 지정하겠다. Visual Studio Code 탐색기에서 마우스 오른쪽 버튼을 클릭하여 'New File…'을 선택해 새로운 파일을 생성하고 파일 이름을 'loginid.html'로 입력하자.

```
<html>
    <head>
        <style type ="text/css">
          #divid, #divpw{
                margin : 10px 10px;
          }
          #lblid{
              color:red;
          }
          #lblpw{
               color:blue;
          }
          #userid, #userpw{
             width: 100%;
          }
          #login{
             float: right;
             background: red;
             color : white;
          }
        </style>
    </head>
    <body>
        <div id = "divid">
            <label id = "lblid">아이디</label>
            <input type="text" id = "userid">
        </div>
        <div id = "divpw">
            <label id = "lblpw">비밀번호</label>
            <input type="password" id = "userpw">
        </div>
        <button type = "submit" id = "login">로그인</button>
    </body>
</html>
```

〈결과〉

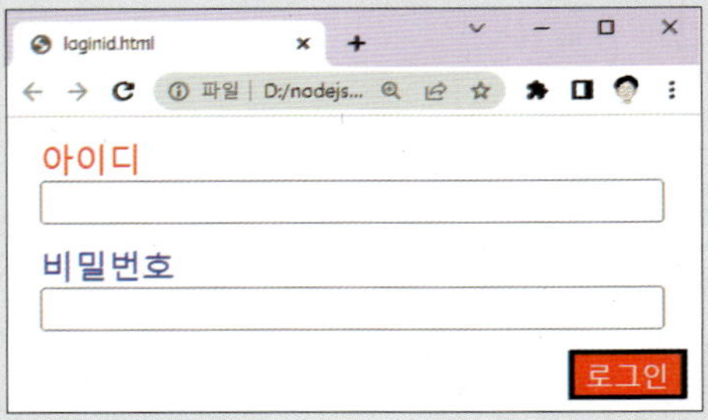

24~32줄 : html의 각 태그에 id 속성을 추가한다. 태그마다 id를 설정하는 경우는 특정 요소 스타일을 지정하고 싶을 때 설정하는데, 여기에서는 모든 태그마다 id 속성과 이름을 부여했다.

4~20줄 : 각 태그의 id에 해당하는 아이디 선택자를 정의한다. divid와 divpw는 margin 속성으로 위, 아래, 오른쪽, 왼쪽 여백을 10px, lblid를 빨간색, lblpw를 파란색으로 설정하고, userid, userpw의 입력창은 길이를 100%, id가 login인 버튼은 배경을 빨간색, 글자색을 하얀색으로 정의한다.

결과적으로 아이디 선택자를 사용했을 때와 태그 선택자를 사용했을, 둘 다 동일한 결과를 출력할 수 있도록 구현했다. 사용의 차이를 생각해 보면 태그 선택자는 태그 전체의 스타일을 변경하는 거라면, 아이디 선택자는 해당하는 아이디의 스타일만 변경할 때 사용한다.

클래스 선택자

클래스 선택자는 문서 안에서 여러 개의 특정 요소를 묶어서 스타일을 지정하고 싶을 때 사용한다. 선택자 중에는 가장 많이 사용되는 선택자이다. 일반적으로 〈button class="login"〉, 〈div class= "area"〉식으로 class의 이름을 설정할 수 있다.

CSS 문법에서는 앞에서 설정했던 선택자들처럼 클래스로 스타일을 정의할 수 있다. 주의할 점은 지정 클래스 이름 앞에 .을 붙여야 한다.

```
.account{
    color : red;
}
```

이번에는 클래스 선택자를 이용하여 이전 선택자의 결과와 동일한 스타일을 지정하겠다. Visual Studio Code 탐색기에서 마우스 오른쪽 버튼을 클릭하여 'New File…'을 선택해 새로운 파일을 생성하고 파일 이름을 'loginclass.html'로 입력하자.

```
<html>
    <head>
        <style type ="text/css">
            .account{
                margin : 10px 10px;
            }
            .login{
                float: right;
                background: red;
                color : white;
            }
            .write{
                width: 100%;
            }
        </style>
    </head>
    <body>
        <div class = "account">
            <label>아이디</label>
            <input type="text" class = "write">
        </div>
        <div class = "account">
            <label>비밀번호</label>
            <input type="password" class = "write">
        </div>
        <button type = "submit" class = "login">로그인</button>
    </body>
</html>
```

<결과>

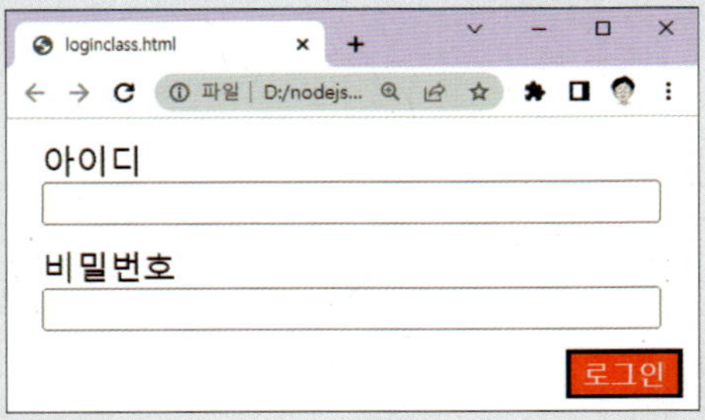

18~26줄 : html의 각 태그에 class 속성을 추가한다. class는 여러 개의 공통 요소의 스타일을 지정하고 싶을 때 사용한다. 18줄과 22줄은 class 이름이 account로 동일하고, 20줄과 24줄은 class 이름이 write로 동일하다. 즉, 같은 class 이름으로 지정된 요소는 같은 스타일이 적용된다는 의미이다.

4~14줄 : 각 태그의 class에 지정한 클래스 선택자를 정의한다. account는 margin 속성으로 위, 아래, 오른쪽, 왼쪽 여백을 10px, write 입력창의 경우는 길이를 100%로 설정하고, class가 login인 버튼은 배경을 빨간색, 글자색을 하얀색으로 정의한다.

결과적으로 클래스 선택자의 경우 아이디 선택자보다는 범위가 넓고 태그 선택자보다는 범위가 좁다. 즉, 이 의미는 태그 선택자의 경우 태그 전체의 스타일을 변경하는 것이라면 아이디 선택자의 경우는 해당 태그 개별적인 스타일을 변경한다. 클래스 선택자의 경우는 그 중간으로 전체도 아니고 개별도 아닌 공통적인 여러 개의 요소 스타일을 지정할 때 사용된다는 것이다.

2.4 부트스트랩

부트스트랩이란

대규모 프로젝트를 하게 되면 보통 개발에 대한 표준과 규칙을 정하고 시작한다. 이는 개발 진행 시 개발자의 수준, 취향, 스타일이 모두 각각 달라 결과물이 제각각이어서 각자의 작업을 병합할 때 어려움이 있기 때문이다. 이러한 표준들이 발전하여 범용적인 라이브러리, 또는 프레임워크가 만들어지고 제공이 되는데 웹 페이지 개발에서도 각종 레이아웃, 버튼, 입력창 등의 디자인을 CSS와 자바스크립트로 만든 프레임워크를 부트스트랩이라고 한다.

부트스트랩은 앞서 학습했던 클래스 선택자들을 이용하여 디자인된 요소들을 미리 정의한 집합이라고 보면 된다. 따라서 사용자는 각 태그에 부트스트랩에서 제공하는 클래스 이름만 입력하면 직접 CSS를 만들지 않아도 멋진 스타일을 사용할 수 있다. 이러한 특징은 개발자와 디자이너가 해야 할 수고를 덜어주어 개발 시간과 코드의 양을 줄게 하는 장점을 제공한다.

부트스트랩 사용 방법

부트스트랩은 소스를 다운로드하여 연결하거나 CDN(Content Delivery Network) 방식으로 링크해서 사용하는 방법이 있다. 일반적으로 소스의 경량화 및 버전의 업데이트 차원을 고려했을 때 CDN 방식을 선호한다.

더 알아보기 **CDN**

CDN(Content Delivery Network)이란 콘텐츠의 빠르고 효율적인 전송을 돕는 '콘텐츠 전송 네트워크'를 의미한다. 분산되어 있는 캐시 서버에 콘텐츠를 옮겨 두었다가 사용자 요청이 있을 때 사용자로부터 가장 가까운 서버의 해당 콘텐츠를 전달하는 용도로 사용된다. 미국의 서버에 있는 데이터를 한국의 사용자가 매번 요청한다면 지연시간이 발생할 것이다. 이때 CDN을 사용하면, 한국에 있는 CDN 서버에 요청이 가도록 하여 사이트를 보다 빠르게 이용할 수 있다. CDN은 전 세계의 다양한 지역에 위치한 전용 서버를 엣지(Edge)라고 부르며, 이러한 엣지 서버들은 원본 서버의 데이터를 캐싱하여 빠르게 전달할 수 있다. 치킨점을 예로 든다면, 서버가 치킨 본사가 되고 사용자가 주문 요청할 때, 해당 지역에서 가장 가까운 체인점에서 요청받아 처리하는 것과 유사하다.

먼저 검색창에 한글로 '부트스트랩'이라고 입력하고 가장 상위에 검색되는 부트스트랩(https://getbootstrap.kr/) 사이트로 이동한다.

왼쪽 메뉴에서 [시작하기] → [시작하기]를 클릭한다. 본문의 2번 소스 코드가 부트스트랩의 CSS와 JS를 CDN 방식으로 연결하여 사용할 수 있는 기본 코드로, 이 코드를 복사한다.

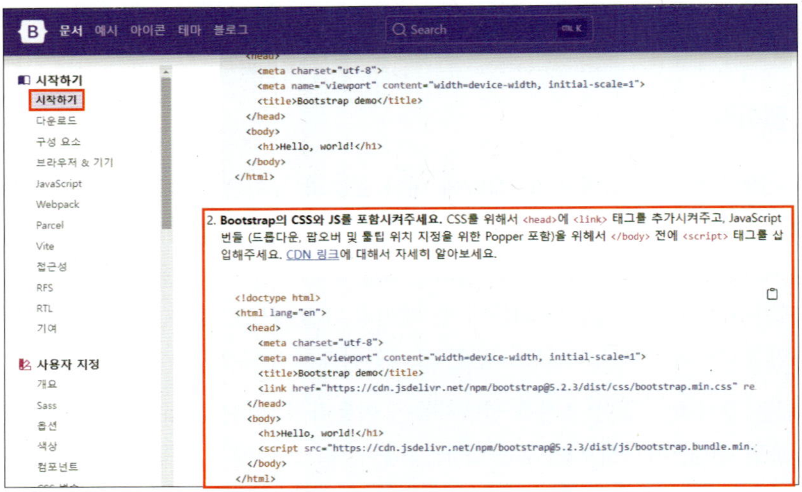

Visual Studio Code 탐색기에서 마우스 오른쪽 버튼을 클릭하여 'New File…'을 선택해 새로운 파일을 생성한다. 파일의 이름을 'bootstrap.html'로 입력하고 복사한 코드를 붙여 넣는다.

```
<!doctype html>
<html lang="en">
  <head>
    <meta charset="utf-8">
    <meta name="viewport" content="width=device-width, initial-scale=1">
    <title>Bootstrap demo</title>
    <link href=https://cdn.jsdelivr.net/npm/bootstrap@5.2.3/dist/css/bootstrap.
     min.css
     rel="stylesheet"
     integrity="sha384-
     rbsA2VBKQhggwzxH7pPCaAq046MgnOM8ozW1RWuH61DGLwZJEdK2Kadq2F9CUG65"
     crossorigin="anonymous">
  </head>
  <body>
   <h1>Hello, world!</h1>
```

```
    <script src=https://cdn.jsdelivr.net/npm/bootstrap@5.2.3/dist/js/bootstrap.
    bundle.min.js
    integrity="sha384-
    kenU1KFdBIe4zVF0s0G1M5b4hcpxyD9F7jL+jjXkk+Q2h455rYXK/7HAuoJl+0I4"
    crossorigin= "anonymous">
    </script>
  </body>
</html>
```

<결과>

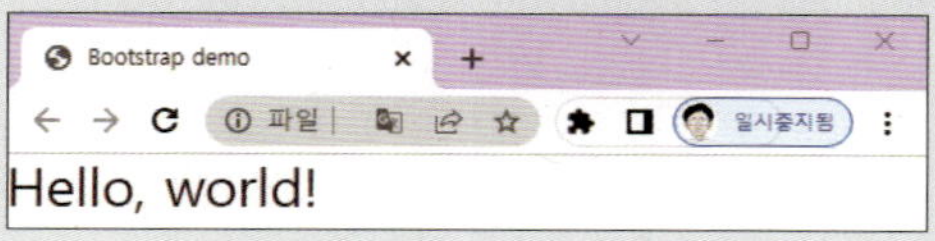

직접 작성한 코드는 없다. 대신 복사 붙여넣기를 통해 부트스트랩 기반의 개발 준비 작업을 완료했다. 부트스트랩은 수많은 리소스를 제공하며, 이를 모두 사용하는 것은 현실적으로 어려우므로 부트스트랩에서 제공하는 요소를 몇 가지 예를 들어 살펴보고 사용 패턴을 익히도록 한다.

테이블

부트스트랩 페이지에서 〔테이블〕 메뉴를 선택하면 테이블 관련 사용 코드가 제공된다. 테이블(Table)은 게시판의 가장 기본적인 형태로 html과 css를 이용하여 직접 작성할 수도 있지만, 부트스트랩의 제공 코드를 사용하면 다양한 스타일과 효과를 쉽게 구현할 수 있다.

코드 작성을 위해 'table.html'이라는 이름의 파일을 생성하고, 'bootstrap.html' 파일의 코드를 복사하고 붙여 넣은 다음 테이블의 제공 코드를 기반으로 다음과 같이 작성해 보자.

```
<!doctype html>
<html lang="en">
  <head>
    <meta charset="utf-8">
    <meta name="viewport" content="width=device-width, initial-scale=1">
    <title>Bootstrap demo</title>
    <link href=https://cdn.jsdelivr.net/npm/bootstrap@5.2.3/dist/css/bootstrap.min.css
     rel="stylesheet" integrity="sha384-
     rbsA2VBKQhggwzxH7pPCaAqO46MgnOM80zW1RWuH61DGLwZJEdK2Kadq2F9CUG65"
     crossorigin= "anonymous">
  </head>
  <body>
    <div class="container" style="padding-top:50px">
      <table class="table table-bordered table-hover">
          <tr>
              <th>제목</th>
              <th>작성일</th>
          </tr>
          <tr>
              <td>자바스크립트란</td>
              <td>2050-12-25</td>
          </tr>
      </table>
    </div>
    <script src=https://cdn.jsdelivr.net/npm/bootstrap@5.2.3/dist/js/bootstrap.
     bundle.min.js
     integrity="sha384-
     kenU1KFdBIe4zVF0s0G1M5b4hcpxyD9F7jL+jjXkk+Q2h455rYXK/7HAuoJl+0I4"
     crossorigin="anonymous"></script>
  </body>
</html>
```

<결과>

제목	작성일
자바스크립트란	2050-12-25

14줄 : html 기반의 일반 〈table〉 태그를 사용한다. 여기서 table-bordered는 부트스트랩에서 제공하는 테이블의 경계선이고 table-hover는 테이블의 행에 마우스를 위치했을 때 선택 표시할 수 있는 기능이다. 만약 부트스트랩의 〈table〉 기능을 사용하지 않는다면 직접 CSS를 사용하여 기능을 직접 만들어야 한다.

버튼

버튼(Buttons)은 가장 많이 사용하는 컴포넌트 중에 하나로 사용자가 요청을 보낼 때 주로 많이 사용한다. 일반적인 버튼은 회색 바탕에 직사각형 모양으로 멋이 없다. 부트스트랩에서는 미리 정의된 몇몇 버튼 스타일이 포함되어 있어서 편리하게 사용할 수 있다. 부트스트랩 사이트에서 〔버튼〕 메뉴를 클릭하여 표시되는 여러 가지 버튼 스타일의 예시 코드 중에서 마음에 드는 버튼 코드를 복사하여 사용하면 된다.

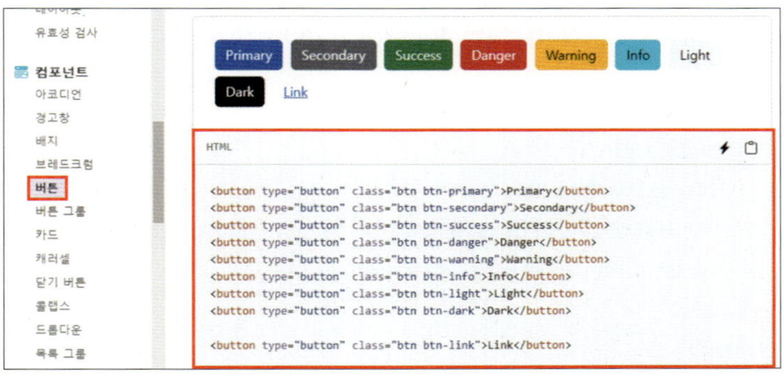

코드 작성을 위해 'buttons.html'이라는 이름의 파일을 생성하고, 앞서 작성했던 'table.html' 파일의 코드를 복사하고 붙여 넣는다.

```
<!doctype html>
<html lang="en">
  <head>
    <meta charset="utf-8">
    <meta name="viewport" content="width=device-width, initial-scale=1">
    <title>Bootstrap demo</title>
    <link href=https://cdn.jsdelivr.net/npm/bootstrap@5.2.3/dist/css/bootstrap.
     min.css
     rel="stylesheet" integrity="sha384-
     rbsA2VBKQhggwzxH7pPCaAqO46MgnOM80zW1RWuH61DGLwZJEdK2Kadq2F9CUG65"
```

```
10          crossorigin="anonymous">
11        </head>
12        <body>
13          <div class="container" style="padding-top:50px">
14            <table class="table table-bordered table-hover">
15              <tr>
16                <th>제목</th>
17                <th>작성일</th>
18              </tr>
19              <tr>
20                <td>자바스크립트란</td>
21                <td>2050-12-25</td>
22              </tr>
23            </table>
24            <a href="" class="btn btn-primary">작성하기</a>
25            <a href="" class="btn btn-success">수정하기</a>
26            <a href="" class="btn btn-danger">삭제하기</a>
27          </div>
28          <script src=https://cdn.jsdelivr.net/npm/bootstrap@5.2.3/dist/js/bootstrap.
            bundle.min.js
29          integrity="sha384-
30          kenU1KFdBIe4zVF0s0G1M5b4hcpxyD9F7jL+jjXkk+Q2h455rYXK/7HAuoJl+0I4"
31          crossorigin="anonymous"></script>
32        </body>
33      </html>
```

<결과>

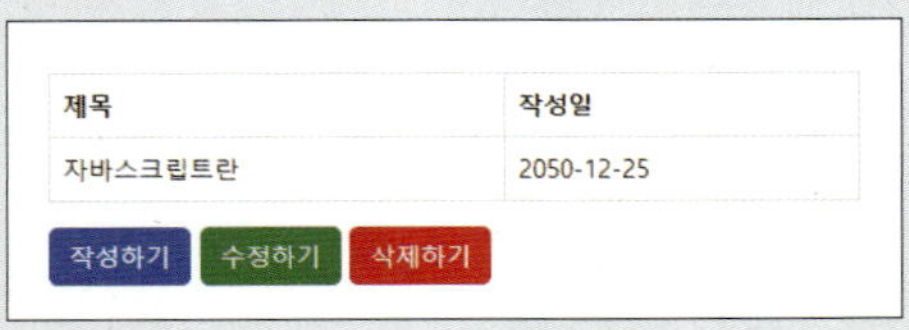

24~26줄 : 부트스트랩에서는 몇 가지 버튼 스타일을 미리 정의했다. 원하는 스타일에 따라 btn-primary, btn-success, btn-danger 등을 사용한다.

테이블과 버튼 2가지를 사용하여 태그에 간단한 속성만 지정하면 이렇게 깔끔한 컴포넌트가 만들어진다.

내비게이션 바

웹 페이지에서 만들기 번거로운 부분 중 하나는 페이지 상단 메뉴이다. 부트스트랩은 내비게이션 바(Navbar)라는 이름으로 페이지 상단 메뉴의 스타일을 다양하게 제공한다. 메뉴에서 [내비게이션 바]를 클릭하면 다양한 스타일의 내비게이션 바 코드가 나타나며, 원하는 스타일의 코드를 복사하여 사용할 수 있다.

코드 작성을 위해 'navbar.html'이라는 이름의 새 파일을 생성하고, 앞서 작성했던 'buttons.html' 파일의 코드를 복사하고 붙여 넣는다. 다음과 같이 <body> 태그 뒤에 <nav>로 시작하는 코드를 복사하고 붙여 넣는다.

```
<!doctype html>
<html lang="en">
  <head>
    <meta charset="utf-8">
    <meta name="viewport" content="width=device-width, initial-scale=1">
    <title>Bootstrap demo</title>
    <link href=https://cdn.jsdelivr.net/npm/bootstrap@5.2.3/dist/css/bootstrap.
     min.css
     rel="stylesheet" integrity="sha384-
     rbsA2VBKQhggwzxH7pPCaAqO46MgnOM80zW1RWuH61DGLwZJEdK2Kadq2F9CUG65"
     crossorigin="anonymous">
  </head>
  <body>
    <nav class="navbar navbar-expand-lg bg-light">
```

```
        <div class="container-fluid">
          <a class="navbar-brand" href="#">나만의 블로그</a>
          <button class="navbar-toggler" type="button" data-bs-toggle="collapse"
           data-bs-target="#navbarNav" aria-controls="navbarNav" aria-
           expanded="false" aria-label="Toggle navigation">
            <span class="navbar-toggler-icon"></span>
          </button>
          <div class="collapse navbar-collapse" id="navbarNav">
            <ul class="navbar-nav">
              <li class="nav-item">
                <a class="nav-link" href="#">게시판</a>
              </li>
              <li class="nav-item">
                <a class="nav-link" href="#">사진첩</a>
              </li>
            </ul>
          </div>
        </div>
      </nav>
      <div class="container" style="padding-top:50px">
        <table class="table table-bordered table-hover">
          <tr>
            <th>제목</th>
            <th>작성일</th>
          </tr>
    ........................................... 생략 ...........................................
```

<결과>

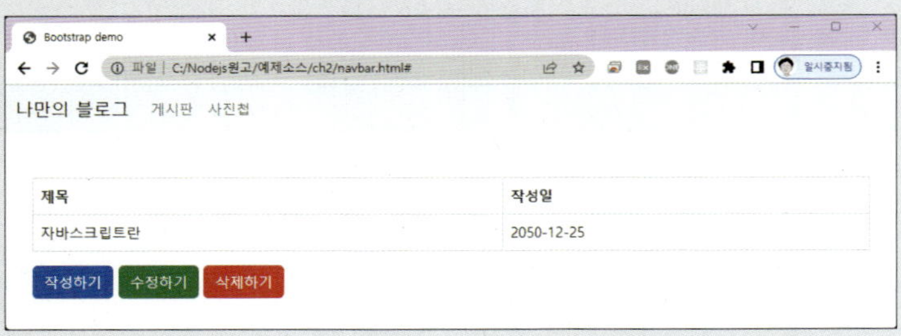

13~32줄 : 가장 기본적인 형태의 내비게이션 바 코드를 복사했다. 각 태그에 추가되어 있는 class 속성값들은 내비게이션 바를 구성하는 스타일들로 버튼을 구성하는 코드는 16~20줄에 있다. 그러나 브라우저 창이 줄어들면 브라우저 창이 줄어들면 게시판, 사진첩과 같은 메뉴들이 숨겨지면서 내비게이션 바에서는 버튼이 보이지 않고, 일명 햄버거 버튼이라는 것이 보이게 된다. 나머지 태그들의 구성은 일반 html의 문법이므로 설명은 생략하겠다.

여기까지 코드 작성을 직접 입력하지 않고 복사와 붙여넣기로 수행했다. 이러한 방법은 실제 개발에서도 생산성을 높여주는 장점이 있어 코드의 생산성이 높아진 느낌이 들 것이다.

이렇게 부트스트랩을 이용하여 만들어진 게시판 화면은 단순히 UI만을 보여 주는 것이기 때문에, 실제로 기능이 동작하지는 않는다.

> **알아두세요** 햄버거 버튼은 클릭하면 숨겨진 메뉴들이 보이게 되는 기능이다.

2.5 웹 UI 생성

부트스트랩 Examples 다운로드

우리가 실제로 웹 UI를 만들 때 앞서 살펴본 것처럼 부트스트랩에서 제공하는 각 컴포넌트 코드를 부분적으로 사용할 수도 있지만, 테마별 또는 기능별 페이지를 처음부터 통째로 다운로드하여 사용할 수도 있다. 부트스트랩 페이지의 메뉴에서 [예시]를 클릭하고 표시되는 페이지에서 〈예시 다운로드〉 버튼을 클릭하여 압축된 파일을 다운로드한 다음 현재 작업 폴더인 'ch2'에 저장하자.

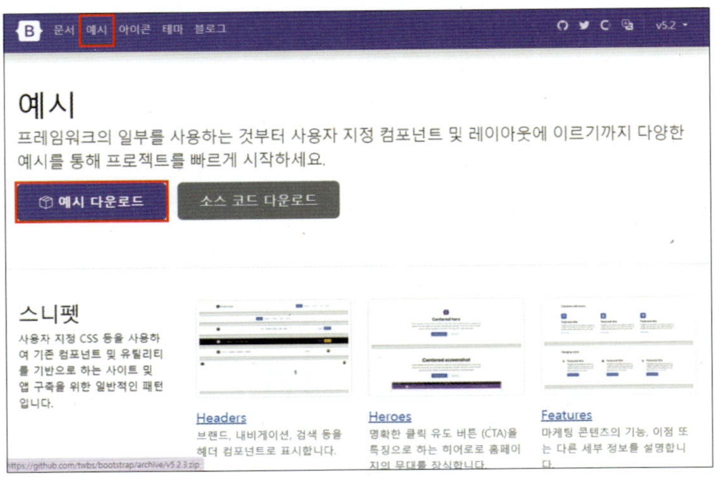

sign-in 페이지 코드 가져오기

다운로드한 수많은 예시 페이지들이 폴더별로 저장되어 있는데, 이 중에서도 sign-in 페이지를 살펴볼 것이다. 'sign-in' 폴더를 클릭하여 살펴보면 'index.html' 파일과 'signin.css' 파일을 확인할 수 있다.

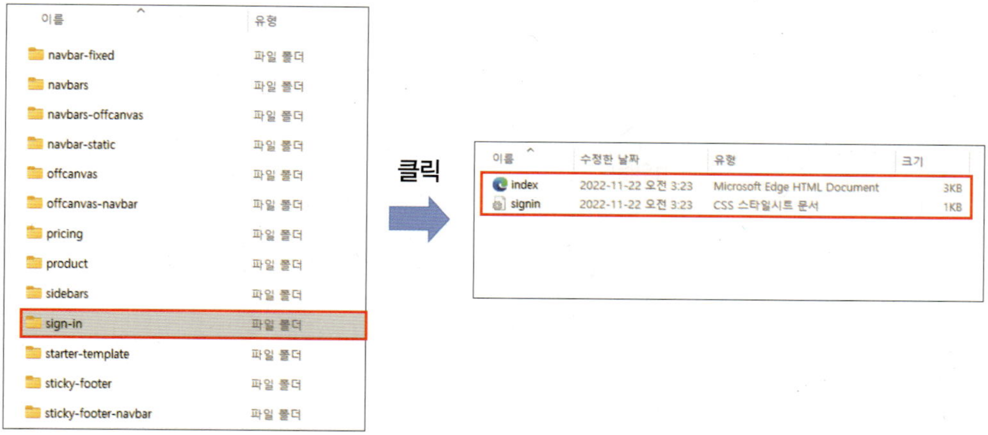

'index.html' 파일을 더블클릭하여 실행한다. 다음과 같이 일반 사이트에서 흔히 볼 수 있는 로그인 화면 페이지가 나타난다. 화면은 비교적 간단하지만, 앞서 직접 html과 css로 만들었던 로그인 페이지와 비교하면 어떤가? 비교할 수 없을 만큼 스타일이 깔끔한 것을 확인할 수 있다.

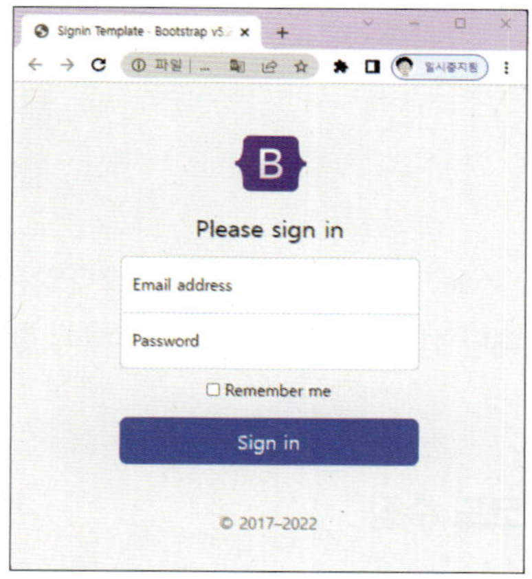

이 UI 페이지의 내부 코드를 확인해 보자. 페이지에서 마우스 오른쪽 버튼을 클릭하여 '페이지 소스 보기'를 클릭하거나, F12를 눌러 개발자 도구를 활성화한다.

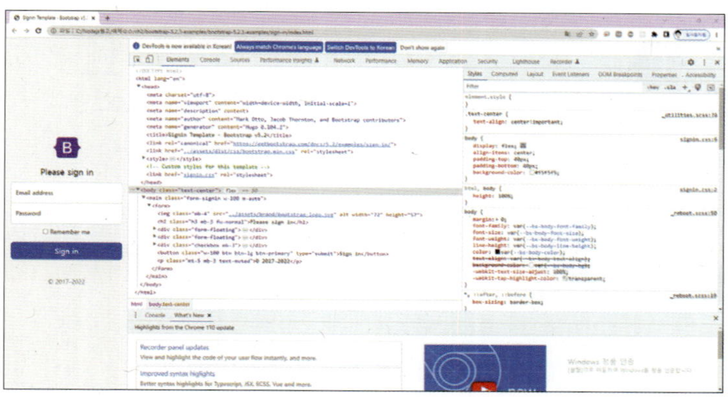

페이지 코드의 내용을 모두 완벽하게 이해할 필요는 없다. 코드의 전체 흐름을 이해하고 필요한 부분을 수정하여 사용하면 된다.

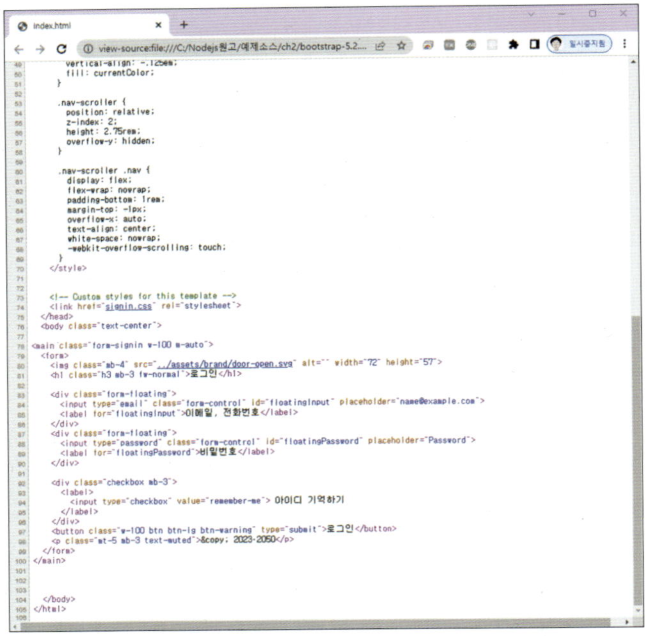

〈style〉〈/style〉 사이의 css 스타일은 이미 정의되어 있는 코드이므로 가급적 수정하지 않고 이해만 한다. 여기서 주로 수정해야 할 부분은 화면에 보이는 〈body〉〈/body〉 사이의 코드이다.

코드 수정

제공되는 로그인 페이지의 UI를 다음과 같이 변경해 보자.

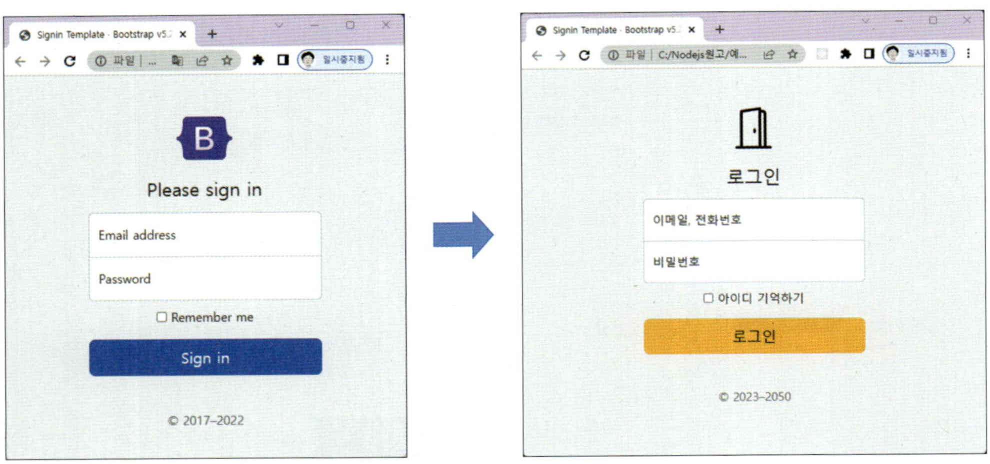

다음과 같이 VSCode에서 'sign-in' → 'index.html' 파일을 클릭하여 불러온다.

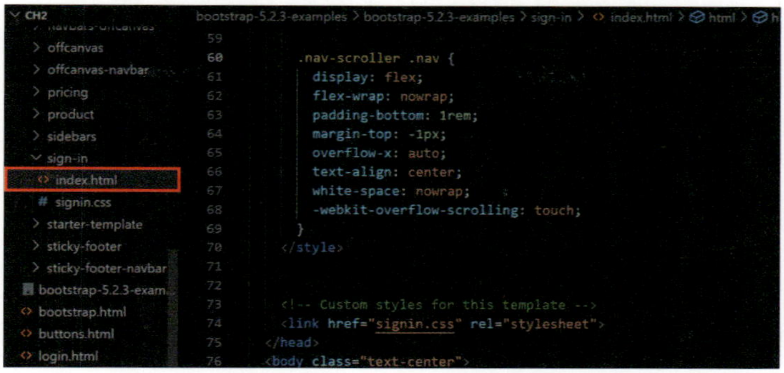

수정할 포인트는 로고와 페이지 글자의 한글화, 버튼의 색상 등이다. 이 정도만 변경해도 페이지의 분위기를 상당히 변경할 수 있다. 로고도 부트스트랩에서 무료로 제공하므로 부트스트랩 페이지의 메뉴에서 [아이콘]을 클릭하여 아이콘 모음 페이지로 이동한다.

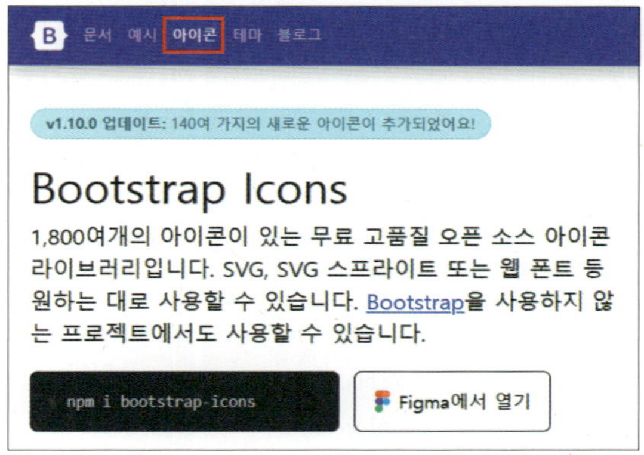

'Door open'을 검색하고 <SVG 다운로드> 버튼을 클릭하여 SVG 파일을 다운로드한다.

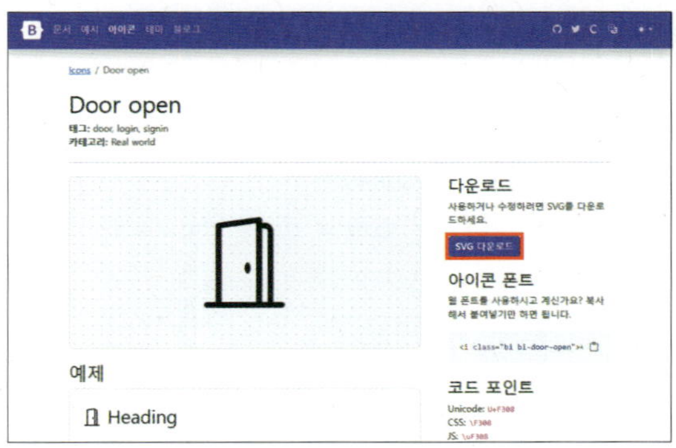

다운로드한 'door-open.svg' 파일을 부트스트랩 예시 폴더인 '₩bootstrap-5.2.3-examples₩assets₩brand' 경로에 저장한다.

다음과 같이 코드를 수정하자.

```
······································· 생략 ·······································
  <!-- Custom styles for this template -->
  <link href="signin.css" rel="stylesheet">
</head>
<body class="text-center">

<main class="form-signin w-100 m-auto">
  <form>
    <img class="mb-4" src="../assets/brand/door-open.svg" alt="" width="72"
     height="57">
    <h1 class="h3 mb-3 fw-normal">로그인</h1>

    <div class="form-floating">
      <input type="email" class="form-control" id="floatingInput"
       placeholder= "name@example.com">
      <label for="floatingInput">이메일, 전화번호</label>
    </div>
    <div class="form-floating">
      <input type="password" class="form-control" id="floatingPassword"
       placeholder= "Password">
      <label for="floatingPassword">비밀번호</label>
    </div>

    <div class="checkbox mb-3">
      <label>
        <input type="checkbox" value="remember-me"> 아이디 기억하기
      </label>
    </div>
    <button class="w-100 btn btn-lg btn-warning" type="submit">로그인</button>
    <p class="mt-5 mb-3 text-muted">&copy; 2023 - 2050</p>
  </form>
</main>
  </body>
</html>
```

〈결과〉

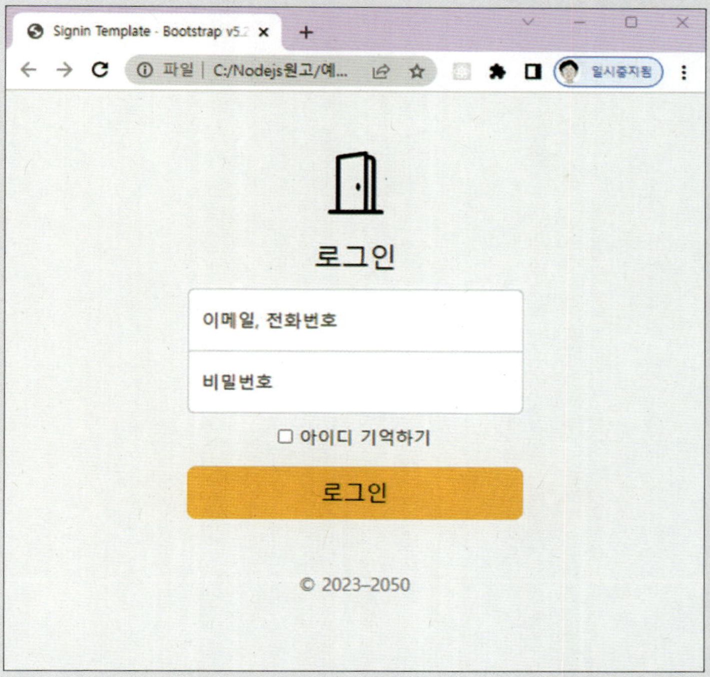

9줄 : 기존의 기본 svg 파일을 새로 다운로드한 'door-open.svg' 파일로 변경한다.

10, 15, 20줄 : 각 요소의 내용만 변경한다.

28줄 : 부트스트랩에서 제공하는 버튼 그룹에서 노란색을 지정할 수 있는 btn-warning 속성을 추가했다.

이렇게 특정 기능의 UI 페이지를 빠르게 만들어야 할 때 부트스트랩 예시와 같은 템플릿을 사용하면 시간과 완성도를 모두 잡을 수 있다. 실제 프로젝트에서는 시간과 완성도가 생명이기 때문에 웹 페이지 UI 개발 시 많이 사용하는 방법 중 하나이다.

Node.js 기반 서버는 자바스크립트 언어를 사용한다.

둘째 마당에서는 자바스크립트의 가장 기본 문법인 변수, 연산자, 조건문, 반복문, 함수에 대해 학습하고, 조금 더 나아가 사용자 요청에 따른 처리 방법인 이벤트와 이벤트 핸들러, 콜백 함수에 대해 학습한다.

이 부분의 내용이 서버가 동작하는 핵심적인 원리이다. 마지막으로 ES2015+ 문법을 통해 자바스크립트에서 사용하는 보다 향상된 문법과 기술을 학습한다.

둘째마당

자바스크립트 문법

3 장

데이터의 재료, 변수와 자료형

학 습 목 표

- 변수란 무엇이고, 변수를 사용하는 목적에 대해 이해한다.
- 자료형이란 무엇이고, 자료형의 여러가지 종류에 대해 이해한다.
- 숫자형에 대해 이해하고 코드를 작성한다.
- 문자열형에 대해 이해하고 코드를 작성한다.
- 불리언형에 대해 이해하고 코드를 작성한다.
- null과 undefined의 차이점을 이해한다.
- 오브젝트형에 대해 이해하고 코드를 작성한다.

3.1

JAVASCRIPT

실습 환경 설정

실습 폴더 생성

실습 작업을 위해 파일을 저장할 폴더를 한 개 생성하고 폴더 이름을 'ch3'으로 설정한다. 생성 위치나 이름은 임의로 정해도 상관없다.

Visual Studio Code에서 폴더 열기

Visual Studio Code를 실행하고 메뉴에서 〔File〕 → 〔Open Folder〕를 클릭하여 생성한 폴더를 연다.

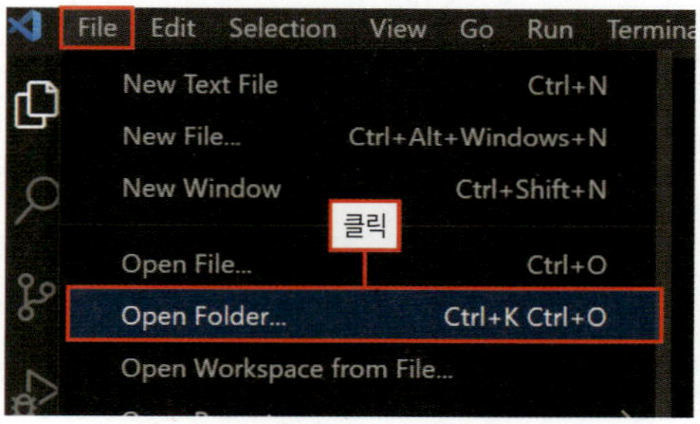

탐색기에 다음과 같이 'CH3'이 표시된다. 이제부터 생성되는 파일들은 'CH3' 폴더 내부에 생성된다.

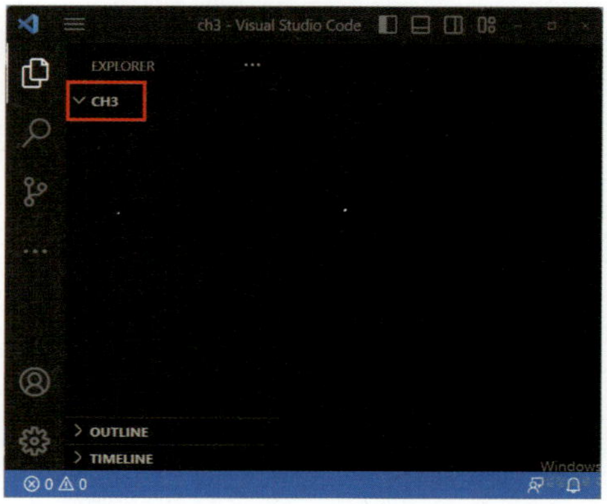

JAVASCRIPT

3.2

변수

변수의 정의

변수(Variable)란 사전적 의미로 '어떤 상황의 가변적인 요인'이라는 뜻이다. 살아가면서 어떤 상황이나 어떤 요소에 대해 그것이 변수가 될 거라는 말을 종종 사용하는데, 프로그래밍 언어에서 변수라는 것도 말 그대로 '변하는 수'를 말한다. 즉, 개념적으로 변한다라는 의미에서는 사전적인 의미와 일맥상통한다. 값이 메모리에 할당되었지만, 그 값은 언제든지 다른 값으로 변경될 수 있다는 것이다.

자바스크립트에서의 변수

자바스크립트에서 변수는 어떤 상자로 비유할 수 있다. 빈 상자에 옷을 넣으면 옷 상자가 되고 장난감을 넣으면 장난감 상자, 책을 넣으면 책 상자가 된다. 즉, 상자에 어떤 내용물이 들어가느냐에 따라 상자의 종류가 달라지는 것이다.

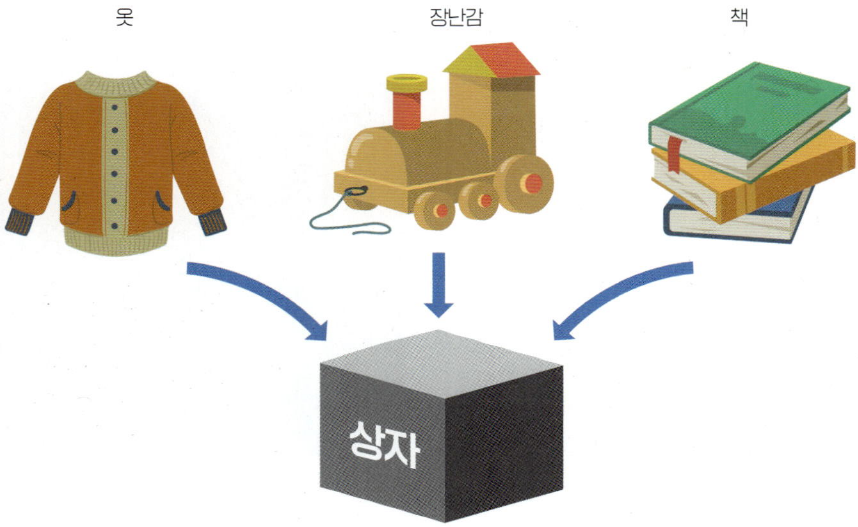

이처럼 변수도 어떤 데이터를 넣느냐에 따라 변수의 타입(자료형)이 달라진다. 변수에 문자열, 정수, 실수 등 어떤 값이든지 대입할 수 있다.

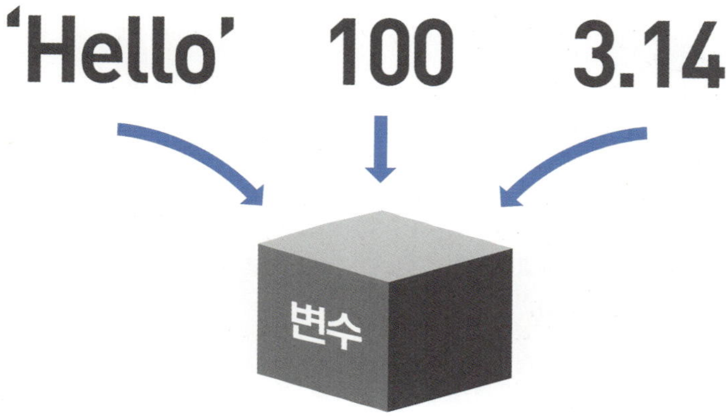

자바스크립트 변수를 실생활에서 예를 들면 다용도 상자라고 표현해도 적절할 것이다.

변수의 사용법

변수의 개념을 이해했다면 코드상에서 변수를 어떻게 사용하는지 살펴보자. 먼저 'New File'을 선택하여 코드를 작성할 파일을 생성하고 파일 이름을 'variable.js'로 설정한다.

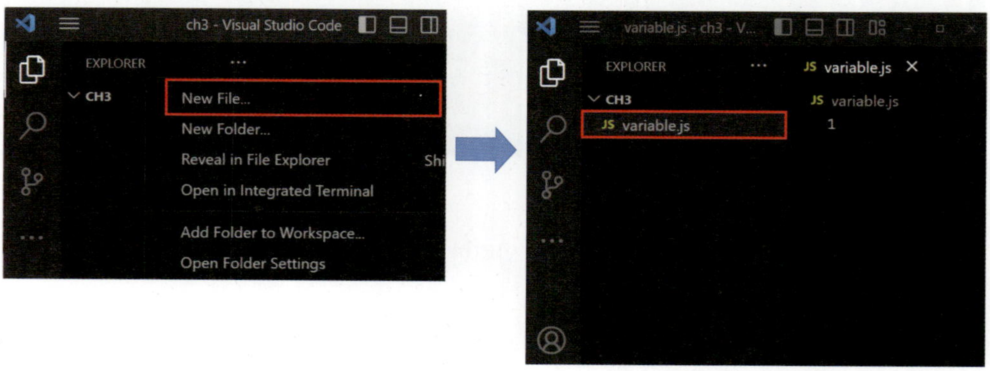

알아두세요 확장자 js는 javascript의 약자다.

먼저 용도에 맞게 변수의 이름을 설정하고 변수 이름 앞에 'var' 키워드를 붙여 준다. 변수 이름을 'msg'라고 선언하고, 해당 변수에 원하는 값을 대입한 다음 문자열을 'Hello'라고 입력한다.

```
var msg = 'Hello';
```

변수 msg에는 어떤 값이든지 모두 넣을 수 있다. 기존 msg에 'Hello'라는 문자열이 저장되어 있는데 다음과 같이 'World'라는 같은 타입의 문자열로 값을 변경할 수도 있다.

```
var msg = 'Hello';
msg = 'World'; //값을 변경
console.log(msg);
```

Node.js는 자바스크립트를 독립적으로 실행시켜 주는 런타임이라고 정의한 바 있다. 즉, js는 자바스크립트 코드이므로 독립적으로 실행 가능하다. 메뉴에서 〔Terminal〕 → 〔New Terminal〕을 클릭하여 코드를 실행해 보자.

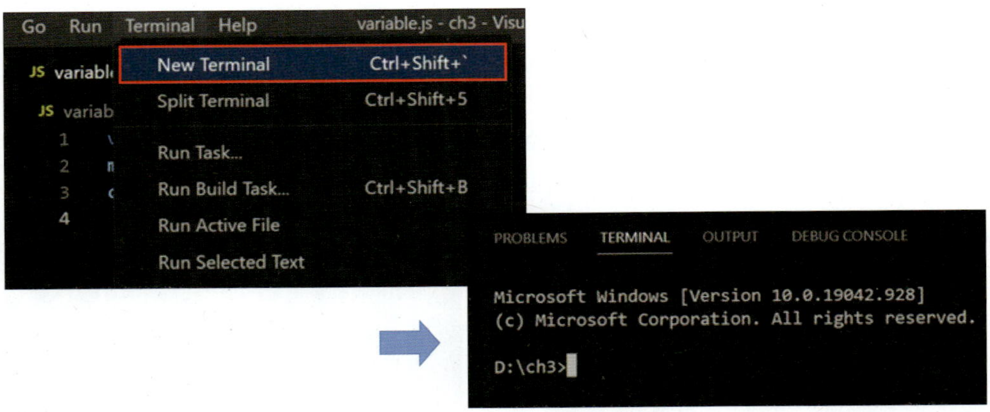

터미널의 프롬프트에 다음과 같이 명령어를 입력한다.

```
$ node variable.js
```

node 명령어에 실행하려는 'js' 파일명을 입력하면 node 기반에서 자바스크립트 코드가 독립적으로 동작한다.

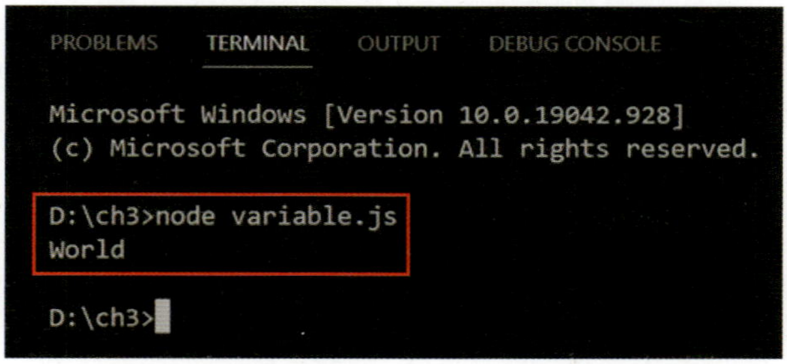

console.log() 함수는 데이터를 전달인자로 전달하면 터미널 창에 데이터를 출력하는 기능을 한다. 현재 변수 msg에는 'World' 문자열이 대입되었으므로 터미널 창에 'World'가 출력된 것을 확인할 수 있다.

컴파일 기반의 언어의 경우, 처음에 한 번 타입이 결정된 변수에는 해당 타입의 값이 아니면 올 수 없는데 자바스크립트에서는 이와 상관없이 어떤 타입이든 올 수 있다. 현재 msg에 'World'가 입력되어 있어 문자열이지만 100이라는 정수형 값을 대입하여 값 변경이 가능하다.

코드를 다음과 같이 수정해 보자.

```
var msg = 'Hello';
msg = 100; //값을 변경
console.log(msg);
```

<결과>

```
$node variable.js
100
```

값이 변경되면 이전 데이터는 변수에서 제거되므로 콘솔에 '100'이 출력된다.

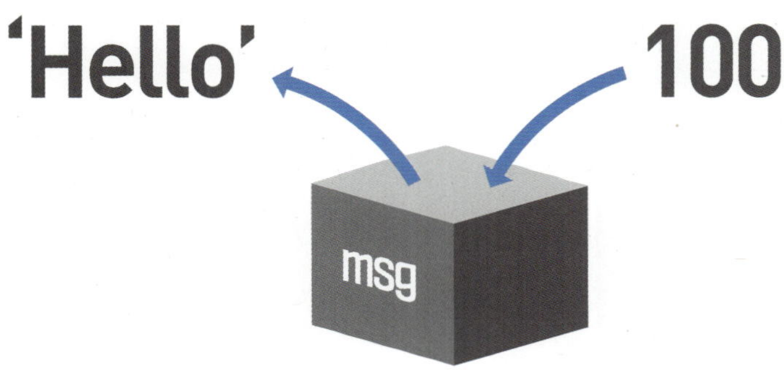

변수끼리의 복사

변수끼리 복사도 가능하다. 서로 다른 두 변수에서 하나의 변수를 또 다른 변수에 대입하면 타입에 상관없이 복사된다.

```
var msg = 'Hello';
var count = 100;
msg = count;
console.log(msg);
```

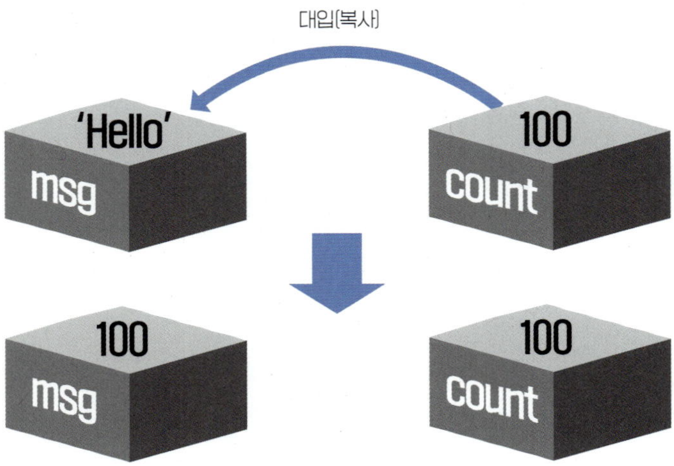

서로 다른 변수 msg와 count를 선언과 동시에 초기화하고, 정수형의 count 변수를 문자열인 msg에 대입하면 count 값 100이 그대로 변수 msg에 복사된다.

변수 msg를 출력하면 다음과 같다.

<결과>

```
$node variable.js
100
```

3.3 변수 이름 짓기

변수 이름 사용 규칙

변수를 생성할 때 변수 이름은 용도와 의미에 맞게 정하는 것이 좋다. 가장 좋은 경우는 변수 이름을 봤을 때 이 변수가 어떠한 역할을 하는 변수인지 알 수 있어야 한다. 물론 이런 조건 외에도 변수 이름을 정하는데 최소한 지켜야 할 규칙들이 몇 가지 있다.

변수 선언 규칙과 사용 예시를 살펴보자.

변수 선언 규칙	사용 예
변수의 첫 글자를 특수문자나 숫자로 시작할 수 없다.	`var 5brother;` (사용 불가)
변수의 첫 글자는 영문자이거나 언더스코어(_)만 와야 한다.	`var name;` (사용 가능) `var _name;` (사용 가능)

자바스크립트는 대소문자를 구분하므로 같은 이름이라도 대소문자에 유념해야 한다.	`var name;`
	`var Name;`
	(둘 다 사용 가능하지만 서로 다른 변수로 취급)

변수의 이름이 여러 단어일 경우 단어의 각 사이를 언더스코어(_)로 연결하거나, 두 번째 단어의 시작 문자를 대문자로 한다.	`var my name;` (사용 불가) `var myName;` (사용 가능) `var my_name;` (사용 가능)

자바스크립트에서 사용하고 있는 예약어(키워드)를 변수 이름으로 사용할 수 없다.	`var case;`
	`var return;`
	`var if;`

모든 변수 선언 규칙들을 처음부터 완벽하게 숙지하려고 노력하지 않아도 된다. Visual Studio Code(이하 VSCode)에서 자체 유효한 코드를 감별하여 이 변수 선언이 문제 없는지 판단하여 표시해 준다. 물론 이러한 도구의 기능만 믿으라는 말이 아니다. 변수 선언 규칙은 프로그래밍 언어 대부분 거의 동일하므로 앞으로 코드를 자주 작성해 보면 어떤 것이 사용 가능하고 불가한지 경험을 통해 금방 알 수 있게 될 것이다.

사용 가능 변수와 사용 불가한 변수

다음 코드에서 사용 가능한 변수와 사용 불가한 변수를 구분해 보자.

```
1    var 5brother;
2    var your name;
3    var case;
4    var myName;
5    var myname;
```

1줄 : 변수의 이름은 숫자나 특수문자로 시작할 수 없어 오류가 발생한다.

2줄 : 변수의 이름이 두 단어 이상일 때 띄어쓰기로 선언하면 오류가 발생한다. 두 단어를 언더스코어(_)로 연결하거나 두 번째 단어의 첫 글자를 대문자로 입력해야 한다.

3줄 : 자바스크립트에 내장되어 있는 예약어는 변수 이름으로 사용할 수 없으므로 오류가 발생한다.

4~5줄 : 변수의 이름은 대소문자를 구분하므로 동일한 이름이라도 서로 다른 변수로 인식한다.

더 알아보기 예외적으로 사용 가능한 특수문자

특수문자는 변수의 이름 안에 포함할 수 없는 것이 원칙이지만, 예외적으로 '$'와 '_' 는 사용 가능하다. 예를 들어 다음과 같이 연산 가능하다.

```
var $ = 10;
var _ = 20;
var age = 30;
console.log($ + _ + age); //60 출력
```

더 알아보기 한 줄에 여러 변수 선언

```
var msg = 'Hello', count = 100, name = ‘ lch ’;
```

변수들을 쉼표로 구분하여 한 줄에 선언하게 되면 간결해진다는 장점이 있지만, 가독성이 떨어지므로 권장하는 방법은 아니다. 오히려 요즘은 코드 라인이 조금 더 늘어나더라도 가독성 있게 코드를 작성하는 것을 더 권장한다.

3.4 자료형

자료형이란

어떤 프로그래밍 언어든 자료형은 존재한다. 자바스크립트에서도 대입하는 값의 형태에 따라 데이터를 구분하여 처리하는데 이러한 데이터 유형을 '자료형(Data Type)' 또는 '데이터 타입'이라고 한다. 우리는 앞으로 살펴보는 내용에서 자료형과 데이터 타입이라는 용어를 혼용해서 사용할 것이다.

자료형의 종류

자바스크립트에서 구분하는 자료형은 크게 '원시형'과 '오브젝트형'으로 나눌 수 있다. 원시형에는 숫자형(Number), 문자열형(Striing), 불리언형(Boolean), 널형(Null), Undefined형 등이 있다.

타입	설명
원시형	1개의 데이터를 담고 있는 자료형으로 변수 할당 시 고정된 메모리 크기를 가지고 변수가 값을 직접적으로 가리키는 형태이다.
–숫자형(Number)	숫자 표현 및 산술 연산이 가능한 자료형이다. 숫자는 정수와 실수로 분류할 수 있다.
–문자열형(String)	문자열을 표현하는데 사용하는 자료형이다. 문자열이라는 것은 말 그대로 문자들이 모여서 하나의 열을 이루는 데이터를 말한다.
–불리언형(Boolean)	불리언형(Boolean)은 논리적인 요소를 나타내고, true와 false 2가지의 값을 갖는다.
–널형(Null)	널(null)은 아무 값도 없다는 의미로 null 이라는 한가지 값만 가질 수 있다.
–Undefined형	Undefined는 값이 할당되지 않은 상태를 나타낸다.
오브젝트형(Object)	오브젝트형은 한가지의 데이터가 아니라 데이터 컬렉션과 같은 여러 자료형을 표현할 수 있는 특수한 자료형이다.

JAVASCRIPT

3.5 숫자형

숫자형이란

자바스크립트에서 숫자형(number) 데이터를 표현할 경우 데이터 사이에 따옴표를 사용하지 않고 오직 숫자만으로 표현한다. 또한 컴파일 기반 언어처럼 int, double과 같은 별도의 자료형이 없다. 숫자형은 크게 정수와 실수(부동소수점 수)로 나눌 수 있다.

정수

정수란 0을 포함한 양의 자연수와 음의 자연수를 통틀어 말한다. 단, 정수는 소수점을 가지지 않는다. 정수의 형태는 다음과 같다.

```
100, 0, -29, 30, -128
```

실수

실수는 소수점이나 지수와 함께 쓰인 숫자를 나타내는 자료형이다. 흔히 부동소수(浮動小數)라고도 하는데 여기서 말하는 부동은 '떠서 움직인다.'라는 의미다. 예를 들어 3.14라는 값을 표현할 때, 이 값을 0.314 * 또는 0.0314 *로 표현할 수 있는데, 즉, 지수부에 따라 소수점의 자리가 이동하기 때문에 소수점이 떠 있다는 의미로 부동소수라고 한다. 실수에는 기수, 가수, 지수부로 나누어지는데 실수에서 각각 의미하는 바가 무엇인지 살펴보자.

```
0.0314 * 10²
가수 : 0.0314
지수 : 10²의 2
기수 : 10²의 10
```

숫자형의 변수 선언 및 자료형을 출력해 보자. 먼저 VSCode의 탐색기에서 'CH3' 폴더 하위에 'number.js'라는 이름의 파일을 하나 생성하자.

```
1    var myAge = 20;
2    var myHeight = 178.5;
3    console.log(typeof myAge);
4    console.log(typeof myHeight);
```

<결과>

```
$node number.js
number
number
```

1~2줄 : 변수 myAge에 정수 20을, 변수 myHeight에 실수 178.5를 대입한다.

3~4줄 : 각 변수의 자료형을 터미널에 출력하기 위해 typeof 연산자를 사용한다.

숫자형은 기본적인 산술 연산인 더하기(+), 빼기(−), 곱하기(*), 나누기(/)가 가능하다. 이번에는 변수에 정수값을 대입한 후 간단한 산술 연산을 하자.

```
var kuk = 95;
var eng = 85;
var math = 52;
var total = kuk + eng + math;
var avg = total / 3;
console.log(total);
console.log(avg);
```

<결과>

```
$node number.js
232
77.33333333333333
```

NaN

NaN(Not a Number)은 계산 중에 오류가 났거나 부정확한 수학 연산을 사용하면 NaN이 반환된다. 즉, 형식은 number인데 결과가 number가 아니게 된 값을 의미한다.

```
var nan = '난'/10;
console.log(nan);
```

<결과>

```
$node number.js
NaN
```

C/C++과 같은 컴파일 기반의 언어에서는 숫자 0으로 나눈다거나 맞지 않은 자료형이 변수에 입력되면 치명적인 오류를 일으키며 프로세스가 죽는다. 하지만 자바스크립트에서는 말이 되지 않거나 이례적인 연산을 하더라도 프로세스가 죽지 않고 NaN을 반환하며 해당 연산에만 영향을 미친다.

JAVASCRIPT

3.6 문자열형

문자열 생성

문자열(string)은 문자들의 집합으로 이루어져 있다. 문자열을 표시할 때는 무조건 따옴표를 사용해야 한다. 문자열 작성 시 따옴표는 큰따옴표(" ")나 작은따옴표(' ')로 표시하며, 숫자인 경우에도 따옴표 안에서 사용하게 되면 문자열로 인식하게 된다.

```
" javascript "
' Node.js '
```

'string.js'라는 이름의 파일을 생성하고 다음과 같이 코드를 작성해 보자.

```
1  var lang = "javascript";
2  var love = '사랑하';
3  var you = null;
4  var num = 5;
5  console.log(lang + null + love + num);
```

〈결과〉

```
$node string.js
javascript null 사랑하5
```

1~2줄 : 큰따옴표를 이용하여 변수 lang에 "javascript"라는 문자열을, 작은따옴표를 이용하여 변수 love에 '사랑하'라는 문자열을 생성하였다.

3줄 : 뒤에서 배울 null 값이라는 내용으로 변수가 비었다는 의미다.

5줄 : 문자열끼리 결합할 때 + 연산자를 사용할 수 있다. 특이한 점은 자료형이 문자열이 아닌 변수들도 문자열과 +로 결합하면 문자열로 변환된다는 점으로 null과 5는 문자열이 아니지만 문자열과 결합되어 출력된 것을 확인할 수 있다.

문자열의 길이 구하기

문자열형 자체가 객체이므로 여러 가지 기능들이 제공된다. 그중에서도 많이 사용되는 기능은 문자열의 길이를 구하는 속성이다.

```
문자열.length
```

문자열형에서 길이 정보를 얻어올 수 있는 속성으로 length가 제공된다. 문자열 길이는 문자열을 다룰 때 필요한 정보이므로 잘 숙지해야 한다.

```
1    var msg = "JavaScript is the world's most popular programming language.";
2    console.log(msg.length);
```

<결과>

```
$node string.js
60
```

2줄 : 문자열형 변수 msg로 length 속성값을 얻어와서 출력한다. 글자 수는 공백도 1글자로 포함한다.

큰따옴표와 작은따옴표의 혼용

문자열 생성 시 큰따옴표를 사용할 수도 있고 작은따옴표를 사용할 수도 있다. 그런데 문자열 안에 실제 큰따옴표나 작은따옴표를 출력하고 싶을 수도 있다. 그래서 기존 방식대로 'She's gone'과 같이 문자열 안에 따옴표를 사용한다면 어떻게 될까? 오류가 난다.

왜냐하면 컴퓨터 입장에서 작은따옴표의 시작과 끝은 'She' 한 개의 문자열로 인식한다. 그 뒤에 나오는 s gone' 문장은 컴퓨터가 오류로 해석한다. 우리가 원하는 논리와 컴퓨터가 인식하는 논리는 맞지 않다. 이 문제를 어떻게 해결할까? 다음과 같이 작은따옴표(')를 문자열 중간에 표시할 때는 문자열을 큰따옴표(")로 묶어 주고, 반대로 큰따옴표(")를 문자열 중간에 표시할 때는 문자열을 작은따옴표(')로 묶어 주면 된다.

```
' She said " Good bye " '
" She's gone "
```

큰따옴표와 작은따옴표를 이용하여 다음과 같이 코드를 작성해 보자.

```
var msg1 = 'She said "Good bye"';
var msg2 = "She's gone";

console.log(msg1);
console.log(msg2);
```

<결과>

```
$node string.js
She said "Good bye"
She's gone
```

3.7 불리언형

변수 이름 사용 규칙

불리언형(Boolean)은 논리 요소를 나타내며 true와 false 2가지의 값을 가질 수 있다. 불리언형 실습을 위해 'boolean.js'라는 이름의 파일을 하나 생성하자.

```
1 var checkIn = true;
2 var checkOut = false;
3 console.log(checkIn);
4 console.log(checkOut);
```

<결과>

```
$node boolean.js
true
false
```

1~2줄 : 불리언형 값인 true 또는 false가 변수에 대입되면 변수 checkIn, checkOut은 불리언형 변수가 된다.

3~4줄 : 각 불리언형 변수를 출력하면 true, false 값이 출력된다.

불리언형은 참과 거짓을 판별하는 타입이므로 주로 비교문에서 많이 사용된다.

```
var bigger = 100 > 50;
console.log(bigger);
bigger = 100 < 50;
console.log(bigger);
```

〈결과〉

```
$node boolean.js
true
false
```

1줄 : 100 〉 50의 명제는 참이다. 이러한 비교 연산은 참인 경우 true를 반환하기 때문에 변수 bigger에는 true 값이 저장되고 불리언형 변수가 된다.

3줄 : 100 〈 50이라는 명제는 거짓이다. 그래서 false를 반환한다.

불리언형은 이렇게 별도의 변수로 사용하기보다는 주로 조건문 안에서 주로 사용되는데 사용 빈도가 매우 높은 자료형 중에 하나이다.

3.8 null과 undefined

null 값

null은 빈 값을 의미한다. 값이 비어있다고, 존재하지 않는다고 의도적으로 표현하는 것이다. null 값은 별도의 값으로 존재하므로 별도의 자료형임을 의미한다. 또한 불리언형으로 표현하면 false 값으로 표현된다. 'null.js'라는 이름의 파일을 생성하고 코드를 다음과 같이 입력하자.

```
1  var love = null;
2  console.log(love);
3  console.log(Boolean(love));
```

<결과>

```
$node null.js
null
false
```

1줄 : love라는 변수에 null 값을 대입함으로써 변수에 값이 비어있음을 나타낸다.

3줄 : null 값인 변수 love를 Boolean() 함수를 통해 불린형으로 표현하면 false가 출력된다.

undefined 값

undefined의 사전적인 의미는 '정의되지 않은'이다. 변수는 선언했지만 '값이 할당되지 않은 상태'를 나타낸다. 값이 할당되지 않은 상태라는 의미로 해당 변수에 undefined가 자동 할당된다. 'undefined.js' 파일을 생성하고 코드를 다음과 같이 입력하자.

```
var name;
console.log(name);
```

<결과>

```
$node undefined.js
undefined
```

1줄 : name이라는 이름의 변수를 선언했지만 값을 할당하지 않아 모호하기 때문에 name에는 undefined 값이 자동 할당된다.

undefined는 사용자의 실수로 초기화하지 않은 변수의 값에 대한 오류이다. 그래서 엄격한 문법 기반 언어에서는 오류로 출력하기도 하지만 자바스크립트에서는 오류로 간주하지 않고 undefined라는 값으로 표시한다. undefined 값이 별도로 존재한다는 것은 별도의 자료형임을 의미한다.

```
1    var name = 'lch';
2    console.log(name);
3    name = undefined;
4    console.log(name);
```

<결과>

```
$node undefined.js
lch
undefined
```

3줄 : 변수 name에는 앞서 문자열 'lch'가 대입되었으므로 문자열형 변수다. 여기에 undefined 값을 의도적으로 대입할 수 있다. 값이 존재하기 때문에 대입 가능하여 변수 name은 undefined가 된다.

undefined 값은 엄밀하게 보면 변수를 초기화하지 않은 오류 상태다. 이 값을 변수에 의도적으로 대입하는 형태는 문법적으로는 가능할지라도 의미적으로는 바람직하지 못하다. undefined 값을 변수에 대입하는 코드는 사용하지 말자.

null과 undefined의 차이

null과 undefined의 의미 구분이 헷갈릴 수 있다. 여기서 궁극적인 두 값의 차이점은 null의 경우 해당 변수에 값이 없다는 의미로 사용자가 의도적으로 대입하는 값이다. 반면 undefined의 경우는 사용자의 실수로 초기화하지 않은 변수에 의도하지 않게 대입되는 값으로, 일종의 오류 값이라고도 볼 수 있다. 그러므로 사용자가 변수의 빈 값을 설정하는 경우에는 null 값을 사용하자.

3.9 JAVASCRIPT

오브젝트형

오브젝트형의 특징

Object 클래스뿐만 아니라 배열 또는 컬렉션 등도 오브젝트형에 속한다. 원시형 변수와의 가장 큰 차이점은 값을 할당하는 방식에 있다. 원시형은 특정 변수에 값을 복사하는 방식(call by value)을 사용하는 반면 오브젝트형은 특정 변수에 메모리 주소를 복사하는 방식(call by reference)을 사용한다.

콜스택과 메모리힙

오브젝트형의 특징을 이해하려면 자바스크립트 내부의 메모리 구조를 이해해야 한다. 자바스크립트 엔진은 콜스택과 메모리힙으로 구성되어 있으며, 가장 유명한 엔진이 크롬의 V8 엔진이다. 콜스택은 원시형의 데이터가 저장되는 메모리다. 메모리힙은 오브젝트형에서 사용하는 참조형 메모리로 필요할 때 할당되는 메모리이므로 동적 메모리라고도 한다.

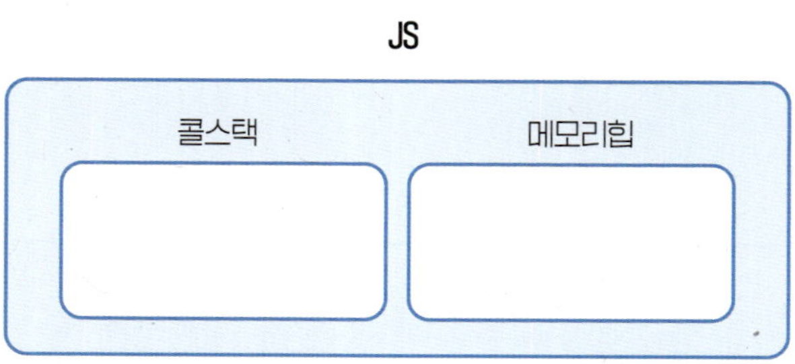

원시형과 오브젝트형의 값 저장 구조

원시형 형태로 데이터를 저장해 보자.

```
var msg = 100;
```

이 코드의 메모리 구조는 다음과 같다.

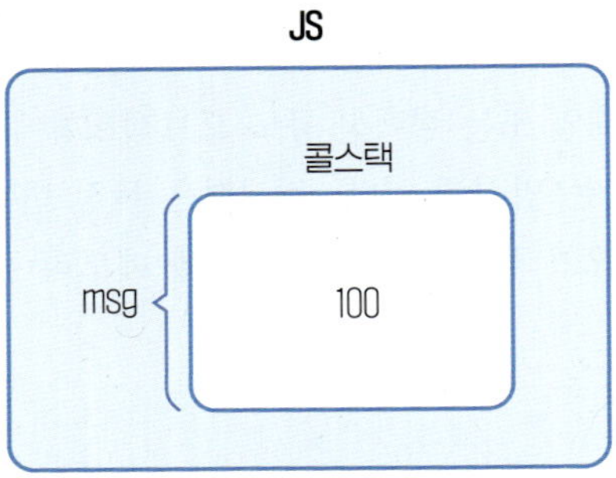

콜스택은 원하는 값 자체를 저장한다. msg라는 변수 이름을 가진 메모리에 100이라는 값이 저장된 형태다.

이번에는 오브젝트형의 형태로 데이터를 저장해 보자.

```
var msg = {name : '불꽃 남자'};
```

이 코드의 메모리 구조는 다음과 같다.

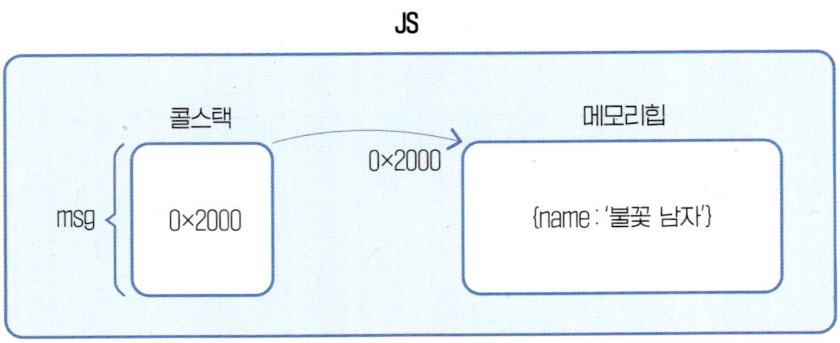

오른쪽에 오브젝트형 데이터가 콜스택에 저장되는 것이 아니라 메모리힙에서 오브젝트형 데이터를 생성 후 해당 메모리의 주소값을 콜스택에 저장한다. msg라는 변수인 콜스택 메모리에는 {name : '불꽃 남자'}라는 데이터가 직접 대입되지 않고 해당 메모리의 주소값이 저장된다.

참조형의 변수 선언과 할당

참조형의 변수 선언과 데이터 할당을 해 보자. 참조형은 Object와 배열 등이 이에 속한다. 오브젝트형 실습을 위해 'object.js'라는 이름의 파일을 하나 생성하고 다음과 같이 작성하자.

```
1    var msg = {
2        name : '불꽃 남자',
3        comment : '포기를 모르는 남자',
4        age : 19
5    };
6
7    var array = [];
8    array.push(msg);
9
10   console.log(array);
```

<결과>

```
$node object.js
[ { name: '불꽃남자', comment: '포기를 모르는 남자', age: 19 } ]
```

1~5줄 : 전형적인 자바스크립트 오브젝트형의 데이터 구조이다. 오브젝트형은 { } 사이에 key : value 형태로 데이터를 입력한다. 이 구조는 JSON이나 몽고DB에서도 사용하므로 잘 숙지해 두자.

더 알아보기 **new 연산자 사용**

보통 오브젝트형 데이터를 생성할 때는 new 연산자를 사용하여 메모리를 할당하는 것이 정석이다. 하지만 1~5줄 코드나 7줄 코드에서는 생략 가능하기 때문에 전혀 new 연산자를 볼 수 없다. new 연산자를 사용한다면 다음과 같이 코드를 수정한다.

```
var msg = new Object();
msg = {
    name : '불꽃 남자',
    comment : '포기를 모르는 남자',
    age : 19
};

var array = new Array();
array.push(msg);

console.log(array);
```

<결과>

```
$node object.js
[ { name: '불꽃 남자', comment: '포기를 모르는 남자', age: 19 } ]
```

코드의 편의성을 위해 문법적으로 new 연산자 생략을 허용하지만, 오브젝트 데이터 생성 시 new 연산자를 사용하는 것이 정석이라는 것을 잊지 말자.

4 장

재료들의 조합, 연산자

학습목표

- 산술 연산자를 이해하고 코드를 작성한다.
- 할당 연산자를 이해하고 코드를 작성한다.
- 증감 연산자를 이해하고 코드를 작성한다.
- 비교 연산자를 이해하고 코드를 작성한다.
- 논리 연산자를 이해하고 코드를 작성한다.
- 연산자 우선순위를 이해한다.

JAVASCRIPT

4.1 실습 환경 설정

실습 폴더 생성

먼저 실습 작업을 위해 파일을 저장할 폴더를 한 개 생성하고 폴더 이름을 'ch4'로 설정한다. 생성 위치나 이름은 임의로 정해도 상관없다.

Visual Studio Code에서 폴더 열기

Visual Studio Code를 실행하고 메뉴에서 〔File〕 → 〔Open Folder〕를 클릭하여 생성한 폴더를 연다.

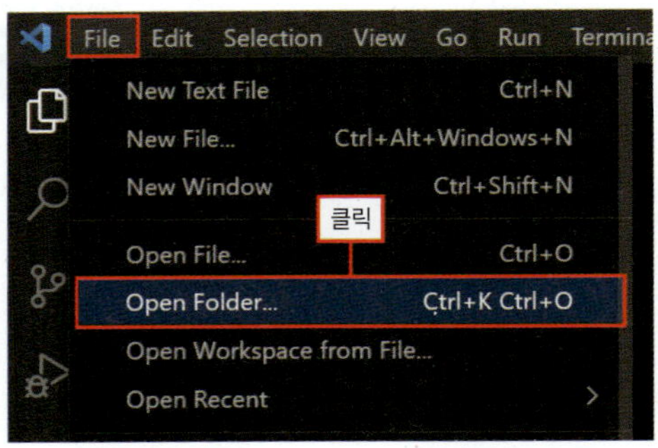

탐색기에 다음과 같이 'CH4'가 표시된다. 이제부터 생성되는 파일들은 'CH4' 폴더 내부에 생성된다.

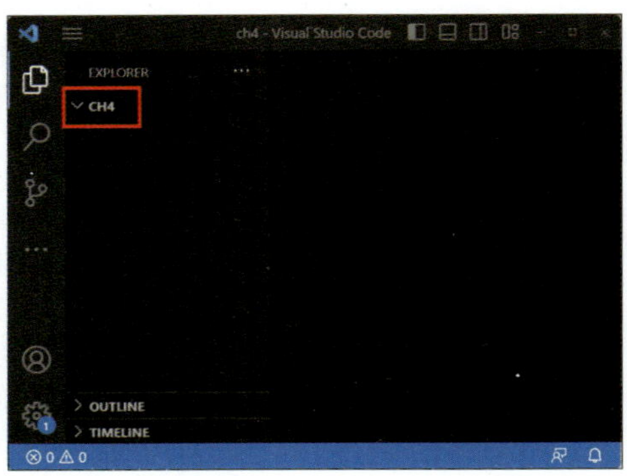

4.2 JAVASCRIPT

산술 연산자

더하기, 빼기, 곱하기, 나누기, 나머지, 거듭제곱 연산자

가장 기본적인 산술 연산자들이다. 초등학교 수학에서 배웠던 덧셈, 뺄셈, 곱셈, 나눗셈은 수학의 기초 연산자로, 자바스크립트에서 지원하는 산술 연산자 또한 수학에서의 연산과 동일한 개념이다.

연산자	내용
+	두 개의 피연산자를 더한다.
−	왼쪽의 피연산자에서 오른쪽 피연산자를 뺀다.
*	두 개의 피연산자를 곱한다.
/	왼쪽의 피연산자를 오른쪽 피연산자로 나눈 몫이다.
%	왼쪽의 피연산자를 오른쪽 피연산자로 나눈 나머지이다.
**	왼쪽의 피연산자의 오른쪽 피연산자의 값만큼 곱한 값이다.

'arithmetic.js'라는 이름의 파일을 생성하고 기본 사칙연산에 관한 코드를 작성해 보자.

```
var a = 3;
var b = 2;

console.log('더하기 결과 : ' + ( a + b ));
console.log('빼기 결과 : ' + ( a - b ));
console.log('곱하기 결과 : ' + ( a * b ));
console.log('나누기 / 결과 : ' + ( a / b ));
console.log('나누기 % 결과 : ' + ( a % b ));
console.log('거듭제곱 결과 : ' + ( a ** b ));
```

<결과>

```
$node arithmetic.js
더하기 결과 : 5
빼기 결과 : 1
곱하기 결과 : 6
나누기 / 결과 : 1.5
나누기 % 결과 : 1
거듭제곱 결과 : 9
```

1~2줄 : 변수 a와 b에 각각 3과 2를 대입한다.

4~7줄 : 두 변수 a와 b를 기본 사칙연산인 더하기, 빼기, 곱하기, 나누기로 연산하고 결과를 출력한다.

8줄 : %는 나머지 연산자라고 한다. 앞의 수를 뒤의 수가 나눈 나머지를 반환한다. 3을 2로 나누었을 때 나머지가 1이므로 1이 출력된다.

9줄 : **는 거듭제곱 연산자다. 앞의 수를 뒤의 수만큼 곱한 값이 반환된다. 3을 2번 곱했을 때 3^2가 되므로 9가 출력된다.

더 알아보기 **연산자**

앞으로 피연산자, 단항 연산자, 이항 연산자라는 용어를 종종 사용하게 될 것이다. 용어를 정확하게 이해하고 사용하자.

연산자 종류	설명
피연산자	연산을 수행하는 대상이다. 예를 들어 x + 3이라고 하면 연산자는 +가 되고 피연산자는 x와 3이 된다.
단항 연산자	피연산자가 1개인 연산자다. +3의 경우 사용한 +가 단항 연산자다.
이항 연산자	피연산자가 2개인 연산자다. x + 3의 경우 사용한 +가 이항 연산자다.

더하기 연산자의 특별한 기능

더하기 연산자는 대개 숫자와 숫자끼리의 더한 결과를 리턴한다. 그런데 자바스크립트에서는 더하기 기능이 일반적인 수학의 기능 외에도 타입의 종류에 따라 특별하게 사용되는데, 피연산자가 문자열인 경우에는 문자열간의 결합 기능으로 사용된다.

문자열 + 문자열 => 문자열의 결합

다음 코드를 실행해 보자.

```
console.log('hello ' + 'world');
```

<결과>

```
$node arithmetic.js
hello world
```

그런데 하나의 피연산자가 문자열이고 나머지는 숫자형인 경우에 두 개를 더하면 숫자형인 데이터가 문자열로 자동 변경되어 문자열의 결합 형태로 리턴된다.

문자열 + 숫자 => 문자열의 결합

다음 코드를 실행해 보자.

```
console.log('긴급출동' + 119);
console.log('1' + 1);
```

<결과>

```
$node arithmetic.js
긴급출동119
11
```

문자열이 숫자와 더해지면 숫자 자체가 문자열의 속성으로 변경되면서 결과적으로 문자열이 반환되는 것을 확인할 수 있다.

더하기 연산자는 단항 연산자로 사용되면 보통 부호 연산자로 사용된다. 예를 들어 +5와 같이 상수나 변수 앞에 연산자를 붙이면 양수를 의미한다. 그런데, 이러한 기능과 더불어 자바스크립트에서는 숫자 데이터인 문자열 앞에 + 연산자를 붙이거나 불린형 데이터 앞에 + 연산자를 붙이면 숫자형으로 형 변환이 일어나게 한다. 숫자형으로 형 변환 시에 매우 유용하게 사용할 수 있다.

+문자열(숫자형) => 숫자형
+불린형 => 숫자형

다음 코드를 실행해 보자.

```
console.log(+"1024" + 1);
console.log(+true);
console.log(+false);
```

<결과>

```
$node arithmetic.js
1025
1
0
```

주의할 점은 + 연산자 뒤에 문자열이 반드시 숫자 형태여야 한다는 점이다. 혹여 +“test”와 같은 형태의 데이터라면 NaN을 반환할 것이다.

알아두세요 문자열에 +가 아니라 -를 붙여도 숫자형으로 형 변환이 일어난다. 대신 형 변환된 숫자는 음수다.

빼기, 곱하기, 나누기 연산자의 특별한 기능

앞의 더하기 연산자는 피연산자 중에 문자열이 하나라도 있으면 무조건 문자열 결합의 형태로 리턴되었는데 빼기, 곱하기, 나누기 연산자의 경우는 조금 다르다. 피연산자가 문자열이더라도 내용이 숫자형 데이터이면 내부적으로 문자열을 숫자형으로 자동 형변환하여 연산한다.

문자열(숫자형) (-*/) 숫자 => 숫자
문자열(숫자형) (-*/) 문자열(숫자형) => 숫자

```
console.log('10' - 2);
console.log('10' * 2);
console.log('10' / 2);
console.log('10' - '2');
console.log('10' * '2');
console.log('10' / '2');
```

<결과>

```
$node arithmetic.js
8
20
5
8
20
5
```

문자열이지만 내용이 숫자형인 경우 -, *, / 이항 연산자는 숫자로 자동 형변환시켜 숫자형의 연산 결과를 출력한다.

4.3 할당 연산자

기본 할당 연산자

기본 할당 연산자는 =로 표기하고 연산자의 오른쪽의 값을 왼쪽으로 대입하는 역할을 한다. 이 연산자를 할당 연산자 또는 대입 연산자라고 하며, 그 종류와 의미는 다음과 같다.

연산자	내용
=	a = b의 경우 b의 값을 a에 대입한다.

기본적으로 대입 연산자는 연산자 우선순위에서 낮기 때문에 다른 연산자와 함께 사용하면 가장 나중에 동작한다. 다음 코드를 작성해 보자.

```
1  var a = 3;
2  var b = a + 2;
3  var c = b - a;
4
5  console.log(a);
6  console.log(b);
7  console.log(c);
```

〈결과〉

```
$node arithmetic.js
3
5
2
```

2줄 : 표현식 a + 2 연산이 이루어진 후 결과를 b에 리턴한다.

3줄 : 표현식 a + b 연산이 이루어진 후 결괏값을 c에 대입한다.

복합 할당 연산자

코드를 작성하면서 자신의 변수에 연산하고 그 결과를 다시 자기 자신의 변수에 저장하는 경우가 매우 흔하다.

```
1   var a = 3;
2   a = a + 2;
3   console.log(a);
4
5   a = a - 2;
6   console.log(a);
7
8   a = a * 5;
9   console.log(a);
10
11  a = a / 5;
12  console.log(a);
```

<결과>

```
$node arithmetic.js
5
3
15
3
```

2줄 : 현재 변수 a에 3이 저장되어 있다. 여기에 2를 더한 후 결과를 다시 변수 a에 저장하면 a 값은 5가 된다.

5줄 : 현재 변수 a에는 5가 저장되어 있다. 여기에 2를 뺀 후 결과를 다시 변수 a에 저장하면 a 값은 3이 된다.

8줄 : 현재 변수 a에는 3이 저장되어 있다. 여기에 5를 곱한 후 결과를 다시 변수 a에 저장하면 a 값은 15가 된다.

11줄 : 현재 변수 a에는 15가 저장되어 있다. 여기에 5로 나눈 후 결과를 다시 변수 a에 저장하면 a 값은 3이 된다.

각 연산의 특징은 연산 후 같은 변수에 다시 저장하는 형태다. 이때 복합 할당 연산자를 이용하면 동일한 연산을 더욱 간단하게 작성할 수 있다.

연산자	내용
+=	a += b의 경우 a의 값에 b를 더해 결괏값을 a에 대입한다. a = a + b와 같다.
−=	a −= b의 경우 a의 값에 b를 뺀 결괏값을 a에 대입한다. a = a − b와 같다.
*=	a *= b의 경우 a의 값에 b를 곱한 결괏값을 a에 대입한다. a = a * b와 같다.
/=	a /= b의 경우 a의 값에 b를 나눈 몫의 결괏값을 a에 대입한다. a = a / b와 같다.

```
var a = 3;
a += 2;
console.log(a);

a -= 2;
console.log(a);

a *= 5;
console.log(a);

a /= 5;
console.log(a);
```

<결과>

```
$node arithmetic.js
5
3
15
3
```

사칙연산(더하기, 빼기, 곱하기, 나누기) 모두 복합 할당 연산자 적용이 가능하다. a = a + 2와 같은 표현식을 a += 2와 같이 간략하게 바꿀 수 있고 나머지 −=, *=, /= 등의 연산자들도 마찬가지다. 그런데 복합 할당 연산자는 코드의 간결함을 위해 사용할 수 있지만, 가독성이 좋다면 a = a + 2와 같은 표현식은 그대로 사용하는 것도 괜찮다.

4.4 JAVASCRIPT

증감 연산자

증가 연산자

숫자를 1씩 증가시키는데 사용되는 편리한 연산자다. 증가 연산자는 모든 프로그래밍 언어에서 공통적으로 자주 사용되는 연산자이므로 잘 알아두자.

연산자	내용
++a	a 값을 먼저 1 증가시킨 후 연산을 진행한다.
a++	연산을 진행한 후 a 값을 1 증가시킨다.

++는 변수를 1 증가시키는 기능을 하는데 변수의 앞에 붙느냐(전위형 : prefix) 뒤에 붙느냐(후위형 : postfix)에 따라 연산 결과가 달라진다. 코드 작성을 위해 'increase.js'라는 이름의 파일을 생성한다.

```
var a = 3;
console.log(a);

//++a를 출력하는 경우
console.log(++a);

//a++를 출력하는 경우
console.log(a++);
console.log(a);
```

<결과>

```
$node increase.js
3
4
4
5
```

5줄 : 결과는 4가 출력된다. ++a는 전위형이므로 가장 먼저 현재 변수값을 기준으로 1 증가시킨다.

8줄 : 결과는 4가 출력된다. 분명 ++ 연산을 했는데 왜 증가가 되지 않았는가? a++는 후위형이기 때문이다. 즉, 해당 라인에서 a++의 수행은 우선순위가 가장 낮으므로 console.log로 출력하고 다음 줄로 넘어갈 때 a는 1 증가한다.

9줄 : 8줄에서 a는 4가 출력되었지만 9줄 넘어오기 직전에 a++에 의해 1 증가 되었으므로 5가 출력된다.

> **알아두세요** 상수에는 증감 연산자가 적용되지 않는다. 예를 들어 ++3이나 3++ 등의 표현식은 오류가 발생한다.

감소 연산자

증가 연산자와 같은 원리로 숫자를 1씩 감소시키는데 사용되는 연산자다.

연산자	내용
--a	a의 값을 먼저 1 감소 시킨 후 연산을 진행한다.
a--	연산을 진행한 후 a의 값을 1 감소시킨다.

--는 변수를 1 감소시키는 기능을 하는데 변수의 앞에 붙느냐(전위형 : prefix) 뒤에 붙느냐(후위형 : postfix)에 따라 연산 결과가 달라진다. 코드 작성을 위해 'decrease.js'라는 이름의 파일을 생성한다.

```
1 var a = 3;
2 console.log(a);
3
4 //--a를 출력하는 경우
5 console.log(--a);
6
7 //a--를 출력하는 경우
8 console.log(a--);
9 console.log(a);
```

<결과>

```
$node decrease.js
3
2
2
1
```

5줄 : 결과는 2가 출력된다. --a는 전위형이므로 가장 먼저 현재 변수값을 기준으로 1 감소시킨다.

8줄 : 결과는 2가 출력된다. a--은 후위형이므로 해당 라인에서 a--의 수행은 우선순위가 가장 낮다. 그래서 console.log로 출력하고 나서 다음 줄로 넘어갈 때 a는 1 감소한다.

9줄 : 8줄에서 a는 2가 출력되었지만 9줄 넘어오기 직전에 a--에 의해 1 감소되었으므로 1이 출력된다.

JAVASCRIPT

4.5 비교 연산자

비교 연산자의 종류

변수의 값을 어떤 값 또는 다른 변수와 비교할 때 사용하는 것이 비교 연산자(comparison operator)다. 자바스크립트에서 제공하는 비교 연산자의 종류는 다음과 같다.

연산자	내용
==	a == b의 경우 a와 b의 값이 같다는 의미로 타입은 고려하지 않는다.
!=	a != b의 경우 a와 b의 값이 다르다는 의미다.
>	a > b의 경우 a가 b보다 크다는 의미다.
<	a < b의 경우 a와 b보다 작다는 의미다.
>=	a >= b의 경우 a가 b보다 크거나 같다는 의미다.
<=	a <= b의 경우 a가 b보다 작거나 같다는 의미다.
===	a === b의 경우 a와 b의 값이 같다는 의미로 타입도 엄격하게 고려한다.

비교 연산자는 피연산자 사이의 상대적인 크기를 판단하여 참(true) 또는 거짓(false)을 반환한다.

비교 연산의 기준

자바스크립트에서 비교 연산자는 피연산자의 타입에 따라 2가지 기준으로 비교한다.

- 피연산자가 둘 다 숫자이면 해당 숫자를 서로 비교한다.
- 피연산자가 둘 다 문자열이면 문자열의 첫 번째 문자부터 알파벳 순으로 서로 비교한다.

코드 작성을 위해 'comparison.js'라는 이름의 파일을 생성하고 피연산자가 둘 다 숫자인 경우의 비교 코드를 작성해 보자.

```
1  var a = 10;
2  var b = 20;
3  console.log(a > b);
4  console.log(a == b);
5  console.log(a != b);
```

<결과>

```
$node comparison.js
false
false
true
```

3줄 : a가 10, b가 20인데 a가 b보다 크다는 명제는 거짓이므로 불리언형 false 값이 반환된다.

4줄 : a와 b 값은 같다는 명제는 거짓이므로 false 값이 반환된다.

5줄 : a와 b 값은 다르다는 명제는 참이므로 true 값이 반환된다.

이번에는 피연산자가 둘 다 문자열인 경우의 비교 코드를 작성해 보자.

```
1  console.log('A' < 'B');
2  console.log('ABCD' > 'ABDC');
```

<결과>

```
$node comparison.js
true
false
```

1줄 : 앞에서 문자열은 알파벳 순으로 비교한다고 했는데, 알파벳이 뒤로 갈수록 크다고 판단해서 결과는 true가 출력된다. 이 내용을 정확하게 이해하려면 문자를 처리하는 컴퓨팅의 내부 원리와 아스키 코드를 이해해야한다.

2줄 : 두 문자열을 비교할 때 첫 번째 문자부터 서로 비교한다. 'AB'까지는 두 문자열이 서로 같고 3번째 문자열에서 'C'와 'D'로 달라진다. 알파벳 뒤로 갈수록 큰 수로 인식하므로 문자열 'ABDC'가 더 크다. 그러므로 결과는 false가 출력된다.

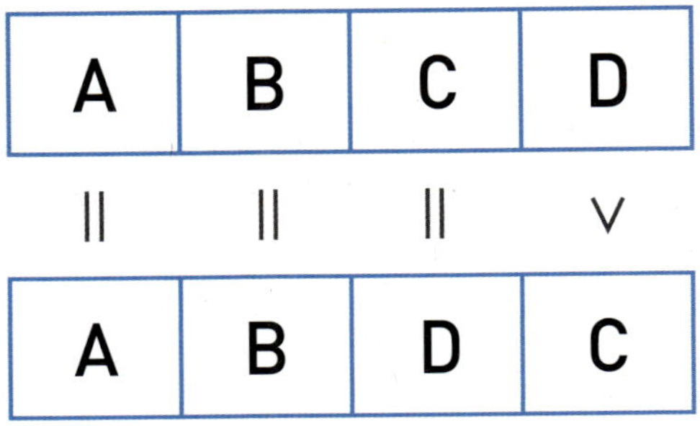

더 알아보기 **아스키 코드표**

컴퓨터는 사람과 다르게 문자를 인식하지 못하기 때문에 각 문자를 인식하기 위한 숫자들을 각 문자에 매핑했다. 이를 아스키 코드라고 부르며, 아스키 코드에는 대문자 A~Z까지, 소문자 a~z까지의 매핑된 코드들이 있다. 아스키 코드는 다음과 같이 아스키 코드표를 참고한다.

10진수	16진수	문자	10진수	16진수	문자	10진수	16진수	문자	10진수	16진수	문자
0	0x00	NUL	32	0x20	Space	64	0x40	@	96	0x60	`
1	0x01	SOH	33	0x21	!	65	0x41	A	97	0x61	a
2	0x02	STX	34	0x22	"	66	0x42	B	98	0x62	b
3	0x03	ETX	35	0x23	#	67	0x43	C	99	0x63	c
4	0x04	EOT	36	0x24	$	68	0x44	D	100	0x64	d
5	0x05	ENQ	37	0x25	%	69	0x45	E	101	0x65	e
6	0x06	ACK	38	0x26	&	70	0x46	F	102	0x66	f
7	0x07	BEL	39	0x27	'	71	0x47	G	103	0x67	g
8	0x08	BS	40	0x28	(	72	0x48	H	104	0x68	h
9	0x09	TAB	41	0x29	)	73	0x49	I	105	0x69	i
10	0x0A	LF	42	0x2A	*	74	0x4A	J	106	0x6A	j
11	0x0B	VT	43	0x2B	+	75	0x4B	K	107	0x6B	k
12	0x0C	FF	44	0x2C	,	76	0x4C	L	108	0x6C	l

13	0x0D	CR	45	0x2D	–	77	0x4D	M	109	0x6D	m
14	0x0E	SO	46	0x2E	.	78	0x4E	N	110	0x6E	n
15	0x0F	SI	47	0x2F	/	79	0x4F	O	111	0x6F	o
16	0x10	DLE	48	0x30	0	80	0x50	P	112	0x70	p
17	0x11	DC1	49	0x31	1	81	0x51	Q	113	0x71	q
18	0x12	DC2	50	0x32	2	82	0x52	R	114	0x72	r
19	0x13	DC3	51	0x33	3	83	0x53	S	115	0x73	s
20	0x14	DC4	52	0x34	4	84	0x54	T	116	0x74	t
21	0x15	NAK	53	0x35	5	85	0x55	U	117	0x75	u
22	0x16	SYN	54	0x36	6	86	0x56	V	118	0x76	v
23	0x17	ETB	55	0x37	7	87	0x57	W	119	0x77	w
24	0x18	CAN	56	0x38	8	88	0x58	X	120	0x78	x
25	0x19	EM	57	0x39	9	89	0x59	Y	121	0x79	y
26	0x1A	SUB	58	0x3A	:	90	0x5A	Z	122	0x7A	z
27	0x1B	ESC	59	0x3B	;	91	0x5B	[	123	0x7B	{
28	0x1C	FS	60	0x3C	〈	92	0x5C	₩	124	0x7C	|
29	0x1D	GS	61	0x3D	=	93	0x5D	]	125	0x7D	}
30	0x1E	RS	62	0x3E	〉	94	0x5E	^	126	0x7E	~
31	0x1F	US	63	0x3F	?	95	0x5F	_	127	0x7F	DEL

동등 연산자와 일치 연산자

자바스크립트에서는 서로 같은지 비교하는 연산자가 두 종류가 있다. 바로 동등 연산자(==, equal)와 일치 연산자(===, strict equal)로, 두 연산자 모두 피연산자가 서로 같은지를 비교해 주는데 그 같음을 비교하는 기준이 조금 다르다.

연산자	내용
동등 연산자(==)	두 피연산자의 값이 서로 같으면 참(true)을 반환한다. 이때 두 피연산자의 타입이 서로 다르면 비교를 위해 내부적으로 타입을 같게 변환한다.
일치 연산자(===)	두 피연산자의 값과 타입이 모두 같으면 참(true)을 반환한다. 값은 같지만 타입이 서로 다르면 거짓(false)을 반환한다.

동등 연산자(==)와 일치 연산자(===)의 차이는 값만 같은지, 값과 타입이 모두 같은지에 차이점이 있다.

```
1 var size1 = 1024;
2 var size2 = '1024';
3 console.log(size1 == size2);
4 console.log(size1 === size2);
```

<결과>

```
$node comparison.js
true
false
```

3줄 : 동등 연산자(==)의 비교에서는 size1과 size2의 값이 서로 같으므로 참(true)을 반환한다.

4줄 : 일치 연산자(===)의 비교에서는 size1과 size2의 값은 같지만, 타입이 서로 다르므로 거짓(false)을 반환한다.

자바스크립트 코드에서 두 피연산자를 비교할 때 단순히 값만 비교하려면 동등 연산자(==)를 엄격하게 타입까지 비교하려면 일치 연산자(===)를 사용한다. 동등 연산자와 같은 특징은 자바스크립트 코드의 유연성을 보여 주지만 코드가 비대해지면서 최근에는 일치 연산자와 같은 엄격한 비교를 사용하는 추세다.

서로 다른 타입끼리 비교

비교하려는 값의 자료형이 다르면 자바스크립트는 이 값들을 내부에서 숫자형으로 변경한다. 이 특징은 앞에 동등 연산자(==)의 내부 수행과 동일한 부분이다.

```
console.log(300 > '200');
console.log('10' > 9);
console.log(true == 1);
console.log(true == '1');
console.log(false == 1);
console.log(false == '0');
console.log(2 == '002');
```

〈결과〉

```
$node comparison.js
true
true
true
true
false
true
true
```

1줄 : 숫자 300이 문자열 '200'보다 크다는 명제다. 내부적으로 문자열 '200'은 숫자로 변환되어 비교 결과가 참(true)이 된다.

2줄 : 문자열 '10'이 숫자 9보다 크다는 명제다. 마찬가지로 문자열 '10'은 숫자로 변환되어 비교 결과가 참(true)이 된다.

3줄 : 불리언형 true는 숫자 1과 같다는 명제다. 불리언형 또한 숫자로 변환되면 1이므로 결과가 참(true)이 된다.

4줄 : 불리언형 true는 문자열 '1'과 같다는 명제다. 불리언형과 문자열 각각 숫자 1로 변환되어 결과가 참(true)이 된다.

5줄 : 불리언형 false는 숫자 1과 같다는 명제다. false는 숫자로 변환되면 0이므로 불일치하여 결과는 거짓(false)이 된다.

6줄 : 불리언형 falsle는 문자열 '0'과 같다는 명제다. false와 문자열 '0' 각각 숫자로 변환되어 결과가 참(true)이 된다.

7줄 : 숫자 2와 문자열 '002'는 같다는 명제다. 이때 문자열 '002'는 숫자 2로 변환되어 결과가 참(true)이 된다.

null과 undefined의 비교

null과 undefined 값은 변수의 값이 비어있을 때의 상태다. 하지만 엄밀하게 보면 두 값은 서로 다르다. 앞서 〈3장〉에서 배운 두 값을 다시 상기해 보면 null은 사용자가 일부러 변수를 빈 값으로 할당하기 위해 대입하는 값이고, undefined는 사용자의 실수로 변수에 값이 할당되지 않은 상태를 말한다. 연산자를 통해 두 값을 비교해 보자.

```
1 console.log(null == undefined);
2 console.log(null == undefined);
```

〈결과〉

```
$node comparison.js
true
false
```

1줄 : 동등 연산자를 사용하여 두 값을 비교하면 참(true)이 반환된다. 두 값은 변수가 비어 있다는 점에서는 값으로써 같기 때문에 참(true)이 반횐된다.

2줄 : 일치 연산자를 사용하여 두 값을 비교하면 거짓(false)이 반환된다. 두 값은 값으로써는 같아도 본질적인 타입은 다르기 때문이다.

어쩌면 우리는 null이나 undefined가 변수에 값이 할당되지 않은 상태이므로 0과 같은 값이라고 착각할 수도 있다. 잘 생각하면 null과 undefined는 변수의 값이 빈 상태인 것이지 0이 아니다. 0이라는 숫자도 엄밀하게 수인데 null이나 undefined는 수라고 볼 수 없기 때문이다.

```
console.log(null == 0);
console.log(undefined == 0);
```

〈결과〉

```
$node comparison.js
false
false
```

null과 undefined는 특정 객체에 대하여 리턴값이 null로 예외처리 체크를 하거나 할당되지 않은 변수를 체크할 때 사용할 수 있지만 이렇게 특정 값과 비교하는 것은 의미없으므로 특별히 주의하여 사용한다.

조건부 연산자

비교 연산자를 이용하여 조건에 따라 다른 결과를 수행해야 할 때가 있다. 이러한 분기를 해주는 연산자가 조건부 연산자(conditional operator)로 '?'를 사용하여 분기하기 때문에 물음표 연산자라고도 부른다. 형식은 다음과 같다.

```
condition ? value1 : value2;
```

3개의 피연산자가 있는데, 1번째 condition 위치에 비교 연산을 통해 평가한다. ?를 기준으로 결과가 참(true)이면 value1, 거짓(false)이면 value2를 반환한다. 조건부 연산자 코드를 작성해 보자.

```
1  var age = 30;
2  var result = age >= 19 ? "성인입니다." : "더 자라렴";
3  console.log(result);
```

<결과>

```
$node comparison.js
성인입니다.
```

2줄 : age가 숫자 19보다 크거나 같은지 비교한다. 비교 결과가 참(true)이면 조건부 연산자인 ?의 1번째 문자열 "성인입니다."를 변수 result에 반환한다. 만약 거짓(false)이면 2번째 문자열 "더 자라렴"을 result에 반환한다.

4.6 논리 연산자

논리 연산자의 종류

논리 연산자(logical operator)는 주어진 논리식을 판단하여, 참(true)과 거짓(false)을 반환한다.

주로 여러 개 비교 결과를 피연산자로 하여 2개 이상의 피연산자들을 결합한다. 자바스크립트에서 제공하는 논리 연산자의 종류는 다음과 같다.

<table>
<tr><th>연산자</th><th>내용</th></tr>
<tr><td>||(OR)</td><td>OR의 의미로 a || b 경우 a와 b 중 한 개만 true면 전체가 true다.</td></tr>
<tr><td>&&(AND)</td><td>AND의 의미로 a && b의 경우 a와 b 모두 true여야 전체가 true다.</td></tr>
<tr><td>!(NOT)</td><td>대상의 부정 의미를 가지고 있다. a 값이 true인 경우 !a면 false를 반환한다.</td></tr>
</table>

논리 연산자의 결과는 참(true) 또는 거짓(false)을 반환한다.

논리 연산자의 진리표

다음은 논리 연산자의 모든 동작 결과를 보여 주는 진리표(truth table)다.

<table>
<tr><th>A</th><th>B</th><th>A && B</th><th>A || B</th><th>!A</th></tr>
<tr><td>true</td><td>true</td><td>true</td><td>true</td><td>false</td></tr>
<tr><td>true</td><td>false</td><td>false</td><td>true</td><td>false</td></tr>
<tr><td>false</td><td>true</td><td>false</td><td>true</td><td>true</td></tr>
<tr><td>false</td><td>false</td><td>false</td><td>false</td><td>true</td></tr>
</table>

&& 연산자의 기본 원리

논리식이 모두 참(true)이면 참(true)을 반환하고, 하나라도 거짓(false)이면 거짓(false)을 반환한다. 코드 작성을 위해 'logical.js'라는 이름의 파일을 생성하고 작성하여 AND 연산자의 결과가 진리표대로 나오는지 코드로 확인해 보자.

```
console.log(true && true);
console.log(true && false);
console.log(false && true);
console.log(false && false);
```

<결과>

```
$node logical.js
true
false
false
false
```

둘 다 true여야만 결과가 true를 반환하고, 둘 중 하나라도 false면 false를 반환한다.

일반적으로 아이디와 비밀번호가 모두 같아야만 로그인에 성공할 수 있다. 둘 중에 하나라도 틀리면 로그인은 실패하는데 이런 경우는 AND 연산자를 사용하면 적절하다.

```
var id = 'jamsuham';
var pw = '1111';
var result = (id == 'jamsuham' && pw == '1111')
?"로그인되었습니다.":"아이디 또는 비번이 틀렸습니다";
console.log(result);
```

<결과>

```
$node logical.js
로그인되었습니다.
```

3~4줄 : 변수 id의 값이 문자열 'jamsuham'과 같고 변수 pw의 값이 문자열 '1111'과 같다면, 즉 두 비교 연산이 모두 참(true)이면, 조건부 연산자 ? 의 바로 뒤의 문자열 "로그인 되었습니다."를 반환한다. 만약 두 비교 연산이 둘 중에 하나라도 거짓(false)이라면 콜론(:) 뒤의 문자열 "아이디 또는 비번이 틀렸습니다."를 반환한다.

&& 연산자의 단축 평가

&&(AND) 연산자는 왼쪽부터 오른쪽으로 평가를 진행하는데 중간에 평가 결과가 나오면 오른쪽 끝까지 가지 않고 평가 결과를 반환한다. 이를 단축 평가(short circuit evaluation)라고 하며, 피연산자의 타입을 반환하는 것이 아니라 값을 그대로 반환한다는 특징이 있다.

&& 연산자의 특성상 여러 개의 피연산자로 연산했을 때 하나라도 false가 있다면 무조건 false 값을 반환하고 만약 모든 피연산자가 false가 아니라면 가장 오른쪽 피연산자의 값이 반환된다. 피연산자가 여러 가지 타입인 경우 && 연산자의 연산 결과는 어떻게 되는지 살펴보자.

```
1  console.log(false && 'jamsuham');
2  console.log(true && 'jamsuham');
3  console.log('jamsuham' && false);
4  console.log('jamsuham' && true);
5  console.log('jamsuham' && '1111');
6  console.log(null && false);
```

<결과>

```
$node logical.js
false
jamsuham
false
true
1111
null
```

1줄 : 왼쪽이 false라면 오른쪽에 'jamsuham' 문자열이 오더라도 무조건 false가 반환된다.

2줄 : 왼쪽이 true라면 오른쪽의 값을 그대로 반환한다. 그래서 문자열 'jamsuham'을 그대로 출력한다. 내부적으로 'jamsuham'은 true로 평가된다.

3~4줄 : 왼쪽이 'jamsuham' 문자열이면 내부적으로 true로 평가되므로 오른쪽 값이 반환된다.

5줄 : 양쪽 모두 다 문자열이라면 먼저 왼쪽 'jamsuham' 문자열이 true로 평가되므로 오른쪽 '1111' 문자열이 그대로 반환된다.

6줄 : 왼쪽에 null이 오는 경우 null은 false로 평가되므로 null이 반환된다. 특이한 점은 false가 반환되지 않고 null 값이 그대로 반환된다.

|| 연산자의 기본 원리

논리식 중에 하나라도 참(true)이면 참(true)을 반환하고 모두 거짓(false)이어야 거짓(false)을 반환한다. OR 연산자의 결과가 진리표대로 나오는지 코드로 확인해 보자.

```
console.log(true || true);
console.log(true || false);
console.log(false || true);
console.log(false || false);
```

<결과>

```
$node logical.js
true
true
true
false
```

둘 중 한 개만 true면 결과를 true를 반환하고 둘 다 false여야 false를 반환한다.

지원 대상의 범위를 나이로 선별하려고 한다. 보통 공공기관을 가면 65세 이상이나 7세 미만의 어린이들은 특정 지원 혜택이 있다. 둘 중 하나라도 조건에 맞으면 지원 대상으로 처리하는 코드를 작성해 보자. 이런 경우는 OR 연산자를 사용하면 적절하다.

```
var age = 30;
var result = (age > 65 || age < 7)
?"지원 대상입니다.":"지원 대상이 아닙니다.";
console.log(result);
```

〈결과〉

```
$node logical.js
지원 대상이 아닙니다.
```

2~3줄 : 나이 age의 값이 65보다 크거나 7보다 작으면, 즉 두 비교 연산 중 한 개라도 참(true)이면 true를 반환하고 조건부 연산자 ?의 바로 뒤의 문자열 "지원 대상입니다."를 반환한다. 만약 두 비교 연산이 둘 다 거짓(false)이라면 콜론(:) 뒤의 문자열 "지원 대상이 아닙니다."를 반환한다.

|| 연산자의 단축 평가

||(OR) 연산자 또한 단축 평가(short circuit evaluation) 적용이 된다. 왼쪽부터 오른쪽으로 평가를 진행하는데 중간에 평가 결과가 나오면 오른쪽 끝까지 가지 않고 평가 결과를 반환한다.

|| 연산자의 특성상 여러 개의 피연산자로 연산을 했을 때 둘 중 하나만 true면 무조건 true로 평가되는데, 왼쪽 피연산자가 true면 바로 true를 반환한다. 피연산자가 여러 가지 타입인 경우 || 연산자의 연산 결과는 어떻게 되는지 살펴보자.

```
console.log(false || 'jamsuham');
console.log(true || 'jamsuham');
console.log('jamsuham' || false);
console.log('jamsuham' || true);
console.log('jamsuham' || '1111');
console.log(null || false);
```

〈결과〉

```
$node logical.js
jamsuham
true
jamsuham
jamsuham
jamsuham
false
```

1줄 : 왼쪽이 false이고 오른쪽이 'jamsuham' 문자열이면 true로 평가되어 오른쪽 값이 반환된다.

2줄 : 왼쪽이 true면 오른쪽 값은 볼 필요 없이 왼쪽 true 값이 반환된다.

3~4줄 : 왼쪽이 'jamsuham' 문자열이면 내부적으로 true로 평가되어 오른쪽 값은 볼 필요 없이 왼쪽 값이 반환된다.

5줄 : 양쪽 모두 다 문자열이라면 먼저 왼쪽 'jamsuham' 문자열이 true로 평가되어 오른쪽 값은 볼 필요 없이 왼쪽 값을 그대로 반환한다.

6줄 : 왼쪽에 null이 오면 null은 false로 평가되고 오른쪽 값도 false이므로 false를 반환한다.

! 연산자의 기본 원리

논리식의 결과가 참(true)이면 거짓(false)을, 거짓(false)이면 참(true)을 반환한다. 문법은 매우 간단하다. 피연산자 앞에 느낌표(!)만 붙여 주면 해당 결과를 불리언형(true/false)으로 반환한다.

```
1    console.log(!false);
2    console.log(!true);
```

<결과>

```
$node logical.js
true
false
```

1줄 : false의 값 앞에 ! 연산자를 붙이면 그 반대인 true가 반환된다.

2줄 : true의 값 앞에 ! 연산자를 붙이면 그 반대인 false가 반환된다.

피연산자가 꼭 불리언형이 아닌 경우도! 연산자를 사용하면 불리언형으로 변환하여 반환된다.

```
console.log(!'jamsuham');
console.log(!null);
console.log(!0);
```

<결과>

```
$node logical.js
false
true
true
```

1줄 : 피연산자 문자열 앞에 ! 연산자를 붙이면 문자열 자체가 true로 평가되어 그 반대인 false로 변환하여 반환된다.

2줄 : null은 false로 평가되므로 앞에 ! 연산자가 붙으면 그 반대인 true로 변환하여 반환된다.

3줄 : 0은 false로 평가되므로 앞에 ! 연산자가 붙으면 그 반대인 true로 변환하여 반환된다.

> **알아두세요** ! 연산자는 &&이나 || 연산자보다 우선순위가 높으므로 혼용되는 경우, ! 연산을 가장 우선으로 수행한다.

nullish 병합 연산자 '??'

nullish하다는 의미는 확실하게 null이거나 undefined인 것을 의미한다. 한 마디로 변수의 유효성 체크라고 볼 수 있다. 이런 체크 코드는 실무에서 상당히 중요한 코드로 nullish 기능을 사용하지 않고 변수의 유효성을 체크하는 고전적인 방법을 살펴보자.

```
var id = 'jamsuham';
var result = (id !== null && id !== undefined)
?"아이디가 입력되었습니다.":"아이디가 입력되지 않았습니다.";
console.log(result);
```

<결과>

```
$node logical.js
아이디가 입력되었습니다.
```

2~3줄 : 비교 연산자 !==와 논리 연산자 &&를 조합하여 null과 undefined 값을 체크하였다. id가 null도 아니고 undefined도 아니면, 즉 유효한 id이면 조건부 연산자 ?의 바로 뒤 "아이디가 입력되었습니다."가 반환된다.

변수의 유효성 체크하는 코드를 이번에는 nullish 병합 연산자(??)로 처리해 보자. nullish 병합 연산자 사용 방법은 다음과 같다.

```
a ?? b
```

변수 a가 null도 아니고 undefined도 아니면 a 값이 유효하다. 그 외에는 b 값이 유효하다.

앞의 코드를 동일한 동작의 코드로 변경해 보자.

```
1  var id = "jamsuham";
2  var result = (id ?? null)
3  ?"아이디가 입력되었습니다.":"아이디가 입력되지 않았습니다.";
4  console.log(result);
```

<결과>

```
$node logical.js
아이디가 입력되었습니다.
```

2줄 : 변수 id가 null도 아니고 undefined도 아닌 유효한 값이면 true로 평가되고, 그렇지 않다면 ?? 연산자 뒤의 null을 반환된다.

JAVASCRIPT

4.7

연산자 우선순위

연산의 우선순위와 결합 순서

앞서 여러 가지 연산자들을 살펴보았다. 여러 연산자들을 같이 사용하여 연산하게 되면 연산자의 우선순위에 의해 계산되어야 한다. 다음 식을 생각해 보자.

```
val = 10;
val = val * 3 + 10 / 5 - 5;
```

이 정도의 계산은 사칙연산이므로 초등학교 수학 정도만 할 수 있다면 문제는 쉽게 풀 수 있다. 변수 val이 10이므로 2줄 식 val에 10을 대입하면 결과는 27이 나오는데 혹시 다른 답이 도출되었다면 연산 우선순위에 대해 잠시 착각했을 가능성이 높다. 산술 연산에서 곱하기와 나누기는 더하기와 빼기보다 우선순위가 높다는 것을 알고 있다. 또한 우선순위가 같은 것끼리 있을 경우에는 왼쪽에 나온 연산이 우선순위가 높은 것을 결합 순서라고 한다.

앞의 연산 순서를 보면 가장 먼저 곱하기 나누기 연산이 우선이므로 val*3이 수행되고 그다음 10/5가 수행된다. 그다음 우선순위인 더하기 빼기 연산이 수행되어 차례로 val * 3 + 10 / 5가 수행되고 - 5 연산을 최종적으로 수행한다. 산술 연산자 이외 나머지 연산자들도 우선순위를 가지고 있다.

다음 연산자 우선순위 표를 살펴보면 가장 1순위는 괄호 ()이다. 우선순위가 상대적으로 낮은 연산을 가장 먼저 하고 싶을 때 괄호 ()를 사용하면 가장 먼저 수행된다. 일종의 새치기 하는 연산자라고 생각하면 된다. 우리가 자주 사용하는 곱하기 나누기는 4순위, 더하기 빼기는 5순위다. 상대적으로 비교 연산 시 많이 사용되는 비교 연산자나 논리 연산자는 10~15순위로 낮은 편에 속한다.

우선순위	연산자	설명
1	(), [], {}	괄호, 리스트, 딕셔너리
2	**	제곱
3	~, +, −	부호, 부정 연산자
4	*, /, %, //	곱셈, 나눗셈
5	+, −	덧셈, 뺄셈
6	<<, >>	비트 쉬프트 연산자
7	&	비트 논리곱
8	^	비트 배타적 논리합
9	|	비트 논리합
10	<, >, >=, <=	비교 연산자
11	==, !=	비교 연산자
12	=, %=, /=, //=, +=, −=, *=, **=	대입 연산자
13	not	논리 연산자
14	and	논리 연산자
15	or	논리 연산자

더 알아보기 괄호 사용

괄호를 사용하면 우선순위를 바꿀 수 있다고 하였다. 그런데 우선순위를 바꾸는 기능보다도 괄호를 사용하면 좋은 점은 가독성의 향상이다. 연산식이 점점 복잡할수록 연산식의 부분을 괄호로 싸면 코드의 부작용을 방지하고 가독성을 높일 수 있다는 장점이 있다. 이를테면 앞서 살펴본 연산식을 다음과 같이 변경 가능하다.

```
val = 10;
val = (val * 3) + (10 / 5)  - 5;
```

괄호만 묶어도 연산식 코드가 훨씬 더 가독성이 좋아졌다.

5 장

논리적 사고, 조건문

학 습 목 표

- 조건문에 대해 이해한다.
- if~else 문의 기본 원리를 이해하고 코드를 작성한다.
- if~else if~else 문의 기본 원리를 이해하고 코드를 작성한다.
- switch~case 문의 기본 원리를 이해하고 코드를 작성한다.

5.1 실습 환경 설정

실습 폴더 생성

먼저 실습 작업을 위해 파일을 저장할 폴더를 한 개 생성하고 폴더 이름을 'ch5'로 설정한다. 생성 위치나 이름은 임의로 정해도 상관없다.

Visual Studio Code에서 폴더 열기

Visual Studio Code를 실행하고 메뉴에서 〔File〕 → 〔Open Folder〕를 클릭하여 생성한 폴더를 연다.

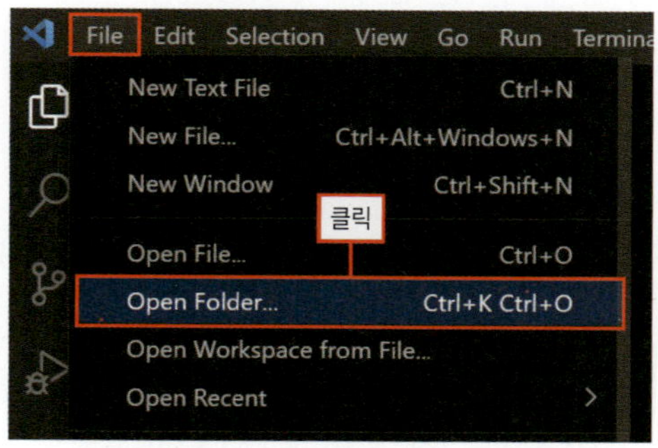

탐색기에 다음과 같이 'CH5'가 표시된다. 이제부터 생성되는 파일들은 'CH5' 폴더 내부에 생성된다.

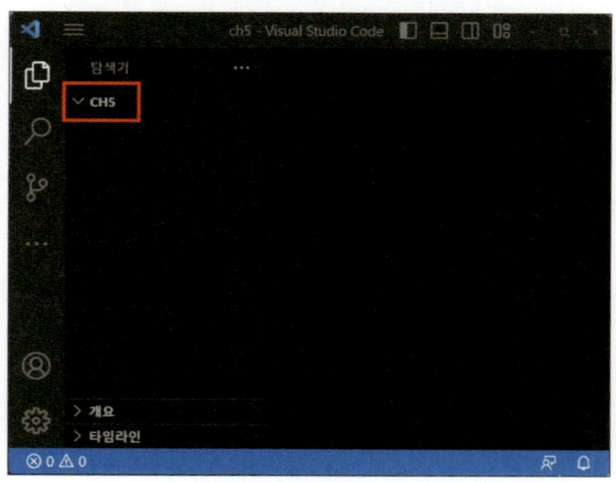

5.2 조건문

조건문이란

조건문을 분기문이라고도 말하는데, 어떤 특정 조건에 따라서 수행 루트를 분기하여 처리하는 문법을 분기문이라고 한다. 쉬운 예로 정보처리기사 시험의 합격 기준을 70점이라고 했을 때, 합격이라는 목표를 이루기 위해 70점 이상의 점수를 획득하는 것이 조건이 되는 것이다. 즉, 70점이라는 조건에 따라 수행 루트가 분기될 수 있다.

물론 이렇게 이분법적으로만 분기되지는 않을 것이다. 다양한 조건이 있을 수도 있는데 여러 개 중에 하나를 선택해야 하는 경우도 처리할 수 있다.

if 문이란

어떤 언어를 막론하고 조건문의 가장 기본이 되는 문법이 바로 if 문이다. if는 사전적 의미로 '만약에~'라는 가정법이다. 우리는 일상에서 이러한 가정법을 많이 사용하고 있다.

- '내가 만약 오늘 짜장면 말고 짬뽕을 먹었더라면…'
- '내가 만약 자바스크립트 말고 파이썬을 배웠더라면…'
- '내가 만약 로또 1등에 당첨 된다면…'

가정법은 아직 일어나지 않은 일에 대한 내용이다. 이 조건이 만족할 수도 있고, 만족 못할 수도 있다. 그렇다고 조건 자체가 가능성이 전혀 없다면 조건의 의미가 없을 것이다. 적어도 0.1% 이상이라도 일어날 수 있는 가능성이 있는 조건을 내걸어야 한다.

더 알아보기 **예외 처리**

보통 실무에서 코드의 예외 처리를 위해 조건문을 많이 사용한다. 정말 오류가 날까 싶을 정도의 1% 이하의 미미한 가능성의 오류도 반드시 예외 처리하는 것이 보편적으로 정해진 규칙으로 이 세상에는 완벽한 코드는 없다. 모든 코드는 오류의 잠재적 가능성을 항상 가지고 있기 때문이다.

if 문의 사용 방법

if 문은 다음과 같이 사용한다.

```
if(수행 조건)
{
    수행하고 싶은 일
}
```

if 문의 괄호 안에 '수행 조건'을 쓰고 이 조건을 만족할 때 그 결과로 true를 리턴하게 되고 '수행하고 싶은 일'을 수행하게 된다. 수행 조건을 만족하지 않으면 false를 리턴한다. 코드 작성을 위해 'condition.js'라는 이름의 파일을 생성하자.

```
1   if(true)
2   {
3       console.log('무조건 참입니다.');
4   }
```

<결과>

```
$node condition.js
무조건 참입니다.
```

1줄 : 수행 조건이 무조건 true다. 이 경우에는 무조건 중괄호 {} 안으로 진입하여 '무조건 참입니다.'를 출력한다.

if 문은 이러한 형태로 수행 조건의 결과에 따라 분기한다.

이번에는 비교 연산의 형태로 수행 조건을 설정하여 분기하자.

```
1  var num = 20;
2  if(num > 10)
3  {
4     console.log('입력값은 10보다 큽니다.');
5  }
```

<결과>

```
$node condition.js
입력값은 10보다 큽니다.
```

1줄 : 변수 num을 선언과 동시에 20으로 초기화한다.

2줄 : if 문을 통해 수행 조건을 비교한다. num이 10보다 큰지 비교하는 조건인데 num이 20으로 10보다 크기 때문에 참(true)을 리턴한다.

수행 조건은 주로 변수의 값을 비교하는 연산식인데 앞에서 살펴본 비교 연산자가 사용된다. 비교 연산자에 대해서는 앞장의 비교 연산자를 참고하자. 비교 연산자의 결괏값들은 모두 불리언값 true 아니면 false를 리턴한다. 또한 숫자 0, 빈 문자열 "", null, undefined, NaN 등의 값은 불리언값으로 변환 시 모두 false가 된다. 이 외에 값은 비교 연산자의 조건에 만족한다면 모두 true를 리턴한다.

더 알아보기 **if 문의 세미콜론**

if 문은 수행 조건에 만족하여 수행되는 수행문까지도 하나의 문장으로 취급하여 if 문의 끝에는 세미콜론(;)이 붙지 않는다. 즉, if(num > 10); 이런 식으로 사용하지 않는다는 것이다. 그렇다고 이 문장이 문법적으로 오류가 있는 것은 아니며, 이 경우는 세미콜론으로 인해 자바스크립트 엔진에서는 이 문장 수행 후 조건문을 종료할 뿐이다.

앞의 코드는 변수 num의 값이 10보다 큰지를 비교하는 코드였다. 변수 num이 10보다 큰 경우에는 메시지를 출력하는데 문제는 10보다 작은 경우 아무런 메시지도 보여 주지 않는다는 점이다. 이러한 점을 보완하여 코드를 다음과 같이 추가해 보자.

```
1  var num = 20;
2  if(num > 10)
3  {
4      console.log('입력값은 10보다 큽니다.');
5  }
6  if(num < 10)
7  {
8      console.log('입력값은 10보다 작습니다.');
9  }
10 if(num == 10)
11 {
12     console.log('입력값은 10과 같습니다.');
13 }
```

```
<결과>

$node condition.js
입력값은 10보다 큽니다.
```

1줄을 var num = 5로 수정했을 경우

```
<결과>

$node condition.js
입력값은 10보다 작습니다.
```

1줄을 var num = 10으로 수정했을 경우

```
<결과>

$node condition.js
입력값은 10과 같습니다.
```

6~13줄 : 변수 num이 10보다 작은 수면 '입력값은 10보다 작습니다.'라는 메시지를 출력한다. 변수 num이 10과 같은 수면 '입력값은 10과 같습니다.'라는 메시지를 출력한다.

입력받은 num의 값을 10과 비교하여 클 때, 작을 때, 같을 때 모두 비교하고 있다. 그래서 앞의 코드와 비교하면 훨씬 친절하게 수정되었지만 문제점이 있다. num 값이 10보다 큰 20이 입력되었다고 가정해 보자. 그렇다면 '입력값은 10보다 큽니다.'라는 메시지가 출력되면서 num은 10보다 큰 수로 판명된다. 여기까지는 문제없지만, 그 이하 추가한 비교 코드는 무의미하지만 현재의 코드 구조로는 이하의 코드를 수행하게 되어 있다. 즉, num의 값이 10보다 크다는 것이 판명되었는데 num 값이 10보다 작은지, num 값이 10과 같은지 계속 비교한다. 순서도를 통해 코드의 흐름을 이해하자.

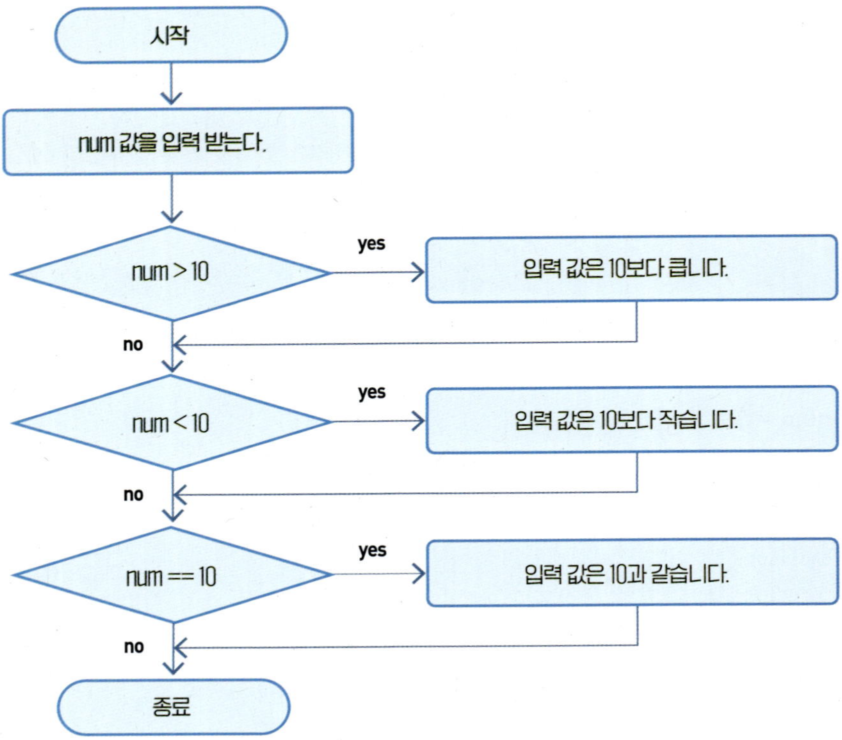

num 값이 10보다 크다고 이미 판명 났다면 메시지를 출력하고 이 코드를 끝내야 하는데 순서도 상에서는 그다음 루틴으로 돌아가는 형식이다. 이러한 비효율적인 코드 구조를 다음에 살펴볼 if~else로 개선할 수 있다.

5.3 if~else 문

양자택일 이것 아니면 저것

'else'라는 구문은 사전적으로 '그 밖의'라는 의미를 가지고 있다. 앞서 if 문을 통해 수행 조건을 만족하면 그에 해당하는 작업을 수행하고, 만족하지 않으면 아무 일도 하지 않고 그냥 넘어갔다. 하지만 아무 일도 하지 않았다는 것은 수행 조건을 만족하는 조건 이외에는 무시한다는 것을 의미하기 때문에 명확한 로직을 구성하기 어려울 수 있다. 따라서, 수행 조건을 만족하지 않는 경우에는 해당되는 처리를 해주어야 명확한 로직을 구성할 수 있다.

현재의 if 문만으로는 수행 조건이 참인 경우만 처리 가능하여 '이것'만 선택할 수 있었는데 문법을 추가하면 '저것'도 선택할 수 있게 된다. '저것'을 선택할 수 있게 만드는 문법이 바로 else 문으로 if~else 문을 사용하면 수행 조건에 따라 참인 경우도 처리하지만, 거짓인 경우도 처리 가능한 로직이 된다.

if~else 문의 기본 원리

if~else 문을 사용하는 방법을 살펴보자.

```
if(수행 조건)        →  수행 조건에 만족이 되면
{                       {} 내부로 진입하여 수행한다.
        수행 조건 만족 시 수행
}
else                 →  수행 조건에 만족 안되면
{                       else{} 내부로 진입하여 수행한다.
        수행 조건 만족 시 수행
}
```

if 문에서 수행 조건에 만족하면 중괄호 { }에 진입하여 수행한다. 만약 수행 조건에 만족하지 않으면 else 문으로 건너뛰어 중괄호 { }에 진입하여 수행한다. if와 else는 한 세트이며 else만 따로 분리하여 사용할 수는 없다. 앞서 작성했던 코드를 if~else 문에 적용하여 작성해 보자.

```
1  var num = 5;
2  if(num > 10)
3  {
4      console.log('입력값은 10보다 큽니다.');
5  }
6  else
7  {
8      console.log('입력값은 10보다 크지 않습니다.');
9  }
```

〈결과〉

```
$node condition.js
입력값은 10보다 크지 않습니다.
```

6~9줄 : if~else 문은 한 세트로 구성된다. 수행 조건은 변수 num이 10보다 큰지 물어보고 있는데 입력된 num의 값이 5이므로 수행 조건을 만족하지 않기 때문에 else 문의 루틴으로 이동하여 중괄호 { } 내부를 수행한다. '입력값은 10보다 크지 않습니다.'의 의미는 작을 수도 있고, 같을 수도 있다는 의미를 모두 포함하고 있다.

코드를 if 문만 사용했을 때와 비교하면 if~else 문을 사용함으로써 더 효율적인 로직으로 개선된 것을 확인할 수 있다. 순서도를 통해 코드의 흐름을 이해하자.

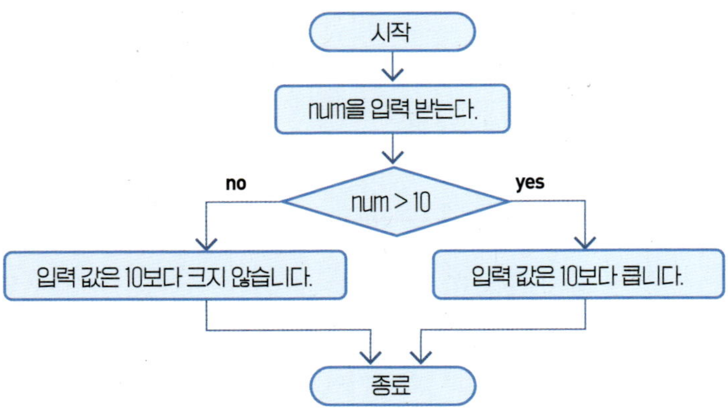

로직의 순서도만 살펴보더라도 수행 조건의 참(true)과 거짓(false)에 따라 분기되는 형태가 명확하게 나타난다. else 문을 사용하기 전 로직은 수행 조건의 불필요한 중복 비교가 발생했다면 else 문을 사용한 현재의 로직은 수행 조건이 판명되면 중복 비교 없이 처리된다.

더 알아보기 **Node.js 기반에서 사용자로부터 데이터 입력받는 방법**

보통 브라우저 기반에서의 자바스크립트는 사용자로부터 데이터 입력을 받을 때 prompt() 함수를 사용하지만, Node.js 기반의 독립적인 자바스크립트는 readline이라는 js 내장 모듈을 사용해야 한다.

앞으로 제어문 코드 작성 시 사용자로부터 데이터를 입력받는 경우가 종종 발생하므로 미리 사용자 입력 코드에 대해 살펴보자.

```
1   const readline = require('readline');
2   
3   const rl = readline.createInterface({
4     input: process.stdin,
5     output: process.stdout,
6   });
7   
8   rl.question('프로그래밍 언어 이름을 입력하시오. : ', function(data){
9     //입력값에 대한 처리
10    console.log('가장 좋아하는 프로그래밍 언어는 ' + data + '입니다.');
11    rl.close();
12  });
```

〈결과〉

```
$node condition.js
프로그래밍 언어 이름을 입력하시오. : javascript
가장 좋아하는 프로그래밍 언어는 javascript입니다.
```

1~6줄 : 이 루틴은 사용자 입력을 위해 무조건 작성하고 시작한다. readline 모듈을 읽어와서 createInterface 함수를 통해 입출력 객체 rl을 생성한다.

8줄 : rl 객체를 사용하여 사용자 입력 함수를 호출할 수 있다. 한 번만 입력받는다면 question 함수를 사용한다. 첫 번째 전달인자는 터미널 창에 출력할 질문, 두 번째 전달인자는 사용자 입력을 처리하는 콜백 함수다. 콜백 함수에 전달되는 매개변수가 사용자 입력 변수다.

11줄 : 입력이 끝나면 rl.close()를 호출해야 한다. rl.close()는 입력을 멈추게 하는 기능이다.

앞으로 사용자 입력 처리 코드를 작성할 때는 먼저 코드를 복사&붙여넣기 또는 그대로 따라 작성한 후에 이 기반에서 수행할 코드를 작성하면 된다. if~else 문은 모든 프로그래밍 언어의 조건문으로써 많이 사용되는 문법이므로 잘 숙지하기 바란다. if~else 문 기반의 몇 가지 코드를 통해 사용법을 익혀보자.

입력한 수의 짝수/홀수 판별

사용자로부터 값을 입력받아야 하므로 앞에서 작성했던 사용자 입력 코드를 그대로 작성한 후 짝수/홀수 판별 알고리즘을 작성해 보자. 코드 작성을 위해 'evenodd.js' 파일을 생성하자.

```
const readline = require('readline');

const rl = readline.createInterface({
  input: process.stdin,
  output: process.stdout,
});

rl.question('정수를 입력하세요. :  ', function(num){
    num = num % 2;
    if(num){
        console.log('홀수입니다.');
    }
    else{
        console.log('짝수입니다.');
    }
    rl.close();
});
```

<결과>

```
$node evenodd.js
정수를 입력하세요. :  3
홀수입니다
```

<결과>

```
$node evenodd.js
정수를 입력하세요. : 8
짝수입니다
```

8줄 : 콜백 함수의 매개변수 num에 사용자가 입력한 수의 값이 대입된다.

9줄 : 짝수와 홀수를 판별하는 핵심 코드이다. 입력한 어떤 수 num을 2로 나누었을 때 나머지가 0이면 짝수, 1이면 홀수로 구분할 수 있다. %는 나눈 나머지를 리턴하는 연산자다.

10~15줄 : 나머지 수 num이 1이면 '홀수입니다.'를, 0이면 '짝수입니다.'를 출력한다.

이 코드에서 주목해야 할 부분은 10줄과 13줄에 if~else 문으로 분기 처리했다는 점이다. 수행 조건의 값이 1이면 불리언형 true로 자동 형변환되고, 0이면 false로 자동 형변환되어 처리된다.

입력한 점수의 합격 여부 판별

우리 일상에서 이분법적으로 처리되는 것 중에 시험 결과에 따른 합격과 불합격 처리가 있다. 일반적으로 특정 점수 이상이면 합격, 이하면 불합격 처리된다. 따라서, 사용자로부터 점수를 입력받아 점수값의 범위가 60 이상 100 이하면 '합격입니다.'를 그렇지 않으면 '불합격입니다.'를 출력하는 코드를 작성해야 한다. 이를 위해 'testscore.js'라는 이름의 파일을 생성한다.

```
const readline = require('readline');

const rl = readline.createInterface({
  input: process.stdin,
  output: process.stdout,
});

rl.question('점수를 입력하세요. : ', function(score){
    if(score >= 60 && score <= 100){
        console.log("합격입니다.");
    }
    else{
```

```
13              console.log("불합격입니다.");
14          }
15          rl.close();
16      });
```

<결과>

```
$node testscore.js
점수를 입력하세요. : 70
합격입니다
```

<결과>

```
$node testscore.js
점수를 입력하세요. : 50
불합격입니다
```

8줄 : 콜백 함수의 매개변수 score에 사용자가 입력한 점수의 값이 대입된다.

9줄 : 수행 조건이 입력한 score의 값이 60보다 크거나 같고 100보다 작거나 같으면 참(true)이다. 두 조건을 논리 연산자 &&(AND)로 처리하였다.

현재의 코드 또한 if~else 문을 사용하여 이분법적인 로직을 가지고 있지만, 논리적인 결함이 있다. else 루틴으로 진행하면 score 값이 60 이상 100 이하가 아닌 경우를 처리하도록 되어 있지만, 이때 else만을 고려하면 score 변수의 값이 0부터 59까지의 범위인 경우도 처리할 수 있는 것으로 오해될 수 있다. 하지만 score 변수의 값이 500 이상이거나 −500 이하인 경우와 같이 무효한 값이 입력될 경우도 불합격으로 처리되는 오류가 있다. 이러한 논리적인 오류를 개선하기 위해서는 중첩 분기문을 사용하여 코드를 작성해야 한다. 중첩 분기문을 사용하면 score 변수의 값이 유효한 범위 내인지 확인할 수 있으므로, 코드의 논리적인 결함을 개선할 수 있다.

중첩 분기문

앞의 코드를 기반으로 조금 더 자세한 요구사항을 처리해 보자.

1. 불합격인 경우 500이나 −500과 같은 점수가 입력되면 '값이 유효하지 않습니다.'라고 출력한다.
2. 합격인 경우 90점 이상이면 '장학생입니다.'라고 출력한다.

코드 작성을 위해 'overlap.js'라는 이름의 파일을 생성한다.

```
const readline = require('readline');

const rl = readline.createInterface({
  input: process.stdin,
  output: process.stdout,
});

rl.question('점수를 입력하세요. :  ', function(score){
    if(score >= 60 && score <= 100){
        if(score >= 90){
            console.log('장학대상입니다.');
        }else{
            console.log('합격입니다.');
        }
    }
    else{
        if(score >= 0 && score < 60){
            console.log('불합격입니다.');
        }
        else{
            console.log('값이 유효하지 않습니다.');
        }
    }
    rl.close();
});
```

<결과>

```
$node overlap.js
점수를 입력하세요. : 90
장학대상입니다.
```

<결과>

```
$node overlap.js
점수를 입력하세요. : -50
값이 유효하지 않습니다.
```

9~15줄 : score가 60 이상 100 이하인 조건 안에서 또 다른 조건을 통해 score가 90 이상이면 장학대상과 일반 합격자를 분기하고 있다. 좀 더 자세한 분기가 가능하다.

17~22줄 : 불합격 조건인 else 문 안에서 더 정확한 조건을 위해 score가 0 이상 60 미만인 경우를 검사한다. 이렇게 함으로써 유효하지 않은 값에 대해 방어할 수 있다.

이렇게 중첩 분기문을 사용하면 더 정확한 분기 처리를 할 수 있지만, 분기문이 중첩되어 있어 코드의 가독성이 떨어지는 문제가 있다. 이 문제점은 if~else if~else 문을 사용하면 개선할 수 있다.

5.4 if~else if~else 문

if~else if~else 문의 기본 원리

분기문 안에 분기문이 중첩된 형식은 더 정확한 결과를 주지만 가독성이 떨어지는 문제점이 있다. 이러한 문제를 해결하고자 조건들을 중첩하지 않고 비교할 수 있는 방법이 if~else if~else 문이다. 세상을 살면서 할 수 있는 선택은 매우 다양하다. 꼭 양자택일이 아니라 다양한 선택을 할 수 있는데, 이것을 조건문의 코드 문법에서는 바로 if~else if~else 문이다. if~else if~else 문을 사용하는 방법을 살펴보자.

```
if(수행 조건1)          → 수행 조건1에 만족이 되면 {} 내부로 진입하여 수행한다.
{
        수행 조건 만족 시 수행
}
else if(수행 조건2)     → 수행 조건2에 만족이 되면 {} 내부로 진입하여 수행한다.
{
        수행 조건2 불만족 시 수행
}
else                    → 수행 조건1, 수행 조건2 모두 불만족이 되면 {} 내부로 진입하여 수행한다.
{
        수행 조건1 수행 조건2 불만족 시 수행
}
```

if 문에서 수행 조건1이 만족하면 중괄호 { }에 내부 코드를 실행하고, 수행 조건1이 만족하지 않으면 else if 문으로 넘어가서 수행 조건2를 검사한다. 수행 조건 2가 만족하면 중괄호{ }에 내부 코드를 실행하고, 만족하지 않으면 다음 else 문으로 건너뛰어 검사를 반복한다. If 문, else if 문, else 문은 한 세트며 else if 문만 따로 분리하여 사용할 수는 없다.

앞서 작성했던 코드를 if~else if~else 문에 적용하여 작성해 보자. 코드 작성을 위해 'elseifts.js'라는 이름의 파일을 생성하자.

```
const readline = require('readline');

const rl = readline.createInterface({
  input: process.stdin,
  output: process.stdout,
});

rl.question('점수를 입력하세요. :  ', function(score){
    if(score >= 90 && score <= 100){
        console.log('장학대상입니다.');
    }
    else if(score >= 60 && score < 90){
        console.log('합격입니다.');
    }
    else if(score >= 0 && score < 60){
        console.log('불합격입니다.');
    }else{
        console.log('값이 유효하지 않습니다.');
    }
    rl.close();
});
```

<결과>

```
$node elseifts.js
점수를 입력하세요. :  90
장학대상입니다.
```

<결과>

```
$node elseifts.js
점수를 입력하세요. :  50
불합격입니다.
```

<결과>

```
$node elseifts.js
점수를 입력하세요. :  -50
값이 유효하지 않습니다.
```

9~19줄 : 합격과 불합격을 이분법으로 나눈 후 그 안에서 세부적인 조건을 나누었던 구조에서 else if 문을 사용하여 중첩 구조를 없애고, 세부적인 조건들을 동등하게 비교함으로써 가독성을 높일 수 있게 개선하였다. 90 이상 100 이하는 '장학대상입니다.', 60 이상 90 미만은 '합격입니다.', 0 이상 60 미만은 '불합격입니다.', 그 외의 점수를 입력하면 '값이 유효하지 않습니다.'를 출력한다.

코드를 if~else 문만 사용했을 때와 비교해 보면 if~else if~else 문을 사용함으로써 더 효율적인 로직으로 개선된 것을 확인할 수 있다. 순서도를 통해 코드의 흐름을 이해하자.

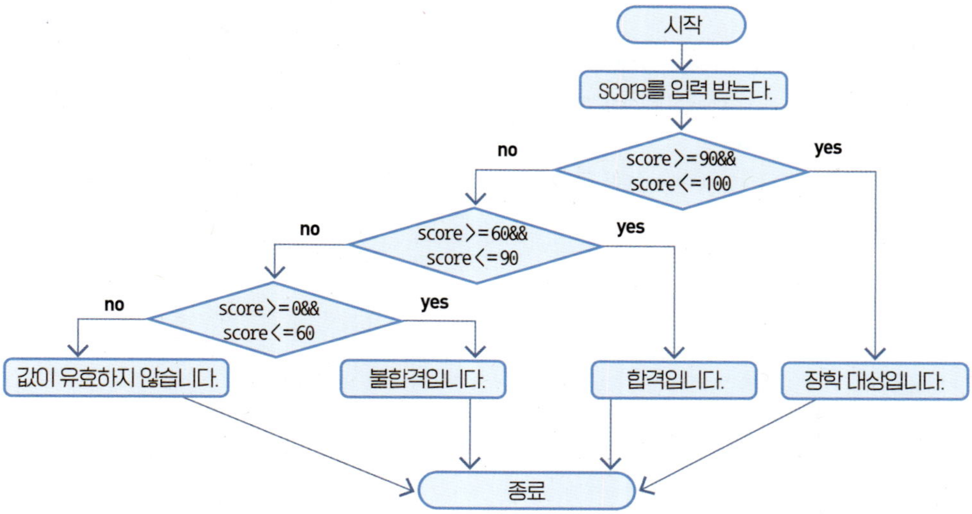

여러 조건을 순서대로 비교하다가 만족하는 조건이 있으면 수행 처리하고 프로그램을 종료하는 구조이다. 로직의 순서를 살펴보면 수행 조건이 여러 개일 때 첫 번째 수행 조건을 만족하면(yes) 수행하고 해당 프로그램을 종료한다. 수행 조건을 만족하지 않으면(no) 다음 수행 조건으로 넘어가고 다시 비교한다. 수행 조건을 만족하면(yes) 수행하여 해당 프로그램을 종료하고, 만족하지 않으면(no) 다음 수행 조건으로 넘어간다. 조건문에서는 이 순서도의 구조가 가장 효율적이다.

나이 판별

나이를 판별해서 성인인지 미성년자인지를 구분하는 코드를 작성해 보자. 프로그램에서 흔하게 사용되는 간단한 로직 중에 하나로 코드 작성을 위해 'elseifage.js'라는 이름의 파일을 생성한다.

```
1  const readline = require('readline');
2
3  const rl = readline.createInterface({
4    input: process.stdin,
5    output: process.stdout,
6  });
7
8  rl.question('나이를 입력하세요. :  ', function(age){
9      if(age >= 19 && age <= 100){
10         console.log("성인입니다.");
11     }
12     else if(age >= 0 && age < 19){
13          console.log("미성년자입니다.");
14     }else{
15          console.log("값이 유효하지 않습니다.");
16    }
17     rl.close();
18 });
```

<결과>

```
$node elseifage.js
나이를 입력하세요. :  30
성인입니다
```

<결과>

```
$node elseifage.js
나이를 입력하세요. :  15
미성년자입니다.
```

9~16줄 : 나이가 19 이상 100 이하면 '성인입니다.', 0 이상 19 미만이면 '미성년자입니다.'를 출력하고 그 외의 수가 입력되면 '값이 유효하지 않습니다.'를 출력한다. 로직 자체에 큰 어려움은 없다.

드라이브 포맷 여부 판별

이번에는 사용자 입력값이 문자인 경우를 살펴보자. 리눅스와 같은 콘솔 기반의 시스템에서는 명령어를 통해 프로그램을 실행할 때, 사용자의 동의를 구할 때 사용자로 하여 입력값을 문자로 받아 분기 처리할 수 있다. 이를 활용하여 'y'를 입력하면 "네, 드라이브를 포맷하겠습니다."라는 동의 메시지를 출력하고, 'n'을 입력하면 비동의로 간주하여 "아니오, 드라이브를 포맷하지 않겠습니다."라는 메시지를 출력하도록 코드를 만들자. 코드 작성을 위해 'elseiformat.js'라는 이름의 파일을 생성한다.


```
const readline = require('readline');

const rl = readline.createInterface({
  input: process.stdin,
  output: process.stdout,
});

rl.question('문자를 입력하세요. :  ', function(ch){
    if(ch == 'y'){
        console.log('네, 드라이브를 포맷하겠습니다.');
    }else if(ch == 'n'){
        console.log('아니오, 드라이브를 포맷하지 않겠습니다.');
    }else{
        console.log('유효하지 않은 문자입니다.');
    }
    rl.close();
});
```

<결과>

```
$node elseiformat.js
문자를 입력하세요. : y
네, 드라이브를 포맷하겠습니다.
```

<결과>

```
$node elseiformat.js
문자를 입력하세요. : n
아니오, 드라이브를 포맷하지 않겠습니다.
```

<결과>

```
$node elseiformat.js
문자를 입력하세요. : g
유효하지 않은 문자입니다.
```

9~15줄 : 사용자가 문자를 입력하면 변수 ch에 문자값이 입력된다. 입력된 ch 문자가 'y'인지 'n'인지 동등 연산자(==)를 사용하여 비교한다. 입력값의 타입이 문자라는 점만 주의하면 어려울 것이 없다.

학점 판별

이번에는 사용자로부터 점수를 입력받아 학점을 출력하는 코드를 작성해 보자. 학점의 경우는 크게 A부터 F 학점까지 5단계로 나누어지므로 점수의 범위를 상세하게 분기해야 한다.

사용자 입력 점수의 범위가 91 이상 100 이하면 'A학점', 81 이상 90 이하면 'B학점', 71 이상 80 이하면 'C학점', 61 이상 70 이하면 'D학점', 0 이상 60 이하면 'F학점', 그 외에 점수의 범위를 벗어나는 경우에는 '범위를 벗어났습니다.'라는 메시지가 출력되도록 하자. 코드 작성을 위해 'elseigrade.js'라는 이름의 파일을 생성한다.

```
const readline = require('readline');

const rl = readline.createInterface({
  input: process.stdin,
  output: process.stdout,
});

rl.question('점수를 입력하세요 :  ', function(score){
    if(score >= 91 && score <= 100){
        console.log('A학점');
    }
    else if(score >= 81 && score <= 90){
        console.log('B학점');
    }
    else if(score >= 71 && score <= 80){
        console.log('C학점');
```

```
17         }
18         else if(score >= 61 && score <= 70){
19             console.log('D학점');
20         }
21         else if(score >= 0 && score <= 60){
22             console.log('F학점');
23         }
24         else{
25             console.log('범위를 벗어났습니다.');
26         }
27         rl.close();
28     });
```

<결과>

```
$node elseigrade.js
점수를 입력하세요. : 95
A학점
```

<결과>

```
$node elseigrade.js
점수를 입력하세요. : 60
F학점
```

<결과>

```
$node elseigrade.js
점수를 입력하세요. : 500
범위를 벗어났습니다.
```

9~26줄 : 사용자 입력 변수 score의 값의 범위가 91 이상 100 이하면 'A학점', score의 값의 범위가 81 이상 90 이하면 'B학점' 등으로 else if 문을 연속적으로 사용하여 score 값의 범위를 분기한다. 24줄은 어떤 조건에도 부합하지 않는 경우 수행한다.

5.5 switch~case 문

switch~case 문의 기본 원리

if~else if~else 문은 만족하는 조건을 찾을 때까지 여러 조건들을 순차적으로 비교하는 구조로, 만족하는 조건을 찾으면 그에 해당하는 처리 후 프로그램을 종료하고, 그렇지 않으면 다음 조건문으로 넘어가는 것이 특징이다. 그러나 이 구조의 문제점은 else if로 인한 조건이 점점 증가할수록 비교 연산이 많아져서 효율성이 떨어지는 것이다. 예를 들어, 비교할 수행 조건이 10개 이상 넘어간다고 가정하자. 그리고 이 조건에 만족하는 수행 조건이 10번째라고 한다면 9번의 비교 연산을 거쳐야 한다는 것이다. 잘 와닿지 않으면 극단적으로 수행 조건 1억 개라고 가정하고, 조건에 만족하는 조건이 1억 번째라고 한다면 1억 번 가까이 비교 연산을 거쳐야 한다는 것이므로 이 구조는 효율적이지는 않다.

```
if(조건1)
        수행1;
else if(조건2)
        수행2;
else if(조건3)
        수행3;
else if(조건4)
        수행4;
else if(조건5)
        수행5;
................
else
        수행n;
```

이러한 비효율적인 구조에서 조건1, 조건2, 조건3 등을 거쳐가며 비교하는 것이 아니라, 입력된 정보에 따라 해당하는 영역으로 비로 이동하여 수행하게 만드는 것이 더 효율적이다. 또한

else if 문의 반복은 코드의 가독성을 점점 저하시키므로 이러한 경우의 단점을 보완한 분기분이 바로 switch~case 문이다.

```
switch(n)          → n은 수행 영역을 결정하는 정보
{
  case 1:
    수행1          → n이 1인 경우 수행되는 영역
    break;
  case 2:
    수행2          → n이 2인 경우 수행되는 영역
    break;
  case 3:
    수행3          → n이 3인 경우 수행되는 영역
    break;
  default:
    수행4          → 해당 case 없을 시 실행되는 영역
    break;
}
```

switch 문은 수행하려는 정보의 값을 입력하면 해당 정보 값의 case 문으로 이동한다. 예를 들어 n의 값에 2를 입력하면 case 2로 이동하는 것이다. 해당 case 하위의 코드를 수행하고 break 문을 만나면 switch 문을 빠져나간다. switch~case 문의 가장 기본 코드를 작성하기 위해 'switch.js'라는 이름의 파일을 생성하자.

```
var n = 2;

switch(n)
{
    case 1:
        console.log("1번을 선택하였습니다.");
        break;
    case 2:
        console.log ("2번을 선택하였습니다.");
        break;
    default:
        break;
}
```

<결과>

```
$node switch.js
2번을 선택하였습니다.
```

3줄 : switch 문에 n의 값이 대입되면 해당 값에 맞는 case를 찾아 이동한다. 변수 n의 값은 정수 2가 대입되어 있다.

8~10줄 : 변수 n의 값이 2이므로 case 2로 이동한 후 '2번을 선택하였습니다.'라는 구문을 출력한다. 그리고 break 문을 만나 switch 문을 빠져나간다.

11줄 : 변수 n의 값에 매치되는 case의 번호가 없다면 default의 위치로 이동한다. If~else if~else 구문에서 else와 같은 구문이라고 생각하면 된다.

> **알아두세요** 변수 n이 꼭 정수값일 필요는 없다. n이 문자열이면 case의 값도 문자열로 지정하면 된다. 이를테면 var n = '2' 이라면 case '1' , case '2'와 같이 설정하면 동일하게 동작한다.

문자열 데이터 처리

이번에는 switch~case 문을 좀 더 연습하기 위해 앞에서 if 조건문에 문자열 입력 시 수행 조건을 비교했던 코드를 switch~case 문의 형태로 작성하자. 코드 작성을 위해 'switchformat.js'라는 이름의 파일을 생성한다.

```
const readline = require('readline');

const rl = readline.createInterface({
  input: process.stdin,
  output: process.stdout,
});

rl.question('C 드라이브를 포맷하시겠습니까?  ', function(ch){
    switch(ch)
    {
        case 'y':
            console.log ("예, 드라이브를 포맷하겠습니다.");
            break;
```

```
14            case 'n':
15                console.log ("아니오, 드라이브를 포맷하지 않겠습니다.");
16                break;
17            default:
18                console.log ("유효하지 않은 문자입니다.");
19                break;
20        }
21        rl.close();
22    });
```

<결과>

```
$node switchformat.js
C 드라이브를 포맷하시겠습니까? y
예, 드라이브를 포맷하겠습니다.
```

<결과>

```
$node switchformat.js
C 드라이브를 포맷하시겠습니까? n
아니오, 드라이브를 포맷하지 않겠습니다.
```

9~20줄 : switch 문에 변수 n의 값이 'y'가 입력되면 case 'y'의 위치로 이동하고, 'n'이 입력되면 case 'n'의 위치로 이동하여 그 이하의 코드를 수행한다. 만약 두 문자 외의 문자가 입력되면 default의 위치로 이동하여 그 이하의 코드를 수행한다.

휴대폰 단축키 알고리즘 작성

이제 스마트폰에는 없어진 기능이지만, 이전 세대 피처폰에는 단축키라는 기능이 있었다. 주소록에서 번호를 찾아 전화를 걸기 힘든 어르신들을 위해서 자주 사용되는 번호들을 단축키에 저장하고 해당 번호를 길게 누르면 전화가 걸리게 하는 서비스로 주로 1번부터 가장 가까운 사람 순으로 저장했었다.

여기서 해당 번호를 누르면 그 번호에 저장된 사람에게 전화를 걸게 한다. 실제로 전화를 거는 모듈은 구현되어 있지 않으므로, 전화가 걸린다는 문자열 출력만 진행해 보자. 코드 작성을 위해 'hotkey.js'라는 이름의 파일을 생성한다.

```
1    const readline = require('readline');
2    
3    const rl = readline.createInterface({
4      input: process.stdin,
5      output: process.stdout,
6    });
7    
8    rl.question('단축키를 입력하세요. :  ', function(hotkey){
9            switch(parseInt(hotkey))
10           {
11               case 1:
12                   console.log ("엄마에게 전화가 걸린다.");
13                   break;
14               case 2:
15                   console.log ("아빠에게 전화가 걸린다.");
16                   break;
17               case 3:
18                   console.log ("동생에게 전화가 걸린다.");
19                   break;
20               default:
21                   console.log ("해당 단축키가 없습니다.");
22                   break;
23           }
24       rl.close();
25   });
```

〈결과〉

```
$node hotkey.js
단축키를 입력하세요. :  1
엄마에게 전화가 걸린다.
```

9줄 : 사용자로부터 입력받은 값을 변수 hotkey에 저장한다. 입력받은 값은 문자열이므로 parseInt 함수를 사용하여 정수형으로 형 변환 후 case 문을 활용하여 분기 처리한다.

카페의 키오스크 알고리즘 작성

일상에서 선택에 대한 분기 처리의 가장 대표적인 예가 바로 키오스크이다. 키오스크는 내가 기계에 커피 이름을 선택하여 정보를 입력하면 해당 기계는 내가 입력한 커피에 대한 결과를 수행하는 단순한 원리를 가지고 있다. 이러한 로직은 switch~case 문에 적합하다. 키오스크 코드에 대한 간단한 요구사항은 다음과 같다.

- 커피 종류 : 아메리카노, 카페라떼, 연유라떼, 헤이즐넛

〈코드 실행〉

```
커피를 선택하세요 : 아메리카노
아메리카노 주문이 완료되었습니다.
```

코드 작성을 위해 'kiosk.js'라는 이름의 파일을 생성한다.

```
const readline = require('readline');

const rl = readline.createInterface({
  input: process.stdin,
  output: process.stdout,
});

rl.question('커피를 선택하세요 :  ', function(coffee){
    switch(coffee)
      {
        case '아메리카노':
            console.log ("아메리카노 주문이 완료되었습니다.");
            break;
        case '카페라떼':
            console.log ("카페라떼 주문이 완료되었습니다.");
            break;
        case '연유라떼':
            console.log ("연유라떼 주문이 완료되었습니다.");
            break;
        case '헤이즐넛':
            console.log ("헤이즐넛 주문이 완료되었습니다.");
```

```
22              break;
23          default:
24              console.log ("그런 상품은 없습니다.");
25              break;
26      }
27      rl.close();
28  });
```

```
<결과>
$node kiosk.js
커피를 선택하세요. : 카페라떼
카페라떼 주문이 완료되었습니다.
```

9~26줄 : 사용자로부터 입력받은 커피의 종류는 변수 coffee에 저장된다. switch 문에 입력된 문자열 변수 coffee는 일치하는 case 문을 찾아 이동하여 그 이하의 코드를 수행하고 break 문에 의해 switch 문을 빠져나간다. 4가지의 커피에 해당 사항이 없다면 23줄 default 문으로 이동하여 이하의 코드를 수행한다.

몇 가지 switch~case 문 코드를 다루어 보았다. 사용 패턴이 동일하기 때문에 크게 어려운 점은 없다.

학점 판별

앞서 if~else if~else 문으로 작성했던 학점 출력하는 코드를 switch~case 문으로 변경해 보자. 조건은 동일하다.

만약 사용자가 입력한 점수 범위가 91 이상 100 이하면 'A학점', 81 이상 90 이하면 'B학점', 71 이상 80 이하면 'C학점', 61 이상 70 이하면 'D학점', 0 이상 60 이하면 'F학점', 그 외에 점수의 범위를 벗어나는 경우에는 '범위를 벗어났습니다.'를 출력하도록 하자. 코드 작성을 위해 'switchgrade.js'라는 이름의 파일을 생성한다.

```
const readline = require('readline');

```

```
const rl = readline.createInterface({
  input: process.stdin,
  output: process.stdout,
});

rl.question('점수를 입력하세요: ', function(score){
    switch(Math.round(score / 10 - 1))
    {
        case 10:
        case 9:
            console.log("A학점");
            break;
        case 8:
            console.log("B학점");
            break;
        case 7:
            console.log("C학점");
            break;
        case 6:
            console.log("D학점");
            break;
        case 5:
        case 4:
        case 3:
        case 2:
        case 1:
        case 0:
            console.log("F학점");
            break;
        default:
            console.log("범위를 벗어났습니다.");
            break;
    }
    rl.close();
});
```

<결과>

```
$node switchgrade.js
점수를 입력하세요 : 95
A학점
```

9줄 : 이 코드에서 중요한 부분은 점수가 100, 95, 80 등과 같이 2~3자리 수로 입력되기 때문에, 현재까지 배운 것을 응용하면 case 문을 100개 만들어야 한다. 물론 이 방법이 틀린 것은 아니지만 비효율적이다. 특정 점수 범위에 대한 학점을 구하면 되기 때문에 2자리 수에서도 앞자리 수만 인식할 수 있으면 된다. 그래서 입력값 score를 10으로 나눈 몫을 switch 문에 넘긴다. 이때 −1을 하는 이유는 A학점의 경우 범위가 91부터 100까지인데 90점의 경우는 B학점이 되어야 하기에 일부러 −1을 빼주었다.

10~35줄 : 입력한 score의 값이 100이면 10, 90이면 9, 85면 8과 같이 입력값을 나눈 몫의 case를 찾아 이동 후 수행한다.

24~31줄 : case5부터 case0까지의 범위는 점수가 0점부터 60점까지의 경우다. 이 범위는 'F학점'인데, 각 case마다 일일히 'F학점'이라고 출력하는 것은 비효율적이다. 따라서 각 case마다 break 문을 모두 없애고 마지막 case0에서만 마지막에 'F학점' 출력과 break 문을 수행하도록 처리하였다. 즉, 각 case 문에 break 문이 생략되면 그다음 코드를 수행하는 속성이 있다.

알아두세요 Math.round() - 소수점을 반올림한 수와 가장 가까운 정수 값을 리턴한다.

6 장

합리적인 사고, 반복문

학 습 목 표

- 반복문에 대해 이해한다.
- for 문의 사용 원리를 이해하고 코드를 작성한다.
- while 문의 사용 원리를 이해하고 코드를 작성한다.
- break 문과 continue 문의 사용 원리를 이해하고 코드를 작성한다.
- 반복문을 이용한 배열의 핸들링을 한다.
- 중첩된 반복문의 구조를 이해하고 코드를 작성한다.

6.1 실습 환경 설정

실습 폴더 생성

먼저 실습 작업을 위해 파일을 저장할 폴더를 한 개 생성하고, 폴더 이름을 'ch6'라고 설정한다. 생성 위치나 이름은 임의로 정해도 상관없다.

Visual Studio Code에서 폴더 열기

Visual Studio Code를 실행하고 메뉴에서 〔File〕 → 〔Open Folder〕를 클릭하여 생성한 폴더를 연다.

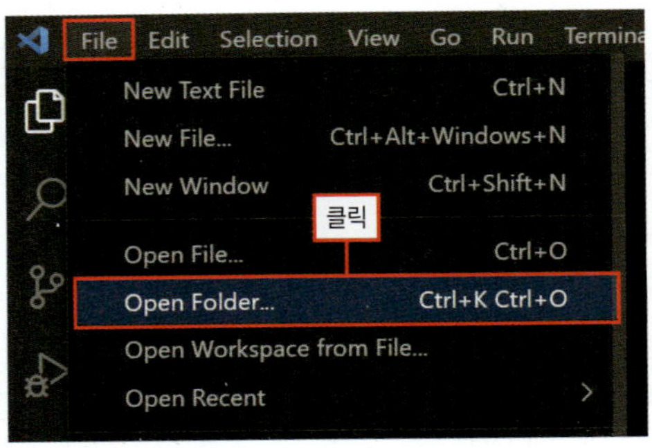

탐색기에 다음과 같이 'CH6'이 표시된다. 이제부터 생성되는 파일들은 'CH6' 폴더 내부에 생성된다.

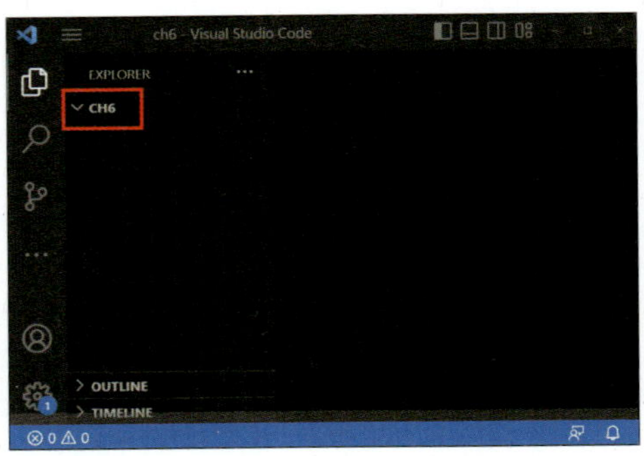

JAVASCRIPT

6.2

반복문

반복문을 사용하는 이유

우리는 지금까지 여러 타입의 데이터를 화면에 출력하는 방법들에 대해 살펴보았다. 예를 들어 'javascript'라는 문장을 브라우저에 5번 출력하려면 어떻게 할 것인가? 다음과 같이 console.log('javascript') 문장을 5번 작성하면 된다.

```
console.log('javascript');
console.log('javascript');
console.log('javascript');
console.log('javascript');
console.log('javascript');
```

이 방법은 간단하지만, 100번, 1000번 이상 출력하려면 어떨까? 편리한 복사와 붙여넣기 기능을 활용하여 원하는 결과를 얻을 수 있지만, 효율적이지 않아 결코 좋은 방법은 아니다.

이런 문제를 쉽게 처리하는 문법이 바로 반복문이다. 반복문을 사용하면 100번, 1000번 이상의 문장을 간단하게 출력할 수 있다.

자바스크립트에서 제공하는 반복문 중 주로 사용하는 문법은 for 문과 while 문이다. 둘 다 사용할 수 있고 둘 중 하나만 선택해서 사용할 수도 있다.

6.3 for 문

for 문의 기본 원리

for 문은 while 문이나 do~while 문과 달리 한 문장 안에서 많은 일을 처리할 수 있도록 구성되어 있다. while 문은 기본적으로 반복 조건 검사 문장만을 포함하지만, for 문은 반복 조건 검사 문장 외에도 변수의 초기문과 증가 감소를 실행하는 증감문 문장이 두 개 더 포함된다. for 문의 사용 형태는 다음과 같다.

```
for(초기문; 조건문; 증감문)
{
    반복하려는 내용
}
```

for 문의 초기문은 변수를 초기화하고, 조건문을 검사한다. 조건문이 만족한다면(true) 중괄호 {} 안으로 진입하고, 만족하지 않는다면(false) 한 번도 반복을 수행하지 못하고 종료하게 된다. 조건문이 만족하여 중괄호 안으로 진입했다면 '반복하려는 내용'을 수행하고 증감문을 실행하면 한 사이클이 만들어진다.

다음 사이클은 다시 조건문을 확인하고 검사한다. 'true'면 중괄호 내부로 들어가서 '반복하려는 내용'을 수행하고 끝나면 다시 증감문을 수행한다. 다음 그림을 통해 사이클을 이해해 보자.

```
    ❶        ❷     ❹
for(i = 0; i < 5; i++)
{            ❸ ↷ 반복
    반복하려는 내용
}
처음 : ❶ → ❷ → ❸ → ❹
반복 : ❷ → ❸ → ❹
```

가장 먼저 ❶인 변수의 초기화가 수행되고, ❷의 반복 조건을 수행한다. i의 초깃값은 0이므로 i < 5보다 작다는 조건은 참이다. 그러므로 반복하려는 내용인 ❸을 수행하고, 수행이 끝나면 ❹의 증감문을 수행하게 된다. i를 1 증가시킨 후 다시 반복문을 수행하기 위해 ❷의 반복 조건을 수행한다. ❶은 변수의 초기화 과정이므로 for 문 진입 시 최초 한 번만 수행하게 된다.

요소	코드	설명
초기문	var i = 0;	for 문 진입 시 단 한 번 실행한다.
조건문	i < 5	반복할 때마다 비교한다.
반복하는 내용	반복하려는 내용	반복 조건이 참일 때마다 실행한다.
증감문	i++	반복하려는 내용이 끝나면 실행한다.

for 문의 기본 코드

for 문을 이용하여 5번의 반복으로 'javascript'를 5번 출력하는 코드를 작성해 보자. 먼저 코드 작성을 위해 'for.js'라는 이름의 파일을 생성한다.

```
for(var i = 0; i < 5; i++)
{
        console.log('javascript');
}
```

<결과>

```
$node for.js
javascript
javascript
javascript
javascript
javascript
```

반복문에 진입하면 최초에 i는 0으로 초기화된다. i가 5보다 작으면 중괄호 { } 사이의 코드를 수행하고 변수 i의 값을 1씩 증가한다. 결과적으로 'javascript' 문자열이 5번 출력되고 반복문은 종료한다.

이처럼 for 문을 통해 실행되는 과정을 반복문으로 구현하였다. 만약 반복문을 사용하지 않고 구현하면 다음과 같은 과정을 거치게 된다.

```
var i = 0; //i값을 0으로 초기화
if(i < 5) { console.log('javascript'); i++ } //조건이 참이면 실행
if(i < 5) { console.log('javascript');i++ } //조건이 참이면 실행
if(i < 5) { console.log('javascript');i++ } //조건이 참이면 실행
if(i < 5) { console.log('javascript'); i++ } //조건이 참이면 실행
if(i < 5) { console.log('javascript'); i++ } //i가 5이므로 반복문 종료
```

반복문을 사용하지 않으면 이렇게 불필요한 코드의 반복이 생긴다. 이 코드를 통해 반복문의 효용성을 확인할 수 있다.

별표 10개 출력

for 문을 이용하여 별표를 일렬로 10개 출력하는 코드를 작성해 보자.

```
for(var i = 0; i < 10; i++)
{
        console.log('*');
}
```

<결과>

```
$node for.js
*
*
*
*
*
*
*
*
*
*
```

변수 i는 0~9까지 총 10번을 반복하면서 한 번 반복할 때마다 '*'를 출력한다.

1월부터 12월까지 출력

for 문을 이용하여 1월부터 12월까지 출력하는 코드를 작성해 보자.

```
for(var i = 1; i < 13; i++)
{
        console.log(i + '월');
}
```

```
<결과>
$node for.js
1월
2월
3월
4월
5월
6월
7월
8월
9월
10월
11월
12월
```

1년은 총 12개의 달로 이루어져 있으므로 총 12번을 반복해야 한다. 보통 변수의 인덱스는 0부터 시작하는 것이 원칙이지만, 1월부터 출력해야 하므로 변수 i의 초깃값을 1로 대입하였다. 따라서 12번을 반복하려면 반복 조건이 i < 13이 되어야 한다.

2의 배수 출력

이제 for 문 사용에 익숙해졌을 것이다. 이번에는 for 문을 이용하여 1부터 100 사이의 수 중에 2의 배수만 출력해 보자.

```
for(var i = 2; i < 101; i+=2)
{
        console.log(i);
}
```

<결과>

```
$node for.js
2
4
6
8
10
12
...........
94
96
98
100
```

변수 i의 초깃값을 0으로 시작하지 않고 2로 시작한 이유는 0은 2의 배수가 아니기 때문이다. 또한 범위가 100까지이므로 100은 포함되어야 하므로 반복 조건을 i < 101로 설정했다. 그리고 2의 배수를 출력해야 하므로 변수 i를 2씩 증가하도록 i += 2와 같이 처리하였다.

1부터 10까지의 합 출력

이번에는 for 문을 이용하여 1부터 10까지의 합을 출력해 보자.

```
var sum = 0;
for(var i = 1; i < 11; i++)
{
        sum = sum + i;
}
console.log(sum);
```

〈결과〉

```
$node for.js
55
```

이전 코드처럼 반복하면서 단순히 증가된 변수의 값을 출력하는 형태가 아니라, 반복할 때마다 변수 sum에 i 값을 더하여 다시 변수 sum에 누적시키는 형태다. i의 초깃값은 1로 시작하여 반복 조건이 i 〈 11이 될 때까지 반복하므로 1부터 10까지의 누적된 합이 변수 sum에 저장된다.

구구단 2단 출력

구구단은 반복문의 로직을 이용하면 구현할 수 있다. 간단한 구구단 2단 출력 코드를 작성해 보자.

```
for(var i = 1; i < 10; i++)
{
        console.log("2 * " + i + " = " + 2 * i);
}
```

〈결과〉

```
$node for.js
2 * 1 = 2
2 * 2 = 4
2 * 3 = 6
2 * 4 = 8
2 * 5 = 10
2 * 6 = 12
2 * 7 = 14
2 * 8 = 16
2 * 9 = 18
```

단수는 2단으로 고정이고 변하는 수는 단수와 곱해지는 수인 i이다. 총 9번 반복하면서 반복할 때마다 상수 2에 i를 곱하면 2단 구구단이 출력된다.

사용자로부터 입력받은 구구단 출력

앞에서 작성한 구구단 코드는 2단으로 고정되어 있다. 단수를 사용자로부터 입력받아 내가 원하는 구구단을 출력하는 코드를 작성해 보자.

```
const readline = require("readline");
const rl = readline.createInterface({
  input: process.stdin,
  output: process.stdout,
});

rl.question("단수를 입력하세요 : ", function(dan){
    for(var i = 1; i < 10; i++)
    {
        console.log(dan + " * " + i + " = " + dan * i);
    }
    rl.close();
});
```

<결과>

```
$node for.js
단수를 입력하세요 : 5
5 * 1 = 5
5 * 2 = 10
5 * 3 = 15
5 * 4 = 20
5 * 5 = 25
5 * 6 = 30
5 * 7 = 35
5 * 8 = 40
5 * 9 = 45
```

사용자 입력을 받기 위해 readline 패키지를 사용한다. 이 패키지는 터미널로부터 데이터 입력을 받는 데에 사용되며, 패키지의 코드는 크게 신경쓰지 않아도 된다.

7줄 : question() 함수의 첫 번째 전달인자에 사용자 입력 시 질문 형식으로 템플릿을 작성할 수 있다. 두 번째 전달인자에는 실제 입력 데이터를 받아 처리하는 콜백 함수가 실행되는데 콜백 함수의 전달인자는 우리가 입력한 데이터가 저장될 변수이다.

8~11줄 : for 문을 이용하여 9번 반복을 하면서 우리가 입력한 변수 dan에 i 값을 곱한다. 반복할 때마다 i는 1씩 증가한다. 즉, dan에 해당하는 구구단이 출력되는 것을 확인할 수 있다.

배터리 충전 상태 출력

스마트폰의 배터리는 충전하게 되면 0%부터 100%까지 순차적으로 증가한다. 따라서, 스마트폰 배터리를 충전하는 코드를 작성하여 현재 충전량을 표시하고, 100%가 넘어가면 '충전이 완료되었습니다.'라고 출력해 보자.

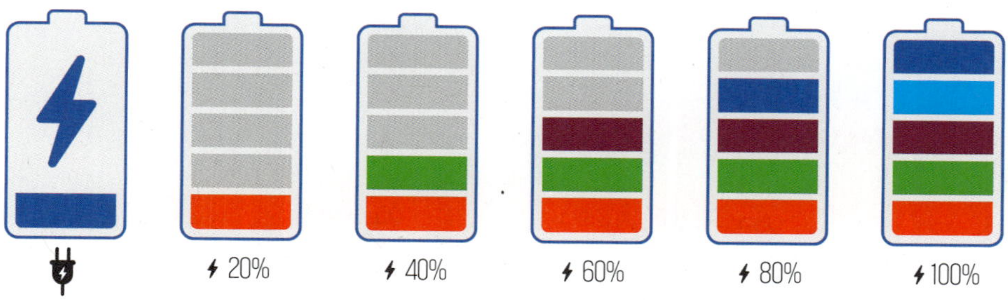


```
for (var i = 0; i < 101; i++)
{
        console.log('충전중 : ' + i + '%');
}
console.log('충전이 완료되었습니다.');
```

<결과>

```
$node for.js
충전중 : 0%
충전중 : 1%
충전중 : 2%
충전중 : 3%
```

```
........................
충전중 : 97%
충전중 : 98%
충전중 : 99%
충전중 : 100%
충전이 완료되었습니다.
```

for 문을 사용하여 변수 i를 1씩 증가시키면서 100번 반복하고 있다. 100을 넘어가면 반복문을 빠져나갈 수 있도록 반복 조건을 i 〈 101로 설정했다.

for 문의 구성 요소 생략 가능(무한 반복)

for 문의 구성 요소를 필요에 따라 생략하는 것도 가능하다. 만약 for 문 시작 시 초기문과 증감문이 생략한다면 다음과 같이 작성할 수 있다.

```
1   var i = 0;
2   for (; i < 101; )
3   {
4           console.log('충전중 : ' + i + '%'+ '<br/>');
5           i++;
6   }
7   console.log('충전이 완료되었습니다.');
```

for 문에 초기문과 증감문이 생략되고 반복 조건만 남아 있는 형태이다. 변수 i의 초기문과 증감문은 각각 1줄과 5줄에 작성되어 있다. 필요에 따라 초기문과 증감문은 for 문의 위치에서 생략 가능하지만, 위 코드의 경우와 같이 사용한다면 for 문에서 생략할 필요가 없다.

또한, for 문에서 모든 구성 요소가 생략되는 경우도 있다. 즉, 앞에서 살펴본 코드의 반복 조건까지 생략될 수 있다는 것이다. 반복 조건이 없다는 것은 조건이 무조건 true라는 것을 의미하며 이렇게 되면 무한 반복 현상이 일어난다.

```
var i = 0;
for (;;)
{
        console.log('충전중 : ' + i + '%'+ '<br/>');
        i++;
}
console.log('충전이 완료되었습니다.');
```

```
<결과>

$node for.js
충전중 : 0%
충전중 : 1%
충전중 : 2%
충전중 : 3%
........................
```


이 코드는 무한 반복이 발생해 실행하면 충전중 %는 터미널을 강제 종료하기 전까지 i 값은 끝없이 계속 증가한다. 이렇게 의미 없는 연산량 증가의 로직으로 리소스를 계속 차지하게 된다면 시스템 성능에 좋지 않고 시스템을 다운시키는 치명적인 결과를 초래하게 된다.

이처럼 무한 반복의 상황은 만들지 않는 것이 좋다. 혹여 무한 반복을 하더라도 언젠가는 반복을 빠져나갈 수 있는 로직으로 작성해야 한다.

반복문을 이용한 배열 핸들링

자바스크립트에서는 배열을 쉽게 만들 수 있다.

```
var arr = new Array( );
var arr = [ ];
```

이렇게 입력하면 둘 다 빈 배열을 만든다. Array() 객체를 new 연산자를 통해 생성하는 경우가 정석이지만 약식으로 [ ]을 통해서도 간단하게 배열을 생성할 수 있다. 물론 빈 배열뿐만 아니라 배열 생성과 동시에 초깃값을 줄 수도 있다.

```
var arr = [ " 자바스크립트 " , " C언어 " , " 파이썬 " ];
```

각 배열의 요소에 접근하기 위해서는 인덱스 0부터 접근 가능하다. 배열 내에 특정 요소를 가져오고 싶다면 대괄호 [ ] 안에 인덱스를 넣어주면 된다. 배열을 생성하고 각 배열의 요소를 가져오는 코드를 작성해 보자.

```
var arr = ["자바스크립트", "C언어", "파이썬"]
console.log(arr[0]);
console.log(arr[1]);
console.log(arr[2]);
```

<결과>

```
$node for.js
자바스크립트
C언어
파이썬
```

각 배열의 요소를 인덱스를 통해 arr[0], arr[1], arr[2]와 같이 접근하여 출력하였다.

배열의 데이터 동적 추가

자바스크립트의 배열은 동적인 자료구조로 내가 필요할 때 데이터를 추가하고 삭제할 수 있다. 앞서 작성했던 코드의 배열에 두 개의 데이터를 동적으로 추가해 보자.

```
console.log('===== 초기 배열 데이터 =====');
var arr = ["자바스크립트", "C언어", "파이썬"]
console.log(arr[0]);
console.log(arr[1]);
console.log(arr[2]);

console.log();
```

```
8       console.log('===== 배열에 데이터 추가 =====');
9
10      arr.push('ASP.net');
11      arr.push('C#.net');
12
13      console.log();
14      console.log('===== 배열의 출력 =====');
15
16      console.log('배열의 길이 : ' + arr.length);
17      for(var i = 0; i < arr.length; i++)
18      {
19          console.log(arr[i]);
20      }
```

<결과>

```
$node for.js
===== 초기 배열 데이터 =====
자바스크립트
C언어
파이썬

===== 배열에 데이터 추가 =====

===== 배열의 출력 =====
배열의 길이 : 5
자바스크립트
C언어
파이썬
ASP.net
C#.net
```

2~5줄 : 배열 객체 arr를 생성하여 3개의 데이터를 할당하고 출력하였다.

10~11줄 : 배열 객체 arr의 push() 메소드를 사용하여 기존 배열에 2개의 데이터인 ASP.net과 C#.net을 추가하였다.

16~20줄 : 배열의 길이 arr.length는 배열 전체의 개수인 5가 출력된다. for 문을 사용하여 배열 전체 개수만큼 반복하며 각 배열의 요소를 출력하였다. 앞서 동적으로 추가한 2개의 배열 요소들까지 정상적으로 출력되는 것을 확인할 수 있다.

JAVASCRIPT

6.4

while 문

while 문의 기본 원리

while 문은 특정 조건을 주고 그 조건이 만족하면 계속 반복 수행하도록 하는 구조로 for 문에서 초기문과 증감문을 생략한 것과 똑같다고 볼 수 있다. while 문의 문법은 다음과 같다.

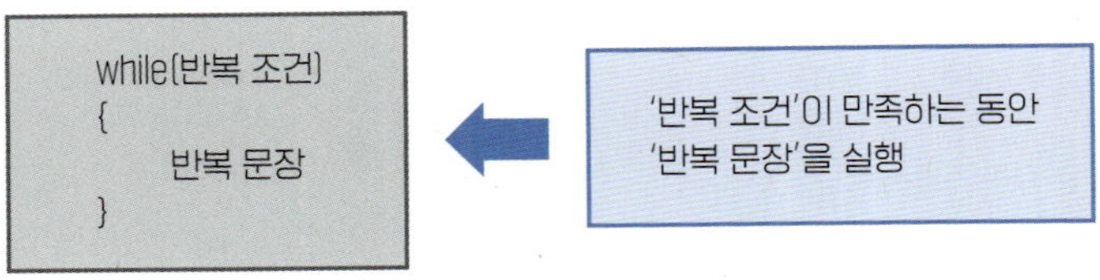

while 문에는 괄호 안에 반복 조건이 들어가는데, 반복 조건을 만족하면 while 문의 중괄호 { } 안의 내용을 수행하고, 반복 조건을 만족하지 않으면 while 문을 빠져나가는 구조이다. 문법 구조가 어렵지 않고 오히려 for 문보다 더 쉬워 보인다. while 문을 사용하여 간단한 코드를 작성해 보자.

1월부터 12월까지 출력

앞에서 for 문을 이용하여 1월부터 12월까지 작성했던 출력 코드를 while 문으로 바꾸어 출력해 보자.

```
var i = 1;
while(i < 13)
{
    console.log(i + '월');
    i++;
}
```

<결과>

```
$node while.js
1월
2월
3월
4월
5월
6월
7월
8월
9월
10월
11월
12월
```

1줄 : 변수 i는 1로 초기화하였다.

2줄 : i < 13의 반복 조건으로 사용한다. 이 조건이 참인 동안 중괄호 내부를 수행하고 있다.

5줄 : 변수 i의 값을 매 반복 시 1씩 증가시킴으로써 언젠가 반복문을 빠져나가게 만들었다.

더 알아보기 **for 문의 관점으로 본 while 문**

for 문의 관점으로 while 문을 보면 결국 사용 방법만 약간의 차이가 있을 뿐 구성 요소들은 동일하다.

```
var i  = 0;                 ---------------------------> 초기문

while(i<10)                 ---------------------------> 반복 조건
{
    console.log( " Hello World! " );
    i++;                    ---------------------------> 증감문
}
```

for 문과 비교했을 때 while 문에 요소들은 분산되어 있다는 차이밖에 없다.

1부터 10까지의 합 출력

while 문을 사용하여 1부터 10까지의 합을 출력하는 코드를 작성해 보자.

```
1 var sum = 0;
2 var i = 1;
3 while( i < 11 )
4 {
5       sum = sum + i;
6       i++;
7 }
8 console.log(sum);
```

<결과>

```
$node while.js
55
```

1줄 : 1부터 10까지 누적 합을 저장할 변수 sum을 초기화하였다.

2줄 : 반복 조건에 사용할 변수 i의 값을 1로 초기화하였다.

3줄 : while 문은 i < 11의 조건을 만족하면 중괄호 {} 내부를 수행한다. for 문과의 차이점은 초기문과 증감문이 각각 2줄과 6줄에 분산되어 작성되어 있다는 점이다.

사용자로부터 입력받은 구구단 출력

동일한 패턴으로 while 문을 사용하여 사용자로부터 입력받은 단수를 구구단으로 출력하는 코드를 작성해 보자.

```
const readline = require("readline");
const rl = readline.createInterface({
  input: process.stdin,
  output: process.stdout,
});

```

```
7         rl.question("단수를 입력하세요 : ", function(dan){
8             var i = 1;
9             while( i < 10)
10            {
11                console.log(dan * i);
12                i++;
13            }
14
15            rl.close();
16        });
```

<결과>

```
$node while.js
단수를 입력하세요 : 5
5
10
15
20
25
30
35
40
45
```

사용자 입력을 위해 readline 패키지를 사용하였다.

7줄 : question() 함수의 첫 번째 전달인자에 사용자 입력 시 질문 형식으로 템플릿을 작성할 수 있다. 두 번째 전달인자에는 실제 입력 데이터를 받아 처리하는 콜백 함수가 실행되는데 콜백 함수의 전달인자는 입력한 데이터가 저장될 변수이다.

8줄 : dan과 곱할 변수 i를 선언하고 초깃값을 1로 설정한다.

9줄 : while 문을 이용하여 i 〈 10의 조건으로 9번 반복하도록 하였다.

10~13줄 : 반복 루틴에서 우리가 입력한 변수 dan에 i 값을 곱한다. 반복할 때마다 i는 1씩 증가한다. 즉, 입력한 dan에 해당하는 구구단이 출력되는 것을 확인할 수 있다.

6.5 고스톱(break 문과 continue 문)

멈추거나 계속하거나

우리나라 전통 놀이 가운데 고스톱이라는 놀이가 있다. 고스톱을 해보지 않은 사람들도 이름 정도는 들어보았을 것이다. 나의 패와 상대의 패를 읽어서 '고(go)'를 하거나 '스톱(stop)'을 하는 게임이다.

이제부터 설명하려는 continue와 break의 의미가 각각 '고(go)', '스톱(stop)'이다. 즉, continue 명령은 계속하라는 뜻이고, break는 멈추라는 뜻이다. 두 명령어가 반복문 안에서 어떻게 사용되는지 살펴보자.

반복문을 빠져나오는 break

보통 반복문은 반복 조건을 만족하지 않으면 반복문을 빠져나간다. 때로는 반복 조건을 만족하더라도 어떤 특정 조건에서 반복문을 빠져나오게 할 수 있는 방법이 있는데, 바로 break 문이다. 다음은 반복문 안에서 break 문의 사용 형태다.

```
while(true)
{
..............................
            if(value > 100)
                break;
..............................
}
document.write( " value는 100보다 크다 " );
```

이 시점에 반복문 탈출

while 문 내부에서 특정 조건을 만족하면 break 문을 만나게 되는데 이 시점에 반복문을 빠져나가게 된다. 보통 무한 반복의 상황에서 특정 시점에 반복문을 빠져나오기 위한 방법으로 사용되곤 한다.

```
var value = 0;
while(true)
{
     if(value > 100)
     {
        break;
     }

     console.log("value의 값 : " + value);
     value++;
}
console.log("value는 100보다 크다." );
```

```
<결과>

$node breakcontinue.js
value의 값 : 0
value의 값 : 1
value의 값 : 2
..............................
value의 값 : 98
value의 값 : 99
value의 값 : 100
value는 100보다 크다.
```

2~11줄 : while 문의 반복 조건이 무조건 true(참)이기 때문에 빠져나올 수 없는 무한 반복의 상황이다.

4~7줄 : value 값이 100보다 크면 break를 실행시켜 무한 반복을 빠져나오게 하는 로직이다.

다음 반복으로 넘어가는 continue

반복을 수행하는 중에 생략하고 넘어가고 싶은 부분이 있다면 continue 문을 사용하면 된다. 다음은 반복문 안에서 continue 문의 사용 형태이다.

```
while(value < 10)
{
..............................
          if(value % 2 == 0)
               continue;
..............................
}
```

이하의 루틴은 무시하고 while 문으로 이동한다.

while 문 내부에서 특정 조건을 만족하면 continue 문을 만나게 되는데 이 시점에 continue 문 이하의 수행은 무시하고 다시 while 문으로 이동하여 반복 조건을 수행한다. 이 로직을 기반으로 1부터 10까지의 범위에서 홀수만 출력하는 코드를 작성해 보자.

```
1   var value = 0;
2   while(value < 10)
3   {
4       value++;
5       if(value % 2 == 0)
6       {
7           continue;
8       }
9
10      console.log("value의 값 : " + value);
11  }
```

<결과>

```
$node breakcontinue.js
value의 값 : 1
value의 값 : 3
value의 값 : 5
value의 값 : 7
value의 값 : 9
```

2줄 : 반복 조건 value < 10은 10회 반복하겠다는 의미다.

5~8줄 : 현재 value 값을 2로 나누었을 때 나머지가 0이면, 즉 value가 짝수이면 continue를 수행하겠다는 코드이다. continue 문을 만나면 수행 위치는 2줄인 while 문으로 이동하고 다시 반복 조건을 검사하게 된다. 이렇게 되면 결과적으로 value가 짝수인 경우는 코드의 10줄을 수행할 수 없으므로 홀수만 출력된다.

더 알아보기 **삼항 연산자 사용**

삼항 연산자 '?'의 오른쪽에 break 문 및 continue 문은 사용할 수 없다.
만약 위의 코드를 삼항 연산자를 사용하여 변경한다면 다음과 같이 작성할 수 있다.

```
var value = 0;
while(value < 10)
{
```

```
        value++;
        (value % 2 == 0) ? continue :
        console.log("value의 값 : " + value + '<br/>');
}
```

하지만 삼항 연산자의 처리 루틴은 결과를 출력하기 위한 표현식은 올 수 있어도 break나 continue와 같은 문법 구조는 올 수 없어 코드는 문법 오류를 발생시킨다. break 문이나 continue 문은 if 문에서만 사용하자.

반복문의 중첩

경우에 따라 반복문을 여러 개 중첩해서 사용하는 경우가 있다. 대표적인 이중 반복문의 코드 예시가 구구단 전체를 출력하는 것이다. 구구단 2단부터 9단까지 모두 출력하는 코드를 작성해 보자.

```
var dan = 2;
while(dan < 10)
{
    var num = 1;
    while(num < 10)
    {
        console.log(dan + "*" + num + "=" + dan*num);
        num++;
    }
    dan++;
}
```

<결과>

```
$node breakcontinue.js
2*1=2
2*2=4
2*3=6
2*4=8
```

```
2*5=10
2*6=12
2*7=14
2*8=16
2*9=18
......................
9*1=9
9*2=18
9*3=27
9*4=36
9*5=45
9*6=54
9*7=63
9*8=72
9*9=81
```


앞의 구구단 2단 출력 코드를 참고하여 로직을 생각하면 반복문을 중첩하여 2~9단까지 모두 출력하는 코드를 작성할 수 있다. 변수 dan은 단수를 나타내고 변수 num은 변수와 곱해지는 수이다.

구구단은 증가하는 포인트를 잘 파악하면 된다. 각 단(dan)을 기준으로 단수와 곱해지는 수(num)가 1부터 9까지 증가해야만 비로소 단(dan)이 1 증가하게 되는 로직이다.

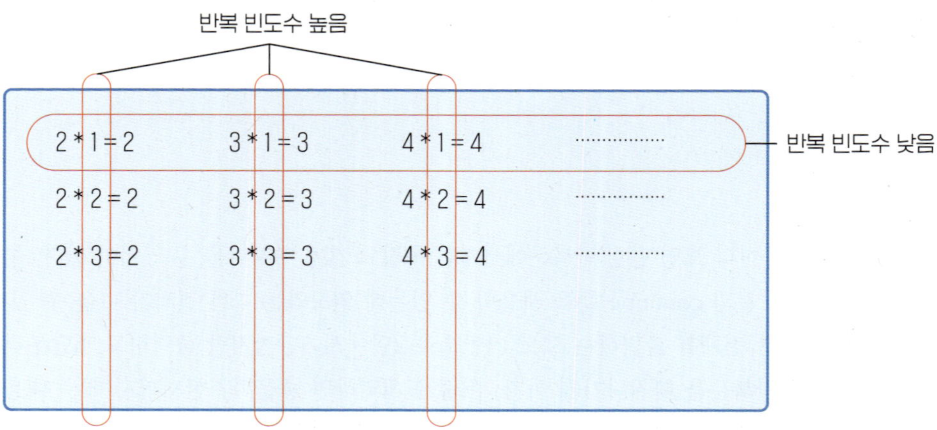

그림을 보면 구구단에서 반복이 가장 빈번하게 발생하는 부분은 어디인가? 바로 단수와 곱해지는 수인 세로줄(1부터 9까지)이다. 이에 비해 단수의 증가인 가로줄(2부터 9까지)은 상대적으로 천천히 증가한다.

코드에서 수행 빈도로 따져보면 단수와 곱해지는 수(num)가 반복 빈도가 높으므로 5줄의 while 문에서 반복되고, 단수(dan)의 경우 상대적으로 반복 빈도가 낮으므로 2줄의 while 문에서 반복되고 있다. 이렇게 이중 반복문으로 2단부터 9단까지 구구단을 출력하게 된다.

더 알아보기 **지구의 자전과 공전으로 이중 반복문 이해**

이중 반복문의 원리가 어려운가? 지구의 자전과 공전의 원리를 생각하면 이중 반복문을 이해하는데 도움된다.

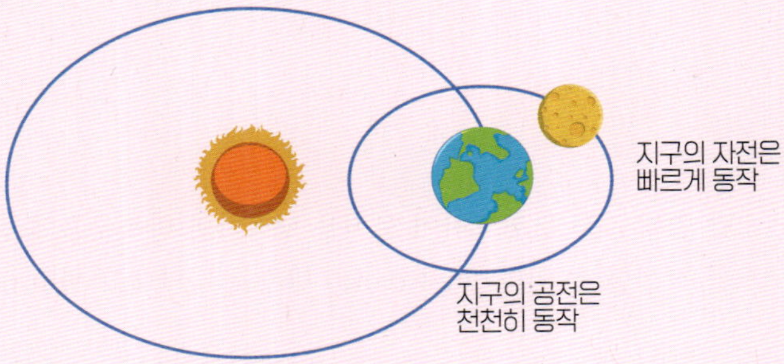

지구의 자전은 스스로 한 바퀴 도는데 1일 걸리고, 지구의 공전은 태양을 중심으로 도는데 1년 걸린다. 회전 빈도수로 따져보면 자전의 반복이 빠르고 공전의 반복은 상대적으로 느리다. 이중 반복문에 대입해 보면 지구의 자전은 안쪽 반복문에 해당되고, 지구의 공전은 바깥쪽 반복문에 해당된다.

레이블 사용

중첩 반복문을 사용하다 보면 단일 반복문에서처럼 특정 조건에 빠져나올 수 있어야 한다. 물론 이 안에서도 break 문과 continue 문을 사용할 수 있는데 의도와는 다른 결과가 나올 수 있다. 앞서 작성한 구구단 전체를 출력하는 코드 기반으로 2단에서 5단까지만 출력하고, 6단부터는 출력되지 않도록 반복문을 빠져나가게 하자. 어떻게 처리하면 좋을까? 현재까지 배운 내용을 응용한다면 7~8줄처럼 변수 dan이 6이고 변수 num이 1이면 반복문 전체를 빠져나가게 처리할 것이다.

```
var dan = 2;
while(dan < 10)
{
    var num = 1;
    while(num < 10)
    {
        if(dan == 6 && num == 1)
            break;
        console.log(dan + "*" + num + "=" +dan*num);
        num++;
    }
    dan++;
}
```

<결과>

```
$node breakcontinue.js
2*1=2
2*2=4
2*3=6
2*4=8
2*5=10
2*6=12
2*7=14
2*8=16
2*9=18
......................
9*1=9
9*2=18
9*3=27
9*4=36
9*5=45
9*6=54
9*7=63
9*8=72
9*9=81
```

응용해서 생각한 로직은 훌륭하다. 그런데, 결과를 확인하면 예상과는 달리 6단만 빠진 전체 구구단이 출력되는 것을 확인할 수 있다.

왜 이런 결과가 나온 걸까? 8줄의 break 문은 현재 자신이 속한 반복문만 빠져나가게 한다. 즉, 안쪽 while 문만 빠져나가게 되면서 12줄 코드로 이동하게 된다. 결국 변수 dan을 1 증가시킨 후 바깥쪽 while 문을 다시 수행함으로써 나머지 7, 8, 9단을 출력한 것이다.

원하는 결과를 중첩된 전체 반복문을 완전히 빠져나가게 변경하려면 레이블(label)을 사용하면 가능하다.

레이블(label)은 특정 위치를 나타내는 식별자이다.

```
labelName : while(...)
{
        while(...)
        {
                    break labelName;

}
```

이 위치로 빠져나간다.

사용 문법은 반복문 앞에 레이블 이름을 적고 콜론(:)으로 구분한다. 레이블 이름은 위치 태그를 달아놓은 것이라고 생각하면 되는데, break 문을 사용할 때 해당 레이블 이름을 적어주면 해당 위치로 빠져 나간다. 앞서 작성한 코드에 레이블을 추가하여 다음과 같이 수정해 보자.

```
1    var dan = 2;
2    outside : while(dan < 10)
3    {
4          var num = 1;
5          while(num < 10)
6          {
7                 if(dan == 6 && num == 1)
8                       break outside;
9                 console.log(dan + "*" + num + "=" +dan*num);
10                num++;
11         }
12         dan++;
13   }
```

<결과>

```
$node breakcontinue.js
2*1=2
2*2=4
2*3=6
2*4=8
2*5=10
2*6=12
2*7=14
2*8=16
2*9=18
..............................
5*1=5
5*2=10
5*3=15
5*4=20
5*5=25
5*6=30
5*7=35
5*8=40
5*9=45
```

결과를 확인하면 전체 구구단에서 2단부터 5단까지 출력되고, 6단 이후부터는 아예 출력이 되지 않는 것을 확인할 수 있다. 즉, 8번째 줄의 break 문을 통해 outside 레이블이 붙은 반복문을 찾고, 해당 반복문을 빠져나가게 한 것을 확인할 수 있다.

7 장

필요할 때 호출, 함수

학 습 목 표

- 함수가 무엇인지 이해한다.
- 함수를 사용하는 목적에 대해 이해한다.
- 함수를 코드로 정의할 수 있다.
- 지역변수, 전역변수, 매개변수를 이해한다.
- 함수의 기본값과 리턴값을 이해한다.
- 함수 표현식에 대해 이해하고 코드로 작성한다.

7.1 JAVASCRIPT

실습 환경 설정

실습 폴더 생성

먼저 실습 작업을 위한 폴더를 한 개 생성하고 폴더 이름을 'ch7'로 설정한다. 생성 위치나 이름은 임의로 정해도 상관없다.

Visual Studio Code에서 폴더 열기

Visual Studio Code의 메뉴에서 〔File〕 → 〔Open Folder〕를 실행하고 생성한 'ch7' 폴더를 연다.

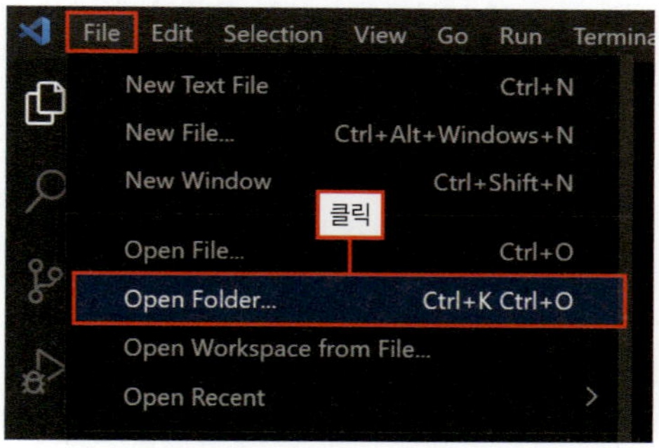

탐색기에 다음과 같이 'CH7'이 표시된다. 이제부터 생성되는 파일들은 'CH7' 폴더 내부에 생성된다.

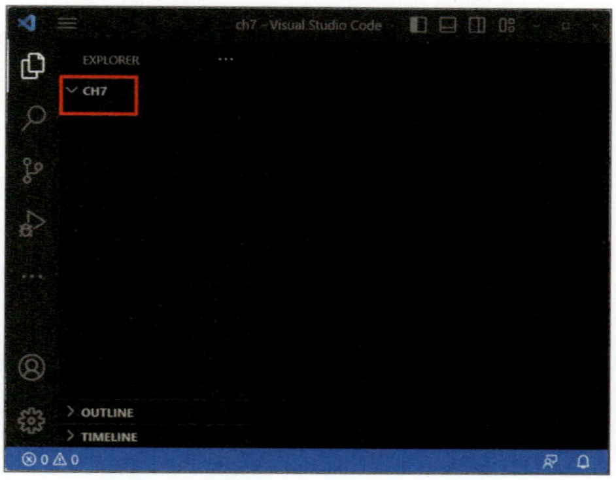

7.2

JAVASCRIPT

함수

일반적인 함수의 개념

중등교육 과정의 수학에서 함수에 대해 배운다. 수학에서의 함수의 형태는 다음과 같이 y가 x의 함수일 때의 형태다.

```
y = f(x)
```

함수라는 것은 임의의 어떤 입력 x에 대해 그에 따른 출력 y가 존재하는 것을 말한다. 위의 함수 정의 기호에 의거하여 만약 입력한 값에 대해 2배(x2)의 출력 결괏값을 반환하는 함수를 정의하면 다음과 같다.

```
y = 2x
```

이 함수는 입력한 값 x를 무조건 2배로 올려 y에 반환한다. x에 1을 대입하면 y는 2를 반환받게 되고, x에 2를 대입하면 y는 4를 반환받게 된다.

함수는 블랙박스와 같다. 함수 내부에서 어떤 원리로 어떻게 구현되었는지 알 필요는 없다. 다만, x라는 값을 함수에 입력하면 함수 안에서 처리하여 y라는 결괏값을 반환할 뿐이다. 실생활에서도 함수의 원리를 이용한 물건들이 많다. 대표적인 예가 커피 자판기다.

커피 자판기는 동전과 원하는 커피 종류를 선택하면 해당 커피가 만들어져 나오는데, 내부적으로 어떤 원리로 동작하는지는 알 필요가 없다. 함수로 정의되는 이 기능은 입력과 출력 결과만 고려하면 되며, 동전을 입력하면 커피가 출력되는 것으로 이루어진다.

이러한 원리를 기반으로 함수를 정의하면, 특정 작업을 위해 독립적으로 만들어진 하나의 기능 단위로서 사용될 수 있다.

함수를 사용하는 이유

함수를 커피 자판기로 예를 들면, 동전을 넣으면 커피가 나오는 특정 기능을 가지는데 이를 '함수'라고 한다. 이렇게 특정 기능인 함수를 만들어 놓고 사용하면 크게 2가지의 장점을 얻을 수 있다.

- **코드의 가독성이 향상되어 유지보수 및 확장에 유리하다.**

인간의 글도 무질서하고 장황하게 작성한 것보다 내용에 맞게 주제별로 단락을 나누어 놓으면 읽기 수월하고 이해도 빠르게 된다. 마찬가지로 코드도 모든 기능을 한 곳에서 장황하게 작성하면 코드를 이해하기 힘들어진다. 글을 주제별로 분류하듯이 코드도 기능 단위로 분리하여 작성하면 가독성이 향상되며, 코드의 수정이나 확장에 매우 유리하다.

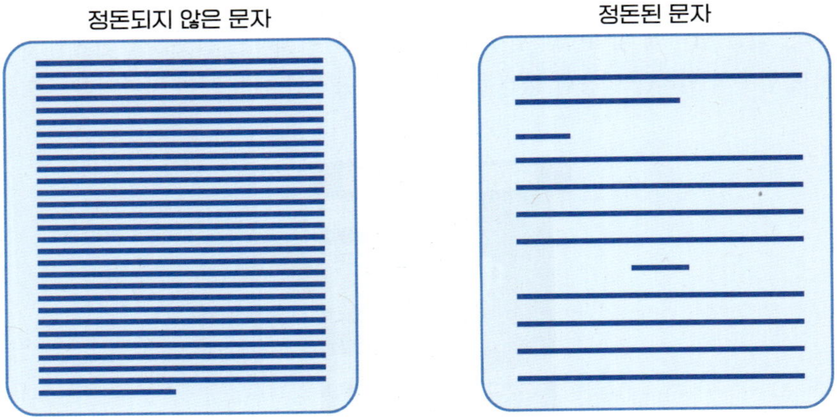

- **중복 코드를 줄일 수 있다.**

기능 단위의 함수를 만들어 놓으면 필요할 때마다 기능을 호출하여 사용하면 중복된 코드를 줄일 수 있다. 예를 들면, 매번 요리할 때마다 레시피를 연구하고 다르게 요리한다면 매우 피곤할 것이다. 요리에 대한 레시피를 한 번 제대로 만들어 놓고 매번 요리할 때마다 해당 레시피를 참고한다면 중복된 노력에 대한 비용을 절감할 수 있다.

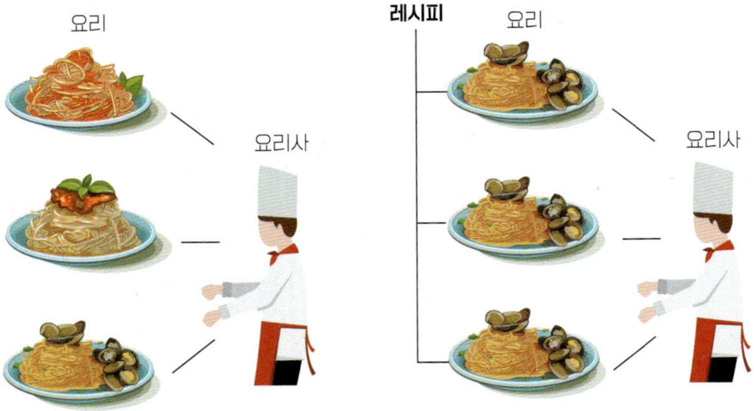

더 알아보기 **스파게티 코드**

스파게티 코드는 프로그래밍 소스 코드가 스파게티의 면발처럼 엉켜 있다는 것을 비유로 표현한 것이다. 코드는 정상 동작은 하지만 가독성이 너무 떨어져 유지보수나 확장하기가 매우 힘든 코드다. 이런 코드 양산은 일정에 쫓겨 개발을 수행할 때 주로 나타난다.

함수의 종류

함수의 종류는 크게 2가지로 내장 함수와 사용자 정의 함수가 있다.

내장 함수

내장 함수란 자바스크립트에서 이미 정의되어 있는 함수로, 자바스크립트 엔진에 미리 내장되어 있다. 이러한 함수는 호출하여 사용하기만 하면 된다. 예를 들어, alert( )나 prompt( )와 같은 기능을 제공하는 함수들이 내장 함수의 예시다.

```
alert('HelloWorld ' );
```

```
<script>
    alert( ' HelloWorld);
</script>
```

위와 같이 alert()는 브라우저에서 경고창에 메시지를 표시하는 함수로, 자바스크립트 엔진에 이미 만들어져 있어 함수를 호출하여 사용하기만 하면 된다.

사용자 정의 함수

프로그램을 작성하다 보면 내장 함수를 사용하는 경우도 있지만, 내장 함수에서 지원하지 않는 여러 가지 기능을 구현하고 싶을 때도 있다. 내장 함수는 자바스크립트의 가장 기본적인 기능만 제공하기 때문에 다양한 기능을 구현하기에는 부족하다.

이러한 경우, 개발자는 자신이 원하는 기능을 직접 작성하여 만들어야 한다. 이를 사용자가 정의한 함수라고 하여 사용자 정의 함수라고 하며, 프로그래밍 작업의 대부분이 이러한 사용자 정의 함수를 만드는 일이다.

내장 함수와의 차이점은 내장 함수는 이미 만들어져 있는 함수를 호출하여 사용하는 반면, 사용자 정의 함수는 개발자가 직접 함수를 정의한다는 점이다. 하지만 함수를 호출하여 사용하는 것은 동일하다. 이번 장에서 살펴볼 내용이 바로 사용자 정의 함수를 만들고 사용하는 방법이다.

JAVASCRIPT

7.3 함수의 정의 형식

함수의 구성

함수의 정의 형식은 다음과 같다.

```
function 함수 이름(전달인자)
{
    함수의 내용
}
```

함수의 정의 형식을 구성하는 요소와 설명을 살펴보자.

구성 요소	설명
function	함수 선언 시 함수라는 것을 나타내기 위해 자바스크립트에서는 선두에 function이라는 키워드를 사용한다.
함수 이름	내가 만든 함수의 이름을 달아주어야 한다. 사람도 태어나면 그 사람을 지칭하는 이름을 짓듯이 함수 또한 이름을 붙여주어야 한다. 변수나 함수의 이름을 지울 때는 반드시 그 기능에 맞는 의미의 이름을 붙여주도록 한다.
전달인자	전달인자는 보통 매개변수, 인수 등 여러 가지 용어로 사용된다. 따라서 앞으로는 이 용어들을 상황에 따라 혼용해서 사용할 예정이있다. 전달인자는 필요에 따라 한 개 이상을 입력할 수 있으며, 불필요하게 많은 전달인자를 사용하지 않도록 주의해야 한다. 전달인자의 양이 많아질 경우 통상적으로는 Object 타입으로 전달하는 것이 일반적이다.
중괄호 { }	중괄호는 함수의 영역을 나타내며 이 안에 함수의 내용을 작성한다.

함수의 작성

전달인자가 없는 기본 함수를 작성해 보자. 먼저 코드를 작성하기 위해 'funcformat.js'라는 이름의 파일을 생성한다.

```
1 function showMsg()
2 {
3     console.log('Hello Javascript');
4 }
5 showMsg();
```

<결과>

```
$node funcformat.js
Hello Javascript
```

1~4줄 : showMsg라는 이름의 함수를 생성하였다. 함수 선언의 형식에 맞춰 function 키워드를 쓰고 함수의 이름 뒤에 전달인자는 필요 없으므로 빈 괄호 ()로 표시하였다. 함수는 전달인자 유무에 상관없이 무조건 함수 이름 뒤에 괄호 ()를 표시해야 한다. 함수의 기능을 작성하는 부분은 중괄호 { }로 감싸주었다. 이 함수의 기능은 'Hello Javascript'라는 문자열을 console.log를 통해 터미널 창에 출력하는 것이다.

5줄 : 함수를 호출하는 코드로 1~4줄에서 함수를 만들었다. 아무리 잘 차려진 진수성찬도 먹지 않으면 소용없듯이 잘 만들어 놓은 함수도 사용하지 않으면 소용없다. 함수는 기본적으로 이름을 기준으로 호출한다.

함수를 사용하는 이유에서도 언급했듯이 코드의 중복을 피하기 위함이다. 한 번 만들어 놓고 필요할 때마다 사용할 수 있기 때문이다. 만약 함수의 기능을 여러 번 사용하려면 함수의 이름을 여러 번 호출하면 된다.

```
function showMsg()
{
    console.log('Hello Javascript');
}
showMsg();
showMsg();
showMsg();
```

〈결과〉

```
$node funcformat.js
Hello Javascript
Hello Javascript
Hello Javascript
```

5~7줄 : showMsg() 함수를 호출하면 함수 본문이 실행된다. showMsg() 함수를 3번 호출했으므로 'Hello Javascript' 구문이 3번 출력된다. 만약 함수를 사용하지 않았다면 중복 코드가 발생했을 것이다.

이번에는 전달인자가 있는 함수를 선언해 보자. 두 개의 전달인자를 전달하여 두 수의 합을 출력하는 기능의 함수를 만든다. 전달인자는 함수 이름 뒤에 괄호 ()에 입력하되 1개 이상이면 콤마(,)로 구분한다.

```
1    function plus(a, b)
2    {
3        console.log('두 수의 합 : ' + (a + b));
4    }
5    plus(2, 3);
```

〈결과〉

```
$node funcformat.js
두 수의 합 : 5
```

1줄 : plus라는 이름의 함수를 선언하였다. 전달인자는 a와 b 2개를 전달한다. 전달인자 이름도 용도에 맞게 지으면 되는데, 테스트 예제이므로 a, b라는 이름을 사용하였다.

3줄 : 전달받은 두 변수 a와 b를 더하여 터미널 창에 출력한다.

5줄 : plus 함수를 호출한다. 이때 함수로 전달할 실제 값을 입력한다. 2와 3을 입력하였으므로 a에는 2, b에는 3이 전달된다.

필요에 따라 같은 함수를 여러 번 호출할 수 있다. 자바스크립트는 자료형이 가변적이므로 다양한 형태의 데이터를 입력해도 연산 가능하다.

```
1  function plus(a, b)
2  {
3      console.log('두 수의 합 : ' + (a + b));
4  }
5  plus(100, 200);
6  plus('ABCD', 'EFGH');
7  plus(3.14, 1.59);
```

<결과>

```
$node funcformat.js
두 수의 합 : 300
두 수의 합 : ABCDEFGH
두 수의 합 : 4.73
```


5줄 : 2개의 정수 '100'과 '200'을 전달한다. 전달받은 a와 b를 더하여 '300'이 출력된다.

6줄 : 2개의 문자열 'ABCD'와 'EFGH'를 전달한다. 문자열끼리의 더하기는 결합으로, 'ABCDEFGH'가 출력된다.

7줄 : 2개의 실수 '3.14'와 '1.59'를 전달한다. 실수끼리 연산도 가능하므로 더하여 '4.73'이 출력된다.

☑ 더 알아보기 **함수와 메소드의 차이**

보통 함수라고도 하지만 어떤 경우에는 메소드라는 용어를 사용하기도 한다. 함수와 메소드는 사실 형태상으로는 동일하다. 다만, 구분되는 차이는 정의되는 위치에 있다. 객체지향 언어에는 클래스가 기본 단위이다. 클래스 내부에는 변수나 함수를 선언할 수 있는데, 클래스 내부에 선언된 함수를 메소드라고 한다. 그래서 메소드는 클래스를 통해 생성된 객체를 통해서만 호출할 수 있다. 그 외 클래스와 관련 없다면 일반적으로 전부 함수라고 한다.

JAVASCRIPT

7.4 지역변수, 전역변수, 매개변수

지역변수

TV를 보면 전국 방송과 함께 지역 방송도 송출된다. 가끔 지방에서 TV를 켜면 공중파 방송이지만, 특정 시간대에는 그 지역 방송국에서만, 송출하는 방송을 시청해야 하는 경우가 있다.

지역 방송은 해당 지역에서만 송출되기 때문에 다른 지역에서는 시청할 수 없는 구조이다. 예를 들어, 같은 이름의 NBC 방송국이 여러 지역에 있더라도 각각 독립적이라는 것이다.

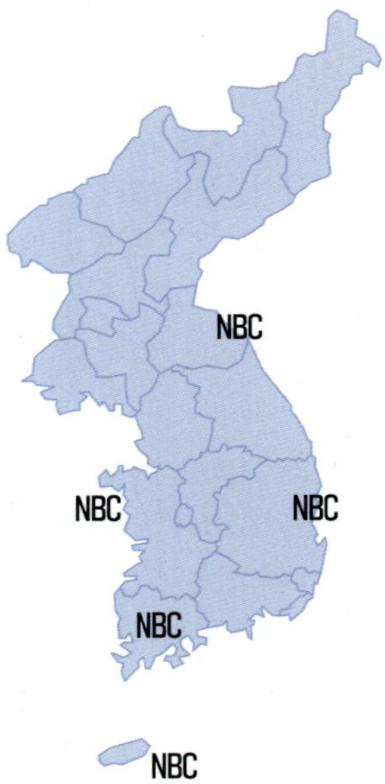

코드에서의 지역 의미도 마찬가지로 어떤 특정 지역 안에서만 유효한 변수를 지역변수라고 한다. 자바스크립트에서는 그 지역의 범위를 함수의 중괄호 { }로 한정한다. 즉, 함수 안에서 선언된 변수는 함수 밖에서는 사용할 수 없다는 말이다.

먼저 코드를 작성하기 위해 'local.js'라는 이름의 파일을 생성하자.

```
1  function account()
2  {
3      var savedUser = '이은성';
4      console.log('반갑습니다. ' + savedUser + '님');
5  }
6  account();
7  console.log('또 오셨네요. ' + savedUser + '님');
```

〈결과〉

```
$node local.js
반갑습니다. 이은성님
ReferenceError: savedUser is not defined
```


이 코드의 결과는 부분 출력과 오류 코드가 같이 표시된다. 즉, 지역변수를 해당 지역 범위 안에서 접근한 변수는 문제없고, 해당 지역 범위를 벗어난 곳에서 접근한 변수는 문제가 발생한다.

3줄 : '이은성'이라는 문자열을 담고 있는 savedUser라는 변수는 account 함수 안에서 선언되었다. savedUser와 같이 특정 영역에 한정된 변수를 지역변수라고 한다.

4줄 : saveUser 변수를 터미널 창에 출력한다. account 함수 안에서 savedUser 변수 사용은 문제없이 사용 가능하다.

7줄 : account 함수 밖에서 접근한 savedUser 변수는 오류를 발생시킨다. 다음과 같은 오류 메시지를 확인할 수 있다.

```
Uncaught ReferenceError: savedUser is not defined
```

오류의 의미는 savedUser 변수가 정의되어 있지 않다는 뜻이다. savedUser 변수는 account 함수 내에서 선언된 변수이므로 account 함수의 중괄호 { }를 벗어난 후에는 이미 소멸된 상태이기 때문에 saveUser 변수를 인식하지 못한다.

지역변수의 생명주기

보통 사용하는 변수 대부분이 지역변수다. 변수의 생명 주기를 살펴보면, 변수는 일반적으로 선언하는 시점에서 생성된다. 그리고 각 함수에서 사용하는 변수들은 서로 독립적인 메모리 공간을 가지기 때문에 변수의 이름이 같아도 상관없다. 다음과 같이 코드를 작성하자.

```
1  function naver()
2  {
3      console.log('naver 함수 진입');
4      var saveUser = '이귀엽';
5      google();
6      console.log('naver 함수 탈출');
7  }
8  function google()
9  {
10     console.log('google 함수 진입');
11     var saveUser = '이예쁜';
12     console.log('google 함수 탈출');
13 }
14 naver();
```

<결과>

```
$node local.js
naver 함수 진입
google 함수 진입
google 함수 탈출
naver 함수 탈출
```

naver와 google이라는 이름의 두 함수를 선언하였다. 각 함수에 saveUser라는 이름의 변수를 선언하고 naver 함수 안에서 google 함수를 호출하는 구조로 로직을 한 번 따라가 보자. 가장 먼저 14줄 naver 함수 호출이 시작이다.

14줄 : naver 함수를 호출한다.

3줄 : naver 함수 안에 들어왔다는 표시다.

4줄 : naver 함수 안에 지역변수 saveUser를 선언과 동시에 '이귀엽'이라는 값을 대입한다. saveUser 변수가 메모리에 생성되는 시점이다.

5줄 : google 함수를 호출한다.

10줄 : google 함수 안에 들어왔다는 표시이다.

11줄 : google 함수 안에 지역변수 saveUser를 선언과 동시에 '이예쁜'이라는 값을 대입한다. saveUser 변수가 메모리에 생성되는 시점이다.

12~13줄 : google 함수를 빠져나간다는 표시다. 이때 '이예쁜'이라는 값을 가진 saveUser는 메모리에서 소멸된다.

6~7줄 : google 함수가 종료되면 원래 호출되었던 지점으로 다시 돌아간다. 즉, 5줄로 넘어가서 그다음 줄 코드를 수행하고 naver 함수를 빠져나간다는 표시다. 이때 '이귀엽'이라는 값을 가진 saveUser는 메모리에서 소멸된다.

결론은 먼저 '이귀엽'이라는 값을 가진 saveUser 변수가 생성되고 그다음 '이예쁜'이라는 값을 가진 saveUser 변수가 생성된다. 소멸할 때는 반대로 '이예쁜'이라는 값을 가진 saveUser 변수가 먼저 소멸되고, '이귀엽'이라는 값을 가진 saveUser가 마지막으로 소멸된다.

코드의 내용을 그림으로 살펴보자.

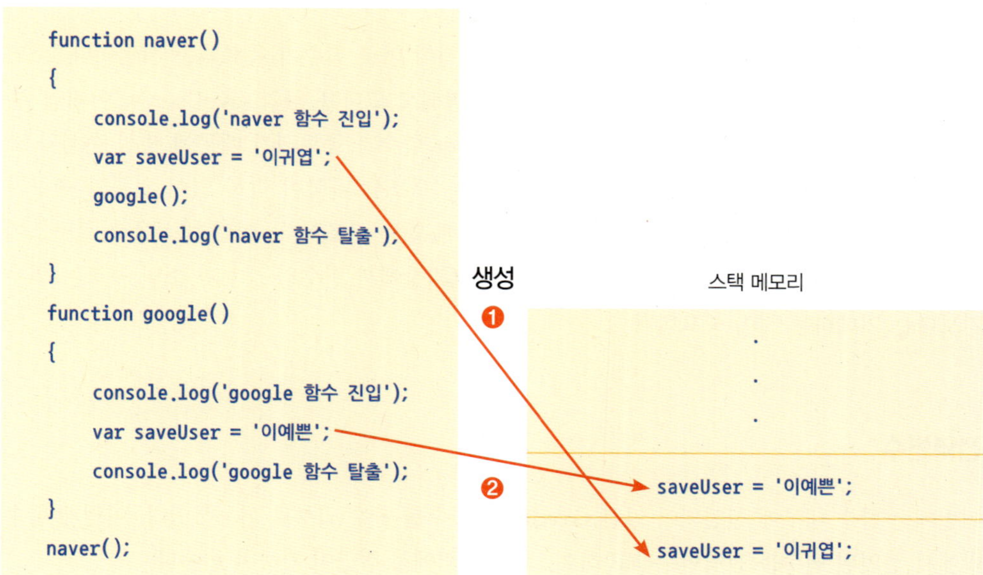

지역변수는 스택 메모리에 할당된다. Stack은 '쌓는다'는 의미를 가지고 있기 때문에 변수가 생성될 때마다 스택 메모리에 쌓이게 된다. 코드의 로직상 ❶의 saveUser = '이귀엽'이 먼저 생성되므로 스택 메모리의 가장 바닥에 쌓이게 된다. 그다음 ❷의 saveUser = '이예쁜'이 생성되므로 앞에 먼저 쌓여 있던 메모리 위에 쌓이게 된다. 지금은 변수가 2개지만 변수를 더 많이 선언하면 현재의 스택 메모리 구조에서 메모리는 더 쌓이게 될 것이다.

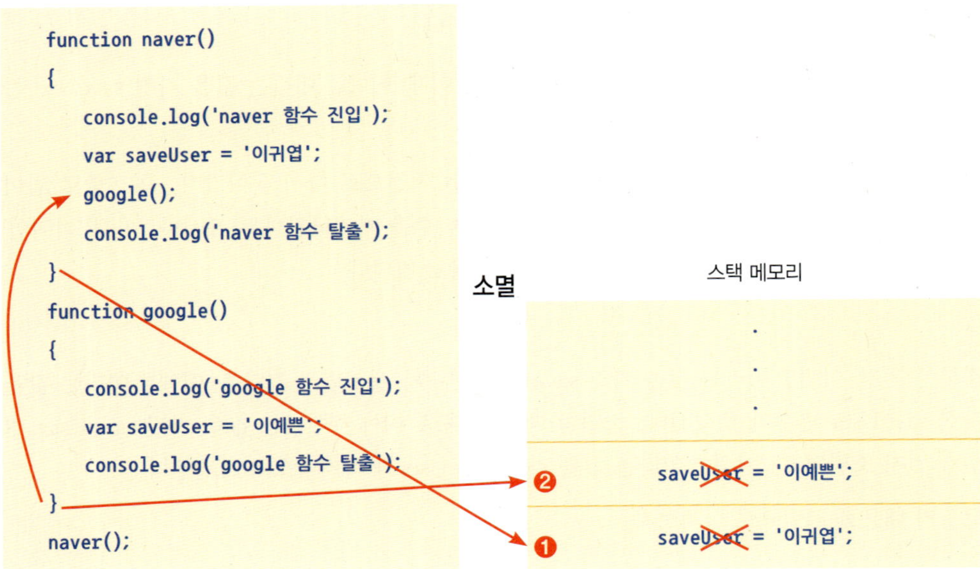

어느 시점에 지역변수는 소멸되는데, 소멸되는 시점이 바로 함수가 종료되는 시점이다. 소멸되는 순서는 ❶의 saveUser = '이예쁜'이 먼저 소멸되고 그다음 ❷의 saveUser = '이귀엽' 순으로 소멸된다. google 함수가 먼저 종료되고 naver 함수가 종료되기 때문에 생성 순서와 소멸 순서는 반대라고 생각하면 쉽다. 스택 메모리는 구조상 바닥이 막혀 있어 입구와 출구가 같으므로 먼저 들어온 데이터가 나중에 나갈 수밖에 없는 구조이다. 이런 방식을 자료구조에서 FILO(First-In-Last-Out)이라고 한다. 스택 메모리상에서 변수의 생성과 소멸 구조는 외우기보다는 이해하는 것이 중요하다.

전역변수

이번에는 함수 내부에 선언되어 있던 savedUser 변수를 함수 외부로 이동하였다. 이렇게 함수 밖에서 선언된 변수를 전역변수라고 하며, 코드 전역에서 접근이 가능한 변수다.

먼저 코드를 작성하기 위해 'global.js'라는 이름의 파일을 생성한다. local.js에서 작성했던 코드를 그대로 가져와서 변수 선언 위치만 변경해 보자.

```
1    var savedUser = '이은성';
2    function account()
3    {
4        console.log('반갑습니다. ' + savedUser + '님');
5    }
6    account();
7    console.log('또 오셨네요. ' + savedUser + '님');
```

<결과>

```
$node global.js
반갑습니다. 이은성님
또 오셨네요. 이은성님
```

1줄 : 기존에 account 함수 내에 선언되어 있던 saveUser 변수를 함수 외부로 이동하였다.

7줄 : savedUser 변수를 지역변수로 선언했을 때 발생했던 오류가 전역변수로 변경 후 문제없이 출력된다.

함수 내에서 전역변수의 값을 수정할 수도 있다.

```
var savedUser = '이은성';
function account()
{
    console.log('반갑습니다. ' + savedUser + '님');
    savedUser = '이귀엽';
}
account();
console.log('또 오셨네요. ' + savedUser + '님');
```

<결과>

```
$node global.js
반갑습니다. 이은성님
또 오셨네요. 이귀엽님
```

만약 함수 내부에서 전역변수와 동일한 이름을 가진 지역변수가 선언되었다면 함수 내에서는 지역변수가 우선순위다. 지역변수의 영향권을 벗어난 함수의 외부에서는 전역변수의 영향을 받는다.

```
1 var savedUser = '이은성';
2 function account()
3 {
4         var savedUser = '이귀엽';
5         console.log('반갑습니다. ' + savedUser + '님');
6 }
7 account();
8 console.log('또 오셨네요. ' + savedUser + '님');
```

<결과>

```
$node global.js
반갑습니다. 이귀엽님
또 오셨네요. 이은성님
```

4줄 : saveUser 앞에 var를 붙이면 전역변수 saveUser가 아닌 새로운 지역변수 saveUser가 된다. 5줄에서 출력할 saveUser는 지역변수 saveUser의 영향을 받아 '이귀엽'이 출력된다.

8줄 : 4줄의 saveUser는 지역변수의 값을 변경한 것이므로 현재 코드의 saveUser에 영향을 주지 않는다. 1줄의 전역변수 saveUser에 대입했던 '이은성'이 출력된다.

매개변수

앞서 언급했던 것처럼 매개변수를 다른 말로 전달인자라고도 한다. 만약 외부에서 함수에 특정 데이터를 전달하고 싶다면 함수 호출 시 매개변수를 이용하면 임의의 데이터를 함수 안에 전달할 수 있다.

코드를 작성하기 위해 'parameter.js'라는 이름의 파일을 생성하자.

```
1   function account(userId)
2   {
3       var savedUser = '이은성';
4       if(userId == savedUser){
5           console.log('반갑습니다. ' + userId + '님');
6       }else{
7           console.log('로그인 실패했습니다.');
8       }
9   }
10  account('이은성');
```

<결과>

```
$node parameter.js
반갑습니다. 이은성님
```


10줄 : account 함수를 호출하면서 전달인자 '이은성'을 넘겨준다.

1줄 : 매개변수 userId는 10줄에서 전달한 값 '이은성'을 넘겨받는다.

4~8줄 : 매개변수 userId 값과 지역변수 savedUser 값을 비교하여 일치하면 5줄로, 불일치하면 7줄로 이동한다.

만약 10줄 입력값을 '이은성'이 아닌 다른 값을 입력하면 4줄에서 userId와 savedUser 값이 불일치로 '로그인 실패했습니다.'라는 메시지가 출력될 것이다.

매개변수도 지역변수다

함수의 매개변수도 스택 메모리에 할당되는 지역변수기 때문에 함수가 수행될 때 자동으로 할당되었다가 함수가 끝나면 자동으로 소멸된다. 지역변수와 매개변수를 나누어서 언급해 매개변수는 지역변수라는 생각을 하지 못할 수도 있다. 하지만 선언하는 위치만 다를 뿐 매개변수도 지역변수와 같은 특징을 가지고 있다.

```
function plus(a, b)
{
        var result = 0;
        a = a + 1;
        b = b + 1;
        result = a + b;
        console.log('두 수의 합 : ' + (a + b));
}
```

매개변수도 지역변수이다.

매개변수도 지역변수라고 하였으므로 스택 메모리 관점에서 보면 다음과 같은 형식일 것이다.

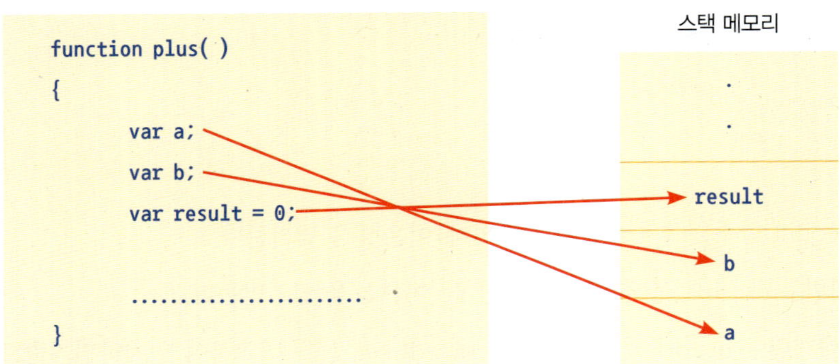

이해를 돕기 위해 매개변수 위치의 변수 a, b를 지역변수 위치로 이동했다. 변수는 a, b, result 순서대로 메모리에 할당되고, plus 함수가 종료되면 result, b, a순으로 메모리에서 소멸될 것이다. 매개변수도 지역변수와 동일하다는 점을 외워두자.

매개변수를 사용하는 이유

매개변수는 외부에서 함수 내부로 어떤 특정 값을 전달하려는 목적으로 사용한다. 그러나 전역변수를 사용해도 함수 내부로 값을 전달할 수 있다. 문제는 전역변수의 경우 코드가 길어지고 복잡해질수록 관리하기가 힘들어지는데, 이는 전역변수는 생명주기가 애플리케이션이 시작할 때 생성되어서 끝날 때 소멸되기 때문이다. 그 사이에 전역변수가 수많은 함수 안에서 사용된다면 값을 추적해가는 것이 더욱 어려워진다.

반면 매개변수를 사용하게 되면 데이터의 전달 통로가 획일화되기 때문에 가독성이 향상된다. 또한 매개변수도 생명주기가 함수 단위이므로 데이터의 가용범위는 한정되어 데이터 추적이 매우 쉬워진다.

7.5 함수의 기본값과 리턴값

호출부와 선언부의 매개변수 불일치

account 함수에 userpw 매개변수를 하나 더 추가하자. 코드 작성을 위해 'funcvalue.js'라는 이름의 파일을 생성하고 다음과 같이 코드를 작성하자.

```
var userName = '이창현'; //전역변수
var userPW = '1111'; //전역변수

function account(userId , userpw )
{
    console.log(userId);
    console.log(userpw);
    var savedName = '이창현';
    var savedPw = '1111';

    if(userId == savedName)
    {
        if(userpw == savedPw)
        {
            console.log('반갑습니다. ' + userId+'님');
        }
    }
}
account(userName, userPW);
```

〈결과〉

```
$node funcvalue.js
이창현
1111
반갑습니다. 이창현님
```

2줄 : 전역변수 userPW를 추가하고 초깃값을 '1111'이라고 입력한다.

4줄 : account 함수에 userpw라는 이름의 매개변수를 추가한다.

6~7줄 : 전달받은 userId와 userpw에 어떤 값이 들어왔는지 로그를 통해 확인한다.

11~17줄 : 전달받은 userId와 지역변수 saveName의 값이 같은지, userpw와 savePw의 값이 같은지 비교한다. 두 비교가 모두 일치하면 '반갑습니다. XXX님'을 출력하고 둘 중 하나라도 틀리면 다음으로 넘어간다.

일반적으로 4줄 함수 선언부와 19줄 함수 호출부의 매개변수 개수가 일치해야 한다. 만약 함수 호출부의 매개변수를 1개만 입력하여 account(userName);라고 호출하면 어떻게 될까? 다음과 같이 수정하고 실행해 보자.

```
1   var userName = '이창현'; //전역변수
2   var userPW = '1111'; //전역변수
3
4   function account(userId , userpw )
5   {
6       console.log(userId);
7       console.log(userpw);
8       var savedName = '이창현';
9       var savedPw = '1111';
10
11      if(userId == savedName)
12      {
13          if(userpw == savedPw)
14          {
15              console.log('반갑습니다. ' + userId+'님');
16          }
17      }
18  }
19  account(userName);
```

<결과>

```
$node funcvalue.js
이창현
undefined
```

보통 이런 경우 다른 언어에서는 오류를 발생시킨다. 그런데 자바스크립트에서는 19줄에서 변수 userName만 전달하였으므로 4줄에서 매개변수 userId에만 값이 전달되고 userpw는 아무런 값을 입력받지 못한다. 보통 변수 생성 시 초깃값을 할당받지 않으면 undefined 값이 입력된다고 했으므로 7줄에서 undefined 값을 출력한 것이다. 일단 오류가 발생하지는 않는다.

매개변수의 기본값 설정

앞 예제의 경우 함수 호출 시 매개변수의 불일치로 인해 오류가 발생하지 않았지만, userpw에 어떤 값도 설정되지 않은 undefined 상태다. 이는 잠재적인 오류 가능성을 가지고 있다. 자바스크립트뿐만 아니라 객체지향 언어에서는 매개변수의 기본값을 설정하는 기능이 제공된다. 자바스크립트의 기본값을 설정하는 방법을 살펴보자.

```
function 함수 이름(매개변수 = 기본값 )
```

함수의 선언부에서 매개변수에 기본값을 대입하면 된다. 함수 호출부에서 전달값을 입력하면 전달한 값이 적용되고, 전달값이 없다면 기본값이 적용된다. 코드를 다음과 같이 수정한다.

```
1   var userName = '이창현'; //전역변수
2   var userPW = '1111'; //전역변수
3
4   function account(userId , userpw = '1111')
5   {
6       console.log(userId);
7       console.log(userpw);
8       var savedName = '이창현';
9       var savedPw = '1111';
10
11      if(userId == savedName)
12      {
13          if(userpw == savedPw)
14          {
15              console.log('반갑습니다. ' + userId+'님');
16          }
17      }
```

```
18        }
19        account(userName);
```

```
<결과>

$node funcvalue.js
이창현
1111
반갑습니다. 이창현님
```

4줄 : 매개변수 userpw에 기본값 '1111'을 대입한다. 만약 매개변수로 전달된 값이 있다면 그 값이 userpw에 적용되고 전달된 값이 없다면 설정한 기본값 '1111'이 적용된다.

이 코드의 결과를 확인하면 userpw에 값을 넘겨주지 않았음에도 불구하고 기본값 '1111'로 적용되어 처리되므로 로그인에 성공한 결과를 보여 준다.

매개변수의 기본값 설정 기능이 없을 경우

매개변수의 기본값 설정 기능을 지원하지 않는다고 해도 기본값과 같은 처리를 할 수 있다. 비교문을 이용하여 기본값을 처리하는 방법을 살펴보자.

```
var userName = '이창현'; //전역변수
var userPW = '1111'; //전역변수

function account(userId , userpw)
{
    console.log(userId);
    console.log(userpw);
    var savedName = '이창현';
    var savedPw = '1111';

    if(userpw === undefined){
        userpw = '1111';
    }
```

```
14
15        if(userId == savedName)
16        {
17            if(userpw == savedPw)
18            {
19                console.log('반갑습니다. ' + userId+'님');
20            }
21        }
22    }
23    account(userName);
```

<결과>

```
$node funcvalue.js
이창현
undefined
반갑습니다. 이창현님
```


11~13줄 : 매개변수 userpw 값이 undefined와 같다면 userpw 값을 '1111'로 설정한다. 일종의 예외 처리로 if 문을 사용하는 대신 논리 연산자 ||를 사용하여 처리할 수 있다.

```
1     var userName = '이창현'; //전역변수
2     var userPW = '1111'; //전역변수
3
4     function account(userId , userpw)
5     {
6         console.log(userId);
7         console.log(userpw);
8         var savedName = '이창현';
9         var savedPw = '1111';
10
11        userpw = userpw || '1111';
12
13        if(userId == savedName)
14        {
15            if(userpw == savedPw)
```

```
16            {
17                console.log('반갑습니다. ' + userId+'님');
18            }
19        }
20    }
21    account(userName);
```

11줄 : || 연산자를 사용하게 되면 userpw 값이 undefined일 경우 '1111', 값이 들어가 있다면 해당 값이 userpw에 대입된다. || 연산자를 사용한 기법은 포트 번호와 같은 환경 변수 기본값 설정 시 주로 사용된다.

함수의 리턴값

함수는 호출한 곳에서 특정 값을 반환할 수 있다. 이러한 값을 리턴값(return value)이라고 부른다. 앞서 작성했던 plus 함수의 경우 두 수를 더한 연산 결과를 함수 내에서 출력하였다. 그러나 이 경우 결과는 함수 외부에서 알 수 없다는 단점이 있다. 함수 내에서 결괏값을 리턴하면 함수 외부에서 리턴값을 받아 출력할 수 있다. 코드 작성을 위해 'return.js'라는 이름의 파일을 생성하자.

```
1    function plus(a, b)
2    {
3        return (a + b);
4    }
5    var result = plus(10, 20);
6    console.log('두 수의 합 : ' + result);
```

〈결과〉

```
$node return.js
두 수의 합 : 30
```

5줄 : plus 함수를 호출하면서 전달인자 10과 20을 넘겨준다.

1줄 : 매개변수 a와 b에 각각 10과 20이 대입된다.

3줄 : 두 수 a와 b를 더한 연산 결과 앞에 return이라는 키워드를 작성한다. return의 의미는 결과를 호출했던 지점으로 다시 돌려준다는 것으로 5줄로 돌아가서 결괏값을 변수 result에 넘겨준다.

알아두세요 리턴값이라는 용어는 반환값과 혼용해서 부르기도 한다.

이번에는 사용자로부터 나이를 입력받아 비교한 후 결과를 리턴하는 함수를 작성해 보자. 콘솔 입력 루틴은 기존 코드를 복사하여 붙여넣기 하자.

```
const readline = require("readline");
const rl = readline.createInterface({
  input: process.stdin,
  output: process.stdout,
});

function checkAge(age) {
  if (age > 19) {
    return true;
  } else {
    return false;
  }
}

rl.question("나이를 입력하세요 : ", function (nai) {
  if (checkAge(nai)) {
    console.log("입장 가능합니다.");
  } else {
    console.log("입장을 불허합니다.");
  }
  rl.close();
});
```

<결과>

```
$node return.js
나이를 입력하세요 : 20
입장 가능합니다.
```

```
$node return.js
나이를 입력하세요 : 5
입장을 불허합니다.
```

15줄 : 사용자로부터 값을 입력받는 루틴이다. 입력받은 값은 콜백 함수의 전달인자 nai에 입력된다.

16줄 : checkAge 함수에 입력받은 값 nai를 전달하고 checkAge 함수의 리턴값에 따라 조건문에서 분기한다.

7줄 : 16줄에서 전달한 nai의 값이 매개변수 age에 전달된다.

8~13줄 : age의 값이 19보다 크면 true를, 그렇지 않으면 false를 리턴한다.

17~19줄 : checkAge 함수의 리턴값에 따라 출력이 달라진다. 결과에서 나이값 20을 입력하면 19보다 크기 때문에 checkAge 함수는 true를 리턴하고, '입장 가능합니다.'를 출력한다. 반대로 나이값 5를 입력하면 19보다 작기에 false를 리턴하고, '입장을 불허한다.'를 출력한다.

return만 사용하는 경우

리턴한다는 것은 어떤 결괏값을 돌려주는 것이다. 그러나, 어떤 값도 돌려주지 않고 return만 사용할 수도 있다. 이는 함수에서 return은 값을 반환하는 기능도 하지만 동시에 현재의 함수를 종료한다는 의미도 갖기 때문이다. 이때 함수의 리턴값은 undefined이다.

```
function Week()
{
    console.log('Mon');
    console.log('Tue');
    console.log('Wed');
    return;
    console.log('Thr');
    console.log('Fri');
    console.log('Sat');
    console.log('Sun');
}
console.log(Week() === undefined);
```

<결과>

```
$node return.js
Mon
Tue
Wed
true
```

6줄 : Week라는 함수는 'Mon'부터 'Sun'까지 차례로 출력하는 기능이다. 그러나 중간에 return;이라는 코드가 있는데, 이 코드는 반환하는 값이 없어 결과를 보면 이 지점까지만 수행되고 그 이하의 코드는 수행되지 않았음을 확인할 수 있다. 즉, 여기서 return의 의미는 값의 반환이 목적이 아니라 이 지점에서 함수를 종료하겠다는 의미이다.

12줄 : Week 함수는 값 없이 return을 사용하였기 때문에 undefined 값을 반환한다. Week 함수의 값이 undefined 값과 같으므로 true 값을 출력한다.

JAVASCRIPT

7.6 함수 표현식

함수 선언식이란

함수 선언식은 일반적인 함수 선언과 같은 형식으로 function 키워드로 시작해서 함수 이름 (), 중괄호의 형태로 구성되어 있다.

```
function nickName()
{
    console.log("이예쁜");
}
nickName();
```

결과는 문제없이 '이예쁜'이 출력된다. 알고 있는 함수의 사용 형식이므로 문제될 만한 것은 없다.

함수 표현식이란

살펴볼 부분이 바로 함수 표현식으로, 함수가 변수에 할당되는 형식을 말한다. 코드 작성을 위해 'funcexpression.js'라는 이름의 파일을 생성한다.

```
var nickName = function()
{
    console.log ("이예쁜");
};
nickName();
```

<결과>

```
$node funcexpression.js
이예쁜
```

1줄 : 익명 함수의 형태로 함수를 만들고 함수 자체를 변수 nickName에 할당한다.

5줄 : 변수 nickName을 함수처럼 호출한다.

더 알아보기 **익명 함수**

익명 함수란 사전적 의미 그대로 이름이 없는 함수를 말한다. 익명 함수를 사용하는 목적은 함수 표현식처럼 함수에 변수를 할당하거나 콜백 함수와 같이 여러 번 임의로 호출하는 함수가 아닌 이벤트 발생 시 호출하는 함수로 사용된다. 이러한 경우의 함수들은 이름 자체가 필요 없다. 외우지 말고 이해하는 것이 중요하다.

이번에는 변수 nickName에 다른 함수를 대입해 보자. 변수이기 때문에 다른 함수를 대입할 수 있다.

```
var nickName = function()
{
    console.log ("이예쁜");
};
nickName();

nickName = function()
{
    console.log ("이귀엽");
};
nickName();
```

<결과>

```
$node funcexpression.js
이예쁜
이귀엽
```

7줄 : 또 다른 익명 함수를 만들고 다시 변수 nickName에 대입한다. 즉, nickName이 가리키는 함수가 변경된 것이다.

11줄 : nickName()을 그대로 호출하면 '이귀엽'이 출력된다. 즉, nickName이 가리키는 대상 함수가 변경되었기 때문이다.

더 알아보기 **함수 선언식과 함수 표현식 문법**

함수 선언식과 함수 표현식 문법을 살펴보면 함수 선언식의 중괄호 끝에는 세미콜론이 붙지 않고, 함수 표현식의 중괄호 끝에는 세미콜론이 붙는 특이점을 볼 수 있다.

```
//함수 선언식
function nickName()
{
}

//함수 표현식
var nickName = function()
{
};
```

그 차이는 생각해보면 당연하다. 일반적으로 함수, 조건문, 반복문의 경우 중괄호 끝에는 세미콜론(;)이 붙지 않는다. 이는 코드의 범위를 나타내는 코드 블록이기 때문이다. 그런데 함수 표현식의 경우는 주체가 함수의 코드 블록이 아니고 var nickName 변수이다. 즉, 하나의 변수로 취급된 변수 선언문이므로 구문의 끝에 세미콜론(;)을 붙인 것이다.

함수 포인터의 개념

함수 표현식의 코드를 제대로 이해하려면 포인터의 개념을 이해해야 한다. 포인터는 C/C++ 언어에서 사용되는 개념으로 포인터 변수를 의미한다. 포인터 변수는 일반 값을 저장하지 않고 메모리의 주소값만 저장하는 변수이다. 앞에서 변수가 함수를 저장할 수 있는 원리가 바로 함수의 주소값을 저장하기 때문인데, 이렇게 주소값을 저장하는 형식을 참조(reference)라고 한다. 간단하게 그림으로 표현해 보자.

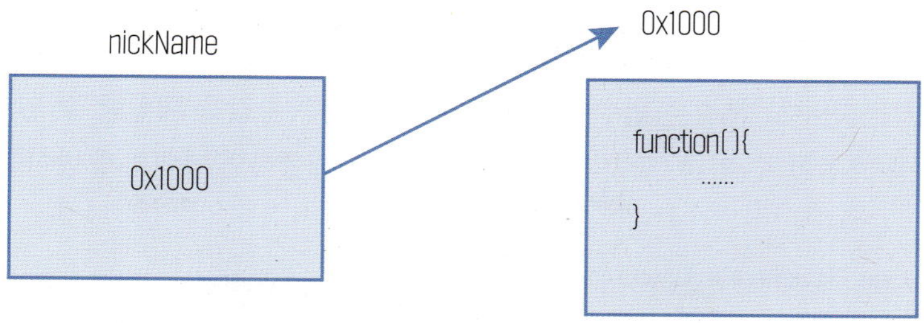

함수의 주소가 0x1000이라고 가정한다면 변수 nickName은 함수의 주소를 가리키고 있는 포인터 변수이다. 포인터 변수의 특징은 해당 메모리의 주소값을 가지고 있으므로 메모리를 장악했다고 볼 수 있다. 예를 들어, PC의 원격 데스크탑 기능을 생각해 보자. 종종 내 컴퓨터에서 다른 컴퓨터에 접속하는 경우가 있다. 이때 접속하는 내 컴퓨터가 변수고, 대상 컴퓨터가 함수라고 생각하면 된다. 내 컴퓨터로 대상 컴퓨터를 마치 내 컴퓨터처럼 파일 생성, 수정, 삭제 등 조작하고 사용할 수 있다. 이렇게 할 수 있는 이유는 대상 컴퓨터의 IP 주소를 알고 있기 때문이다.

C/C++ 언어 외에 포인터라는 용어를 사용하지 않지만, 포인터는 객체지향 언어에서 객체 생성 및 동적 할당 시 내부적으로 빈번하게 적용되는 매우 중요한 개념이다.

함수 표현식을 사용하면 좋은점

함수 표현식은 보통 함수 선언식과의 차이점으로 대부분 자료들이 호이스팅을 이야기한다. 물론 호이스팅 관점에서 조금 더 오류를 줄이기 위한 엄격한 문법으로써 함수 표현식을 사용하는 것도 좋지만 궁극적으로 함수 표현식을 사용했을 때의 장점으로는 턱없이 부족하다. 어떻게 보면 앞에서 언급한 함수 포인터의 장점이 함수 표현식의 장점일 수 있다. 함수 선언식에서의 함수 이름은 고정적으로 한번 정해지면 변경할 수 없다. 즉, 함수 호출 시 매번 같은 주소를 참조하게 되는데 이를 정적 바인딩이라고 한다. 반면 함수 표현식에서는 익명 함수를 변수에 대입하는 형식인데, 변수이기 때문에 변경 가능하고 유동적이다. 함수 호출 시 다른 주소를 참조할 수도 있는데 이를 동적 바인딩이라하며 가장 큰 특징이고 장점이다.

사실 이 동적 바인딩의 개념은 함수 표현식뿐만 아니라 앞으로 사용하게 되는 모든 객체들이 생성되거나 할당될 때 사용되는 공통적인 개념이다. 더 나아가서는 객체지향 프로그래밍 철학의 상속성 개념 중에 오버라이딩 기법으로도 사용 되는데, 이 개념은 객체지향에서는 빼놓을 수 없는 매우 중요한 개념이다.

함수를 변수에 복사

함수를 가리키는 변수도 본질은 변수이기 때문에 다른 변수에 값을 대입할 수 있고 해당 변수를 통해 함수를 호출할 수 있다. 함수 포인터의 개념을 이해했다면 당연하게 받아들일 수 있다.

```
1   var nickName = function()
2   {
3       console.log("이예쁜");
4   }
5
6   var userName = nickName;
7
8   userName();
9   nickName();
```

〈결과〉

```
$node funcexpression.js
이예쁜
이예쁜
```

1~4줄 : 함수 표현식으로 해당 함수를 nickName 변수에 할당한다.

6줄 : nickName도 본질은 변수이므로 다른 변수 userName에 대입할 수 있다. 결국 내부적으로는 두 변수 모두 같은 함수의 주소값을 참조하고 있는 것이다.

8~9줄 : 두 변수 모두 같은 함수의 주소값을 참조하고 있으므로 같은 결과가 출력된다.

8 장

사건 해결, 이벤트와 이벤트 리스너

학습목표

- 이벤트란 무엇인지 이해한다.
- 발생한 이벤트를 처리하는 이벤트 리스너에 대해 이해한다.
- 이벤트를 발생시키고 이벤트를 처리하는 과정을 코드로 구현한다.
- 이벤트 객체가 무엇인지, 속성과 메소드에 대해 이해한다.
- 콜백 함수의 원리를 이해하고 이벤트 리스너에서 적용한다.

8.1

JAVASCRIPT

실습 환경 설정

실습 폴더 생성

먼저 실습 작업 파일을 저장할 폴더를 한 개 생성하고 폴더 이름을 'ch8'로 설정한다. 생성 위치나 이름은 임의로 정해도 상관없다.

Visual Studio Code에서 폴더 열기

Visual Studio Code의 메뉴에서 〔File〕 → 〔Open Folder〕를 실행하여 생성한 'ch8' 폴더를 연다.

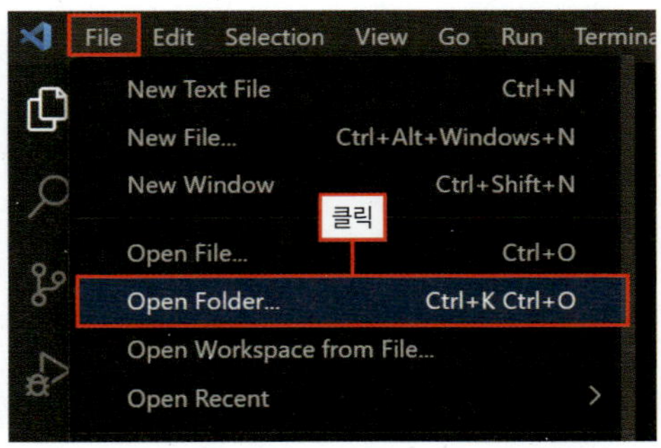

탐색기에 다음과 같이 'CH8'이 표시된다. 이제부터 생성되는 파일들은 'CH8' 폴더 내부에 생성된다.

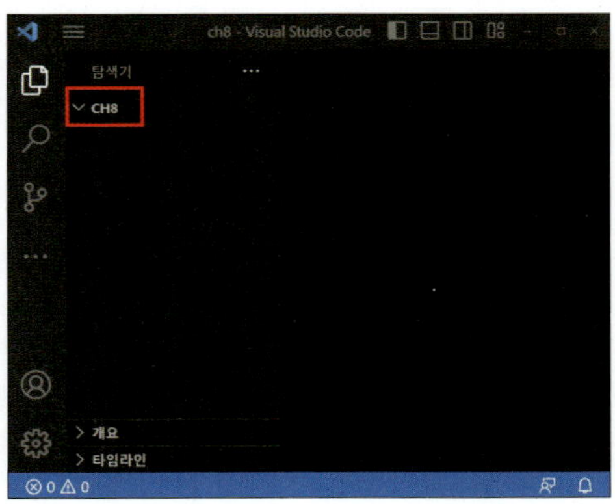

8.2 이벤트

이벤트의 개념

이벤트(Event)란 사전적인 의미로 '사건'이다. 프로그래밍에서 사건이 발생하는 경우를 이벤트가 발생했다고 한다. 이벤트가 발생하는 경우는 프로그램상에서 키보드로 특정 키를 누르는 것, 마우스로 왼쪽 또는 오른쪽을 클릭하는 경우, 페이지를 로드하는 경우 등 어떤 특정한 요청을 하는 행위들을 모두 이벤트라고 한다.

이벤트의 종류

자바스크립트에서 대표적인 이벤트의 종류를 살펴보자.

마우스 이벤트

가장 많이 사용되는 마우스 이벤트이다.

이벤트	설명
click	마우스로 특정 요소를 클릭했을 경우 이벤트 발생
mouseout	특정 요소에 마우스 영역을 벗어나는 경우 이벤트 발생
mouseover	특정 요소 위에 마우스 포인터가 올라왔을 경우 이벤트 발생
mousedown	특정 요소를 마우스로 눌렀을 경우 이벤트 발생
mouseup	특정 요소를 마우스로 떼었을 경우 이벤트 발생
mousemove	특정 요소 위에서 마우스 포인터가 움직이는 경우 이벤트 발생

마우스는 사용자의 입력 장치로 마우스 버튼을 눌렀을 때, 떼었을 때, 움직일 때 등 마우스의 모든 동작이 이벤트이다.

키 이벤트

마우스 이벤트와 마찬가지로 자바스크립트에서 많이 사용되는 키 이벤트이다.

이벤트	설명
keydown	특정 키를 눌렀을 경우 이벤트 발생
keyup	특정 키를 떼었을 경우 이벤트 발생
keypress	특정 키를 누른 상태의 경우 이벤트 발생

키보드 또한 사용자의 입력 장치로 키를 눌렀을 때 떼었을 때 등 키보드의 키 입력 동작들이 모두 이벤트이다.

기타 이벤트

자바스크립트에서 자주 사용되는 여러 기타 이벤트들이다.

이벤트	설명
focus	특정 요소에 포커스를 주었을 경우 이벤트 발생
blur	특정 요소에 포커스가 벗어났을 경우 이벤트 발생
submit	submit 버튼을 클릭했을 경우 이벤트 발생
reset	reset 버튼을 클릭했을 경우 이벤트 발생
load	페이지 로딩이 완료되었을 경우 이벤트 발생
unload	페이지가 다른 곳으로 이동되었을 경우 이벤트 발생

이 외에도 수많은 이벤트들이 있지만 이 정도의 이벤트만 알고 있어도 충분하다.

8.3 이벤트 리스너

이벤트 리스너란

우리의 일상에서 교통사고도 하나의 사고, 사건(이벤트)이라고 할 수 있다. 예를 들어, 도로에서 접촉 사고가 발생했다고 가정해 보자. 말하자면 이벤트가 발생한 것이다. 이 상황에서 우리들은 가장 먼저 무엇을 할까? 아마 대부분의 사람들이 보험사를 부를 것이다. 보험사는 현재 발생한 사건, 사고에 대한 처리를 해주기 때문이다. 이렇게 보험사의 역할처럼 특정 이벤트가 발생했을 때 이벤트를 처리해 주는 기능을 '이벤트 리스너'라고 한다.

이벤트 리스너의 이름은 특정 규칙이 있다. 이는 앞서 살펴본 이벤트의 이름 앞에 on만 붙여주면 '이벤트 리스너'가 된다.

on + 이벤트 이름

각각의 수많은 이벤트들이 발생했을 때 각 이벤트를 구분 처리하기 위해 이벤트 리스너 이름을 생성하는 것이다. 앞에서 살펴본 이벤트들을 기반으로 한 주요 이벤트 리스너를 살펴보자.

이벤트 리스너	설명
onclick	마우스로 특정 요소를 클릭했을 경우
onmouseout	특정 요소에 마우스 영역을 벗어나는 경우
onmouseover	특정 요소 위에 마우스 포인터가 올라왔을 경우
onmousedown	특정 요소를 마우스로 눌렀을 경우
onmouseup	특정 요소를 마우스로 떼었을 경우
onmousemove	특정 요소 위에서 마우스 포인터가 움직이는 경우
onkeydown	특정 키를 눌렀을 경우
onkeyup	특정 키를 떼었을 경우

onkeypress	특정 키를 누른 상태의 경우
onfocus	특정 요소에 포커스를 주었을 경우
onblur	특정 요소에 포커스가 벗어났을 경우
onsubmit	submit 버튼을 클릭했을 경우
onreset	reset 버튼을 클릭했을 경우
onload	페이지 로딩이 완료 되었을 경우
onunload	페이지가 다른 곳으로 이동되었을 경우

특정 이벤트가 발생하면 이벤트 리스너가 처리를 해주는데 방법이 여러 가지가 있다. 이벤트를 처리한다는 것은 이벤트 리스너 안의 코드를 실행한다는 의미이다. 해당 코드를 실행하는 루틴 또는 함수를 '이벤트 핸들러'라고 한다.

HTML 태그의 속성으로 이벤트 처리

이벤트를 처리하는 가장 간단한 방법으로 HTML 태그의 속성을 연결시키는 방법이다. HTML 태그의 속성에 이벤트 리스너를 등록하여 사용한다.

```
<태그 속성 = '속성값' 이벤트 리스너 = '코드 또는 함수'>
```

이벤트는 특정 HTML 태그를 통해 생성된 요소에서 발생하는 것이기 때문에 태그 뒤에 이벤트 리스너를 등록하였다. 그 내부의 코드 또는 함수가 바로 이벤트 핸들러이다. 예를 들어, 버튼 요소에 클릭 이벤트 리스너를 연결한다면 다음과 같이 작성할 수 있다.

```
<input type = 'button' onclick = "alert('버튼 클릭')">
```

이 코드의 의미는 웹 페이지 상에 버튼을 한 개 생성하고 이 버튼에 click 이벤트가 발생하면 onclick 이벤트 리스너의 코드가 동작하도록 등록한 것이다. 즉, 사용자가 이 버튼을 마우스로 클릭하면 '버튼 클릭'이라는 메시지가 출력된다. 먼저 코드를 작성할 파일을 생성하고 파일의 이름을 'evthtml.html'이라고 입력하자.

```
1  <html>
2      <head></head>
3      <body>
4          <input type = 'button' value = '버튼' onclick = "alert('버튼 클릭')">
5      </body>
6  </html>
```

<결과>

4줄 : 클릭 이벤트 리스너인 onclick을 통해 버튼에 click 이벤트가 발생하면 경고창이 출력되도록 이벤트 핸들러를 등록한다.

결과적으로 버튼을 클릭하면 이벤트가 발생하여 등록된 이벤트 핸들러 코드인 '버튼 클릭' 경고창이 출력되는 것을 확인할 수 있다. 하지만 onclick에 등록된 이벤트 핸들러 코드가 길어진다면 지금의 코드 구조는 바람직하지 않으므로 코드의 구현부를 함수로 만들어서 호출하는 방법을 사용하는 것이 좋다. 코드를 다음과 같이 변경해 보자.

```
1   <html>
2       <head></head>
3       <body>
4           <input type = 'button' value = '버튼' onclick = msg()>
5           <script>
6               function msg(){
7                   alert('버튼 클릭');
8               }
9           </script>
10      </body>
11  </html>
```

4줄 : 코드 대신 msg()라는 이름의 함수를 등록한다.

6~8줄 : 자바스크립트 코드로 msg()라는 이름의 함수를 만든다. 함수의 기능은 '버튼 클릭'이라는 경고창을 출력한다.

이렇게 onclick 이벤트 리스너를 이용하여 이벤트 핸들러를 등록하였다. 이러한 방식은 보편적이고 고전적인 방식으로 사용되어 왔지만, 코드의 최적화 및 유지보수 형태로는 적합하지 않다. 이는 이벤트 리스너가 HTML 코드에 섞여 있다는 점이 문제이다. 가장 좋은 형태의 방식은 HTML이 오로지 문서의 표시를 담당하고, 자바스크립트가 기능 동작 구현만을 담당하는 역할을 하도록 분리하는 것이다. 이를 위해 두 역할을 명확히 분리하는 것이 좋다.

자바스크립트 영역에서 이벤트 처리

문제점을 보완하여 HTML과 자바스크립트 영역의 기능을 분리하여 처리해 보자. 이벤트 리스너에 등록되어 있는 이벤트 핸들러 자체가 자바스크립트 코드이므로 HTML에서 작성된 코드를 자바스크립트 영역으로 이동하자.

DOM요소.이벤트 리스너 = 이벤트 핸들러

DOM 요소는 HTML의 요소를 나타내는데 예제를 기준으로 말하면 버튼이다. 즉, 버튼에 특정 이벤트가 발생하면 해당 이벤트 핸들러를 통해 처리하겠다는 의미이다. 이 DOM 요소를 얻어오기 위해 HTML의 요소에서 id 속성을 사용한다. 코드 작성을 위해 파일을 생성하고 이름을 'evtdom.html'이라고 하자.

```
1   <html>
2       <head></head>
3       <body>
4           <input type = 'button'  id = 'btnclk'  value = '버튼'>
5           <script>
6               btnclk.onclick = function(){
7                   alert('버튼 클릭');
8               }
9           </script>
10      </body>
11  </html>
```

4줄 : id 속성을 사용하여 버튼 요소의 id를 설정한다.

6~8줄 : 설정한 id는 버튼 요소 자체를 의미한다. 해당 요소를 통해 이벤트 리스너를 설정할 수 있는데, 바로 이벤트 핸들러를 구현하여 등록한다.

결과적으로 id 속성을 통해 해당 요소를 얻어옴으로써 기존에 HTML 코드 안에 존재하던 이벤트 리스너, 이벤트 핸들러와 같은 자바스크립트 코드를 분리할 수 있게 하였다. 그런데 여기에서도 하나의 이벤트에 여러 개의 이벤트 처리를 할 수 없다는 한 가지 문제점이 있다. 이를 해결하기 위해 코드를 다음과 같이 수정해 보자.

```
1   <html>
2       <head></head>
3       <body>
4           <input type = 'button' id = 'btnclk' value = '버튼' onclick = first()>
5           <script>
6               function first(){
7                   alert('첫 번째 메시지');
8               }
9               btnclk.onclick = function(){
10                  alert('두 번째 메시지');
11              }
12          </script>
13      </body>
14  </html>
```

<결과>

4줄 : onclick 이벤트 리스너를 추가하여 first()라는 이벤트 핸들러를 등록한다.

6~8줄 : 이벤트 핸들러 first()로 '첫 번째 메시지'라는 경고창을 출력하는 기능을 구현한다.

이 코드에서 onclick 이벤트 리스너에 2개의 이벤트 핸들러가 등록되었으므로 버튼 클릭 시에 '첫 번째 메시지', '두 번째 메시지'의 경고창이 차례대로 출력되기를 기대했을 것이다. 하지만 결과는 '두 번째 메시지' 경고창만 출력되는 것을 확인할 수 있었다. 이는 onclick 이벤트 리스너가 복수의 이벤트 핸들러를 할당할 수 없기 때문에 먼저 등록된 first() 이벤트 핸들러가 그 다음에 등록된 이벤트 핸들러에 덮어 씌워져서 '두 번째 메시지'만 출력되는 것이다.

addEventListener로 이벤트 등록

1개의 이벤트에 여러 이벤트 핸들러를 등록하기 위해서 addEventListener() 함수를 사용하면 가능하다.

```
DOM요소.addEventListener(이벤트명, 실행할 함수명, 옵션)
```

각 매개변수의 내용은 다음과 같다.

- **이벤트명** : 자바스크립트에서 발생할 수 있는 이벤트명을 입력한다.
- **실행할 함수명** : 이벤트 발생 시 실행할 함수명을 입력한다.
- **옵션** : 생략이 가능하며 자식과 부모 요소에서 발생하는 버블링을 제어하기 위한 옵션이다.

앞에서 작성했던 코드를 addEventListener() 함수를 사용하여 수정해 보자. 코드 작성을 위해 'evtlistener.html'이라는 이름으로 파일을 생성한다.

```
<html>
    <head></head>
    <body>
        <input type = 'button' id = 'btnclk' value = '버튼'>
        <script>
            function first(){
                alert('첫 번째 메시지');
            }
            btnclk.addEventListener('click', first);
            btnclk.addEventListener('click', function(){
                alert('두 번째 메시지');
            });
        </script>
    </body>
</html>
```

〈결과〉

9줄 : addEventListener() 함수를 사용하여 click 이벤트가 발생하면 first() 함수를 호출하도록 등록한다.

10줄 : addEventListener() 함수를 사용하여 click 이벤트가 발생하면 내부의 콜백 함수를 수행하도록 정의한다.

이 코드의 결과를 확인하면 버튼 클릭 시 '첫 번째 메시지'라는 내용의 경고창이 출력되고, 확인 버튼을 클릭하면 '두 번째 메시지'라는 경고창이 출력되는 것을 확인할 수 있다. 즉, 하나의 click 이벤트에 두 개의 이벤트 핸들러를 등록하여, 해당 이벤트가 발생하면 모두 수행될 수 있도록 처리한 것이다. 이 코드 방식이 웹 UI에서 이벤트를 등록하는 방법 중에서도 가장 권장하는 방식이다.

더 알아보기 **this 객체**

this 객체로 DOM 요소에 접근할 수 있다. 이벤트 핸들러 안에서 this 객체를 사용할 수 있는데, this는 현재 이벤트 핸들러를 호출한 DOM 요소를 나타낸다.

```
function first(){
        alert('첫 번째 메시지');
        alert(this.value);
}
```

this 자체가 버튼이기 때문에 this.value는 버튼 요소의 value 속성값 '버튼'을 출력한다.

removeEventListener로 이벤트 삭제

이벤트 리스너가 더 이상 필요 없게 되면 추가된 이벤트 리스너는 반드시 삭제하는 것이 좋다. 이벤트 리스너를 삭제할 때에는 removeEventListener() 함수를 사용한다.

```
DOM요소.removeEventListener(이벤트명, 등록했던 함수명)
```

삭제할 이벤트와 등록했던 함수명을 매개변수로 입력하면 등록했던 이벤트 핸들러가 해제된다.

```
1  <html>
2      <head></head>
3      <body>
4          <input type = 'button' id = 'btnclk' value = '버튼'>
5          <script>
6              function first(){
7                  alert('첫 번째 메시지');
8              }
9              btnclk.addEventListener('click', first);
10             btnclk.addEventListener('click', function(){
11                 alert('두 번째 메시지');
12             });
13             btnclk.removeEventListener('click', first);
14         </script>
15     </body>
16 </html>
```

<결과>

13줄 : removeEventListener() 함수를 사용하여 click 이벤트 발생 시 등록했던 이벤트 핸들러 first 함수를 등록 해제한다.

결과적으로 click 이벤트 발생 시 등록되어 있던 이벤트 핸들러 first 함수가 등록 해제되므로써 click 이벤트 발생 시 '첫 번째 메시지'는 출력되지 않고 '두 번째 메시지'만 출력된다.

8.4 이벤트 객체

이벤트 객체란

사용자가 버튼 클릭과 같은 DOM과 관련된 이벤트를 발생시키면 이벤트 관련 정보가 생성되는데 이것을 '이벤트 객체(Event Object)'라고 한다. 이 정보는 이벤트 핸들러에 매개변수 형태로 전달된다. 대표적인 예로 마우스 이벤트가 발생하면 기본적으로 마우스의 위치 정보 등의 정보를 알아야 하고, 키보드 이벤트가 발생하면 키보드에서 어떤 키를 눌렀는지 등의 정보를 알아야 한다. 이러한 이벤트 관련 정보를 이벤트 객체에서 관리하는 것이다. 앞에서 작성했던 코드를 기반으로 이벤트 객체를 추가해 보자. 코드 작성을 위해 'evtobj.html'이라는 이름으로 파일을 생성한다.

```
<html>
    <head></head>
    <body>
        <input type = 'button' id = 'btnclk' value = '버튼'>
        <script>
            function msg(event){
                alert(event.type);
                alert("x좌표 : " + event.clientX);
                alert("y좌표 : " + event.clientY);
            }
            btnclk.addEventListener('click', msg);
        </script>
    </body>
</html>
```

<결과>

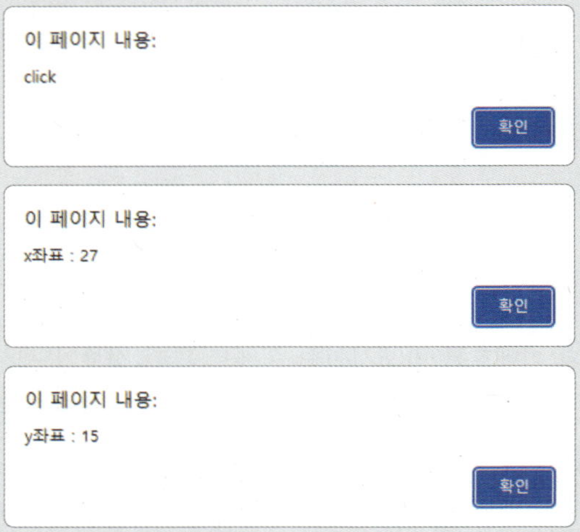

6줄 : 이벤트 발생 시 이벤트의 종류에 따라 이벤트 핸들러의 파라미터인 event로 부가 정보가 넘어온다.

7줄 : event 객체의 속성 중 하나인 type을 출력한다. 현재는 버튼 클릭 이벤트이므로 'click'이 출력된다.

8~9줄 : 마우스 클릭 이벤트의 부가 정보로 x, y 좌표를 얻을 수 있는데, event 객체 속성인 clientX와 clientY를 사용하여 출력할 수 있다.

이벤트 객체의 속성 및 메소드

이벤트 객체에서 사용하는 대표적인 속성 및 메소드들이다.

속성 및 메소드	설명
currentTarget	현재 이벤트를 처리중인 요소. 이벤트 핸들러 내부의 this와 같음
detail	이벤트와 관련된 자세한 정보들
preventDefault()	이벤트의 기본 동작을 취소함
stopPropagation()	이벤트 캡처링, 이벤트 버블링을 모두 취소함
target	이벤트 실제 요소

type	발생한 이벤트 타입
clientX, clientY	마우스 이벤트 발생 시 클릭한 커서의 상대 좌표

이 외에도 발생한 이벤트 타입에 따라 이벤트 객체에서 제공하는 다양한 속성과 메소드들이 있다. 예를 들어, 자주 사용하는 마우스 이벤트의 clientX, clinetY 속성이나 키보드 이벤트의 key 속성과 같은 것들이다. 이러한 내용들은 해당 이벤트를 동작할 때마다 식 레퍼런스 문서(https://developer.mozilla.org/en-US/docs/Web/API)를 참고해서 사용한다.

객체형의 이벤트 핸들러

앞에서 이벤트 핸들러는 함수로만 사용하였다면 객체를 이벤트 핸들러로도 사용할 수도 있다. 이벤트의 등록은 마찬가지로 addEventListener를 사용하고 이벤트가 발생하면 객체 내부에 구현한 메소드인 handleEvent()가 호출된다. 코드 작성을 위해 'evthandle.html'이라는 이름으로 파일을 생성한다.

```
<html>
    <head></head>
    <body>
        <input type = 'button' id = 'btnclk' value = '버튼'>
        <script>
            let obj = {
                handleEvent(event){
                    alert(event.type);
                    alert("x좌표 : " + event.clientX);
                    alert("y좌표 : " + event.clientY);
                }
            }
            btnclk.addEventListener('click', obj);
        </script>
    </body>
</html>
```

앞 예제와 동일하게 버튼을 클릭하면 이벤트의 타입 및 클릭한 x좌표와 y좌표가 출력된다.

6~12줄 : 기존에 함수 형태의 이벤트 핸들러를 객체 형태의 이벤트 핸들러로 변경한다. 이벤트가 발생하면 객체 내부에 구현한 handleEvent 메소드가 호출된다.

13줄 : addEventListener의 전달인자로 함수가 아닌 객체의 이름을 전달한다.

객체는 클래스를 통해 생성된다. 우리가 직접 클래스를 정의하여 기능을 만들고 해당 클래스로 객체를 생성할 수 있다. 클래스는 객체지향 개념의 가장 기본 단위 개념이지만, 우리가 살펴볼 내용은 객체지향 언어가 핵심 주제가 아니므로 클래스를 활용하는 차원에서만 알아보고 넘어가도록 하겠다. 코드 작성을 위해 'evtclass.html'이라는 이름으로 파일을 생성하자.

```
<html>
    <head></head>
    <body>
        <input type = 'button' id = 'btnclk' value = '버튼'>
        <div id = 'result'></div>
        <script>
            class Mouse {
                handleEvent(event){
                    switch(event.type){
                        case 'mousedown':
                            result.innerHTML = "마우스 버튼 누름";
                            break;
                        case 'mouseup':
                            result.innerHTML = "마우스 버튼 놓음";
                            break;
                    }
                }
            }
            let mouse = new Mouse();
            btnclk.addEventListener('mousedown', mouse);
            btnclk.addEventListener('mouseup', mouse);
        </script>
    </body>
</html>
```

〈결과〉

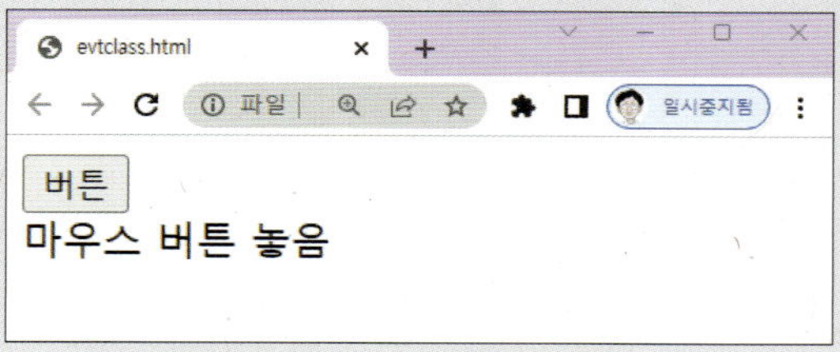

5줄 : 마우스 버튼을 클릭하거나 놓았을 때 메시지를 출력할 영역으로 지정한다.

7~18줄 : 클래스 정의 영역이다. 클래스를 정의할 때 class 키워드를 쓰고 그 뒤에 Mouse라는 클래스 이름을 붙인다. 클래스 영역은 중괄호 { }로 묶어준다.

8줄 : 객체 이벤트 핸들러 호출 시 handleEvent 함수가 호출되고 매개변수 event로 부가 정보가 넘어온다.

9~15줄 : 전통적인 switch~case 문을 사용하여 'mousedown'과 'mouseup' 2개의 이벤트 타입을 분기 처리한다.

19줄 : Mouse 클래스로 new 연산자를 사용하여 mouse라는 이름의 객체를 생성한다.

20줄 : addEventListener로 이벤트를 등록한다. 'mousedown' 이벤트 발생 시 mouse 객체 이벤트 핸들러가 수행하도록 등록한다. 이때 클래스 내부의 handleEvent 메소드가 호출된다.

21줄 : 마찬가지로 'mouseup' 이벤트 발생 시 mouse 객체 이벤트 핸들러가 수행하도록 등록한다. 이때 클래스 내부의 handleEvent 메소드가 호출된다.

알아두세요 객체지향 철학에 대해 자세히 공부하고 싶다면 C++, 자바, C# 등의 언어를 학습하길 권장한다.

8.5 콜백 함수

콜백이란

콜백(Callback)의 사전적 의미는 무엇일까? 찾아보면 '답신전화', '회신' 등의 의미를 가지고 있다. 여기서 회신에 주목하여 생각해 보면 호출 방향이 반대로 된다는 이 개념은 바로 머릿속에 이해가 되지 않아 이해하기 어려울 것이다. 그러나 필요에 의해 당위적인 상황을 마주하게 되면 콜백이라는 것이 왜 필요한지 알게 될 것이다.

우리가 평소에 자주 다니는 커피숍을 생각해 보자. 커피를 주문해서 받는 프로세스는 다음과 같다.

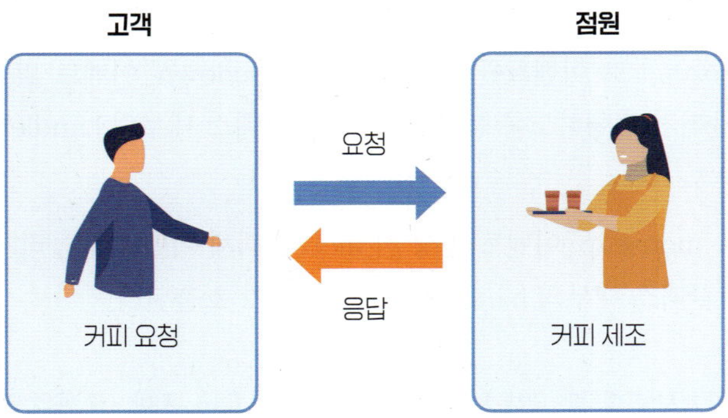

고객이 커피 주문을 요청하면 점원이 커피를 제조하여 고객에게 건네줄 것이다. 너무 당연한 프로세스이다. 그런데 이러한 경우는 고객과 점원이 1:1인 경우에 가능하다. 만약 커피숍이 인기가 폭발하여 고객의 커피 주문이 폭주한다면 점원은 우리에게 주문 번호와 함께 호출기를 하나 건네줄 것이다. 만약 이 호출기가 없다면 우리는 주문하고 나서 점원에게 내가 주문한 커피가 나왔는지 수시로 물어보아야 할 것이다. 하지만 호출기가 있기 때문에 점원은 커피가 완성되면 호출기로 호출한다. 어떤 방식이 더 효율적으로 느껴지는가? 당연히 주문자가 매번 점원에게 커피가 완성되었는지 물어보는 것보다는 커피가 완성되었을 때 점원이 주문자를 호출하는 것이 훨씬 효율적이다. 이것이 바로 콜백(Callback)의 원리이다.

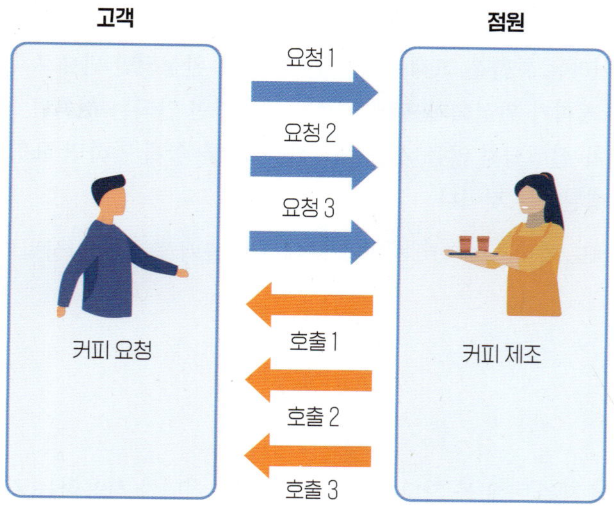

정리하면 주문자인 고객이 커피를 요청했을 때 주문을 접수받아 등록하고 커피가 완성되었을 때 점원이 반대로 고객을 호출하는 형식이다.

8

사건 해결, 이벤트와 이벤트 리스너

콜백 함수의 원리

콜백의 개념을 이해했다면 콜백 함수를 통해 콜백이 처리되는 과정을 이해하도록 하자. 먼저 〈7장〉에서 배웠던 함수 표현식을 기억하는가? 함수 표현식이 잘 생각나지 않는다면 〈7장〉으로 다시 돌아가서 잠깐 살펴보는 것을 추천한다. 여기서 기억해야 할 내용은 함수를 변수에 대입할 수 있다는 것으로, 이것이 콜백을 이해하는데 가장 중요한 특징 요소이다. 함수의 이름을 변수에 대입할 수 있고 변수처럼 사용할 수 있다면 특정 함수를 다른 함수의 전달인자로도 넘겨줄 수 있기 때문이다. 이 과정을 이해하고 다음의 함수 형태를 살펴보자.

```
function order(callback){
        callback( );
}
```

order라는 함수는 callback이라는 전달인자를 받은 후 내부에서 해당 함수를 호출하고 있다. 이 함수에서 잘 이해되지 않는 부분은 callback() 문장일 것이다. 전달인자 callback은 일반 변수가 아니라 함수 이름인 함수 포인터이다. 우리는 이러한 함수를 '콜백 함수'라고 부른다.

콜백은 Call+Back으로 '반대로 호출한다'는 의미를 가지고 있다. 앞서 설명했던 커피숍을 다시 상기하면 주문이라는 호출은 고객이 했지만, 커피가 완성되면 반대로 점원이 고객을 호출하게 된다. 점원이 커피가 완성되기 전에 고객을 호출하면 안되는 것처럼 콜백은 작업이 끝나기 전에 콜백 함수가 실행되지 않을 것을 보장한다. 이를 쉽게 말하면 요청 작업이 끝난 직후에 콜백 함수가 실행된다는 것이다.

앞으로 구현할 백엔드 자바스크립트 서버 코드에서는 콜백 함수를 일상적으로 많이 사용하게 될 것이다.

콜백 함수 생성

콜백 함수를 만들어 테스트해 볼 간단한 방법은 바로 타이머를 사용하는 것이다. 타이머 자체가 이벤트이기 때문에 설정한 시간에 수행되는 기능이나 함수가 바로 콜백 함수이다. 코드 작성을 위해 'evtcallback.js'라는 이름으로 파일을 생성한다.

```
1    const coffee = function() {
2        console.log("주문하신 아메리카노 나왔습니다.");
3    }
4
5    setTimeout(coffee, 5000);
```

<결과>

```
$node evtcallback.js
주문하신 아메리카노 나왔습니다.
```

1~3줄 : '주문하신 아메리카노 나왔습니다.'라는 메시지가 출력되는 기능의 익명 함수를 정의한 후 coffee라는 변수에 대입한다.

5줄 : setTimeout은 자바스크립트에 내장된 타이머 함수이다. 이 함수는 두 번째 전달인자에 설정한 시간이 되면 첫 번째 전달인자에 등록한 함수를 호출하도록 한다. 즉, 5초 후에 coffee 함수가 호출되면서 '주문하신 아메리카노 나왔습니다.'라는 메시지가 터미널 창에 출력된다.

> **알아두세요** 일반적으로 프로그래밍 언어에서 시간 설정 시 초(s) 단위 기준이 아니라 밀리세컨드(ms) 단위로 사용한다. 1초에 1000밀리세컨드이다.

이벤트 리스너와 콜백 함수

콜백 함수가 호출되는 시점은 어떤 특정 작업이 완료된 후 이루어진다. 이러한 경우는 대부분의 이벤트가 발생하는 시점인데, 앞서 다루었던 이벤트 리스너와 연결되어 처리하는 함수인 이벤트 핸들러가 결국은 콜백 함수였던 것이다. 앞에서는 이벤트 관련하여 콜백이라는 용어를 사용하지 않았지만, 특정 이벤트가 발생 시 해당 이벤트를 처리해 주는 루틴이 바로 이벤트 핸들러이면서 콜백 함수인 것이다. 대부분의 소프트웨어는 사용자 요청 방식으로 작동한다. 콜백 방식은 사용자 요청에 대한 처리 기능을 등록한 것이므로 이벤트 기반 객체지향 프로그래밍 방식에서는 거의 필수적으로 사용되는 것은 물론, 사실상 사용하지 않을 수 없는 메커니즘이다. 앞에서 작성한 이벤트 핸들러를 콜백 함수의 관점으로 바라보자.

이벤트 리스너 = **콜백 함수**

addEventListener(이벤트명, **콜백 함수**, 옵션)

코드 작성을 위해 'evtlsncb.html'이라는 이름의 파일을 생성한다.

```
<html>
    <head></head>
    <body>
        <button id = 'order1'>주문1</button>
        <button id = 'order2'>주문2</button>
        <script>
            const orderHandler1 = function(){
                alert('주문하신 아메리카노 나왔습니다.');
            }
            const orderHandler2 = function(){
                alert('주문하신 카페라떼 나왔습니다.');
            }

            order1.onclick = orderHandler1;
            order2.addEventListener('click', orderHandler2);
        </script>
    </body>
</html>
```

〈결과〉

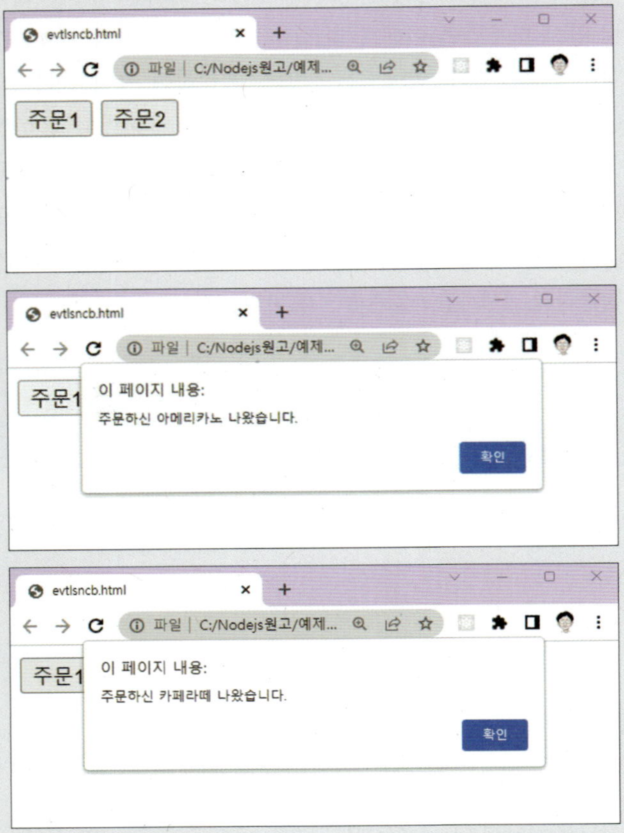

4~5줄 : 각각 주문 요청을 할 2개의 버튼을 생성한다. id는 각각 order1과 order2로 구분한다.

7~9줄 : '주문하신 아메리카노 나왔습니다.'라는 메시지 출력 기능의 콜백 함수를 정의한다. 익명 함수로 정의하고 orderHander1에 함수의 주소값을 대입한다.

10~12줄 : '주문하신 카페라떼 나왔습니다.'라는 메시지 출력 기능의 콜백 함수를 정의한다. 익명 함수로 정의하고 orderHander2에 함수의 주소값을 대입한다.

14줄 : orderHander1 콜백 함수를 order1.onclick 이벤트 리스너에 등록한다. 이렇게 등록 하면 사용자가 〈주문1〉 버튼을 클릭할 때 등록한 orderHander1 콜백 함수가 호출된다.

15줄 : orderHander2 콜백 함수를 click 이벤트 발생 시 호출되도록 order2.addEvent Listener 함수에 등록한다.

9 장

ES2015+ 문법

학 습 목 표

- let과 const 키워드에 대해 이해한다.
- 템플릿 문자열을 이해하고 코드로 작성한다.
- 객체가 무엇인지 이해하고 객체 리터럴을 코드로 작성할 수 있다.
- 화살표 함수의 문법을 이해하고 코드로 작성한다.
- 비구조화 할당을 이해하고 코드로 작성한다.
- 프로미스의 개념과 사용 이유를 이해하고 코드로 작성한다.

9.1 실습 환경 설정

실습 폴더 생성

먼저 실습 작업을 하기 위해 파일을 저장할 폴더를 한 개 생성하고 폴더 이름을 'ch9'로 설정한다. 생성 위치나 이름을 임의로 정해도 상관없다.

Visual Studio Code에서 폴더 열기

Visual Studio Code의 메뉴에서 〔File〕 → 〔Open Folder〕를 실행하고 생성한 'ch9' 폴더를 연다.

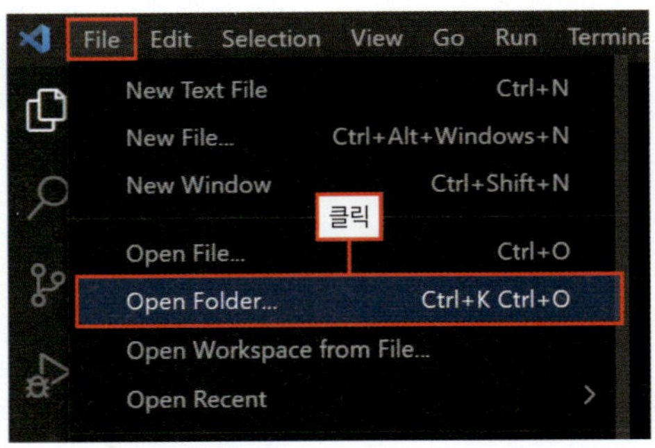

탐색기에 다음과 같이 'CH9'가 표시되며 이제부터 생성되는 파일들은 'CH9' 폴더 내부에 생성된다.

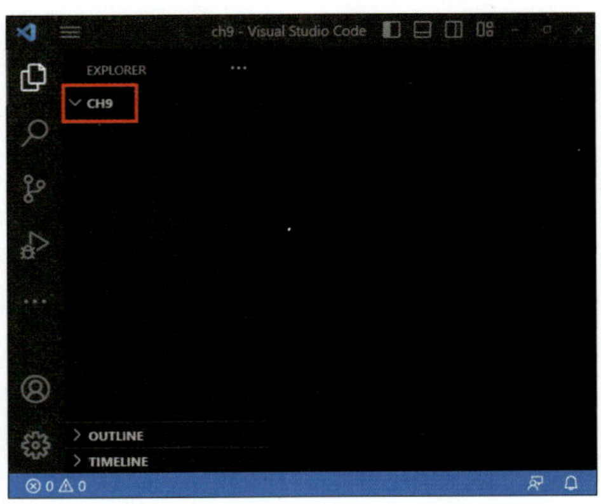

9.2 변수(let, const)

기존의 변수 사용

변수는 데이터를 저장하기 위한 이름을 붙인 저장소다. 자바스크립트에서 지금까지 사용했던 변수 타입은 var였다. 코드 작성을 위해 'variable.js'라는 이름의 파일을 생성하자.

```
function myTest()
{
        if(true)
        {
            var x = 100;
        }
        console.log(x);
}
myTest();
```

〈결과〉

```
$node variable.js
100
```

보통 프로그래밍 언어의 경우 변수 x는 if 문의 중괄호 { }범위 안에서 선언되었으므로 중괄호를 벗어나면 사용하지 못하는 것이 상식적이지만 자바스크립트의 var 타입은 당당하게 100을 출력한다. 이는 var로 생성한 변수의 범위는 함수 기준이기 때문인데 이러한 특징이 자유도의 면에서는 소규모 프로젝트에 장점으로 작용했으나 대규모의 협업 체제로 확대되면서 모호한 문법이 오히려 단점으로 작용하게 되었다. 이러한 이유로 ES2015부터는 let과 const라는 키워드를 통해 변수를 선언할 수 있게 하였다. 두 키워드는 범위가 함수가 아니라 일반 다른 언어와 동일하게 중괄호 { }이다.

let 키워드

let 변경되는 값을 담을 수 있는 변수를 선언할 때 사용하는 키워드로 기존 var의 대체 키워드다. 두 키워드의 차이점은 var 변수의 사용 기준 범위가 함수 단위였다면 let의 사용 기준 범위는 중괄호 { }라는 것이다. 앞의 코드에서 var를 let으로만 변경하여 실행해 보자.

```
1  function myTest()
2  {
3      if(true)
4      {
5          let x = 100;
6      }
7      console.log(x);
8  }
9  myTest();
```

let 키워드의 변수 x는 앞의 코드와 동일하게 if 문 안에서 선언 및 초기화되었고, 9줄처럼 외부에서 myTest() 함수를 호출하고 있다. 그런데 이 코드를 실행하면 다음과 같은 오류가 발생할 것이다.

```
ReferenceError: x is not defined
```

7줄에서 x값을 정의하지 않았다는 의미다. let 키워드 기반의 변수는 인식할 수 있는 기준 범위가 중괄호 { } 내부에 제한되기 때문이다. 따라서 if 문 안에서 선언된 x는 if 문 바깥쪽에서 인식하지 못하기 때문에 오류가 발생하는 것이다.

상수의 개념

자바스크립트에서 상수를 지원한다. 상수란 간단하게 말하면 변수의 반대 개념이다. 상수의 상(常)자는 항상 상자이므로 변하지 않는다는 의미를 갖는다. 그래서 상수는 변하지 않은 수를 말한다. 예를 들어 다음과 같은 수의 연산을 보면 3과 6이라는 수 자체를 상수라고 한다.

3 + 6

3은 그대로 3으로 이 수를 2나 4로 변경할 수 없다. 마찬가지로 6도 6 그 자체로, 그 외의 수로 변경할 수 없다. 이는 나 자신의 존재 자체도 부정할 수 없는 상수와 같다. 나 자신은 나를 제외한 다른 사람이 될 수 없는 것처럼 말이다. 이와 같은 상수를 자바스크립트에서 어떻게 만들고 사용하는지 살펴보자.

const 키워드

const는 한번 지정하고 나면 변경 불가능한 상수를 선언할 때 사용하는 키워드다. 값을 변경할 수 없는 상수라는 점만 빼고 사용 기준 범위는 let과 같다고 보면 된다.

```
1   function myTest()
2   {
3       if(true)
4       {
5          const x = 100;
6          x = 200;
7       }
8   }
9   myTest();
```

이 코드를 실행하면 다음과 같은 오류가 발생할 것이다.

```
TypeError: Assignment to constant variable.
```

5줄 : x는 한번 선언하면 재설정할 수 없는 const로 선언한다.

6줄 : x를 200의 값으로 변경 시도를 한다. x는 상수이므로 오류가 발생한다.

var, let, const 이렇게 3가지 키워드에 대해 살펴보았다. 각 키워드를 어떨 때 사용해야 할까? 일반적으로 새로 작성하는 서버 코드에서는 변수 선언 시 가급적 var 대신 let을 사용하는 것이 좋다. var는 사용 기준 범위가 함수다 보니 하나의 함수 안에서 여러 사람이 협업하게 되면 변수의 중복 선언과 같은 혼란을 야기할 수 있다. 요즘은 프로젝트 규모도 커지고 협업 체제가 일반적이므로 let을 사용하는 것이 안전하다.

let과 const의 경우 값이 유동적으로 변할 수 있는 경우에는 let을 사용하고, 값이 변할 일이 없는 경우에는 const로 선언한다. 예를 들어, 서버 코드와 같이 백엔드 파트의 코드 작성 시 여러 가지 라이브러리를 사용하게 되는데 이 객체를 변경할 일이 없기에 라이브러리 객체를 const로 받는다.

> **알아두세요** 변수 선언 시 일단 필요한 변수가 있다면 const를 기본으로 선언하고 값의 변경이 필요하면 let으로 변경하자.

템플릿 문자열

템플릿 문자열이란

템플릿(Tempate)이란 미리 모양이 갖추어진 서식 또는 틀을 말한다. 대표적으로 파워포인트(PPT)를 제작할 때 빈 페이지에서 시작하지 않고 미리 만들어진 서식에 내용만 채워 넣은 식으로 작성한다. 반복되는 작업을 매번 처음부터 만드는 것은 불필요한 낭비이므로 이렇게 미리 서식을 만들어 제공할 수 있는데, 이 형태를 템플릿이라고 하며, ES2015부터는 문자열(String)을 템플릿처럼 사용할 수 있게 되었다. 그렇다면 어떻게 문자열을 템플릿 기반으로 사용하는지 형태를 살펴보자.

`문자열 ${ 표현식 } `

보통 문자열을 표현할 때 큰따옴표(" ")나 작은따옴표(' ')를 사용한다. 그런데 템플릿 문자열의 식을 보면 따옴표의 모양이 조금 이상하다. ` 모양인데 이것을 백틱(`)이라고 부른다. 백틱은 키보드의 Esc 하단에 위치한다. 템플릿 문자열의 사용 형식은 백틱으로 표현하고 싶은 전체 문자열을 감싼 후 중간에 특정 변수를 출력하고 싶다면 ${변수}라는 문장을 입력한다.

코드 작성을 위해 'tmpstring.js'라는 이름의 파일을 생성하자. 기존에 여러 가지 타입의 변수를 문자열로 출력한다면 다음과 같이 작성할 수 있다.

```
const name = '이창현';
const age = 25;
const height = 178.5;

console.log("My name is " + name + ", " + "My age is " + age + ", " + "My height is "
+ height);
```

〈결과〉

```
$node tmpstring.js
My name is 이창현, My age is 25, My height is 178.5
```

1~3줄 : 3개의 변수를 각각 문자열, 정수형, 실수형으로 다양하게 선언하였다.

5줄 : 각 변수의 값들을 출력하는데, 자바스크립트에서는 문자열과 변수에 + 연산자를 사용하면 결과를 문자열 형태로 반환하는 특징이 있다. 그래서 정수 age와 실수 height를 + 연산자로 결합했는데, 매우 복잡해 보이고 가독성이 좋지 않다. 출력할 변수가 더 많아질수록 가독성은 더 나빠질 것이다.

템플릿 문자열 기능을 사용하면 가독성이 좋지 않은 문자열 출력 문장을 가독성이 좋은 깔끔한 문법으로 작성할 수 있다. 5줄 코드를 다음과 같이 수정해 보자.

```
1    const name = '이창현';
2    const age = 25;
3    const height = 178.5;
4
5    console.log(`My name is ${name}, My age is ${age}, My height is ${ height }`);
```

〈결과〉

```
$node tmpstring.js
My name is 이창현, My age is 25, My height is 178.5
```

템플릿 문자열의 형태이다. 백틱(`) 사이에 출력을 원하는 문자열을 그대로 작성하고 중간중간에 출력을 원하는 변수는 해당 위치에 ${변수명}을 삽입하면 된다. 기존 문자열 표현식과 비교하면 템플릿 문자열은 물 흐르듯이 작성하면 되므로 훨씬 편하고 가독성도 좋다.

백틱 안에서의 개행

하나의 문자열에서 줄 바꿈하고 싶을 때 보통 "₩n"을 사용해 개행할 수 있다. 앞의 일반 문자열 코드에서 문자열 중간에 콤마(", ")로 구분한 부분을 개행문자("₩n")로 변경해 보자.

```
const name = '이창현';
const age = 25;
const height = 178.5;

console.log("My name is " + name + "₩n" + "My age is " + age + "₩n" + "My height is "
+ height);
```

<결과>

```
$node tmpstring.js
My name is 이창현
My age is 25
My height is 178.5
```

여전히 코드는 장황해 보이고 가독성이 떨어진다. 앞에서 사용했던 백틱(`)을 사용하면 좀 더 가독성 있게 표현할 수 있다. 백틱을 사용한 문자열 코드에서 개행하고 싶은 부분을 그대로 개행해 보자.

```
1  const name = '이창현';
2  const age = 25;
3  const height =  178.5;
4
5  console.log(`My name is ${name}
6  My age is ${age}
7  My height is ${height}`);
```

<결과>

```
$node tmpstring.js
My name is 이창현
My age is 25
My height is 178.5
```

5~7줄 : 백틱 안에서 작성한 문자열의 형태가 그대로 출력된다. 즉, 백틱 안에서는 코드상에서 개행하면 출력 결과에서도 개행한 상태 그대로 나타난다.

백틱 안에서의 따옴표 사용

문자열 안에서 큰따옴표(“ ”)를 출력하려면 문자열 바깥쪽을 작은따옴표(‘ ’)로, 문자열 안에서 작은따옴표(‘ ’)를 출력하려면 문자열 바깥쪽을 큰따옴표(“ ”)로 묶어야 했다. 하지만 백틱을 사용하면 이런 규칙에 대한 구분이 필요 없다.

```
1 const say = `안녕맨은 나에게 이렇게 말했다. "안녕"`;
2 const intro = `I'm a programmer`;
3
4 console.log(say);
5 console.log(intro);
```

<결과>

```
$node tmpstring.js
안녕맨은 나에게 이렇게 말했다. "안녕"
I'm a programmer
```

1줄 : 백틱(`)으로 묶여진 문자열 안에 큰따옴표(")로 묶여진 문자열이 포함되어 있다.

2줄 : 작은따옴표(') 문자열이 포함되어 있다.

9.4 객체

객체란

객체는 영문으로 'Object'로써 사전적 의미로 우리 일상의 모든 '물건', '사물'들을 의미한다. 여러분은 '물건'하면 무엇이 떠오르는가? 이 세상에는 '물건'의 종류가 너무 많아서 한 가지를 선택하여 말하기 어렵기 때문에 머릿속에 명확하게 떠오르는 것이 없을 것이다. 따라서 이 세상의 모든 '물건'을 객체라고 말할 수 있다.

객체(Object)

결국 객체라는 것은 내 주변에 있는 사물인 볼펜, 모니터, 마우스, 리모컨, 자동차 등 모든 것이 객체가 될 수 있다. 마치 저 상자 안에 내가 생각하는 모든 물건이 객체가 될 수 있는 것이다. 객체의 개념이 너무 추상적인가? 맞다. 추상적으로 느꼈다면 정상적이다.

그렇다면 객체형에 대해 알아보자. 앞서 배웠던 자료형을 살펴보면 문자형, 숫자형과 같이 담을 수 있는 자료형이 정해져 있었는데 추상적이지 않고 구체적이다. 그런데 객체형은 자료형이 정해져 있지 않고 다양한 데이터를 담을 수 있어 추상적인 자료형이다.

객체는 변수이며, 오른쪽 피연산자로부터 값을 대입 받아 저장하는 변수이다. 일반 변수와 다른 점은 자료형이 추상적이라는 점이다.

객체 생성 방법

객체를 만들어 보자. 앞서 객체가 변수라고 했으니 객체의 선언 형태는 변수 선언 형태와 같다고 볼 수 있다.

```
let num = 100;                 //일반 변수 선언
const user = “ 이귀엽 ”;       //일반 변수 선언
let obj1 = ???                 //객체 선언은 어떻게?
const obj2 = ???               //객체 선언은 어떻게?
```

객체는 기본적으로 new 연산자와 객체명을 사용하여 만든다. 자바스크립트 언어만의 문법이 아니라 객체지향 프로그래밍 언어 대부분이 객체 생성할 때 이 문법을 사용한다.

```
let obj1 = new Object();
const obj2 = new Object();
```

이렇게 생성하면 obj1과 obj2는 각각 빈 객체를 생성한다. 각 변수를 객체형으로 생성한 것일 뿐 객체에 데이터는 아직 대입하지 않았다.

객체의 구성

객체에 데이터를 입력하자. 객체형의 경우 한 개의 데이터는 키와 값 한 쌍으로 구성되어 있다. 이러한 데이터를 프로퍼티(property)라고 한다. 프로퍼티 키에는 문자형을 사용하고, 값에는 모든 자료형이 허용되는데 키와 값의 구조는 한영사전을 생각하면 이해하기 쉬울 것이다.

영어로 boy는 소년, girl은 소녀, friend는 친구와 같이 영어를 키, 한국어를 값이라고 생각하면 된다. 각각의 영단어에 매핑되어 있는 뜻을 찾아낼 수 있듯이 객체에서도 키를 이용하여 값을 찾아내는 형태이다.

```
boy : " 소년 ",
girl : " 소녀 ",
friend : " 친구 "
```

먼저 코드 작성을 위해 'object.js'라는 이름의 파일을 생성하여 이 데이터를 객체에 직접 대입해 보자.

```
1  let dic = new Object();
2
3  dic.boy = "소년";
4  dic.girl = "소녀";
5  dic.friend = "친구";
6
7  console.log(dic.boy);
8  console.log(dic.girl);
9  console.log(dic.friend);
```

〈결과〉

```
$node object.js
소년
소녀
친구
```

3~5줄 : boy, girl, friend 키에 "소년", "소녀", "친구"의 값을 대입한다.

7~9줄 : dic 객체의 속성인 boy, girl, friend 키를 통해 "소년", "소녀", "친구"의 값을 출력한다.

알아두세요 코드에서 객체를 통해 프로퍼티에 접근 시 점(.)을 사용한다. 이를 다른 프로그래밍 언어에서는 접근 지정자라고 하는데 자바스크립트에서는 점 표기법(dot notation)이라고 한다.

객체 리터럴

중괄호 { }를 이용하여 객체를 생성하는 방법을 '객체 리터럴(object literal)'이라고 한다. 앞으로 객체 생성 시 이 방법을 주로 사용할 것이다.

```
let obj = { }
```

빈 중괄호의 경우는 빈 객체를 생성한 것이다. 객체 생성 시 중괄호 안에 '키 : 값'의 쌍으로 구성된 프로퍼티를 입력할 수 있다.

```
let dic = {
    boy : "소년",
    girl : "소녀",
    friend : "친구"
};
```

콜론(:)을 기준으로 왼쪽에는 키가 오른쪽에는 값이 들어간다. 현재 dic 객체에는 프로퍼티가 3개 있는 것이다. 이 코드를 적용해 보자.

```
let dic = {
    boy : "소년",
    girl : "소녀",
    friend : "친구"
};

console.log(dic.boy);
console.log(dic.girl);
console.log(dic.friend);
```

<결과>

```
$node object.js
소년
소녀
친구
```

1~5줄 : 객체 리터럴 형태로 3개의 프로퍼티가 초기화되어 있다. 3개의 값에 접근하기 위한 boy, girl, friend라는 이름표가 붙어 있는 것이다. 앞으로 JSON 형식이나 몽고DB의 데이터 저장 형식 등이 모두 객체 리터럴 형식과 동일하므로 이 구조를 잘 숙지해야 한다.

객체의 프로퍼티 동적 추가 및 삭제

객체의 초기화된 프로퍼티 외에 추가 및 삭제 가능하다. 프로퍼티를 추가하는 방법부터 살펴보자. 프로퍼티 값은 모든 자료형이 올 수 있다.

```
객체.추가할 프로퍼티 이름 = 추가할 값;
```

객체 뒤에 점표기법(.)으로 추가할 프로퍼티 이름을 작성하고 오른쪽 항에는 실제 저장하고 싶은 값을 입력한다.

```
1   let dic = {
2       boy : "소년",
3       girl : "소녀",
4       friend : "친구"
5   };
6
7   dic.apple = '사과';
8   dic.ten = 10;
9   console.log(dic.apple);
10  console.log(dic.ten);
```

<결과>

```
$node object.js
사과
10
```

7~8줄 : apple이라는 프로퍼티를 추가하고 값은 '사과'라는 문자열을 입력한다. 마찬가지로 ten이라는 프로퍼티를 추가하고 값은 10이라는 정수를 입력한다. 값은 어떤 자료형이든 입력 가능하다. dic 객체에 2개의 프로퍼티가 추가된 것이다.

9~10줄 : 새로 추가한 프로퍼티가 출력되는 것을 확인할 수 있다.

객체의 프로퍼티를 삭제하는 방법을 살펴보면 다음과 같이 객체 이름 앞에 delete 키워드를 사용한다.

```
delete객체.삭제할 프로퍼티 이름;
```

삭제하려는 프로퍼티를 지정하여 앞에 delete 키워드를 작성한다.

```
1   let dic = {
2       boy : "소년",
3       girl : "소녀",
4       friend : "친구"
5   };
6
7   delete dic.girl;
8   console.log(dic.boy);
9   console.log(dic.girl);
10  console.log(dic.friend);
```

<결과>

```
$node object.js
소년
undefined
친구
```

7줄 : 기존 데이터의 girl 프로퍼티를 삭제한다. 객체의 프로퍼티 목록에서 girl은 삭제되는 것이다.

9줄 : 해당 데이터가 객체 프로퍼티 목록에서 삭제되었으므로 출력 결과는 undefined가 출력된다.

객체의 프로퍼티 수정

객체의 프로퍼티는 수정도 가능하다.

```
1  let dic = {
2      present : "현재",
3  };
4
5  console.log(dic.present);
6  dic.present = "선물";
7  console.log(dic.present);
```

<결과>

```
$node object.js
현재
선물
```

1~3줄 : dic 객체에는 present 프로퍼티가 "현재"라는 값으로 초기화되어 있다.

6줄 : present 프로퍼티의 값을 "선물"로 변경한다.

앞으로 객체를 선언할 때 let보다는 const 상수 객체 형태로 주로 사용한다. 그런데 상수는 변경할 수 없는 값이어서 const로 선언한 객체의 경우 객체의 프로퍼티를 수정할 수 없을 것 같다. 정말 그렇게 되는지 직접 확인해 보자.

```
const dic = {
    present : "현재",
};

console.log(dic.present);
dic.present = "선물";
console.log(dic.present);
```

<결과>

```
$node object.js
현재
선물
```

결과는 문제없지만 const 객체에 대한 의문이 든다. 분명 dic은 const인데 왜 내부값이 수정 될까? 이 내용을 정확하게 이해하려면 참조형 메모리의 구조를 알아야 한다. const 상수화 대상은 dic이므로 dic이 참조하는 메모리의 주소값은 변경되면 안되지만 dic의 프로퍼티는 const와 상관없는 내용일 뿐이므로 값이 얼마든지 변경될 수 있다.

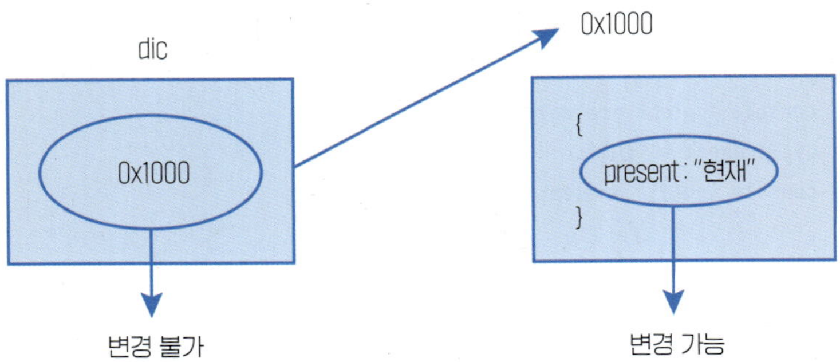

그림에서처럼 dic의 실제 값은 0x1000과 같은 참조형 주소값을 갖는다. 변경해서는 안되는 값이 바로 이 주소값인 것이다.

const dic의 값을 변경하려 든다면 상수화 위반에 대한 오류 메시지가 나타날 것이다.

```
1  const dic = {
2      present : "현재",
3  };
4  
5  dic = { };
6  console.log(dic.present);
7  dic.present = "선물";
8  console.log(dic.present);
```

〈결과〉

```
$node object.js
TypeError: Assignment to constant variable.
```

5줄 : { present : "현재" }; 객체를 가리키고 있던 dic 의 참조 객체가 { }으로 변경되었다. 즉, 가리키는 메모리 주소값을 변경하려고 시도하는 것이다. dic 자체가 const 상수이므로 오류가 발생하게 된다.

객체의 프로퍼티와 메소드

기본적으로 객체의 구성 요소는 프로퍼티와 메소드는 이루어진다. 메소드란 객체 내부에서 정의된 멤버 함수를 말한다. 사물들은 정적인 것도 있지만, 동적인 것도 있다. 객체도 행동을 정의할 수 있어야 하는데 바로 메소드(함수)이다. 예를 들어, unit이라는 객체에 attack이라는 프로퍼티를 추가해 보자. attack 프로퍼티의 값은 함수 형식이다.

```
프로퍼티 이름 : function(매개변수) { 구현 내용 };
```

기존에 값 기반의 프로퍼티였다면 이번에는 값 대신 함수를 구현한다.

```
1  const unit = {
2     attack : function(weapon) {
3           return `${weapon}으로 공격한다.`;
4     }
5  }
6
7  console.log(unit.attack("주먹"));
8  console.log(unit.attack("총"));
```

〈결과〉

```
$node object.js
주먹으로 공격한다.
총으로 공격한다.
```

2~4줄 : 함수를 객체의 프로퍼티 값으로 사용할 수 있다. attack이라는 프로퍼티 이름에 함수의 정의가 등록된다. weapon이라는 전달인자를 받아 ${weapon }으로 공격한다. 문자열을 리턴하는 기능의 함수이다.

7~8줄 : unit으로 attack 프로퍼티에 접근 시 함수의 전달인자 값을 입력한다. 각각 "주먹"과 "총"을 입력하여 전달인자 값이 적용된 문자열 "주먹으로 공격한다."와 "총으로 공격한다." 값이 출력되도록 한다.

메소드를 등록할 때 function 키워드를 생략한 축약 표현으로도 사용 가능하다.

```
attack (weapon) {
        return `${weapon}으로 공격한다.`;
}
```

단지 : function만 생략했는데도 가독성이 훨씬 향상된다.

대괄호 표기법

객체의 프로퍼티에 접근하는 또 다른 방법으로 대괄호 표기법(square bracket notation) 사용이 있다. 기존에 점 표기법을 사용하여 **객체.키**의 형태로 프로퍼티에 접근했다면 대괄호 표기법은 **객체["키"]** 형태로 프로퍼티에 접근한다.

```
객체[ " 키 " ]
obj[ " key " ]
```

이런 방식은 배열의 항목에 접근하는 방법과 매우 유사해 보이는데 배열에서 인덱스 숫자를 사용하여 접근하는 대신 키를 이용하여 연결된 값을 얻어온다. 여기서 주의할 점은 대괄호에 들어가는 키는 문자열 형식인 따옴표로 묶어주어야 한다는 것이다.

```
let dic = {
  boy : "소년",
  girl : "소녀",
  friend : "친구"
};

console.log(dic['boy']);
console.log(dic['girl']);
console.log(dic['friend']);
```

<결과>

```
$node object.js
소년
소녀
친구
```

대괄호 표기법은 키에 어떤 문자열이 입력되어도 상관없이 동작한다. 심지어 띄어쓰기된 문자열도 키로 사용할 수 있다. 예를 들면, "I am a boy"라는 문장이 대괄호 표기법에서는 키로 사용 가능하다.

대괄호 표기법을 사용하면 키값을 변수로 입력받을 수도 있다. 사용자로부터 값을 입력받기 위해 콘솔 입력 루틴은 기존 코드를 복사하여 붙여넣기 하자.

```
1   const readline = require("readline");
2   const rl = readline.createInterface({
3     input: process.stdin,
4     output: process.stdout,
5   });
6
7   let dic = {
8      boy : "소년",
9      girl : "소녀",
10     friend : "친구"
11  };
12
13  rl.question("찾을 단어를 입력하세요 : ", function (key) {
14      let word = key;
15      console.log(dic[word]);
16
17    rl.close();
18  });
```

<결과>

```
$node object.js
찾을 단어를 입력하세요 : boy
소년
```

14줄 : 변수 word는 언제든지 사용자 입력에 따라 값이 변경될 수 있다. 즉, 키값인 key가 런타임에 결정되기 때문에 코드를 조금 더 유연하게 작성할 수 있다. 실제 사전에서 사용자가 원하는 단어를 찾듯이 키값은 언제든지 유연하게 변경 가능하다.

계산된 프로퍼티

객체를 생성할 때 객체 리터럴 내부의 프로퍼티 키가 대괄호 안에 표시되어 있는 경우를 '계산된 프로퍼티(computed property)'라고 한다. 사용자 입력을 위해 콘솔 입력 루틴은 기존 코드를 복사하여 붙여넣기 하자.

```
1  const readline = require("readline");
2  const rl = readline.createInterface({
3    input: process.stdin,
4    output: process.stdout,
5  });
6
7  rl.question("다이쓰! 무조건 천원, 상품입력?", function (obj) {
8      let basket = {
9          [obj] : "1000원",
10     }
11     console.log(basket[obj]);
12
13   rl.close();
14 });
```

<결과>

```
$node object.js
다이쓰! 무조건 천원, 상품입력?자동차
1000원
```

9줄 : [obj]는 프로퍼티 이름을 변수 obj에서 가져오겠다는 것을 의미한다. 사용자가 "자동차"라고 입력했다면 변수 obj에는 "자동차"가 입력되고, basket의 프로퍼티로 {"자동차" : "1000원"}이 할당된다.

11줄 : basket 객체를 통해 프로퍼티의 값을 읽으려면 계산된 프로퍼티의 경우 basket.obj의 형식으로는 읽어올 수 없다. 그렇기 때문에 대괄호 표기법을 사용하여 basket[obj] 형식으로 읽어온다.

단축 프로퍼티

객체의 프로퍼티 키와 값의 이름이 같은 경우에도 문제없이 동작한다.

```
1   let id = "jamsu";
2   let pw = "1111";
3
4   let user = {
5       id : id,
6       pw : pw,
7   }
8
9   console.log(user.id);
10  console.log(user.pw);
```

<결과>

```
$node object.js
jamsu
1111
```

프로퍼티들의 키와 값의 이름이 같게 사용하는 경우는 흔하다. 5줄의 id : id에서 앞의 id는 키이고, 뒤의 id는 변수의 값이다. 마찬가지로 6줄도 앞의 pw는 키이고, 뒤의 pw는 변수의 값이다. 이렇게 변수를 사용하여 프로퍼티를 만드는 경우 키와 변수의 이름이 동일하면 구문을 단축하여 이름을 하나만 사용할 수 있는데, 이를 '단축 프로퍼티'라고 한다. 코드를 다음과 같이 수정한다.

```
let id = "jamsu";
let pw = "1111";

let user = {
    id,
    pw,
}

console.log(user.id);
console.log(user.pw);
```

```
<결과>
$node object.js
jamsu
1111
```

불필요한 중복된 이름을 하나로 통일하였다. 이렇게 프로퍼티의 이름을 하나로 단축해도 코드의 기능은 동일하게 동작한다.

for~in 반복문

객체의 전체 프로퍼티 수가 많을 수도 있고, 때로는 전체 프로퍼티를 읽어와야 하는 경우도 있다. 현재 알고 있는 방법인 점 표기법과 대괄호 표기법 등을 통해 객체의 키를 이용하여 값을 읽어올 수 있다. 하지만 프로퍼티의 개수가 많으면 일일이 프로퍼티의 값을 읽어오는 것은 매우 비효율적이다.

for~in 반복문을 이용하면 객체의 처음부터 끝까지 모든 키를 순회하여 프로퍼티의 값을 읽어올 수 있다.

```
for(key in object){
      //key는 객체의 각 프로퍼티의 키
}
```

특정 객체(object)는 in의 오른쪽에 key는 in의 왼쪽에 위치하며 반복할 때마다 객체의 키가 변수 key에 대입된다. 다음과 같이 user 객체 리터럴을 생성하고 객체 프로퍼티 전체를 모두 읽어오도록 코드를 작성해 보자.

```
let user = {
   id : "jamsu",
   pw : "1111",
   name : "lch",
   mobile : "010-4477-XXXX",
```

```
6          country : "대한민국"
7        }
8
9        for(let info in user){
10         console.log(`${info} : ${user[info]}`);
11       }
```

<결과>

```
$node object.js
id : jamsu
pw : 1111
name : lch
mobile : 010-4477-XXXX
country : 대한민국
```


1~7줄 : user 객체 리터럴을 생성하고 프로퍼티 값을 설정한다.

9줄 : for~in 반복문을 사용하여 user 객체 안에 생성한 프로퍼티 값을 모두 읽어온다. 반복문의 반복 횟수는 user 객체의 프로퍼티 개수이며 1회 반복할 때마다 프로퍼티 값을 변수 info로 넘겨준다.

9.5

JAVASCRIPT

화살표 함수

화살표 함수의 기본 형식

모던 자바스크립트에서는 일반 함수 표현식 보다 단순하고 간결한 문법으로 함수를 만들 수 있는 방법이 제공되는데 이 방법이 바로 '화살표 함수(arrow function)'다. 함수를 표현할 때 => 와 같은 화살표 표시를 사용해서 화살표 함수라는 이름이 붙었다.

일반 함수 표현식은 다음과 같이 function 키워드로 시작해서 함수의 이름과 매개변수 그리고 중괄호 {}로 이루어져 있다.

```
function plus(a, b)
{
      return a + b;
}
```

이러한 기존 함수의 형식을 간소화 시킬 수 있는데 먼저 function 키워드를 제거하고 그다음 함수 이름을 왼쪽으로 이동하여 변수로 사용한다. 즉, 함수에서 살펴보았던 함수 표현식의 형태와 동일하지만 오른쪽 표현식에서 화살표(=>) 기호가 추가된 것만 다르다.

```
let plus = (a, b) =>
{
        return a + b;
}
```

화살표 함수 형태를 처음 사용할 때 익숙하지 않아 가독성이 매우 떨어지지만, 화살표 함수를 배웠다면 기존 함수를 화살표 함수로 변경하는 것이 쉬울 것이다. 먼저 function 키워드를 없애고, 함수의 이름을 왼쪽 표현식에 변수 형태로 선언한 다음 두 번째로 괄호 () 뒤에 ()=> 식으로 화살표만 붙여 주면 완성이다.

코드 작성을 위해 'arrow.js'라는 이름의 파일을 생성하고 기존에 만들었던 함수를 화살표 함수로 변경해 보자.

```
let plus = (a, b)=>{
    return a + b;
}

let result = plus(10, 20);
console.log('두 수의 합 :' + result);
```

〈결과〉

```
$node arrow.js
두 수의 합 :30
```

화살표 함수의 구현부 내용이 return 문 밖에 없는 경우에는 중괄호와 return 문을 생략할 수도 있다.

```
let plus = (a, b) => a + b;
```

코드가 훨씬 간결해졌다. (a, b) => a + b; 문장은 실행되는 순간 표현식 a + b를 연산하고 그 결과를 바로 반환한다.

```
let plus = (a, b)=> a + b;

let result = plus(10, 20);
console.log('두 수의 합 :' + result);
```

〈결과〉

```
$node arrow.js
두 수의 합 :30
```

매개변수가 하나인 경우

화살표 함수의 매개변수가 하나밖에 없다면 매개변수를 감싸는 괄호를 생략할 수 있다. 괄호를 생략함으로써 코드를 더 간략화시킬 수 있다.

```
1 let plus = a => a + 1;
2
3 let result = plus(10);
4 console.log('값의 1증가 : ' + result);
```

<결과>

```
$node arrow.js
값의 1증가 :11
```

1줄 : 매개변수가 1개인 경우는 정석대로라면 (a)라고 표기해야 하지만 그마저도 괄호를 생략할 수 있다. 전달인자 10을 a가 넘겨받으면 a + 1 연산에 의해 11을 반환한다.

매개변수가 하나도 없는 경우

화살표 함수의 매개변수가 하나도 없는 경우에는 괄호를 비워놓으면 된다. 이때 괄호는 생략할 수 없다.

```
1 let plus = () => "플러스";
2
3 let result = plus();
4 console.log('A ' + result);
```

<결과>

```
$node arrow.js
A 플러스
```

1줄 : 매개변수가 없는 경우에는 괄호만 표기한다. 단지, "플러스"라는 문자열만 반환하는 함수다.

화살표 함수는 어느 함수에나 적용 가능하지만, 주로 콜백 함수에서 사용된다. 콜백 함수는 뒤에서 다룰 Node.js 기반의 서버 코드에 자주 등장하므로 서버 코드를 작성하면서 화살표 함수를 연습하도록 하자.

JAVASCRIPT

9.6 비구조화 할당

비구조화 할당이란

비구조화 할당(destructuring assignment)은 객체의 속성 또는 값을 해체하여 그 값을 변수에 각각 할당하여 사용하는 표현식으로 구조 분해 할당이라고도 한다. 모던 자바스크립트 이전에는 배열의 요소나 JSON 객체의 프로퍼티를 각각 변수에 담기 위해 일일이 변수에 할당하곤 했다. 코드 작성을 위해 'destructuring.js'라는 이름의 파일을 생성하자.

```
const color = ['red', 'green', 'blue'];

let r = color[0];
let g = color[1];
let b = color[2];

console.log(r);
console.log(g);
console.log(b);

let user = {
    id : 'jamsuham',
    pw : '1234',
    name : '잠수함',
    age : 30,
};

let id = user.id;
let pw = user.pw;
let name = user.name;
let age = user.age;

```

```
    console.log(id);
    console.log(pw);
    console.log(name);
    console.log(age);
```

<결과>

```
$node destructuring.js
red
green
blue
jamsuham
1234
잠수함
30
```

이러한 경우 배열의 요소가 많아지거나 JSON 객체의 프로퍼티 수가 많아지면 작성하기도 힘들고, 코드의 가독성도 떨어지게 된다. 이러한 문제를 해결하기 위해 비구조화 할당이라는 새로운 자바스크립트 문법이 등장한 것이다.

배열 구조 분해

배열을 분해하자.

```
const color = ['red', 'green', 'blue'];
let [r, g, b] = color;

console.log(r);
console.log(g);
console.log(b);
```

<결과>

```
$node destructuring.js
red
green
blue
```

2줄 : 앞의 코드에서 별도의 변수 red, green, blue를 선언했는데 배열의 구조 분해 할당 기법을 사용하면 오른쪽 배열의 요소가 분해되어서 왼쪽의 변수 let [r, g, b]에 순서대로 대입된다. 배열 내에서 값을 가져오는 코드가 매우 간결해지고 가독성이 좋아졌음을 알 수 있다.

배열의 변수 값 변경

비구조화 할당을 활용하여 기존의 변수값 변경이 가능하다. 변수의 값을 서로 변경하기 위해서는 기존에 임시 변수가 필요했었지만, 비구조화 할당을 이용하면 쉽게 변경 가능하다.

```
1   const color = ['red', 'green', 'blue'];
2   let [r, g, b] = color;
3
4   [b, g, r] = [r, g, b];
5   console.log(r);
6   console.log(g);
7   console.log(b);
```

<결과>

```
$node destructuring.js
blue
green
red
```

4줄 : 비구조화 할당으로 선언한 변수 [r, g, b]의 값을 새로운 변수 [b, g, r]에 변경 저장한다. 내부적으로 b = r, g = g, r = b의 형태로 값이 변경된다. 두 변수의 값 변경을 위해서는 중간에 tmp와 같은 임시 변수가 존재해야 하지만 비구조화 할당 문법이 내부적으로 이러한 부분들을 처리해 준다.

코드를 조금 더 간결하게 수정할 수 있다. 결과는 동일하게 출력된다.

```
1    [b, g, r] = ['red', 'green', 'blue'];
2    console.log(r);
3    console.log(g);
4    console.log(b);
```

<결과>

```
$node destructuring.js
blue
green
red
```

1줄 : 배열의 선언과 동시에 변수의 값을 변경한다.

배열의 기본값 설정

값을 할당하려는 배열의 요소가 많은 것은 상관없지만, 반대로 할당받아야 하는 변수의 개수가 배열의 요소보다 많은 경우는 문제가 생긴다. 값이 초기화되지 않는 변수는 자바스크립트에서 undefined 값이 할당된다고 하였다. 이러한 문제를 방지하기 위해 할당되지 않는 변수에 기본값을 설정할 수 있다. 먼저 기본값을 설정하지 않았을 경우의 코드를 살펴보자.

```
1    const [a, b, c] = ['C#', 'javascript'];
2    console.log(a);
3    console.log(b);
4    console.log(c);
```

<결과>

```
$node destructuring.js
C#
javascript
undefined
```

1줄 : 할당한 변수가 a, b, c 총 3개다. 그런데 값은 'C#', 'javascript' 총 2개다. 값은 순서대로 변수에 할당되는데 변수 c에 할당할 값이 없으므로 undefined가 출력된다.

문제를 해결하기 위해 기본값을 설정해 보자.

```
1 const [a, b, c = 'C언어'] = ['C#', 'javascript'];
2 console.log(a);
3 console.log(b);
4 console.log(c);
```

〈결과〉

```
$node destructuring.js
C#
javascript
C언어
```

1줄 : 할당한 변수에 직접 기본값을 설정할 수 있다. 앞서 배웠던 함수의 기본값의 원리와 동일하다. 변수 c = 'C언어'라고 설정해 줌으로써 변수 c가 undefined일 때 기본값이 할당된다.

일부 요소값 무시

비구조화 할당은 순서대로 위치에 맞게 할당되기 때문에 중간에 쉼표(,)를 통해 비워놓으면 해당 할당값을 무시할 수 있다.

```
1 const [a, , c, d] = ['C#', 'javascript', 'python', 'react'];
2 console.log(a);
3 console.log(c);
4 console.log(d);
```

〈결과〉

```
$node destructuring.js
C#
python
react
```

1줄 : [a, , c, d]와 같이 2번째 요소를 비워놓았다. 이 의미는 오른쪽 배열의 요소 중 2번째 요소는 생략하겠다는 것이다. 따라서 a = 'C#', c = 'python', d = 'react'가 할당된다.

배열의 나머지 요소 가져오기

배열의 경우 모든 요소가 활용되지 않을 수도 있다. 배열의 앞쪽 요소 몇 개만 필요하고 그 외 나머지 요소들은 모아서 저장하고 싶다면 '…' 나머지 패턴을 사용하자. 점 세 개를 붙인 매개변수를 추가하면 이 매개변수 배열의 나머지 요소를 가져올 수 있다.

```
1  const [a, b, ...rest] = ['C#', 'javascript', 'python', 'react', 'C++'];
2  console.log(a);
3  console.log(b);
4  console.log(rest.length);
5  console.log(rest[0]);
6  console.log(rest[1]);
7  console.log(rest[2]);
```

<결과>

```
$node destructuring.js
C#
Javascript
3
python
react
C++
```

1줄 : 변수 a, b까지는 배열의 요소가 순서대로 할당되고, …rest에 나머지 배열의 요소가 저장된다. 즉, rest는 나머지 요소들만 모아놓은 새로운 배열이 된다.

4~7줄 : rest는 나머지 요소들만 모아놓은 새로운 배열이라고 하였으므로 배열의 길이 속성인 length 값은 3이 출력되고, rest의 각 인덱스별로 요소에 접근하여 출력 가능하다.

배열끼리 결합

두 개의 배열을 결합하려면 원칙상으로는 각 배열의 요소에 접근해서 새로운 배열에 복사해야 한다. 하지만 '…' 나머지 패턴을 사용하면 간단하게 배열을 결합할 수 있다.

```
1    const arr1 = ['C#', 'javascript'];
2    const arr2 = ['python', 'react', 'C++'];
3    const arr3 = [...arr1, ...arr2];
4
5    console.log(arr3);
```

<결과>

```
$node destructuring.js
[ 'C#', 'javascript', 'python', 'react', 'C++' ]
```

3줄 : 새로운 arr3에 각 배열 arr1과 arr2를 결합하되 이름 앞에 '…'을 사용하였다. 이렇게 연산하면 arr1의 각 요소들과 arr2의 각 요소들이 배열의 형태로 결합하여 arr3에 저장된다.

알아두세요 두 배열을 결합할 때 … 연산자를 제외하고 const arr3 = [arr1, arr2]; 와 같은 식으로 구현해도 되지 않을까? 결과는 [['C#', 'javascript'], ['python', 'react', 'C++']] 식으로 출력된다. 이 경우는 이미 만들어진 두 배열 자체를 결합하는 형태이기 때문이다.

객체 구조 분해

배열뿐만 아니라 객체도 비구조화 할당이 가능하다. 형식은 다음과 같다.

```
let {a, b} = { a : 값1, b : 값2 …};
```

객체의 경우는 데이터를 중괄호 { }로 묶어준다. 오른쪽 데이터는 오브젝트형 데이터로 키 : 값의 구조로 구성된다. 기존의 객체 데이터에 대한 접근은 구조 분해를 이용하면 더욱 간단하게 구성할 수 있다.

```
let user = {
    id : 'jamsuham',
    pw : '1234',
    name : '잠수함',
    age : 30,
};
```

```
7
8     let {id, pw, name, age} = user;
9
10    console.log(id);
11    console.log(pw);
12    console.log(name);
13    console.log(age);
```

〈결과〉

```
$node destructuring.js
jamsuham
1234
잠수함
30
```

8줄 : 본래 객체의 프로퍼티에 접근하여 user.id, user.pw, user.name, user.age와 같이 각각 할당했어야 하는데 구조 분해 할당을 통해 user 객체만 넘겨줌으로써 코드가 매우 간소화되었다. user 객체의 프로퍼티가 id, pw, name, age에 각각 할당된다. 변수의 순서는 상관없이 변수명과 프로퍼티 키 이름이 매핑되어 저장된다.

코드를 조금 더 간소화시키려면 다음과 같이 수정할 수 있다.

```
let {id, pw, name, age} = {id : 'jamsuham', pw : '1234', name : '잠수함', age : 30,};

console.log(id);
console.log(pw);
console.log(name);
console.log(age);
```

결과는 위와 동일하다. 다만 객체의 프로퍼티와 변수를 직접 연결함으로써 코드를 더욱 간결화시켰다.

객체 기본값 설정

배열 또는 함수의 매개변수에서 기본값을 할당했던 것처럼 객체에도 기본값을 할당할 수 있다.

```
1  let user = {
2      name : '잠수함',
3      age : 30,
4  };
5
6  let {id = 'guest', pw = '1234', name, age} = user;
7
8  console.log(id);
9  console.log(pw);
10 console.log(name);
11 console.log(age);
```

```
<결과>
$node destructuring.js
guest
1234
잠수함
30
```

6줄 : id와 pw에 기본값을 할당한다. user 객체의 프로퍼티에 없는 항목이라면 해당 변수는 undefined가 할당될 것이다.

객체의 나머지 요소 가져오기

객체 또한 분해하려는 객체의 프로퍼티 개수가 할당하려는 변수의 개수보다 많으면 배열의 나머지 요소를 가져오는 방식과 동일하게 나머지 객체의 프로퍼티를 어딘가에 저장할 수 있다. 객체에서도 '…' 나머지 패턴을 사용한다.

```
let user = {
    id : 'jamsuham',
```

```
3       pw : '1234',
4       name : '잠수함',
5       age : 30,
6   };
7
8   let {id, ...rest} = user;
9
10  console.log(id);
11  console.log(rest.pw);
12  console.log(rest.name);
13  console.log(rest.age);
```

〈결과〉

```
$node destructuring.js
jamsuham
1234
잠수함
30
```

8줄 : 코드에서처럼 분해하려는 객체의 프로퍼티가 id 한 개뿐이라면 나머지 프로퍼티에 대해서는 rest에 저장하게 된다.

11~13줄 : 나머지 객체의 프로퍼티에 접근하기 위해서 rest를 통해 각 프로퍼티에 접근하여 값을 출력한다.

9.7 프로미스

콜백 지옥

자바스크립트는 비동기 처리를 위해 콜백 함수를 사용한다. 하지만 콜백 함수를 너무 남용하면 콜백 지옥에 빠질 수 있다. 콜백 지옥은 콜백 안에 콜백을 넣어서 구현하는 과정이 계속 반복되는 형태를 말하는 것으로 다른 말로 멸망의 피라미드라고도 부른다.

```
script1(function (value1) {
    script2(function (value2) {
        script3(function (value3) {
            script4(function (value4) {
                script5(function (value5) {
                    script6(function (value6)
                        // Do something with value6
                    });
                });
            });
        });
    });
});
```

프로미스란

콜백 함수는 오류 처리도 힘들고 및 비동기 처리를 한 번에 처리하는 데 한계가 있다. 이러한 콜백 함수의 단점을 보완하는 객체를 프로미스(promise)라고 한다.

자바스크립트 프로미스는 자바스크립트에서 비동기 작업을 처리하기 위한 메커니즘이다. 이를 통해 다른 코드들의 실행을 블록(block)시키지 않고 준비되면 비동기 작업의 결과를 처리할 수 있도록 한다. 프로미스(promise)의 사전적 의미인 '약속'이라는 의미와 같이 지금은 아니지만 이후에 처리해 주겠다는 약속이다.

프로미스의 기본 코드

코드 작성을 위해 'promise.js'라는 이름의 파일을 생성하고 다음과 같이 코드를 작성하자.

```
var pro1 = new Promise(function(resolve, reject){
});
```

1. **프로미스의 생성** : 프로미스도 객체이기 때문에 프로미스를 생성하려면 Promise 생성자 함수를 사용한다. 이때 어떤 작업이 성공했는지 실패했는지를 알려주기 위한 콜백 함수가 공급되어야 한다. 콜백 함수는 2개의 파라미터가 필요하며 이름은 마음대로 해도 상관없지만 보통 관습적으로 resolve와 reject를 사용한다. reslove는 성공했을 때 호출할 함수 파라미터이고, reject는 실패했을 때 호출할 함수 파라미터이다.
2. **프로미스의 상태** : 작업이 완료되면 작업의 성공 또는 실패 여부에 따라 'resolve'와 'reject' 상태로 전환된다.

```
1  var pro1 = new Promise(function(resolve, reject){
2  });
3  pro1.then(function(result){
4      console.log('result', result);
5  })
```

이렇게 프로미스를 생성하여 가지고 있으면 then과 catch라는 두 개의 함수를 사용할 수 있다.

3줄 : then에는 처리된 결과 데이터를 받는 콜백 함수가 필요하다.

4줄 : 처리된 결과 result를 터미널 창에 출력한다.

프로미스에 전달된 콜백 함수 안에서 성공했는지 실패했는지 알려주어야 한다. 어떤 작업에 대한 처리가 성공적으로 끝나면 resolve() 함수를, 실패로 끝나면 reject() 함수를 호출하면 된다.

```
1 var pro1 = new Promise(function(resolve, reject){
2     resolve('success');
3 });
4 pro1.then(function(result){
5     console.log('result', result);
6 })
```

〈결과〉

```
$node promise.js
result success
```

2줄 : 최종적으로 처리한 결과를 전달하고 싶다면 resolve 함수에 전달인자로 전달하면 된다. 결과의 내용은 'success'라고 전달한다. 이 프로미스의 콜백 함수가 호출되고 최종적으로 성공했기 때문에 resolve 함수를 호출한 것이다. 이 데이터가 최종적인 결과물이 되는 것이고 then으로 들어온 함수가 실행되면서 result가 출력된 것이다.

그런데 이러한 결과를 출력하기 위해 굳이 프로미스를 사용할 이유는 없다. 이 구조는 비동기적인 작업을 처리할 때 유용하기 때문이다. 비동기적인 처리 작업을 위해 많이 사용하는 것이 setTimeout 함수다. 프로미스 콜백 함수 안에서 처리 결과를 setTimeout 함수를 이용하여 비동기적으로 처리해 보자.

```
var pro1 = new Promise(function(resolve, reject){
    setTimeout(function(){
        resolve('success');
    },1000);
});
pro1.then(function(result){
    console.log('result', result);
})
```

〈결과〉

```
$node promise.js
result success
```

앞 코드와 결과는 동일하지만 차이점이라면 최종 결과물의 출력이 1초 후에 수행된다는 것이다.

2~4줄 : setTimeout(콜백 함수, 시간); 함수는 1초 후에 프로미스로부터 넘겨받은 함수 resolve를 호출함으로써 작업이 끝났다는 것을 알려준다.

프로미스는 생성하는 코드는 보통 외부에 노출하지 않는다. 프로미스의 생성 코드를 함수로 감싸도록 다음과 같이 수정해 보자.

```
1  function pro1(){
2      return new Promise(function(resolve, reject){
3          setTimeout(function(){
4              resolve('success');
5          },1000);
6      });
7  }
8  pro1().then(function(result){
9      console.log('result', result);
10 })
```

<결과>

```
$node promise.js
result success
```

1~7줄 : 프로미스의 생성 코드를 pro1이라는 이름의 함수로 감싸고 프로미스 객체를 리턴하게 수정한다.

8줄 : pro1 함수가 프로미스 객체를 리턴하므로 pro1()으로 수정한다.

비동기 작업 코드 추가

프로미스는 여러 개의 비동기적인 작업들이 동시에 사용될 때 진가가 발휘된다. pro1 함수를 복사해서 또 다른 함수를 만들어 보자.

```
1   function pro1(){
2       return new Promise(function(resolve, reject){
3           setTimeout(function(){
4               resolve('pro1 success');
5           },1000);
6       });
7   }
8   function pro2(){
9       return new Promise(function(resolve, reject){
10          setTimeout(function(){
11              resolve('pro2 success');
12          },1000);
13      });
14  }
15  pro1().then(function(result){
16      console.log('result1', result);
17      pro2().then(function(result){
18          console.log('result2', result);
19      })
20  })
```

<결과>

```
$node promise.js
result1 pro1 success
result2 pro2 success
```

8~14줄 : 비동기적인 작업들을 테스트하기 위해 pro2 함수를 추가하였다. Pro1 함수와 기능은 동일하다.

4줄, 11줄 : 결괏값의 구분을 위해 메시지를 각각 'pro1 success'와 'pro2 success'로 수정한다.

17~19줄 : pro1 함수가 수행되고 그다음 pro2 함수가 수행되도록 코드를 구현한다. pro2도 프로미스를 리턴하므로 then 함수 내에 콜백 함수가 전달될 것이고 해당 결과가 출력된다.

프로미스의 체이닝

앞의 결과는 1초 후에 'pro1 success'가 출력되고 또 1초 후에 'pro2 success'가 출력된다. 이러한 결과는 then 함수 내에 then이 연속적으로 호출되고 있기 때문이다. 만약 비동기 작업 처리 코드가 더 추가가 된다면 어떻게 될까?

```
pro1().then(function(result){
    pro2().then(function(result){
        pro3().then(function(result){
            pro4().then(function(result){
            ........................................
            }
        }
    })
})
```

콜백 함수의 중첩으로 인해 가독성이 떨어지고 관리가 어려운 콜백 지옥 형태가 되는데, 프로미스의 가장 큰 특징은 이러한 코드를 개선할 수 있다는 것이다. 프로미스 체이닝은 순서대로 수행할 수 있도록 새로운 프로미스를 반환하는 형태를 갖는다. 따라서 then 안에 또 다른 then이 나오는 형태를 보다 가독성 높은 형태로 다음과 같이 개선할 수 있다.

```
function pro1(){
    return new Promise(function(resolve, reject){
        setTimeout(function(){
            resolve('pro1 success');
        },1000);
    });
}
function pro2(){
    return new Promise(function(resolve, reject){
        setTimeout(function(){
            resolve('pro2 success');
        },1000);
    });
}
```

```
15
16      pro1()
17      .then(function(result){
18          console.log('result1', result);
19          return pro2();
20      })
21      .then(function(result){
22          console.log('result2', result);
23      })
```

<결과>

```
$node promise.js
result1 pro1 success
result2 pro2 success
```


16~20줄 : pro1 프로미스로 then 함수를 호출한다. 여기서 주목할 부분은 수행 처리 후 pro2 프로미스를 리턴한다는 점이다. then의 리턴값이라고 생각하면 된다.

21~23줄 : 앞에서 pro2 프로미스를 리턴하였으므로 .then으로 이어갈 수 있다. 프로미스 체이닝이 가능한 이유는 이런 형식으로 then이 프로미스를 반환하기 때문에 반환된 프로미스는 또 다시 .then을 호출할 수 있다. 이 코드에서는 .then 수행 처리 후 그다음 수행할 프로미스는 없으므로 리턴하지 않는다.

결과는 동일하지만 앞의 코드와 비교하면 then이 중첩되어 포함된 형태가 아니라 연결된 형태로 코드가 개선되었음을 확인할 수 있다.

프로미스 작업 수행 실패 시 처리

지금까지는 프로미스의 수행이 모두 성공했을 경우를 처리했다. 이번에는 프로미스의 수행이 실패했을 때 처리 과정을 살펴보자. 실패 시 프로미스 상태는 reject로, pro1 프로미스의 결과 처리 함수를 resolve 대신 reject 함수를 호출하도록 변경하자.

```
1  function pro1(){
2      return new Promise(function(resolve, reject){
3          setTimeout(function(){
4              reject('pro1 fail');
5          },1000);
6      });
7  }
8  function pro2(){
9      return new Promise(function(resolve, reject){
10         setTimeout(function(){
11             resolve('pro2 success');
12         },1000);
13     });
14 }
15 
16 pro1()
17 .then(function(result){
18     console.log('result1', result);
19     return pro2();
20 })
21 .catch(function(err){
22     console.log('err', err);
23 })
24 .then(function(result){
25     console.log('result2', result);
26 })
```

〈결과〉

```
$node promise.js
err pro1 fail
result2 undefined
```

4줄 : 수행이 실패했을 경우에 reject() 함수를 호출한다. 이때 결괏값은 'pro1 fail'을 전달한다.

21~23줄 : reject에 대한 오류 처리는 .catch 함수에서 처리한다. 마찬가지로 콜백 함수를 등록하여 매개변수로 오류 코드를 전달한다.

이 코드는 pro1 프로미스에 대해 무조건 실패 처리를 하므로 .catch 함수가 실행된다. 하지만 결과를 보면 result2에 대한 코드 처리의 내용이 출력된 것을 확인할 수 있다. 그 이유는 24줄의 .then이 수행되기 때문이다. 이러한 불필요한 수행을 막고 싶다면 코드를 한 줄 추가하자.

```
................................................ 생략 ................................................
.catch(function(err){
  console.log('err', err);
  return Promise.reject(err);
})
.then(function(result){
   console.log('result2', result);
})
```

〈결과〉

```
$node promise.js
err pro1 fail
(node:22884) UnhandledPromiseRejectionWarning: pro1 fail
```

.catch 함수가 수행되고 프로미스의 reject 함수를 리턴함으로써 이하의 .then 함수로 넘어가지 않는다.

프로미스 코드 개선 및 정리

어떤 조건에 따라 resolve와 reject로 분기하여 처리되는 것이 바람직한 로직일 것이다. 기존 코드를 조금 더 효율적으로 처리할 수 있도록 로직을 수정해 보자.

```
const pro1 = pid =>{
    return new Promise((resolve, reject)=>{
        setTimeout(()=>{
            if(pid == "jamsuham"){
                resolve('pro1 success');
            }else{
                reject('pro1 fail');
            }
        },1000);
    });
```

```
11  }
12  const pro2 = ppw=>{
13      return new Promise((resolve, reject)=>{
14          setTimeout(()=>{
15              if(ppw == '1111'){
16                  resolve('pro2 success');
17              }else{
18                  reject('pro2 fail');
19              }
20          },1000);
21      });
22  }
23
24  const id = 'jamsuham';
25  const pw = '1111';
26
27  pro1(id).
28  then(result=>{
29      console.log('result1', result);
30      return pro2(pw);
31  })
32  .then(result=>{
33      console.log('result2', result);
34  })
35  .catch(err=>{
36      console.log('err', err);
37      return Promise.reject(err);
38  })
```

<결과>

```
$node promise.js
result1 pro1 success
result2 pro2 success
```

코드의 개선은 크게 2가지이다. 콜백 함수들을 모두 화살표 함수 형태로 변경했고, resolve와 reject의 분기 처리를 위해 변수 id, pw를 추가하여 분기 로직을 추가하였다.

1, 12줄 : 함수의 이름 pro1과 pro2를 const형 변수로 빼서 함수 표현식을 적용하였다. 함수를 변수처럼 사용하는 방법이다.

2, 13, 28, 32, 35줄 : function 키워드의 함수를 모두 화살표 함수 => 형식으로 변경한다.

4~8줄 : 매개변수 pid의 값이 'jamsuham'과 일치하면 resolve 함수를, 일치하지 않으면 reject 함수를 호출한다.

15~19줄 : 매개변수 ppw의 값이 '1111'과 일치하면 resolve 함수를, 일치하지 않으면 reject 함수를 호출한다.

24~25줄 : 아이디와 비밀번호로 사용할 변수 id와 pw를 선언과 동시에 초기화한다.

27, 30줄 : 함수 pro1과 pro2를 호출할 때 각각 전달인자 id와 pw를 전달한다.

실행 결과는 두 프로미스 모두 resolve 함수를 호출함으로써 성공 메시지를 출력한다. 그렇다면 pro1 함수가 reject를 호출하도록 id의 값을 다르게 수정한다. 예를 들면, const id = 'jamsu'; 라고 코드를 변경 후 실행해 보자.

```
<결과>

$node promise.js
err pro1 fail
```

7줄 : reject 함수가 'pro1 fail'을 전달인자로 전달하며 수행한다. 35줄의 .catch 함수가 수행되며 err 메시지를 출력하고 애플리케이션 자체를 종료해 버린다.

이번에는 pro2가 reject를 호출하도록 pw의 값을 다르게 수정한다. 예를 들면 const pw = '2222';라고 코드를 변경하고 실행해 보자.

```
<결과>

$node promise.js
result1 pro1 success
err pro2 fail
```

18줄 : pro1은 정상적으로 수행되고 pro2에서 reject 함수를 호출한다. 'pro2 fail'을 전달하여 마찬가지로 35줄 .catch 함수에서 수행 후 애플리케이션 자체를 종료해 버린다.

프로미스에 대해 살펴보았다. 앞으로 프로미스에 대한 코드를 작성한다면 마지막으로 개선한 코드를 기반으로 프로미스 코드를 작성하면 된다.

셋째 마당에서는 직접 간단한 서버를 만들어 본다.
서버에서 가장 중요한 것은 데이터를 서비스하는 것이므로 라우터 구현과 데이터베이스 연동에 대해 기본적으로 학습하고, 특히 데이터베이스는 RDBMS인 MySQL과 NoSQL인 몽고DB를 모두 학습한다.
이를 기반으로 간단한 게시판의 CRUD(Create, Read, Update, Delete) 기능 구현을 학습하고, 사용자의 인증 시스템도 구현한다. 마지막으로 클라우드 서버에 배포하여 실제 웹서비스를 구축해 본다.

셋째마당

Node.js 기반 서버

1 0 장

Node.js 시작

학 습 목 표

- 서버의 개념과 구성 요소들을 이해한다.
- Node.js로 서버를 만드는 이유를 이해한다.
- express를 설치하고 간단한 웹 서버를 만든다.
- 기본적인 GET 요청 처리 루틴을 이해하고 코드로 작성한다.

10.1 Node.js

Node.js란

Node.js의 공식 홈페이지에서 이야기하는 Node.js는 비동기 이벤트 주도의 확장성 있는 네트워크 애플리케이션을 만들 수 있는 자바스크립트 런타임이라고 정의하고 있다.

Node.js의 기술을 흔히 웹 서버를 개발하는 백앤드 기술로만 생각하는 경향이 있는데, Node.js 공식 홈페이지에서 정의한 내용에서는 웹 서버나 백앤드와 같은 용어는 나오지 않는다. 이와 같이 이해하고 있었다면 Node.js의 본질을 잘못 이해하고 있었던 것이다.

주목해야 할 용어는 바로 '자바스크립트 런타임'으로, 자바스크립트를 실행해 주는 실행 환경이다.

V8 엔진이란

과거에 자바스크립트가 처음 탄생한 배경은 HTML 기반 문서를 동적으로 처리하기 위한 목적이였다. 만약 프론트앤드 웹 UI를 HTML과 CSS 기반으로 만들어보았다면 〈script〉〈/script〉와 같이 태그 사이에 자바스크립트 코드를 작성했던 경험이 있을 것이다. 자바스크립트는 독립적인 실행을 하지 못하고 HTML 기반에 의존하여 실행되는 구조였다.

2008년 9월 2일 구글에서는 V8 엔진을 탑재한 크롬 브라우저를 발표한다. 크롬은 당시 성능 향상이 관건이였던 브라우저의 성능을 획기적으로 개선한 브라우저로 평가받고 있고, 그 중심에는 V8 엔진이 있었다.

V8 엔진이란 구글이 만든 자바스크립트 기반의 웹어셈블리 엔진으로 자바스크립트 코드 실행 전에 최적화된 기계어로 컴파일하는 엔진이다. 이런 특징이 타 브라우저보다 크롬이 월등히 빠른 이유다. 즉, 자바스크립트 코드를 인터프리터 방식으로 해석하지 않고 즉시 기계어로 컴파일한다.

Node.js의 탄생 배경

기존 브라우저의 자바스크립트 해석은 다음과 같이 브라우저의 내부 엔진에서 진행한다. 즉, 크롬, 파이어폭스, 사파리와 같은 브라우저에는 각각의 자바스크립트 해석 엔진이 내장되어 있다.

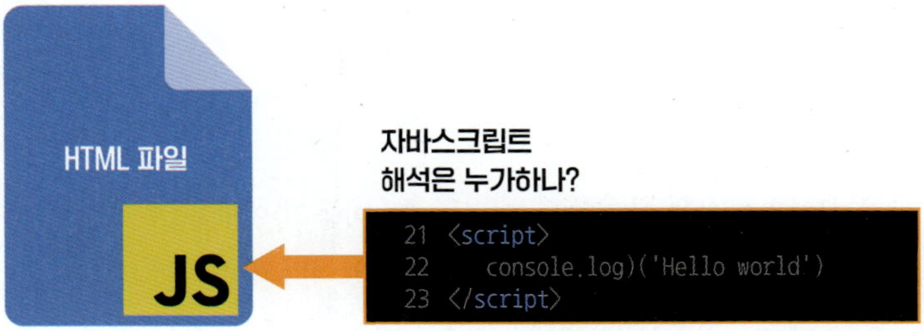

이 중에서 V8 엔진을 탑재한 크롬 브라우저의 빠른 성능이 입증되자 웹 브라우저가 아닌 곳에서도 자바스크립트를 사용할 수 있게 하고 싶었는데, 이런 흐름에 힘입어 라이언 달(Ryan Dahl)은 2009년 기존 크롬 브라우저에서 사용했던 V8 엔진만 분리하여 commonjs 표준 기반으로 Node.js를 만들어 발표한다.

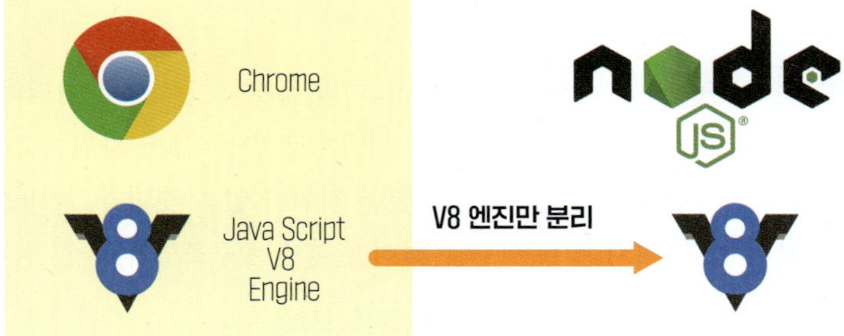

자바스크립트는 Node.js가 등장하면서 HTML의 의존적인 사용이 아닌 브라우저를 벗어난 독립적인 실행이 가능하게 되었다. 자바스크립트를 브라우저 기반뿐만 아니라 일반 애플리케이션 제작 프로그래밍 언어처럼 다룰 수 있게 되자 많은 개발자들이 Node.js로 수많은 프로그램을 개발하기 시작하였다.

더 알아보기 Node.js

브라우저 기반이 아닌 Node.js만으로 자바스크립트 문법 실행 가능하다.

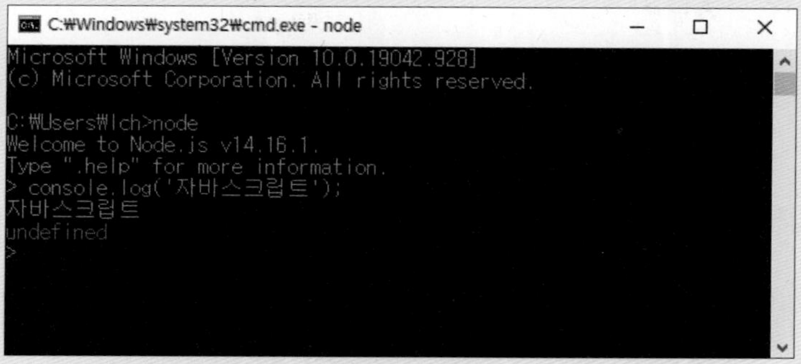

기존 웹 서버의 애플리케이션은 대부분 스레드를 기반으로 하는 동기 방식의 처리였다면 Node.js는 이벤트 기반의 비동기 방식으로 처리한다.

10.2 서버

서비스를 제공하는 컴퓨터, 서버

자세히 알아보기 전에 서버(Server)의 사전적 의미를 살펴볼 필요가 있다.

- 테니스, 탁구, 배구 등 서브를 하는 쪽, 또는 그 사람
- 음식물을 제공하기 위해 사용하는 도구
- 네트워크에서 다른 컴퓨터나 소프트웨어와 같은 클라이언트에게 서비스를 제공하는 컴퓨터

서버는 '제공한다'는 뜻을 가지고 있다. 사전적 의미와 같이 클라이언트에게 서비스를 제공하는 컴퓨터를 의미하고, 보통 일상에서도 서비스를 제공하는 쪽에서는 어떤 요청이 있을 때 제공한다.

예를 들어 식당에 들어가 앉아서 가만히 기다리기만 한다면 음식이 나오지 않고, 서빙을 불러 음식을 주문 요청해야만 음식이 나온다. 즉, 음식 제공자인 주방과 서빙을 서버, 음식을 제공받는 손님이 클라이언트라고 생각하면 된다.

조금 더 구체적으로 살펴보자. 매일 보는 포털 사이트 뉴스도 보고 싶은 기사를 클릭하면 서버에 해당 기사를 달라고 요청하는 것이고, 요청을 받은 서버는 뉴스 기사를 보여 준다. 서버의 역할은 이렇게 요청이 들어왔을 때 해당 요청에 대한 서비스를 제공하는 것이다.

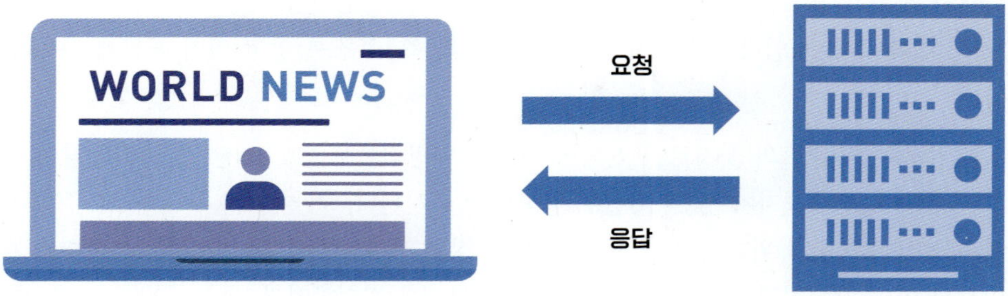

마찬가지로 이메일 서비스도 브라우저에서 아이디와 패스워드를 입력하고 로그인 버튼을 클릭하면 입력한 아이디와 패스워드를 서버에 저장된 아이디, 패스워드와 비교하여 맞는지 틀린지 분별한 후 결과를 웹 브라우저로 전송한다. 이 또한 서버가 요청에 대한 응답 처리를 한 것이다.

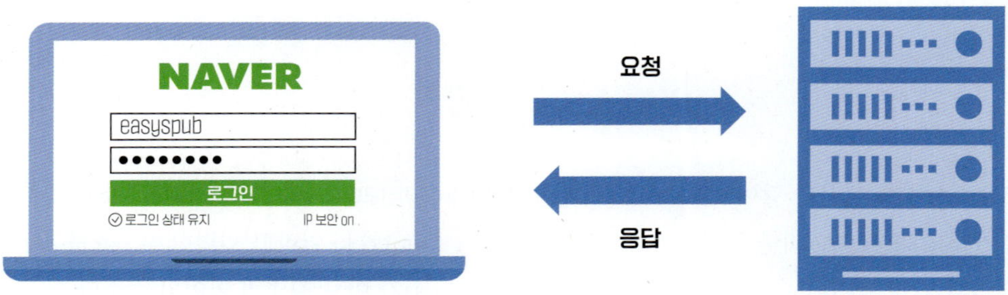

결국 서버 개발자가 하는 일은 앞에서의 사례처럼 사용자가 어떤 뉴스 기사를 보여 달라하면 뉴스 기사 페이지를 보여주고, 로그인 인증 요청을 하면 해당 입력값을 받아서 인증 처리하면 되는 것이다. 이렇게만 생각하면 서버 개발이 복잡하게만 느껴지지는 않는다.

진행하면서 알아야 할 인터넷의 동작 방법에 대한 배경지식으로 '아이피(ip)'와 '포트(port)'가 있다. 이 2가지를 자세히 살펴보자.

아이피

아이피(Ip : internet protocol)란 인터넷에 연결되어 있는 모든 장치(컴퓨터, 스마트폰 등)를 식별할 수 있도록 부여되는 고유주소다. 보통 아이피 주소라는 용어를 사용하는데, 쉽게 생각하면 집 주소처럼 찾아가기 위한 식별자라고 생각하면 된다. 친구 집이나 어떤 특정 장소를 가야 할 때 지도 앱에 주소만 입력하면 목적지에 갈 수 있다. 즉, 주소를 알고 있기 때문에 가능한 것이다.

아이피 주소는 32비트의 숫자로 구성되어 있는데 일반적으로 192.168.123.111과 같이 마침표로 구분된 4개의 숫자가 있는 10진수 형식으로 표시된다. 이 아이피 주소가 집 주소와 마찬가지로 서버를 찾기 위한 주소이다. 예를 들어 길벗 사이트에 접속하고 싶다고 한다면 길벗 사이트의 아이피를 입력하면 된다. 보통 길벗 사이트에 접속하려면 www.gilbut.co.kr를 주소창에 입력하게 되는데 이것을 '도메인'이라고 한다. 도메인 이면에는 사실 192.168.123.111 형식의 아이피 주소가 매핑되어 있기 때문에 원하는 사이트로 쉽게 이동할 수 있다.

⊞+R를 누르고 실행 창이 표시되면 열기에 'cmd'라고 입력한 다음 〈확인〉 버튼을 클릭한다.

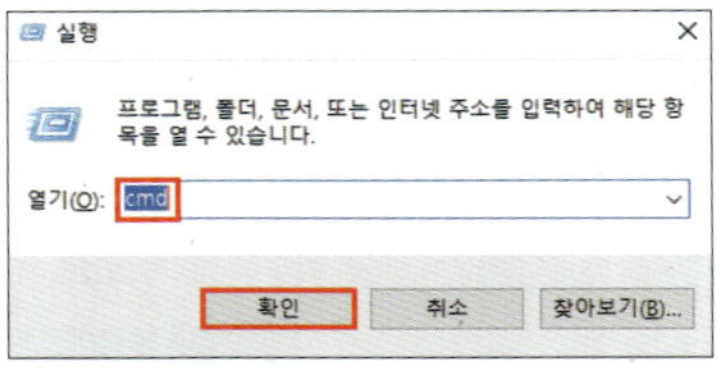

커맨드라인에 다음과 같이 nslookup [도메인]을 입력하면 해당 도메인의 아이피 주소가 나온다. 길벗 사이트의 아이피를 알아보기 위해 'nslookup gilbut.co.kr'이라고 입력한 후 Enter를 누르면 다음과 같이 아이피 주소가 나오는데, 표시되는 Address가 바로 길벗의 아이피 주소다.

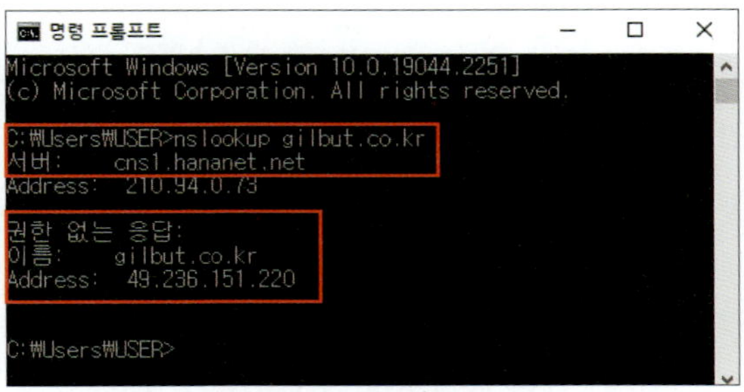

아이피 주소를 브라우저 입력창에 입력하면 길벗 사이트로 접속되는 것을 확인할 수 있을 것이다.

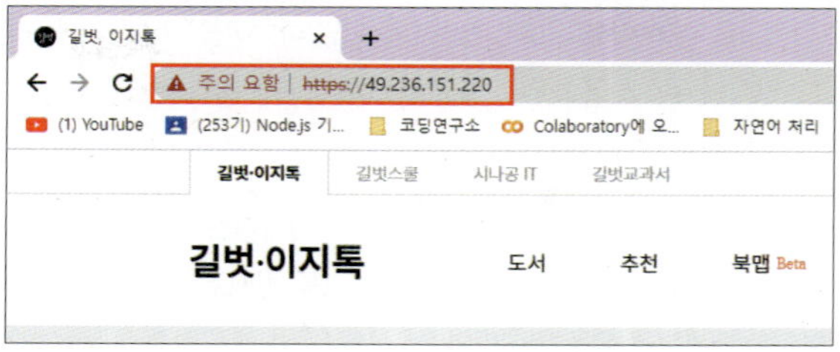

실제로 길벗 사이트에 접속하려면 아이피 주소를 통하여 접속하는 것이 정석이다. 하지만 하나의 아이피 주소를 외우기 힘들다. 사이트가 2~3개 정도만 더 늘어나면 더더욱 어려워지기에 아이피와 매핑된 도메인 주소라는 것을 통해 쉽게 접근할 수 있다. 'gilbut.co.kr'이나 'daum.net'처럼 말이다.

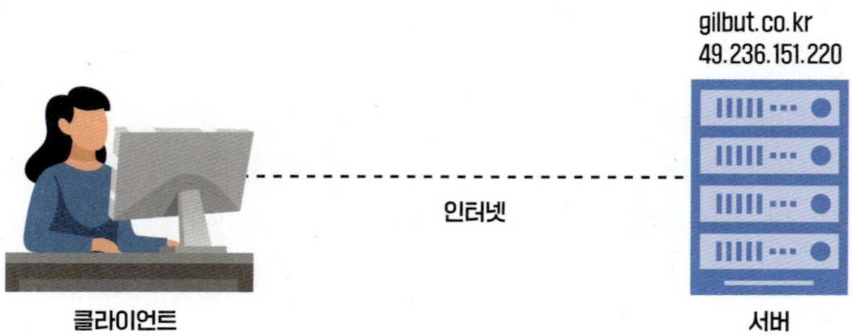

친구의 집에 놀러갈 때 보통 누구네 집으로 기억하고 찾아가는 것이지 집 주소를 기억하고 찾아가지 않는 것과 같은 원리이다. 즉 'gilbut.co.kr'로 기억하고 찾아가는 것이지 '49.236.151.220'으로 기억하고 찾아가는 것이 아니라는 뜻이다.

더 알아보기 **고정 아이피와 유동 아이피**

- **고정 아이피**

말 그대로 컴퓨터에 고정적으로 부여된 아이피다. 한번 부여되면 아이피를 반납하기 전까지 다른 장비에 부여할 수 없는 고유 아이피로 보안성이 우수하여 보안이 필요한 업체나 기관에서 사용한다.

- **유동 아이피**

인터넷 사용자가 늘어나면서 사용자 모두에게 고정 아이피를 부여하기는 힘들게 되었다. 그래서 사용자들이 인터넷에 접속하는 매 순간마다 사용하고 있지 않는 아이피 주소를 임시로 발급해 주는 아이피이다. 일반적으로 가정용으로 사용하는 아이피 대부분은 유동 아이피이다.

포트

주소를 통해 친구 집까지는 잘 찾아왔다. 그런데 내가 용무를 볼 사람은 친구지 친구의 부모님이나 친구의 형제자매가 아니다. 즉, 집 안에 들어오면 내가 용무를 볼 사람을 정확하게 지정해야 하는 것이다.

컴퓨터도 마찬가지로 아이피 주소를 통해 내가 찾으려는 컴퓨터를 잘 찾아왔다. 하지만 하나의 컴퓨터 안에 여러 개의 서버 애플리케이션이 동작하고 있다. 내가 원하는 서버 애플리케이션이 응답할 수 있게 하려면 어떻게 해야 할까? 이때 필요한 것이 바로 '포트(port)'이다.

포트(port)는 사전적 의미로 '항구'라는 뜻이다. 항구의 역할은 선박이 안전하게 정박할 수 있도록 하는 것이다. 비슷한 의미로 네트워크에서의 포트 또한 클라이언트 요청의 정확한 도착 지점 설정이라고 보면 된다. 각각의 서버는 필수적으로 포트 번호를 가지고 있다. 대표적으로 웹 서버는 80번 포트를 일반적으로 사용하고, 그 외의 서버들은 제품군에 따라 정해진 포트를 사용하지만, 포트는 서버 개발자가 얼마든지 변경 가능하다.

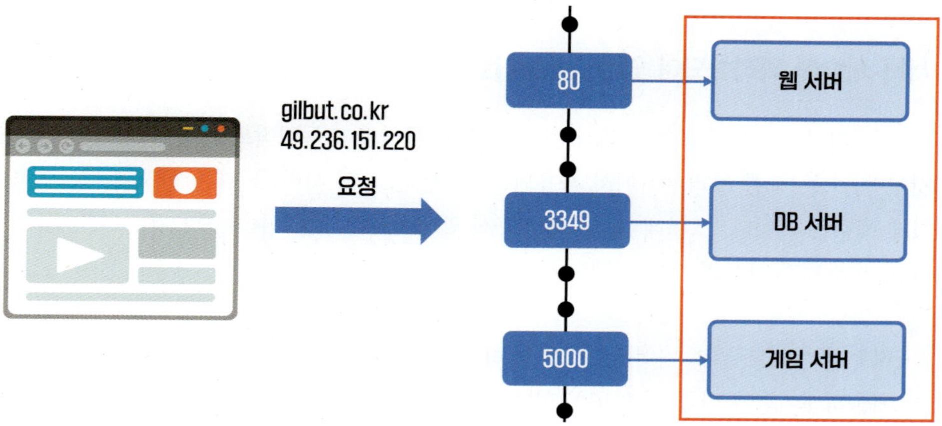

아이피를 통해 gilbut.co.kr 컴퓨터를 찾고 해당 컴퓨터의 80 포트를 통해 웹 서버에 접근할 수 있다. 웹 서버는 80 포트로 서버를 오픈하여 리스닝하고 있다가 웹 브라우저를 통해 들어온 80 포트 요청에 의해 응답하는 구조이다. 만약 DB 서버에 요청하고 싶다면 3349 포트에 접근하면 된다.

알아두세요

포트 번호는 0부터 65535까지의 16비트 범위의 숫자로 되어 있다. 0~1023까지의 포트 번호는 잘 알려진 포트(Well-known port)라고 부르며 웹 서버나 메일 서버 등에서 사용하고 있다. 사용자가 직접 포트를 할당하는 경우 1023~65535 범위의 포트를 사용하는 것이 일반적이다.

10.3 Node.js로 서버를 만드는 이유

웹 서버 개발에 최적화되어 있는 Node.js

Node.js는 자바스크립트의 빠른 해석 엔진인 V8을 분리하여 독립적으로 실행할 수 있도록 만든 것이다. 이는 크롬 브라우저에서 사용되는 V8 엔진을 웹 서버 등 다른 환경에서도 활용할 수 있게 해주는 것이다. 그런데 Node.js의 공식 웹사이트인 Node.js.org의 ABOUT 메뉴에는 Node.js의 소개가 다음과 같이 기재되어 있다.

- 비동기 이벤트 주도 자바스크립트 런타임으로써 Node.js는 확장성 있는 네트워크 애플리케이션을 만들 수 있도록 설계되어 있다.

이 한 문장을 살펴 보면 Node.js가 자바스크립트를 실행할 수 있는 런타임이라는 자명한 사실이다. 그런데 확장성 있는 네트워크 애플리케이션을 만들 수 있도록 설계되어 있다는 점을 강조하고 특징은 비동기(논블로킹 I/O)이면서 이벤트 기반이라는 점이다.

Node.js의 본질은 독립적인 자바스크립트 실행기로, 플랫폼에 상관없이 자바스크립트 코드 기반이면 어떤 것이든 실행시킬 수 있다. 하지만 공식 사이트에서 네트워크 애플리케이션을 만들 수 있도록 설계되어 있다고 강조하는 것으로 보아, Node.js는 웹 서버 개발에 최적화되어 있다는 의미이다. 따라서 개발에 최적화되어 있는 Node.js로 서버를 만드는 것이다.

http 모듈 기반의 웹 서버 제작

About 메뉴에서 'Node.js를 이용하여 다음과 같이 웹 서버를 만들어보세요.'라는 샘플 코드를 그대로 복사하여 서버를 만들어 보자.

❶ 드라이브에 폴더를 하나 생성한다.

❷ 비주얼 스튜디오 코드(Visual Studio Code)를 실행한다.

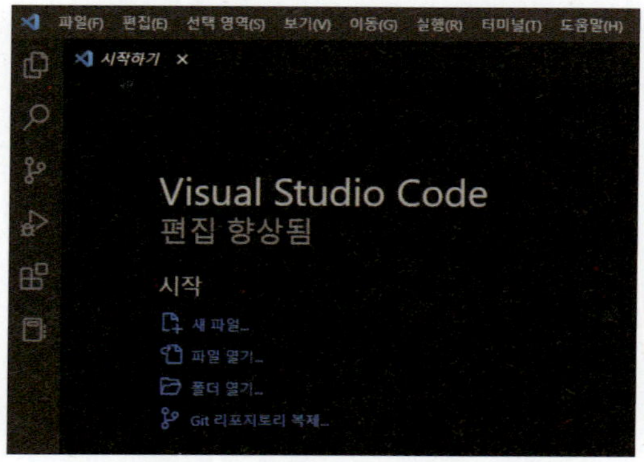

❸ 메뉴에서 〔파일〕 → 〔폴더 열기〕를 클릭하고 ❶번에서 생성한 폴더를 선택한다.

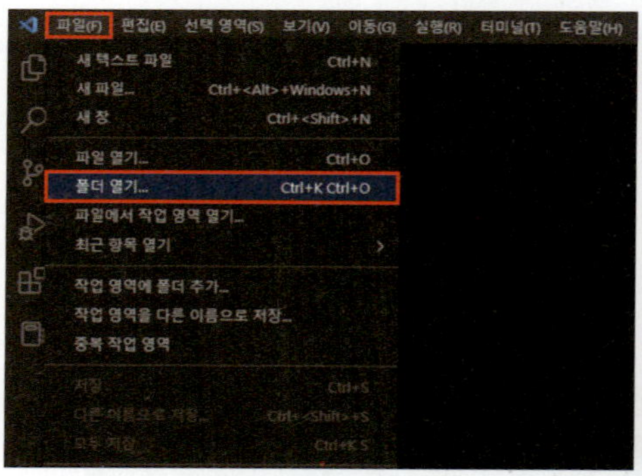

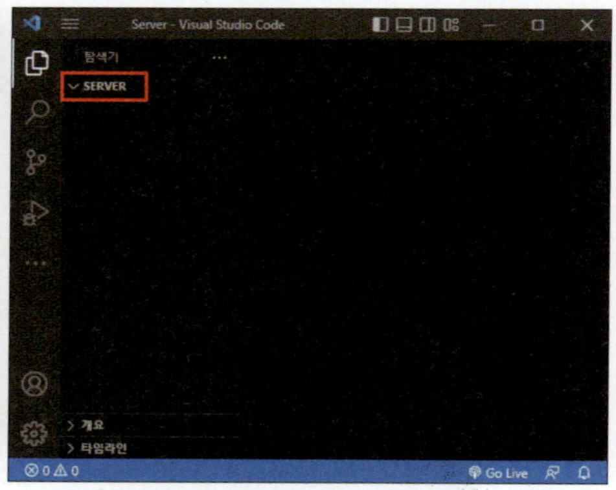

❹ SERVER 폴더를 선택하고 '새 파일' 아이콘(⊞)을 클릭하여 'httpServer.js'라는 이름의 새 파일을 생성한다.

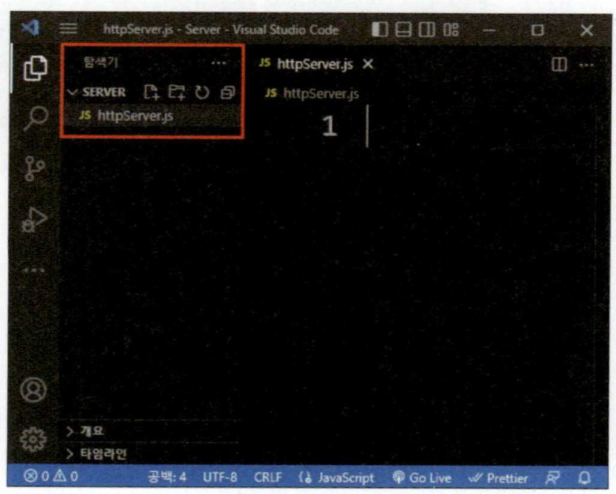

❺ 'httpServer.js' 파일에 복사한 코드를 붙여넣기 한다.

```
const http = require('http');

const hostname = '127.0.0.1';
const port = 3000;

const server = http.createServer((req, res) => {
  res.statusCode = 200;
  res.setHeader('Content-Type', 'text/plain');
  res.end('Hello World');
});

server.listen(port, hostname, () => {
  console.log(`Server running at http://${hostname}:${port}/`);
});
```

이 코드가 어떤 내용인지 아직 모르지만 먼저 실행해 보자. 실행 방법은 메뉴의 〔터미널〕 → 〔새 터미널〕을 클릭하고 터미널에 다음과 같이 명령어를 입력한다.

```
$ node httpServer.js
```

node 기반에서 httpServer.js라는 자바스크립트 코드를 실행하겠다는 명령어다.

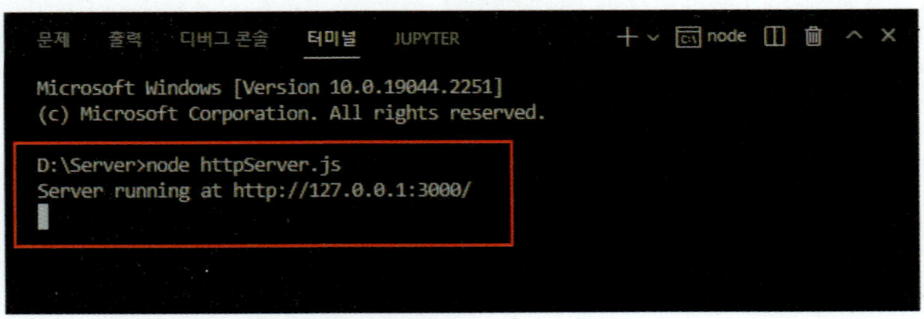

명령어를 입력하고 Enter를 누른 후 'Server running at http://127.0.0.1:3000/' 메시지가 표시되면 성공한 것이다.

서버는 구동되어 현재 127.0.0.1의 주소 기반의 3000번 포트에서 리스닝하며 대기중인 상태다. 웹 브라우저에서 해당 아이피와 포트로 접속하면 현재 대기중인 서버에 접속되고 9번째 줄 코드에 의해 브라우저로 "Hello World"라는 문자열을 반환한다.

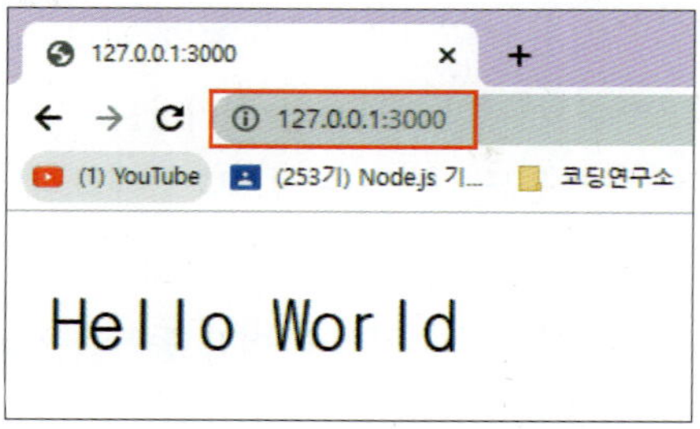

작성한 코드가 아니라 이미 있는 코드를 복사하여 붙여넣기한 것이므로, 아직 코드의 내용을 완전히 이해하지 못할 수 있다. 하지만 이후 코드를 분석하면서 전반적인 흐름을 파악한다. 완벽히 이해하는 것보다는 전체적인 흐름을 이해하면 된다.

1줄 : http 라이브러리를 require 함수를 통해 포함하겠다는 의미다. 이 모듈이 있어야 서버를 만들 수 있다.

3~4줄 : 아이피와 포트 변수이다.

6줄 : createServer 함수는 http 모듈로 서버를 1대 생성하는 기능이다. 내부에 (req, res) 콜백 함수가 등록되어 있는데, 클라이언트가 접속하면 등록한 콜백 함수 내부인 7~9줄 코드를 수행한다.

12줄 : listen 함수는 대기하는 함수로써 서버의 등록한 아이피와 포트 번호를 기반으로 클라이언트가 서버에 접속하기 전까지 대기한다.

알아두세요

127.0.0.1:3000과 localhost:3000으로 요청했을 때 결과는 동일하게 나타난다. 그래서 테스트 시에 어떤 것을 사용해도 상관없지만, 엄연히 두 개가 동일하지는 않다. 127.0.0.1은 내 서버의 자체 주소고, localhost는 php.ini의 설정에 의한 이름이다. 따라서 이 두 주소는 얼마든지 다른 것으로 변경하는 것이 가능하다.

아이피 주소 대신 도메인 이름을 사용하는 것과 동일한 원리이다. 눈으로 속도의 체감은 쉽지 않지만 127.0.0.1로 요청했을 때 응답하는 속도가 localhost로 했을 때보다 수 백배 이상 빠른 속도를 보인다.

이벤트 기반

이벤트란 사전적 의미로 '사건'을 뜻하며, 사건은 본질적으로 발생하는 것이다.

그렇다면 애플리케이션에서 사건이 발생했다는 것은 무슨 의미일까? 예를 들면, 특정 버튼을 클릭하거나 특정 요청이 발생하는 행위를 이벤트라고 한다.

이벤트 기반(event-driven) 시스템은 이러한 이벤트를 처리하는 시스템으로, 마우스를 사용하여 클릭, 더블클릭, 드래그, 무브 등의 윈도우와 같은 시스템을 대표적으로 들 수 있다.

이러한 이벤트가 발생하면 해당 이벤트에 대한 처리를 위해 이벤트와 연결된 이벤트 리스너가 존재하는데, 이 이벤트 리스너에 이벤트를 처리할 어떤 동작을 정의할 수 있다. 그런데 처리 루틴을 이벤트 리스너에 그대로 작성하게 되면 코드가 매우 길어지고 가독성도 떨어지므로 이벤트 리스너에 특정 함수를 등록하게 되는데, 이 함수를 콜백(callback)함수라고 부른다.

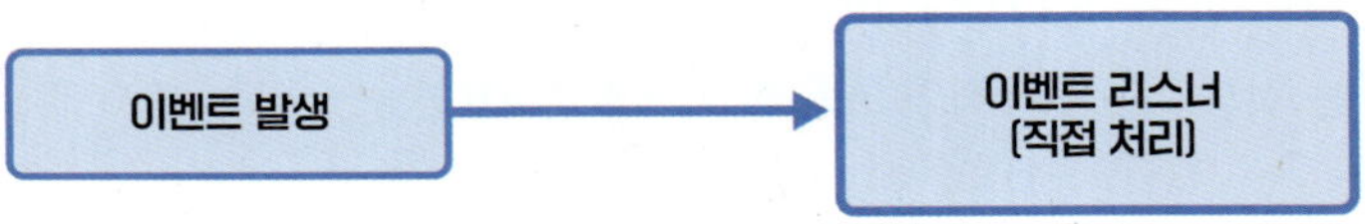

그림 10-1. 이벤트 리스너에서 직접 처리하는 경우

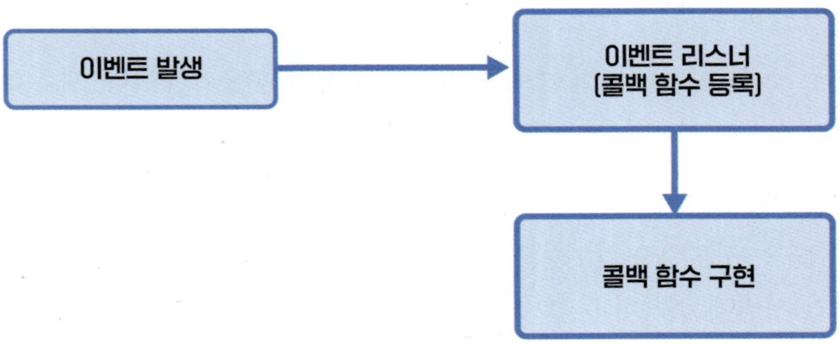

그림 10-2. 이벤트 리스너에 콜백 함수를 등록하여 이벤트 발생 시
이벤트 리스너를 통해 콜백 함수가 호출되도록 하는 경우

그런데 콜백의 의미는 무엇일까? callback은 뒤에서 호출한다는 의미로 보통 일반 함수를 호출할 때 함수 이름으로 호출한다. 그런데 콜백 함수는 호출하는 개념이 아니라 등록하는 개념으로, 호출 동작은 특정 이벤트가 발생하면 등록한 콜백 함수가 호출되는 구조이다. 즉, 콜백 함수의 구현은 사용자가 작성하지만, 호출 자체를 사용자가 직접 하지 않고 이벤트가 발생하면 시스템의 이벤트 리스너에 의해 호출되는 구조이므로 콜백 함수라고 부른다.

Non-blocking I/O 기반

Node.js 동작 방식의 가장 큰 특징이 논블로킹 I/O 방식이다. 먼저 블로킹과 논블로킹의 개념을 이해해야 한다. 사전적 의미로 블로킹은 '막는다'는 뜻이고, 논블로킹은 '막지 않는다'는 뜻이다.

유명한 커피 맛집 카페를 예로 들어보자. 아침, 점심이면 늘 사람들로 북적이는 카페는 커피를 주문하기 위해 일렬로 줄서서 기다려야 한다고 가정하자. 그리고 손님들은 커피를 한 개씩 주문하고 카페에서는 순서대로 커피를 제공한다. 서버의 역할이 서비스를 제공하는 역할이라고 할 때, 커피를 제공하는 카페를 서버라고 보면 된다.

한 사람씩 요청이 차례대로 들어오면 서버인 카페에서는 요청 순서대로 처리한다. 그런데 만약 중간에 어떤 사람이 커피 100잔을 주문한다면 어떻게 처리해야 할까?

순서대로 처리하는 방식으로 커피 100잔의 요청을 받게 되면 100잔을 만드는 동안 이후 손님들의 주문은 받을 수 없게 된다. 커피 1잔 만들 때 1분 걸린다고 가정하면 커피 100잔을 만들 때 100분이 걸리는 무거운 작업이다. 그런데 뒤에 기다리는 사람들의 커피 주문은 1잔씩이라 얼마 걸리지 않은데 중간에 100잔이라는 인터럽트가 걸리면서 순서대로 처리하는 방식이 불합리하다는 생각이 들게 된다.

이러한 문제를 해결할 수 있는 것이 바로 Node.js의 논블로킹 방식이다. 논블로킹 방식은 일단 들어오는 모든 요청을 다 접수한다. 이후 각각의 요청을 먼저 와도 늦게 와도 순서에 상관없이 커피는 빨리 완료된 것부터 나오게 처리한다. 따라서 중간에 커피 100잔을 요청하여 뒤에 주문자가 오랜 시간을 기다려야 하는 불합리함을 해소할 수 있다.

실제로 주변의 카페나 음식점을 보자. 단체 주문을 한다고 그 뒤에 개인 주문자들을 그 시간만큼 기다리게 하지 않는다. Node.js의 논블로킹 방식은 이렇게 요청을 모두 수용하고 빨리 처리할 수 있는 것부터 완료하는 방식으로 설계되어 있다.

그렇다면 프로그래밍에서 두 개념이 어떻게 사용되는지 살펴보자.

블로킹

A와 B 두 개의 함수가 있다고 가정하자. 여기서 제어권이라는 용어를 이해해야 하는데, 제어권은 코드를 실행할 권한을 의미한다.

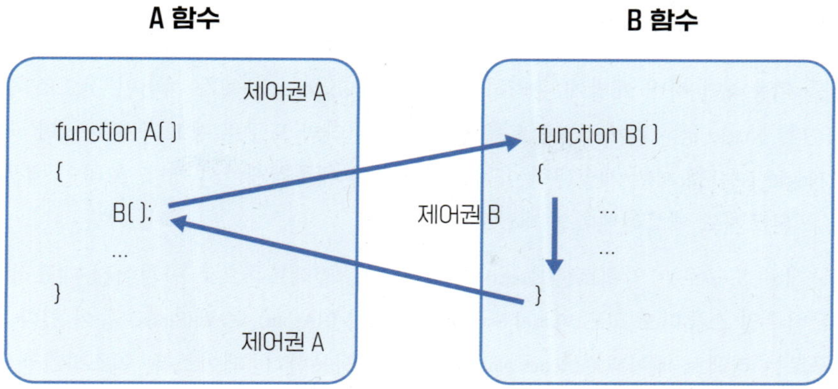

만약 A라는 함수가 실행되고 있다면 A 함수가 코드를 실행하는 제어권을 가지고 있는 것이다. 그런데 그림을 보면 함수 A 안에서 함수 B를 호출하고 있다. 블로킹 방식에서는 B 함수가 호출되면 A의 제어권이 B 함수로 넘어간다. 즉, A 함수의 수행은 잠시 멈추게 된다.

제어권을 넘겨받은 B 함수는 함수를 수행하고 실행이 끝나면 자신을 호출한 A에게 제어권을 돌려준다.

논블로킹

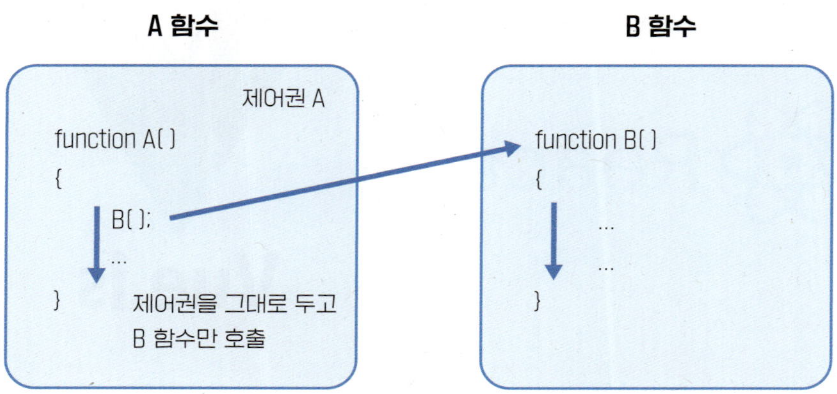

같은 상황으로 이번에도 A 함수가 제어권을 가지고 실행하다가 B 함수를 호출하지만, 논블로킹 방식에서는 A 함수가 제어권을 그대로 갖는다. A 함수는 계속 제어권을 가지고 있기 때문에 B함수를 호출한 이후에도 자신의 코드를 계속 실행한다. B 함수가 호출되는 시점부터 A와 B함수가 병렬로 수행되는 형태다.

서버가 아닌 Node.js

Node.js를 이용하면 서버 개발에 유리하지만, 자칫 Node.js 자체가 서버인 것으로 착각하는 경우가 있다. Node.js는 자바스크립트를 실행하는 런타임 도구로 용도가 서버에만 국한되지 않는다. Node.js는 웹 서버 개발뿐만 아니라 데스크톱 애플리케이션 개발, 모바일 애플리케이션 개발, 프론트엔드 애플리케이션 개발도 가능하다.

데스크톱 개발 도구로는 일렉트론(Electron)이 있으며, 일렉트론으로 만들어진 대표적인 프로그램으로 비주얼 스튜디오 코드(Visual Studio Code), 아톰(Atom), 슬랙(Slack) 등이 있다. 모바일 개발 도구로는 리액트 네이티브(React Native)를 많이 사용한다. 페이스북, 인스타그램, 테슬라 등이 리액트 네이티브를 사용하여 모바일 앱을 운영중이다. 프론트엔드 웹 개발 도구로는 리액트(React), 뷰(Vue.js) 등이 있다.

10.4 express 기반의 웹 서버 생성

package.json 파일 생성

앞서 http 모듈 기반의 코드를 통해 웹 서버를 제작할 수 있었다면 이보다 조금 더 확장성이 뛰어나고 편의 기능을 추가한 웹 서버 프레임워크가 제공되는데 대표적인 것이 express다. 본격적으로 express를 설치하고 서버를 만들어 보자.

먼저 터미널을 연다. 이때 앞서 비주얼 스튜디오 코드에서 Server 폴더를 연 상태였다면 새 터미널을 열었을 때 해당 경로를 기준으로 나타날 것이다. 앞서 httpServer.js 서버가 여전히 실행 중이라면 Ctrl+C를 눌러서 서버를 종료시키고 해당 터미널을 사용하면 된다.

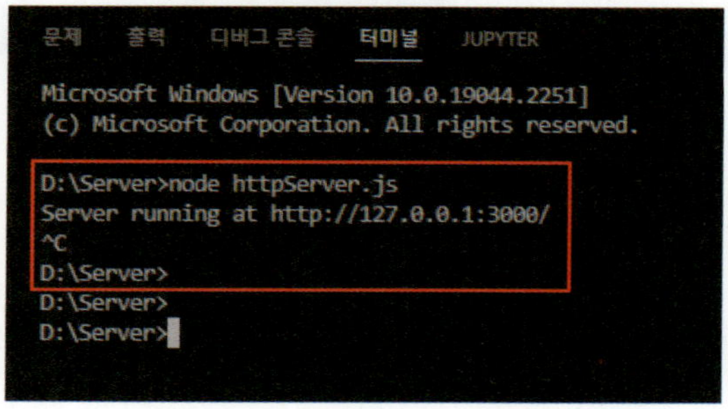

먼저 'package.json' 파일을 생성해야 하는데, 만드는 명령어로 'npm init'을 입력하면 된다. 'package.json' 파일은 웹 서버의 동작 설정 및 라이브러리 설치를 기록하기 위한 목적이다.

```
$ npm init
```

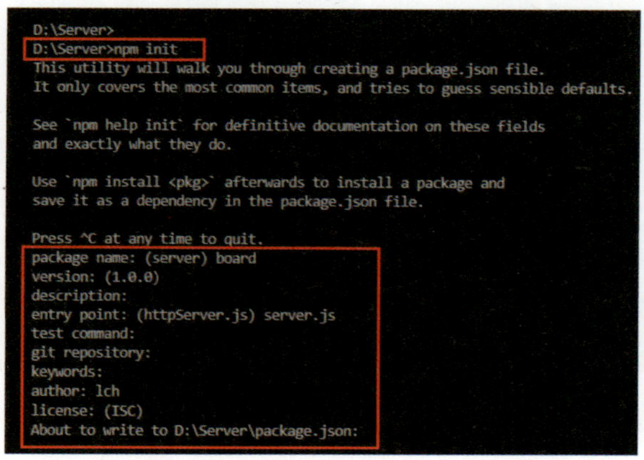

'package.json' 파일을 생성하기 위한 정보들을 단계별로 입력해야 하는데 모든 항목에 반드시 기입할 필요는 없다. package name : board, entry point : server.js, author : lch 정도로 설정하고 Enter를 누르면 'package.json' 파일이 생성되고 다음과 같은 내용이 채워진다.

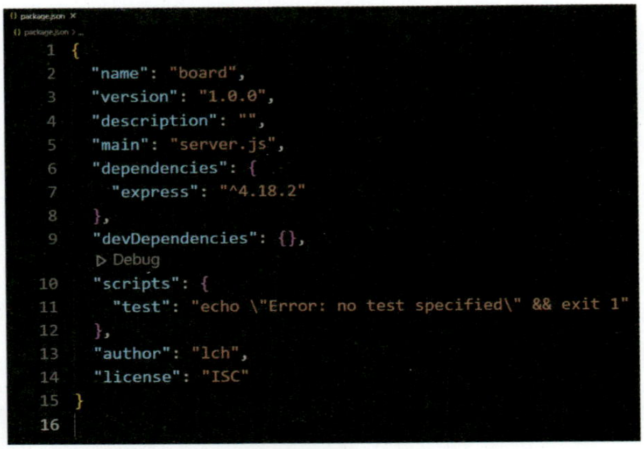

express 설치

이제 초기화 작업이 끝났으므로 다음과 같이 명령어를 입력하여 express를 설치해 서버를 만들어 보자.

```
$ npm install express
```

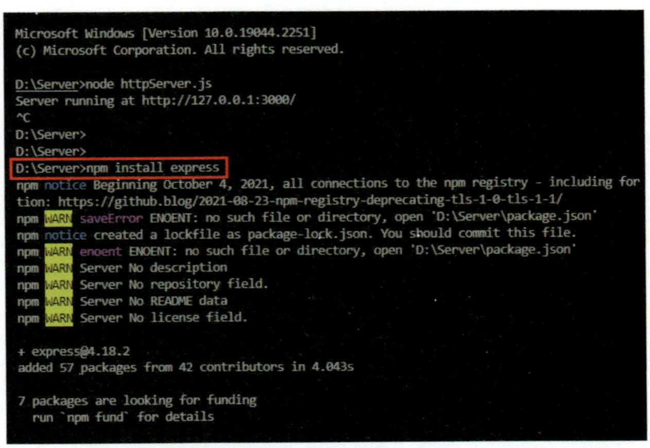

express를 설치하면 왼쪽 탐색기에 'node_module'이라는 폴더가 생성되는데 폴더 내부를 살펴보면 알 수 없는 수많은 파일이 등록되어 있다. 이는 express를 설치하면서 관련 라이브러리 파일들을 모두 가져왔기 때문이다. 앞으로 추가로 설치하는 모든 라이브러리도 여기에 포함될 것이다. 이제 express를 사용하여 서버를 쉽게 만들 수 있다.

express를 사용한 서버 코드 작성

이제 초기화 작업이 모두 끝났으니 express를 사용하여 간단한 서버를 만들어 보자. 작업하기 전에 작업할 폴더를 오픈하는 것이 먼저다. 앞서 오픈했다면 다시 오픈할 필요없고 작업 폴더는 생성했던 'Server' 폴더를 사용한다.

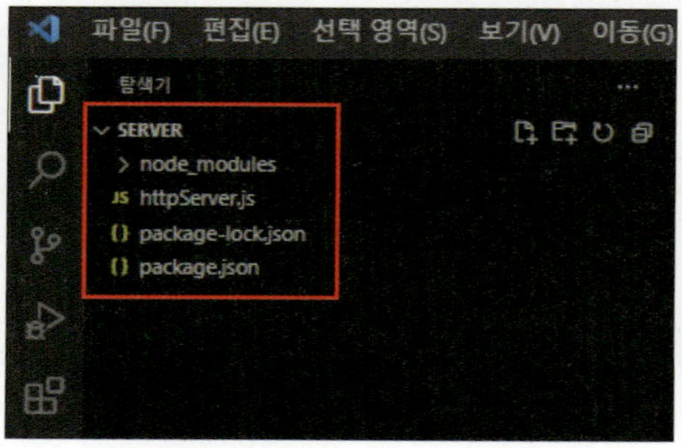

이제 메뉴에서 〔터미널〕 → 〔새 터미널〕을 선택한다. 터미널은 항상 현재 경로를 기준으로 오픈한다. 즉, 터미널 오픈 시 해당 폴더명이 잘 표시되는지 확인한다.

이제 해당 폴더 'Server'를 선택하고 〈새 파일〉 버튼을 클릭하여 새 파일을 추가하자. 'Server.js'라는 이름으로 새 파일을 추가하고 다음과 같이 코드를 작성하여 express를 사용한 서버 코드를 만든다.

```
1    const express = require('express');
2    const app = express();
3
4    app.listen(8080, function(){
5        console.log("포트 8080으로 서버 대기중 ... ")
6    });
```

터미널에 다음과 같이 명령어를 입력하여 서버를 구동시켜 보자.

```
$ node server.js
```

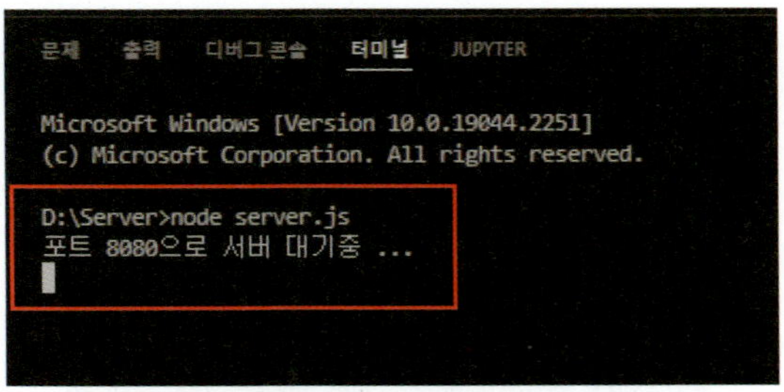

서버가 잘 동작하는가? 문제없다면 express를 사용하여 최초로 서버를 구동시킨 것이다.

1줄 : express 라이브러리를 require 하여 express 객체를 생성한다.

2줄 : express 객체를 사용하여 새로운 app 객체를 반환한다. app 객체가 서버 객체라고 생각하면 되고, app객체로 서버의 기능을 하나씩 만들어가면 된다.

4줄 : listen 함수는 서버를 띄우고 클라이언트의 요청을 기다리는 함수다. 함수의 첫 번째 전달인자에는 서버에 띄울 포트번호, 두 번째 전달인자에는 서버를 띄운 후 실행할 코드를 작성한다.

```
listen(포트 번호, 실행할 코드)
```

앞에서도 언급했듯이 포트는 총 65535개 있는데, 그중에 사용할 포트를 8080으로 지정한 것이다. 즉, 서버를 구동할 때 8080 포트로 대기하겠다는 것이고 클라이언트에서 8080 포트로 접속할 수 있다.

4~5줄 : function() 함수는 서버 구동 시 실행할 콜백 함수이다. 앞으로 이러한 형태의 콜백 함수는 자주 등장하는데, 콜백 함수는 이와 같이 이름이 없는 익명함수의 형태로 자주 사용된다. "포트 8080으로 서버 대기중 …" 메시지가 잘 출력되었다는 의미는 8080 포트로 웹 서버를 성공적으로 띄운 것이다.

브라우저를 열고 '127.0.0.1:8080'으로 접속해 보자. 'localhost:8080'으로 접속해도 상관없다.

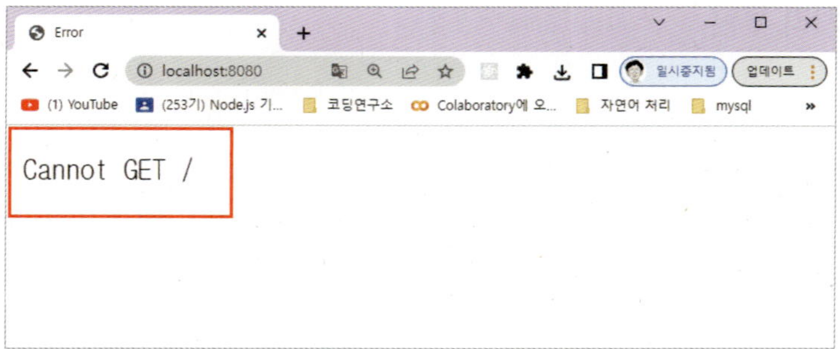

'Cannot GET /'이라는 메시지가 나타나는데, 이것은 잘못된 메시지가 아니라 정상적인 작동이다. 이 메세지는 localhost 주소의 8080 포트로 대기중인 서버에 접속했으나 '/' 루트 경로에 대한 요청을 처리할 수 없다는 뜻이다. 다시 말해, 요청에 대한 처리 루틴을 만들지 않아서 나타나는 메시지이다. 이에 따라 해당 요청에 대한 처리 루틴을 작성해 보자.

10.5 기본적인 GET 요청 처리

GET 요청 처리 루틴

서버는 클라이언트의 요청에 대한 서비스를 제공하는 역할을 한다.

그렇다면 요청은 어떻게 할까? 브라우저의 주소창에 요청 'url'을 입력한다. 이러한 요청을 'GET 요청'이라고 하는데, "XXX로 요청하면 XXX를 처리해 주세요."라는 의미를 가지고 있다.

평소에 포털사이트 같은 곳에서 웹서핑할 때 대부분 GET 요청을 통해 수행된다. 예를 들어, 길벗(gilbut.co.kr) 사이트에 방문하여 홈 메뉴에서 〔도서〕 카테고리를 클릭하고 url을 한번 살펴보자.

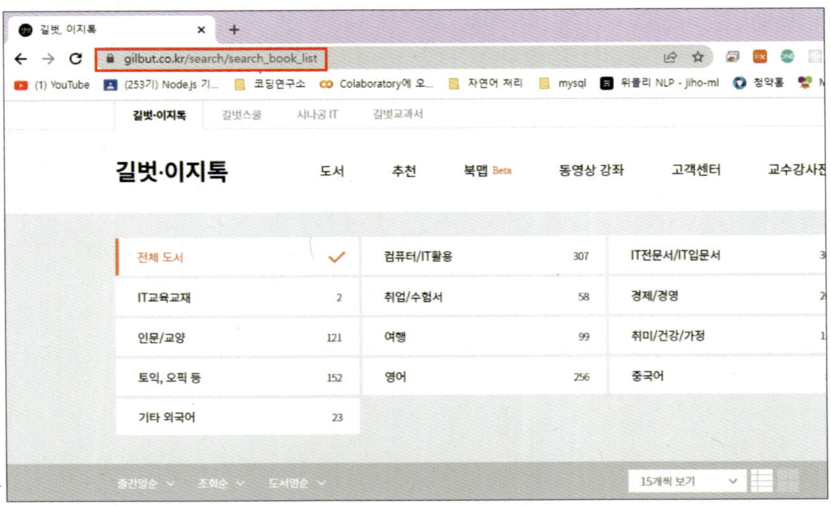

url이 변경되면서 화면이 도서에 관한 페이지가 나타난다. 현재 사용자가 〔도서〕 메뉴를 클릭하면 'https://www.gilbut.co.kr/search/search_book_list' 주소로 서버에 요청하게 되고, 서버에서는 요청을 처리하여 응답 페이지를 전송한 것이다.

이번에는 홈 메뉴에서 〔동영상 강좌〕를 클릭하고 다시 url을 살펴보자.

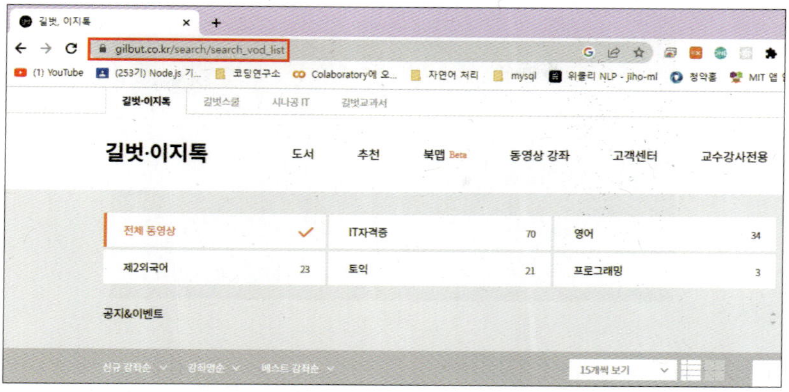

마찬가지로 요청 url이 'https://www.gilbut.co.kr/search/search_vod_list' 주소로 변경되고 서버로부터 응답 처리된 페이지가 화면에 나타난다.

이렇게 원하는 메뉴를 클릭할 때마다 해당 항목에 대한 내용을 url로 GET 요청하고 서버로부터 원하는 페이지를 보여 준다. 결국 서버에 도서 내용을 요청할 때는 요청 url 끝에 '/search_book_list'를 동영상 강좌 내용을 요청할 때는 요청 url 끝에 '/search_vod_list'가 추가된다.

이와 비슷하게 서버의 처리 코드를 작성하여 누군가가 '/book'으로 요청을 하면 도서 관련된 안내문을 띄우도록 하자. 다음과 같이 추가된 코드를 따라서 작성해 보자.

```
const express = require('express');
const app = express();

app.listen(8080, function(){
  console.log("포트 8080으로 서버 대기중 ... ")
});
app.get('/book', function(req, res){
  res.send('도서 목록 관련 페이지입니다.');
})
```

코드 작성이 끝났으면 단축키 Ctrl+C를 눌러 서버를 종료하고 다시 실행하자. 서버를 다시 실행할 때 위쪽 방향키를 누르면 이전에 입력했던 명령어들이 나타나므로 터미널에 매번 node server.js를 작성할 필요는 없다.

```
$ node server.js
```

웹 브라우저를 열고 주소창에 'localhost:8080/book'이라고 입력한다.

웹 브라우저에서 GET 방식으로 요청하면 서버에서는 get 함수로 처리할 수 있다.

7줄 : get 함수는 두 개의 전달인자를 갖는다. 첫 번째 전달인자는 웹 브라우저에서 요청한 요청 url이고, 두 번째 전달인자는 요청을 처리하는 콜백 함수다. 이 함수는 반드시 2개의 전달인자를 갖는데, req는 request의 약자로 요청을 의미한다. 웹 브라우저에서 요청 시의 정보들이 req에 모두 들어온다. res는 response의 약자로 응답을 의미하고 서버가 다시 웹 브라우저로 데이터를 전송할 때 사용하는 변수이다.

8줄 : res의 send 함수를 사용하여 요청한 웹 브라우저로 '도서 목록 관련 페이지입니다.'라는 메시지를 전송한다.

요청 경로가 '/book'인 경우를 처리한 것 외에도, 요청 경로가 '/'인 경우를 처리해 보자. 이 경로를 루트 경로라고 하는데, 앞서 우리가 서버만 만들어 놓고 'localhost:8080/'을 요청했을 때 어떠한 처리도 되지 않았던 이유는 '/' 루트 경로에 대한 처리를 하지 않았기 때문이다. 다음과 같이 코드를 추가해 보자.

```
........................................ 생략 ........................................
app.get('/book', function(req, res){
  res.send('도서 목록 관련 페이지입니다.');
})

app.get('/', function(req, res){
  res.send('홈입니다.');
})
```

코드 작성이 끝났으면 서버를 종료했다가 재시작하고, 브라우저 주소창에 다음과 같이 요청한다.

```
$ node server.js
```

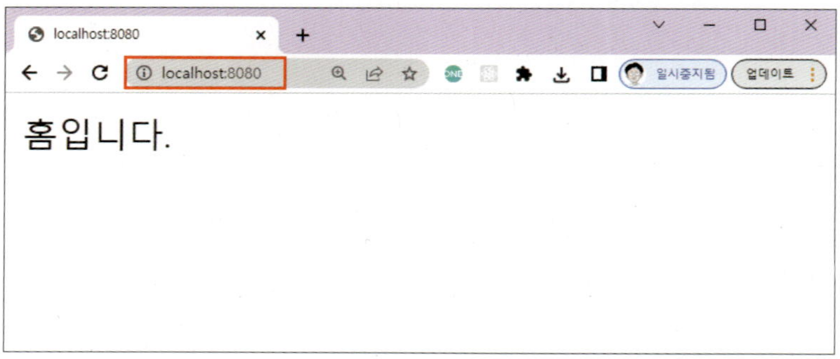

JAVASCRIPT

10.6

서버에서 HTML 파일 전송

send 함수의 한계

앞서 사용한 send 함수는 요청한 웹 브라우저로 문자열 형식의 메시지를 응답한다. 그런데 이러한 형식에서는 단순 문자열 메시지만 보내주기 때문에 일상생활에서 보이는 일반적인 웹사이트와는 거리가 있어 보인다. 만약 '이창현님, 반갑습니다.'라는 문장을 아랫줄에 추가하려면 어떻게 수정해야 할까? 문자열 내에서 html 문법이 적용되므로 개행 태그인 〈br〉를 사용하면 된다.

```
········································ 생략 ········································..

app.get('/', function(req, res){
  res.send('홈입니다.<br>이창현님, 반갑습니다.');
})
```

서버를 재시작 후 웹 브라우저로 홈 url을 요청해 보자.

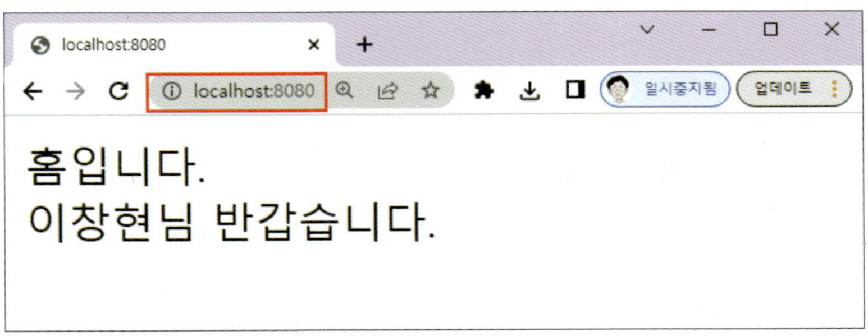

의도한 대로 잘 출력되는 것을 확인할 수 있다. 이렇게 html 태그를 사용하여 웹 브라우저로 응답을 줄 수 있다. 이번에는 조금 더 html 형식을 갖추어 태그를 사용해 보자.

```
1   ······························· 생략 ·································..
2
3   app.get('/', function(req, res){
4     res.send(
5       '<html>\
6       <body>\
7       <h1>홈입니다.</h1>\
8       <marquee>이창현님 반갑습니다.</marquee>\
9       </body>\
10      </html>'
11    );
12  })
```

서버를 재시작 후 웹 브라우저로 홈 url을 요청해 보자.

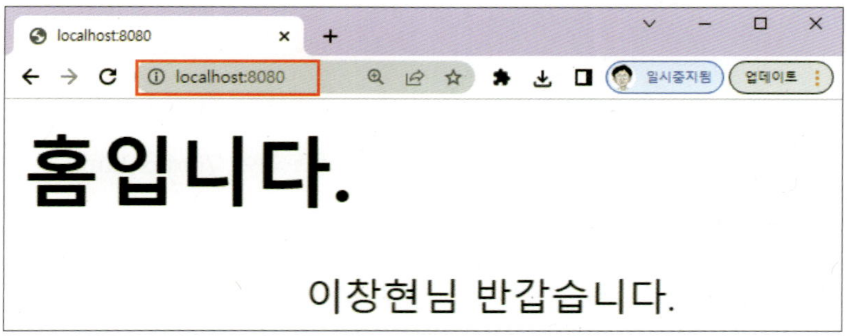

5~10줄 : 〈html〉〈body〉〈/body〉〈/html〉로 형식화하여 출력 내용을 감싸고 있다. 〈h1〉〈/h1〉 태그를 사용하여 문자열을 제목 크기로 표시하고 〈marquee〉〈/marquee〉 태그를 사용하여 글자가 오른쪽에서 왼쪽으로 흘러가도록 처리하였다.

> **알아두세요** 5~9줄의 코드 끝에 표시한 ₩ 기호는 문장이 한 문장으로 계속 이어진다는 연결의 의미로 이 기호가 생략되면 문법 오류가 나타난다.

send 함수 내 코드를 살펴보면 가독성이 떨어진다. 단지 두 줄 문장 출력인데도 가독성이 떨어지는데 내용이 더 추가되면 코드는 지금보다 훨씬 더 복잡해질 것이다.

파일 전송 sendFile 함수

send 함수를 사용하면 요청한 웹 브라우저로 문자열 메시지를 보내게 되는데 내용이 길어질수록 코드의 가독성이 매우 떨어진다는 단점이 있었다. 그래서 조금 더 효율적인 방법으로 sendFile 함수를 사용할 수 있다. 함수의 전달인자로 경로 및 파일 이름을 전달하면 해당 파일의 내용이 요청한 웹 브라우저에 전달된다.

```
sendFile(보낼 파일 경로)
```

기존의 코드를 다음과 같이 수정한다.

```
1  ........................................ 생략 ........................................
2
3  app.get('/', function(req, res){
4    res.sendFile(__dirname + '/index.html');
5  });
```

4줄 : __dirname은 node 내부에 현재 디렉토리를 나타내는 문자열 변수로 선언되어 있다. 문자열끼리 + 기호로 합칠 수 있으므로 현재 디렉토리에 '/index.html' 문자열을 결합하여 요청 웹 브라우저로 보낸다.

아직 'index.html' 파일을 생성하지 않았다. 현재 폴더 위치에서 '새 파일' 아이콘( )을 클릭하여 'index.html' 파일을 생성하자.

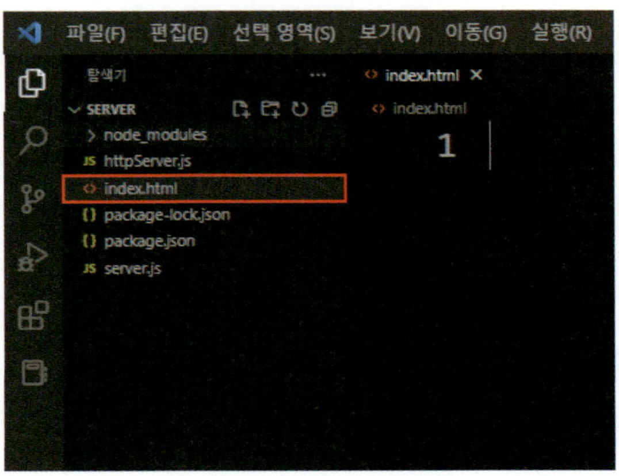

Index.html 편집기 1번째 라인에 포커스를 입력하고 느낌표(!)를 입력한 다음 Enter를 누르면 자동으로 반응형 <html></html> 포멧의 코드가 입력된다.

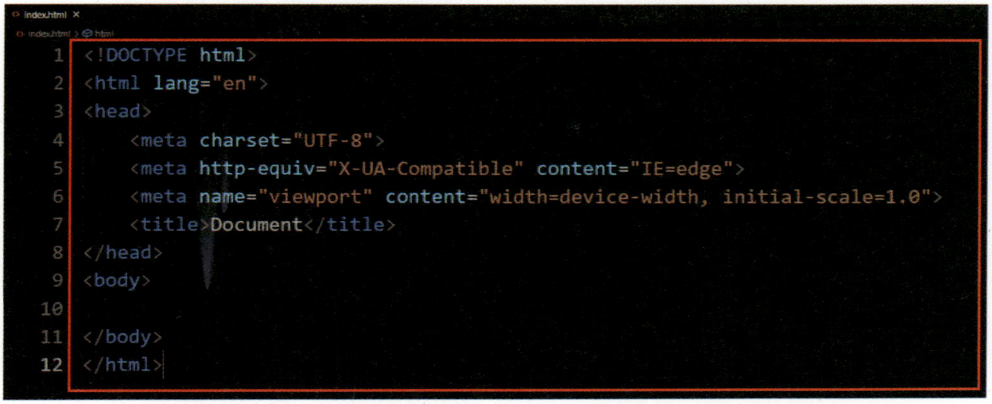

이제 여기에 원하는 내용의 코드를 작성한 후 루트 url로 요청하면 서버에서 이 파일을 요청 웹 브라우저로 보내고 브라우저 내용이 표시된다. 코드를 다음과 같이 작성해 보자.

```
<!DOCTYPE html>
<html lang="en">
<head>
    <meta charset="UTF-8">
    <meta http-equiv="X-UA-Compatible" content="IE=edge">
    <meta name="viewport" content="width=device-width, initial-scale=1.0">
    <title>Home</title>
</head>
<body>
    <h1>홈입니다.</h1>
    <marquee>이창현님, 반갑습니다.</marquee>
</body>
</html>
```

코드 작성이 끝나면 서버를 종료했다 재시작하고, 브라우저 주소창에 다음과 같이 요청하자.

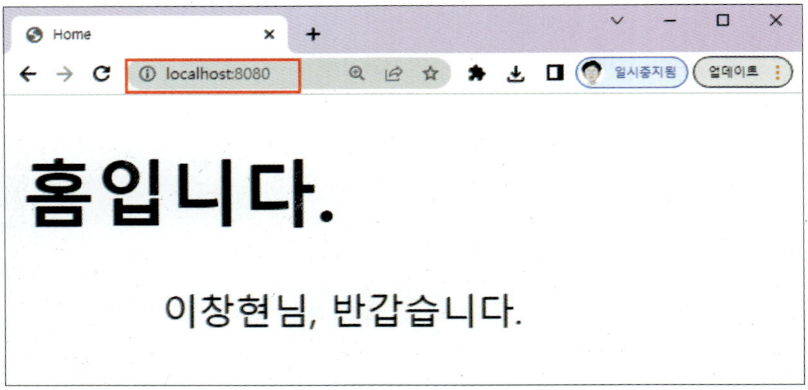

파일의 내용이 페이지에 표시되는 것을 확인할 수 있다.

결과 페이지가 너무 밋밋하다. HTML과 CSS를 사용하여 페이지를 꾸밀 수 있지만, UI 도구를 이용하면 시간과 노력을 많이 들이지 않아도 쉽게 만들 수 있고, 앞서 배운 부트스트랩을 이용하면 빠른 시간내에 예쁜 UI 페이지를 만들 수 있다.

부트스트랩 적용

〈2장〉에서 다루었던 부트스트랩을 사용하여 홈 UI 페이지와 내비게이션 바를 통해 상단 메뉴도 추가해 보자. 부트스트랩 페이지(https://getbootstrap.kr/)로 이동한다.

왼쪽 메뉴에서 〔시작하기〕→〔시작하기〕를 클릭하고 본문의 2번 소스 코드가 부트스트랩의 CSS와 JS를 CDN 방식으로 연결하여 사용할 수 있는 기본 코드를 복사한다.

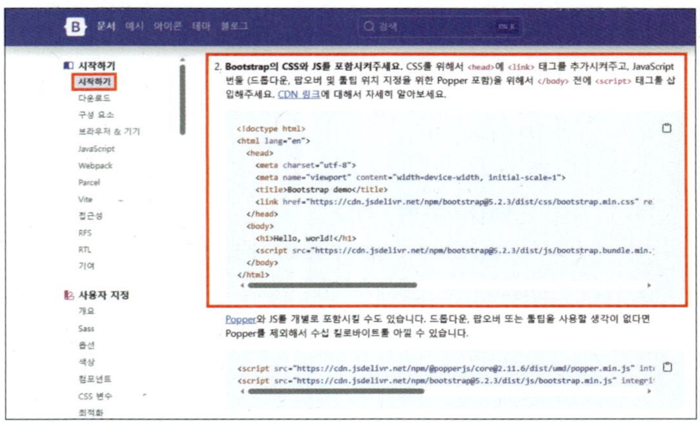

복사한 코드를 'index.html' 파일에 그대로 붙여넣기하고 다음과 같이 코드를 수정한다.

```
1   <!doctype html>
2   <html lang="en">
3     <head>
4       <meta charset="utf-8">
5       <meta name="viewport" content="width=device-width, initial-scale=1">
6       <title>Home</title>
7       <linkhref=https://cdn.jsdelivr.net/npm/bootstrap@5.2.3/dist/css/bootstrap.min.css
8        rel="stylesheet" integrity="sha384-
9        rbsA2VBKQhggwzxH7pPCaAq046MgnOM80zW1RWuH61DGLwZJEdK2Kadq2F9CUG65"
10       crossorigin="anonymous">
11    </head>
12    <body>
13      <h1>홈입니다.</h1>
14      <scriptsrc=https://cdn.jsdelivr.net/npm/bootstrap@5.2.3/dist/js/bootstrap.
15       bundle.min.js integrity="sha384-
16       kenU1KFdBIe4zVF0s0G1M5b4hcpxyD9F7jL+jjXkk+Q2h455rYXK/7HAuoJl+0I4"
17       crossorigin="anonymous"></script>
18    </body>
19  </html>
```

6줄 : 타이틀을 'Home'이라고 수정한다.

13줄 : 본문에 출력할 내용을 '홈입니다.'라고 수정한다.

코드 작성이 끝났으면 서버를 내렸다가 다시 재시작하고, 브라우저 주소창에 'http://localhost:8080/'를 입력하여 접속한다.

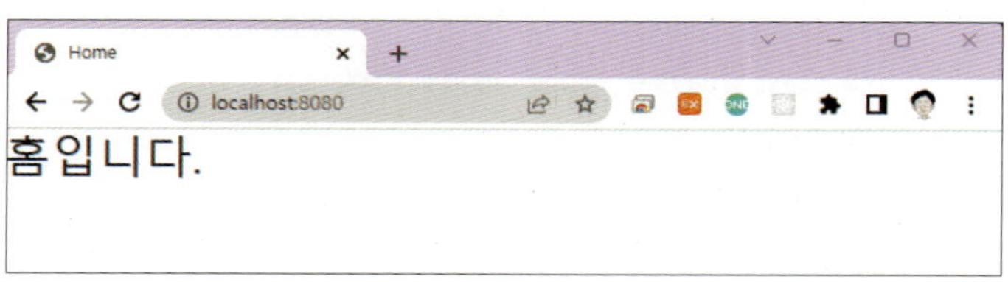

이번에는 내비게이션 바를 추가해 보자. 부트스트랩 페이지에서 메뉴의 '내비게이션 바'를 클릭하면 오른쪽 본문에 여러 스타일의 내비게이션 바가 표시된다. 원하는 스타일의 코드를 복사하여 사용하자.

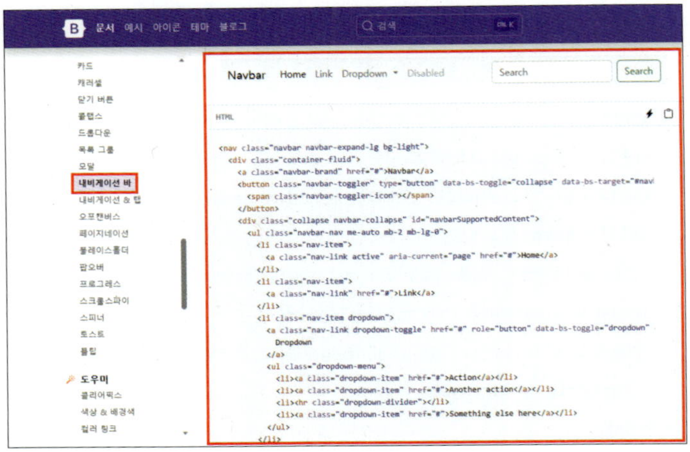

복사한 코드를 'index.html' 파일의 <body> 태그 바로 다음에 붙여넣기 한다.

```
<!doctype html>
<html lang="en">
  <head>
    <meta charset="utf-8">
    <meta name="viewport" content="width=device-width, initial-scale=1">
    <title>Home</title>
    <linkhref=https://cdn.jsdelivr.net/npm/bootstrap@5.2.3/dist/css/bootstrap.min.css
     rel="stylesheet" integrity="sha384-
     rbsA2VBKQhggwzxH7pPCaAq046MgnOM80zW1RWuH61DGLwZJEdK2Kadq2F9CUG65"
     crossorigin="anonymous">
  </head>
  <body>
    <nav class="navbar navbar-expand-lg bg-light">
      <div class="container-fluid">
        <a class="navbar-brand" href="#">Navbar</a>
        <button class="navbar-toggler" type="button" data-bs-toggle="collapse"
         data-bs-target="#navbarNav" aria-controls="navbarNav" aria-
         expanded="false" aria-label="Toggle navigation">
         <span class="navbar-toggler-icon"></span>
        </button>
        <div class="collapse navbar-collapse" id="navbarNav">
          <ul class="navbar-nav">
```

```
                <li class="nav-item">
                  <a class="nav-link active" aria-current="page" href="#">Home</a>
                </li>
                <li class="nav-item">
                  <a class="nav-link" href="#">Features</a>
                </li>
                <li class="nav-item">
                  <a class="nav-link" href="#">Pricing</a>
                </li>
                <li class="nav-item">
                  <a class="nav-link disabled">Disabled</a>
                </li>
              </ul>
            </div>
          </div>
        </nav>
      <h1>홈입니다.</h1>
      <script src=https://cdn.jsdelivr.net/npm/bootstrap@5.2.3/dist/js/bootstrap.bundle.min.js
       integrity="sha384-
       kenU1KFdBIe4zVF0s0G1M5b4hcpxyD9F7jL+jjXkk+Q2h455rYXK/7HAuoJl+0I4"
       crossorigin="anonymous"></script>
    </body>
  </html>
  .................................... 생략 ....................................
```

코드 작성이 끝나면 서버를 내렸다가 다시 재시작하고, 브라우저 주소창에 'http://localhost:8080/'을 입력하여 접속한다. 다음과 같이 내비게이션 바가 화면 상단에 추가되어 출력되는 것을 확인할 수 있다.

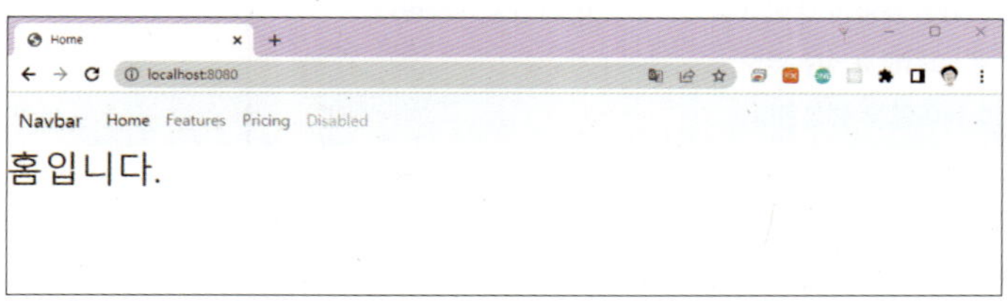

11장

MySQL 연동

학습목표

- 데이터의 기본 개념과 데이터베이스의 등장 배경을 이해한다.
- MySQL을 설치하고 실행한다.
- 스키마와 테이블을 생성한다.
- SQL 문으로 CRUD 기능을 이해하고 구현한다.
- 테이블을 분리 및 조인한다.
- Workbench를 설치 및 활용한다.
- MySQL과 Node.js를 연동할 수 있는 코드를 작성한다.

11.1 JAVASCRIPT

데이터베이스

데이터와 정보

데이터는 현실에서 측정하거나 보이는 사실이나 값을 말하며, 순수하게 있는 그대로의 로우(raw) 데이터라고 할 수 있다. 하지만 정보라는 것은 어떠한 목적이나 의도에 맞게 데이터를 가공한 것을 의미한다. 예를 들어, 정보에 민감한 주식에 대해 살펴보자.

주식 데이터

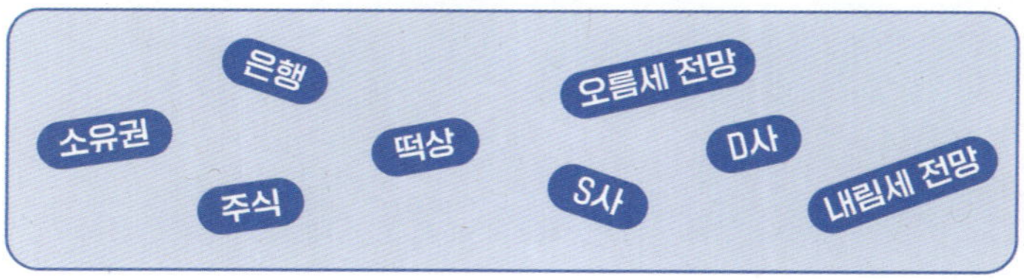

주식 정보

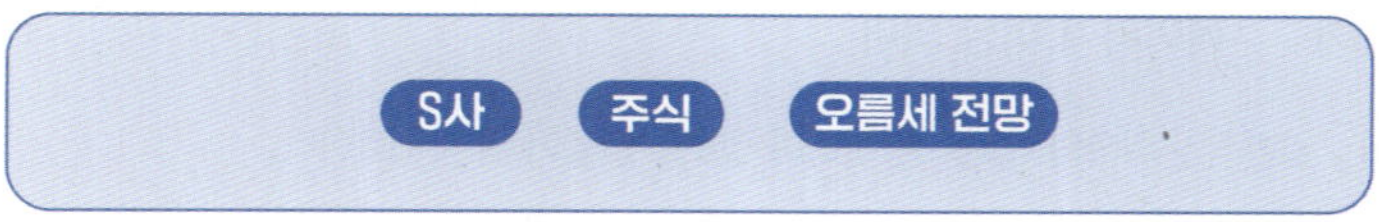

주식 관련 데이터는 개별로 존재한다고 하자. 데이터 하나하나는 의미없는 데이터일 뿐이지만 각 데이터를 조합하여 구성했을 때 'S사 주식 오름세 전망'이라는 의미 있는 결과를 도출할 수 있다. 이러한 형태를 정보라고 한다.

우리는 데이터의 홍수 속에서 살고 있다. 이전까지 데이터의 생산은 지정된 장소, 지정된 기기에서만 이루어졌지만, 2010년대부터 스마트 기기가 등장하면서 데이터의 생산은 언제 어디서나 일반 개인으로부터 수집할 수 있게 되었다. 이는 일종의 데이터 폭발의 시대라고 해도 과언이 아니다. 그 중에서도 가장 많은 데이터 수집이 이루어지는 곳은 SNS이다. 그러나 생각해 보면 개인의 생활 공간, 먹는 음식, 취미 등의 데이터들은 큰 의미를 가지지 않지만, 그

럼에도 불구하고 구글, 페이스북, 트위터, 카카오, 네이버와 같은 거대 공룡 기업들은 모든 데이터를 수집하고 있다. 이유는 우리에게는 당장 쓸모없어 보이는 데이터일지라도, 수많은 데이터 속에서 의미 있는 정보를 찾아내기 위해서이다. 이를 데이터 마이닝(Data Mining)이라고 한다. 얼마나 많은 데이터를 수집했느냐도 중요하지만, 더 중요한 것은 데이터 마이닝에 따라 적은 데이터로 정보를 많이 만들 수도 있고, 많은 데이터로 정보를 적게 만들 수도 있다는 것이다.

더 알아보기 **데이터 마이닝 의미**

- **데이터(Data)** : 일반적인 의미의 데이터를 말하며 정보를 만들기 위한 재료이다.
- **마이닝(Mining)** : 채굴, 채광을 의미하며 채광은 광산에서 광석을 캐는 작업이다.

파일의 사용

이렇게 수집한 데이터나 정보를 활용하는 것만큼 정보를 보관하는 것도 매우 중요하다. 일반적으로 사용하는 정보들은 수집하여 사용한 후 시스템을 재시작하거나 종료하게 되면 사라지는 휘발성 정보들이다. 이는 데이터를 별도 보관하지 않으면 메모리상에서 존재하다가 사라지는 휘발성 특성이기 때문이다. 따라서 가장 일반적으로 사용하는 데이터 보관 방법은 파일이다. 어떠한 운영체제든 파일 시스템이 제공되므로 매우 편리하게 사용할 수 있다. 윈도우 기반에서 데이터를 파일에 저장하고 읽어오는 형태가 바로 파일 시스템을 사용하고 있는 것이다.

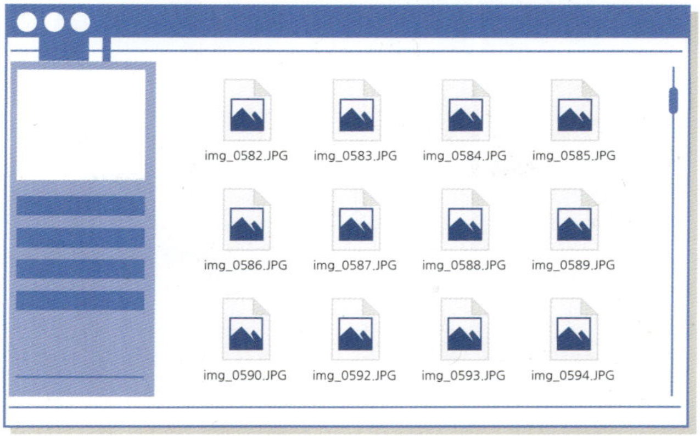

파일을 사용하는 것은 쉽고 편리하지만, 몇 가지 한계점을 갖는다.

첫 번째는 특정 데이터를 검색해서 찾아내기 힘들다는 것이다. 다음과 같이 주제, 날짜, 작성자, 직업 등의 내용을 구조로 저장하고 이러한 파일들이 각각 다른 내용으로 100만 개 정도 있다고 가정해 보자.

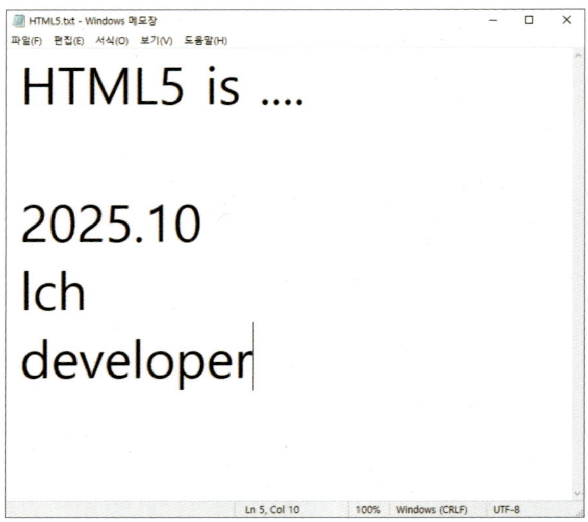

이러한 상태에서 HTML5와 같은 주제의 데이터만 검색해야 한다거나 날짜가 2025.10인 데이터만 검색해야 한다면 쉽지 않을 것이다. 물론 검색을 시도 하더라도 100만 개의 파일을 순차적으로 살펴보아야 하므로 성능도 매우 느릴 것이다. 또한 파일의 경우 데이터가 구조화되어 있지 않기 때문에 데이터들이 산발적으로 흩어져 있으므로 관리도 힘들고, 데이터를 검색하는 속도 또한 느릴 수 밖에 없는 것이다.

두 번째는 보안에 취약한 것이다. 파일은 누구나 접근하여 삭제 가능하기 때문이다.

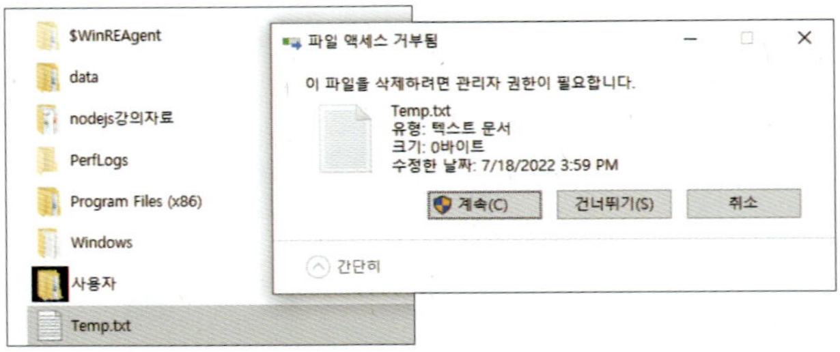

표의 구조 등장

앞서 언급한 것처럼, 파일을 사용할 때 데이터가 구조화되어 있지 않아 발생하는 한계점을 극복하기 위해 표(Table)라는 방법이 등장하였다. 표는 인류 역사상 획기적인 발명 중 하나로, 매우 복잡하고 관리하기 어려운 데이터를 깔끔하게 정리할 수 있게 되었다. 이제 배우게 될 데이터베이스의 기반이 표로 구성되어 있음을 확인하게 될 것이다. 표를 기반으로 사용하는 엑셀(Excel), 스프레드시트, MS-ACCESS 등의 프로그램들 중에서 가장 일반적인 스프레드 시트의 형태를 살펴보자.

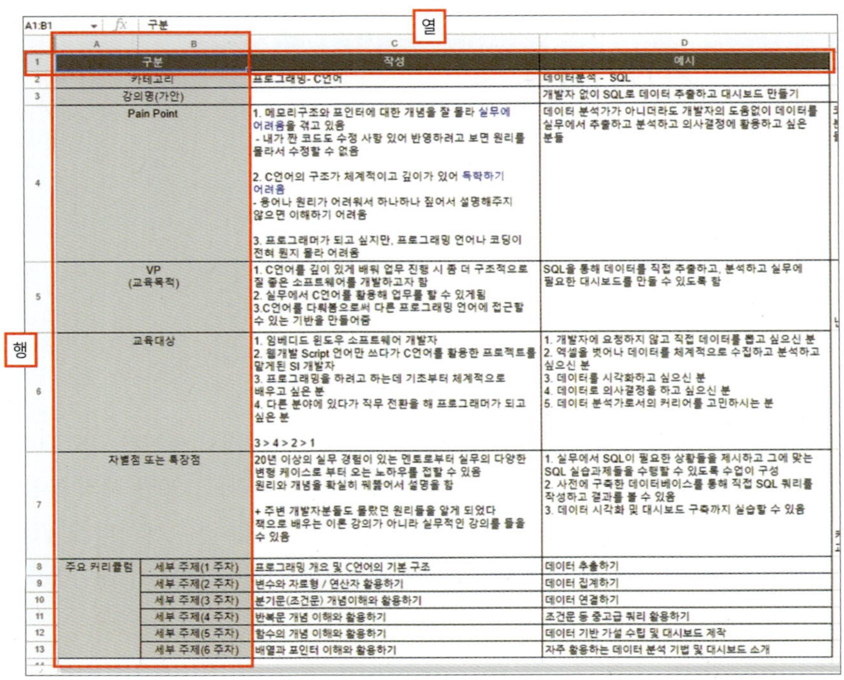

	A	B	C	D
1	구분		작성	예시
2	카테고리		프로그래밍- C언어	데이터분석 - SQL
3	강의명(가안)			개발자 없이 SQL로 데이터 추출하고 대시보드 만들기
4	Pain Point		1. 메모리구조와 포인터에 대한 개념을 잘 몰라 실무에 어려움을 겪고 있음 - 내가 짠 코드도 수정 사항 있어 반영하려고 보면 원리를 몰라서 수정할 수 없음 2. C언어의 구조가 체계적이고 깊이가 있어 독학하기 어려움 - 용어나 원리가 어려워서 하나하나 짚어서 설명해주지 않으면 이해하기 어려움 3. 프로그래머가 되고 싶지만, 프로그래밍 언어나 코딩이 전혀 뭔지 몰라 어려움	데이터 분석가가 아니더라도 개발자의 도움없이 데이터를 실무에서 추출하고 분석하고 의사결정에 활용하고 싶은 분들
5	VP (교육목적)		1. C언어를 깊이 있게 배워 업무 진행 시 좀 더 구조적으로 질 좋은 소프트웨어를 개발하고자 함 2. 실무에서 C언어를 활용해 업무를 할 수 있게됨 3.C언어를 다뤄봄으로써 다른 프로그래밍 언어에 접근할 수 있는 기반을 만들어줌	SQL을 통해 데이터를 직접 추출하고, 분석하고 실무에 필요한 대시보드를 만들 수 있도록 함
6	교육대상		1. 임베디드 윈도우 소프트웨어 개발자 2. 웹개발 Script 언어만 쓰다가 C언어를 활용한 프로젝트를 맡게된 SI 개발자 3. 프로그래밍을 하려고 하는데 기초부터 체계적으로 배우고 싶은 분 4. 다른 분야에 있다가 직무 전환을 해 프로그래머가 되고 싶은 분 3 > 4 > 2 > 1	1. 개발자에 요청하지 않고 직접 데이터를 뽑고 싶으신 분 2. 엑셀을 벗어나 데이터를 체계적으로 수집하고 분석하고 싶으신 분 3. 데이터를 시각화하고 싶으신 분 4. 데이터로 의사결정을 하고 싶으신 분 5. 데이터 분석가로서의 커리어를 고민하시는 분
7	차별점 또는 특장점		20년 이상의 실무 경험이 있는 멘토로부터 실무의 다양한 변형 케이스로 부터 오는 노하우를 접할 수 있음 원리와 개념을 확실히 꿰뚫어서 설명을 함 + 주변 개발자분들도 몰랐던 원리들을 알게 되었다 책으로 배우는 이론 강의가 아니라 실무적인 강의를 들을 수 있음	1. 실무에서 SQL이 필요한 상황들을 제시하고 그에 맞는 SQL 실습과제들을 수행할 수 있도록 수업이 구성 2. 사전에 구축한 데이터베이스를 통해 직접 SQL 쿼리를 작성하고 결과를 볼 수 있음 3. 데이터 시각화 및 대시보드 구축까지 실습할 수 있음
8	주요 커리큘럼	세부 주제(1 주차)	프로그래밍 개요 및 C언어의 기본 구조	데이터 추출하기
9		세부 주제(2 주차)	변수와 자료형 / 연산자 활용하기	데이터 집계하기
10		세부 주제(3 주차)	분기문(조건문) 개념이해와 활용하기	데이터 연결하기
11		세부 주제(4 주차)	반복문 개념 이해와 활용하기	조건문 등 중고급 쿼리 활용하기
12		세부 주제(5 주차)	함수의 개념 이해와 활용하기	데이터 기반 가설 수립 및 대시보드 제작
13		세부 주제(6 주차)	배열과 포인터 이해와 활용하기	자주 활용하는 데이터 분석 기법 및 대시보드 소개

기본적인 매트릭스 형태로 행과 열로 구성된다. 데이터를 필드별, 레코드별로 정리하여 한눈에 알아볼 수 있도록 구성되어 있다. 이러한 매트릭스 구조로 인해 데이터 처리 방법을 획기적으로 개선하였지만, 결국 실체는 파일이기 때문에 보안과 성능의 한계는 여전히 남아 있다.

데이터베이스의 등장

앞서 설명한 파일의 한계를 극복한 방식이 바로 데이터베이스다. 스프레드시트는 파일이기 때문에 데이터가 100만 개 이상 점점 늘어갈수록 성능이 급격히 떨어지는 단점이 있었지만, 데이터베이스는 서버이므로 데이터의 양이 1억 개 이상 계속 늘어나도 성능에 크게 영향을 받지 않는다. 또한 서버는 접근을 위해 인증 방식을 사용하므로 파일에서 가지고 있던 보안 문제 및 파일에서 데이터가 중복 저장될 수 있는 단점을 데이터베이스를 사용하여 해결할 수 있었다.

데이터베이스라고 하면 매우 추상적인 생각이 드는데, 쉽게 생각하면 구조화된 형식의 데이터인 스프레드시트 파일이 여러 개 모여 있는 것을 데이터베이스라고 생각하면 된다.

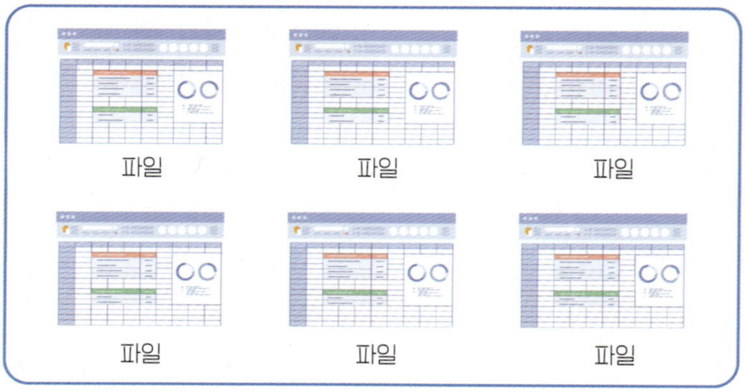

데이터베이스

데이터만 모아 놓았다고 데이터를 사용할 수 있는 것은 아니다. 이 데이터를 관리해 주는 소프트웨어가 필요한데 이것을 DBMS(Database Management System : 데이터베이스 관리 시스템)라고 한다. 데이터베이스에는 사용자나 응용프로그램이 직접 접근할 수 없고, 오직 DBMS를 통해서만 접근 가능하다.

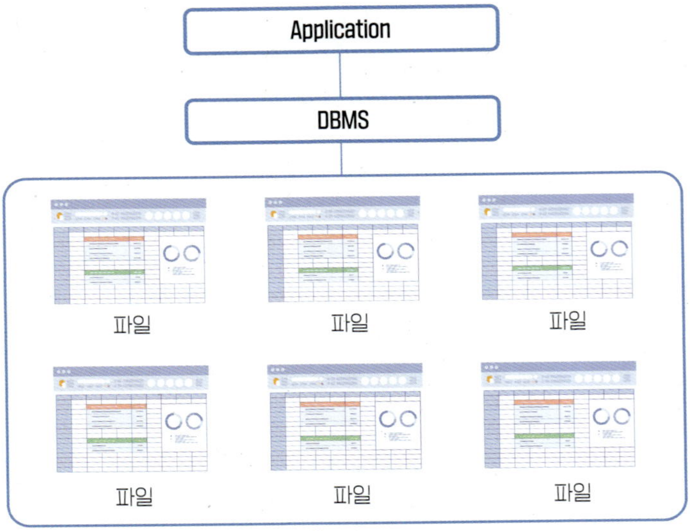

데이터베이스

DBMS의 종류

우리가 흔히 부르는 데이터베이스 이름들은 사실 DBMS를 가리키는 것이다. 컴퓨터에 DBMS를 설치하면 데이터베이스 시스템을 설치하는 것이고, 데이터베이스 서비스를 사용할 수 있는 상태가 된다. 만약 외부에 네트워크로 데이터 서비스가 가능하다면 해당 컴퓨터를 데이터베이스 서버라고 부를 수 있다. DBMS는 매우 다양한 종류가 있지만, 가장 많이 사용하는 몇 가지를 살펴보자.

DBMS	특징
MySQL	오픈 소스로 무료 라이센스 DBMS 중 가장 많이 사용되고 있다. 중소기업 층에서 많이 사용되며 상업적 사용 시에는 비용이 발생한다. 원래 MySQL 사에서 개발했고, 현재는 오라클에서 인수하여 서비스 중이다. 호환성이 좋아 다양한 운영체제에서 사용 가능하다.
Oracle	전 세계적으로 사용 점유율이 가장 높은 DBMS다. 오라클 사에서 만들었고, 성능이 MySQL이나 MSSQL보다 조금 더 우수하다. 고객의 필요에 맞게 커스터마이징이 가능하므로 비용이 비싸고 대기업에서 주로 사용한다.
MS-SQL	마이크로소프트 사에서 만든 상업용 DBMS이다. 다양한 운영체제에서 사용은 가능하지만 윈도우에 특화되어 있어 윈도우 서버를 운용하거나 MS 기반의 애플리케이션 연동 시에 주로 사용한다.
MongoDB	가장 대표적인 NoSQL 기반의 DBMS이다. 도큐먼트 방식으로 Json, XML과 같은 컬렉션(Collection) 데이터 모델 구조를 갖는다. 다양한 형태의 데이터 저장이 가능하고 상대적으로 사용법이 쉽다.

데이터베이스의 분류

데이터베이스는 크게 관계형 데이터베이스(Relational Database)와 NoSQL(Not Only SQL)로 분류할 수 있다.

<table>
<tr><th>분류</th><th>특징</th><th>형태</th></tr>
<tr><td>RDB</td><td>가장 일반적이고 많이 사용되는 데이터베이스로써 행(Row)과 열(Column)로 구성된 테이블 간의 관계를 나타날 때 사용되며, SQL을 통해서만 데이터베이스에 접근할 수 있다. 대표적으로 오라클(Oracle), MySQL, MS-SQL 등이 RDB(관계형 데이터베이스)다.</td><td>두 테이블간에 관계는 교수님 번호로 결합되어 있다.
<table>
<tr><th>교수님 번호</th><th>이름</th></tr>
<tr><td>0</td><td>이귀엽</td></tr>
<tr><td>1</td><td>스티브</td></tr>
<tr><td>2</td><td>아이유</td></tr>
</table>
<table>
<tr><th>과목번호</th><th>이름</th><th>교수님 번호</th></tr>
<tr><td>0</td><td>컴공</td><td>0(이귀엽)</td></tr>
<tr><td>1</td><td>물리</td><td>0(이귀엽)</td></tr>
<tr><td>2</td><td>경영</td><td>1(스티브)</td></tr>
</table></td></tr>
<tr><td>NoSQL</td><td>"Not Only SQL"의 약자로 SQL만을 사용하지 않는 데이터베이스라는 의미다. 즉, RDB의 특성뿐만 아니라 다른 유형의 데이터베이스도 지원한다는 말이다.

1. 확장이 쉽다.
관계형 데이터베이스는 확장이 어렵지만, NoSQL 데이터베이스는 데이터 분산 저장을 기본적으로 지원함으로써 확장이 용이하다.

2. 다루기 쉽다.
SQL을 배우지 않고 자바스크립트 object 자료형 사용하듯이 데이터를 입출력할 수 있으므로 사용이 편리하다.

3. 스키마 정의 없이도 사용 가능하다.
대표적으로 몽고DB(MongoDB), 레디스(Redis), 카산드라(Cassandra) 등이 있다.</td><td>테이블에 국한되지 않고 자유로운 형식으로 데이터를 쉽게 분산 저장할 수 있다.
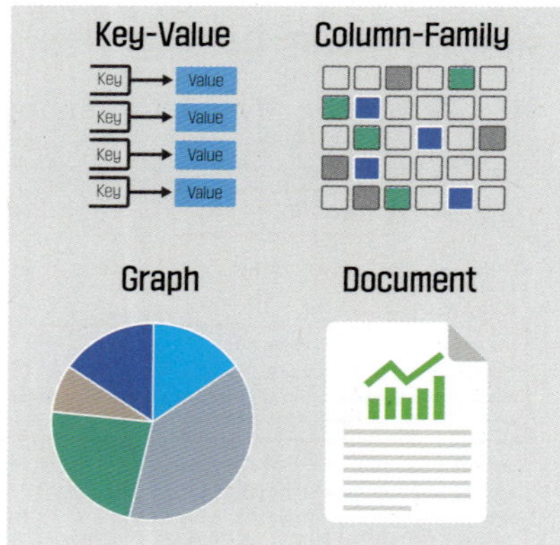

1. Key-value 모델 : object, json 형태로 데이터를 쉽게 저장 및 출력 가능하다.
2. Document 모델 : 테이블 대신 컬렉션이라는 문서 기반으로 데이터를 분류하고 저장한다.
3. Graph 모델 : 데이터를 노드의 형태로 저장하고, 노드 간의 흐름 또는 관계를 저장한다.
4. Column-Family 모델 : 한 행마다 각각 다른 수, 다른 종류의 열을 가질 수 있다.</td></tr>
</table>

11.2 MySQL 설치

MySQL 다운로드

DBMS의 하나인 MySQL을 설치해 보자.

❶ MySQL을 설치하기 위해 구글 검색창에서 'MySQL 커뮤니티 다운로드'를 입력하고 표시되는 'Downlode MySQL Community Server'를 클릭한다.

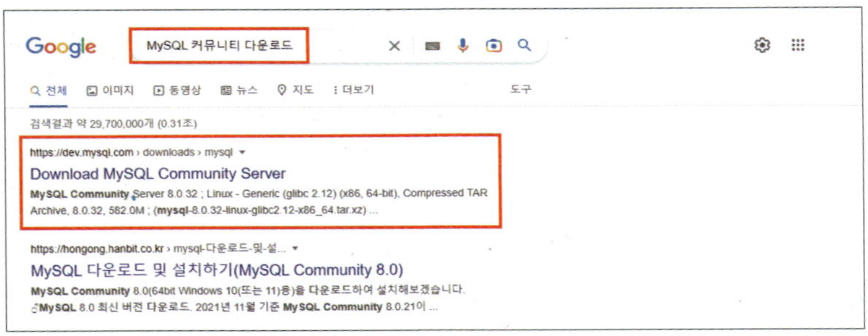

❷ 다음과 같이 운영체제 선택란이 표시되면 Select Operating System에서 컴퓨터에 맞는 운영체제를 지정하고 〈Go to Download Page〉 버튼을 클릭한다.

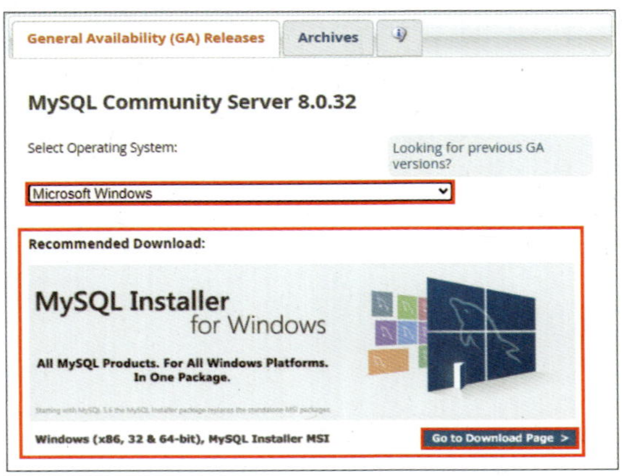

❸ 항목에 'Windows(x86, 32-bit), MSI Installer' 목록이 2개 표시되는데, 이 중에 약 400M 크기 인스톨러의 〈Download〉 버튼을 클릭한다.

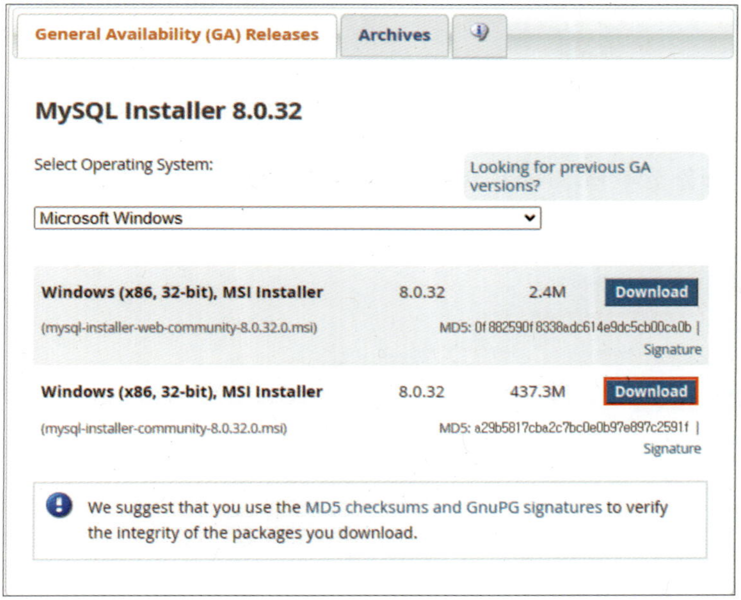

❹ 다음과 같이 회원가입 페이지가 표시되면 회원가입하지 말고 하단의 'No thanks, just start my download.'를 클릭한다.

MySQL 설치 시작

'mysql-installer-community-8.0.31.0.msi' 파일이 다운로드되면 더블클릭하여 설치를 시작해 보자.

❶ MySQL Installer 대화상자가 표시되면 설치 유형을 선택하는 Choosing a Setup Type이 표시된다. 'Custom'을 선택하고 〈Next〉 버튼을 클릭한다.

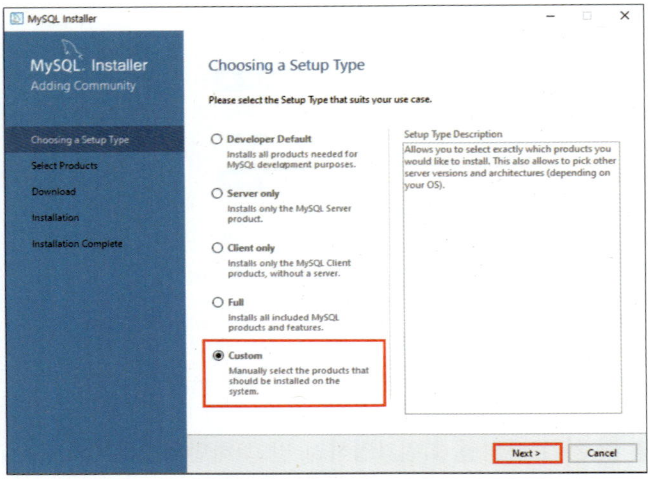

❷ Select Produts에서 설치할 제품들을 선택할 수 있다. Avaulable Products 항목에서 'MySQL Servers' → 'MySQL Server' → 'MySQL Server 8.0' → 'MySQL Server 8.0.31 – x64'를 선택하고 '오른쪽 화살표' 아이콘( )을 클릭한다.

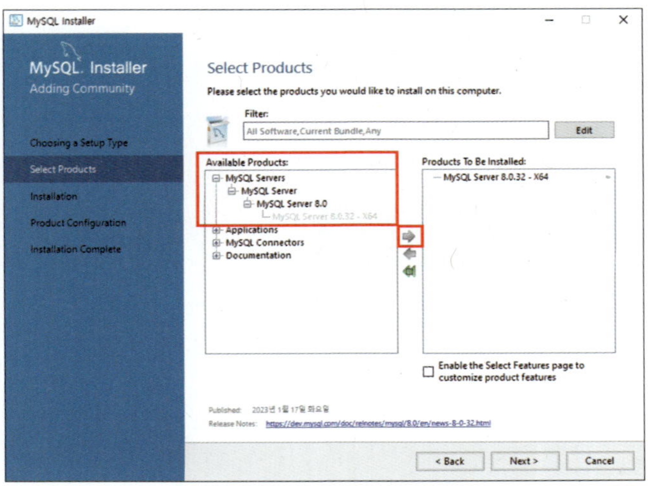

❸ Avaulable Products 항목에서 'Applications' → 'MySQL Workbench' → 'MySQL Workbench 8.0' → 'MySQL Workbench 8.0.31 – x64'를 선택하고 '오른쪽 화살표' 아이콘( )을 클릭한다.

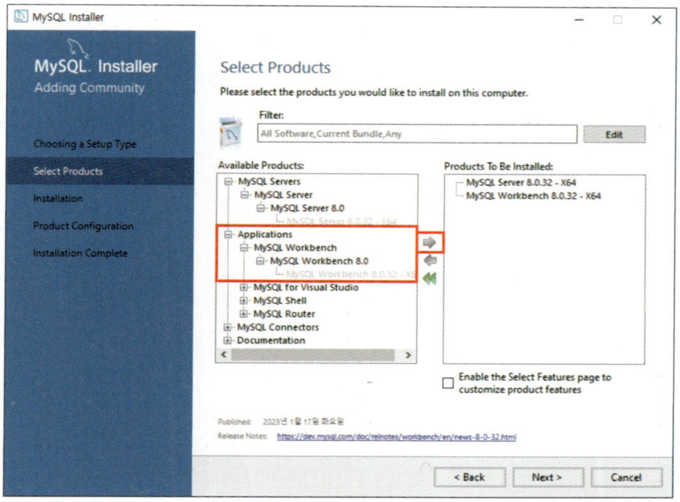

❹ Avaulable Products 항목에서 'Documentation' → 'Samples and Examples' → 'Samples and Examples 8.0' → 'Samples and Examples 8.0.31 – x86'을 선택하고 '오른쪽 화살표' 아이콘( )을 클릭한 다음 〈Next〉 버튼을 클릭한다.

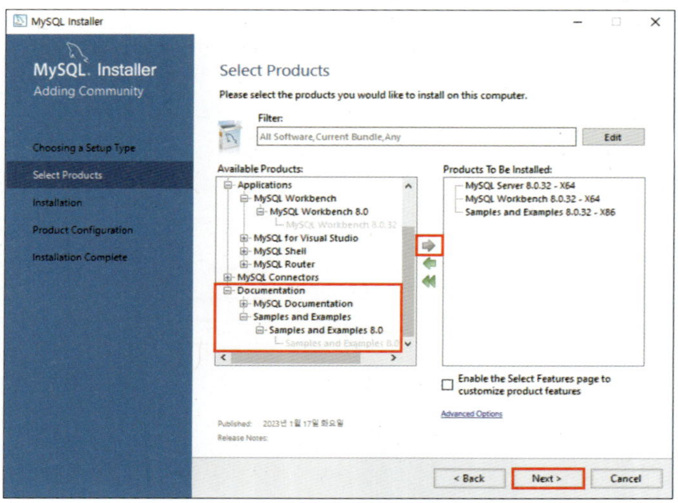

❺ Installation이 표시되면 3개의 항목을 확인하고 〈Execute〉 버튼을 클릭하여 설치를 진행한다. 각 항목의 설치 진행 과정이 표시되고, 설치가 완료되면 각 항목 앞에 초록색 체크가 표시된다.

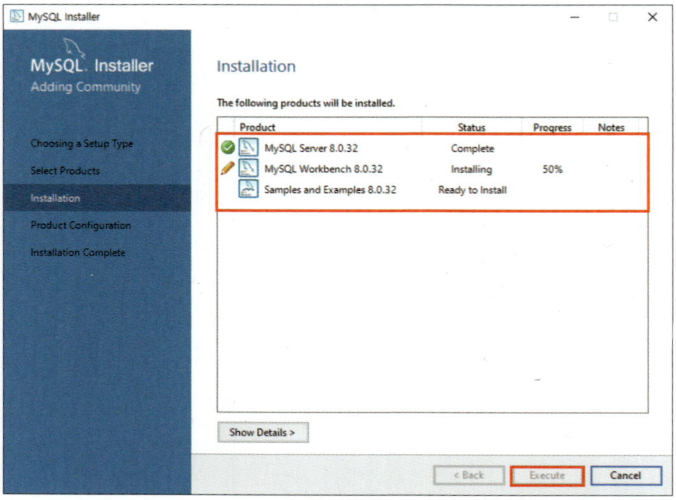

❻ 전체 다운로드되면 〈Next〉 버튼을 클릭하여 기본 설치를 완료한다. 추가 환경 설정을 위해 〈Next〉 버튼을 클릭한다.

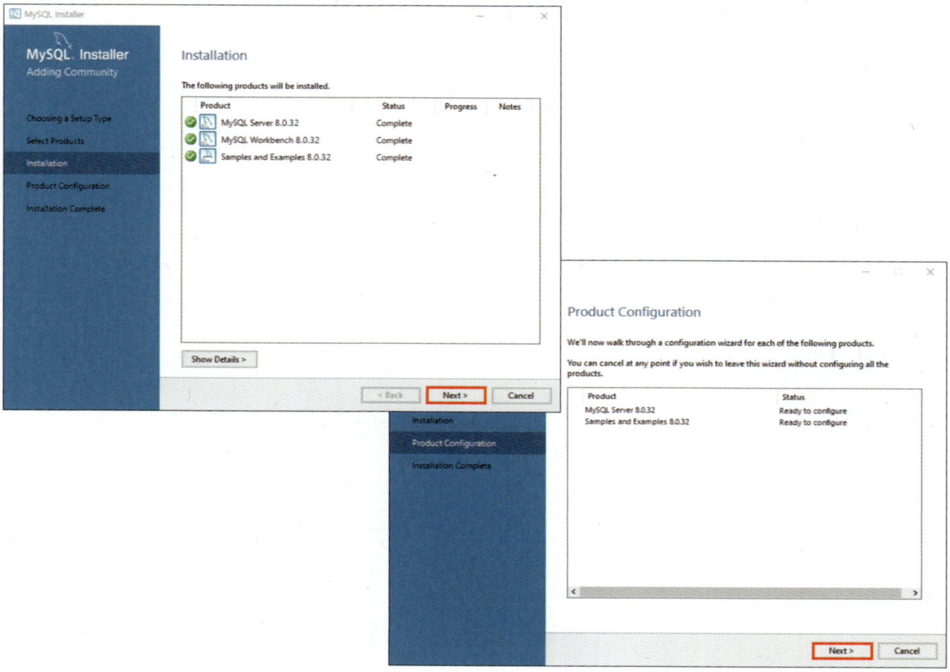

❼ 이후의 설정은 대부분 기본값으로 설정하고 〈Next〉 버튼을 클릭하면 된다. MySQL의 Port는 기본적으로 '3306'으로 설정되어 있는데 특별한 경우 아니면 포트 번호는 그대로 사용한다.

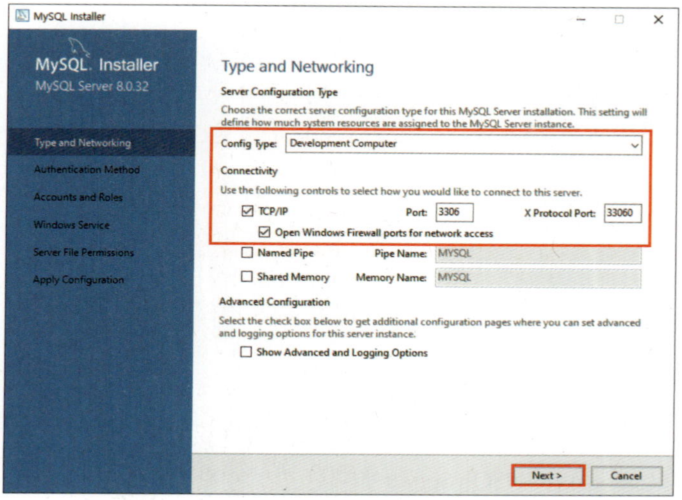

❽ MySQL 관리자(Root)의 비밀번호를 설정해야 한다. Accounts and Roles에서 패스워드를 입력하여 설정하고 〈Next〉 버튼을 클릭한다. 테스트용 서버이므로 기억하기 쉬운 비밀번호로 설정하자.

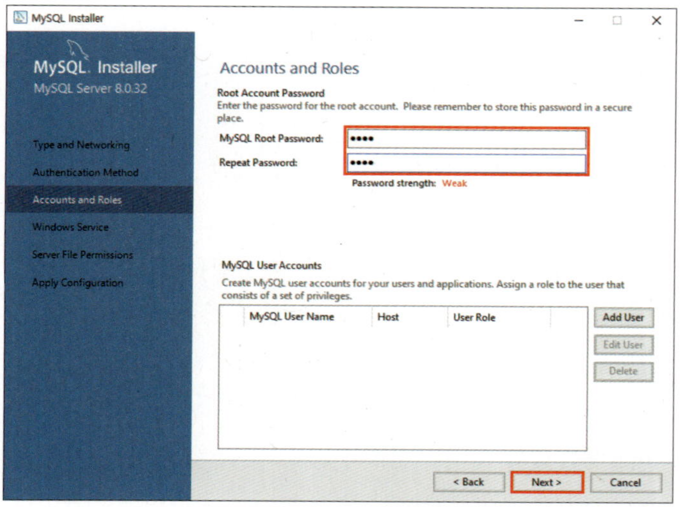

❾ Apply Configuration에서 설정된 내용을 적용하기 위해 〈Execute〉 버튼을 클릭한다.

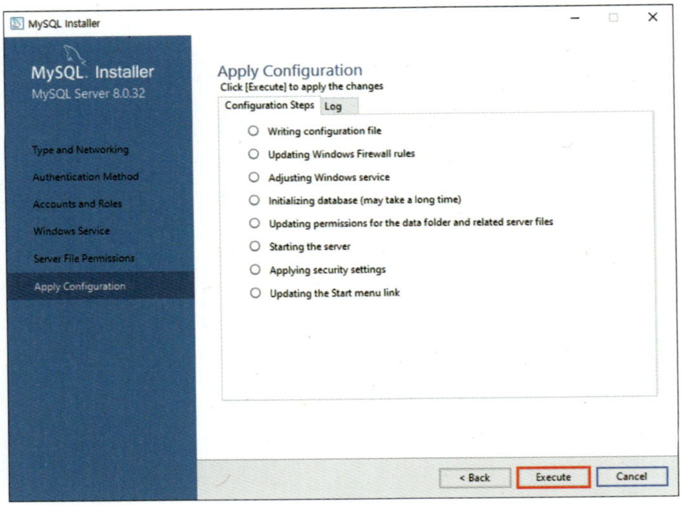

❿ 모든 항목에 초록색 체크 표시되면 MySQL Server에 대한 설정이 완료된 것이다. 〈Finish〉 버튼을 클릭하여 설정을 종료한다.

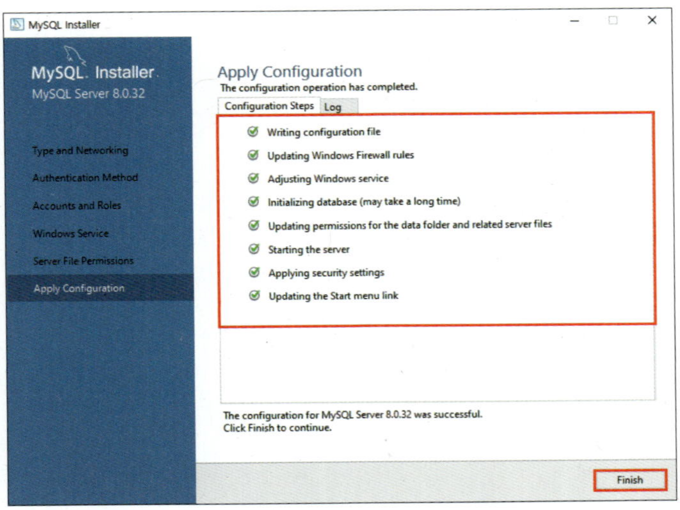

더 알아보기 **비트나미를 통한 설치**

윈도우 사용자라면 MySQL을 조금 더 편리하게 설치할 수 있다. 바로 비트나미라는 패키지 프로그램을 설치하면 되는데, wamp 이름처럼 Windows 기반에 apache,mysql, php가 한 번에 세트로 설치된다.

MySQL 동작 실행

설치한 MySQL을 통해 데이터베이스에 접근해 보자.

❶ 먼저 윈도우 검색 창에서 'MySQL'을 검색한다. 검색 결과로 표시되는 'MySQL 8.0 Command Line Client'를 클릭하여 실행한다.

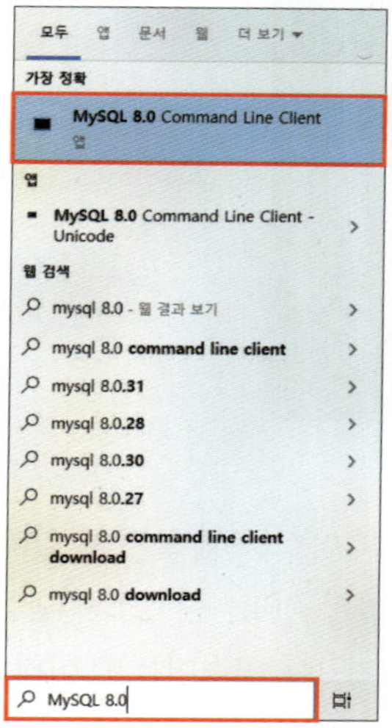

❷ 다음과 같이 커맨드 창이 표시된다. 실행된 커맨드 창은 MySQL 서버에 접속할 명령어 기반의 클라이언트 프로그램이다.

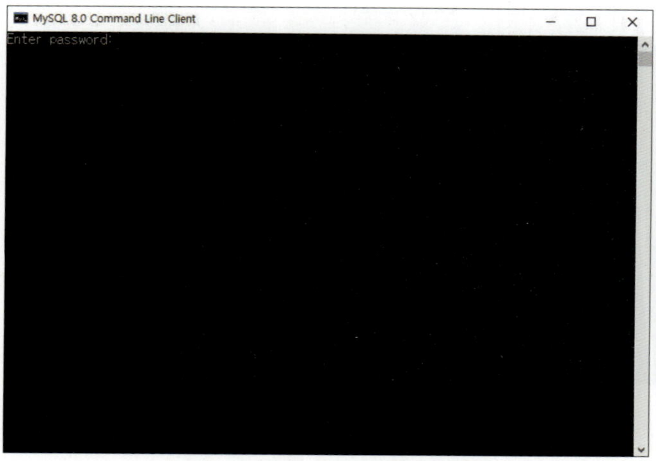

❸ 앞서 설치할 때 설정했던 MySQL 비밀번호를 입력하는 입력란에 입력하고 Enter를 누른다. 비밀번호가 정상 입력되면 다음과 같이 데이터베이스에 정상 접속되었다는 환영 메시지나 표시되고 mysql〉 명령 프롬프트가 나타난다. 이제부터 mysql 명령어를 통해 데이터베이스에 접근할 수 있다.

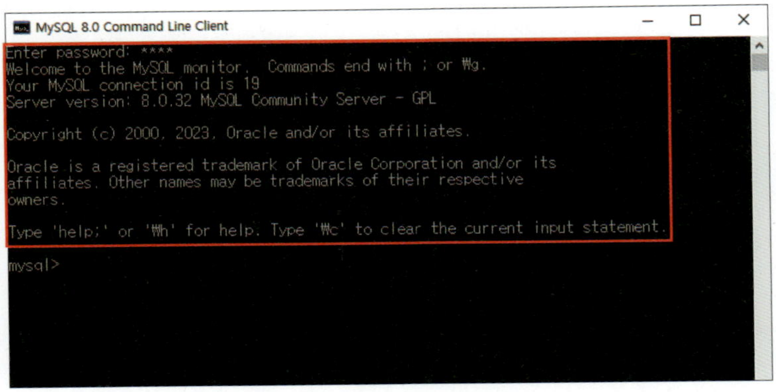

❹ 먼저 현재 데이터베이스를 조회해 보자. 아직 직접 데이터베이스를 만들지 않았지만, MySQL에서 미리 샘플로 만들어 놓은 몇 개의 데이터베이스들이 있다. 총 6개의 샘플 데이터베이스가 등록되어 있으며 다음과 같이 명령어를 입력하자. 이 명령어는 데이터베이스의 목록을 보고 싶을 때 사용한다.

```
mysql> show databases;
```

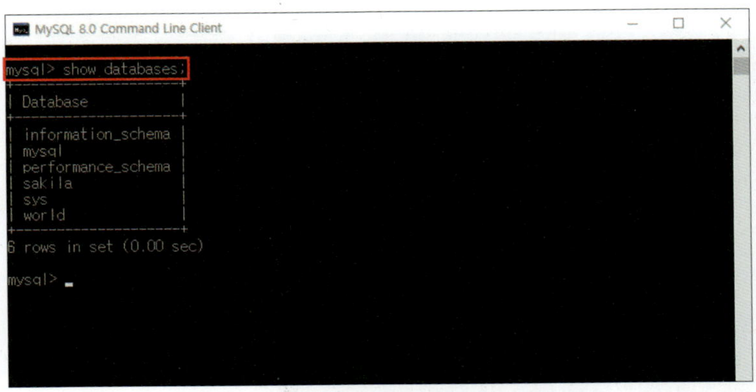

❺ 데이터베이스 목록 중에 우리가 사용하고 싶은 데이터베이스를 선택할 수 있다. 이 중에 world라는 항목을 선택하여 다음과 같이 명령어를 입력하면 현재 선택 데이터베이스는 world로 변경된다. 이제 world 데이터베이스 내부를 들여다 보자.

```
mysql> use world;
```

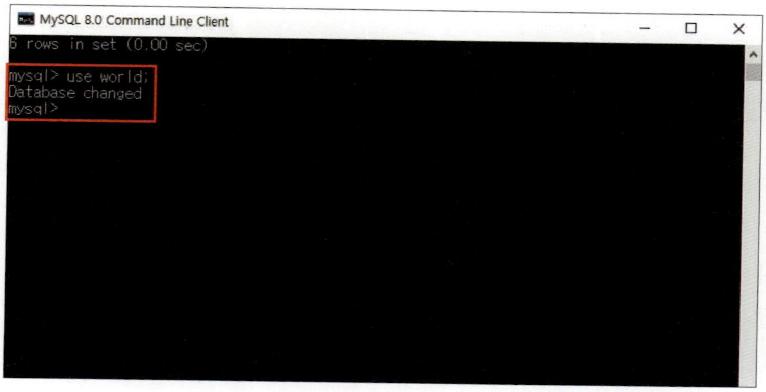

❻ 데이터베이스 내부는 여러 개의 테이블로 구성되어 있다고 하였다. 어떤 테이블 구성 요소들이 있는지 조회해 보자. 다음과 같이 명령어를 입력하면 총 3개의 테이블 목록이 나타나는 것을 확인할 수 있다. 지금부터 SQL 명령어를 사용하여 특정 테이블을 조회하고 데이터를 추가, 수정, 삭제할 수 있다.

```
mysql> show tables;
```

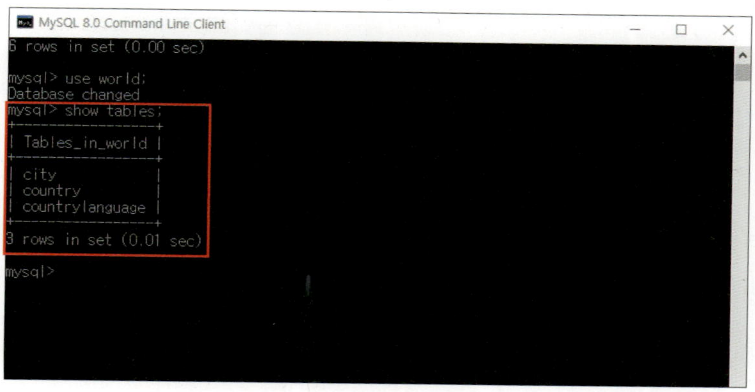

11.3 스키마와 테이블 생성

데이터베이스의 기본 구조

RDBMS의 기본 단위는 테이블(표)이며, 이 테이블이 여러 개 모여 그룹핑한 형태를 데이터베이스라고 한다. 그러나 보다 전문 용어로는 이 그룹핑된 구조를 스키마(Schema)라고 한다. 보통 데이터베이스라는 용어가 여기저기 사용되는데, 스키마의 개념으로도 사용하고 데이터베이스 서버를 지칭할 때도 데이터베이스라는 용어를 사용한다. 용어의 혼동을 방지하기 위해 앞으로 테이블을 그룹핑한 개념을 '스키마'라는 용어로 사용하겠다.

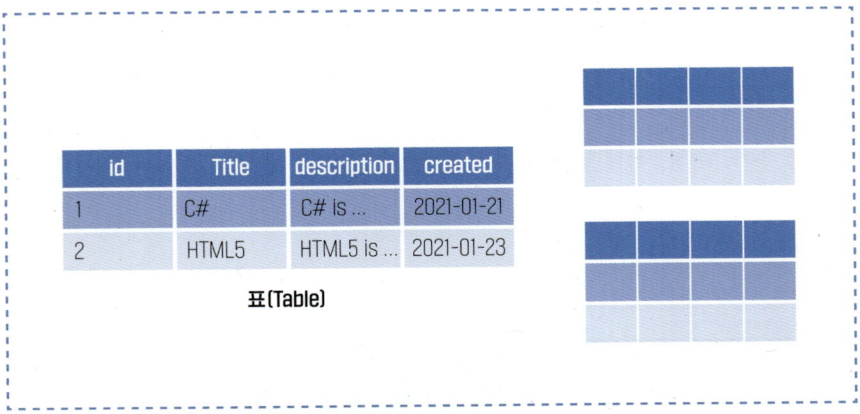

스키마(Schema)

이렇게 여러 개의 테이블이 모여 있는 형태를 스키마라고 한다. 앞서 show databases; 명령어를 통해 조회한 6개의 목록 각각은 바로 스키마에 해당되며, 이러한 여러 개의 스키마가 모여서 데이터베이스 서버를 구성한다. 앞서 우리가 설치한 MySQL이 바로 데이터베이스 서버를 설치한 것이다.

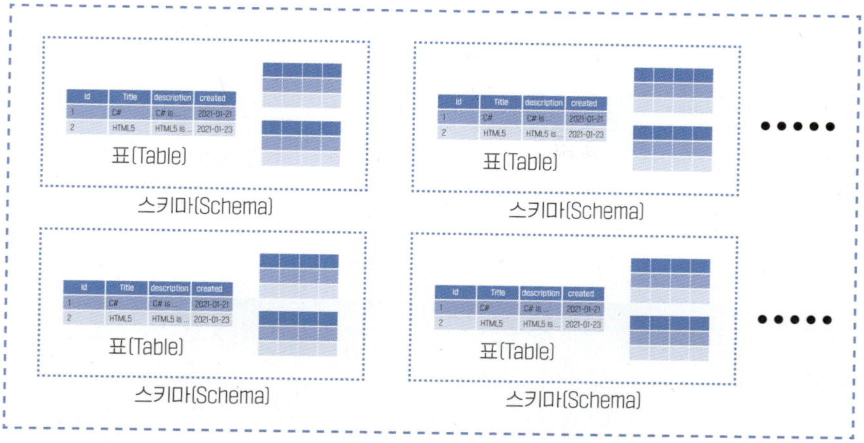

데이터베이스 서버(Database Server)

데이터베이스의 구조는 생각보다 단순하다. 가장 상위 개념이 데이터베이스 서버, 그다음은 스키마, 다음으로는 테이블이다.

데이터베이스 서버(Database Server) > 스키마(Schema) > 테이블(Table)

스키마 생성

이제 우리가 사용할 스키마를 직접 생성하기 위해 명령 프롬프트에 다음과 같이 입력하자.

```
mysql> CREATE DATABASE myboard default CHARACTER SET UTF8;
```

명령어 의미가 매우 직관적이다. 'myboard'라는 이름의 데이터베이스를 생성하도록 요청하는 것이다. default 뒤에 옵션은 문자셋을 UTF8 타입으로 인코딩하라는 의미로 입력하면 된다. 입력 후 Enter를 눌렀을 때 'Query OK'라고 메시지가 출력되면 정상적으로 'myboard'라는 이름의 스키마가 생성된 것이다.

명령어로 'show databases;'를 입력해 보자.

```
mysql> show databases;
```

스키마 목록에 myboard가 추가된 것을 확인할 수 있다.

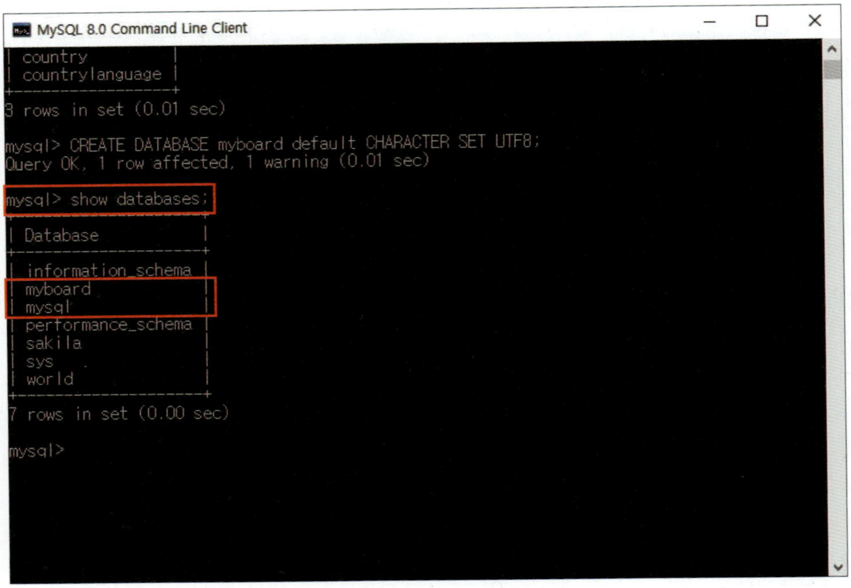

이제 myboard 스키마 안에서 테이블을 생성 후 본격적으로 데이터를 추가해 보자. 'myboard' 스키마를 선택하는 명령어를 입력한다.

```
mysql> use myboard;
```

Database changed 메시지가 출력되면 명령어가 정상적으로 수행된 것이다.

테이블 생성

현재 위치는 myboard 스키마 내부이다. show tables; 명령어를 입력해 보자.

```
mysql> show tables;
```

Empty set이라는 메시지가 출력된다. 즉, 스키마 내부가 비어있다는 뜻이다.

myboard 스키마 내부에 테이블을 1개 생성해 보자. 글 게시물을 발행할 때 필요한 6개 정도(id, title, content, created, writer, email)의 필드(컬럼)를 정의하여 테이블을 만들 것이다.

id	title	content	created	writer	email
1	삶은	계란이다	2030-12-30	lee	lee@naver.com

id, title과 같은 헤더 정보를 필드(field) 또는 컬럼(column)이라고 하는데, 테이블을 만들려면 가장 먼저 필드 정의를 해야 한다. 명령 프롬프트에 다음과 같이 입력하자.

```
mysql> CREATE TABLE post(
    -> id INT(11) NOT NULL AUTO_INCREMENT,
    -> title VARCHAR(100) NOT NULL,
    -> content TEXT NULL,
    -> created DATETIME NOT NULL,
    -> writer VARCHAR(100) NULL,
    -> email VARCHAR(100) NULL,
    -> PRIMARY KEY(id));
```

여기서 화살표(→) 표시는 윗 문장과 현재 문장이 이어진다는 의미의 표시로 Enter를 눌렀을 때 자동으로 생성되는 기호다. 문장을 한 줄로 표현하게 되면 가독성이 떨어지므로 각 필드별 설정 내용을 한 줄씩 구분해서 작성하였다. 'Query OK' 메시지가 출력되면 필드가 정상적으로 생성된 것이다.

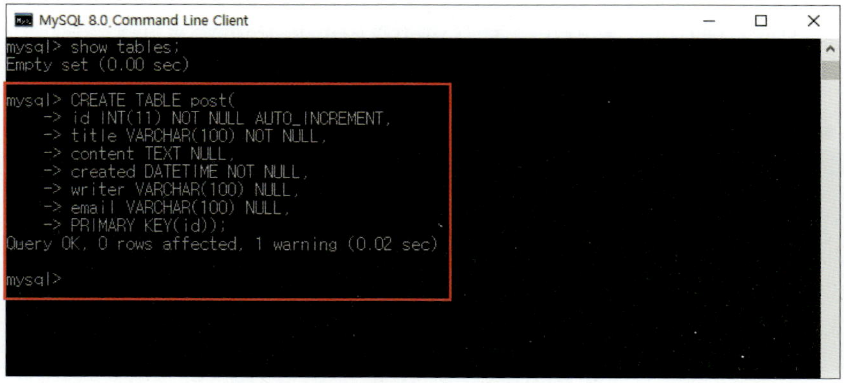

필드 설정 확인 방법을 위해 다음과 같이 명령을 입력하자.

```
mysql> desc post;
```

설정한 필드의 이름, 타입, 옵션 등이 표 형식으로 출력된다.

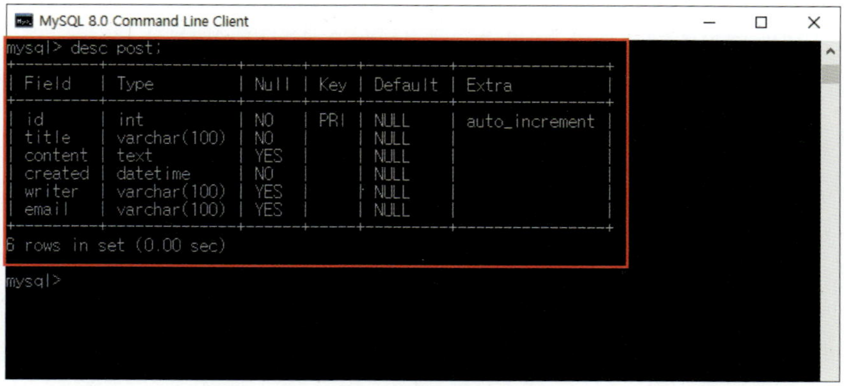

내용 확인 후 이상 없으면 이제 SQL 문을 사용하여 데이터를 입력해 보자.

11.4 SQL 문과 CRUD

CRUD란

현업에서는 'CRUD 기능 구현'이라는 용어를 자주 사용한다. CRUD는 Create(생성), Read(읽기), Update(갱신), Delete(삭제)를 묶어서 일컫는 용어이다. 일반적인 애플리케이션에서 데이터를 다룰 때 갖추어야 할 기본 기능으로, 데이터베이스를 다루는 SQL 언어도 CRUD를 지원한다.

사실 SQL의 CRUD는 RDB를 배우는 개발자라면 반드시 알아야 하는 기본 개념이며, 문법도 이해하기 쉽고 직관적이므로 전혀 걱정할 필요가 없다.

이름	기능	SQL 문
Create	추가	INSERT
Read	조회	SELECT
Update	갱신	UPDATE
Delete	삭제	DELETE

데이터 추가

이제 SQL 문을 사용하여 원하는 테이블에 데이터를 추가하자. 추가할 내용은 각 레코드(행)별로 다음과 같다.

id	title	content	created	writer	email
1	삶은	계란이다	2030-12-30	lee	lee@naver.com
2	위대하다	밥을 많이 먹어서	2030-12-31	lee	lee@naver.com
3	나의 성격유형	infj	2029-10-05	kim	kim@naver.com
4	가을바람	가을은 쓸쓸하다	2029-10-21	park	park@naver.com
5	언젠가부터	사람들과 이해관계가 힘들어지는 것 같다	2029-11-11	lee	lee@naver.com

사용 명령문 문법은 다음과 같다.

```
INSERT INTO 테이블명 (필드명…) VALUES (입력할 값…)
```

명령 프롬프트에 다음과 같이 입력하고 Enter를 누른다.

```
mysql> INSERT INTO post (title, content, created, writer, email) VALUES('삶은', '계란이다',
NOW(), 'lee', 'lee@naver.com');
```

혹시 문제가 발생했다면 거의 99%가 오탈자 문제이므로 틀리지 않게 입력한다.

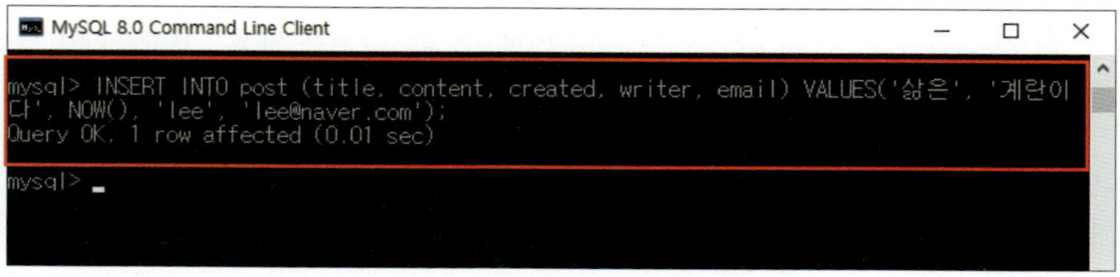

같은 방식으로 나머지 4개의 데이터도 입력해 보자. 그러나 매번 데이터를 추가할 때마다 긴 명령문을 작성하는 것은 시간도 많이 걸리고 귀찮은 일이다. 그래서 더 편리하게 입력하는 방법이 제공되는데 위쪽 방향키를 이용하면 방금 전에 입력했던 명령어가 나타나며, 한 번 더 누르면 그 이전에 입력했던 명령어가 나타난다. 아래쪽 방향키를 누르면 반대로 이후에 입력한 명령어가 나타난다. 이렇게 방향키를 활용하면 반복되는 문법 작성으로 인한 불필요한 시간 낭비를 줄일 수 있다.

나머지 데이터를 순서대로 입력해 보자. 위쪽 방향키를 눌러서 VALUES 이하의 내용만 살짝 수정하면 된다.

```
mysql> INSERT INTO post (title, content, created, writer, email) VALUES('위대하다', '밥을
많이먹어서', NOW(), 'lee', 'lee@naver.com');
```

```
mysql> INSERT INTO post (title, content, created, writer, email) VALUES('나의성격유형',
'infj', NOW(), 'kim', 'kim@naver.com');
```

```
mysql> INSERT INTO post (title, content, created, writer, email) VALUES('가을바람', '가을은 쓸쓸하다', NOW(), 'park','park@naver.com');
```

```
mysql> INSERT INTO post (title, content, created, writer, email) VALUES('언젠가부터', '사람들과 이해관계가 힘들어지는것같다', NOW(), 'lee','lee@naver.com');
```

'Query OK' 메시지가 출력되면 post 테이블에 데이터가 제대로 추가된 것이다.

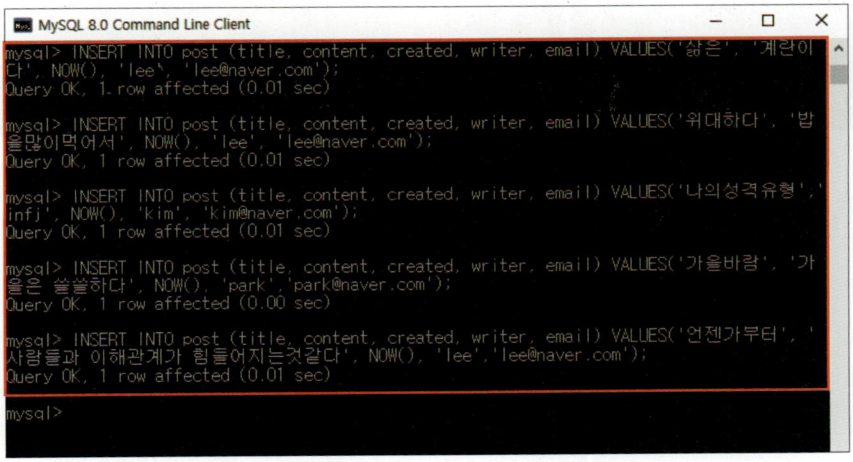

데이터 조회

우리가 추가한 데이터가 제대로 들어갔는지 확인하기 위해서는 post 테이블을 조회할 수 있어야 한다. 데이터를 조회할 때 사용하는 SQL 명령문은 바로 SELECT 문이다. 이는 RDB에서 가장 많이 사용하는 SQL 명령문으로 중요하다.

```
SELECT 필드명… FROM 테이블;
```

post 테이블로부터 우리가 입력한 데이터를 조회하려면 다음과 같이 입력하자.

```
mysql> SELECT * from post;
```

여기서 *는 필드 전체를 의미한다. 결과를 보면 6개 필드 내용이 모두 출력된 것을 확인할 수 있다.

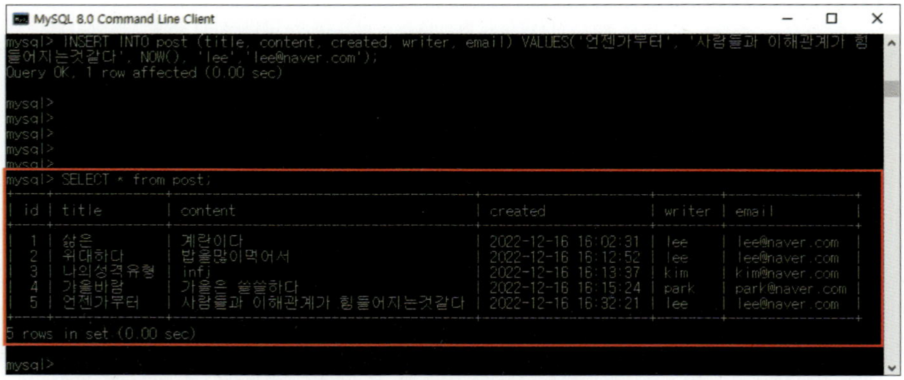

알아두세요 SQL 명령문은 대소문자 구분하지 않는다. 이 책에서는 명령문과 변수 이름들을 구분하기 위해 명령문만 대문자로 사용했지만, 소문자로 사용하거나 대소문자를 혼용해도 동작에는 전혀 문제없다. 즉, INSERT 대신 insert, SELECT 대신 select를 사용해도 전혀 문제없다.

원하는 필드의 내용만 출력하고 싶을 때, * 대신 필드명을 명시하면 된다. 만약 id, title, content 필드의 내용만 출력하고 싶다면 다음과 같이 입력하자.

```
mysql> SELECT id, title, content from post;
```

결과에 id, title, content 필드의 내용만 출력된다.

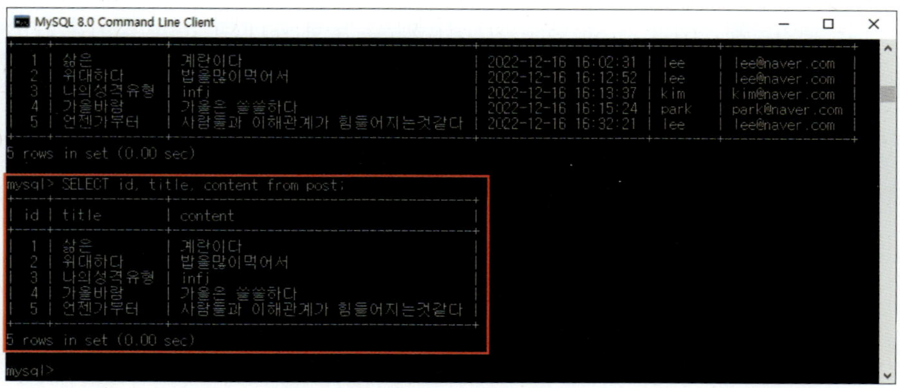

원하는 필드 말고도 원하는 레코드를 선택해서 출력할 수도 있다. 이 경우 조건문 WHRER 절을 사용하며, 사용 문법은 다음과 같다.

```
SELECT 필드명… FROM 테이블 WHRER 조건;
```

SELECT 문 끝에 WHERE을 붙이고 뒤에 조건을 제시하면 해당 조건에 맞는 데이터만 뽑아서 출력해 준다. 예를 들어, “id가 2보다 큰 데이터만 출력하라”라는 명령문을 작성하려면 다음과 같이 작성하면 된다.

```
mysql> SELECT * from post WHERE id > 2;
```

결과에 id가 2보다 큰 데이터만 출력된다.

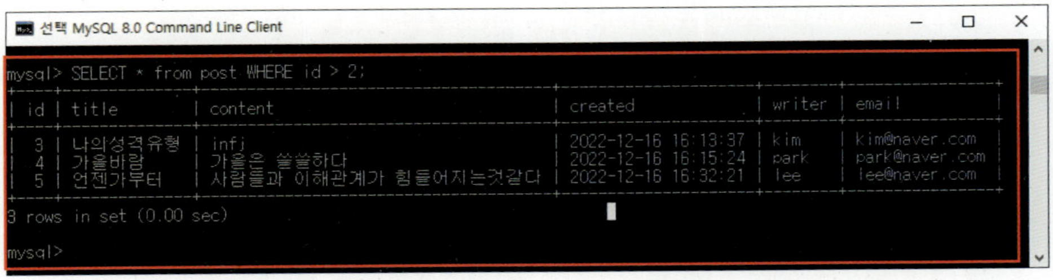

“writer가 lee인 데이터만 출력하라”라는 명령문을 작성하려면 다음과 같이 작성하자.

```
mysql> SELECT * from post WHERE writer = 'lee';
```

결과에 writer가 ‘lee’인 데이터만 출력된다.

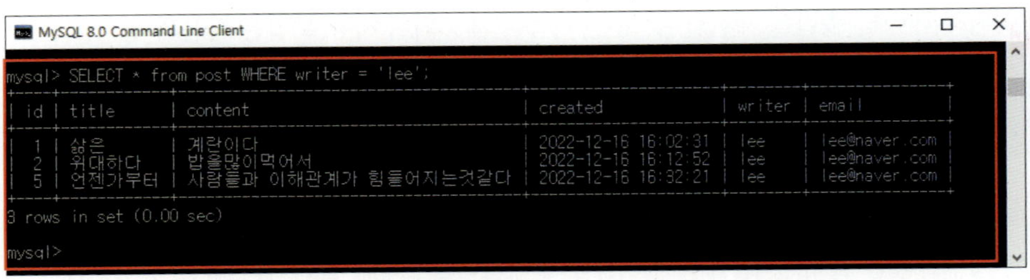

이런 식으로 조건문을 통해 우리가 원하는 데이터만 뽑아낼 수 있다.

데이터 조회 시 정렬 기능도 가능하며, 사용 문법은 다음과 같다.

```
SELECT 필드명… FROM 테이블 ORDER BY 필드명;
```

SELECT문 끝에 ORDER BY를 붙이고 뒤에 기준 필드명을 입력하면 입력 필드를 기준으로 정렬된 상태로 출력된다. 예를 들어, "id를 기준으로 내림차순으로 정렬하여 출력하라"라는 명령문을 작성하려면 다음과 같이 작성하자.

```
mysql> SELECT * from post ORDER BY id DESC;
```

결과는 id를 기준으로 내림차순으로 출력된다.

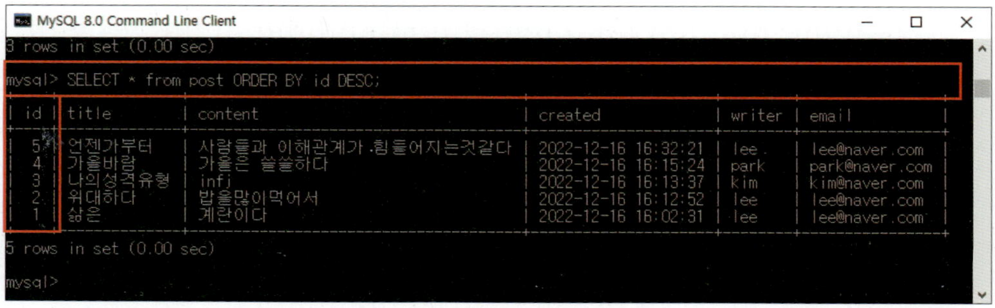

이와 같이 정렬하기 원하는 필드를 입력하면 간단하게 정렬할 수 있다.

현재 다루는 데이터는 5개지만, 실제 현업에서 다루는 데이터베이스의 양은 실로 어마어마하다. 만약 데이터양이 100만 개가 넘는다고 가정해 보자. 데이터를 SELECT 문을 통해 조회했을 때 100만 개의 데이터를 모두 조회하고 출력하려면 무척 난감한 상황이 될 것이다. 이러한 경우를 위해 데이터 출력을 제한할 수 있는 기능이 제공되며 사용 문법은 다음과 같다.

```
SELECT 필드명… FROM 테이블 LIMIT 출력할 데이터 개수;
```

SELECT 문 끝에 LIMIT를 붙이고 뒤에 출력할 데이터 개수를 입력하면 출력 데이터 중에 입력한 개수만큼만 출력된다. 예를 들어 "출력 데이터를 2개만 출력하라"라는 명령문을 작성하려면 다음과 같이 작성하자.

```
mysql> SELECT * from post LIMIT 2;
```

결과는 출력 결과 데이터에서 2개만 출력된다.

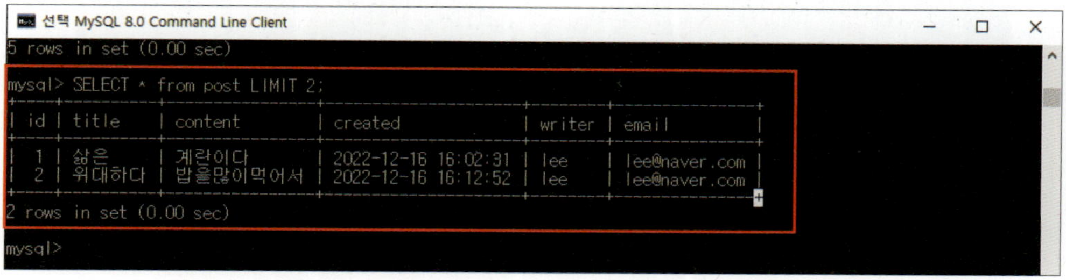

데이터 수정

데이터 조회 다음으로 가장 많이 하는 작업이 데이터 수정이다. 보통 데이터베이스 유지 보수하는 작업의 절차는 고객의 요청에 의해 데이터를 조회 후 수정하는 것이다. 기존의 데이터를 수정하는 사용 문법은 다음과 같다.

```
UPDATE 테이블명 SET 수정할 필드 = ' 수정할 내용 ' WHERE id = 수정할 데이터의 id
```

데이터 수정 시 사용할 SQL 문은 UPDATE이다. 수정할 대상 테이블에서 데이터 id를 기준으로 수정할 필드를 선택하여 내용을 수정한다. 예를 들어, "id 3번인 데이터의 content 필드의 내용을 기존 'infj'에서 '성격 파탄자'로 변경하라"라는 명령문을 작성하려면 다음과 같이 작성하자.

```
mysql> UPDATE post SET content = '성격 파탄자' WHERE id = 3;
```

'Query OK' 메시지가 출력되었으면 정상적으로 수정된 것이다. 여기서 주의할 점은 수정할 대상 데이터를 지정하는 구문인 WHERE 절을 절대 빠뜨리지 않는 것이다. 수정이 잘 되었는지 테이블을 조회하고 다른 데이터들도 같은 방식으로 수정해 보자.

데이터 삭제

CRUD의 마지막인 DELETE 기능에 대해 살펴보자. 원하는 데이터를 레코드 단위로 삭제하는 기능이다. 사용 문법은 다음과 같다.

```
DELETE FROM 테이블명 WHERE id = 수정할 데이터의 id
```

데이터 삭제 시 사용할 SQL 문은 DELETE이다. 대상 테이블의 수정할 데이터 id를 선택하여 레코드를 삭제한다. 예를 들어 "id 2번인 데이터를 삭제하라"라는 명령문을 작성하려면 다음과 같이 작성하자.

```
mysql> DELETE FROM post WHERE id = 2;
```

'Query OK' 메시지가 출력되었으면 정상적으로 수정된 것이다. 여기서 주의할 점은 UPDATE와 마찬가지로 WHERE 절을 빠뜨리면 안된다. 테이블을 조회하여 삭제가 잘 되었는지 확인해 보자.

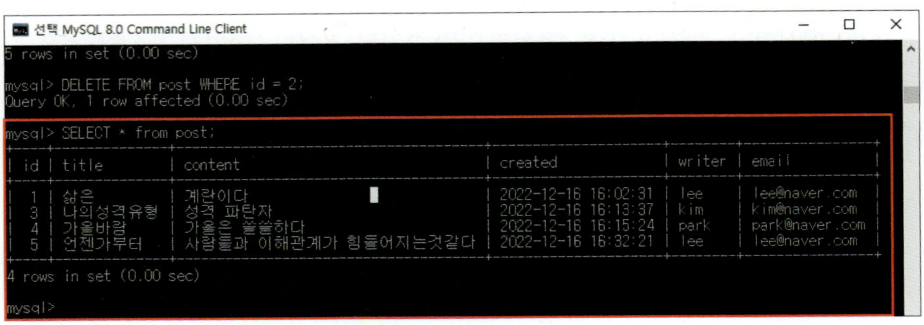

11.5 테이블 분리 및 조인

관계형 데이터베이스가 필요한 이유

post 테이블을 조회하면 중복된 데이터들이 확인된다.

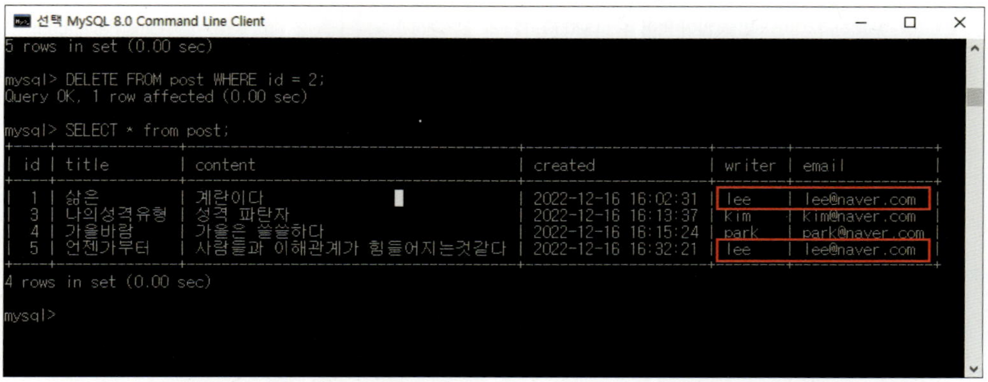

중복된 데이터들이 무슨 문제일까 생각할 수 있지만, 데이터가 4개가 아닌 100만 개가 존재한다고 극단적으로 가정하면 중복된 데이터가 적어도 몇 천 개는 나올 것이다. 그런데 만약 lee라는 사람의 이메일 정보가 변경되었다고 가정해 보자. 몇 천 개 되는 이메일 내용을 일일히 수정해야 한다. 생각만 해도 매우 비효율적인 일일 것이다.

·····	writer	email
·····	lee	jamsuham75@naver.com
·····	lee	jamsuham75@naver.com
·····	·····	·····

현재 하나의 테이블 상태에서는 수많은 중복된 데이터를 일일이 수정하는 방법 외에는 다른 방법이 없다. 이때 이 테이블에서 중복된 컬럼만을 따로 분리해 별도의 테이블로 구성하면 중복된 데이터의 비효율성을 해결할 수 있다.

post

id	title	content	created	writer	email
1	삶은	계란이다	2030-12-30	lee	lee@naver.com
2	위대하다	밥을 많이 먹어서	2030-12-31	lee	lee@naver.com
3	나의 성격유형	infj	2029-10-05	kim	kim@naver.com
4	가을바람	가을은 쓸쓸하다	2029-10-21	park	park@naver.com
5	언젠가부터	사람들과 이해관계가 힘들어지는 것 같다	2029-11-11	lee	lee@naver.com

post

id	title	content	created	profile_id
1	삶은	계란이다	2030-12-30	1
2	위대하다	밥을 많이 먹어서	2030-12-31	1
3	나의 성격유형	infj	2029-10-05	2
4	가을바람	가을은 쓸쓸하다	2029-10-21	3
5	언젠가부터	사람들과 이해관계가 힘들어지는 것 같다	2029-11-11	1

profile

id	writer	email
1	lee	lee@naver.com
2	kim	kim@naver.com
3	park	park@naver.com

기존의 post 테이블에서 중복된 데이터의 필드만 따로 분리하여 별도의 profile 테이블을 구성하고, 나머지 정보를 post 테이블로 구성했다. 이때 profile 테이블과 연결할 profile_id 필드를 하나 추가하였다. 예를 들어 post 테이블의 profile_id 1번은 profile 테이블 id 1번과 연결되어 있는데, 이런 구조에서는 profile의 정보를 추가 및 수정하면 post의 중복된 데이터가 자동으로 적용된다. 데이터양이 늘어날수록 구조는 복잡해지고 중복 데이터들이 늘어나게 되는데, 이런 경우에는 하나의 테이블을 분리하여 테이블 간의 관계를 구성함으로써 문제 해결이 가능하다. 이러한 형태의 데이터베이스를 관계형 데이터베이스라고 부르며 관계형 데이터베이스가 필요한 이유이기도 하다.

테이블 분리

실제로 중복된 데이터를 중심으로 post 테이블을 두 개의 테이블로 분리해 보자. 먼저 기존 테이블을 확인하기 위해 다음과 같은 코드를 입력한다.

```
mysql> show tables;
```

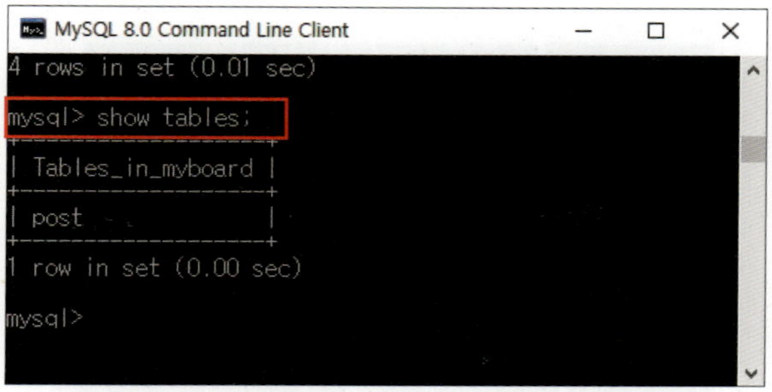

다음과 같이 입력하여 기존의 post 테이블을 백업하자.

```
mysql> rename table post to post_bk;
```

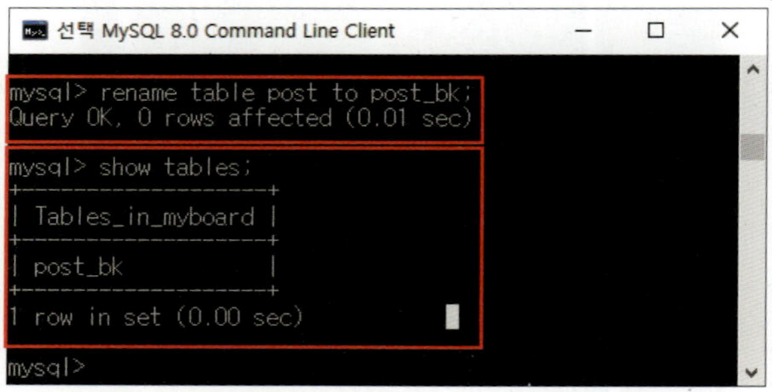

이제 두 개의 테이블을 새로 생성하기 위해 다음과 같이 작성한다.

```
mysql> CREATE TABLE post(
    -> id INT(11) NOT NULL AUTO_INCREMENT,
    -> title VARCHAR(30) NOT NULL,
    -> content TEXT,
    -> created DATETIME NOT NULL,
    -> profile_id INT(11) DEFAULT NULL,
    -> PRIMARY KEY(id));
```

```
mysql> CREATE TABLE profile(
    -> id INT(11) NOT NULL AUTO_INCREMENT,
    -> writer VARCHAR(30) NOT NULL,
    -> email  VARCHAR(100) DEFAULT NULL,
    -> PRIMARY KEY(id));
```

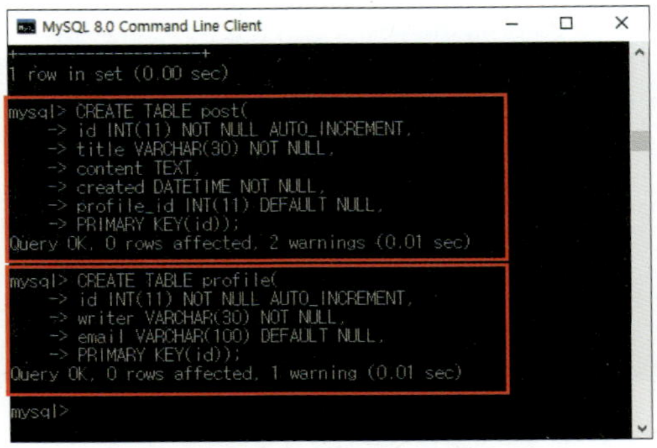

생성된 2개의 테이블을 확인해 보자.

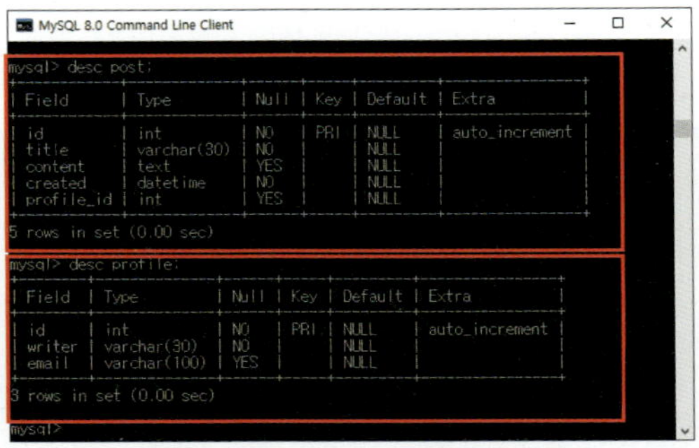

앞에서 백업했던 post_bk 테이블의 데이터를 토대로 각 테이블에 데이터를 입력하자. 먼저 profile 테이블에 데이터를 다음과 같이 입력한다.

```
mysql> INSERT INTO profile (id, writer, email) VALUES(1, 'lee', ' lee@naver.com ');
```

```
mysql> INSERT INTO profile (id, writer, email) VALUES(2, 'kim', ' kim@naver.com ');
```

```
mysql> INSERT INTO profile (id, writer, email) VALUES(3, 'park', ' park@naver.com ');
```

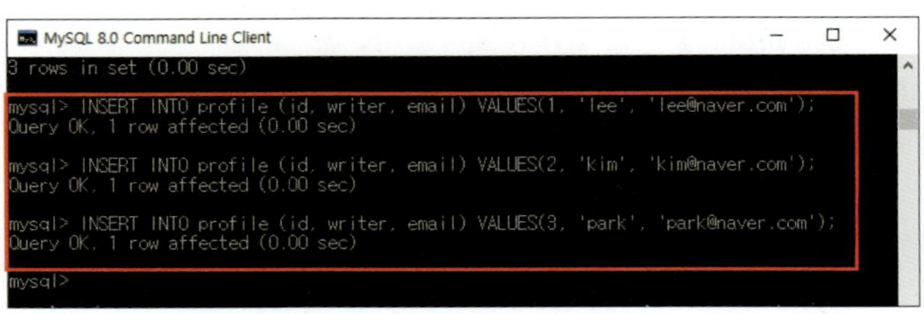

다음은 post 테이블에 데이터를 다음과 같이 입력한다.

```
mysql> INSERT INTO post (title, content, created, profile_id) VALUES('삶은', '계란이다',
NOW(), 1);
```

```
mysql> INSERT INTO post (title, content, created, profile_id) VALUES('위대하다', '밥을
많이먹어서', NOW(), 1);
```

```
mysql> INSERT INTO post (title, content, created, profile_id) VALUES('나의성격유형',
'infj', NOW(), 2);
```

```
mysql> INSERT INTO post (title, content, created, profile_id) VALUES('가을바람', '가을
은 쓸쓸하다', NOW(), 3);
```

```
mysql> INSERT INTO post (title, content, created, profile_id) VALUES('언젠가부터', '사
람들과 이해관계가 힘들어지는것같다', NOW(), 1);
```

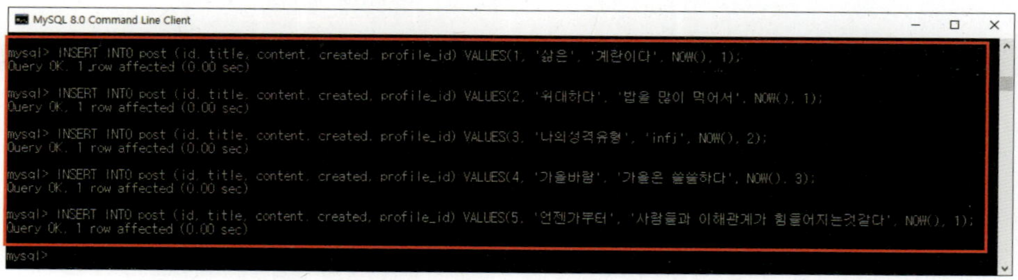

각각 데이터를 입력한 테이블을 조회하면 데이터가 모든 테이블에 잘 입력된 것을 확인할 수 있다.

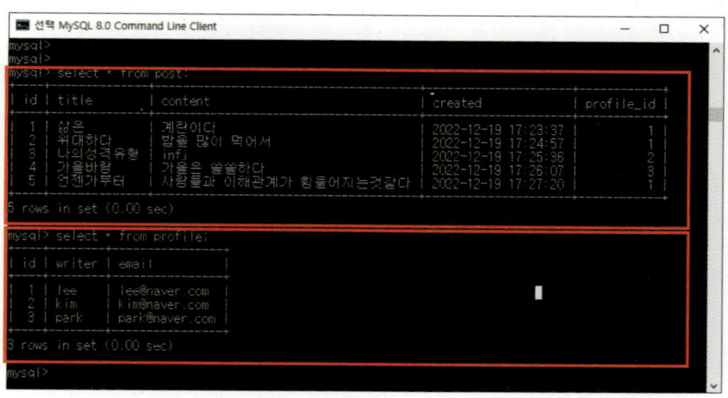

테이블 조인

현재 두 테이블의 데이터가 잘 입력되어 있지만, 두 테이블 간의 연관성은 없다. 이를 연관이 있게 하려면 post 테이블의 profile_id와 profile 테이블의 id를 연결해 주어야 한다. 연결하는 방법은 SQL 문의 JOIN을 사용하여 분리된 테이블이 마치 하나의 테이블인 것처럼 표현 가능하다. 사용 문법은 다음과 같다.

```
SELECT 필드명 FROM 테이블 1 LEFT JOIN 테이블 2on 테이블 1.profile_id = 테이블 2.id;
```

다음과 같이 명령어를 입력하자.

```
mysql> SELECT * FROM post LEFT JOIN profile on post.profile_id = profile.id;
```

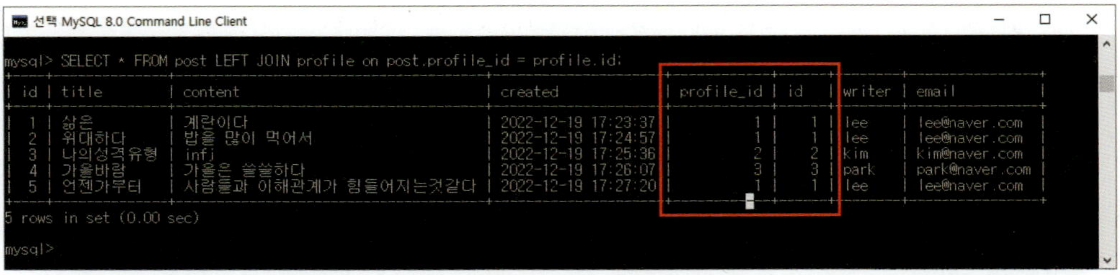

출력 결과를 보면 post 테이블의 profile_id 필드와 profile 테이블의 id 필드가 매핑되어 출력된 것을 확인할 수 있다.

이제 중복된 데이터를 수정 시 profile 테이블에서 1개의 데이터만 수정하면 중복된 데이터 전체에 모두 적용된다. 예를 들어 writer가 lee인 email 데이터를 lee@naver.com에서 lee@daum.net으로 변경해 보자.

```
mysql> UPDATE profile SET email = 'lee@daum.net' WHERE id = 1;
```

profile 테이블에서 id가 1인 email 필드 데이터를 1번 변경하면 전체 중복 데이터에 모두 적용된다. 다시 두 테이블을 JOIN하여 출력해 보자.

```
mysql> SELECT * FROM post LEFT JOIN profile on post.profile_id = profile.id;
```

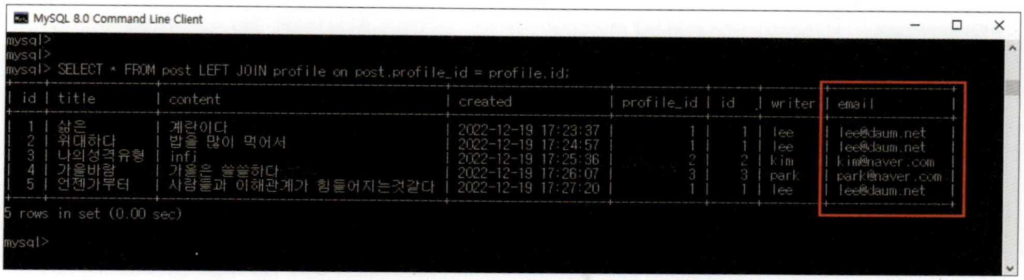

출력 결과에서 한가지 아쉬운 점이 있다. profile_id와 id 필드의 매핑은 두 테이블의 연관성을 위해 존재하는 것이기 때문에 결과에 굳이 노출할 필요는 없다. profile_id와 id 필드를 제외한 필요한 정보의 필드만 출력하도록 명령어를 수정해 보자.

```
mysql> SELECT id, title, content, created, writer, email FROM post LEFT JOIN profile on
post.profile_id = profile.id;
```

다음과 같은 오류 메시지가 출력될 것이다.

```
ERROR 1052 (23000): Column 'id' in field list is ambiguous
```

두 테이블에 id라는 필드가 모두 존재하기 때문에 어떤 id 필드를 읽어야 할지 모호하다는 오류 메시지다. 원하는 id는 post의 id이므로 명령어에 명확하게 id의 소속을 붙여 준다.

```
mysql> SELECT post.id, title, content, created, writer, email FROM post LEFT JOIN profile
on post.profile_id = profile.id;
```

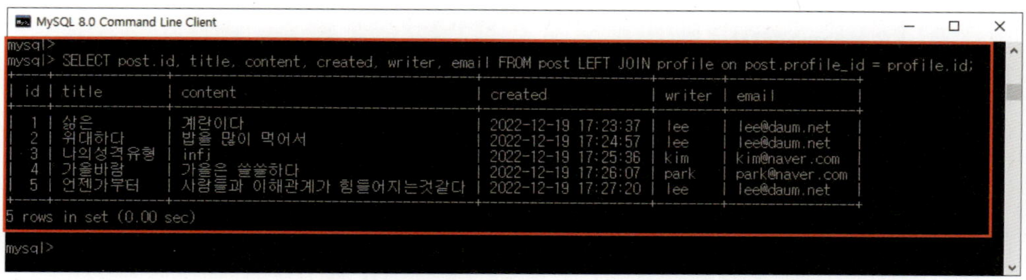

테이블은 나누어져 있지만, 출력은 마치 한 개의 테이블인 것처럼 연관된 상태로 출력된다.

11.6 MySQL Workbench 활용

MySQL Workbench 실행

앞서 MySQL을 설치할 때 함께 설치한 MySQL Workbench 프로그램은 데이터베이스의 설계, 생성, 유지의 통합 환경을 제공하는 비주얼 데이터베이스 설계 도구다. 앞에서 일일이 명령어로 데이터베이스를 생성하고 CRUD를 구현했다면 Workbench 프로그램은 데이터베이스를 비주얼하게 관리할 수 있어 사용자에게 편의성을 제공한다.

윈도우 검색창에서 'Workbench'를 검색하고 'MySQL Workbench 8.0 CE'를 실행한다.

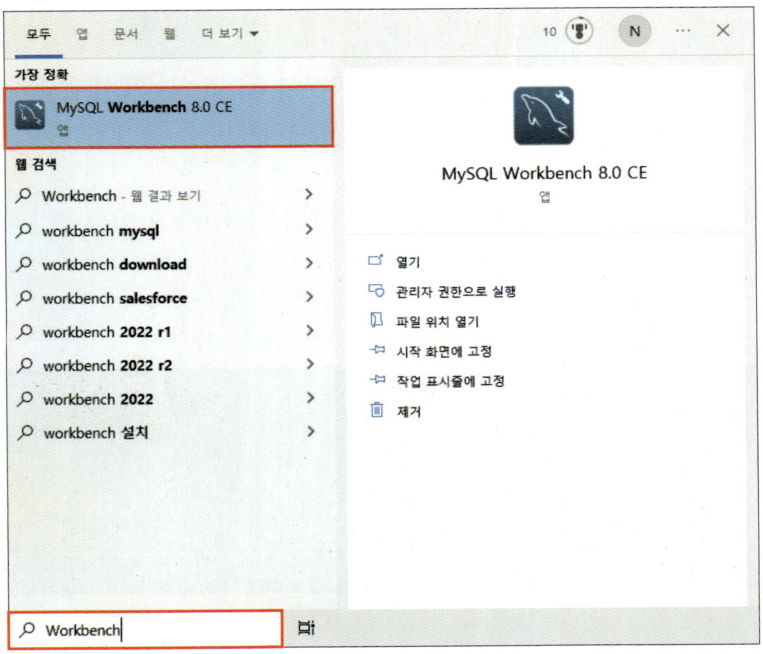

MySQL Workbench 창이 표시되면 다음과 같은 홈 화면이 나타난다. MySQL Connections의 '⊕' 아이콘을 클릭한다.

Setup New Connection 대화상자가 표시되면 설정 내용을 기본으로 한다. Conncetion Name에 'post'를 입력하고 Password의 〈Store in Vault...〉 버튼을 클릭한다.

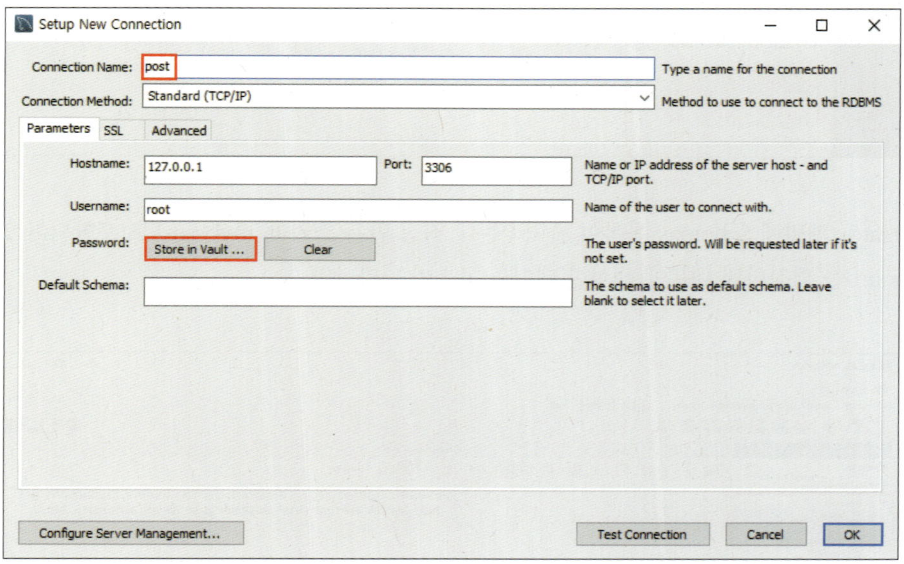

Store Password For Connetion 대화상자가 표시되면 이전에 설정했던 root 계정 비밀번호를 입력하고 〈OK〉 버튼을 클릭하여 설정을 완료한다.

다시 홈 화면을 살펴보면 다음과 같이 'post'라는 이름의 연결 객체가 생성된다. 연결 객체를 클릭한다.

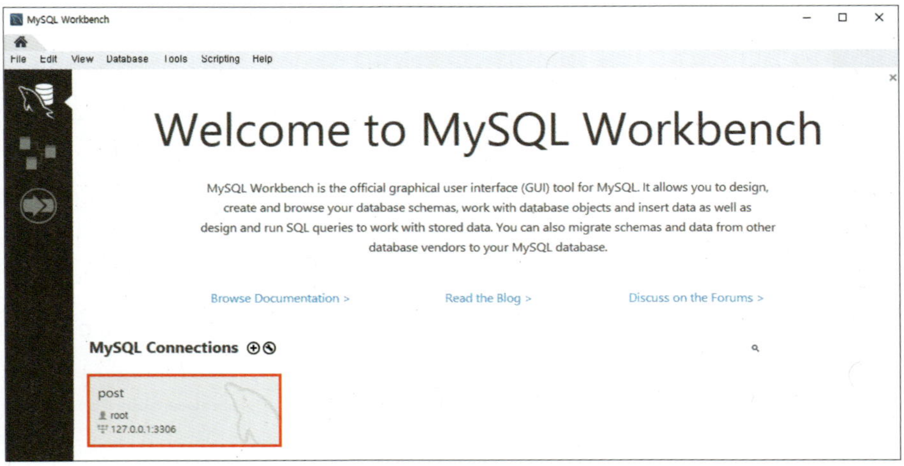

Navigator 패널에 Schemas 목록이 출력되는데 직접 만든 스키마 'myboard'도 포함되어 있다. myboard를 확장하면 내부에 생성한 테이블 목록이 나타난다.

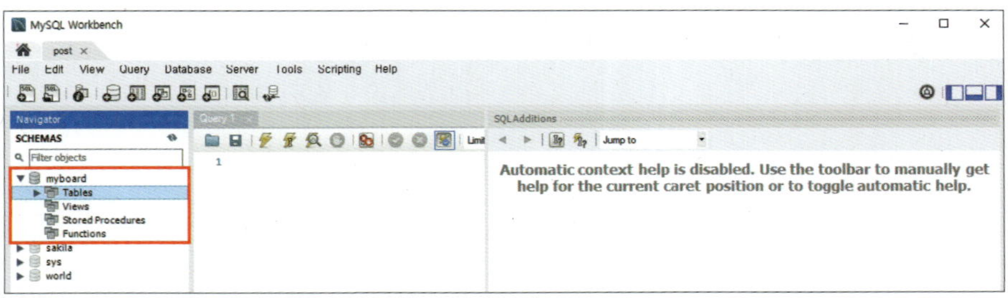

테이블 조회 및 데이터 수정

명령어 기반에서 만들었던 테이블 목록들이 나타난다. 이 테이블의 데이터들을 조회해 보자.

먼저 내가 조회하려는 테이블을 선택하고 마우스 오른쪽 버튼을 클릭한 다음 컨텍스트 메뉴의 'Select Rows – Limit 1000'을 클릭한다.

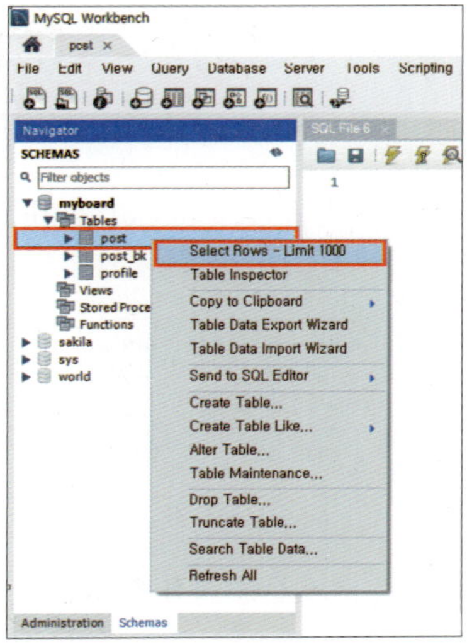

다음과 같이 테이블의 쿼리문과 결과가 출력된다.

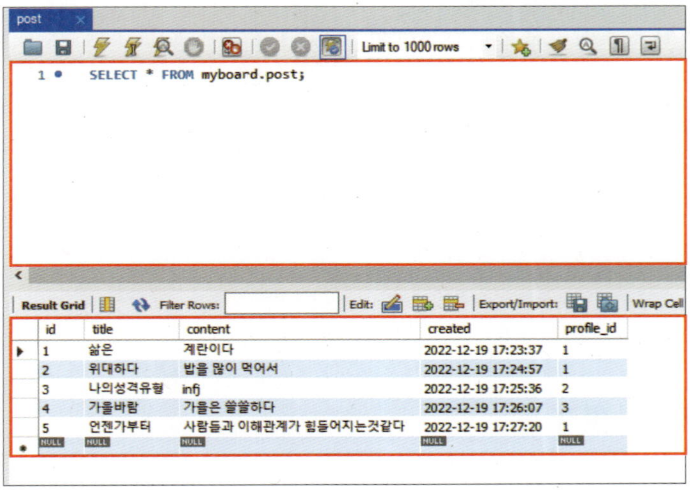

출력 데이터 수는 원하는 수치로 설정할 수 있는데 현재는 1000행으로 설정되어 있다. 화면 위쪽은 post 테이블을 조회하는 SQL 문이 자동으로 작성되어 있다. 아래쪽은 요청한 SQL 문에 대한 결과가 출력된다.

테이블 조회 시 앞에서 배웠던 조건절을 통해 데이터 조회도 가능하다. 예를 들어, id가 3 이상인 데이터만 출력하고 싶다면 SQL 문을 다음과 같이 수정하고 'Execute' 아이콘(⚡)을 클릭한다.

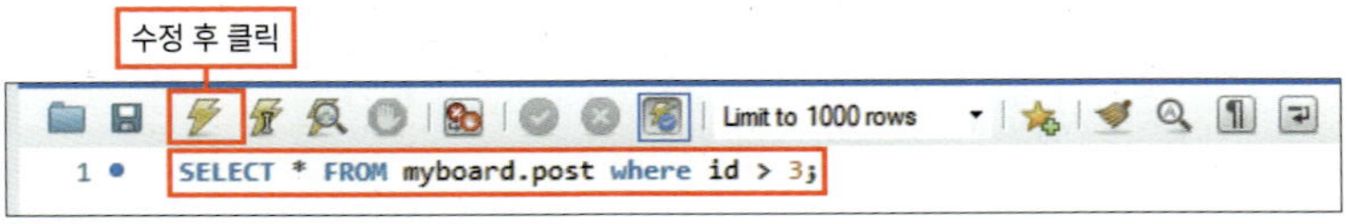

다음과 같이 id가 3 이상인 데이터만 출력된다.

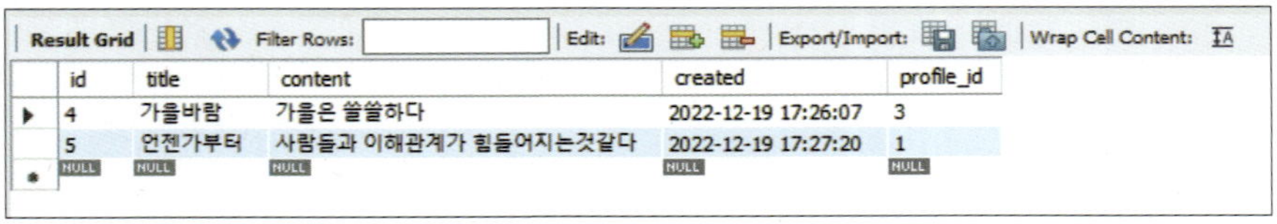

이처럼 SQL 문을 직접 수정하여 원하는 데이터를 추출하고 데이터 수정도 가능하다. 만약 출력된 테이블의 데이터를 수정하고 싶다면 해당 셀을 더블클릭한 후 편집 모드에서 데이터를 수정할 수 있다. 수정이 끝나면 〈Apply〉 버튼을 클릭하여 테이블에 수정된 데이터를 반영하면 된다.

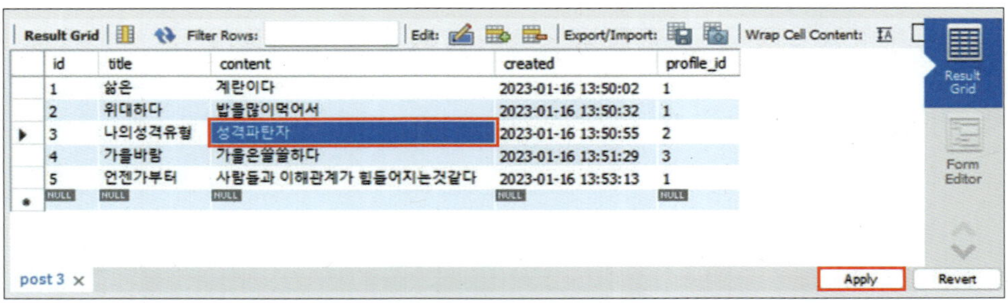

SQL 파일 저장 및 열기

작성한 SQL 명령문도 코드로 매번 명령문을 작성하는 것은 자원 낭비다. 그래서 복잡하거나 작성할 양이 많은 SQL 명령문인 경우 파일로 저장할 수 있고, 필요할 때 다시 불러서 사용할 수도 있다.

먼저 SQL 명령문을 작성하기 위해 툴바의 'Create a new SQL' 아이콘(📄)을 클릭하여 편집기를 실행한다.

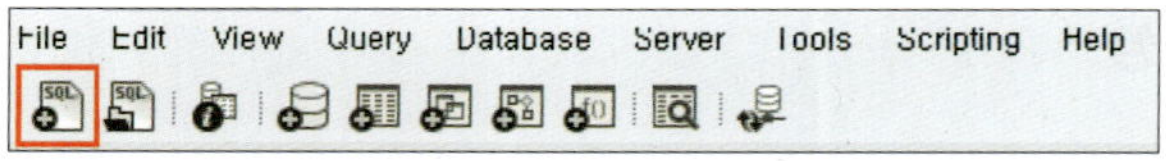

'SQL File'이라는 제목으로 빈 편집기가 나타난다. 여기에 작성하고 싶은 SQL 명령문을 작성하고 데이터베이스에 요청할 수 있다. 앞서 작성했던 post 테이블과 profile 테이블의 JOIN 명령문을 작성하고 조회해 보자.

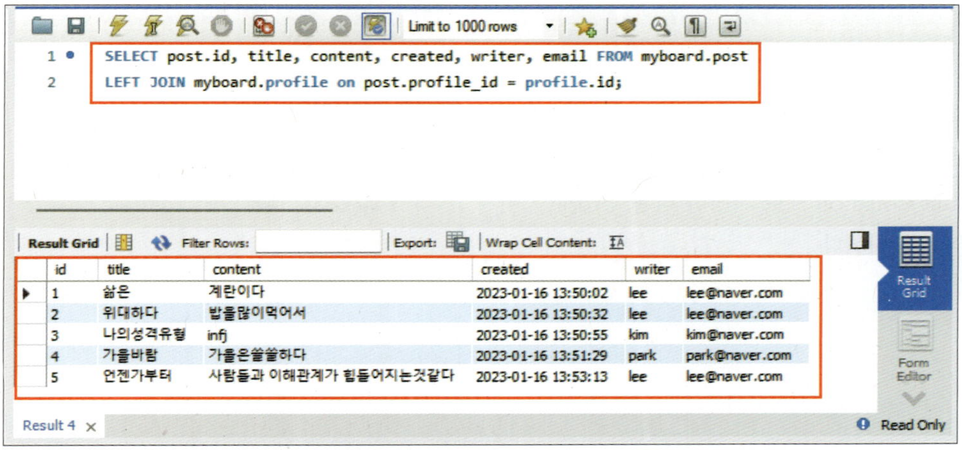

이 SQL 명령문을 다음에 다시 사용하려면 파일로 저장하여 불러오는 것이 가능하다. Ctrl+S를 누르고 파일 이름을 'tblJoin'으로 입력한 다음 〈저장〉 버튼을 클릭하여 저장한다.

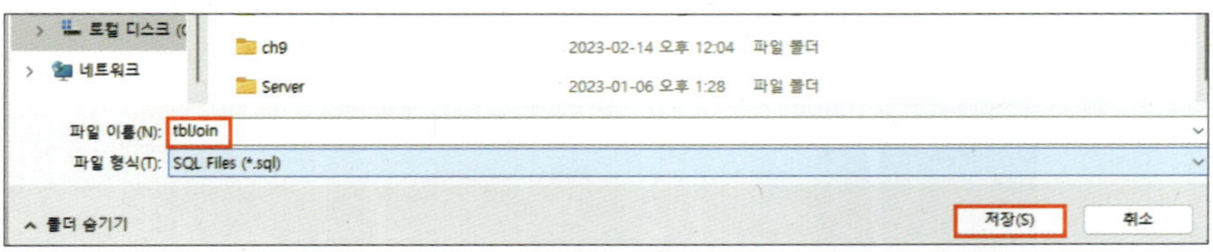

저장한 sql 파일을 가져올 때는 툴바의 'Open a SQL script' 아이콘(![icon])을 클릭하고 Open SQL Script 대화상자가 표시되면 원하는 sql 파일을 선택한다. 앞에서 저장했던 SQL 명령문이 그대로 로딩되어 나타난다.

새로운 스키마 생성

이미 만들어진 스키마가 아닌 Workbench에서 직접 스키마를 생성할 수 있다.

툴바에서 'Create a new schema' 아이콘( )을 클릭한다.

스키마(데이터베이스)의 Name을 'your board'로 입력하고 Charset/Collation을 'utf8', 'Default Collation'으로 지정한 다음 〈Apply〉 버튼을 클릭한다.

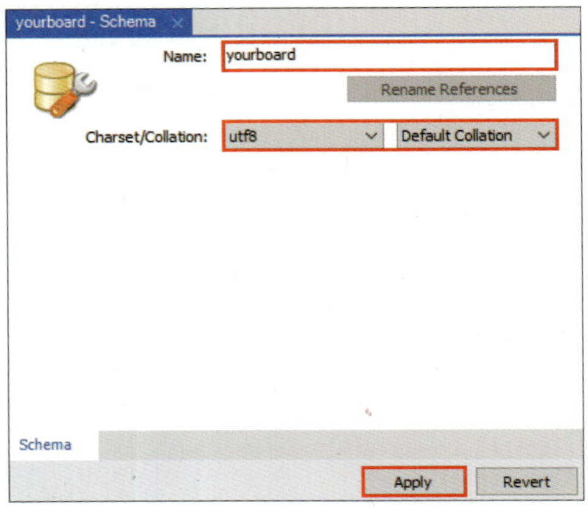

다음과 같이 스키마를 생성하는 SQL 문이 자동으로 작성되어 출력된다. 수정을 원하면 직접 편집하고 〈Apply〉 버튼을 클릭한다.

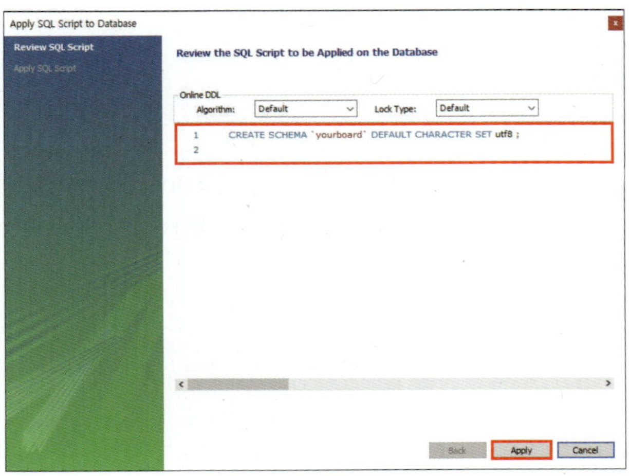

Navigator 패널을 살펴보면 'yourboard' 스키마가 추가된 것을 확인할 수 있다.

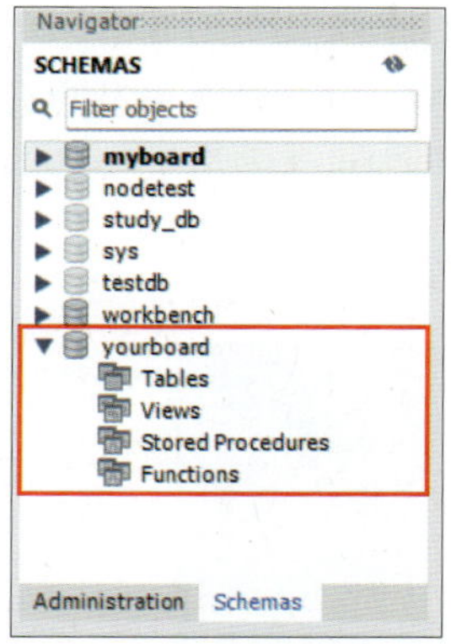

새로운 테이블 생성

스키마를 새로 생성했다면 새로운 데이터를 입력할 수 있는 테이블을 생성해야 한다.

Navigator 패널에서 새 테이블을 생성할 스키마를 더블클릭하고 툴바에서 'Create a new table' 아이콘( )을 클릭한다.

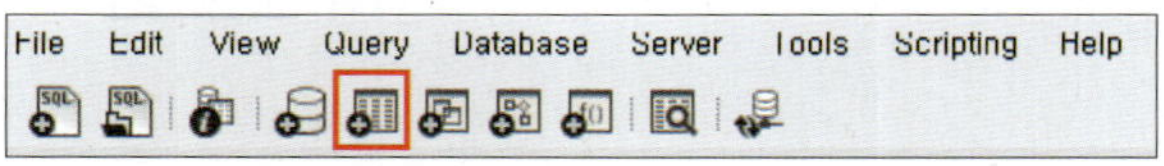

Table Name에 'Todolist'를 입력하고 Charset/Collation을 'utf8'로 지정한다. 이제 테이블의 컬럼 이름, 데이터 타입, 여러 가지 옵션을 설정할 수 있다. 필드는 'id', 'todo', 'date' 3개만 추가하고 타입은 각각 'INT', 'VARCHAR', 'DATETIME', 나머지 옵션들은 체크 표시 방식으로 PK는 primary key, NN은 not null을 의미한다. 체크 표시하지 않으면 null을 허용한다는 의미이다. 다음과 같이 체크 표시한 다음 〈Apply〉 버튼을 클릭한다.

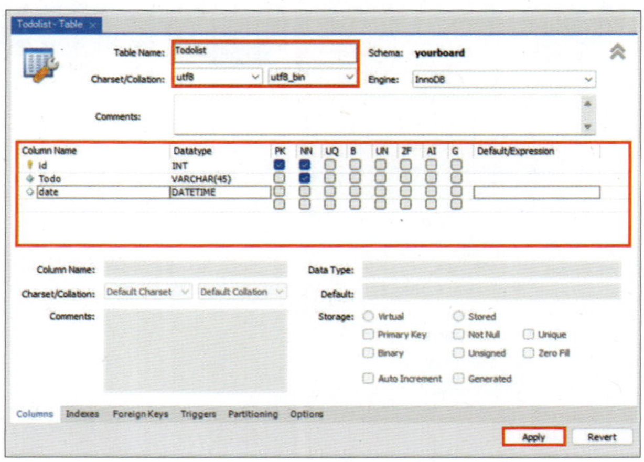

다음과 같이 추가할 테이블의 생성 내용이 SQL 명령문으로 출력된다. 틀린 내용이나 수정할 내용이 있다면 직접 편집하고 〈Apply〉 버튼 클릭하면 해당 스키마에 설정한 형태의 테이블이 생성된다.

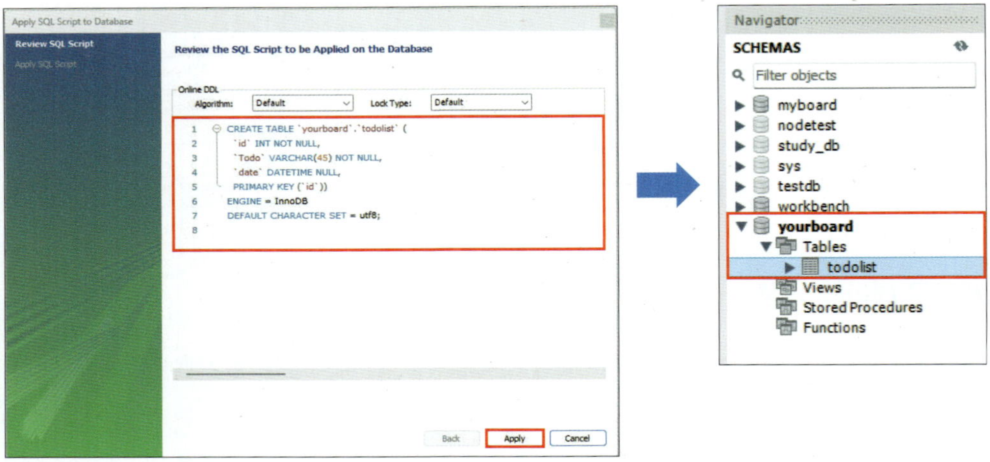

테이블이 생성되었지만 빈 상태의 테이블이다. 'todolist' 테이블에 데이터를 채워 넣기 위해 'todolist' 테이블을 선택하고 마우스 오른쪽 버튼을 클릭한 다음 'Select Rows – Limit 1000'을 클릭한다.

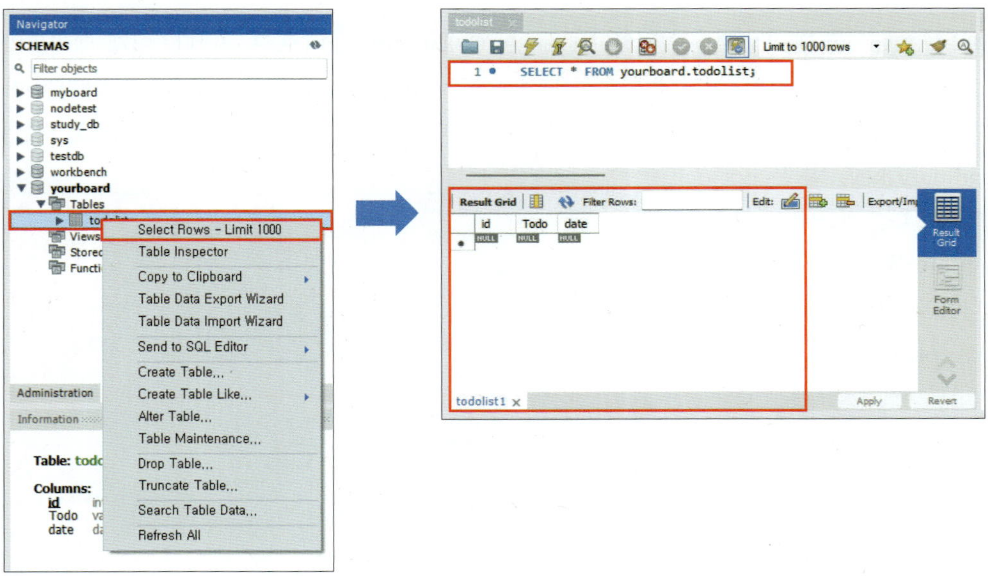

'todolist' 테이블의 조회 SQL 문이 자동으로 입력되고 빈 테이블의 결과가 출력된다. 직접 빈 칸에 원하는 데이터를 입력한다.

id	todo	date
1	영화보며 혼자 밥먹기	2030-12-25
2	이틀간 잠자기	2030-12-24
3	눈물 훔치기	2030-12-26

입력이 끝나고 〈Apply〉 버튼을 클릭하면 데이터 입력 SQL 명령문이 출력되며, 확인 후 언제든 수정 편집이 가능하다. 다시 한 번 〈Apply〉 버튼 클릭하면 요청문대로 데이터가 추가되는 것을 확인할 수 있다.

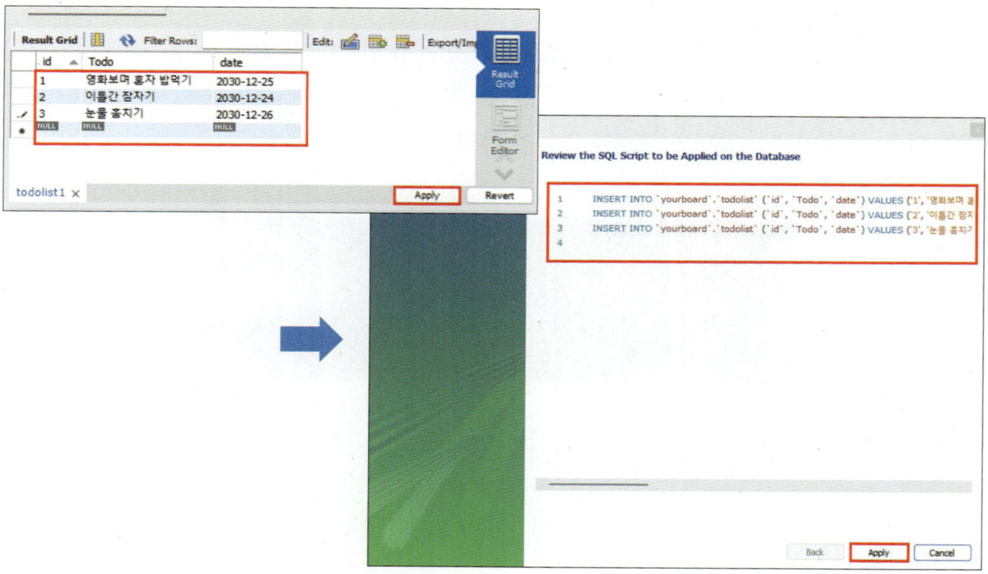

JAVASCRIPT

11.7 MySQL과 Node.js 연결

node-mysql 설치

지금까지 MySQL 데이터베이스 서버를 다루어 MySQL 서버에 클라이언트 프로그램을 통해 접근하여 직접 데이터를 생성, 조회, 수정, 삭제했다. 이번에는 Node.js에서 MySQL에 연결 및 데이터 생성, 조회하는 기능을 구현해 보자.

현재 Visual Studio Code로 'Server' 폴더가 열려 있는지 확인한다. 폴더가 열려 있지 않다면, Visual Studio Code를 실행하여 'Server' 폴더를 열고 메뉴에서 〔터미널〕 → 〔새 터미널〕을 선택한 다음 현재 선택한 폴더의 경로가 맞는지 확인한다.

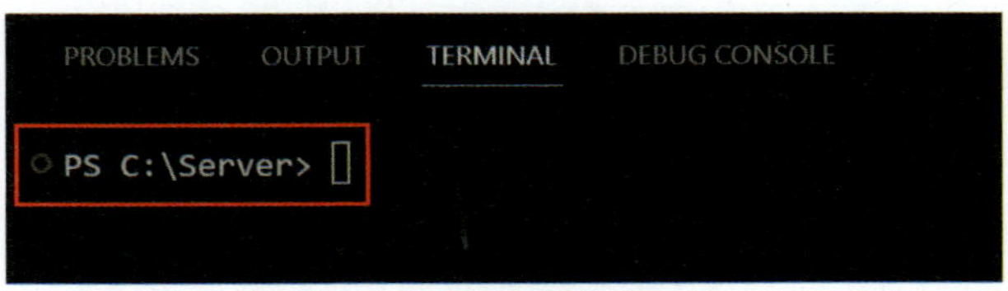

먼저 node-mysql을 설치하기 위해 다음과 같이 입력한다.

```
$ npm install --save node-mysql
```

node-mysql 설치가 끝나면 node와 mysql을 연결할 준비가 된 것이다.

Node.js와 MySQL 연동 코드 작성

Node.js와 MySQL을 연결하는 코드를 작성해 보자. 먼저 'Server.js'를 열고 코드 가장 상단으로 이동한다. 서버 코드가 실행하자마자 가장 먼저 Node.js와 MySQL이 접속하도록 다음과 같이 작성 후 서버 실행에 오류가 없는지 확인한다.

```
1   // MySQL + Node.js 접속 코드
2   var mysql = require("mysql");
3   var conn = mysql.createConnection({
4       host: "localhost",
5       user: "root",
6       password: "1234",
7       database: "myboard",
8   });
9
10  conn.connect();
11
12  const express = require('express');
13  const app = express();
14  ..... 이하 생략 .....
```

2줄 : mysql 라이브러리를 포함시켜 mysql 객체를 선언하였다.

3~8줄 : mysql 접속을 위한 필수 정보들을 입력한다. 정보가 하나라도 틀리면 접속 오류가 난다. 계정은 별도로 만들지 않았으므로 기본 root 계정, 비밀번호는 설정했던 암호, 다루고자 하는 스키마는 'myboard'이다.

10줄 : 앞서 생성한 접속 객체 conn으로 connect() 함수를 호출하면 MySQL 서버에 접속된다.

실행 오류가 없다면 Node.js에서 MySQL로 정상 접속한 것이다. 데이터베이스에 접속했다면 데이터를 조회할 수 있어야 한다. 이때 conn 객체에서 제공하는 query() 함수를 사용하면 데이터베이스에 어떤 요청도 가능하다. 사용 형식은 다음과 같다.

```
query("요청 쿼리문", 콜백 함수)
```

첫 번째 전달인자에는 DB에 요청할 SQL 쿼리문을 입력하고, 두 번째 전달인자에는 요청에 대한 성공 또는 오류를 처리하는 콜백 함수를 정의한다. 다음과 같이 코드를 추가하자.

```
1   ..... 이하 생략 .....
2
3   conn.connect();
4
5   conn.query("select * from post", function (err, rows, fields) {
6     if (err) throw err;
7     console.log(rows);
8   });
9
10  const express = require('express');
11  const app = express();
12  ..... 이하 생략 .....
```

코드 입력이 끝나면 서버를 종료(터미널에서 Ctrl+C 누르기)했다가 다시 실행한 다음 서버 실행 시 터미널에 출력되는 로그를 확인한다.

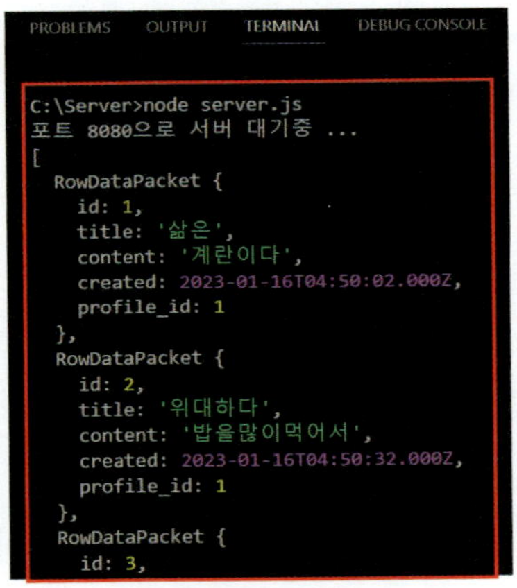

5줄 : select 문을 통해 post 테이블의 모든 데이터를 요청하고 있다. 요청에 대한 결과를 콜백 함수의 전달인자로 받고 있는데 첫 번째 전달인자 err는 오류가 났을 때 오류 코드가 넘어오고, 두 번째 전달인자인 rows는 레코드 단위의 모든 데이터가 들어온다. 세 번째 전달인자인 fields는 테이블의 필드 정보가 들어온다.

6줄 : 만약 err 값이 유효하다면 오류 코드가 들어와 오류가 발생했다는 것이다.

7줄 : 확인하고 싶은 데이터는 레코드 단위의 모든 데이터인 rows다. 현재 터미널에 post 테이블에 입력된 모든 데이터가 레코드 단위로 출력된 것을 확인할 수 있다.

/list 요청 시 데이터 조회

현 상태에서는 서버를 매번 재시작하여 MySQL에 접속하여 post 테이블을 조회한다. 하지만 매번 post 테이블을 조회하는 것이 아니라, 조회에 대한 요청이 있을 때만 데이터를 조회하면 좋겠다. /list로 요청했을 때 서버에서 DB로부터 데이터를 조회할 수 있도록 처리하는 코드를 작성해 보자.

먼저 /list 요청에 대한 get 요청 처리 루틴을 작성하고 Server.js 코드의 가장 하단으로 이동한 다음 가장 끝 줄에 다음과 같이 코드를 추가한다.

```
..... 이하 생략 .....

app.get('/list', function(req, res){
    console.log('데이터베이스를 조회합니다.');
});
```

코드 추가가 끝나면 서버를 재시작한 다음 브라우저를 열어 주소창에 'http://local host:8080/list'를 입력하여 접속한다. 터미널 창 로그에 '데이터베이스를 조회합니다.' 메시지 출력 여부를 확인한다.

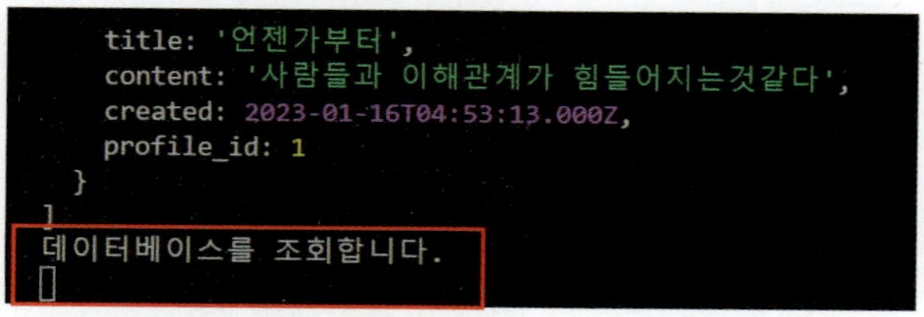

메시지가 출력되면 /list 요청이 정상적으로 동작한다는 의미다. 이 루틴에 DB 데이터 조회 루틴을 옮겨오겠다.

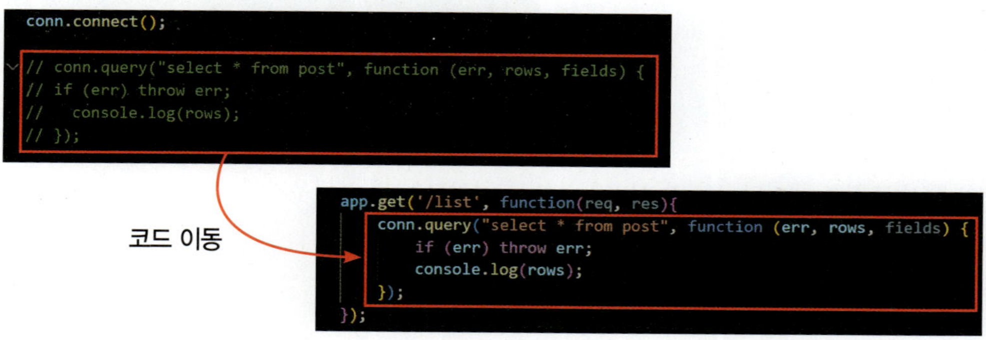

가장 상단의 MySQL 접속 코드에서 query() 함수 코드를 그대로 /list 요청 처리 함수의 콜백 함수 내부로 이동한다.

```
..... 이하 생략 .....

app.get('/list', function(req, res){
conn.query("select * from post", function (err, rows, fields) {
        if (err) throw err;
        console.log(rows);
    });
});
```

코드 수정이 끝나면 서버를 재시작해 보자. 앞서 진행한 것과 다르게 서버를 시작하자마자 DB 데이터를 조회하는 결과는 나오지 않는다. 브라우저를 열어서 주소창에 'http://localhost:8080/list'를 입력하여 접속하면 터미널 창에 DB 데이터를 조회한 결과가 출력된다.

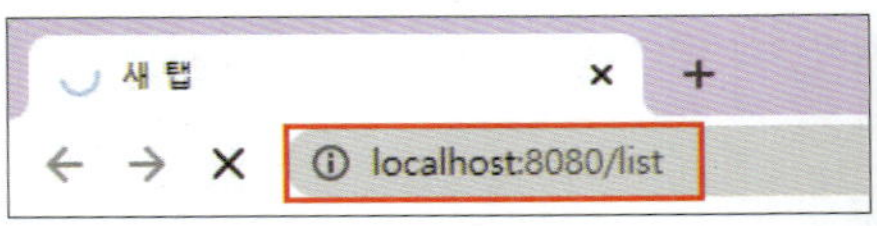

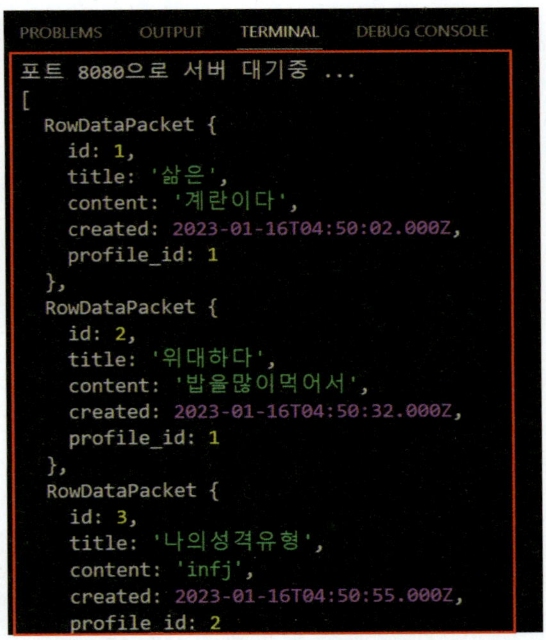

DB에서 조회한 데이터 결과가 서버의 터미널 창보다는 웹 브라우저에 출력된다면 더 완벽한 기능이 될 것이다.

12장

몽고DB 연동

학습목표

- 몽고DB와 NoSQL을 이해한다.
- 데이터베이스와 컬렉션을 생성한다.
- 몽고DB에서 CRUD 기능을 이해하고 구현한다.
- 몽고DB와 Node.js를 연동할 수 있는 코드를 작성한다.

12.1 몽고DB Atlas 사용

몽고DB란

몽고DB는 도큐먼트(Document) 지향 데이터 모델을 사용하는 데이터베이스다. 도큐먼트 지향이라는 말은 쉽게 말해 XML 또는 JSON과 같은 형식의 데이터를 저장하는 것을 말하며, 몽고DB는 {key : value} 형식의 오브젝트 형식인 JSON 형태로 데이터를 저장한다.

```
{
    "name" : "lee",
    "age" : "25",
    "email" : "lee@gmail.com"
}
```

RDBMS보다는 유연하여 데이터의 구조를 알 수 없거나 변경 및 확장될 수 있는 경우 사용하게 된다. 예를 들면, 내장 문서나 배열과 같은 표현이 가능해서 복잡한 객체의 계층 관계를 하나의 레코드로 표현할 수 있다. 이런 점 때문에 객체지향 언어를 사용하는 개발자들에게는 비교적 사용이 편리한 편이다.

알아두세요 JSON이란 Javascript Object Notation의 약자로 데이터를 저장하거나 전송할 때 많이 사용되는 데이터 교환 형식이다. 일반적으로 서버와 클라이언트 간의 교류 시 많이 사용되고, 자바스크립트 오브젝트 형식이라서 사용이 매우 쉬운 편이다.

몽고DB의 종류

몽고DB는 오픈소스 소프트웨어로 프로그램을 다운로드하여 로컬 PC에 설치할 수도 있고, 클라우드형으로 사용할 수도 있다. 설치형으로 사용하려면 몽고DB Community Server 또는 Enterprise Server를 설치하면 되고, 클라우드 형태로 사용하려면 몽고DB Atlas에 회원가입하여 사용하면 된다. Community Server는 무료고, Enterprise Server는 유료인데 설치형을 무료로 사용하려면 Community Server를 설치하여 사용하면 된다.

설치형은 이미 MySQL을 통해 앞에서 사용해 보았으므로 몽고DB는 클라우드형인 Atlas 버전을 사용하겠다. 클라우드 버전은 컴퓨팅 자원을 소모하지 않고 플랫폼의 제약을 받지 않아 팀 프로젝트 학습용으로 사용하기에 매우 편리하다.

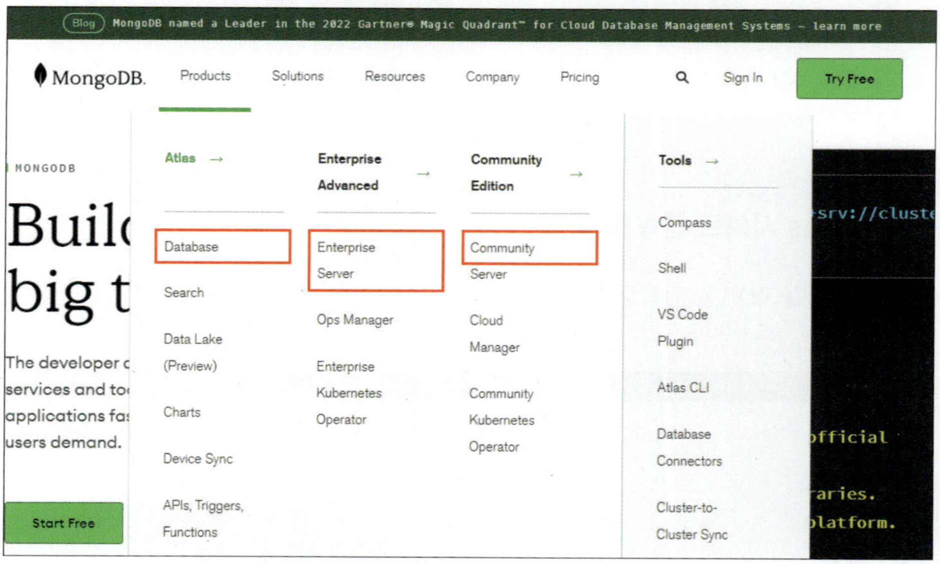

몽고DB의 특징

몽고DB는 RDB의 테이블과 같은 스키마가 고정된 구조 대신 JSON 형태의 동적 스키마형 도큐먼트를 사용하고, 기본 데이터를 도큐먼트라고 부른다. 이 도큐먼트는 RDB에서 행(row)에 해당된다. 이러한 도큐먼트(Document)가 모여서 컬렉션(Collection)을 이루게 되는데, RDB의 테이블과 비슷한 개념이다.

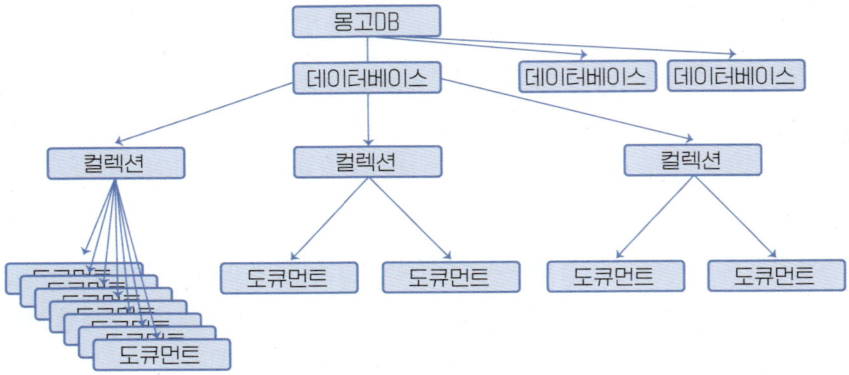

1. **데이터베이스** : 컬렉션 여러 개가 모인 물리적인 컨테이너로 RDB의 스키마와 비슷한 개념이다.
2. **컬렉션** : 도큐먼트 여러 개가 모인 그룹으로 탐색기의 폴더 개념으로 생각하면 쉽다. RDB의 테이블과 비슷한 개념이다.
3. **도큐먼트** : 실제 데이터이다. 한 개 이상의 {key : value}의 형태로 이루어진 구조로 RDB의 rows와 비슷한 개념이다.

몽고DB Atlas 사이트 접속 및 설정

구글 검색창에 '몽고DB'를 검색하여 몽고DB 사이트로 접속한 다음 〈Sign In〉 버튼을 클릭한다.

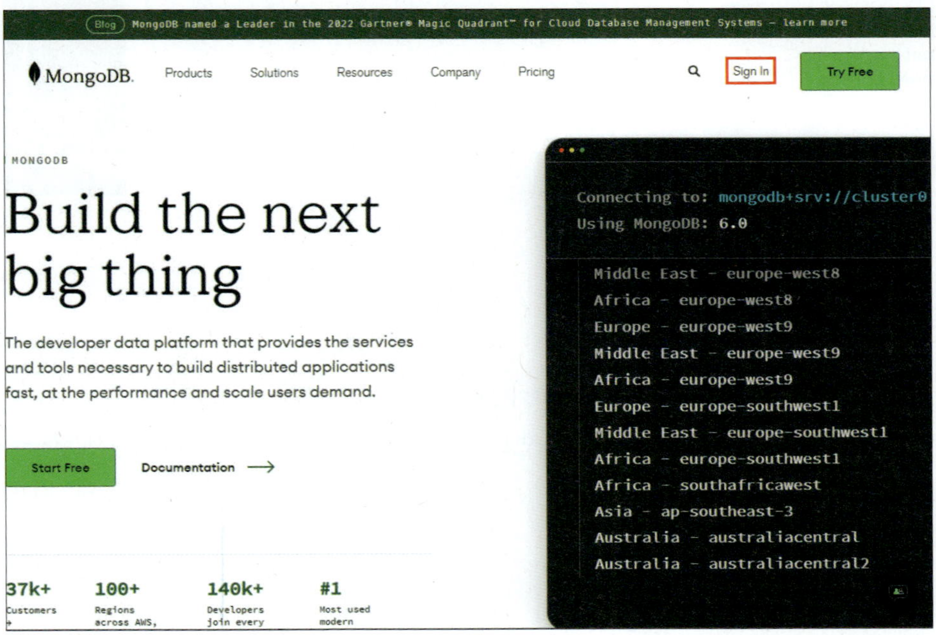

기존 구글 계정이 있다면 구글 계정으로 로그인하고, 구글 계정이 없다면 'Sign Up'을 클릭하여 새로 회원가입한다. 새로 회원가입하면 가입할 때 입력한 이메일로 확인 메일이 발송되니 확인한다.

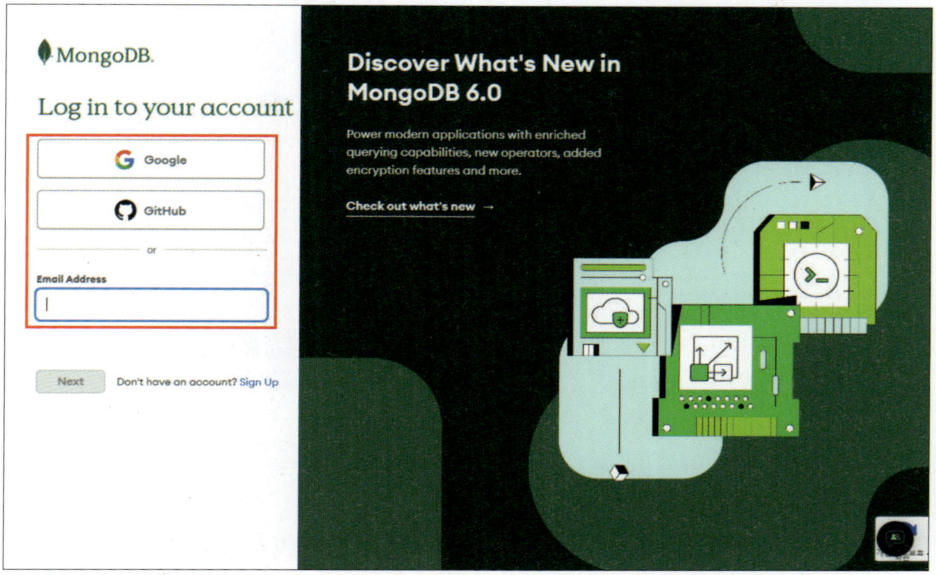

메일에서 〈Verify Email〉 버튼을 클릭하고 몽고DB 사이트의 Atlas에서 간단한 설문 조사를 확인하고 체크하고 넘어간다.

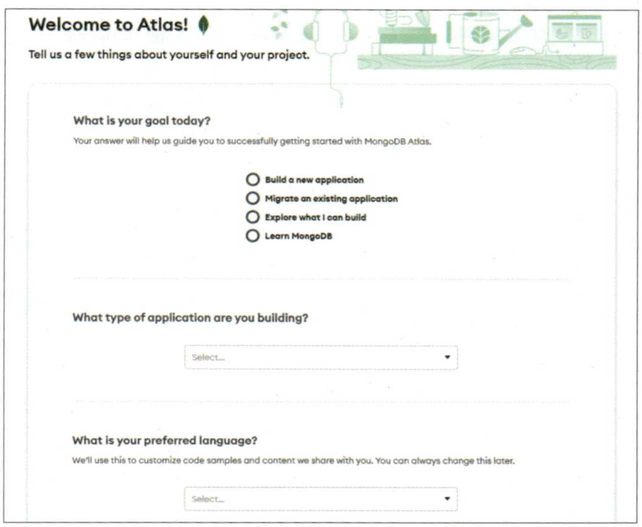

DB 사용 형태를 선택하는 화면이 표시되는데, 교육용으로 사용할 것이기 때문에 무료 버전인 Free Shared의 〈Create〉 버튼을 선택한다.

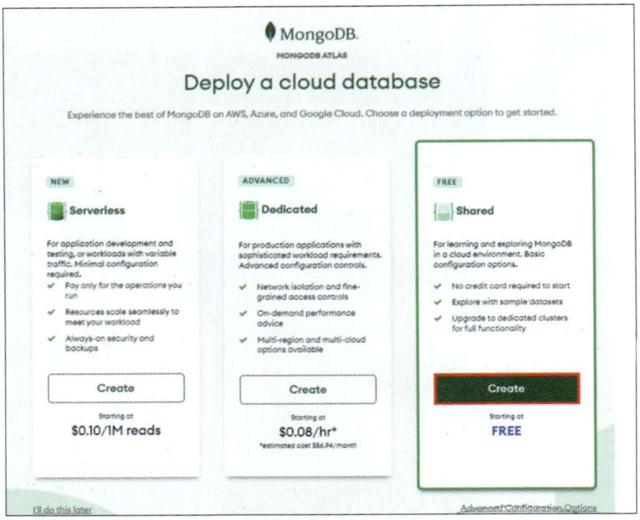

다음은 공유 클러스터를 생성하는 과정으로 기본적으로 설정되어 있는 상태를 사용하면 된다. Cloud Provider & Region에서 클라우드 제공업체를 'aws', 지역을 'Seoul'로 선택한다.

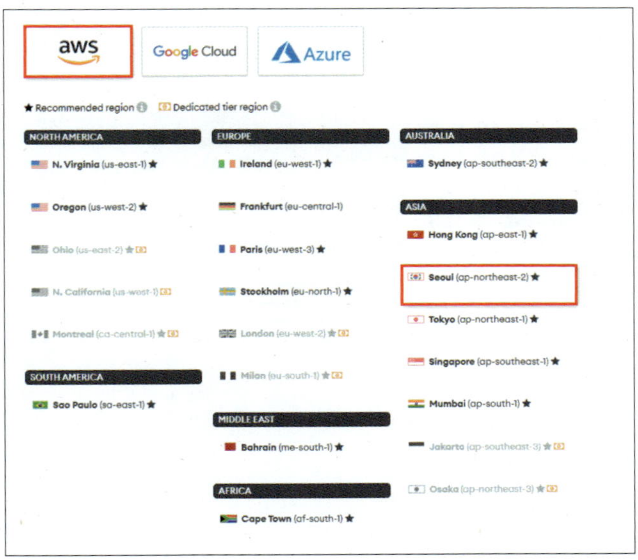

Cluster Tier나 Additional Settings 등은 기본으로 설정한다. 클러스터 이름은 기본으로 'Cluster0'으로 설정되어 있지만, 설정하고 싶은 이름이 있다면 변경해도 좋다. 설정이 끝나면 가장 하단에 〈Create Cluster〉 버튼을 클릭한다.

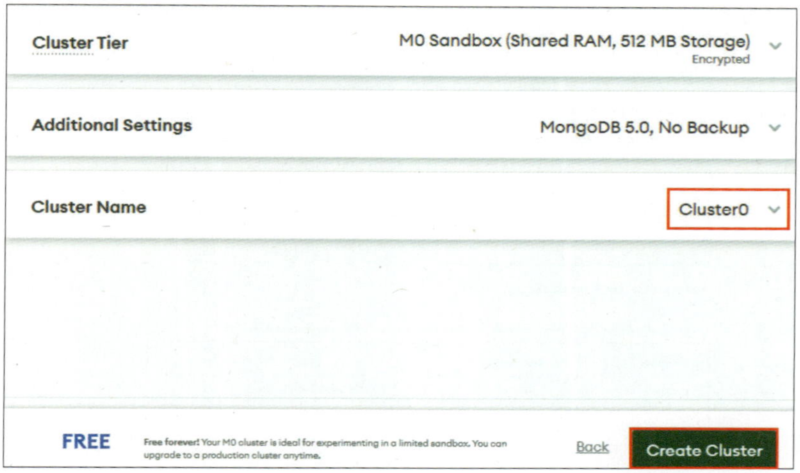

몽고DB에 접속할 계정을 설정한다. 이 책에서는 테스트용으로 사용할 것이므로 Username을 'admin', Password는 '1234'로 생성했지만, 실무에서는 이와 같은 방식으로 비밀번호를 설정하면 안된다.

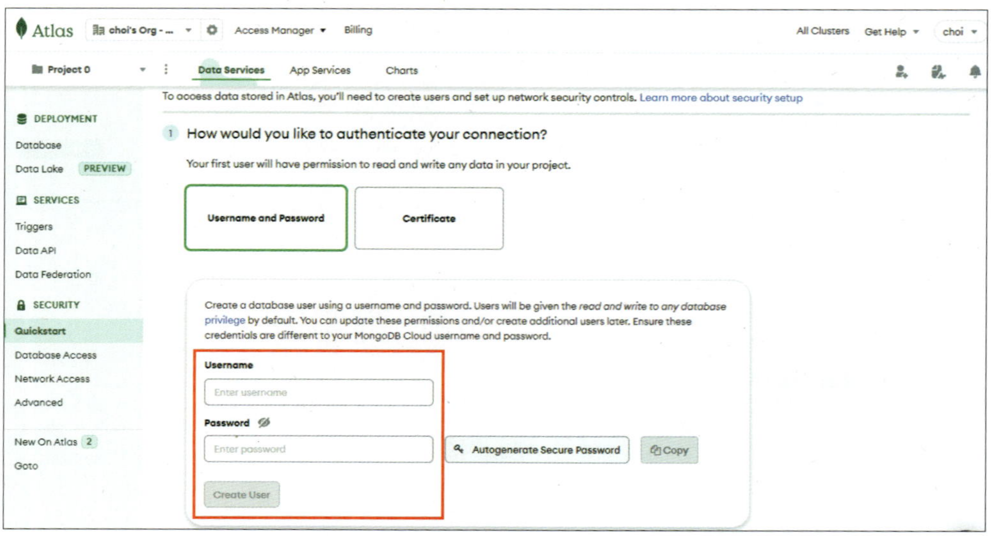

하단의 네트워크 환경 설정에서 현재 내 로컬 PC 네트워크를 설정하기 위해 〈Add My Current IP Address〉 버튼을 클릭하여 항목을 추가한다. 설정이 모두 끝나면 〈Finish and Close〉 버튼을 클릭한다.

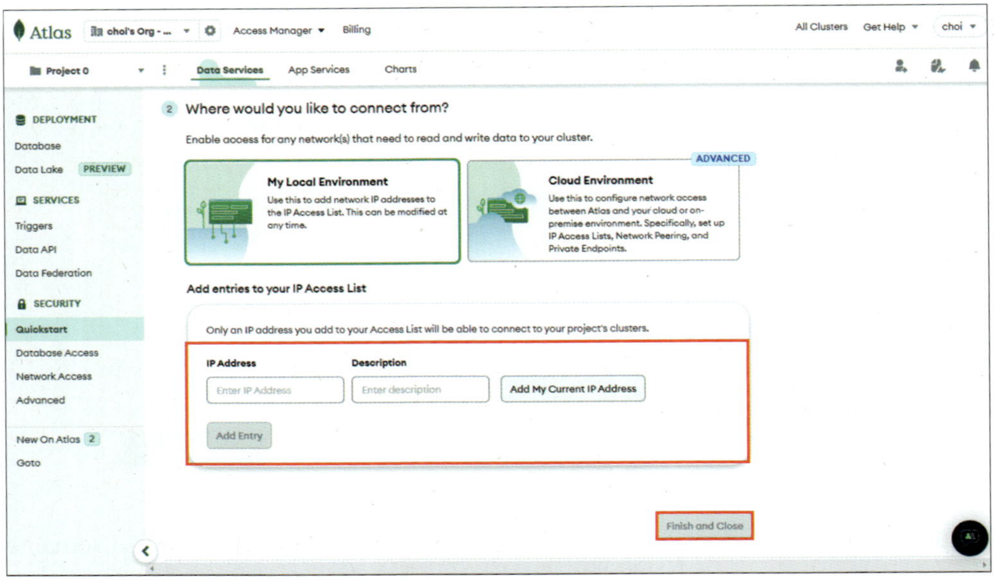

클라우드 기반의 몽고DB 환경 설정이 끝나고 다음 화면으로 넘어간다.

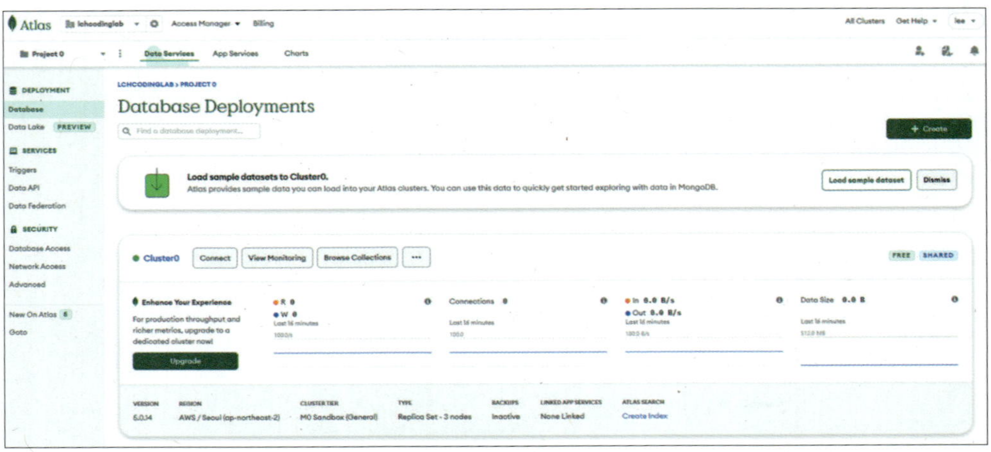

12.2

JAVASCRIPT

몽고DB 데이터베이스와 컬렉션 생성

데이터베이스와 컬렉션 생성

우리는 몽고DB Atlas를 통해 원격 서버를 하나 무료로 임대받은 것이다. 서버 이름은 'Cluster0'으로 하위에 데이터베이스를 직접 생성할 것이다.

다음 화면에서 〈Browse Collections〉 버튼을 클릭한다.

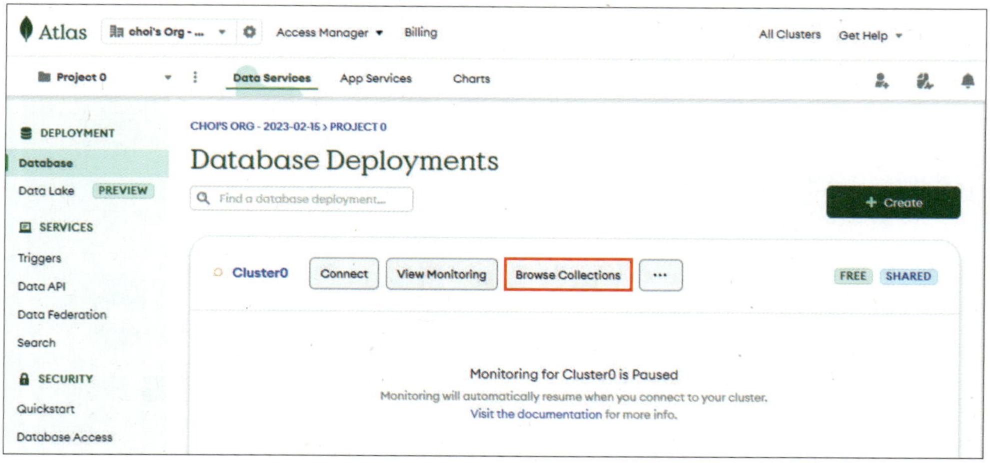

현재 어떤 데이터도 생성되어 있지 않으므로 다음과 같은 화면이 나타난다. 직접 데이터베이스를 생성할 것이므로 〈Add My Own Data〉 버튼을 클릭한다.

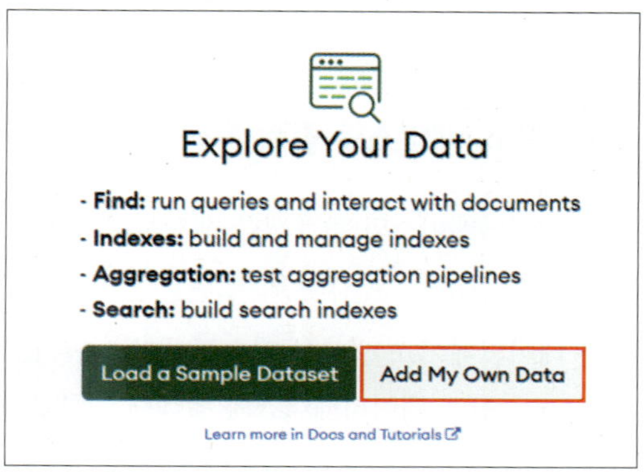

데이터베이스 이름과 컬렉션 이름을 입력하는 창이 나타난다. 일전에 MySQL에서 만들었던 데이터베이스와 동일하게 설정하기 위해 Database name에 'myboard', Collection name에 'post'를 입력하고 〈Create〉 버튼을 클릭한다.

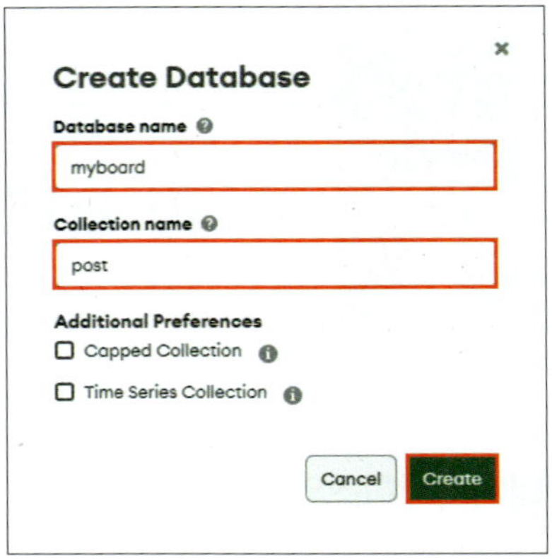

'myboard'라는 이름으로 데이터베이스가 생성되고 그 하위에 'post'라는 이름의 컬렉션이 생성된 것을 확인할 수 있다.

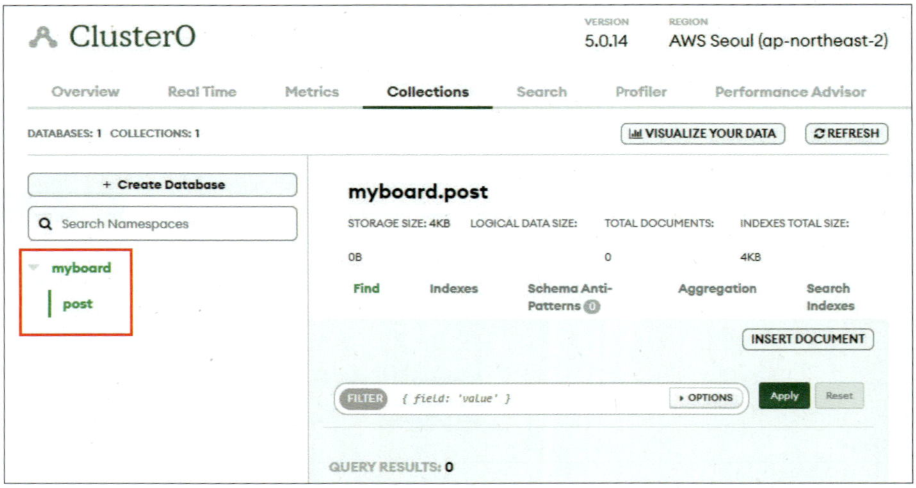

추가 데이터베이스와 컬렉션 생성

기본 데이터베이스와 컬렉션을 생성했다. 필요에 따라 데이터베이스와 컬렉션을 추가로 생성할 수 있다.

추가 데이터베이스 생성이 필요하다면 〈Create Database〉 버튼을 클릭하여 표시되는 Create Database 창에 데이터베이스와 컬렉션 이름을 입력하고 〈Create〉 버튼을 클릭하여 추가 생성한다.

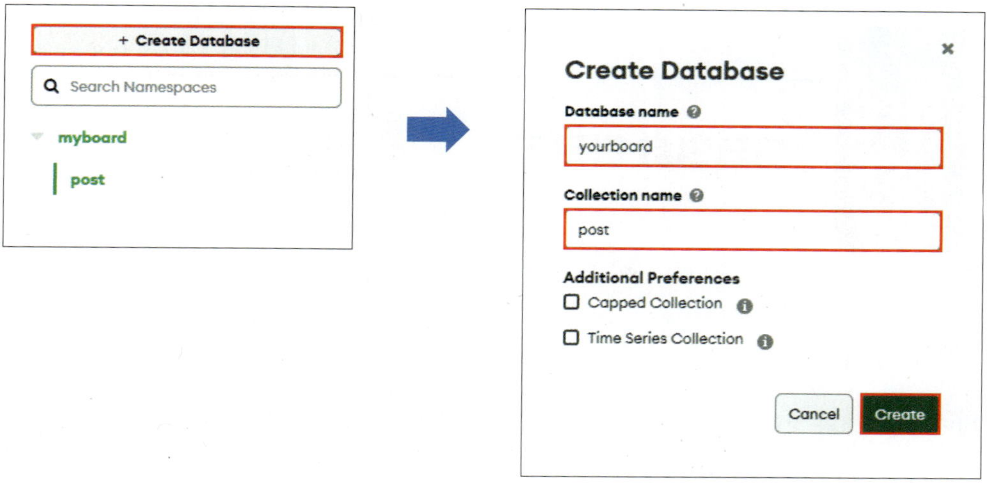

컬렉션만 추가로 생성하고 싶다면 'myboard' 이름 옆에 '+' 아이콘을 클릭한다. Create Collection 창이 표시되면 추가 컬렉션의 이름을 'profile'이라고 입력하고 〈Create〉 버튼을 클릭한다.

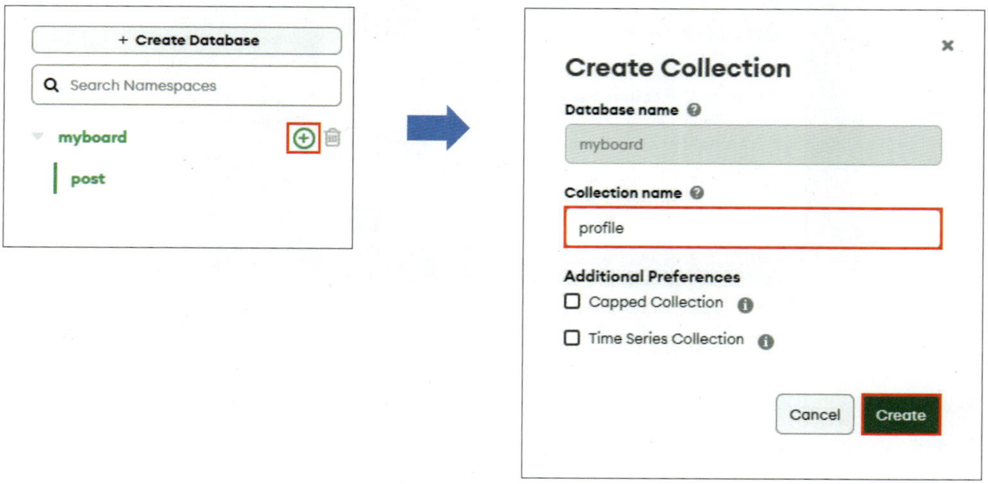

'myboard' 데이터베이스 하위에 'profile'이라는 컬렉션이 추가된 것을 확인할 수 있다.

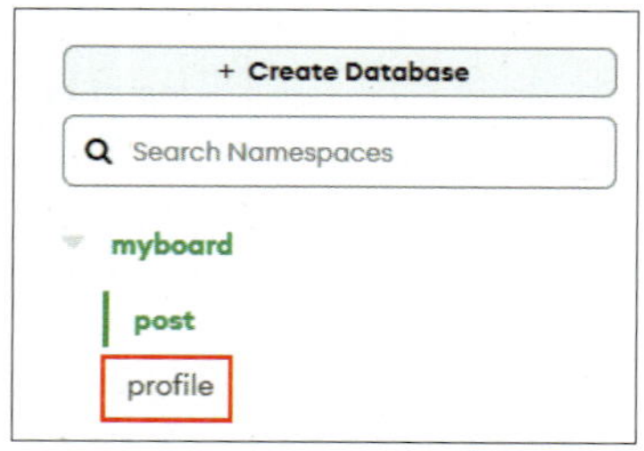

12.3

JAVASCRIPT

도큐먼트 다루기

데이터 추가

데이터베이스와 컬렉션을 생성했다. 이제 빈 컬렉션에 데이터를 하나씩 채워보자.

먼저 데이터를 채우기 위해서 〈INSERT DOCUMENT〉 버튼을 클릭하여 Insert to Collection post 창을 표시한다.

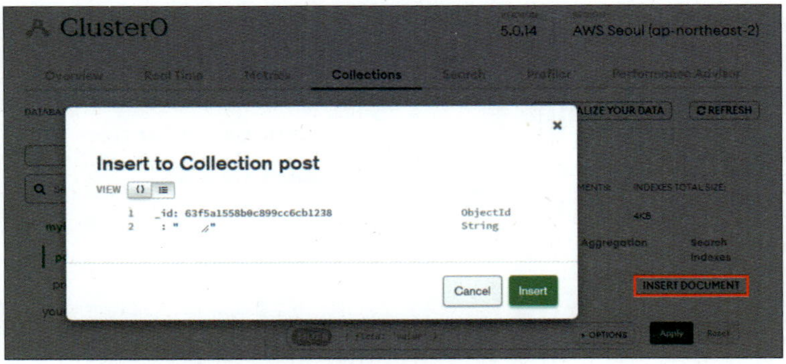

_id 아래 2번째 줄에 :를 기준으로 왼쪽에 'key', 오른쪽에 'value'를 입력한다. 데이터를 추가하기 위해서 해당 줄에 마우스 커서를 위치하면 '+' 아이콘이 표시되는데 이때 이 아이콘을 클릭하면 데이터를 추가할 수 있다.

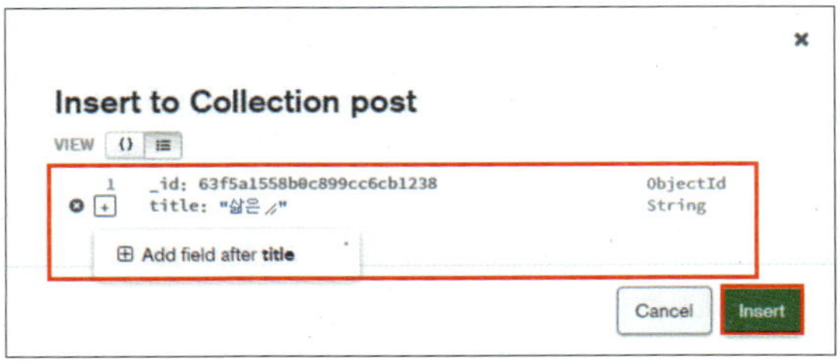

다음과 같이 입력하고 〈Insert〉 버튼을 클릭한다.

다음과 같은 형태로 데이터가 추가된다.

데이터 추가가 필요하면 다시 〈INSERT DOCUMENT〉 버튼을 클릭하여 같은 방법으로 추가하면 된다. 다음과 같이 하나의 데이터를 더 추가해 보자.

데이터 복제 및 복사

추가하려는 데이터의 형식이 같다면 매번 key를 반복 입력하는 것이 불편하다. 해당 데이터에 마우스 커서를 위치하여 표시되는 메뉴에서 'clone document' 아이콘( )을 클릭하면 해당 데이터를 그대로 복제할 수 있다. 같은 형식의 데이터를 여러 개 추가하고 싶을 때 이 기능을 사용하면 편리하다.

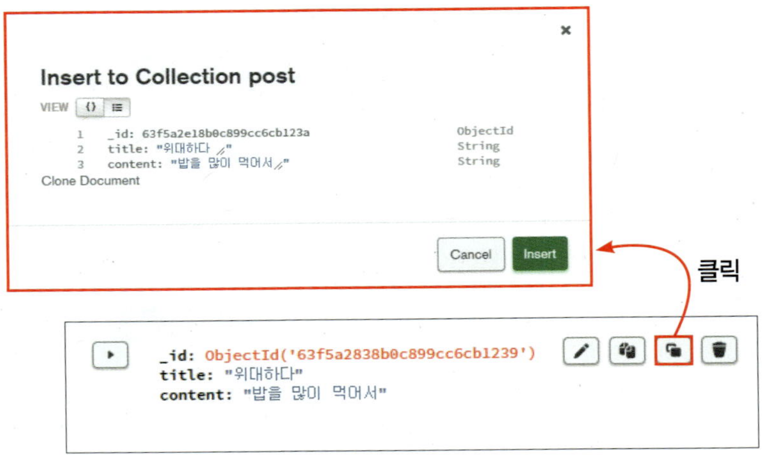

다음은 데이터를 복사하는 기능이다. 몽고DB는 도큐먼트 기반이라서 데이터가 문서화되어 있다. 만약 이 데이터를 어디론가 보내고 싶을 때 이 상태로 문서화시켜 보낼 수 있다. 'Copy document' 아이콘( )을 클릭하여 데이터를 복사하는 메뉴가 제공된다. 복사한 데이터를 메모장에 붙여 넣으면 JSON 형식의 도큐먼트 데이터로 나온다.

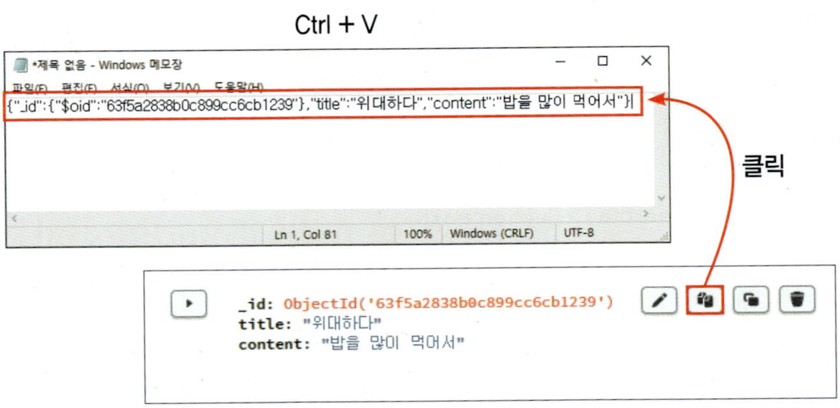

데이터 수정

기존의 데이터를 수정할 수도 있다. 다음과 같이 기존 데이터에 마우스 커서를 위치하고 표시되는 메뉴에서 'Edit document' 아이콘()을 클릭하면 기존 데이터를 수정할 수 있다. 데이터 수정을 완료할 때 〈UPDATE〉 버튼을 클릭한다.

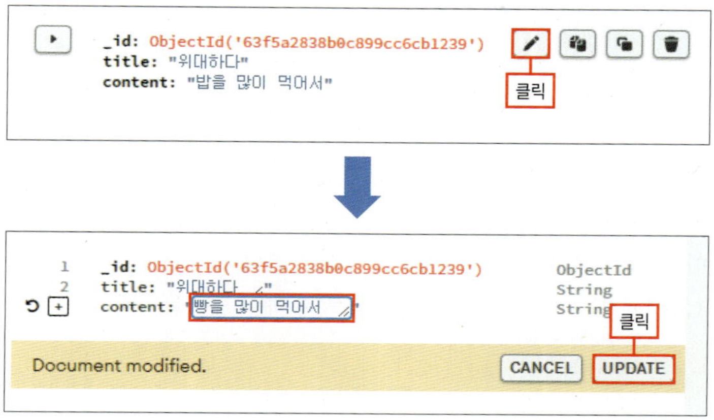

데이터 삭제

데이터를 삭제할 때는 기존 데이터에 마우스 커서를 위치하고 표시되는 메뉴에서 'Remove document' 아이콘()을 클릭하면 기존 데이터를 삭제할 수 있다.

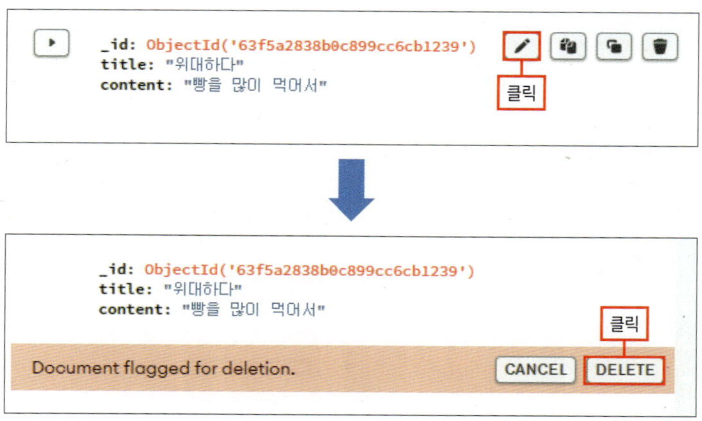

JAVASCRIPT

12.4 몽고DB와 Node.js 연결

연결 코드 복사

몽고DB에서 데이터를 생성, 읽기, 수정, 삭제하는 방법을 살펴보았다. 실제로 이 데이터들을 활용하기 위해서는 이렇게 몽고DB 안에서뿐만 아니라 외부에서도 동일하게 생성, 읽기, 수정, 삭제 기능이 되어야 한다. 앞서 이를 CRUD라고 한다고 언급했었는데, 몽고DB도 Node.js와 연결하여 CRUD 기능을 구현해 보자. 가장 먼저 해야 할 일은 몽고DB를 Node.js에 연결하는 것이다.

❶ 몽고DB 서버의 왼쪽 메뉴에서 'Database'를 클릭하고 〈Connect〉 버튼을 클릭한다. Connect to Cluster0 창이 표시되면 두 번째 항목의 'Connect your application'을 선택한다.

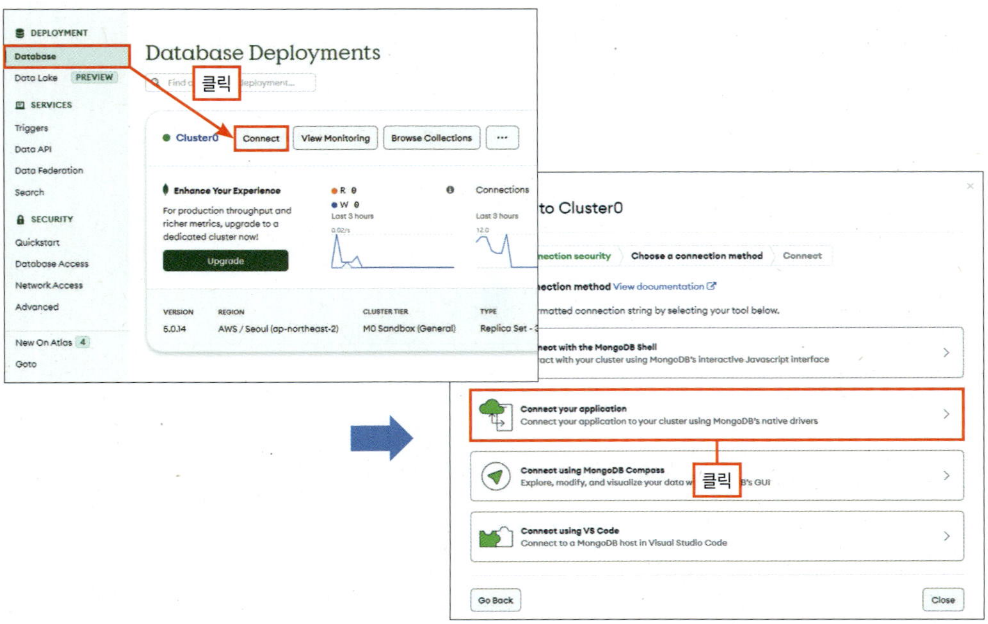

❷ Select your driver and version에서 Node.js와 최신 버전이 선택되어 있는 것을 확인하고 Add your connection string into your application code에 나타나는 코드를 복사 버튼을 클릭하여 복사한다. 이 코드가 실제 Node.js 소스 코드 내에서 몽고DB와 연결하는 코드로 중요하다.

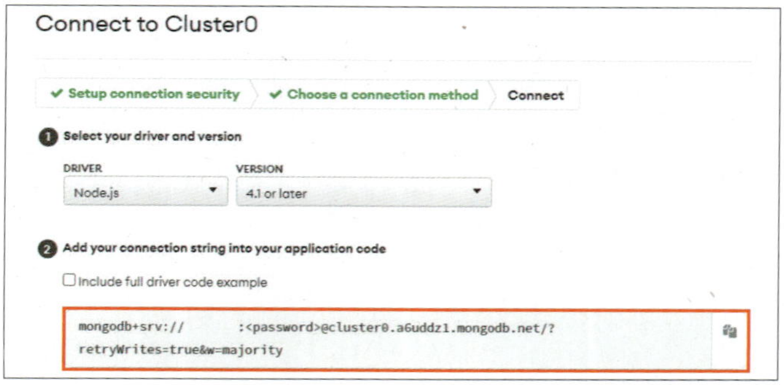

❸ 표시되는 코드를 메모장이나 에디터에 붙여넣기하여 임시로 보관한다. 몽고DB에 접속 코드를 작성하면서 삽입되어야 할 코드로, 당장은 코드 작성 전이기 때문에 따로 임시 보관해야 한다. 이 코드는 몽고DB 서버에 접속하여 cluster0에 접근하는 코드이다.

몽고DB 라이브러리 설치

Visual Studio Code로 'Server' 폴더가 열려 있는 것을 확인하고, 열려있지 않다면 Visual Studio Code를 실행 후 'Server' 폴더를 연다. 메뉴에서 〔터미널〕 → 〔새 터미널〕을 선택한 후 현재 선택한 폴더의 경로가 맞는지 확인한다.

다음과 같이 입력하여 설치가 끝나면 nod와 몽고DB를 연결할 물리적인 기본 준비는 완료된 것이다.

```
$ npm install mongodb --save
```

몽고DB 연결

이제 Node.js에서 몽고DB에 접속하는 코드를 작성하기 전에 먼저 'server.js' 파일을 열고 코드의 가장 상단으로 이동한다.

코드 작성

앞서 작성했던 MySQL 접속 코드 앞쪽에 몽고DB 접속 코드를 작성하자.

```
const mongoclient = require('mongodb').MongoClient;
const url = ‘ ’;
mongoclient.connect(url)
    .then(client => {
        console.log('몽고DB 접속 성공');
})

// MySQL + Node.js 접속 코드
var mysql = require("mysql");
var conn = mysql.createConnection({
    host: "localhost",
    user: "root",
    password: "1234",
   database: "myboard",
});

conn.connect();

// conn.query("select * from post", function (err, rows, fields) {
//  if (err) throw err;
```

```
21        // console.log(rows);
22        // });
23        ............................................ 생략 ............................................
```


1줄 : 앞서 설치한 몽고DB 라이브러리를 이용하여 mongoclient라는 객체를 생성한다. 이 객체를 사용하여 몽고DB에 접속하고 제어할 수 있다.

2줄 : 몽고DB에서 복사하여 임시 보관한 접속 코드를 넣을 것이다.

3줄 : connect() 함수는 몽고DB에 접속하는 기능을 한다. 전달인자에 접속 코드인 변수 url을 대입한다.

4~6줄 : .then은 프로미스에서 가장 중요하고 기본이 되는 메소드이다. 접속이 성공하면 .then 메소드를 실행하며 매개변수 client로 정보를 넘겨준다.

19~22줄 : 기존에 MySQL 접속 후 post 테이블의 데이터를 바로 조회하는 테스트 코드이다. 이 코드는 이제 앞으로 필요 없으므로 주석으로 막거나 삭제해도 된다.

● 복사한 접속 코드 붙여넣기

앞서 메모장에 보관했던 접속 코드를 conncet() 함수의 첫 번째 전달인자에 붙여 넣는다. 이때 〈password〉 부분을 입력해야 하는데, 앞서 몽고DB 사용자 설정 시 비밀번호를 '1234'로 설정했었다. 해당 위치에 비밀번호를 입력한다.

```
const mongoclient = require('mongodb').MongoClient;
const url =
'mongodb+srv://admin:123@cluster0.hmv5.mongodb.net/?retryWrites=true&w=majority';
mongoclient.connect(url)
    .then(client => {
        console.log('몽고DB 접속 성공');
})
............................................ 생략 ............................................
```

● 몽고DB 접속 테스트

작성이 끝나면 서버를 실행해 보자.

```
$ node server.js
```

터미널에 '몽고DB 접속 성공'이 바로 표시되면 실제 몽고DB에 성공적으로 접속한 것이다.

```
PS C:\Server> node server.js
포트 8080으로 서버 대기중 ...
몽고DB 접속 성공
```

그러나 출력된 메시지를 살펴보면 8080 포트로 서버가 먼저 대기한 후 몽고DB에 접속하는 순서로 되어 있다. 이러한 순서로 실행되면 서버가 실행되기 전에 몽고DB에 접속에 실패할 경우 서버가 실행되지 않아 문제가 발생할 수 있다. 이를 해결하기 위해서는 서버가 실행되기 전에 몽고DB에 먼저 접속을 시도하고, 성공한 후 서버의 포트를 오픈하는 것이 더 합리적이다. 따라서 코드의 구조를 약간 조정해야 한다.

기존에 작성한 app.listen() 코드를 잘라내기 하여 다음 코드의 4줄, connect 함수의 콜백 함수 안에 붙여넣기 한다.

```
1   const mongoclient = require('mongodb').MongoClient;
2   const url = 'mongodb+srv://admin:123@cluster0.hmv5.mongodb.net/?retryWrites=t
3   rue&w=majority';
4   mongoclient.connect(url)
5       .then(client => {
6           app.listen(8080, function(){
7               console.log("포트 8080으로 서버 대기중 ... ");
8           });
9   }).catch(err => {
10          console.log(err);
11  });
12  ........................................ 생략 ........................................
```

이 코드 구조는 서버가 시작되었을 때 먼저 몽고DB에 접속을 시도하고 접속이 성공하면 listen() 함수에 의해 8080 포트를 열고 대기한다. '포트 8080으로 서버 대기중 …' 메시지가 터미널에 출력되면 서버가 정상 동작하는 것이다.

```
C:\Server>node server.js
포트 8080으로 서버 대기중 ...
```

만약 connect() 함수의 동작 중에 오류가 발생하게 되면 9줄의 catch에서 처리하도록 구현하였다. 현재 오류가 발생하면 전달인자 err에 정보가 넘어오고 console.log()로 오류 내용을 그대로 출력하도록 처리하였다.

알아두세요 이와 같이 예외적 상황이나 오류가 발생했을 때 검출을 위한 오류 처리 코드를 작성하는 것은 매우 중요하다. 완벽한 코드는 없기 때문에 오류 발생 가능성이 있는 부분은 오류 처리 코드를 반드시 작성하자.

컬렉션에 접근하여 데이터 출력

현재 몽고DB 서버에까지는 접속되었다. 내가 만나려는 친구를 데이터라고 가정한다면 친구를 만나러 현재는 친구 집 대문까지는 넘어간 것이다. 이제 친구 집 현관문을 거쳐 친구를 만나는 과정이 남았다. 몽고DB의 내부 구조는 데이터베이스와 컬렉션으로 구성되어 있는데 여기서 친구 집 현관문은 데이터베이스에 해당되고 친구는 컬렉션에 해당된다. 현재 몽고DB의 구조는 다음과 같다.

〈Browse Collections〉 버튼을 클릭하면 해당 데이터베이스의 Collection 목록들이 나타난다. 몽고DB 내에서 'myboard'라는 데이터베이스를 생성했고, 하위에 'post'와 'profile' 컬렉션을 생성한 것을 확인할 수 있다.

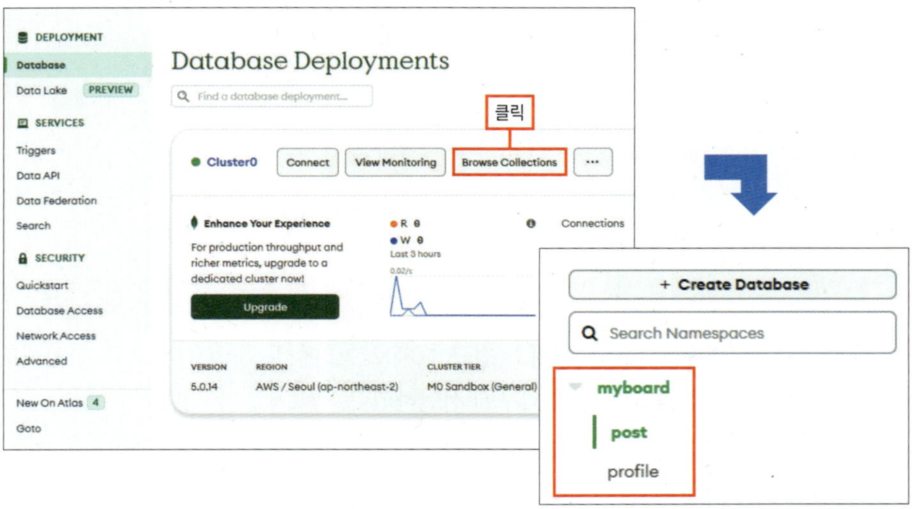

'post' 컬렉션을 클릭하면 데이터가 다음과 같이 구성되어 있다.

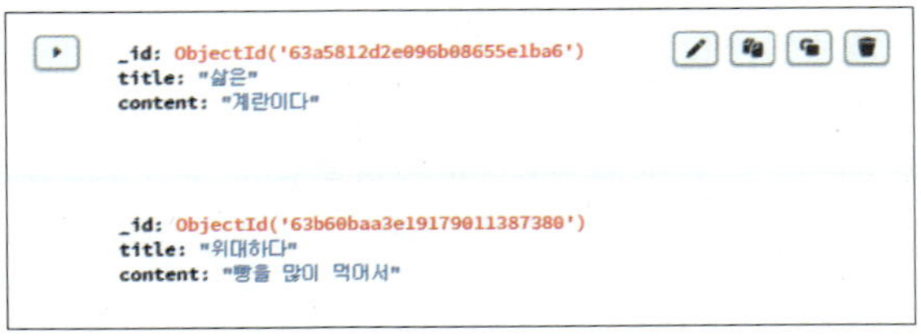

서버에서 이 데이터에 접근하여 읽어보겠다. 코드로 돌아가서 어떤 데이터베이스에 접속할 것인지 코드를 작성하자.

```
1   const mongoclient = require("mongodb").MongoClient;
2   const url =
3   'mongodb+srv://admin:123@cluster0.hmv5.mongodb.net/?retryWrites=true&w=majority';
4   let mydb;
5   mongoclient.connect(url)
6     .then((client) => {
7       mydb = client.db('myboard');
8       mydb.collection('post').find().toArray().then(result =>{
9           console.log(result);
10      })
11
12      app.listen(8080, function () {
13        console.log("포트 8080으로 서버 대기중 ... ");
14      });
15    })
16    .catch((err) => {
17      console.log(err);
18  });
19  ............................................ 생략 ............................................
```

4줄 : mydb 이름의 변수는 데이터베이스 접근 객체로 7줄에서 const 타입으로 선언해도 되지만 나중에 확장성을 고려해서 외부에 선언하였다.

7줄 : client 객체의 멤버 함수 db()를 통해 데이터베이스에 접근할 수 있다. 전달인자로 데이터베이스 이름 'myboard'를 입력한다. 현재 변수 mydb의 위치는 myboard 데이터베이스이다.

8줄 : collection() 함수를 통해 컬렉션에 접근할 수 있다. 컬렉션은 데이터를 담고 있으므로 CRUD가 가능하다. 즉, 데이터의 생성, 읽기, 수정, 삭제가 가능하다는 의미이다. find()는 데이터 읽기 기능이다. 모든 데이터를 읽어올 때 find() 함수를 사용한다.

```
collection(" 컬렉션 이름 ").find().toArray()
```

이때 find() 함수를 통해 읽어온 데이터를 배열의 형태로 가져오고 싶다면 멤버 함수 toArray() 함수를 이용하면 된다. 전달인자로 콜백 함수를 정의할 수 있는데, 첫 번째 전달인자는 오류 메시지를 전달하고, 두 번째 전달인자는 읽어온 모든 데이터를 배열의 형태로 전달한다. 현재 코드는 오류가 발생하지 않으므로 다음과 같이 post 컬렉션의 모든 데이터가 배열 형태로 출력되는 것을 확인할 수 있다.

```
C:\Server>node server.js
포트 8080으로 서버 대기중 ...
[
  {
    _id: new ObjectId("63a5812d2e096b08655e1ba6"),
    title: '삶은',
    content: '계란이다'
  },
  {
    _id: new ObjectId("63b60baa3e19179011387380"),
    title: '위대하다',
    content: '빵을 많이 먹어서'
  }
]
```

알아두세요 데이터가 대괄호 [ ]로 싸여 있다면 배열 형식의 데이터이고, 중괄호 { }로 싸여 있다면 객체 형식의 데이터다. 앞서 몽고DB에서 읽어온 데이터는 전체는 배열 형식이고 내부에 객체 단위로 2개의 데이터가 존재하고 있는 구조이다.

/list 요청 시 데이터 조회

현재는 서버를 매번 껐다 켤 때마다 몽고DB에 접속하여 post 컬렉션을 조회한다. 일반적으로 요청이 있을 때만 조회하도록 처리하는 것이 좋다. 앞서 MySQL에서 /list 요청 시 데이터베이스에서 데이터를 조회하는 방법처럼 몽고DB도 /list 요청 시 조회할 수 있도록 작성해 보자.

'server.js' 코드의 '/list' 요청 코드 위치로 이동하자. 기존에 SQL 문으로 조회하는 코드를 주석으로 처리하고 다음과 같이 몽고DB에 접속하여 데이터를 조회하는 코드를 추가한다.

```
1  ............................................. 생략 .............................................
2
3  app.get('/list', function(req, res){
4      // conn.query("select * from post", function (err, rows, fields) {
5      //     if (err) throw err;
6      //     console.log(rows);
7      // });
8      mydb.collection('post').find().toArray().then(result => {
9          console.log(result);
10     })
11 });
```

8~10줄 : mydb 변수는 앞에서 let 타입의 외부 변수로 'myboard' 데이터베이스의 접속 객체이다. post 컬렉션의 모든 데이터를 배열 형태로 조회하여 result 변수에 조회 결과를 전달한다.

'server.js' 코드 가장 상단의 몽고DB 접속 코드 위치로 이동하자. 앞서 몽고DB 접속 시 바로 'post' 컬렉션의 데이터를 조회하도록 처리했다. 이제는 '/list' 요청 시에만 데이터 조회를 할 수 있도록 처리할 것이므로 조회 코드를 다음과 같이 주석으로 처리하자.

```
............................................. 생략 .............................................

let mydb;
mongoclient.connect('mongodb+srv://admin:1234@cluster0.hmvwkf5.mongodb.net/?
retryWrites=true&w=majority', function(err, client){
    if(err){console.log(err);}

    mydb = client.db('myboard');
    // mydb.collection('post').find().toArray(function(err, result){
    //     console.log(result);
    // })

```

```
        app.listen(8080, function(){
            console.log("포트 8080으로 서버 대기중 ... ")
        });
    })

    ........................................ 생략 ........................................
```

수정이 끝나면 서버를 재시작한다. 브라우저를 열어서 주소창에 'http://localhost:8080/list'를 입력하여 접속하면 터미널 창에 DB 데이터를 조회한 결과가 출력된다.

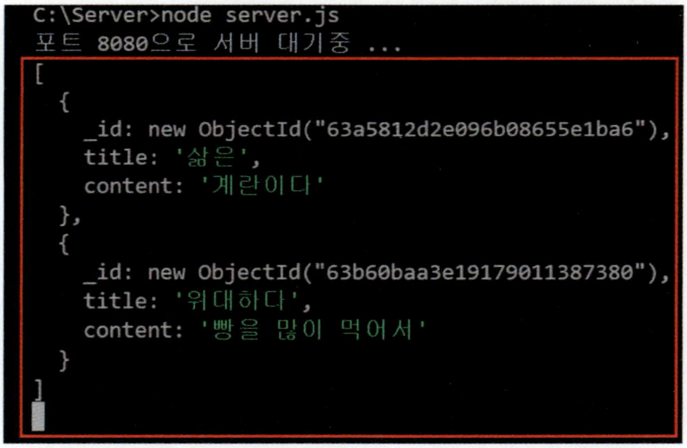

DB에서 조회한 데이터 결과가 서버의 터미널 창보다는 웹 브라우저에 예쁘게 출력된다면 더 완벽한 기능이 될 것이다. 이 기능은 〈13장〉에서 다루는 템플릿 엔진을 이용하여 구현하겠다.

1 3 장

웹 서버 기본 기능 구현

학 습 목 표

- 서버 실행을 자동화하는 nodemon과 supervisor를 설치하고 사용한다.
- 데이터를 서버로 보낼 때의 get 방식과 post 방식의 특징과 차이점을 이해한다.
- 사용자가 입력한 데이터를 DB에 저장한다.
- 템플릿 엔진을 이해하고 EJS를 통해 서버 데이터의 결과를 화면에 출력한다.
- 게시물을 생성, 조회, 삭제하는 기능을 코드로 작성한다.

13.1

JAVASCRIPT

서버 실행 자동화

nodemon 설치

Node.js 환경에서 개발할 때 서버 코드가 변경되면, 변경된 코드가 적용되기 위해서는 서버를 재시작해야만 한다. 그래서 지금까지 서버 코드에 한 글자라도 변경했을 경우 매번 터미널에서 Ctrl+C를 눌러 서버를 종료 후 node server.js 명령어로 재시작했다. 서버 코드의 작업이 잦아진다면 매번 기능 확인을 위해 서버를 종료했다 켜는 작업은 매우 번거로운 일이다.

Node.js에서는 nodemon이라는 모듈을 제공함으로써 이런 번거로움을 덜어준다. 서버 코드를 수정하면 즉시 서버를 다시 재시작하는 기능을 갖는 모듈이다. 먼저 다음과 같은 명령어를 입력하여 nodemon을 설치해 보자.

```
$ npm install nodemon -g
```

-g 옵션을 붙이는 이유는 이 프로젝트 외에도 글로벌하게 사용하겠다는 의미다.

nodemon 사용

nodemon이 정상적으로 설치되면 앞으로 서버 실행 시 다음과 같은 명령어를 입력한다.

```
$ nodemon server.js
```

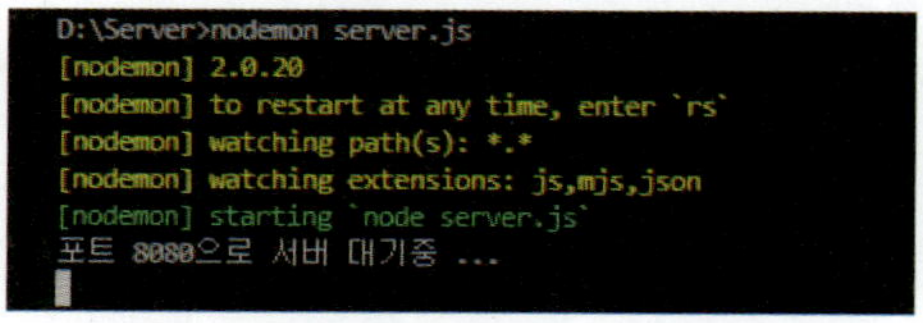

서버 코드(Server.js)에서 아무거나 변경해 보자. console.log(result); 코드 끝에서 Enter를 눌러 개행만 해도 서버는 자동으로 다시 종료되었다가 재시작한다.

```
app.get('/list', function(req, res){
    // conn.query("select * from post", function (err, rows, fields) {
    //     if (err) throw err;
    //     console.log(rows);
    // });
    mydb.collection('post').find().toArray(function(err, result){
        console.log(result);

    })
});
```

```
D:\Server>nodemon server.js
[nodemon] 2.0.20
[nodemon] to restart at any time, enter `rs`
[nodemon] watching path(s): *.*
[nodemon] watching extensions: js,mjs,json
[nodemon] starting `node server.js`
포트 8080으로 서버 대기중 ...
[nodemon] restarting due to changes...
[nodemon] starting `node server.js`
포트 8080으로 서버 대기중 ...
```

supervisor 설치

nodemon과 기능이 비슷한 모듈로 서버 코드의 변경 사항을 자동으로 인식하여 서버를 종료했다 다시 재시작하기 때문에 nodemon과 supervisor 중 하나만 선택하여 사용하면 된다. 설치하려면 다음 명령어를 입력하자.

```
$ npm install supervisor -g
```

nodemon과 마찬가지로 supervisor에도 -g 옵션을 붙였다.

supervisor 사용

supervisor가 정상적으로 설치되면 앞으로 서버 실행 시 다음과 같은 명령어를 입력한다.

```
$ supervisor server.js
```



```
D:\Server>supervisor server.js

Running node-supervisor with
  program 'server.js'
  --watch '.'
  --extensions 'node,js'
  --exec 'node'

Starting child process with 'node server.js'
Watching directory 'D:\Server' for changes.
Press rs for restarting the process.
포트 8080으로 서버 대기중 ...
```

서버 코드에서 앞에서 코드 변경을 위해 만들었던 공백을 다시 없애면 nodemon 기능과 동일하게 서버는 자동으로 종료했다가 재시작한다.

```
app.get('/list', function(req, res){
    // conn.query("select * from post", function (err, rows, fields) {
    //     if (err) throw err;
    //     console.log(rows);
    // });
    mydb.collection('post').find().toArray(function(err, result){
        console.log(result);
    })
});
```

```
Starting child process with 'node server.js'
Watching directory 'D:\Server' for changes.
Press rs for restarting the process.
포트 8080으로 서버 대기중 ...
crashing child
Starting child process with 'node server.js'
포트 8080으로 서버 대기중 ...
```

nodemon과 supervisor는 서버를 자동 실행하는 동일한 기능의 라이브러리이므로 둘 중 어떤 것을 사용하든 무방하다.

13.2 화면에서 입력한 데이터 서버로 보내기

데이터 입력 페이지 생성

앞서 웹 브라우저에서 요청 url을 보내면 서버에서 해당 요청에 대해 get 방식으로 처리하는 구조를 배웠다. 이러한 구조 기반의 웹 브라우저로부터 /enter 요청을 받으면 서버에서 데이터 입력 페이지를 보내도록 작성하고, 입력 페이지는 〈form〉〈/form〉 태그 기반에서 제목과 내용을 적을 수 있는 2개의 텍스트 박스와 전송하는 기능인 1개의 버튼으로 구성해 보자.

왼쪽 탐색기에서 '새 파일' 아이콘( )을 클릭하고 'enter.html'이라고 입력하여 파일 이름을 설정한다.

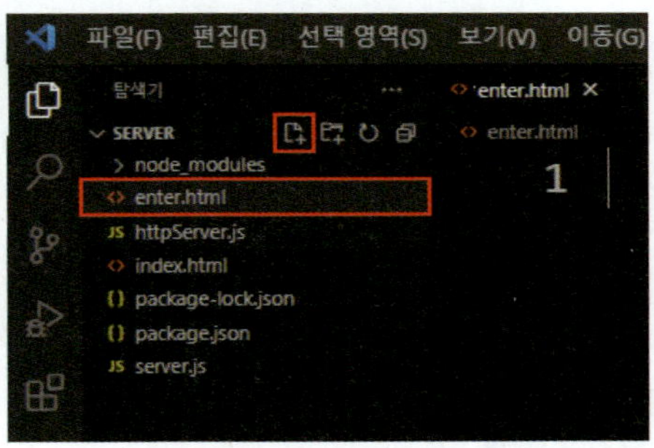

'index.html' 파일을 열어서 전체 코드를 그대로 복사해서 'enter.html' 파일에 붙여넣기 한다.

〈title〉Home〈/title〉 내용을 〈title〉Enter〈/title〉로 변경하고, 〈body〉...〈/body〉 안에서 〈nav〉....〈/nav〉 코드는 유지하고 그 이하의 코드는 모두 삭제한다.

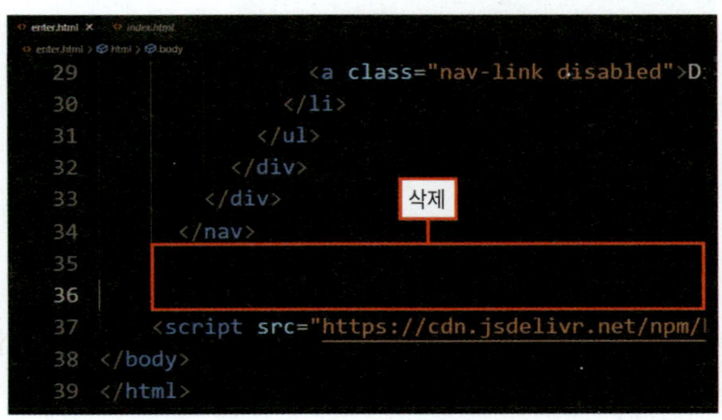

이 위치에 다음과 같이 입력 태그 및 전송 버튼 태그를 작성해 보자.

```
enter.html > html > body > form > p
        </div>
      </nav>

      <form action="" method="">
        <div>
            <label>제목</label>
            <input type ="text" name = "title">
        </div>
        <p></p>
        <div>
            <label>내용</label>
            <textarea name = "content" rows = "10"></textarea>
        </div>
        <p></p>
        <button type = "submit">저장</button>
      </form>

    <script src="https://cdn.jsdelivr.net/npm/bootstrap@5.2.3/dist/
```

방금 작성한 입력 페이지가 나타나려면 서버에서 요청 페이지에 대한 처리를 작성해야 한다. 'server.js' 파일을 열고 가장 끝 라인으로 이동한 다음 아래와 같이 작성하자.

```
............................................ 생략 ............................................
//'/enter' 요청에 대한 처리 루틴
app.get('/enter', function(req, res){
    res.sendFile(__dirname + '/enter.html');
});
```

누군가가 웹 브라우저 주소창에 'http://localhost:8080/enter'로 요청하면 서버의 '/enter' 루틴에서 처리한다. 요청 성공하면 콜백 함수에서 sendFile() 함수를 사용하여 enter.html 파일을 웹 브라우저로 보낸다. 콜백 함수는 특정 이벤트 발생 시 호출되는 함수로 get() 함수의 첫 번째 전달인자는 요청 이벤트라고 보면 되고, 두 번째 전달인자 function(req, res)는 요청이 발생하면 호출되는 콜백 함수인 것이다.

ES6 기반의 화살표 함수의 형태로 변경도 가능하다. function(req, res){ }를 (req, res) =>{ }와 같이 function 키워드를 생략하고 =>를 추가하여 사용해도 된다.

웹 브라우저 주소창에 'http://localhost:8080/enter'를 입력하고 접속하여 확인한다.

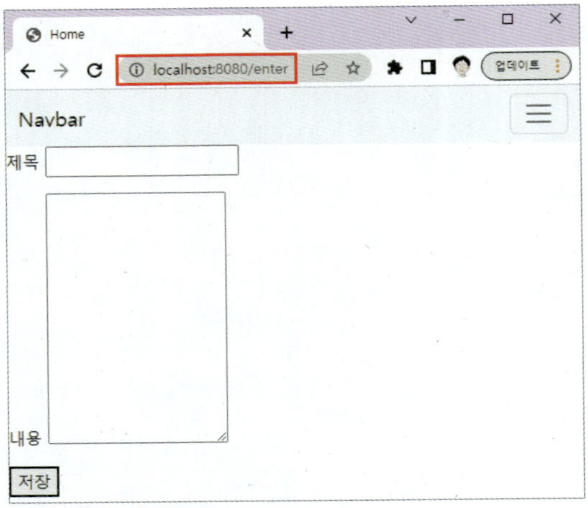

부트스트랩 이용하여 꾸미기

/enter 요청에 따른 입력 페이지는 잘 출력된다. 그런데 순수한 html 태그만 사용해서 구성했기 때문에 무척 투박하고 멋이 없다. 이 페이지를 부트스트랩을 사용하여 좀 더 깔끔하고 구성 있게 변경해 보자.

'enter.html' 파일을 열고 다음과 같이 부트스트랩 코드를 군데군데 추가한다.

```
<div class ="container mt-4">
    <form action="/save" method="post">
        <div class = "form-group">
            <label>제목</label>
            <input type ="text" name = "title" class="form-control">
        </div>
        <p></p>
        <div class = "form-group">
            <label>내용</label>
            <textarea name = "content" rows = "10" class="form-control"></textarea>
        </div>
        <p></p>
        <button type = "submit" class="btn btn-warning" style="float:right;">저장</button>
    </form>
</div>
```

폼 외관을 class = "container mt-4"로 설정하면 브라우저 외곽의 공간 규격을 띄울 수 있다. mt는 margin top의 약자로 위쪽 간격을 설정한다.

각 입력 컨트롤에 class = "form-control"를 설정하면 입력 컨트롤의 포커스 처리라든지 브라우저 크기 변화에 따른 반응형 크기 처리 등의 설정이 적용된다.

마지막으로 버튼의 class = "btn btn-warning" style = "float:right;"는 버튼의 색상, 모양, 위치 등을 설정한다. 코드 작성 후 다시 /enter를 요청하면 다음과 같이 UI가 훨씬 깔끔하게 변경된 페이지 화면이 출력된다.

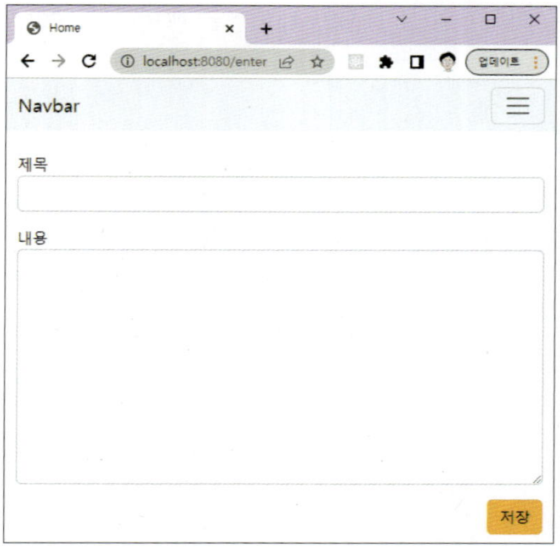

이 화면에서 〈저장〉 버튼을 클릭하면 폼에 입력한 제목과 내용에 입력한 데이터를 서버에 전달한다. 이때 서버 전달 시 꼭 있어야 하는 2개의 속성이 바로 action과 method다.

〈form〉의 action = "/save" 속성은 submit 버튼 클릭 시 어떤 경로로 요청할 것인지의 url 경로이고, method = "post"는 처리 방식이다.

get 방식과 post 방식

get 방식

기본으로 사용하는 get 방식은 요청 시 필요한 데이터를 url 주소에 담아 전송한다. 이것을 전문용어로 쿼리스트링이라고 하는데 뒤에서 조금 더 자세히 배우도록 하겠다. get 방식의 여러 특징이 있지만 아무래도 데이터가 url 주소에 노출되는 방식이다 보니 중요한 데이터나 개인 정보를 다룰 때는 get 방식을 사용하면 안 된다. 예를 들면 아이디, 비밀번호 등을 다루는 로그인 정보들 말이다. 보통 중요한 정보를 포함하지 않는 페이지에서 데이터를 서버로 전달할 때 사용한다.

post 방식

post 방식의 경우는 get 방식과 달리 전송 데이터를 노출하지 않고 http 메시지의 body에 담아서 전송한다. get 방식은 전송 데이터의 길이 제한이 있다면, post 방식은 길이 제한 없이 전송할 수 있으므로 대용량의 데이터를 전송할 수 있다는 장점이 있다. get 방식에 비해 데이터가 외부에 직접 드러나지 않으므로 상대적으로 보안에 안전하다고 할 수 있지만, post 방식의 전송 데이터도 개발자 도구를 통해 확인 가능하므로 중요한 데이터는 암호화하여 저장하는 것이 좋다. 보통 로그인, 회원가입 등 중요한 데이터를 서버로 전달할 때 사용한다.

get과 post의 차이점

이렇게 두 방식을 설명했지만 차이점이 크게 와닿지 않는다. 그림을 통해 차이점을 살펴보자.

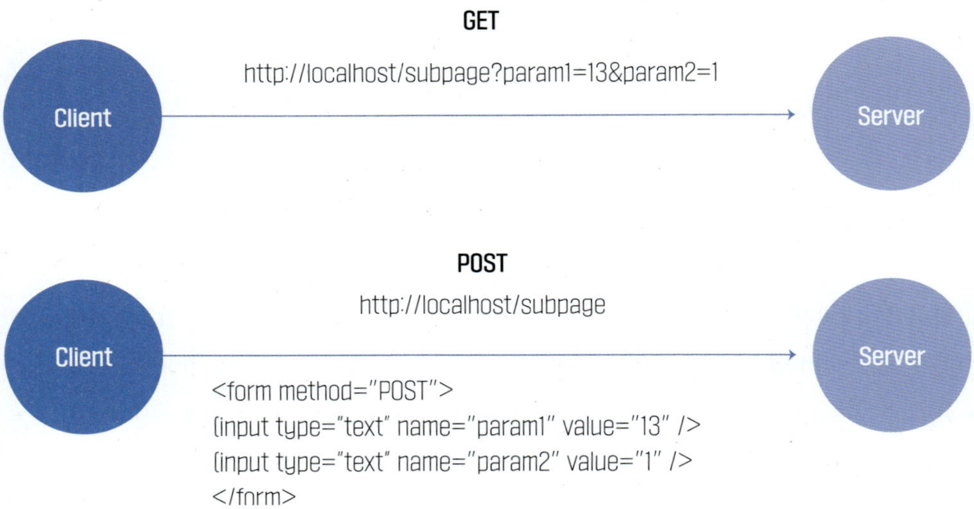

그림 13-1. get과 post의 차이(출처 : http://nina-life.tistory.com)

get 방식의 경우 url 주소를 통한 요청 방식으로 ? 뒤에 요청 시 필요한 데이터들을 키=값의 형태로 입력할 수 있다. 데이터의 구분은 &로 한다. post 방식의 경우는 url 주소에 데이터가 노출되지 않으며 〈input〉 컨트롤을 통해 입력된 데이터들이 서버로 전송된다.

입력한 데이터 서버로 보내기

데이터를 입력하고 〈저장〉 버튼을 클릭하면 input 태그에 담긴 데이터들을 서버로 전송한다. 전송된 데이터를 처리하기 위해서 서버에서는 요청에 대한 처리 루틴을 작성해야 한다. 요청 정보가 post 방식의 '/save' 경로였으므로 'server.js' 파일에 다음과 같이 작성한다.

```
........................................ 생략 ........................................
//'/save' 요청에 대한 post 방식의 처리 루틴
app.post('/save', function(req, res){
    console.log("저장완료");
});
```

누군가가 post 방식의 /save 경로로 요청을 하면 app.get() 함수 처리 방식과 비슷하게 app.post() 함수로 처리하면 된다. 첫 번째 전달인자에는 요청 경로, 두 번째 전달인자에는 콜백 함수가 들어온다. post 방식 요청은 저장 버튼 클릭 시 〈form action = "/save"〉에 등록된 경로로 요청한다.

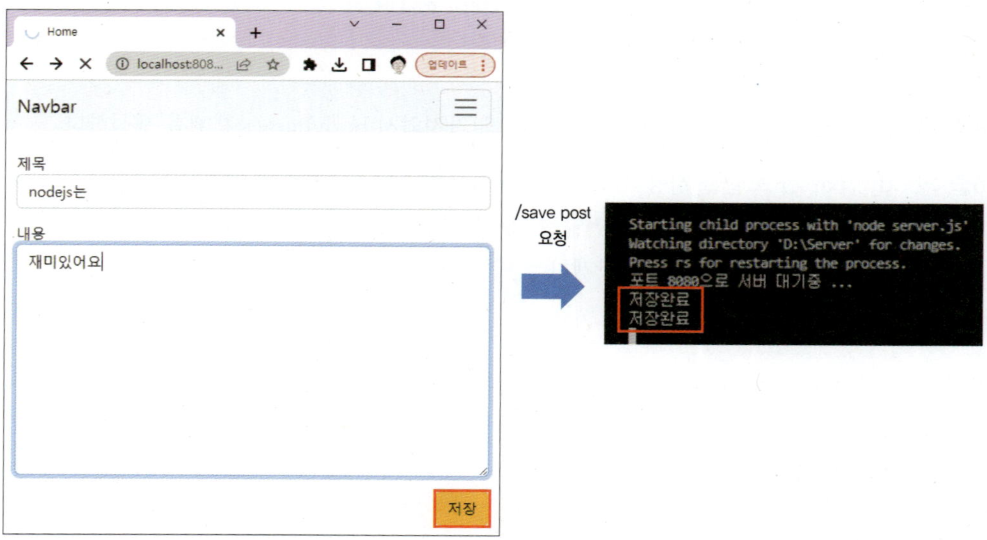

제목과 내용 컨트롤에 데이터를 입력 후 저장 버튼 클릭 시 터미널 창에 '저장완료' 로그가 출력되면 해당 요청에 정상적인 처리를 한 것이다. 일단 저장 이벤트에 대한 이벤트 처리가 되는 것은 확인했지만 입력한 제목과 내용에 대한 데이터가 서버로 전달되는 것이 이 기능의 핵심이다. 입력한 데이터는 과연 어떻게 서버로 전달되었고, 데이터를 어떻게 읽어올 것인가?

body-parser로 데이터 읽어오기

폼 전송할 때 보냈던 요청 데이터는 콜백 함수 function(req, res)의 req 전달인자에 요청 데이터가 포함되어 있다. 그런데 req에 담겨진 post 방식의 요청 데이터는 body-parser라는 라이브러리를 통해서 읽어올 수 있다. 그 이유는 post 방식의 경우 데이터를 http 메시지의 body에 담아서 전송하기 때문에 데이터를 읽어올 수 있는 별도의 라이브러리가 필요한 것이다. body-parser 라이브러리를 설치해 보자. 터미널에 다음과 같이 입력하자.

```
$ npm install body-parser
```

라이브러리를 사용하기 위해서 모듈을 require하고 미들웨어 사용을 코드에 등록해 놓는다.

```
1 const express = require('express');
2 const app = express();
3
4 //body-parser 라이브러리 추가
5 const bodyParser = require('body-parser');
6 app.use(bodyParser.urlencoded({extended:true}));
7 ........................................ 생략 ........................................
```

5줄 : body-parser 모듈을 require 함수에 의해 가져와서 bodyParser 객체를 생성한다.

6줄 : body-parser 모듈을 사용하고자 한다면 urlencoded 옵션을 사용해야 한다. extended : true의 옵션은 객체 형태로 전달된 데이터 내에서 또 다른 중첩된 객체를 허용하겠다는 의미고, false면 허용하지 않겠다는 의미다.

이렇게 하면 body-parser 라이브러리를 사용하여 요청 데이터를 가져올 수 있다. 원하는 것은 req 안에 방대한 요청 데이터가 아니라 폼에서 전송한 입력 데이터들이다. req 요청 데이터들을 한번 출력해 보자.

```
........................................ 생략 ........................................
//'/save' 요청에 대한 post 방식의 처리 루틴
app.post('/save', function(req, res){
    console.log(req);
    console.log("저장완료");
});
```

4줄에 코드를 추가하고 다시 앞에서의 방식으로 폼 입력창에 제목과 내용을 입력 후 〈저장〉 버튼을 클릭한다.

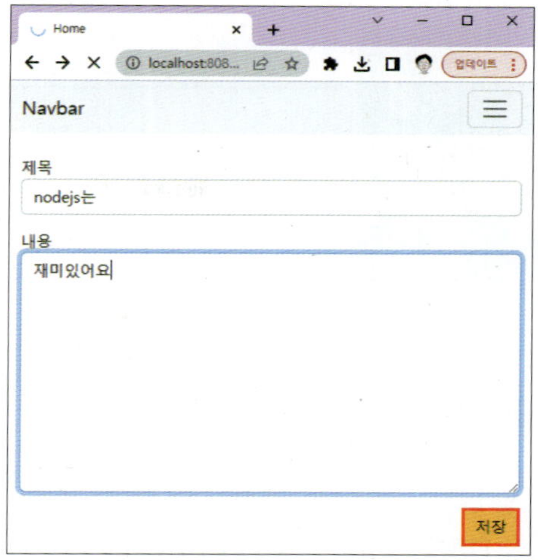

결과는 터미널에 로그로 많은 데이터가 출력될 것이다. 이 데이터를 모두 다 살펴볼 필요는 없다. 데이터의 끝 쪽으로 이동하면 body: { title: 'Node.js는', content: '재미있어요' }, 데이터가 눈에 띌 것이다. 즉, req 객체의 body 속성이 원하는 데이터다.

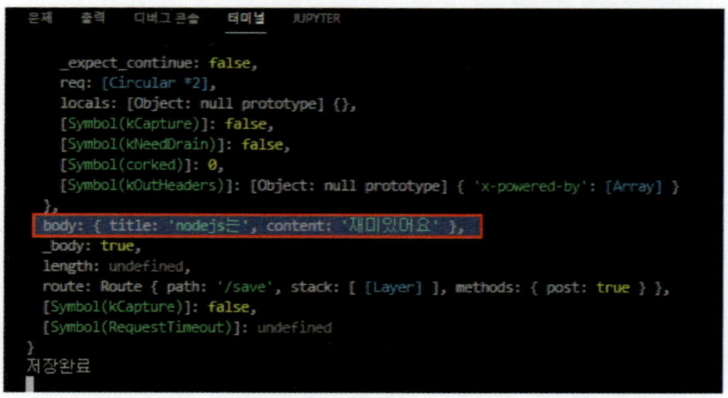

앞 예제에서 console.log(req) 출력 데이터를 console.log(req.body)로 변경하여 터미널 로그를 출력해 보자. 다시 폼 입력창을 띄우고 저장 버튼을 클릭하면 폼 입력창에 입력한 2개의 데이터만 req.body에 의해 출력되는 것을 확인할 수 있다.

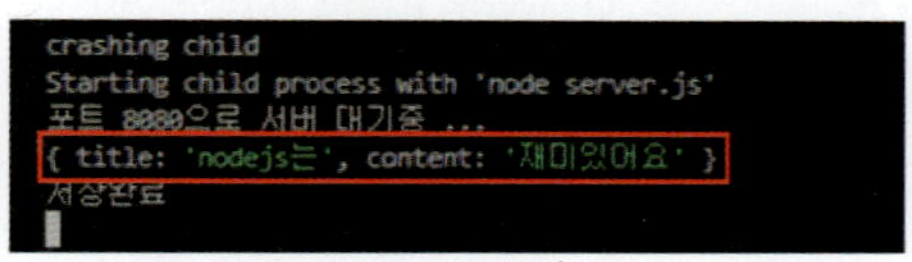

JAVASCRIPT

13.3 데이터베이스에 데이터 저장

폼 입력 데이터를 MySQL에 저장

지금까지 DB에 데이터를 저장할 때 직접 접근하여 입력했다면 이번에는 폼에 입력한 데이터를 DB에 저장해 본다. MySQL 접속 코드는 서버가 시작할 때 실행되게 미리 작성해 놓았으므로 app.post() 함수를 다음과 같이 작성한다.

```
1  ............................................ 생략 ............................................
2  //'/save' 요청에 대한 post 방식의 처리 루틴
3  app.post('/save', function(req, res){
4      console.log(req.body.title);
5      console.log(req.body.content);
6      let sql = "insert into post (title, content, created) values(?, ?, NOW())";
7      let params = [req.body.title, req.body.content];
8      conn.query(sql, params, function (err, result) {
9          if (err) throw err;
10         console.log( ' 데이터 추가 성공 ' );
11     });
12     res.send( ' 데이터 추가 성공 ' );
13 });
```

4~5줄 : req.body에 폼 입력 데이터가 들어 있다는 것을 확인했었다. 그런데 DB에 데이터를 입력할 때는 각 필드별로 데이터를 입력해야 하므로 req.body.title과 req.body.content와 같이 필드별로 나누어 출력한다.

6줄 : DB에 새로 추가할 데이터 쿼리문을 만들어 sql이라는 변수에 대입한다. 데이터를 추가하는 SQL쿼리문은 insert into이다. 다만, title과 content 항목에 들어갈 값은 변수이므로 ?로 표시하는 부분만 확인하고 넘어간다. 자세한 SQL 문법은 〈11장〉을 확인하자.

7줄 : title과 content 항목에 들어갈 변수의 목록을 필드 순서대로 작성하여 params라는 변수에 대입한다.

8~11줄 : query() 함수의 첫 번째 전달인자에 sql 쿼리문이, 두 번째 전달인자에 쿼리문 안에 들어갈 변수 목록인 params를, 세 번째 전달인자에 처리에 대한 성공과 실패를 처리할 콜백 함수를 작성한다. 처리 과정에서 오류가 발생하면 오류 메시지가, 성공하면 '데이터 추가 성공'이라는 메시지가 터미널 창에 출력된다.

12줄 : 데이터 저장 후 웹 브라우저에 처리 결과를 전송한다.

잘 동작하는지 테스트한다. 서버가 동작 중이라면 터미널 창에서 Ctrl+C를 눌러 서버를 종료한 후 다시 실행하자.

```
$ node server.js
```

웹 브라우저 주소창에 'http://localhost:8080/enter'를 입력하여 접속하고 폼에 데이터를 입력한 후 〈저장〉 버튼을 클릭한다.

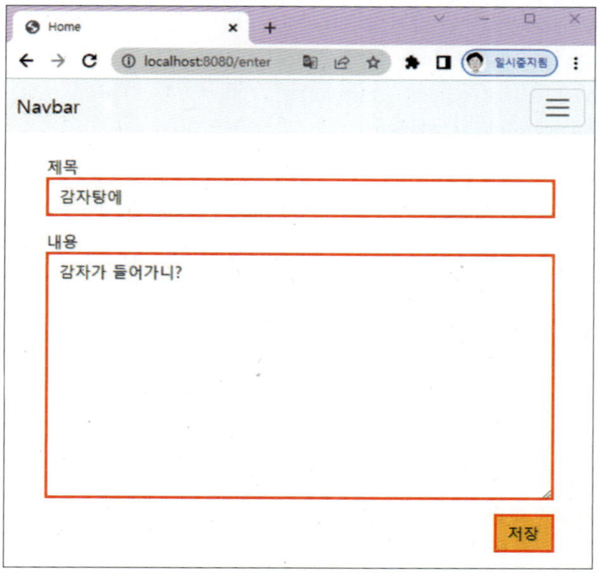

터미널 창에 오류 메시지 없이, '데이터 추가 성공' 메시지가 출력되면 폼 입력 데이터가 DB에 성공적으로 추가된 것이다. MySQL 클라이언트를 사용하여 확인해 보자.

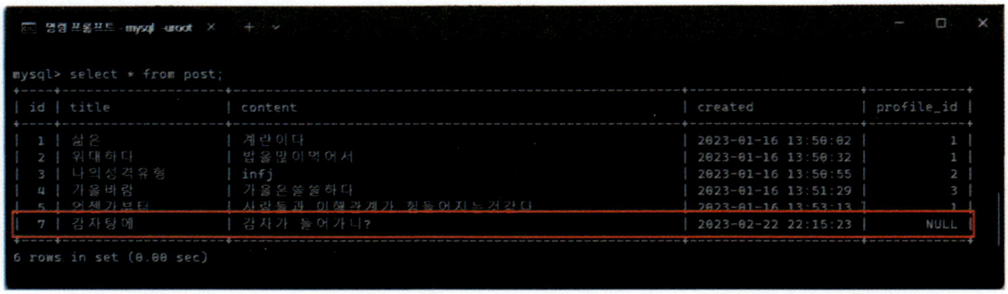

폼에 입력했던 데이터가 MySQL DB에 정상적으로 추가된 것을 확인할 수 있다.

폼 입력 데이터를 몽고DB에 저장

이번에는 몽고DB에 폼 입력 데이터를 저장하겠다. MySQL과의 차이점은 서버에서 DB에 저장하는 루틴만 다를 뿐 나머지는 동일하다. 몽고DB 접속 코드 또한 이미 앞에서 작성하여 서버가 시작할 때 실행되므로 app.post() 함수의 코드만 다음과 같이 수정 및 추가하자.

```
............................................. 생략 .............................................
app.post('/save', function(req, res){
    console.log(req.body.title);
    console.log(req.body.content);
    //몽고DB에 데이터 저장하기
    mydb.collection('post').insertOne(
        {title : req.body.title, content : req.body.content}
        ).then(result => {
            console.log(result);
            console.log('데이터 추가 성공');
        });
    //MySQL DB에 데이터 저장하기
    // let sql = "insert into post (title, content, created) values(?, ?, NOW())";
    // let params = [req.body.title, req.body.content];
    // conn.query(sql, params, function (err, result) {
    //     if (err) throw err;
    //     console.log('데이터 추가 성공');
    // });
    res.send('데이터 추가 성공');
});
```

6줄 : req.body에 넘어온 데이터를 몽고DB에 추가하기 위해서 insertOne() 함수를 사용한다. insert 함수는 SQL의 Insert 문과 매칭되는 명령으로 MySQL의 경우 하나의 레코드 단위로 입력했다면, 몽고DB에서는 도큐먼트 단위로 입력시킨다. 도큐먼트는 JSON 형식의 데이터로 구성된다. insert 함수는 용도에 따라 insertOne(), insertMany() 함수로 나누어 사용한다.

```
collection( " 컬렉션 이름 " ).insert() : 단일 도큐먼트 또는 다수의 도큐먼트 모두 삽입
collection( " 컬렉션 이름 " ).insertOne() : 단일 도큐먼트 삽입
collection( " 컬렉션 이름 " ).insertMany() : 다수의 도큐먼트 삽입
```

하나의 도큐먼트 단위는 쉽게 생각하면 중괄호 { } 사이의 데이터들이라고 생각하면 되고, 다수의 도큐먼트의 경우는 여러 개의 중괄호 { } 데이터들을 의미하는데 대괄호 [ ]를 통해 다수의 도큐먼트를 묶어줄 수 있다.

7~10줄 : insertOne() 함수의 첫 번째 전달인자는 DB에 입력할 도큐먼트 단위의 데이터가 들어가고, 두 번째 전달인자는 DB에 데이터를 정상적으로 입력했는지 아니면 오류가 발생했는지 처리하는 콜백 함수가 정의된다. 오류가 발생하면 콜백 함수의 첫 번째 전달인자 err에 오류 코드가 입력될 것이고, 정상 입력되었다면 두 번째 전달인자 result에 결과 내용이 입력될 것이다.

12~18줄 : MySQL 기반의 데이터 추가 코드는 필요 없으므로 주석으로 처리한다.

19줄 : 데이터 저장 후 웹 브라우저에 처리 결과를 전송한다.

잘 동작하는지 테스트한다. 서버가 동작 중이라면 터미널 창에서 Ctrl+C를 눌러 서버를 종료한 후 다시 실행하자.

```
$ node server.js
```

웹 브라우저 주소창에 'http://localhost:8080/enter'를 입력하고 폼에 데이터를 입력한 후 〈저장〉 버튼을 클릭한다.

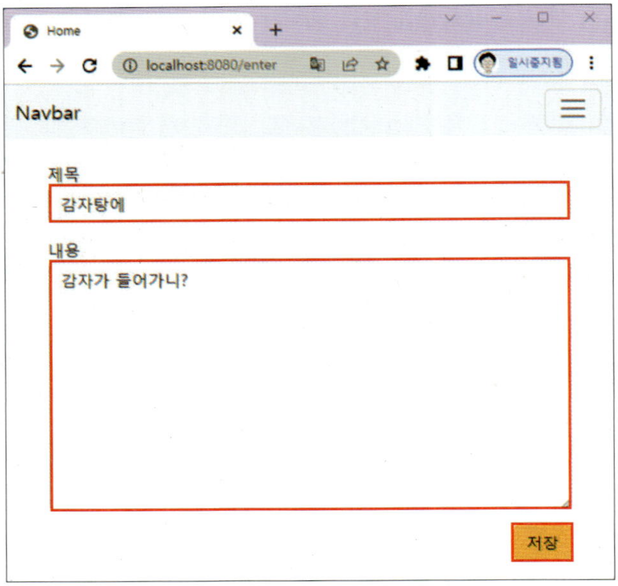

터미널 창에 '데이터 추가 성공' 메시지가 출력되었다면 폼 입력 데이터가 몽고DB에 성공적으로 추가된 것이다. 몽고DB에 접속하여 직접 확인해 보자.

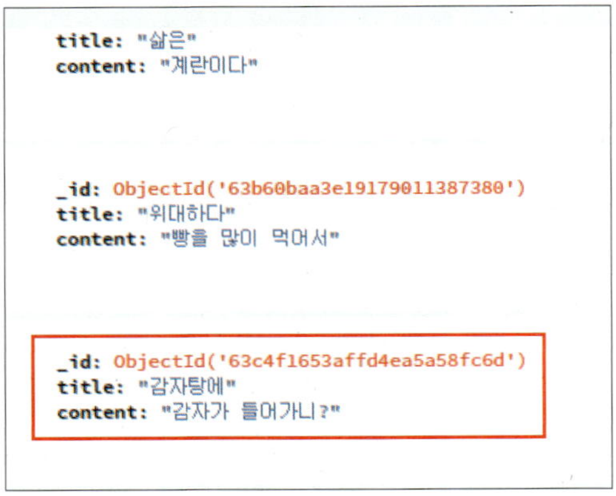

폼에 입력했던 데이터가 몽고DB에 정상적으로 추가된 것을 확인할 수 있다.

현재까지 데이터의 흐름도를 정리하면 다음과 같다.

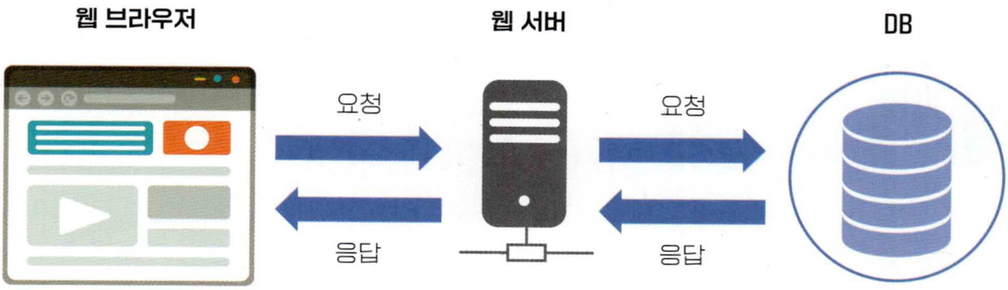

모든 요청의 시작은 웹 브라우저에서부터로 웹 브라우저에서 어떤 요청을 하면 웹 서버에서 요청 처리를 한다. 데이터 처리 시 데이터가 필요한 경우 관계형 데이터베이스 형태인 MySQL과 NoSQL 형태인 몽고DB와 연동한다. 지금까지 구현한 요청은 데이터 추가 요청(/enter 페이지에서 전송 버튼 클릭)과 데이터 조회 요청(/list)이다.

- **데이터 추가 요청** : 먼저 웹 브라우저에서 /enter 경로로 요청하면 서버에서 제목과 내용을 입력할 수 있는 enter.html 페이지를 응답하고, 데이터를 채운 후 〈저장〉 버튼을 클릭하면 post 방식으로 입력한 데이터를 서버에 전달한다. 서버는 전달받은 데이터를 DB에 추가하도록 처리한다.
- **데이터 조회 요청** : 웹 브라우저에서 /list 경로로 요청하면 서버에서는 해당 DB에 저장되어 있는 데이터를 읽어온다. DB로부터 조회한 데이터를 터미널 창에 출력함으로써 DB에서 데이터를 정상적으로 읽어왔는지 확인할 수 있다.

그런데 읽어온 데이터가 현재 서버에 머무르고 있어 아쉬운 점이 있다. DB에서 서버로 전달된 데이터, 즉 궁극적으로 웹 브라우저에서 입력한 데이터를 보여 주는 페이지가 있으면 좋지 않을까?

13.4 JAVASCRIPT

템플릿 엔진 EJS 사용

데이터를 보여 주는 페이지 생성

데이터 요청 경로는 /list다. 이렇게 요청했을 때 웹 브라우저에 요청 데이터가 나타나게 하기 위해 파일을 하나 새로 생성하고 데이터를 보여 주는 페이지 이름을 'list.html'이라고 설정한다.

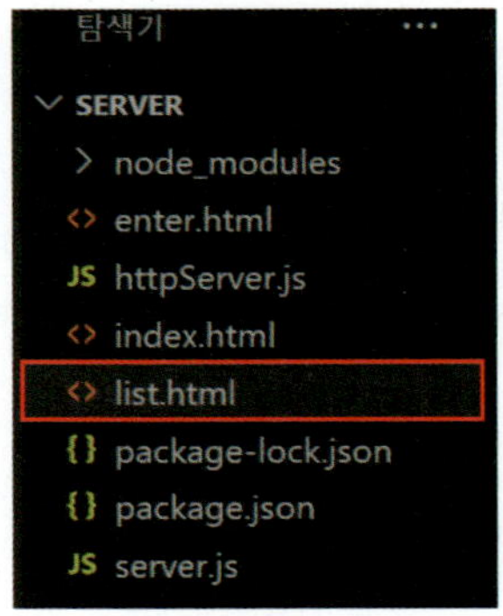

list.html에 내용을 채워보자. 각 페이지의 기본 형식이나 기본 메뉴는 그대로 가져갈 것이기 때문에 'index.html' 또는 'enter.html' 파일 둘 중 하나의 내용을 전체 복사하여 'list.html' 파일에 붙여넣기 한다. 여기에서는 'index.html' 파일의 모든 내용을 복사 붙여넣기 하겠다.

〈body〉 태그 내에서 〈nav〉〈/nav〉의 메뉴 내용은 그대로 살리고, 홈의 불필요한 내용만 다음과 같이 삭제한다.

```
list.html > html > body > marquee
              <li class="nav-item">
                <a class="nav-link" href="#">Pricing</a>
              </li>
              <li class="nav-item">
                <a class="nav-link disabled">Disabled</a>
              </li>
            </ul>
          </div>
        </div>
      </nav>

    <h1>홈입니다.</h1>
    <marquee>이창현님, 반갑습니다.</marquee>

    <script src="https://cdn.jsdelivr.net/npm/bootstrap@5.2.3/dist/js/bootstrap.bundle.min.js" in
</body>
</html>
```

삭제

삭제한 영역에 DB에서 가져온 데이터들을 출력하도록 HTML을 꾸며보자.

```
1             </div>
2         </div>
3     </nav>
4
5     <h1>게시판 데이터 리스트</h1>
6     <h3>제목 : 어쩌구</h3>
7     <h4>내용 : 저쩌구</h4>
8
9     <script src = "https://....
10 ............................................ 생략 ............................................
```

6~7줄 : DB에 읽어온 제목과 내용을 각각 어쩌구와 저쩌구 자리에 추가하고 실제로 가능하도록 구현할 것이다.

이 페이지는 /list 요청 시 웹 브라우저에 나타나야 하기에 서버 코드를 다음과 같이 수정하자.

```
app.get('/list', function(req, res){
    // conn.query("select * from post", function (err, rows, fields) {
    //     if (err) throw err;
    //     console.log(rows);
    // });
    mydb.collection('post').find().toArray(function(err, result){
        console.log(result);
    })
    res.sendFile(__dirname + '/list.html');
});
............................................ 생략 ............................................
```

/list 요청 시 서버에서 'list.html' 파일을 웹 브라우저로 보낼 수 있게 처리하고 잘 동작하는지 테스트한다. 서버가 동작 중이라면 터미널 창에서 Ctrl+C를 눌러 서버를 종료한 후 다시 실행하자.

```
$ node server.js
```

웹 브라우저 주소창에 'http://localhost:8080/list'를 입력하고 Enter를 누른다.

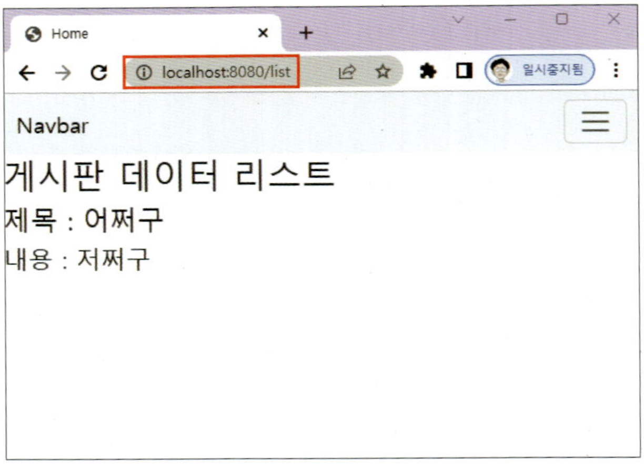

현재 문제점은 제목과 내용에 어쩌구, 저쩌구가 아니라 실제 DB에서 가져온 데이터가 출력되어야 한다는 것이다. html 문서는 기본적으로 변수를 사용할 수 없는데 DB의 데이터는 변수 형태로 사용해야 한다. 이러한 문제점은 템플릿 엔진이라는 매커니즘을 통해 해결할 수 있다.

템플릿 엔진이란

express와 연동되는 템플릿 엔진에 대해 알아보자. 템플릿 엔진이란 동적인 결과를 정적인 파일에 담는 기능을 제공한다. 즉, 어떤 결괏값을 html과 같은 정적 파일에 출력해야 하는데, 자바스크립트를 사용하여 html을 렌더링할 수 있게 해준다. 대표적인 템플릿 엔진으로 퍼그(pug), 넌적스(nunjucks), ejs 등 여러 가지가 있지만, 템플릿 엔진을 사용하는 목적은 동적인 결과를 정적인 html 파일에 담는다는 것에 동일하다. 앞으로 다양한 엔진들 중에 ejs를 선택하여 사용할 것이다.

템플릿 엔진 설치 및 설정

템플릿 엔진 설치는 npm install 명령어 뒤에 템플릿 엔진 이름을 붙이면 된다. ejs를 사용할 것이므로 ejs를 설치하고 터미널에 다음과 같이 입력한다.

```
$ npm install ejs
```

만약 퍼그나 넌적스를 설치하려면 npm install pug, npm install nunjucks를 설치하면 된다. 설치가 끝나면 템플릿 엔진을 사용하기 위해 server.js의 body-parser 라이브러리 설정 코드 위치로 이동하여 다음과 같이 코드를 추가하자.

```
1  ··················· 생략 ···················
2  const db = require('node-mysql/lib/db');app.use(bodyParser.urlencoded
   ({extended:true}));
3  app.set('view engine', 'ejs');
4  ··················· 생략 ···················
```

4줄 : 템플릿 엔진 설정 시 app.set() 함수를 사용한다. 첫 번째 전달인자에 'view engine'을 입력하고, 두 번째 전달인자에 내가 사용할 템플릿 엔진 이름을 입력한다. 여기에서는 'ejs'를 입력했으므로 ejs를 사용하겠다는 의미이다. 만약 pug 템플릿을 사용하려면 pug를, 넌적스 템플릿을 사용하려면 njk를 입력하면 된다.

다음 작업 환경 내에 'views'라는 이름의 폴더를 하나 만든다. 템플릿 엔진은 'views' 폴더를 기본 작업 환경으로 인식한다.

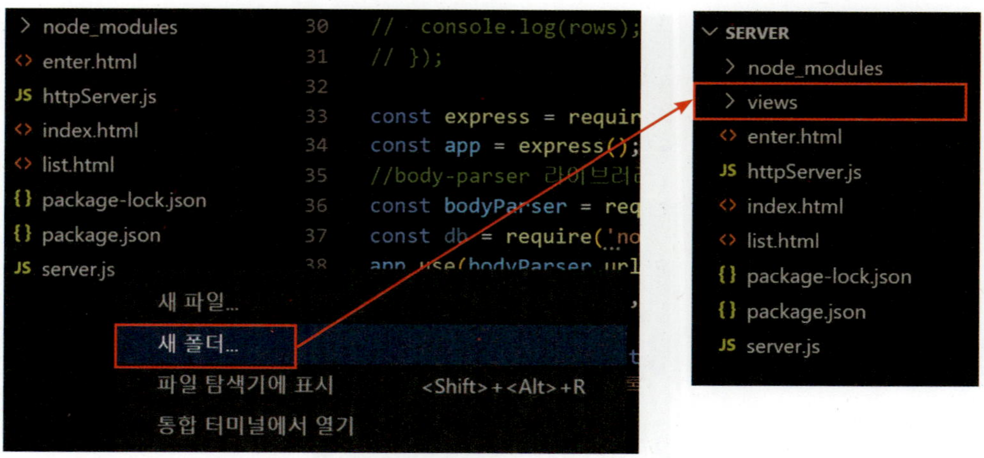

탐색기에서 마우스 오른쪽 버튼을 클릭하여 '새 폴더'를 실행하고 'views'를 입력하여 폴더를 생성한다. 앞으로 생성할 ejs 파일은 모두 'views' 폴더 안에 만들어야 한다.

EJS 파일 생성

이제 ejs 파일을 만들어 사용해 보자. ejs 파일은 html과 똑같은 문법을 사용하면 된다. 새로 만들어도 되지만 기존 'list.html' 파일을 ejs 파일로 변경하자.

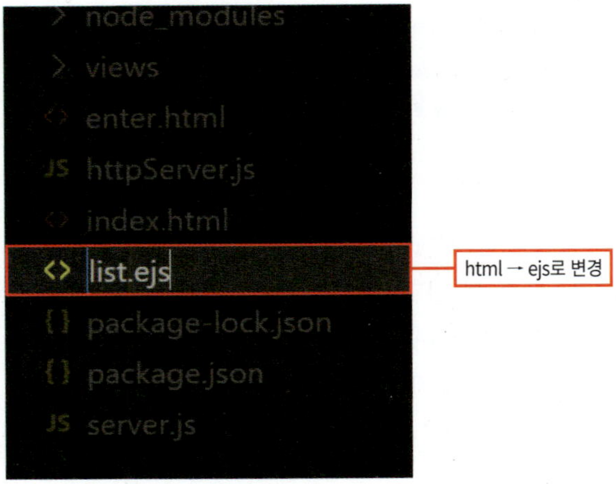

그다음 'list.ejs' 파일을 'views' 폴더 위치로 이동한다.

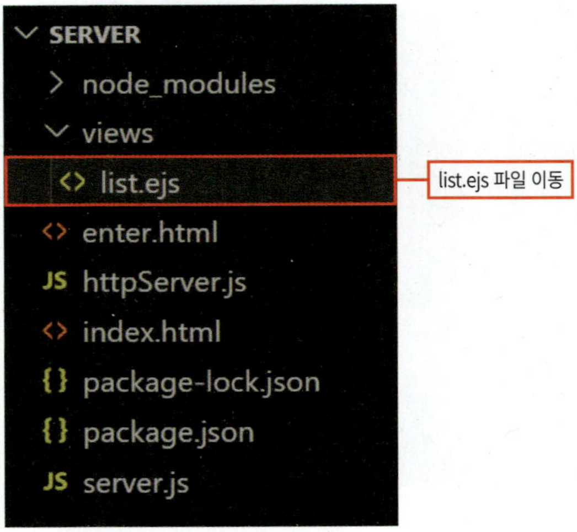

여기까지 진행했다면 기본적인 ejs 파일을 사용할 수 있는 상태가 되었다.

먼저 서버를 실행하고 웹 브라우저에서 /list 요청 시 list.ejs 의 페이지가 전달되도록 구현하자. 'server.js' 파일에서 /list 처리 루틴으로 이동한다.

```
1  app.get('/list', function(req, res){
2      // conn.query("select * from post", function (err, rows, fields) {
3      //     if (err) throw err;
4      //     console.log(rows);
5      // });
6      mydb.collection('post').find().toArray(function(err, result){
7          console.log(result);
8      })
9      //res.sendFile(__dirname + '/list.html');
10     res.render('list.ejs');
11 });
12 ………………………………………… 생략 …………………………………………
```

기존 9줄처럼 sendFile() 함수로 현재 작업 경로에 있는 'list.html' 파일로 응답했다면 이제는 render() 함수를 사용하여 list.ejs 파일로 응답을 한다. 사용하는 함수의 이름에서도 알 수 있듯이 sendFile은 단순히 파일의 내용을 전달하는 기능이라면 render는 파일의 내용을 만들어 내는 기능이다. 앞서 템플릿 엔진을 사용하는 목적에서도 언급했듯이 동적인 결과를 정적인 'html' 파일에 표현하는 것이기 때문에 가변적인 데이터를 출력하는 렌더링의 의미로 별도의 render() 함수가 제공되는 것이다.

더 알아보기 **렌더링(Rendering)이란**

렌더링은 컴퓨터 그래픽 분야에서 사용되는 용어로 컴퓨터를 사용해 사진이나 영상을 만들어내는 과정 또는 기법을 말한다. 주로 건물 설계, 게임, 애니메이션 등의 분야에서 3D 렌더링 기법이 많이 사용되고 있다.

잘 동작하는지 테스트한다. 서버가 동작 중이라면 터미널 창에서 Ctrl+C를 눌러 서버를 종료한 후 다시 실행하자.

```
$ node server.js
```

웹 브라우저 주소창에 'http://localhost:8080/list'를 입력하고 Enter를 눌러 접속한다.

요청 페이지가 정상적으로 출력되어 만든 'list.ejs' 파일이 템플릿 엔진 기반으로 잘 동작하는 것을 확인할 수 있다. 그러나 정작 중요한 처리가 빠져 있다. 템플릿 엔진을 사용하는 목적은 데이터를 정적인 페이지에 출력하는 것이며, 어쩌구, 저쩌구 자리에 실제 데이터가 들어갈 수 있어야 한다. 이를 위해, 템플릿 엔진을 사용하는 목적을 지금부터 처리해 보자.

어쩌구, 저쩌구 자리에 데이터가 들어가려면 먼저 서버에서 list.ejs를 렌더링 시 데이터를 전달해야 한다. 현재 코드에서는 데이터가 전달되는 형태는 전혀 보이지 않으므로 res.render() 함수 호출 시 두 번째 전달인자에 전달할 데이터를 넣어야 한다.

render(렌더링할 파일, 파일에 전달할 데이터)

파일에 전달할 데이터는 object 형식으로 작성한다. 즉, { key, value } 형태로 작성하면 되는데 key는 ejs 파일로 전달될 데이터의 이름값이고, value는 실제 서버에서 얻은 결괏값이다. render() 함수 코드를 다음과 같이 수정하고 필요 없는 코드들은 모두 삭제하자.

```
1  app.get('/list', function(req, res){
2      mydb.collection('post').find().toArray(function(err, result){
3          console.log(result);
4          res.render('list.ejs', { data : result });
5      })
6  });
7  ........................................ 생략 ........................................
```

4줄 : 요청 페이지인 list.ejs를 렌더링 시 DB에서 읽어온 전체 데이터 result를 data라는 이름으로 함께 전달하면 list.ejs에서 data 값을 통해 전달한 전체 데이터의 값을 읽어올 수 있다. 유의할 점은 result 결괏값이 콜백 함수 내에 매개변수로 존재하므로 render() 함수에서 result 변수를 사용하려면 지금처럼 콜백 함수 내에 위치해야 한다.

EJS 사용 문법

현재까지는 서버에서 'list.ejs' 파일로 데이터를 전달한 상태이며, 이제 'ejs' 파일에서 전달받은 데이터를 읽어와야 한다. ejs 템플릿 엔진은 html 안에서 자바스크립트 문법을 사용할 수 있도록 제공하는데, 경우에 따라 필요한 문법만 알면 된다. 규칙 자체가 단순하고 쉬우므로 몇 번 사용하면 금방 숙지할 수 있을 것이다.

종류	문법	예시
제어문	〈% %〉	〈% if(user.id == ''){ %〉
변수 출력	〈%= %〉	〈%= user.id %〉
예약어 표시	〈%- %〉	〈%- body %〉
다른 파일 포함	〈%- include('파일경로') %〉	〈%- include('nav.html') %〉

이 중에서 당장 필요한 문법은 변수 출력이다. 넘겨받은 데이터에서 제목과 내용을 뽑아 출력해야 하기 때문이다.

〈%= 변수 %〉

서버에서 넘겨받은 데이터는 {data : result}고 'ejs' 파일에 변수 출력 문법을 사용하여 데이터 삽입이 가능하다. 'list.ejs' 파일에서 다음과 같이 코드를 추가 수정하자.

```
1          </div>
2        </div>
3    </nav>
4
5    <h1>게시판 데이터 리스트</h1>
6    <h3>제목 : <%= data %></h3>
7    <h4>내용 : 저쩌구</h4>
8
9    <script src = "https://....
10 ............................ 생략 ............................
```

ejs 파일에서 넘겨받은 변수가 data이므로 6줄처럼 data를 화면에 출력했다. 어떤 결과가 출력될까? 예상치 못한 결과가 나타날 것이다. data가 result 값과 매핑되어 있어 그대로 출력될 줄 알았는데, Object라는 결과가 출력된다. 이는 DB에서 가져온 데이터가 총 3개의 object 형이기 때문이다.

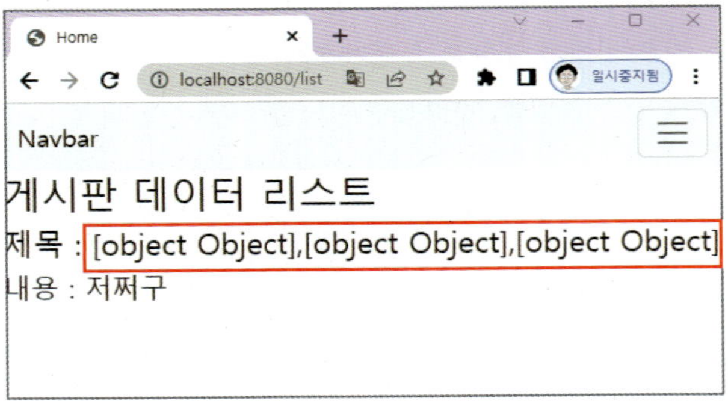

터미널 창에 출력한 로그를 통해 데이터 구조를 살펴보자.

```
[
  {
    _id: new ObjectId("63a5812d2e096b08655e1ba6"),
    title: '삶은',
    content: '계란이다'
  },
  {
    _id: new ObjectId("63b60baa3e19179011387380"),
    title: '위대하다',
    content: '빵을 많이 먹어서'
  },
  {
    _id: new ObjectId("63c4f1653affd4ea5a58fc6d"),
    title: '감자탕에',
    content: '감자가 들어가니?'
  }
]
```

데이터의 타입은 전체 대괄호 [ ]의 배열 형태로 구성되어 있고 내부에 중괄호 { } 형식의 오브젝트 데이터가 3개 들어가 있다. data에서 세부 데이터를 가져오려면 먼저 배열의 인덱스로 접근 후 각 오브젝트 데이터의 각 요소에 접근하면 된다.

```
data[인덱스].title
data[인덱스].content
```

다음과 같이 코드에 적용하고 데이터의 첫 번째 인덱스 값을 출력해 보자.

```
            </div>
        </div>
    </nav>

      <h1>게시판 데이터 리스트</h1>
      <h3>제목 : <%= data[0].title %></h3>
      <h4>내용 : <%= data[0].content %></h4>

    <script src = "https://....
  ............................................... 생략 ...............................................
```

data[0]이면 3개의 오브젝트 중에 1번째 오브젝트를 가져오겠다는 뜻이고, 제목을 뽑고 싶다면 title, 내용을 뽑고 싶다면 content 값을 읽어서 출력한다. 정상적으로 출력되었다면 풀스택 동작의 기본 사이클이 완성된 것이다.

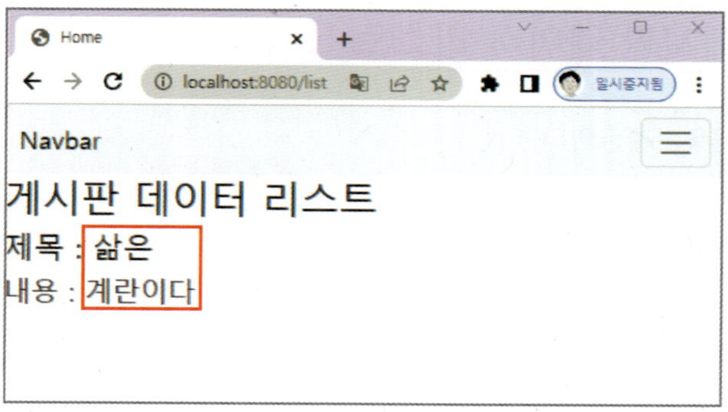

두 번째 데이터를 가져오고 싶다면 data[1], 세 번째 데이터를 가져오고 싶다면 data[2]로 접근하면 된다. 직접 코드를 추가해 보자.

```
                </div>
            </div>
        </nav>

          <h1>게시판 데이터 리스트</h1>
          <h3>제목 : <%= data[0].title %></h3>
          <h4>내용 : <%= data[0].content %></h4>
          <h3>제목 : <%= data[1].title %></h3>
          <h4>내용 : <%= data[1].content %></h4><p>
          <h3>제목 : <%= data[2].title %></h3>
          <h4>내용 : <%= data[2].content %></h4>
          <script src = "https://....
     ............................................ 생략 ............................................
```

이렇게 모든 데이터를 출력할 수 있게 되었다. 하지만 지금의 구조는 데이터가 늘어날수록 출력 코드도 기하급수적으로 늘어나는 구조로 매우 비효율적이다.

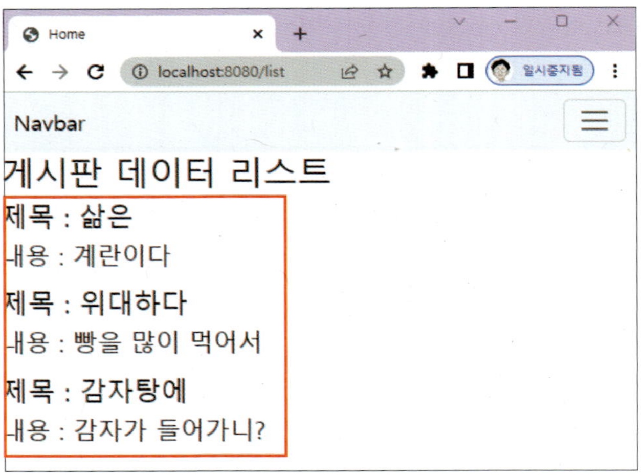

배열의 인덱스가 1씩 증가한다는 점에 착안했을 때 자바스크립트의 반복문을 사용하면 효율적인 코드로 바꿀 수 있다. 아는 반복문을 의식의 흐름대로 다음과 같이 코드를 수정해 보자.

```
                </div>
            </div>
        </nav>
```

```

    <h1>게시판 데이터 리스트</h1>
     for (let i = 0; i < data.length; i++){
         <h3>제목 : <%= data[i].title %></h3>
         <h4>내용 : <%= data[i].content %></h4><p>
     }

    <script src = "https://....
................................................ 생략 ................................................
```

data가 배열이므로 length 속성만큼 반복하며 인덱스 i 값을 사용하여 data[i]의 각 데이터에 접근하고 있다. 자바스크립트의 로직상으로는 문제없는 코드지만 웹 브라우저에서 'http://localhost:8080/list' 경로로 요청하면 오류 메시지가 출력될 것이다. 반복문은 순수 자바스크립트 문법이므로 ejs 문법에 맞게 사용되어야 한다. 앞서 살펴본 것처럼 반복문과 같은 제어문을 다루는 ejs 문법은 다음과 같다.

<% 제어문 %>

자바스크립트 제어문을 ejs 파일에서 동작시키려면 〈% %〉 기호로 감싸야 한다. 변수 출력과의 차이점은 〈%에 =의 여부로 반복문을 〈% %〉 기호로 감싸도록 하자.

```
            </div>
        </div>
    </nav>

     <h1>게시판 데이터 리스트</h1>
     <% for (let i = 0; i < data.length; i++){ %>
       <h3>제목 : <%= data[i].title %></h3>
       <h4>내용 : <%= data[i].content %></h4><p>
     <% } %>

     <script src = "https://....
................................................ 생략 ................................................
```

수정이 끝났으면 웹 브라우저에서 'http://localhost:8080/list' 경로로 요청한다. 전체 데이터가 정상적으로 출력되는데 만약 오류가 난다면 오탈자를 확인해 보자.

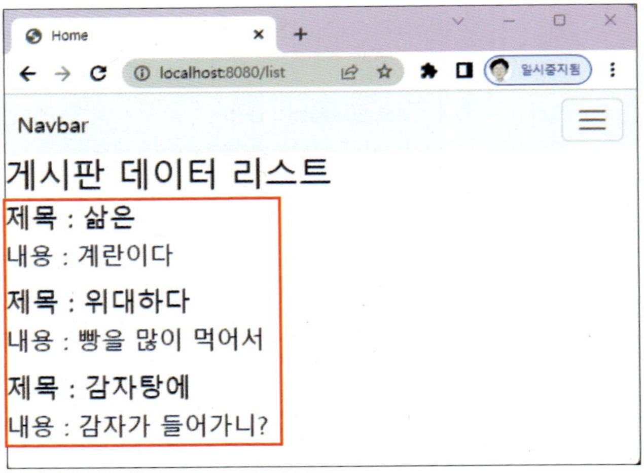

결과는 동일하지만 반복문을 사용함으로써 코드는 훨씬 더 효율적인 로직이 되었다.

더 알아보기 **퍼그와 넌적스 스타일**

템플릿 엔진에는 ejs 외에도 퍼그와 넌적스를 언급했었다. 사용 목적은 동적인 결과를 정적인 html 파일에 담는다는 것에 동일하다. 다만 엔진의 종류와 사용 방법이 달라 각각 스타일만 익히고 사용할 일이 있으면 해당 엔진의 문법만 숙지하면 된다.

퍼그 스타일

태그에 〈〉를 사용하지 않고 들여쓰기로 각 태그를 구분한다. 해당 데이터를 태그 적용하여 출력할 때 title = title과 같은 형식으로 사용하면 된다.

```
doctype html
html
    head
        title=title
        link(rel='stylesheet', href='/style.css')
    body
        block content
                h1= title
                p Welcome to #{title}
```

넌적스 스타일

넌적스는 퍼그보다는 ejs 문법에 가깝다 해당 데이터를 태그 적용하여 출력할 때 <h1>{{title}} </h1>과 같은 형식으로 사용한다.

```
<html>
    <head>
        <title>{{title}}</title>
        <link rel="stylesheet" href="/style.css"/>
    </head>
    <body>
      {% block content %}
      <h1>{{title}}</h1>
      <p>Welcome to {{title}}</p>
      {% endblock %}
    </body>
</html>
```

13.5 JAVASCRIPT

게시물 생성, 조회, 삭제

게시물 생성과 조회

게시물의 생성과 조회 코드를 앞에서 구현하였다. CRUD에서 CR을 구현한 것으로 테스트를 통해 동작을 확인해 보자.

● 게시물 생성

웹 브라우저에서 'http://localhost:8080/enter'를 입력하여 접속하자. 그리고 다음과 같이 제목과 내용을 입력 후 〈저장〉 버튼을 클릭한다.

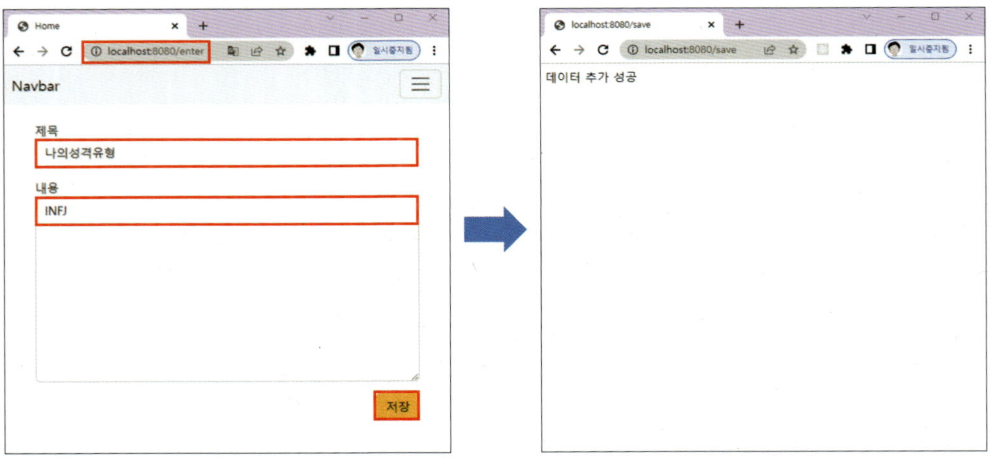

데이터는 앞에서 작성했던 데이터 저장 코드에 의해 몽고DB에 저장된다. 데이터 생성 동작은 웹 브라우저 → 서버 → DB 순으로 처리한다.

날짜 데이터 추가

조금 더 게시판스럽게 요소들을 추가해 보자. 보통 게시물 등록 시 글쓴이가 언제 글을 작성했는지 작성일이 등록된다. 작성일에 대한 정보를 DB에 등록할 수 있게 UI 및 DB 저장 코드를 추가하기 위해 'enter.html' 파일을 열어 작성일 항목을 다음과 같이 입력하자.

```
1   ................................................ 생략 ................................................
2       <div class = "form-group">
3           <label>내용</label>
4           <textarea name = "content" rows = "10" class="form-control"></textarea>
5       </div><p></p>
6       <div class="form-group">
7           <label>작성일</label>
8           <input type="date"  class="form-control" name ="someDate">
9       </div><p></p>
10      <button type = "submit" class="btn btn-warning" style="float:right;">저장</button>
11  </form>
12  ................................................ 생략 ................................................
```

7줄 : input type 중에 "date"는 캘린더 형식으로 날짜값을 입력받고, 대상 엘리먼트에 접근하기 위해 name = "someDate"라고 설정한다.

웹 브라우저에서 http://localhost:8080/enter 경로로 요청하면 작성일 항목이 추가된 것을 확인할 수 있다.

날짜 선택 후 〈저장〉 버튼을 클릭했을 때 몽고DB에 선택한 날짜 정보가 저장되게 처리하자.

```
1        app.post('/save', function(req, res){
2          console.log(req.body.title);
3          console.log(req.body.content);
4          console.log(req.body.someDate);
5          //몽고DB에 데이터 저장하기
6          mydb.collection('post').insert(
7          {title : req.body.title, content : req.body.content, date : req.body.someDate},
8          .then(result => {
9             console.log(result);
10            console.log('데이터 추가 성공');
11         });
12        res.send('데이터 추가 성공');
13   });
```

4줄 : 웹 브라우저에서 입력한 작성일자가 제대로 넘어왔는지 로그를 통해 확인한다.

7줄 : 몽고DB에 입력한 작성일 값 { date : req.body.someDate }을 추가하여 저장한다.

잘 동작하는지 테스트한다. 서버가 동작 중이라면 터미널 창에서 Ctrl+C를 눌러 서버를 종료한 후 다시 실행하자.

```
$ node server.js
```

웹 브라우저 주소창에 'http://localhost:8080/enter'를 입력하여 접속하고 Enter를 누른다. 제목, 내용을 입력하고 작성일에서 임의의 날짜를 선택한 후 〈저장〉 버튼을 클릭한다.

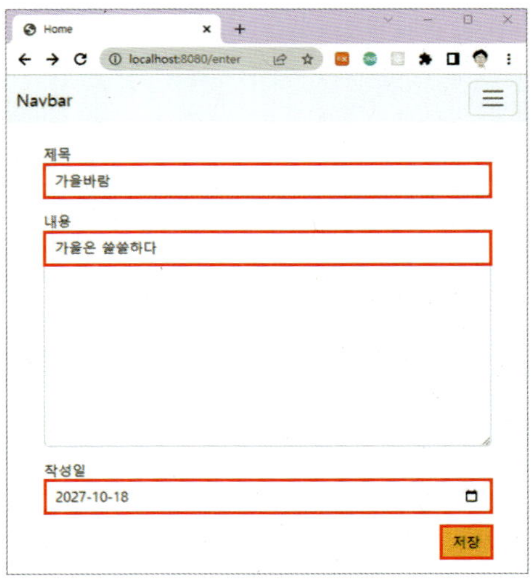

몽고DB에 작성일 데이터와 함께 데이터가 생성되었는지 확인한다.

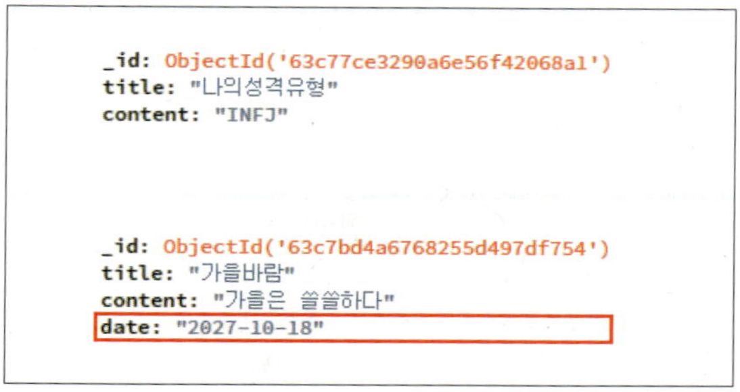

데이터 생성 시 date 항목이 추가된 것을 확인할 수 있다.

● enter.html을 enter.ejs로 변경

웹 브라우저에 UI 데이터는 html 형식으로 출력하는 것이 맞지만, ejs를 사용했던 목적은 동적인 데이터를 출력하기 위해서였다. 사용하고 있는 'enter.html' 파일은 데이터를 입력하는 페이지로 데이터를 출력하는 페이지가 아니기에 ejs 포맷으로 변경할 필요 없어 보일지 모르지만 2가지의 이유로 ejs 포맷으로 변경해야 한다.

첫 번째 이유는 현재 <nav></nav>로 구성된 메뉴의 경우 'index.html', 'list.ejs' 파일에 공통 내용이고, 앞으로 생성될 페이지에도 중복으로 들어갈 내용이다. 이런 경우 이후에 <nav></nav>의 내용만 별도로 분리하여 각 'ejs' 파일에 include 시키는 방식으로 구조를 변경할 것이다. 만약 'html' 파일이라면 이런 구조 분리가 불가능하다.

두 번째 이유는 UI 페이지 포맷의 통일을 위해서다. 어떤 페이지는 ejs로 사용하고 어떤 페이지는 html을 사용한다면 동작에는 문제없을지라도 프로젝트의 구성이나 코드가 통일성도 없고 오히려 가독성을 해칠 수가 있다.

탐색기에서 enter.html을 'enter.ejs'로 확장자를 변경하고 파일을 'views' 폴더 위치로 이동한다.

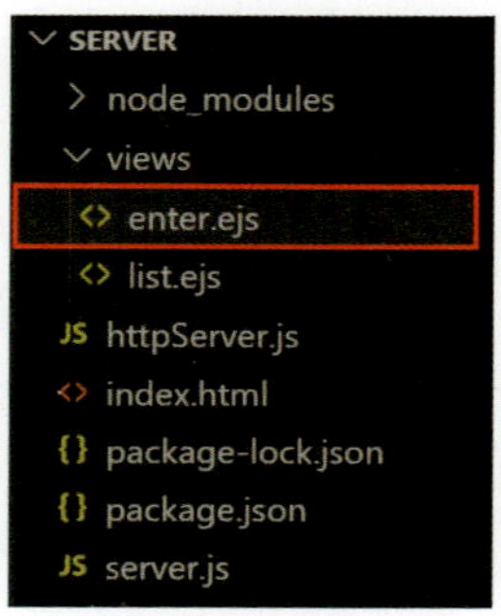

server.js에서 /enter 요청 처리 코드를 다음과 같이 수정한다.

```
........................................ 생략 ........................................
app.get('/enter', function(req, res){
        res.render('enter.ejs');
});

........................................ 생략 ........................................
```

웹 브라우저 주소창에 'http://localhost:8080/enter'를 입력하고 Enter를 누른다. 페이지가 웹 브라우저에 잘 출력되는지 확인한다.

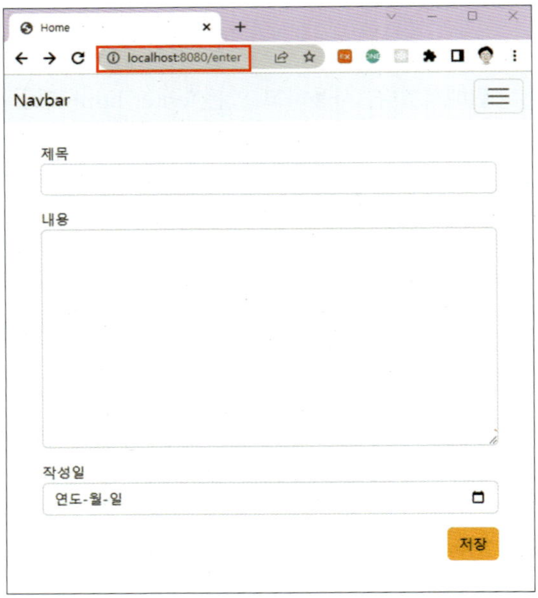

● 게시물 조회

웹 브라우저에서 'http://localhost:8080/list'를 입력하여 접속한다. 이때 데이터 조회의 동작 순서는 DB → 서버 → 웹 브라우저의 순으로 처리하는데 먼저 조회할 데이터를 DB에서 서버로 가져오고 서버는 ejs를 이용하여 데이터를 웹 브라우저에 넘겨주는 것이다. 결과를 확인하면 방금 추가한 데이터가 조회되는 것을 확인할 수 있다.

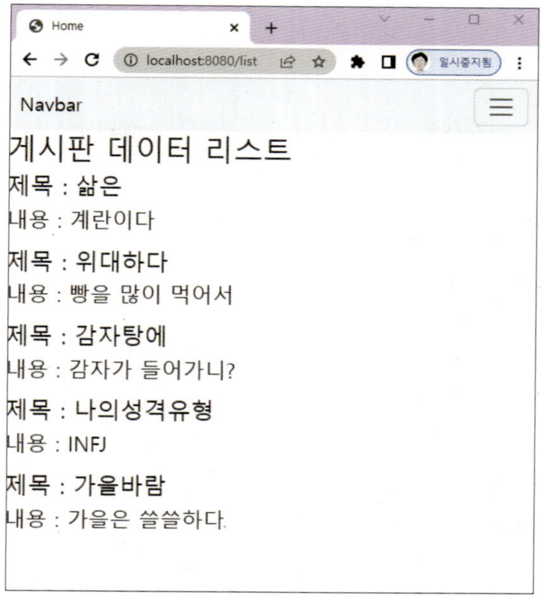

● 게시판 형태로 변경

현재 게시물 조회 페이지는 DB에서 데이터를 읽어와 단순히 출력해 주는 수준에 불과하다. 게시판이라면 리스트 형태로 제목과 게시물 등록일 정도가 나타나고 제목을 클릭하면 내용이 나타나는 형태가 일반적일 것이다. 일반적인 게시판 형태는 다음과 같다.

글 제목	조회수	작성일
담소네 공방 - 가을바람 (1)	36	2022. 10. 29.
크고 작은 많은 일들이	10	2022. 10. 27.
간만에 (1)	9	2022. 10. 24.
언젠가부터	10	2022. 10. 21.
요즘 막둥이의 최애 게임	13	2022. 10. 18.

이런 2차원 매트릭스 형태의 구현은 html에서 테이블 태그를 사용하면 가능하다. list.ejs 파일에서 기존의 <h1>게시판 데이터 리스트</h1> 위치 이하의 코드를 다음과 같이 테이블의 형태로 변경하자.

```
1   ............................................ 생략 ............................................
2       </div>
3   </nav>
4
5   <table class = "table table-hover table-striped text-center container mt-4"
6    style = "border: 1px solid;">
7       <thead>
8         <tr>
9           <th>제목</th>
10          <th>작성일</th>
11        </tr>
12      </thead>
13      <tbody>
14      <% for(let i = 0; i < data.length; i++){ %>
15        <tr>
16          <td><%= data[i].title %></a></td>
17          <td><%= data[i].date %></td>
18        </tr>
19      <% } %>
20      </tbody>
21  </table>
22  <script src = “https://....
23  ............................................ 생략 ............................................
```

테이블 태그는 html의 범위이므로 자세한 내용은 별도의 검색이나 프론트엔드 학습을 참고한다.

5줄 : 테이블을 html에 출력하려면 〈table〉〈/table〉 태그 사이에 작성하면 된다. 그와 더불어 class의 여러 가지 스타일 옵션으로 세련되게 꾸밀 수 있다.

8~11줄 : 〈tr〉 태그로 인해 한 행의 데이터를 입력하되 〈th〉 태그에 입력된 데이터이므로 헤더에 해당한다. 기존에는 제목과 내용을 출력했다면 변경된 게시판에서는 내용 대신에 작성일을 출력하도록 한다.

14~19줄 : 기존에 반복문을 통해 데이터를 읽어오는 방식은 동일하나 테이블의 형태로 데이터가 배치되어야 하므로 〈tr〉〈td〉〈/td〉〈/tr〉 구조에 데이터를 입력한다. data[i].title은 읽어오는 방식이 기존 코드와 동일하고 data[i].content 대신 data[i].date를 읽도록 변경한다.

더 알아보기 **테이블 태그의 기본 구조**

```
<table>
        <tr>
                <th></th>
        </tr>
        <tr>
                <td></td>
        </tr>
</table>
```

<tr> : 2차원 매트릭스에서 한 행을 나타낸다.
<th> : 각 열의 헤더 제목을 나타낸다.
<td> : 2차원 매트릭스에서 각 항목의 데이터를 나타낸다.

잘 동작하는지 테스트해 보자. 웹 브라우저 주소창에 'http://localhost:8080/list'를 입력하고 Enter를 누른다.

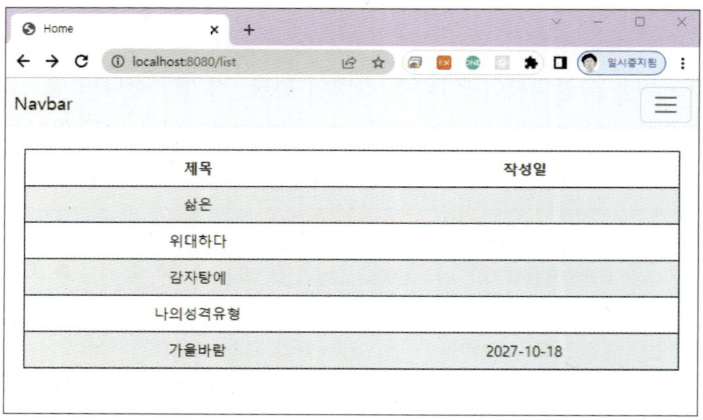

기존에는 읽어온 데이터를 단순히 나열하는 형식이였다면 지금은 표의 형식으로 깔끔하게 정돈된 느낌이다. 내용 데이터는 감추고 대신 작성일 데이터를 출력했다. 새로 추가한 마지막 데이터만 작성일을 입력하였으므로 마지막 데이터 1개만 작성일이 나타난다. 작성일이 표시되게 하려면 몽고DB에 접속하여 나머지 데이터에 작성일 항목만 추가하거나, 기존 데이터를 지우고 다시 항목을 새로 추가하는 방법이 2가지가 있는데, 여기서는 나머지 데이터에 작성일 항목만 추가하는 방법으로 진행하겠다. 다음과 같이 순서대로 각 도큐먼트에 date 필드를 추가한다. 몽고DB에서 데이터 수정 방법의 자세한 설명은 〈12장〉을 확인한다.

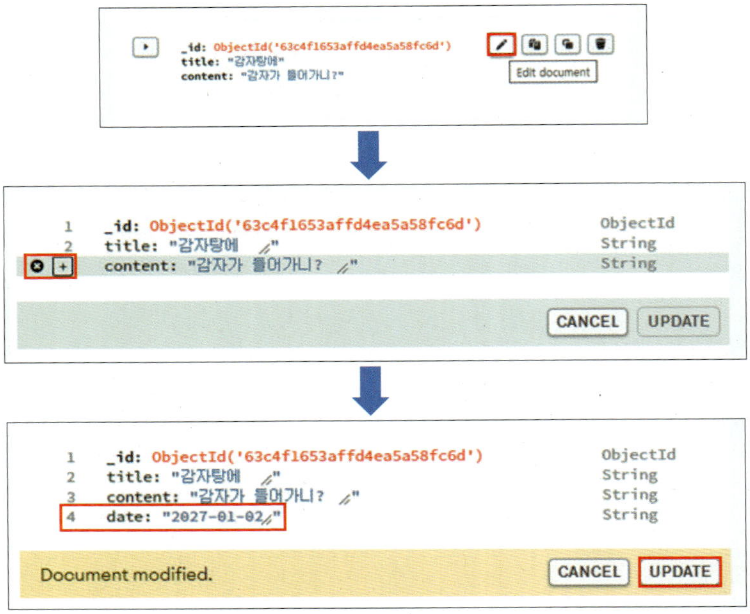

각 도큐먼트에 모두 date 필드를 추가하고 '2027-01-02'와 같이 날짜 형식의 데이터를 추가하고 〈UPDATE〉 버튼을 클릭해야만 DB에 반영이 된다. 작업이 끝나면 웹 브라우저를 새로 고침하여 몽고DB에 새로 추가한 작성일 데이터가 화면에 반영되는 것을 확인한다.

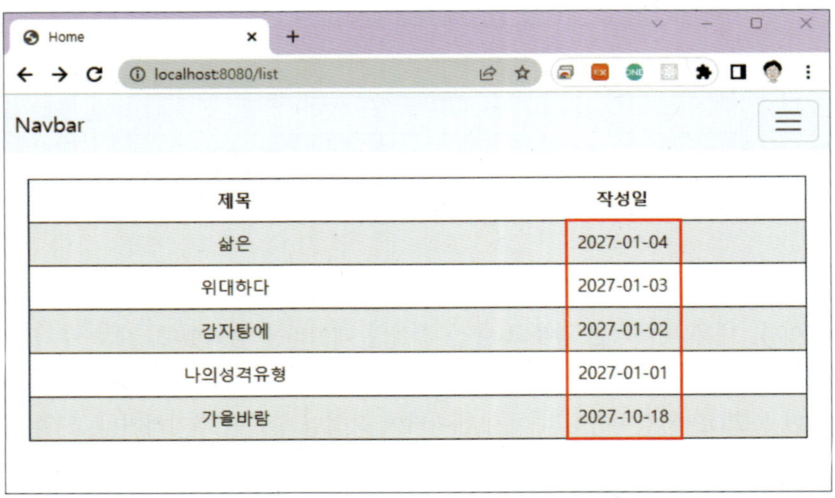

여기까지 문제없이 진행했다면 백엔드의 가장 기초적인 추가, 조회 기능을 완성한 것이다. 웹 브라우저 주소창에 'http://localhost:8080/enter'를 입력하여 데이터를 몇 개 더 추가하고, 'http://localhost:8080/list' 요청을 통해 추가한 데이터가 게시판에 잘 나타나는지 확인해 보자.

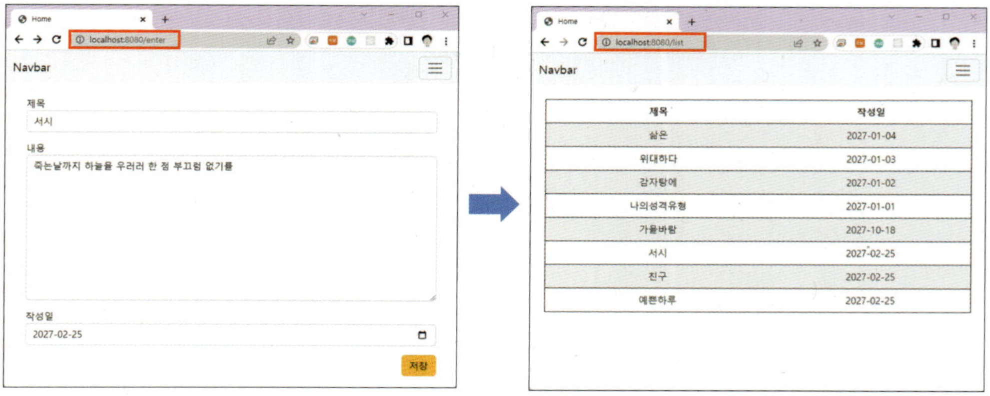

● 게시물 삭제 버튼 추가

게시물 추가, 조회가 가능하다면 게시물을 삭제할 수도 있어야 한다. 삭제도 일종의 이벤트이므로 〈저장〉 버튼 클릭하면 게시물이 추가되는 것처럼 〈삭제〉 버튼을 클릭하면 게시물이 삭제되도록 만들어 보자. 그런데 여기서 고려해야 할 부분은 삭제 기능은 삭제할 대상이 선택되어야 하므로 각 게시물마다의 삭제 버튼이 필요하다. 먼저 UI만 만들기 위해 'list.ejs' 파일의 테이블 코드로 이동하고 다음과 같이 코드를 추가한다.

```
.............................................. 생략 ..............................................
    </div>
</nav>

 <table class = "table table-hover table-striped text-center container mt-4"
  style = "border: 1px solid;">
    <thead>
      <tr>
        <th>제목</th>
        <th>작성일</th>
        <th>삭제</th>
      </tr>
    </thead>
```

```
14        <tbody>
15        <% for(let i = 0; i < data.length; i++){ %>
16          <tr>
17            <td><%= data[i].title %></a></td>
18            <td><%= data[i].date %></td>
19            <td><button>삭제</button></td>
20          </tr>
21        <% } %>
22        </tbody>
23    </table>
24    <script src = "https://....
25    ............................................... 생략 ...............................................
```

11줄 : 게시판의 헤더에 삭제 항목을 추가한다.

19줄 : 각 게시물마다 삭제 항목에 삭제 버튼을 추가한다.

코드 수정이 끝나면 'http://localhost:8080/list' 요청을 통해 추가한 삭제 버튼이 게시판에 잘 나타나는지 확인해 보자.

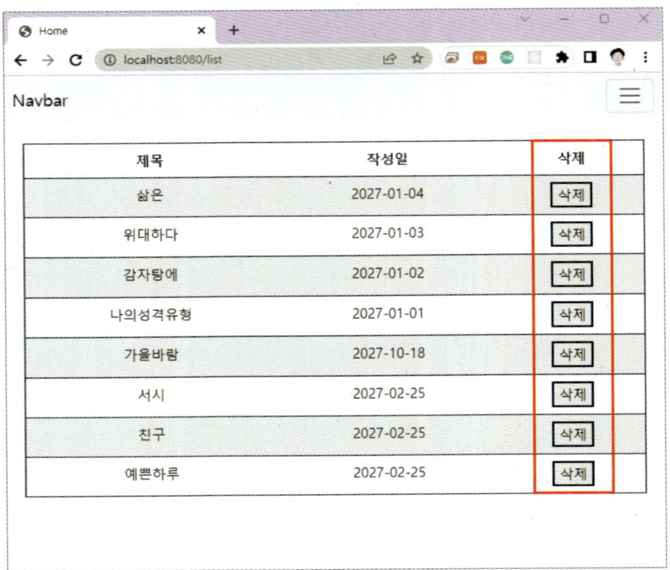

이제 각각의 〈삭제〉 버튼을 클릭하면 클릭한 위치의 게시물을 삭제해달라고 서버에 요청할 수 있어야 한다. 버튼 클릭 시 서버에 요청하는 방법을 'enter.ejs' 파일의 코드에서 이미 확인한 바 있다. 즉, 폼 안에서 submit 버튼 클릭 시 설정한 action과 method 속성으로 서버에 요청하는 것이다.

```
<form action="/save" method="post">
    <div class = "form-group">
        <label>제목</label>
        <input type ="text" name = "title"
```

이렇게 폼 내부에서 action과 method를 등록하여 처리할 수도 있지만 ajax라는 기법을 사용하여 페이지의 새로고침 없이 처리도 가능하다. 〈삭제〉 버튼을 클릭했을 때 새로운 페이지로 이동하는 것이 아닌, 현재의 페이지에서 해당 데이터만 삭제하는 결과를 원하는 것이므로 새로고침 없이 처리하는 ajax 기법이 더 적합할 것 같다.

ajax 사용하여 선택한 데이터 삭제

ajax(Async Javascript And Xml)란 웹 페이지에서 새로운 데이터를 요청할 때 웹 페이지 전체를 새로고침하지 않고 보여 주려는 데이터가 포함된 페이지 일부만 로드하기 위한 기법이다. ajax는 사용하기 위한 동작 방식이 있는데 이 방식만 맞추어 사용하면 전혀 문제가 되거나 어렵지 않을 것이다.

ajax 동작 방식

```
$.ajax({
        //type : 요청방식,
        //url : 요청경로,
        //data : 서버로 보낼 데이터
}).done(function(result){
        //응답에 성공했을 때
}).fail(function(xhr, textStatus, errorThrown){
        //응답에 실패했을 때
})
```

지금 ajax 사용 형식의 이 코드는 자바스크립트 코드이므로 HTML 내에 〈script〉〈/script〉 사이에 작성해야 한다. 〈/table〉 코드 아래쪽에 다음과 같이 작성하자.

```
1  ............................................ 생략 ............................................
2        </tbody>
3  </table>
4
5        <script src="https://code.jquery.com/jquery-1.12.4.min.js"></script>
6        <script>
7              $.ajax({
8                 //type : 요청방식,
9                 //url : 요청경로,
10                //data : 서버로 보낼 데이터
11             }).done(function(result){
12                //응답에 성공했을 때
13             }).fail(function(xhr, textStatus, errorThrown){
14                //응답에 실패했을 때
15             })
16       </script>
17 ............................................ 생략 ............................................
```

5줄 : jQuery를 라이브러리를 사용하려면 설치를 해야 하지만 이렇게 웹주소를 입력해도 사용할 수 있다. 이런 방식을 CDN이라고 하며 CDN은 Content Delivery Network의 약자로 웹사이트의 접속자가 콘텐츠를 다운로드할 때 가장 가까운 서버에서 다운로드할 수 있도록 하는 기술이다.

7~10줄 : $는 jQuery를 줄여서 표현한 것으로 래퍼라고 부른다. $ 표시가 나오면 jQuery가 사용되고 있다고 생각하면 된다. $.ajax()에는 서버에 보낼 요청 정보들을 작성한다.

종류	데이터
type	요청 방식(get, post, delete, put)
url	요청 주소(/delete)
data	서버로 보낼 데이터({ _id : 100 })

요청 방식은 보통 get/post 방식으로 요청하되, ajax()에서는 delete와 put 방식도 제공한다. post 방식으로 요청하면 서버에서 app.post() 함수로 delete 방식으로 요청하면 app.delete() 함수로 처리해 준다는 점 외에는 큰 차이없다.

type을 post 방식으로 요청하고, url은 삭제의 의미로 '/delete' 요청하자. 서버로 보낼 데이터는 실제 몽고DB에서 삭제하고 싶은 데이터의 id를 복사하여 붙여넣기 한다. 다음과 같이 몽고DB에 접속하여 삭제하고 싶은 게시물 중 _id를 복사하자.

```
$.ajax({
        type : 'post',
        url : '/delete',
        data : {_id : '63d0dbc611f14a43e55d6070'}
.................................. 생략 ..................................
```

ajax 요청을 처리하는 서버 코드를 작성해 보자. 'server.js' 파일로 이동하여 다음과 같이 코드를 추가하자.

```
1        .................................. 생략 ..................................
2
3        app.post("/delete", function (req, res) {
4            console.log(req.body);
5            console.log('삭제완료');
6        });
```

3줄 : ajax에서 post 방식으로 '/delete' 요청하였으므로 app.post('/delete') 로 처리한다. 이때 요청 정보와 함께 보낸 게시물 정보는 콜백 함수의 매개변수인 req에 전달된다.

4줄 : 사용자가 보낸 요청 정보 req에서 post 방식으로 보낸 데이터를 읽어올 때 req.body의 형태를 사용한다. 터미널에 요청한 데이터가 제대로 전달되는지 출력한다.

잘 동작하는지 테스트하기 위해 서버를 종료하고 다시 실행하자.

```
$ node server.js
```

브라우저 주소창에 'http://localhost:8080/list'를 입력하고 Enter를 누른다. ajax는 list.ejs 페이지가 실행될 때 요청이 수행되고, 서버 코드에서 처리되는지 터미널 로그를 확인하자.

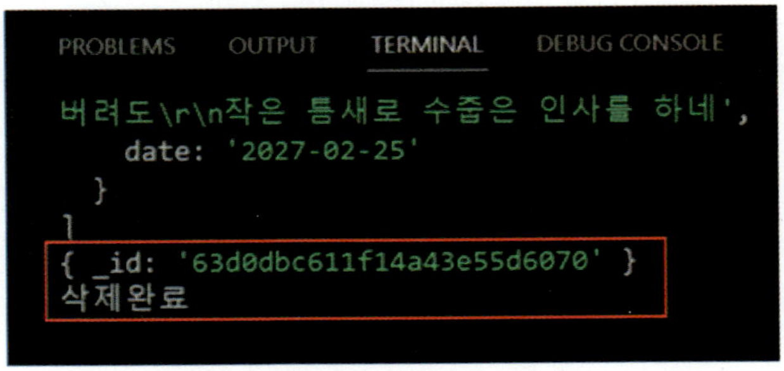

요청 정보가 서버로 넘어온 것을 확인할 수 있었다. 즉, 사용자가 삭제할 게시물 번호를 서버에서 알 수 있으므로 서버에서는 몽고DB에 해당 게시물 번호로 접근하여 실제 데이터를 삭제하는 처리를 하면 되는 것이다. 게시물 번호 {_id : '63d0dbc611f14a43e55d6070'}를 몽고DB에서 찾아 삭제해 보자.

몽고DB에서 데이터를 삭제하려면 deleteOne(), deleteMany() 함수를 사용하면 된다.

deleteOne(데이터) : 도큐먼트 1개를 삭제할 때 사용한다.
deleteMany(데이터) : 조건에 해당하는 도큐먼트를 모두 삭제할 때 사용한다.

특정 게시물 1개씩만 삭제 요청을 할 것이므로 deleteOne() 함수를 사용한다. 몽고DB에 해당 컬렉션에 접근하여 deleteOne() 함수를 사용하여 삭제 처리 코드를 구현해 보자.

```
1   ........................ 생략 ........................
2
3   app.post("/delete", function (req, res) {
4       console.log(req.body);
5       mydb.collection('post').deleteOne(req.body)
6       .then(result=>{
7           console.log('삭제완료');
8       })
9   });
```

5줄 : 컬렉션 접근 시 코드는 데이터 추가 및 조회에서 사용했듯이 mydb.collection('post') 식으로 작성한다. 이번에는 데이터 삭제이므로 deleteOne() 함수를 사용하였고, 전달인자에 게시물의 id 정보가 들어있는 req.body를 전달한다. then 메소드를 통해 처리 결과를 전달인자 result로 넘겨받는다.

ajax에서 요청한 게시물 번호 {_id : '63d0dbc611f14a43e55d6070'}의 데이터가 삭제되는지 테스트해 보자. 현재는 /list 페이지를 요청 또는 새로고침 할 때마다 지정된 id의 게시물 삭제를 시도한다. 몽고DB에 들어가서 삭제 여부를 직접 확인해 보자.

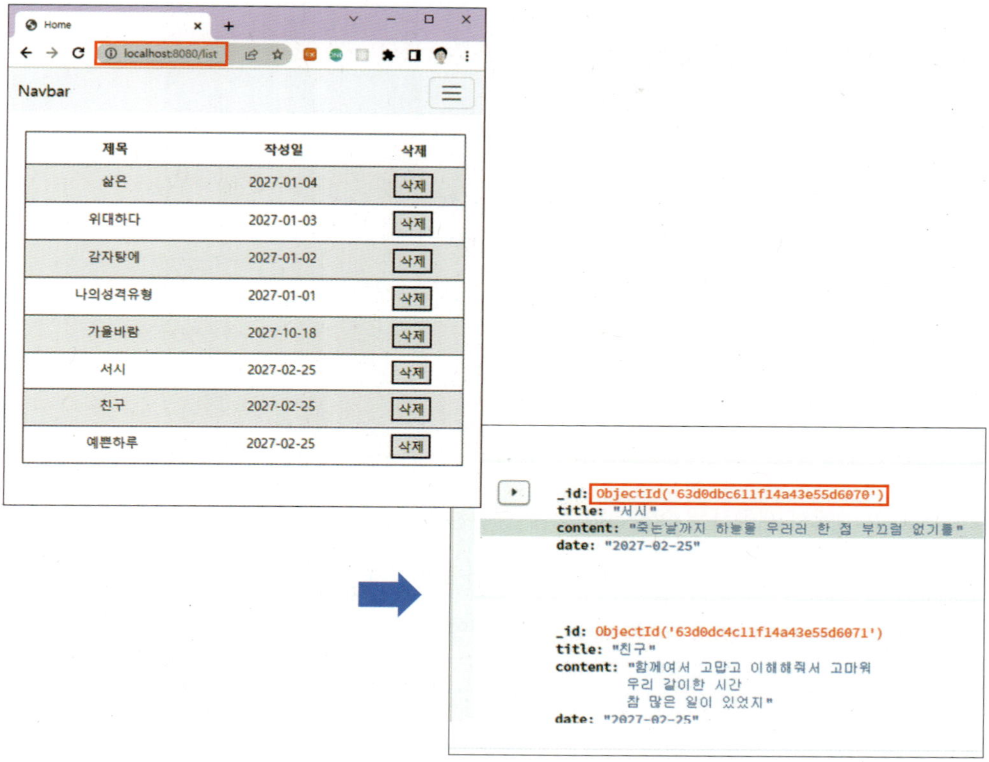

몽고DB에 지정한 게시물 id의 게시물이 그대로 존재하는 것을 확인할 수 있다. 즉, 삭제 실패했다는 의미이다. 왜 삭제되지 않는 것일까? 이유는 간단하다. 몽고DB 내부의 _id 형식은 ObjectId로 감싸져 있다. ObjectId는 RDBMS에서 Primary Key와 같은 고유키를 의미한다. 삭제 요청을 보낼 때 ObjectId 형식에 맞추어야 하기 때문에 삭제에 실패한 것이다.

먼저 ObjectId 라이브러리를 설치하자.

```
$ npm install ObjectId
```

설치 후 다음과 같이 코드를 추가 수정한다.

```
1  const mongoclient = require("mongodb").MongoClient;
2  const ObjId = require('mongodb').ObjectId;
3
4  ............................................... 생략 ...............................................
5
6  app.post("/delete", function (req, res) {
7    console.log(req.body._id);
8    req.body._id = new ObjId(req.body._id);
9    mydb.collection('post').deleteOne(req.body)
10       .then(result=>{
11         console.log('삭제완료');
12       })
13 });
14 ............................................... 생략 ...............................................
```

2줄 : 몽고DB에서 제공하는 ObjectId 객체를 생성한다. 이 객체를 변수 Objid에 넘겨준다.

7줄 : 기존 _id의 값을 ObjectId 형태로 변경하여 터미널에 출력한다.

8줄 : ObjectId 형태로 변경한 _id 값을 기존 _id에 덮어쓰기 한다.

코드 수정이 끝나면 'http://localhost:8080/list' 요청을 통해 지정한 _id의 게시물이 몽고DB에서 삭제되는지 테스트해 보자. ajax에서 요청한 게시물 번호 {_id : '63d0dbc611f14a43e55d6070'}의 데이터가 삭제된 것을 확인할 수 있을 것이다.

일단 게시물 삭제 기능의 목적은 달성했다. 그러나 원하는 것은 클릭한 삭제 버튼에 해당하는 게시물만 삭제하는 것이다. 현재는 _id를 코드에 직접 입력하였는데 선택한 버튼을 통해 _id를 읽어오도록 구현하는 것이다. 현재 삭제를 요청하는 ajax 코드는 〈삭제〉 버튼을 눌렀을 때만 동작하게 변경해야 한다. 이를 위해서는 삭제 버튼의 엘리먼트를 얻어온 다음 ajax로 삭제 요청하는 코드가 삭제 버튼 클릭 이벤트가 발생했을 때의 이벤트 핸들러에 들어가야 한다. 먼저 삭제 버튼의 엘리먼트를 얻어오는 코드부터 작성해 보자.

특정 엘리먼트의 클릭 이벤트 처리 방식

```
$('.delete').click(function(e){
    //클래스명이 delete인 엘리먼트를 클릭하면 실행됨.
})
```

클래스명이 delete인 엘리먼트를 가져와서 해당 엘리먼트에 클릭 이벤트가 발생하면 내부의 콜백 함수를 수행하는 구조다. 원하는 방식은 클릭 이벤트 발생 시에만 ajax를 요청하고 싶은 것이므로 해당 루틴 안에 기존 ajax 요청 코드를 이동시켜 보자. 'list.ejs' 파일의 코드를 다음과 같이 수정한다.

```
1   ······························ 생략 ······························
2   <td><%= data[i].date %></td>
3   <td><button class='delete btn btn-outline-danger'>삭제</button></td>
4   ······························ 생략 ······························
5   <script src="https://code.jquery.com/jquery-1.12.4.min.js"></script>
6   <script>
7     $('.delete').click(function(e){
8       //클래스명이 delete인 엘리먼트를 클릭하면 실행됨
9   
10      $.ajax({
11        type : 'post',
12        url : '/delete',
13        data : {_id : '63d0dbc611f14a43e55d6070'}
14      }).done(function(result){
15        //응답에 성공했을 때
16      }).fail(function(xhr, textStatus, errorThrown){
17        //응답에 실패했을 때
18      });
19    });
20  </script>
21  ······························ 생략 ······························
```

3줄 : 삭제 버튼의 클래스 이름을 delete라고 설정하고, 부트스트랩을 이용한 버튼의 스타일을 설정한다.

7줄 : 제이쿼리 래퍼인 $를 사용하여 클래스 이름이 delete인 엘리먼트를 얻어온 후 클릭 이벤트가 발생하면 기존 ajax의 요청을 수행하도록 수정한다.

이제는 삭제 버튼을 클릭했을 때만 게시물 삭제 기능이 동작한다. 그런데 문제는 클릭한 삭제 버튼으로 삭제를 원하는 해당 게시물의 _id 값을 어떻게 얻어올 것인가이다. 즉, 1번 게시물 삭제 버튼을 클릭하면 1번 게시물만 삭제되고, 2번 게시물 삭제 버튼을 클릭하면 2번 게시물만 삭제되게 해야 한다. _id의 값은 고정이 아니라 동적으로 변경될 수 있어야 한다.

```
$.ajax({
        type : 'post',
        url : '/delete',
        data : {_id : 내가 클릭한 삭제 버튼에 해당하는 게시물의 id}
})
```

이때 HTML의 데이터셋(data-*, dataset) 속성을 사용하면 쉽게 해결할 수 있다. 먼저 'data-*' 속성을 삭제 버튼에 다음과 같이 등록하고 삭제 버튼이 클릭되었을 때 해당 버튼의 id를 얻어올 수 있도록 dataset을 통해 적용해 보자.

```
............................................. 생략 .............................................
<td><%= data[i].date %></td>
<td><button class='delete btn btn-outline-danger' data-id='<%=
 data[i]._id %>'>삭제</button></td>
............................................. 생략 .............................................
<script src="https://code.jquery.com/jquery-1.12.4.min.js"></script>
<script>
  $('.delete').click(function(e){
    //클래스명이 delete인 엘리먼트를 클릭하면 실행됨
      let sid = e.target.dataset.id;
      $.ajax({
         type : 'post',
         url : '/delete',
         data : {_id : sid}
       }).done(function(result){
         //응답에 성공했을 때
       }).fail(function(xhr, textStatus, errorThrown){
         //응답에 실패했을 때
       })
  })
</script>
............................................. 생략 .............................................
```

3~4줄 : 각 데이터의 _id 값을 각 삭제 버튼의 data-id 속성에 할당한다.

10줄 : 모든 이벤트에 대한 콜백 함수는 해당 엘리먼트의 이벤트 발생 시 이벤트 관련 정보를 넘겨받을 수 있는데 보통 e라는 이름의 매개변수로 받는다. e 변수 안에는 각 삭제 버튼에 설정한 data-id의 값을 e.target.dataset.id 속성을 통해 얻어올 수 있다.

14줄 : 해당 id를 sid에 저장한 후 ajax로 데이터 삭제 요청 시 sid를 서버에 전달한다.

> **알아두세요** 데이터셋(data-*, dataset) 속성은 HTML5에서 새로 확장된 속성이다. 사용자 속성을 지정하는데 표준화된 방법을 위해 고안되었다. "data-*"의 형태로 추가하며 추가한 속성은 DOM 노드의 dataset 맵 속성으로 등록된다. 그래서 'data-*'로 추가된 속성은 dataset을 통해 얻어올 수 있다.

잘 동작하는지 테스트해 보자. 'http://localhost:8080/list' 요청 페이지에서 게시물 항목 중에 한 개의 삭제 버튼을 클릭해 보자.

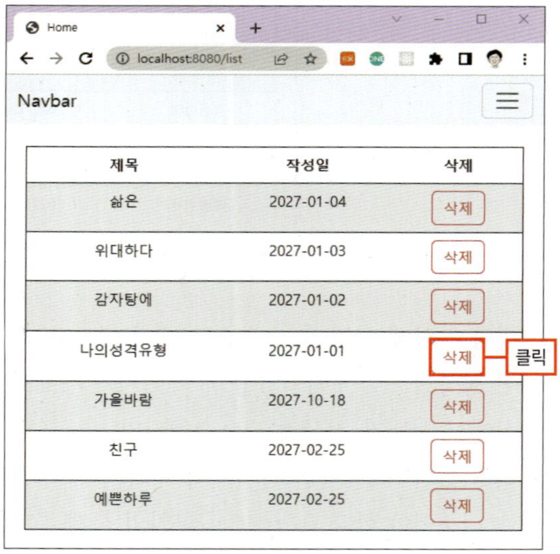

웹 브라우저 상의 UI는 어떤 변화도 없을 것이다. 대신 몽고DB에 접근하여 방금 클릭한 게시물이 삭제되었는지 확인해 보자.

지정한 게시물이 정상적으로 삭제된 것을 확인할 수 있다. 삭제되지 않는다면 /list 페이지를 새로고침하거나 코드의 오탈자를 체크해 보자. DB의 데이터를 삭제하는 것까지는 성공하였다. 문제는 DB 내에서는 삭제되지만, 사용자 UI에서는 삭제의 내용이 바로 반영되지 않는 문제점이 있다. 이는 DB가 업데이트되었을 때 UI를 업데이트하는 처리를 하지 않았기 때문에 발생하는 문제점이다. 수동으로 페이지를 새로고침하면 업데이트가 반영되기는 한다.

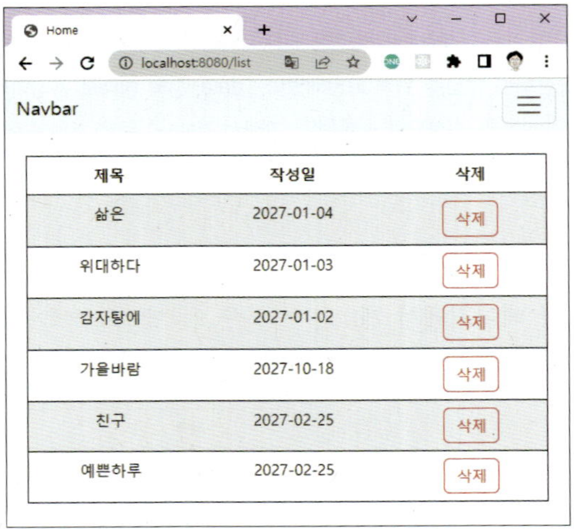

그렇다고 삭제 처리 후 수동으로 매번 새로고침하는 것은 바람직하지 않은 방법이다. 삭제 기능이 정상적으로 처리되었을 때 페이지가 새로고침 되면 좋을 것 같다. 앞서 살펴본 ajax 요청 형식에서 서버가 정상적으로 수행되면 done() 루틴을, 오류가 나면 fail() 루틴을 타도록 설계되어 있다. 그렇다면 서버에서 처리 후에 정상 수행인지 오류인지를 구분해서 웹 브라우저에 보내주어야 한다. 'server.js' 파일의 삭제 루틴에 다음 코드를 추가하자.

```
.............................................. 생략 ..............................................
app.post("/delete", function (req, res) {
  console.log(ObjectId(req.body._id));
  req.body._id = new ObjectId(req.body._id);
mydb.collection('post').deleteOne(req.body)
  .then(result=>{
    console.log('삭제완료');
    res.status(200).send();
  });
});
.............................................. 생략 ..............................................
```

7줄 : 응답으로 상태 코드 200을 보내준다. 상태 코드 200은 서버가 요청을 정상적으로 처리했다는 뜻이다. 이 상태 코드로 인해 응답 코드는 ajax의 done() 루틴, 만약 상태 코드가 200대가 아니라 400이나 500대의 서버 오류 코드를 보낸다면 fail() 루틴이 적용 될 것이다.

더 알아보기 **HTTP 통신의 요청 성공 여부 상태 코드**

HTTP 통신에서는 요청의 성공 여부를 알려주는 상태 코드가 제공된다.

코드	내용
100번 대	1xx의 코드를 가지며 정보에 대한 응답을 나타낸다.
200번 대	2xx의 코드를 가지며 요청이 성공적일 때 성공 응답을 나타낸다.
300번 대	3xx의 코드를 가지며 요청 완료를 위해 추가 동작(리다이렉션) 응답을 나타낸다.
400번 대	4xx의 코드를 가지며 클라이언트의 잘못된 요청으로 서버에서 처리하지 못한 오류 응답을 나타낸다.
500번 대	5xx의 코드를 가지며 서버에서 처리 중에 서버 문제로 인한 오류 응답을 나타낸다.

done() 루틴에 페이지를 강제로 새로고침해 주는 코드를 작성하면 삭제 시 UI에 바로 반영될 것이다.

```
............................................... 생략 ...............................................
                    $.ajax({
                      type : 'post',
                      url : '/delete',
                      data : {_id : sid}
                    }).done(function(result){
                      //응답에 성공했을 때
                      location.reload();
                    }).fail(function(xhr, textStatus, errorThrown){
                      //응답에 실패했을 때
                    })
                })
        </script>
............................................... 생략 ...............................................
```

8줄 : 자바스크립트의 location 객체에서 제공하는 reload() 함수를 호출하면 웹 브라우저가 새로고침 된다. 보통 웹 브라우저에서 새로고침 버튼을 클릭했을 때 내부에서 이 함수가 호출되는 것이다.

잘 동작하는지 테스트해 보자. 'http://localhost:8080/list' 요청 페이지에서 게시물 항목 중에 한 개의 삭제 버튼을 클릭해 보자. 이번에는 삭제 버튼 클릭과 동시에 변경 내용이 UI에 바로 반영되는지 확인하면 된다.

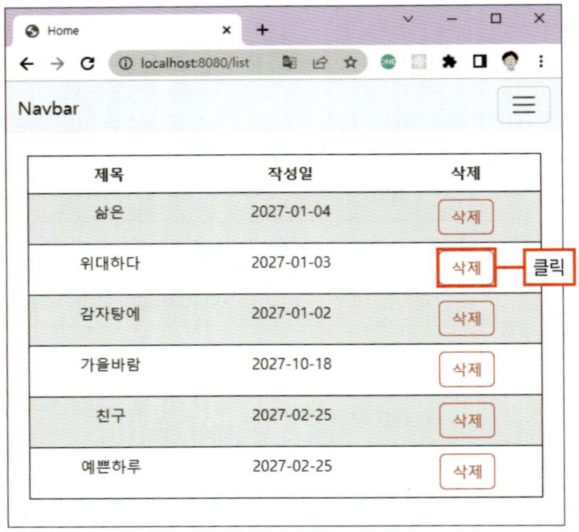

더 알아보기 **페이지를 새로고침 하는 방법**

페이지를 새로고침하는 방법에는 여러 가지가 있다.

종류	내용
location.reload()	새로고침을 하는 가장 일반적인 방법이다. 현재 페이지를 새로고침한다.
location.href	주소창에 이동하고 싶은 주소를 입력하면 해당 페이지로 이동하게 한다. location.href = '이동할 주소'와 같이 사용하면 되고, location.href = ' '처럼 아무것도 입력하지 않으면 새로고침 기능이 된다.
location.replace()	location.replace('이동할 주소')와 같이 전달인자로 이동하고 싶은 주소를 입력하면 해당 페이지로 이동한다. 만약 location.replace(' ')처럼 아무것도 입력하지 않으면 새로고침 기능이 된다.

여기까지는 기능적으로 문제없이 잘 동작한다. 그러나 한 가지 더 고려해야 할 점이 있다. ajax를 사용하는 목적은 페이지 전체를 새로고침하지 않고 사용하기 위한 것이므로 처리가 완료되었을 때 페이지 전체를 새로고침하는 처리는 ajax 사용 취지와 잘 맞지 않다. 따라서 새로고침 하고 싶은 부분만 업데이트하는 방식으로 변경해 보자.

게시물의 데이터 출력 구조는 다음과 같다. 하나의 게시물 단위는 〈tr〉〈/tr〉 사이의 내용이다. 하위 데이터들은 〈td〉〈/td〉로 구성되어 있고, 삭제 버튼은 마지막 〈td〉〈/td〉의 하위 요소이다.

```
<% for(var i = 0; i < data.length; i++){ %>
  <tr>
    <td><%= data[i].title %> </a></td>
    <td><%= data[i].date %></td>
    <td><button class='delete btn btn-outline-danger' data-id = '<%= data[i]._id %>'>삭제</
  </tr>
<% } %>
```


삭제 버튼을 클릭했을 때 〈tr〉〈/tr〉 사이의 내용이 사라지게 하려면 먼저 내가 누른 버튼이 어떤 버튼인지부터 알아낼 수 있어야 한다. 다시 말하자면 내가 클릭한 삭제 버튼의 엘리먼트 객체를 얻어와야 한다는 것이다. 이때 객체지향 언어의 특정 함수(메소드) 안에서 자신을 호출한 객체를 얻어오는 공통적인 방법이 있는데, 바로 this 키워드를 사용하는 것이다. 다음과 같이 코드를 추가하자.

```
················ 생략 ················
<script src="https://code.jquery.com/jquery-1.12.4.min.js"></script>
        <script>
          $('.delete').click(function(e){
            //클래스명이 delete인 엘리먼트를 클릭하면 실행됨
              let sid = e.target.dataset.id;
              let item = $(this);
              $.ajax({
                  type : 'post',
                  url : '/delete',
                  data : {_id : sid}
              }).done(function(result){
                //응답에 성공했을 때
                item.parent('td').parent('tr').remove();
              }).fail(function(xhr, textStatus, errorThrown){
                //응답에 실패했을 때
              })
          })
    </script>
················ 생략 ················
```

7줄 : 클릭한 삭제 버튼 엘리먼트를 $(this)로 얻어와서 변수 item에 저장한다.

14줄 : 클릭한 삭제 버튼 엘리먼트를 기준으로 〈tr〉〈/tr〉 위치를 찾아간다. 이때 parent() 함수를 사용하면 상위 태그로 위치를 이동할 수 있다. 삭제 버튼 기준으로 상위에 〈td〉와 〈tr〉이 위치하므로 parent('td').parent('tr')의 형태로 위치를 이동하였다. 제이쿼리는 함수를 연속으로 호출할 수 있는데 이런 기법을 체인이라고 한다. 현재 〈tr〉위치에서 엘리먼트를 삭제하는 함수인 remove()를 호출하면 해당 게시물이 삭제된다.

더 알아보기 체인

체인(Chain)은 사전적인 의미로 고리들이 얽혀 있는 관계를 말한다. 제이쿼리에서는 사용자 편의성과 코드의 간결함을 위해 함수들을 점(.)으로 구분해서 연속적으로 연결할 수 있는데 이것을 체인이라고 한다. 불필요한 중복코드를 생성하지 않아도 되는 장점이 있다. 무슨 말인가 하면 인간의 언어에 빗대어 예를 들어보겠다.

제이쿼리	자바스크립트
나는 TV를 보며 밥을 먹었다.	나는 TV를 보았다. 나는 밥을 먹었다.

일반적으로 코드는 자바스크립트의 형태처럼 2가지 기능은 두 문장으로 표현한다. 그러나 제이쿼리의 체인은 2가지 기능을 한 문장으로 표현할 수 있다는 것이다. 이러한 제이쿼리의 체인은 마치 인간의 언어와 같은 자연스러운 사고의 과정과 일치한다.

코드가 추가되면 정상 동작하는지 확인해 보자. 'http://localhost:8080/list' 요청 페이지에서 게시물 항목 중에 한 개의 〈삭제〉 버튼을 클릭해 보자. 앞서 진행한 테스트와 비교했을 때 새로고침 없이 해당 게시물이 사라진다.

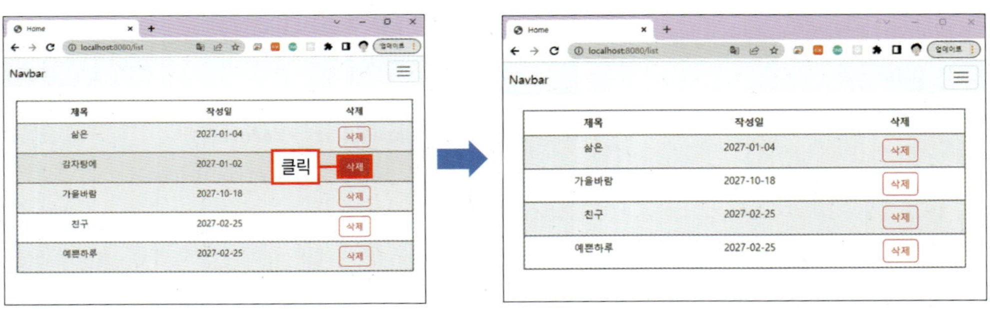

● 삭제 실패 시 예외 처리

마지막으로 삭제 처리 실패 시 예외 처리하는 코드를 추가하자. 오류에 대한 대비 코드는 매우 중요한 부분으로 오류 발생에 대한 대비 코드를 작성하지 않으면 시스템에 치명적인 영향을 줄 수 있다.

서버에서 상태 코드를 status(200)로 반환하고 있기 때문에, 현재 무조건 정상적인 응답으로 처리하여 ajax 처리의 done() 루틴을 적용하게 된다. 하지만 서버가 항상 정상적인 응답만 할 수는 없다. 오류가 발생하면 status(400) 또는 status(500)를 넘겨줄 수 있게 로직을 변경해야 한다. /delete 처리 루틴 코드를 다음과 같이 변경한다.

```
1   ............................................... 생략 ...............................................
2   app.post("/delete", function (req, res) {
3       console.log(req.body);
4       req.body._id = new ObjId(req.body._id);
5       mydb.collection("post").deleteOne(req.body)
6       .then(result=>{
7           console.log('삭제완료');
8           res.status(200).send();
9       })
10      .catch(err =>{
11          console.log(err);
12          res.status(500).send();
13      });
14  });
15  ............................................... 생략 ...............................................
```

7~9줄 : 오류가 발생하지 않는다면 정상적인 상태 응답 코드 200을 웹 브라우저로 보낸다.

10~13줄 : 삭제하는 과정에서 오류가 발생하면 err 매개변수에 오류 코드가 입력된다. err 값은 터미널에 출력하고 상태 응답 코드 500을 웹 브라우저로 보낸다.

서버에서 보낸 응답 코드를 웹 브라우저에서 받아 다음과 같이 처리한다.

```
1  ············································ 생략 ············································
2              $.ajax({
3                  type : 'post',
4                  url : '/delete',
5                  data : {_id : sid}
6              }).done(function(result){
7                  //응답에 성공했을 때
8                  item.parent('td').parent('tr').remove();
9              }).fail(function(xhr, textStatus, errorThrown){
10                 //응답에 실패했을 때
11                 console.log('게시물 삭제 실패');
12                 console.log(xhr, textStatus, errorThrown);
13             })
14         })
15     </script>
16 ············································ 생략 ············································
```

9~13줄 : 서버에서 오류 응답 코드를 보내면 fail() 루틴을 수행하게 된다. 이때 터미널에 '게시물 삭제 실패'라는 메시지와 함께 오류 정보를 함께 출력한다. 3개의 오류 정보는 다음과 같다.

매개변수	의미
xhr	Ajax 처리를 위해 사용되는 XMLHttpRequest 객체 원본이다. 이 객체에 오류 코드가 포함된다. 예) 404 또는 500
textStatus	'ERROR'라는 고정값을 갖는 문자열이 전달된다.
errorThrown	오류의 원인을 의미하는 문자열이 전달된다. 예) 404 오류인 경우 : 'Page Not Found' 500 오류일 경우 : 'Server Error'

14장

웹 서버 기본 기능 완성

학습목표

- 게시물의 내용 페이지를 생성할 수 있는 코드를 작성한다.
- 시맨틱 url 정보 전달 방식을 이해하고 코드를 작성한다.
- 게시물 수정 페이지 및 기능을 이해하고 코드를 작성한다.
- 정적 파일에 대해 이해하고 사용한다.

14.1 게시물의 내용 페이지 생성

일반 게시판의 내용 페이지 형태

우리가 웹 페이지에서 사용하는 일반적인 게시판들의 형태는 게시물 리스트 중에 원하는 1개의 게시물을 선택하면 해당 게시물의 내용 페이지로 이동한다.

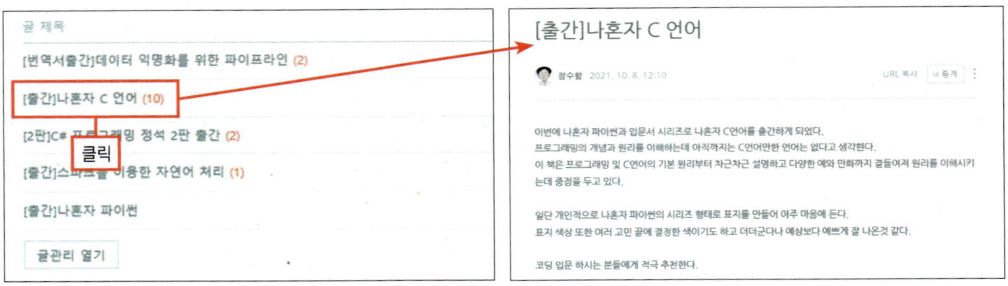

지금까지 제작한 게시판 리스트에서 게시물 항목을 클릭하면 다음과 같이 내용 페이지가 나타날 수 있도록 기능을 구현하자.

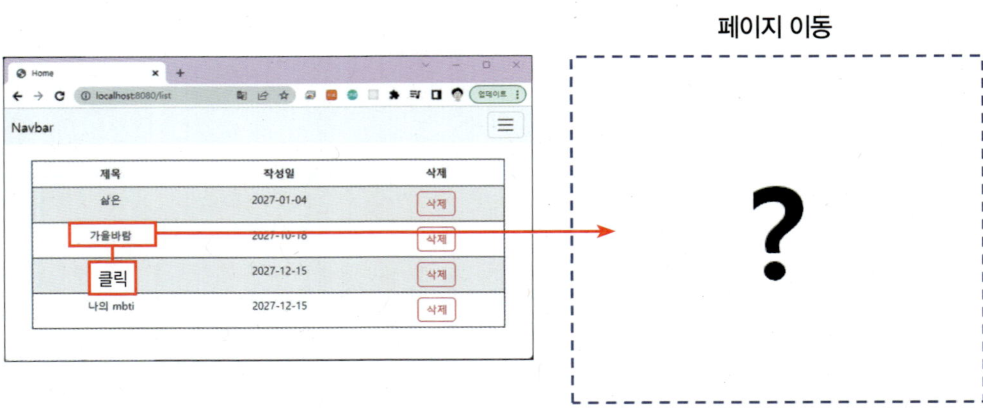

내용 페이지 생성

내용을 구현할 파일을 생성하자. UI 페이지이므로 'views' 폴더 하위에 'content.ejs'라는 이름으로 파일을 생성한다. 페이지를 이동하더라도 형태는 비슷하므로 기존 'index.html' 파일의 내용 전체를 복사하여 'content.ejs' 파일에 붙여넣기 한다. 내비게이션 바를 제외하고 필요 없는 본문의 내용은 삭제하자.

```
1   ......................................... 생략 .........................................
2
3           </div>
4         </div>
5       </nav>
6
7     <h1>상세 내용</h1>
8     <h2>제목 : 어쩌구 저쩌구</h2>
9     <h3>내용 : 어쩌구 저쩌구</h3>
10    <h4>작성일 : 년월일</h4>
11
12    <script src="https://cdn.jsdelivr.net/ ............................"></script>
13  </body>
14 </html>
```

7~10줄 : 내비게이션 바 다음에 페이지의 상세 내용 항목을 추가한다. 현재는 임시로 항목을 추가했지만 추후에 DB에서 데이터를 가져오게 할 것이다.

이 페이지를 '/content'로 요청하면 'content.ejs' 파일 내용을 보여주도록 처리하자. 이제 이 정도의 처리는 스스로 생각하여 진행할 수 있을 것이다. 'server.js' 파일로 이동하여 코드의 가장 하단에 다음과 같이 작성한다.

```
......................................... 생략 .........................................

//'/content' 요청에 대한 처리 루틴
app.get('/content', function(req, res){
  res.render('content.ejs');
});
```

잘 동작하는지 테스트해 보자. 서버가 동작 중이라면 터미널 창에서 Ctrl+C를 눌러 서버를 종료한 후 다시 실행하자.

```
$ node server.js
```

웹 브라우저 주소창에 'http://localhost:8080/content'를 입력하여 접속해 내용을 확인한다.

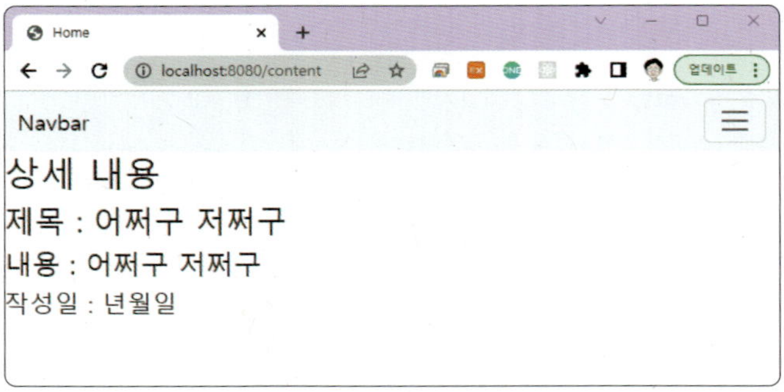

내용 페이지의 요청 구조

/content 요청에 대해 content.ejs의 페이지 내용이 출력되는 것을 확인하였다. 이것은 1개의 게시물에 대한 처리이고 만약 게시물이 여러 개라면 어떻게 처리해야 할까?

/content2 요청하면 content2.ejs 페이지를, /content3 요청하면 content3.ejs 페이지를, /content4 요청하면 content4.ejs 페이지를 보여 주게 하면 된다. 이렇게 각각 ejs 파일을 여러 개 준비해야 하는 이유는 각각의 내용이 다르기 때문이다.

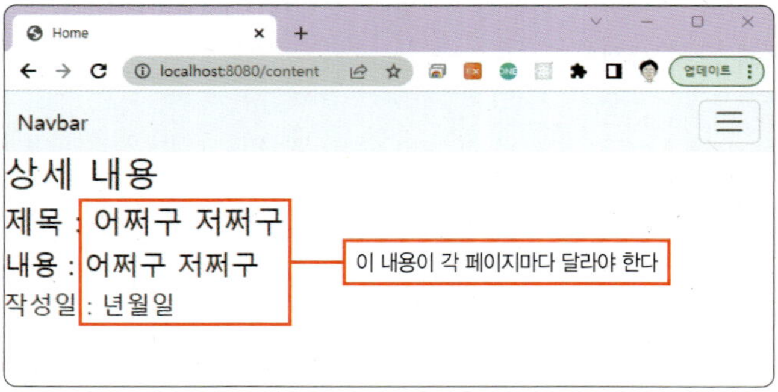

생각해 보면 사용자가 생성하는 콘텐츠마다 ejs 파일이 생성된다고 한다면, 1만 개의 게시물에 대해 1만 개의 페이지가 존재하는 것이다. 일반 게시판들이 이러한 구조로 동작할까? 일반 블로그에 들어가서 게시물 하나를 클릭해 보자.

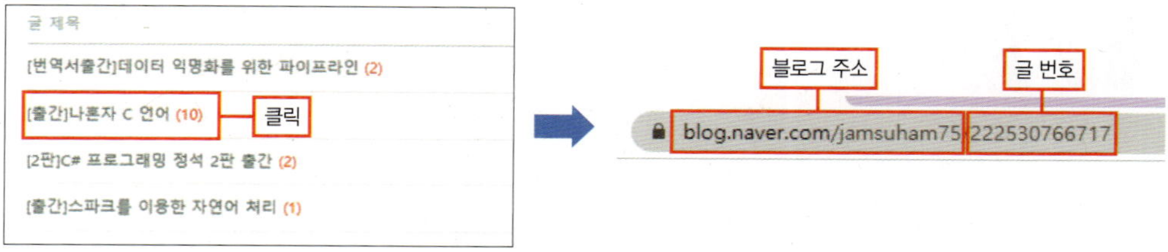

각각의 게시물을 클릭할 때마다 url 주소창의 요청 주소를 살펴보면 '블로그 주소/글 번호'의 구조로 구성되어 있음을 확인할 수 있다. 우리가 생각했던 /content1, /content2 … 등의 요청 구조가 아니라 /content/1, content/2 … 등의 구조로 처리되는 것이다. 요청 주소의 번호들은 각각 게시물의 글 번호로 이렇게 요청하면 ejs 파일을 각각 만들 필요가 없다. 게시물을 글 번호로 처리하는 형태는 다음과 같다.

```
http://localhost:8080/content/1
http://localhost:8080/content/2
http://localhost:8080/content/3
....
```

기존 블로그 게시판을 흉내내어 우리가 작성하는 게시판의 게시물을 요청한다면 각각 1번 게시물, 2번 게시물, 3번 게시물을 이렇게 요청할 수 있다는 것이다. 그렇다면 요청을 받는 서버에서도 이러한 패스 형식을 라우터에 app.get('/content/1'…), app.get('/content/2'…), app.get('/content/3'…) 등으로 동일하게 적용해야 한다.

그런데 라우터를 글 번호에 따라 각각 별도로 만들 수는 없다. 게시물 요청 시 1, 2, 3의 글 번호에 대해 라우터는 가변적으로 처리할 수 있어야 한다. 이를 위해 사용하는 방법이 시맨틱 url이다.

JAVASCRIPT

14.2 시멘틱 url 방식의 매개변수 처리

시맨틱 url 방식의 정보 전달

url에서 '/content/1'과 같이 요청을 하게 되면 1이라는 글 번호는 가변적이기 때문에 라우터에서는 그대로 작성하지 않고 /content/:???와 같은 방식으로 받아서 처리해야 한다. 즉, : 기호 뒤에 어떤 문자가 오면 우리가 요청 시 작성했던 값이 넘어간다. 마치 우리가 함수 호출 시 실매개변수를 형식 매개변수에 전달하는 방식과 비슷하다.

함수의 경우	시맨틱 url 방식의 경우

test(10)
 	
function test(int a)
{
a = a + 20;
}
	blog.naver.com/jamsuham75/222530766717
	
	app.get(' /contert:???, function(req, res){
	res.render(' content.ejs ');
	});

??? 위치의 변수를 url 파라미터라고 한다. 이 부분은 게시물의 글 번호가 전달되는 부분이므로 ??? 위치를 id로 변경하여 작성한다. url 파라미터로 넘어온 요청 정보로 DB에 게시물을 요청할 수 있어야 한다. url 파라미터 정보를 어떻게 확인할 수 있을까? 라우터에서 모든 요청 정보는 콜백 함수의 req에 담겨 있는데 파라미터를 관리하는 param 속성을 이용하면 전달받은 id에 접근 가능하다.

'server.js' 파일의 코드를 다음과 같이 추가 및 수정하고 서버를 종료한 후 다시 실행하자.

```
1   ......................................... 생략 .........................................
2
3   //'/content' 요청에 대한 처리 루틴
4   app.get('/content/:id', function(req, res){
5     console.log(req.params.id);
6     res.render('content.ejs');
7   });
```

웹 브라우저 주소창에 'http://localhost:8080/content/1'을 입력하여 접속해 서버의 터미널 출력 결과를 확인해 보자.

<결과>

```
$node server.js
포트 8080으로 서버 대기중 ...
1
```

4줄 : 웹 브라우저 주소창에서 /content/의 경로에 값을 요청하게 되면 :id의 설정에 의해 id가 요청 값을 전달받는다.

5줄 : id의 값이 정상적으로 전달되었는지 터미널 창에 출력한다. 정상적으로 요청한 1의 값이 출력되는 것을 확인할 수 있다.

url 파라미터로 DB 데이터 검색

전달받은 url 파라미터를 이용하면 원하는 게시물을 몽고DB에서 가져올 수 있다. 일전에 /list 요청 처리로 특정 컬렉션의 데이터를 모두 검색했었다. 비슷한 방법으로 /content/:id 요청에 대한 라우터에서 요청한 게시물의 결과를 검색하도록 작성한다. /list 라우터 함수의 DB 처리 코드를 참고하여 다음과 같이 코드를 작성해 보자.

```
......................................... 생략 .........................................

//'/content' 요청에 대한 처리 루틴
app.get("/content/:id", function (req, res) {
  console.log(req.params.id);
```

```
6        req.params.id = new ObjId(req.params.id);
7        mydb
8          .collection("post")
9          .findOne({ _id : req.params.id })
10         .then((result) => {
11           console.log(result);
12           res.render("content.ejs", { data : result });
13         });
14     });
```

6줄 : url 파라미터인 req.params.id는 몽고DB 상에 저장되어 있는 데이터 타입과 일치해야 하므로 ObjectId 형태로 변환 후 저장한다.

7~9줄 : 몽고DB 객체인 mydb를 사용하여 post 컬렉션에 접근한다. 이때 post 컬렉션의 필드 중에 _id가 일치하는 값을 찾기 위해 findOne 함수를 사용한다. 기존에 사용했던 find 함수는 컬렉션 전체의 도큐먼트를 검색한다면 findOne 함수는 특정 도큐먼트를 검색하는 함수이다. 필드 값을 표현할 때에는 중괄호 { key : value }의 형태로 표현한다.

10줄 : then 메소드의 result 매개변수에는 _id의 값을 검색한 결과가 넘어온다.

11줄 : DB에서 일치하는 _id의 값을 찾았다면 result에 해당 도큐먼트 데이터가 출력되고, 만약 일치하는 _id를 찾지 못했다면 null이 출력된다.

12줄 : 'content.ejs' 파일을 화면에 출력한다. 이때 검색한 결과 데이터인 result를 data라는 이름으로 'content.ejs' 파일에 전달한다.

서버를 내렸다가 다시 올리고 몽고DB에 접속하여 특정 도큐먼트의 _id 값을 복사하자.

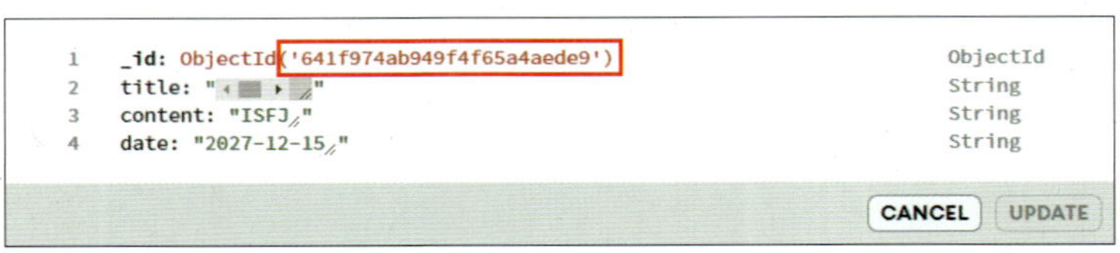

브라우저를 열어서 주소창에 'http://localhost:8080/content/'를 입력하여 기본 주소를 입력하고, 이 주소의 뒷부분에 복사한 _id 값 '641f974ab949f4f65a4aede9'를 붙여넣기 하자.

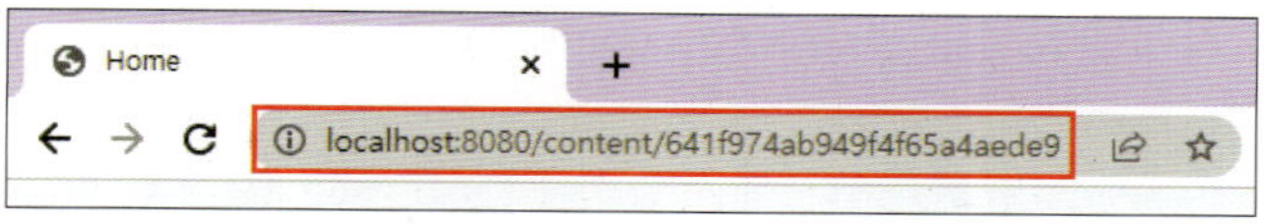

이렇게 요청하면 '641f974ab949f4f65a4aede9'의 값이 그대로 /content/:id 라우터의 id에 전달된다. 터미널 창의 결과를 확인해 보자.

```
<결과>

$node server.js
포트 8080으로 서버 대기중 ...
641f974ab949f4f65a4aede9
{
  _id: new ObjectId("641f974ab949f4f65a4aede9"),
  title: '나의 mbti',
  content: 'ISFJ',
  date: '2027-12-15'
}
```

원하는 게시물 번호를 서버로 전달하고, 서버에서는 몽고DB 안에서 해당 게시물 번호를 검색하여 결과를 출력한다. 이제 남은 작업은 이 결괏값을 'content.ejs' 파일로 넘겨주어 화면에 출력하는 것이다.

검색한 데이터 화면 출력

코드의 12줄에서 검색한 결과 result를 data라는 이름으로 'content.ejs' 파일에 보낸다. ejs 파일에서는 넘겨받은 data를 사용하여 해당 문법에 맞게 화면에 출력하면 된다.

'list.ejs' 파일에서 작성한 문법을 생각하면서 'content.ejs' 파일로 이동하여 코드를 다음과 같이 수정한다.

```
······································ 생략 ······································

        </div>
    </nav>

    <h1>상세 내용</h1>
    <h2>제목 : <%= data.title %></h2>
    <h3>내용 : <%= data.content %></h3>
    <h4>작성일 : <%= data.date %></h4>

······································ 생략 ······································
```

코드 수정이 끝났으면 앞에서 요청했던 url 주소 그대로 새로고침해 보자.

〈결과〉

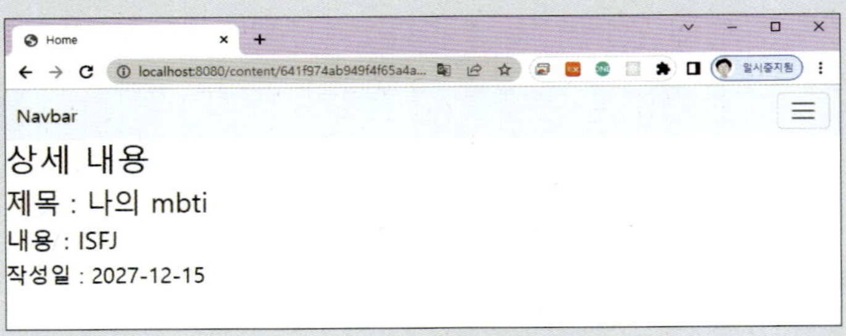

화면에 서버에서 넘겨준 데이터가 화면에 정상적으로 출력된 것을 확인할 수 있다. 그러나 사용자는 우리가 테스트한 것처럼 주소창에 글 번호를 직접 입력하여 요청하는 대신 링크를 클릭함으로써 요청을 한다. 다시 말해, 게시판에서 글 제목을 클릭하면 해당 내용 페이지로 이동해야 한다. 이를 처리를 위해서 'list.ejs' 파일로 이동하고, 제목인 title 항목에 〈a〉 태그를 사용하여 링크를 사용한다.

```
1     ........................................ 생략 ........................................
2
3     </thead>
4     <tbody>
5     <% for(let i = 0; i < data.length; i++){ %>
6         <tr>
7             <td><a href = "/content/<%= data[i]._id %>"><%= data[i].title %></a></td>
8             <td><%= data[i].date %></td>
9             <td><button class = 'delete btn btn-outline-danger' data-id = '<%= data
10                [i]._id %>'> 삭제</button></td>
11        </tr>
12    <% } %>
13    </tbody>
14    </table>
15    ........................................ 생략 ........................................
```

코드 수정이 끝났으면 웹 브라우저 주소창에 'http://localhost:8080/list'를 입력하자. 게시판의 제목에 링크 표시가 나타날 것이다. 리스트에서 각각의 제목들을 클릭하여 내용 페이지로 이동하는지 확인한다.

<결과>

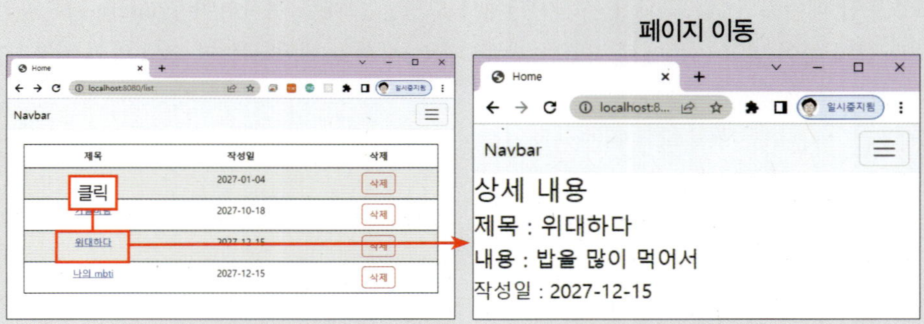

7줄 : 제목인 title 항목을 클릭하면 '/content/글번호'로 이동할 수 있도록 href 속성에 경로를 입력한다. 글 번호가 고정되어서는 안되므로, 서버로부터 넘겨받은 결과 데이터인 'data'를 이용해 _id 속성에 접근한다. data가 배열인 이유는 컬렉션 내부의 도큐먼트가 여러 개이기 때문이다.

내용 페이지에 부트스트랩 적용

기능적으로는 게시판의 게시물을 클릭하면 해당 내용 페이지로 이동하는 것은 성공이다. 그런데 내용 페이지에 데이터만 출력했을 뿐 디자인이 예쁘지 않다. 부트스트랩을 사용하여 내용 페이지를 꾸미기 위해 부트스트랩 페이지(https://getbootstrap.kr/)로 이동한다.

일반적인 페이지에서 상세 내용을 디자인할 때 주로 사용하는 스타일이 '카드'이다. 카드 스타일 중에서도 제목, 텍스트, 링크 형식의 코드를 사용하도록 한다.

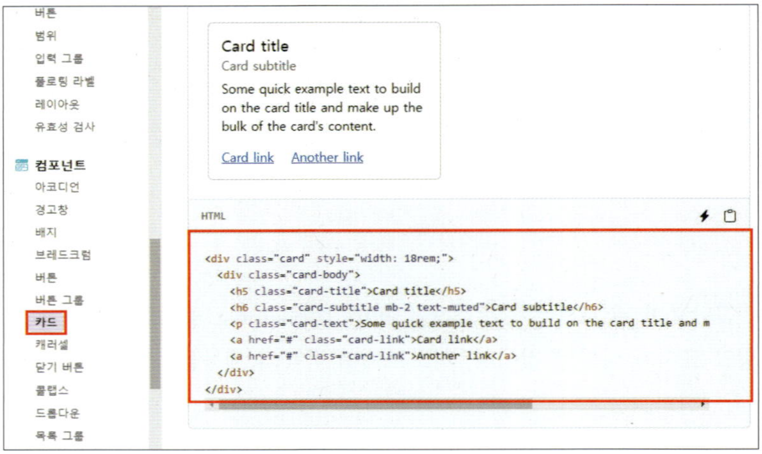

부트스트랩 페이지의 〔컴포넌트〕 → 〔카드〕에서 코드를 그대로 복사하여 'content.ejs' 파일에 다음과 같이 붙여 넣고 기존에 출력했던 제목, 내용, 작성일 데이터를 이 코드 안에 적용한다.

```
..................... 생략 .....................
        </div>
    </nav>

<div class = "container mt-4">
      <div class="card" style="width:100%;">
        <div class="card-header">
          <h4 class="card-title"><%= data.title %></h4>
        </div>
       <div class="card-body">
         <p class="card-text"><%= data.content %></p>
```

```
12                <p class="card-subtitle mb-2">작성일 : <%= data.date %></p>
13                <a href="#" class="card-link">수정하기</a>
14              </div>
15            </div>
16          </div>
17      ·········································· 생략 ··········································
```

코드 작성이 끝나면 웹 브라우저에서 'http://localhost:8080/list'를 입력하여 접속해 게시판의 게시물을 클릭해 보자. 디자인을 적용한 내용 페이지가 훨씬 정돈되어 보인다.

<결과>

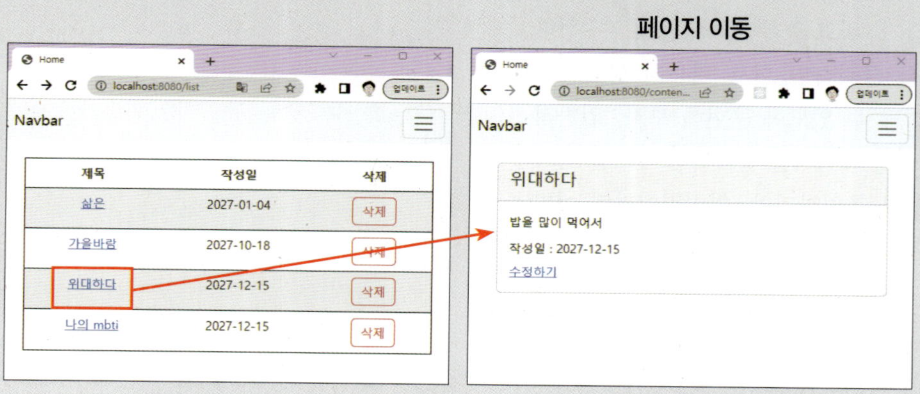

5줄 : 내용의 전체 틀을 잡아주는 스타일이다.

6줄 : 부트스트랩에서 card라는 이름의 스타일을 제공받아 사용한다. width 속성은 100%를 설정하여 페이지 너비 전체 영역을 사용한다.

7~12줄 : 기존에 제목, 내용, 작성일의 출력 데이터를 카드 스타일 코드에 맞게 적용한다.

13줄 : 내용 페이지에서 '수정하기'를 클릭하면 내용이 수정 페이지로 이동한다. 현재 게시물 수정에 대해서는 배우지 않았으므로 수정 페이지 경로는 비워둔다.

14.3 게시물 수정

게시물 수정 페이지 생성

특정 게시물에 대한 상세 내용 페이지까지 만들었다. 내용 페이지의 하단에 '수정하기' 링크를 추가하였는데, '수정하기'를 클릭하면 현재 내용의 항목들이 수정될 수 있도록 구현해 보자. 일반적인 수정 페이지를 생각하면 게시물 추가 화면과 동일하지만, 차이점이라면 이미 현재 데이터가 입력되어 있다는 점이다.

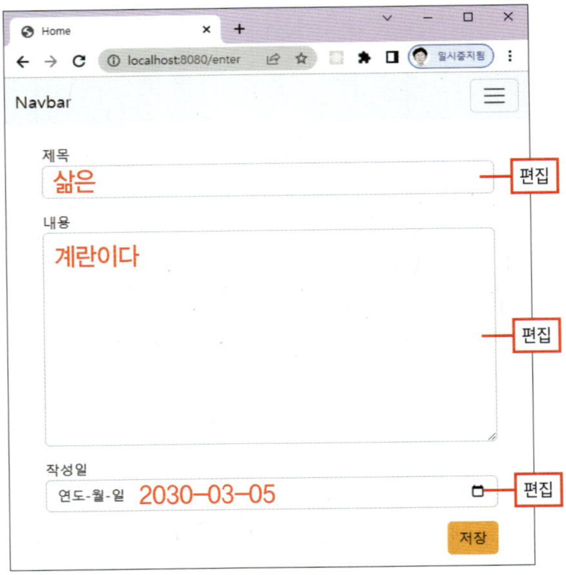

게시물 수정 페이지는 기존 'enter.ejs' 파일과 형태가 동일하다. 다만 차이점이라면 DB의 데이터인 제목, 내용, 작성일이 각 항목에 채워진 형태이다. 수정 페이지의 파일 이름은 views 하위 디렉토리에 'edit.ejs'라고 생성한다. 'enter.ejs' 파일의 전체 내용을 복사하여 'edit.ejs' 파일에 붙여 넣고 타이틀 부분만 〈title〉Edit〈/title〉로 변경한다.

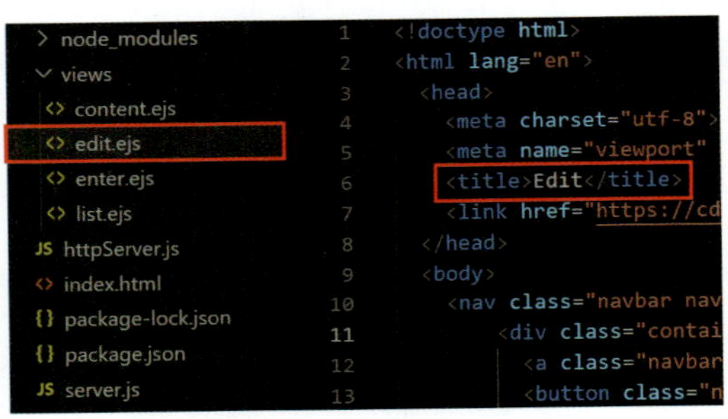

게시물 수정 요청 라우터 생성

생성한 'edit.ejs' 파일을 출력하기 위한 요청 라우터를 만들어 보자. '/edit' 요청을 받으면 'edit.ejs' 파일의 페이지를 보여 주도록 한다. 'server.js' 파일로 이동하여 다음과 같이 작성한다.

```
………………………………… 생략 …………………………………

app.get("/edit", function (req, res) {
  res.render("edit.ejs");
});
```

서버를 내렸다가 다시 올려보자.

```
$node server.js
포트 8080으로 서버 대기중 ...
```

웹 브라우저 주소창에 'http://localhost:8080/edit'로 요청하여 페이지의 출력 결과를 확인한다.

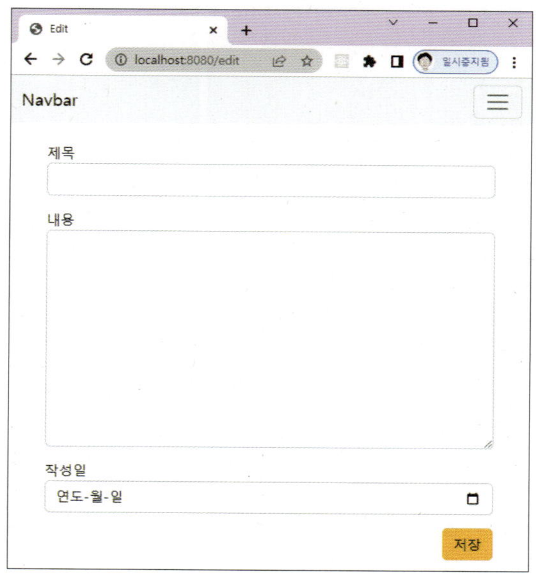

'edit.ejs' 파일에는 'enter.ejs' 파일의 내용을 거의 그대로 복사하여 붙여 넣은 결과로, 결과 페이지도 'enter.ejs' 파일과 동일한 내용이 출력된다. 그러나 이 페이지는 수정 페이지로 사용되어야 하므로 앞으로 개선해야 할 2가지 포인트가 있다. 첫째, 어떤 게시물을 수정할지에 대한 요청 게시물 ID 정보를 가져와야 한다. 둘째, 해당 게시물의 정보를 몽고DB에서 가져와 페이지에 제목, 내용, 작성일을 표시해야 한다.

상세 내용 페이지 이동에 대한 처리를 통해 요청 게시물 id 정보를 서버에 보내는 시멘틱 url 방식을 진행하고, 몽고DB에 접근하여 원하는 정보를 검색하는 방법을 진행했기 때문에 게시물 수정하는 기능도 어렵지 않게 구현할 수 있을 것이다.

시맨틱 url 방식의 정보 전달

게시물 수정 요청을 할 때 url에서 '/edit/1'을 요청을 한다면 1이라는 글 번호는 가변적이기 때문에 라우터에서는 그대로 작성하지 않고 '/edit/:???'와 같은 방식으로 받아서 처리해야 한다. 즉, 콜론(:) 기호 뒤에 어떤 문자가 오면 우리가 요청 시 작성했던 값이 넘어가는 것이다. ??? 위치의 변수를 url 파라미터라고 하는데, 이를 다루는 방법은 이미 앞에서 다루었다. 요청 정보는 콜백 함수의 req에 담겨 있는데 요청 id 정보에 접근하는 방법은 req.param.id로 접근할 수 있다. /edit 라우터를 다음과 같이 수정한다.

```
1   ........................ 생략 ........................
2
3   //'/edit' 요청에 대한 처리 루틴
4   app.get('/edit/:id', function(req, res){
5     console.log(req.params.id);
6     res.render( ' edit.ejs');
7   });
```

웹 브라우저 주소창에 'http://localhost:8080/edit/1'을 입력하여 접속해 서버의 터미널 출력 결과를 확인해 보자.

〈결과〉

```
$node server.js
포트 8080으로 서버 대기중 ...
1
```

4줄 : 웹 브라우저 주소창에서 /edit/의 경로에 값을 요청하면 :id의 설정에 의해 id가 요청 값을 전달받는다.

5줄 : id의 값이 정상적으로 전달되었는지 터미널 창에 출력하는 것이다. 요청한 1의 값이 출력되는 것을 확인할 수 있다.

url 파라미터로 DB 데이터 검색

전달받은 url 파라미터를 이용하면 원하는 게시물을 몽고DB에서 가져올 수 있다. 이전에 다룬 /content/:id 요청 처리와 유사한 방법으로 /edit/:id 요청에 대한 라우터를 작성하여, 요청한 게시물의 결과를 몽고DB에서 검색하도록 작성하자.

```
1   ······································ 생략 ······································
2
3   //'/edit' 요청에 대한 처리 루틴
4   app.get('/edit/:id', function(req, res){
5     req.params.id = new ObjId(req.params.id);
6     mydb
7       .collection("post")
8       .findOne({ _id: req.params.id })
9       .then((result) => {
10        console.log(result);
11        res.render("edit.ejs", {data : result});
12      });
13  });
```

5줄 : url 파라미터인 req.params.id는 몽고DB 상에 저장되어 있는 데이터 타입과 일치해야 하므로 ObjectId 형태로 변환 후 저장한다.

6~8줄 : 몽고DB 객체인 mydb를 사용하여 post 컬렉션에 접근한다. 이때 post 컬렉션의 필드 중에 _id가 일치하는 값을 찾기 위해 findOne 함수를 사용한다. findOne 함수는 특정 도큐먼트를 검색하는 함수이다. 필드 값을 표현할 때에는 중괄호 { key : value }의 형태로 표현한다.

9줄 : then 메소드의 result 매개변수에는 _id의 값을 검색한 결과가 넘어온다.

10줄 : DB에서 일치하는 _id의 값을 찾았다면 result에 해당 도큐먼트 데이터가 출력되고, 일치하는 _id를 찾지 못했다면 null이 출력된다.

11줄 : 'edit.ejs' 파일을 화면에 출력한다. 이때 검색한 결과 데이터인 result를 data라는 이름으로 'edit.ejs' 파일에 전달한다.

서버를 내렸다가 다시 올려보자. 브라우저를 실행하고 주소창에 'http://localhost:8080/list'를 입력하여 접속해 터미널 창에 출력되는 게시물 정보 중에 id를 1개 복사한다.

브라우저 주소창에 'http://localhost:8080/edit/'까지 기본 주소를 입력하고 이 뒤에 복사한 _id 값 '641f974ab949f4f65a4aede9'를 붙여 넣는다.

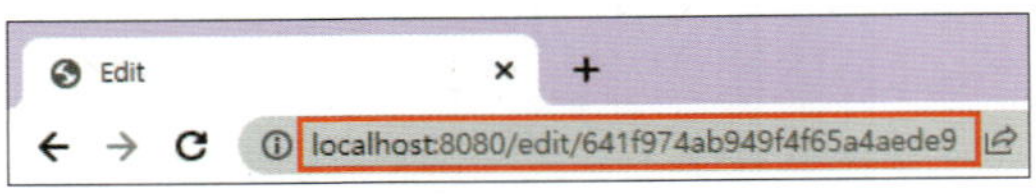

이렇게 요청하면 641f974ab949f4f65a4aede9의 값이 그대로 /edit/:id 라우터의 id에 전달된다. 터미널 창의 결과를 확인해 보자.

<결과>

```
$node server.js
포트 8080으로 서버 대기중 ...
641f974ab949f4f65a4aede9
{
  _id: new ObjectId("641f974ab949f4f65a4aede9"),
  title: '나의 mbti',
  content: 'ISFJ',
  date: '2027-12-15'
}
```

정리하면, 우리는 서버로 원하는 게시물 번호를 전달하고, 서버에서는 해당 게시물 번호를 몽고DB에서 검색하여 결과를 출력했다. 이제 이 결과를 'edit.ejs' 파일에 데이터를 전달하여 화면에 출력하는 작업이 남아있다.

검색한 데이터 화면 출력

코드의 11줄에서 검색한 결과 result를 data라는 이름으로 'edit.ejs' 파일에 보낸다. 'ejs' 파일에서는 넘겨받은 data를 사용하여 해당 항목에 맞게 화면에 출력하면 된다.

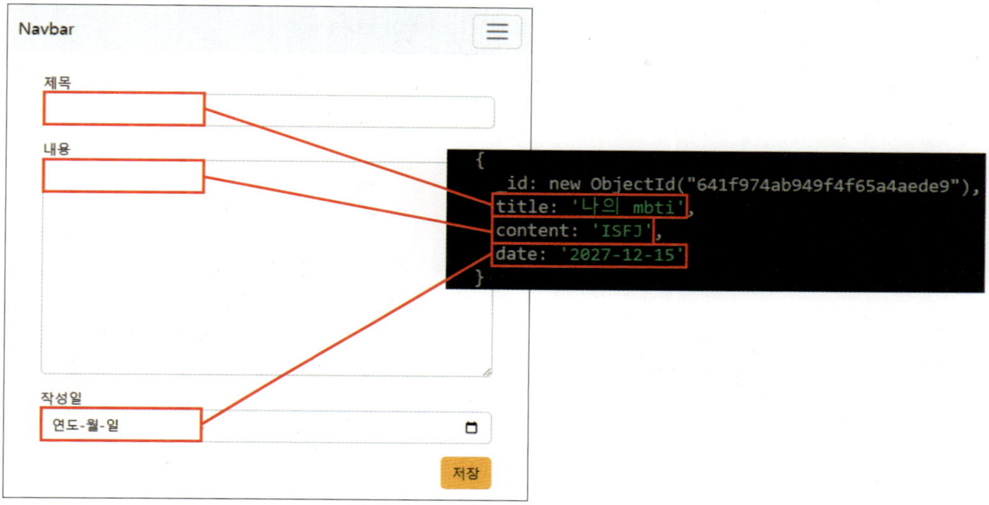

'edit.ejs' 파일로 이동하여 코드를 다음과 같이 수정한다.

```
            ······································ 생략 ······································

            </div>
        </nav>

    <div class = "container mt-4">
            <form action = "/save" method="post">
                <div class = "form-group">
                <label>제목</label>
                <input type="text" value = "<%= data.title %>" name = "title" class
                 = "form-control">
                </div><p></p>
                <div class = "form-group">
                <label>내용</label>
                <textarea name = "content" rows = '10' class = "form-control">
                 <%= data.content %></textarea>
                </div><p></p>
```

```
            <div class="form-group">
            <label>작성일</label>
            <input type="date" value = "<%= data.date %>" class="form-control"
             name ="someDate">
            </div><p></p>
            <button type = "submit" class="btn btn-warning"
             style="float:right">수정</button>
        </form>
    </div>
 ....................................... 생략 .......................................
```

코드 수정이 끝나면 앞서 요청했던 url 주소를 그대로 새로고침해 보자.

<결과>

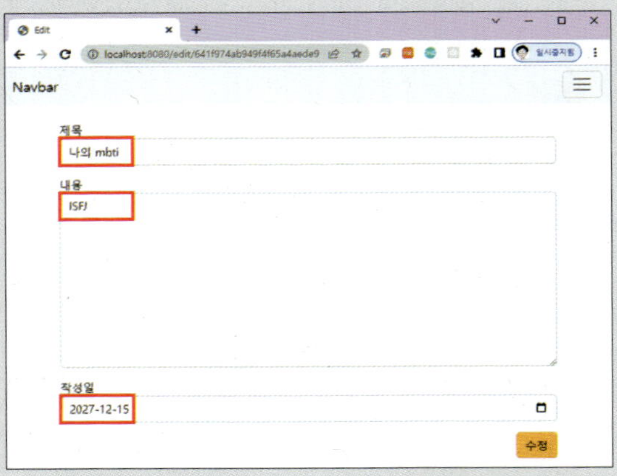

서버에서 넘겨준 데이터가 화면에 정상적으로 출력된 것을 확인할 수 있다. 그런데 사용자는 우리가 테스트한 것처럼 글 번호를 직접 입력하여 요청하지 않고 링크를 클릭함으로써 요청을 한다. 즉, 내용 페이지에서 '수정하기'를 클릭하면 해당 수정 페이지로 이동하도록 해야 하는 것이다. 처리를 위해서 'content.ejs' 파일로 이동하고 '수정하기' 링크의 이동 주소를 다음과 같이 추가 입력한다.

```
 ....................................... 생략 .......................................

    <div class="card-body">
```

```
4            <p class="card-text"><%= data.content %></p>
5            <p class="card-subtitle mb-2">작성일 : <%= data.date %></p>
6            <a href="/edit/<%= data._id %>" class="card-link">수정하기</a>
7        </div>
8
9   ........................................ 생략 ........................................
```

코드 수정이 끝나면 웹 브라우저 주소창에 'http://localhost:8080/list'를 입력하여 접속하자. 게시판의 게시물을 클릭하여 내용 페이지로 이동한 후 '수정하기' 링크를 클릭해 보자. 수정 페이지 'edit.ejs'로 이동하고, 각 입력 항목에 각각의 데이터가 입력한 상태로 출력되는지 확인한다.

〈결과〉

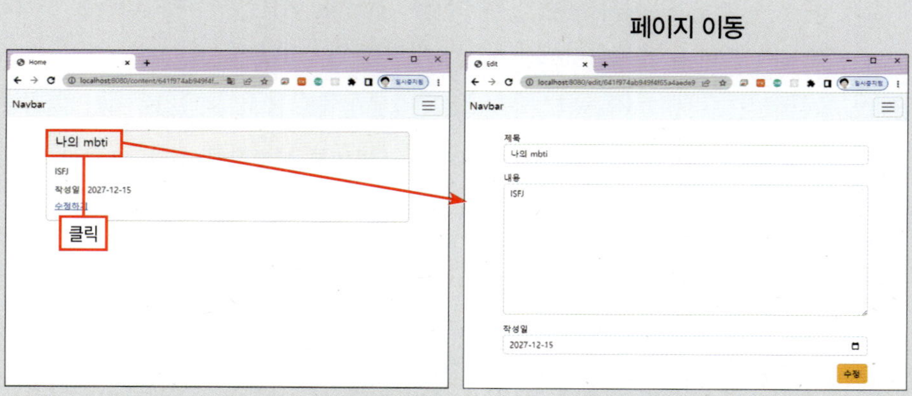

6줄 : '수정하기' 링크를 클릭하면 '/edit/글번호'로 이동할 수 있도록 href 속성에 경로를 입력한다. 글 번호는 고정되면 안되므로 서버로부터 넘겨받은 결과 데이터인 data로 _id 속성에 접근한다.

게시물 수정 저장 라우터 생성

일단 수정하기 링크를 통해 수정 페이지까지의 이동은 성공적이다. 그런데 제목, 내용, 작성일 중 데이터를 수정한 후 〈수정〉 버튼을 클릭하면 어떻게 될까? 우리는 'edit.ejs' 파일에 'enter.ejs' 파일의 코드를 그대로 복사, 붙여넣기했다는 점을 잊지 말아야 한다. 'enter.ejs' 파일의 〈저장〉 버튼과 동일한 동작을 하게 되므로 〈수정〉 버튼을 클릭하면 새로운 데이터가 추가되는 현상이 발생한다. 이는 우리가 원하는 동작이 아니므로 코드를 수정해 보자.

새로운 데이터가 추가되는 현상을 해결하는 방법은 간단하다. 〈수정〉 버튼을 클릭했을 때 만들었던 post 방식의 라우터를 새로 만들면 된다. 'edit.ejs' 파일로 이동하여 다음과 같이 코드를 수정한다.

```
1  ........................................ 생략 ........................................
2
3  <div class = "container mt-4">
4          <form action = "/edit" method="post">
5              <div class = "form-group">
6              <label>제목</label>
7
8  ........................................ 생략 ........................................
9
```

4줄 : 요청 url을 기존 /save에서 /edit로 변경한다. submit 버튼인 〈수정〉 버튼을 클릭하면 post 방식의 /edit 요청 라우터에서 처리해 달라는 의미이다.

기존에 /save 요청 라우터 코드를 참고하여 'server.js' 파일로 이동하자. post 방식의 /edit 요청 라우터를 작성해 보자.

```
........................................ 생략 ........................................

app.post("/edit", function (req, res) {
  console.log(req.body);
  req.body.id = new ObjId(req.body.id);
  mydb
   .collection("post")
   .updateOne({_id : req.body.id}, {$set : {title : req.body.title, content :
             req.body.content, date : req.body.someDate}})
   .then((result) => {
       console.log("수정완료");
       res.redirect('/list');
   })
   .catch((err) => {
       console.log(err);
   });
});
```

3줄 : post 방식의 /edit로 요청하였으므로 app.post("/edit") 함수로 처리한다.

5줄 : 요청 정보 req의 id의 값이 몽고DB 안에서 검색 데이터로 사용되기 위해서는 몽고DB 내부의 _id 형식인 ObjectID와 일치해야 하므로 타입을 변경한다.

8~9줄 : 몽고DB 데이터를 수정하기 위해서 updateOne 함수를 사용한다. 이 함수는 어떤 특정 게시물을 찾아 업데이트해 달라는 기능으로 2개의 전달인자를 갖는다. 첫 번째 전달인자는 수정할 게시물의 식별자를, 두 번째 전달인자는 수정할 값을 전달하는데 수정할 값을 설정할 때에는 연산자를 사용해야 한다.

```
updateOne(수정할 게시물 식별자, 수정할 값)
```

id로 수정할 게시물을 찾아서 $set 연산자를 통해 수정할 값을 업데이트한다. 사용 형식은 다음과 같다.

```
{$set : { 키값 : 변경할 값}}
```

10줄 : 수행이 정상적으로 이루어지면 then 메소드를 수행하고, 결과를 result로 넘겨준다.

서버를 내렸다가 다시 올려보자. 게시판의 게시물을 클릭하여 내용 페이지로 이동한 후 '수정하기' 링크를 클릭하여 데이터 내용을 수정하고 〈수정〉 버튼을 클릭하여 수정이 반영되는지 확인한다.

〈결과〉

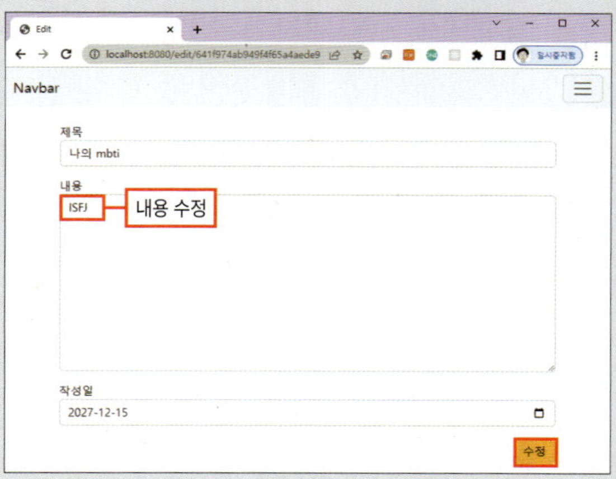

수정된 내용을 확인하기 위해 게시판으로 돌아가면 수정이 반영되지 않은 것을 확인할 수 있다. 이는 5번째 줄에서 'req.body.id' 값을 가져오지 못해서 발생하는 문제이다. 이 문제를 해결하기 위해서 'edit.ejs' 파일로 돌아가 코드를 확인해야 한다. 〈수정〉 버튼을 클릭할 때, post 방식으로 /edit 요청을 보내는데, 제목, 내용, 작성일 이렇게 3가지 데이터를 서버로 전송한다. 그러나 우리가 데이터를 몽고DB에서 검색하는 기준은 id이므로, post 방식으로 데이터를 서버로 전송할 때 id도 함께 보내주어야 한다. 'edit.ejs' 파일로 이동하여 다음과 같이 코드를 추가한다.

```
1   ........................................ 생략 ........................................
2
3           </div>
4       </nav>
5
6   <div class = "container mt-4">
7       <form action = "/save" method="post">
8           <div class = "form-group">
9           <label>제목</label>
10          <input type="text" value = "<%= data._id %>" name = "id" style =
11           "display:none;">
12          <input type="text" value = "<%= data.title %>" name = "title" class =
13           "form-control">
14          </div><p></p>
15
16  ........................................ 생략 ........................................
```

10~11줄 : data._id의 값을 설정하되, style을 'display:none'으로 설정하여 화면에 보이지 않게 한다. 글 번호가 정수가 아니기에 화면에 노출시키지 않는 것이 좋기 때문이다.

게시판의 게시물을 클릭하여 내용 페이지로 이동한 후 '수정하기' 링크를 클릭하고 데이터의 내용을 수정한 후 〈수정〉 버튼을 클릭하여 변경 사항이 반영되는지 확인해 보자. 수정한 내용이 정상적으로 반영되는 것을 확인할 수 있을 것이다.

더 알아보기 updateOne 함수와 같이 사용하는 연산자

updateOne 함수를 사용할 때에는 값을 수정하기 위해 연산자를 함께 사용해야 한다. 이때 사용할 수 있는 연산자는 다음과 같다.

연산자	설명
$set	set은 설정한다는 의미이다. 기존의 값을 새로운 값으로 바꾸어 설정한다.
$inc	inc는 increase의 약자로 증가의 의미이다. 기존의 값에 더해줄 값을 설정한다.
$min	min은 최솟값의 의미로 기존값보다 적을 때만 변경하도록 설정한다.

for 문과 비교했을 때 while 문에 요소들은 분산되어 있다는 차이밖에 없다.

14.4 게시판 기능 개선

정적 파일 사용

사람이 한 번 작성한 내용이 항상 동일하게 보이게 만드는 것을 정적이라고 한다. 기존에 작성했던 html 파일은 대표적인 정적 파일로, 여기서 동적인 데이터가 출력되도록 한 것이 'ejs' 파일이다. express에서는 이미지나 CSS와 같은 정적인 파일을 제공하기 위해 'express.static' 미들웨어 함수를 사용할 수 있다.

```
app.use(express.static( ‘ public ’ ));
```

이 한 줄의 코드만 추가하면 정적 파일을 읽을 수 있다. public은 디렉토리 이름으로 관습적으로 public을 사용한다. 이렇게 하면 정적 파일의 루트(root) 지점은 public이 되는 것이다. 'app.use'로 시작하는 코드는 무조건 미들웨어이다. 앞서 'body-parser'를 사용할 때 미들웨어를 사용한 적이 있다. 'server.js' 파일로 이동하여 다음과 같이 코드를 추가한다.

```
........................................ 생략 ........................................

//body-parser 라이브러리 추가
const bodyParser = require("body-parser");
app.use(bodyParser.urlencoded({ extended: true }));
app.set("view engine", "ejs");

//정적 파일 라이브러리 추가
app.use(express.static("public"));

........................................ 생략 ........................................
```

그다음 'public' 폴더를 생성한다.

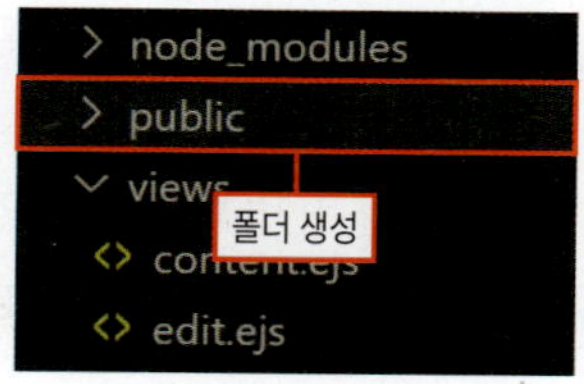

'public' 폴더 위치에 'poem.txt' 파일을 추가하고, 다음과 같이 내용을 입력한다.

poem.txt

```
별 헤는 밤
윤동주

계절이 지나가는 하늘에는
가을로 가득 차 있습니다.

나는 아무 걱정도 없이
가을 속의 별들을 다 헤일 듯합니다.
.........................................
```

작성이 끝나면 서버를 실행하고 브라우저 주소창에 'http://localhost:8080/poem.txt'를 입력하여 접속한다.

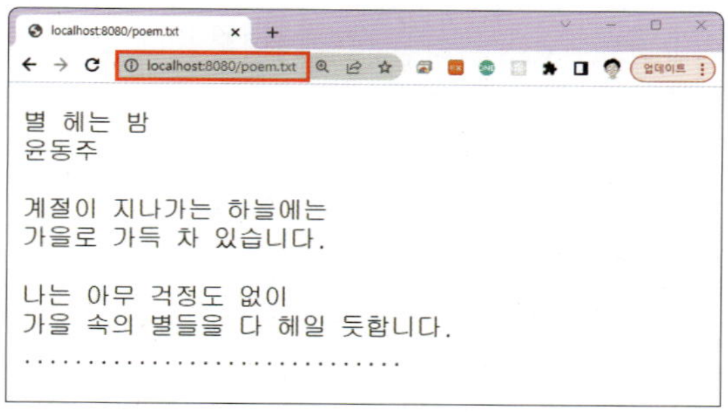

이번에는 스타일시트(CSS) 파일을 정적 파일로 만들어서 적용해 보자. public 폴더에 'style.css' 파일을 생성하고 다음과 같이 작성한다.

style.css

```css
body{
    font-family: '궁서체';
    font-weight: bold;
}
```

font와 관련된 여러 스타일 속성이 있지만, 두 가지 눈에 띄는 속성을 적용해 보자. font-family는 글꼴을 설정하는 속성으로, 게시판의 글꼴로 진지한 궁서체를 사용하려는 의도는 없지만, 글꼴을 변경했을 때 잘 보이도록 임시로 설정해 보았다. font-weight는 글자의 굵기를 설정하는 속성으로, 'bold'라는 값을 설정하면 글자가 두껍게 표시된다.

살펴본 'poem.txt' 파일은 같은 정적 파일에 직접 접근하여 내용을 출력했지만, 'style.css' 파일과 같은 파일은 폰트 설정을 적용해야 하므로 각각의 'ejs' 파일에 링크 코드를 추가해야 한다. 'list.ejs' 파일을 실행하고 다음과 같이 코드를 한 줄 추가한다.

```
........................................ 생략 ........................................

</head>
  <body>
    <link rel = "stylesheet" href = "style.css">
    <nav class="navbar navbar-expand-lg bg-light">
      <div class="container-fluid">

........................................ 생략 ........................................
```

일반적으로 CSS 스타일 시트 파일을 적용할 때 사용하는 html 문법이다. 이미 정적 파일에 대한 설정이 완료되어 있으므로 href 속성에 파일 이름만 입력하면 된다. 웹 브라우저 주소창에 'http://localhost:8080/list'를 입력하여 접속해 게시판 페이지를 요청한다.

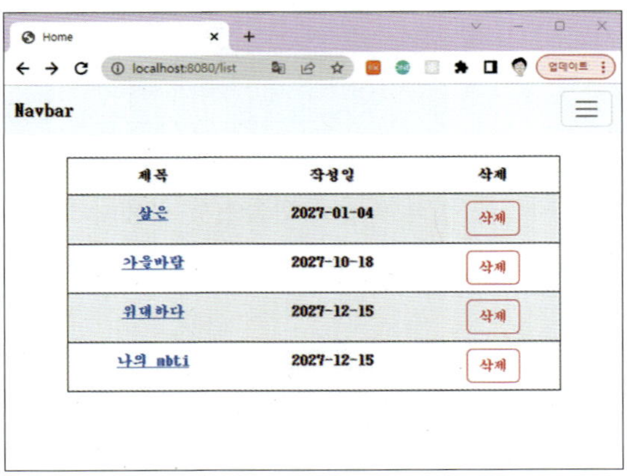

게시판의 글꼴이 궁서체에 굵은 글씨체로 출력되는 것을 확인할 수 있다. 이렇게 한 번 설정하면 잘 변하지 않는 데이터의 경우 이렇게 정적 파일을 사용하면 유용하다.

index 파일 확장자 변경

현재 게시판의 화면 페이지는 'ejs' 파일로 구성되어 있는데, 우리가 초기에 만들었던 홈 화면인 'index.html' 파일만 여전히 'html'이다. 'Index.html' 파일을 'index.ejs'로 확장자만 변경하고, views 폴더 위치로 이동하자.

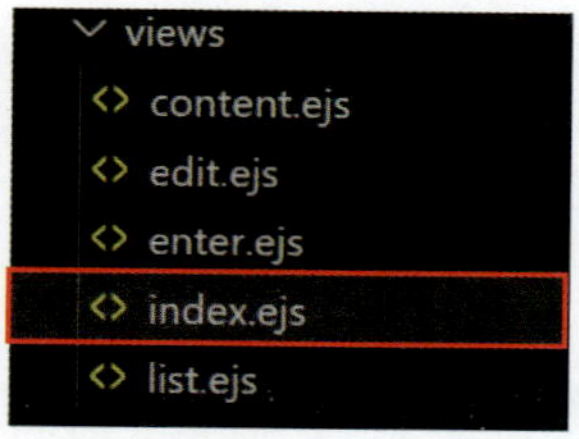

'ejs' 파일을 화면에 출력하려면 'server.js' 파일에서 루트 라우터 코드를 다음과 같이 변경한다.

```
········································ 생략 ········································

app.get("/", function (req, res) {
  res.render("index.ejs");
});
········································ 생략 ········································
```

코드 수정 후 서버를 내렸다가 다시 올린다. 브라우저 주소창에 'http://localhost:8080/'을 입력하여 접속해 홈 화면을 요청한다.

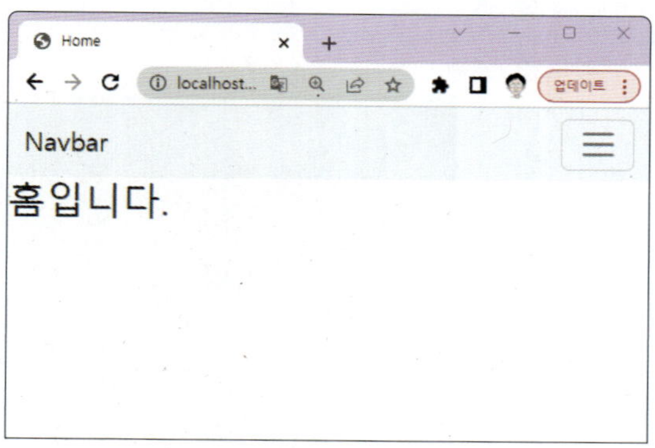

Navbar 파일 분리

현재 게시판 상단에는 공통된 메뉴가 배치되어 있다. 이는 각 페이지마다 〈nav〉〈/nav〉 코드가 공통으로 들어가 중복되어 사용되기 때문이다. 그러나 새로운 페이지가 생성될 때마다 이렇게 중복된 코드를 매번 복사하는 것은 비효율적이다. 프로그래밍에서는 기본적으로 중복 코드를 최소화하는 노력을 한다. Navbar를 별도의 파일로 분리하여 메뉴 코드를 분리하자.

먼저 views 폴더에 'menu.html'이라는 이름의 파일을 생성하고 'list.ejs' 파일에서 〈body〉〈/body〉 태그 내부에 있는 〈nav〉〈/nav〉 사이의 코드를 복사한다. 일괄적인 스타일 적용을 위해 추가로 〈nav〉 위에 있는 〈link …〉 코드도 함께 복사한다.

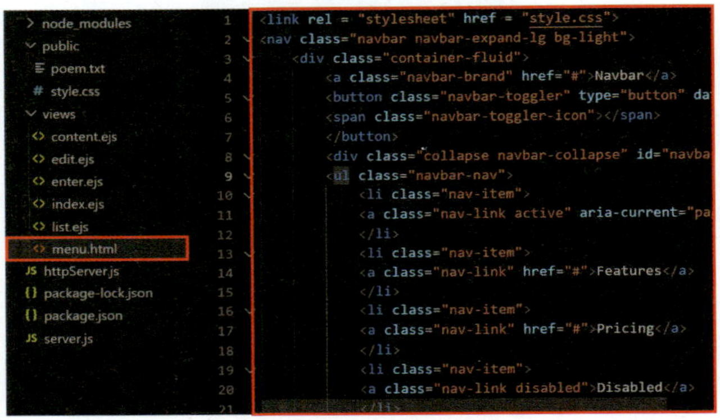

각 페이지마다 반복되는 이 코드는 include 함수를 사용하여 중복을 해결할 수 있다. ejs에서 include 함수를 사용하여 특정 파일을 포함한다.

```
<%- include(파일 이름) %>
```

'list.ejs' 파일의 〈nav〉〈/nav〉 코드를 삭제하고 다음과 같이 〈%- include('menu.html') %〉 코드를 추가한다.

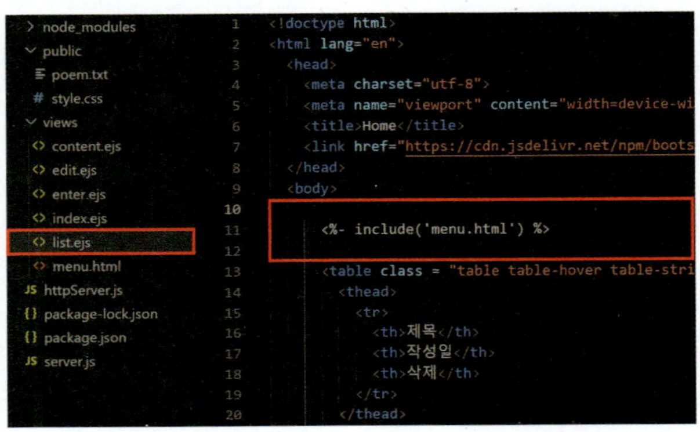

브라우저 창에 'http://localhost:8080/list'를 입력하여 접속해 결과를 확인해 보자. 상단 메뉴와 폰트 설정이 적용되어 화면에 출력된다면, 이는 정상적으로 동작하는 것이다.

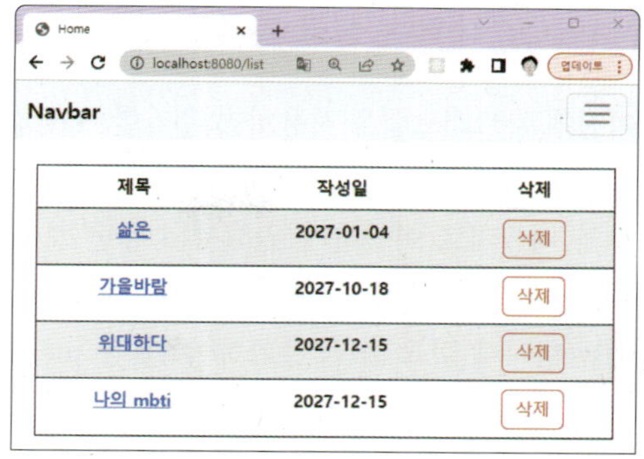

같은 방법으로 나머지 'ejs' 파일(index.ejs, enter.ejs, edit.ejs, content.ejs)도 동일하게 적용해 보자. 각 페이지의 접속 시 화면에 상단 메뉴와 폰트 스타일이 동일하게 출력되면 기능이 정상 동작하는 것이다.

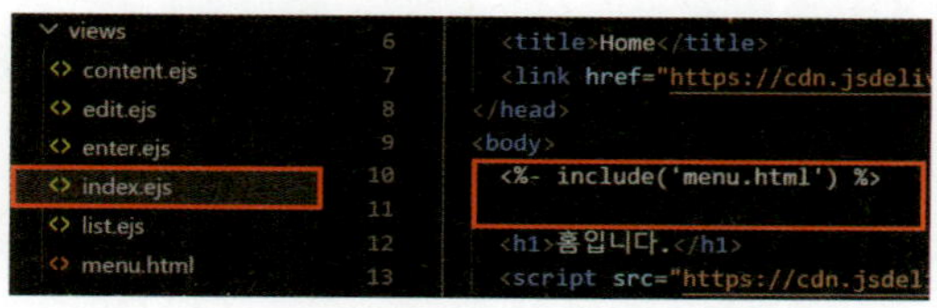

그림14-1 Index.ejs

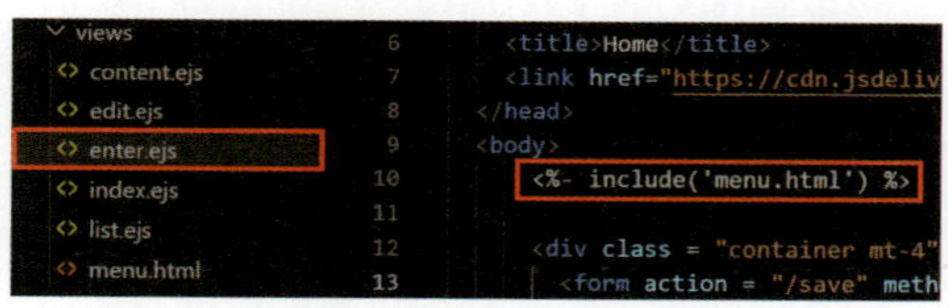

그림14-2 enter.ejs

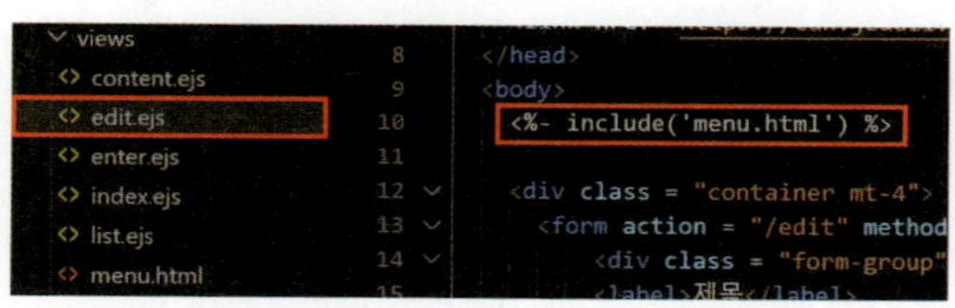

그림14-3 edit.ejs

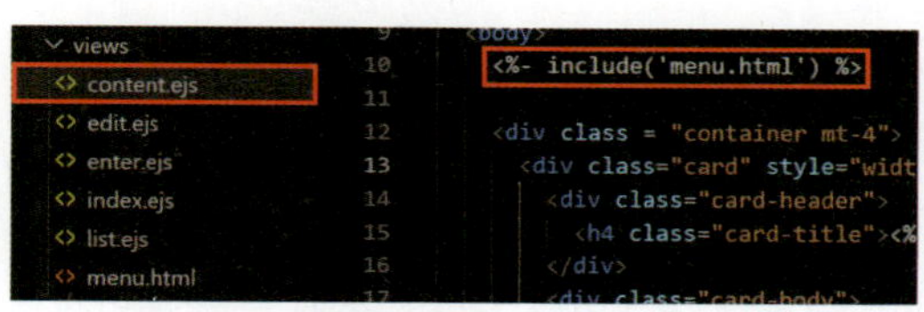

그림14-4 content.ejs

Navbar 각 메뉴 링크 추가

이전에 부트스트랩을 사용하여 추가한 Navbar가 장식만이 아닌 실제 기능을 할 수 있도록 링크를 추가해 보자. 홈으로 이동, 게시물 추가, 게시물 리스트, 게시물 상세 내용, 게시물 편집 등의 페이지로 이동하기 위해서는 매번 브라우저의 url을 직접 요청해야 한다. 그러나 실제 사용자는 이렇게 요청하는 대신 메뉴 링크를 통해 이동하길 원할 것이다. 그러기 위해서는 각 메뉴 항목에 링크 url을 추가해야 한다. 'menu.html' 파일로 이동하자.

```
1   <link rel = "stylesheet" href = "style.css">
2   <nav class="navbar navbar-expand-lg bg-light">
3       <div class="container-fluid">
4           <a class="navbar-brand" href="#"><h1>나의 공간</h1></a>
5           <button class="navbar-toggler" type="button" data-bs-toggle="collapse" data-
6            bs-target="#navbarNav" aria-controls="navbarNav" aria-expanded="false"
7            aria- label="Toggle navigation">
8               <span class="navbar-toggler-icon"></span>
9           </button>
10          <div class="collapse navbar-collapse" id="navbarNav">
11              <ul class="navbar-nav">
12                  <li class="nav-item">
13                      <a class="nav-link active" aria-current="page" href="/">홈으로</a>
14                  </li>
15                  <li class="nav-item">
16                      <a class="nav-link" href="/enter">추가하기</a>
17                  </li>
18                  <li class="nav-item">
19                      <a class="nav-link" href="/list">목록보기</a>
20                  </li>
21              </ul>
22          </div>
23      </div>
24  </nav>
```

4줄 : 게시판의 제목을 나타낸다. 제목은 각자 원하는 이름으로 정한다.

13줄 : 첫 번째 메뉴 항목은 대부분 사이트의 첫 번째 페이지인 홈 경로(http://localhost:8080/)이다. href = "/"로 설정하면 클릭했을 때 루트 페이지로 이동한다.

16줄 : 두 번째 메뉴 항목은 게시물을 추가할 때의 항목으로 설정한다. 요청 경로가 http://localhost:8080/enter인 경우 게시물 추가 페이지로 이동하므로 href = "/enter"로 설정하면 클릭했을 때 게시물 추가하기 페이지로 이동한다.

19줄 : 세 번째 메뉴 항목은 게시물의 목록을 보여 주는 항목으로 설정한다. 요청 경로가 http://localhost:8080/list인 경우 게시물 목록 페이지로 이동하므로 href = "/list"로 설정하면 클릭했을 때 게시물 목록 페이지로 이동한다.

작성이 끝났으면 'http://localhost:8080'를 입력하여 접속해 메뉴의 이름 변경과 링크 기능이 정상적으로 동작하는지 확인한다.

<결과>

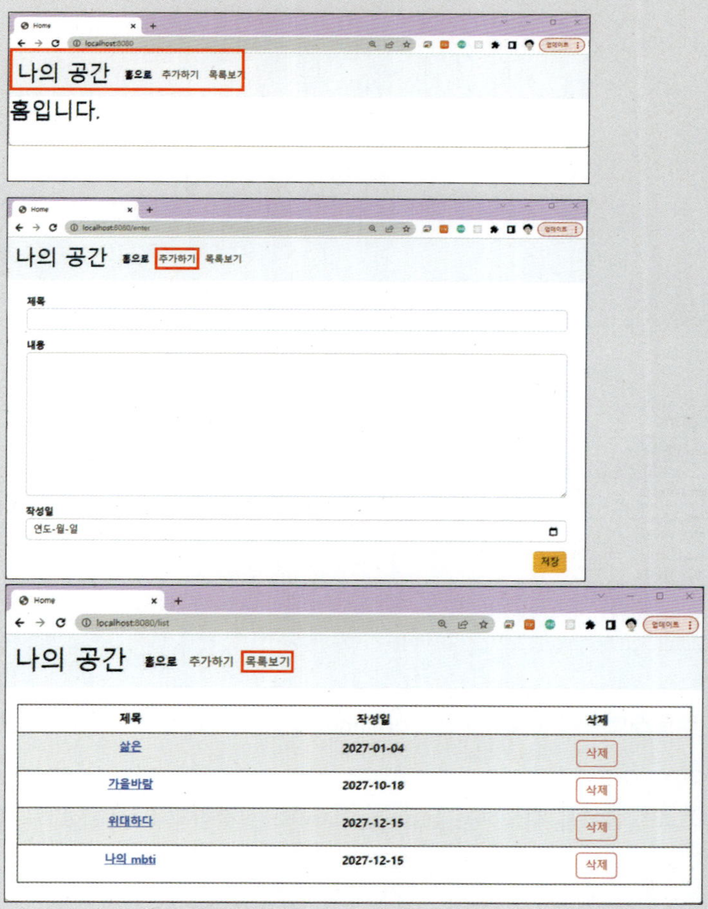

게시판 목록 화면에 글쓰기 버튼 배치

새로운 글을 추가하려면 메뉴에 '추가하기' 항목을 클릭하는 방법도 있지만 일반적으로 게시판 화면에 '글쓰기'와 같은 버튼을 배치하는 것도 좋은 구성이다. 게시판 목록 하단 오른쪽에 〈글쓰기〉 버튼을 배치하기 위해 'list.ejs' 파일로 이동하여 다음과 같이 코드를 추가하자.

```
1        ······································ 생략 ······································..
2
3        </tbody>
4        </table>
5
6        <div class = "container my-3">
7            <button class = 'btn btn-primary enter' style="float:right;">글쓰기</button>
8        </div>
9
10       <script src="https://code.jquery.com/jquery-1.12.4.min.js"></script>
11       <script>
12
13       ······································ 생략 ······································..
```

<결과>

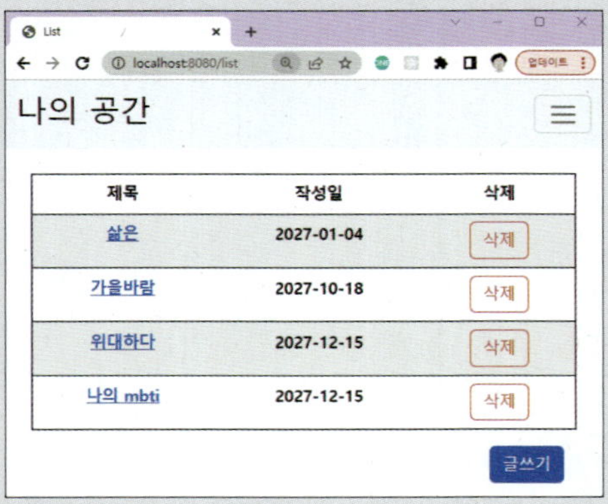

6줄 : 클래스 선택자를 부트스트랩에서 제공하는 'container my-3' 스타일로 버튼의 화면 배치 간격을 설정한다.

7줄 : 버튼 스타일을 부트스트랩에서 제공하는 'btn-primary'로 설정하고 float:right로 화면 오른쪽에 배치한다.

〈글쓰기〉 버튼을 클릭하면 게시물을 추가할 수 있는 페이지로 이동할 수 있는 기능을 추가하려고 한다. 〈삭제〉 버튼 클릭할 때의 처리 방법을 참고하여 다음과 같이 작성해 보자.

```
1   ........................................ 생략 ........................................
2
3   }).fail(function(xhr, textStatus, errorThrown){
4     //응답에 실패했을 때
5     console.log('게시물 삭제 실패');
6     console.log(xhr, textStatus, errorThrown);
7    })
8   })
9
10  $('.enter').click(function(e){
11    location.href = "\enter";
12  })
13
14  </script>
15  ........................................ 생략 ........................................
```

10줄 : 글쓰기 버튼 클래스 명이 enter이므로 제이쿼리를 사용하여 글쓰기 버튼 객체 접근 시 $(.enter)로 접근한다. 글쓰기 버튼에 click 이벤트 발생 시 처리하는 이벤트 핸들러를 정의한다.

11줄 : 자바스크립트 객체인 location의 속성 중에 href는 요청 url을 설정하는 기능이다. 〈글쓰기〉 버튼 클릭 시 처리하는 이벤트 핸들러의 기능은 url을 'Wenter'로 변경하는 것이다. 결론적으로 'http://localhost:8080/enter' 페이지를 요청한다.

〈결과〉

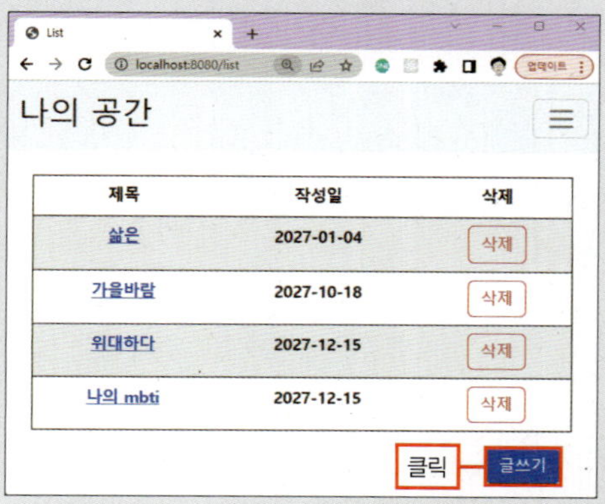

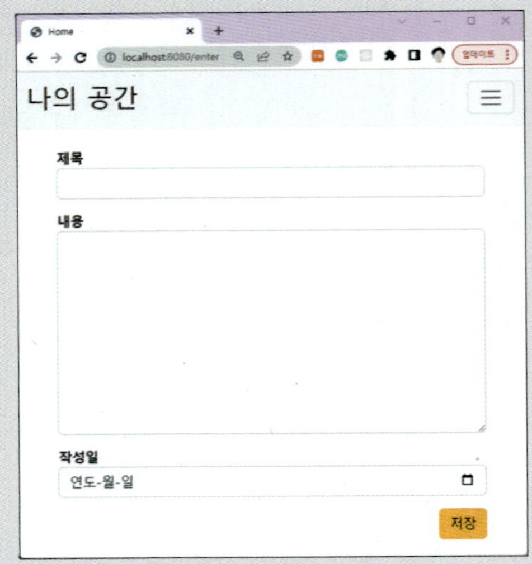

〈글쓰기〉 버튼 클릭 시 게시물 추가 화면으로 이동하는 것을 확인할 수 있다. 실제로 제목, 내용, 작성일을 입력하고 〈저장〉 버튼을 클릭하여 게시물을 추가해 보자. DB에 게시물이 잘 저장되지만, 저장 후 표시되는 화면은 데이터 저장 확인용 임시 페이지이므로 교체할 필요가 있다.

보통 새로운 게시물을 추가 완료하면 그 결과로 게시물 목록을 표시하거나, 홈 화면으로 이동하는 것이 일반적이다. 데이터 저장이 완료되면 자동으로 페이지가 넘어갈 수 있도록 코드를 다음과 같이 수정한다.

```
........................................... 생략 ...........................................

//'/save' 요청에 대한 post 방식의 처리 루틴
app.post("/save", function (req, res) {
   mydb
      .collection("post")
      .insertOne({
            title: req.body.title,
            content: req.body.content,
```

```
10                  date: req.body.someDate,
11              })
12          .then((result) => {
13              console.log(result);
14              console.log("데이터 추가 성공");
15          });
16          res.redirect("/list");
17      });
18      ........................................ 생략 ........................................
```

16줄 : redirect 함수에 전달인자로 url 경로를 전달하면 응답 시 해당 경로로 페이지를 이동시켜준다. 데이터 저장이 완료된 후 redirect 함수를 이용하여 '/list' 경로로 페이지를 이동한다.

서버를 내렸다가 다시 올리고 게시물을 추가해 보자.

<결과>

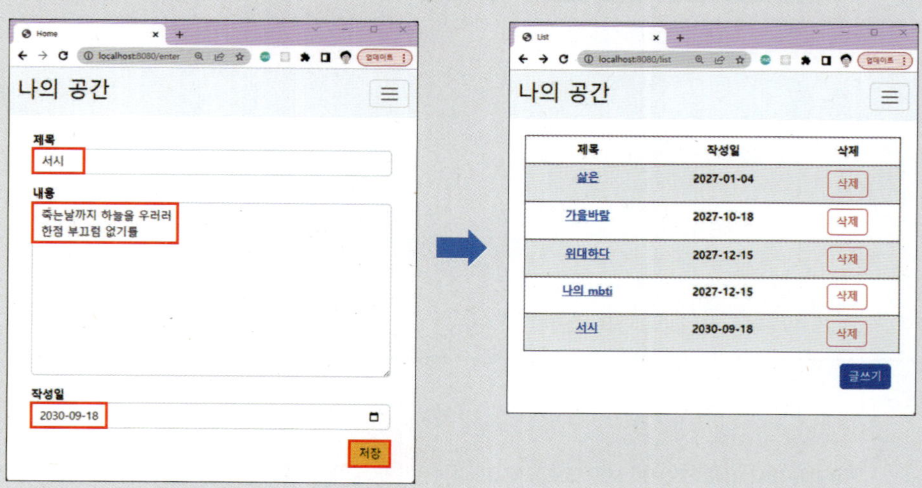

새로운 게시물이 저장된 후 바로 /list 경로인 게시물 목록 페이지로 이동되는 것을 확인할 수 있다.

15장

인증 시스템 구현

학습목표

- 쿠키에 대해 이해하고 쿠키 보안 코드를 작성한다.
- 세션에 대해 이해하고 세션 방식 코드를 작성한다.
- 세션 기반의 로그인 페이지 및 기능을 구현한다.
- 비밀번호를 암호화한다.
- 회원가입 페이지 및 기능 코드를 작성한다.
- 패스포트의 개념을 이해하고 인증 시스템 코드를 작성한다.

JAVASCRIPT

15.1 쿠키

쿠키란

사용자가 인터넷을 통해 웹사이트에 접속했을 때 해당 사이트의 서버를 통해 데이터를 전달받아 로컬에 저장하게 되는데, 이 데이터를 '쿠키(Cookie)'라고 한다. 쿠키는 1개당 최대 4KB 용량의 데이터로 하나의 도메인당 최대 20개까지 저장할 수 있다. 쿠키라는 이름에서 느껴지는 것처럼 쿠키는 작은 데이터를 사용한다.

쿠키 사용 기능

웹사이트가 서버와 통신할 때 왜 작은 데이터인 쿠키를 저장하고 사용할까? 우리가 웹사이트를 사용하는 패턴 몇 가지를 보면 "아, 그게 쿠키의 기능이구나."라는 생각이 들 것이다. 다음은 쿠키를 사용하는 대표적인 기능들이다.

• 자동 로그인

일정 시간 동안 로그인 상태를 유지할 수 있는 자동 로그인 기능은 쿠키를 사용하여 구현된다. 사용자가 로그인하면 서버는 사용자를 식별할 수 있는 정보를 쿠키에 저장하고, 이후에 사용자가 다시 접속하면 쿠키를 확인하여 자동으로 로그인 상태를 유지한다.

• 장바구니

온라인 쇼핑몰에서는 사용자가 로그인하지 않은 상태에서도 장바구니에 물건을 담을 수 있도록 구현되어 있다. 이를 가능하게 하는 것도 쿠키이다. 장바구니에 담긴 물건 정보를 쿠키에 저장하여, 사용자가 다시 접속하면 쿠키를 확인하여 이전에 담은 물건 정보를 불러온다.

- **최근 검색 리스트**

검색 엔진에서는 사용자가 검색한 키워드를 쿠키에 저장하여 최근 검색 기록을 제공한다. 사용자가 검색창을 클릭하면 이전에 검색한 키워드 목록이 쿠키에서 불러와져 보여 진다.

- **사용자 선호도를 기록하고 분석하는 용도**

쿠키는 사용자의 선호도를 분석하여, 사용자가 관심을 가질 만한 상품을 추천하거나 이전에 보거나 구매한 상품과 연관된 상품을 제공하는데도 사용된다. 이를 위해 사용자가 이전에 검색했던 상품이나 카테고리 정보, 구매 이력 등을 쿠키에 저장하고 활용한다.

쿠키 생성 과정

쿠키는 어디서 어떻게 생성될까? 그 과정을 살펴보자.

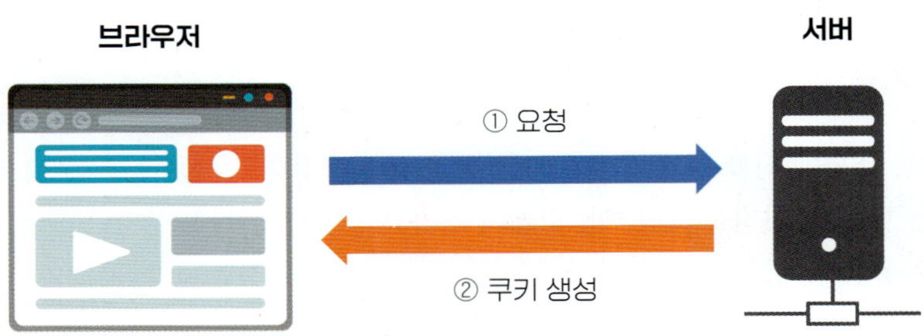

① 먼저 브라우저에서 서버에 어떤 정보를 요청한다.
② 서버는 쿠키를 생성하여 요청한 정보를 HTTP 헤더와 함께 쿠키 정보를 돌려보낸다.
③ 브라우저는 받은 쿠키 정보를 로컬에 저장한다.
④ 브라우저에서 다시 서버에 접속할 경우 가지고 있는 쿠키를 서버에 전달한다.
⑤ 업데이트할 정보가 있다면 서버는 해당 쿠키를 요청한 정보와 함께 쿠키 정보를 돌려보낸다.

이러한 쿠키 생성 과정은 서버와 클라이언트 간의 통신에서 데이터를 매번 서버로부터 받아오지 않고 로컬에 저장하여 쉽게 사용하기 위한 목적이다.

쿠키 생성

Express 기반에서 쿠키를 생성하고 읽어오는 방법을 알아보기 전에 쿠키를 다루기 위한 미들웨어인 'cookie-parser'를 설치해야 한다. 다음과 같은 명령어를 입력하여 미들웨어를 설치한다.

```
$npm install cookie-parser
```

설치가 끝나면 다음과 같이 쿠키를 생성하는 라우터를 한 개 만들어 보자.

```
1   ······································ 생략 ······································
2
3   let cookieParser = require('cookie-parser');
4
5   app.use(cookieParser());
6   app.get('/cookie', function(req,res){
7     res.cookie('milk', '1000원');
8     res.send('product : ' + req.cookies.milk);
9   });
```

3줄 : 설치한 cookie-parser 라이브러리를 포함시킨다.

5줄 : cookieParser() 미들웨어를 등록한다. 미들웨어 등록 시 일반적으로 app.use()를 사용한다.

6~9줄 : /cookie 요청 시 처리할 라우터를 생성한다.

7줄 : 쿠키 생성 시 cookie() 함수를 사용한다. 사용 형식은 다음과 같다.

```
cookie(키, 값)
```

cookie() 함수를 통해 'milk'라는 키에 '1000원'이라는 값 형식으로 쿠키를 생성한다. 그리고 res 객체를 통해 생성한 쿠키를 브라우저로 전송한다.

8줄 : 브라우저에서 서버로 재요청 시 보내온 쿠키 정보를 req 요청 객체를 통해 쿠키 정보를 읽은 후 다시 브라우저로 전송한다.

〈결과〉

```
$node server.js
포트 8080으로 서버 대기중 ...
```

웹 브라우저 주소창에 'http://localhost:8080/cookie'을 입력하여 접속해 페이지의 출력 결과를 확인한다.

처음에 브라우저에 출력된 결과는 undefined가 나타난다. 이는 서버에서 쿠키를 생성해서 브라우저에 처음으로 보낸 상태이므로, req.cookies.milk에는 아무런 값도 들어가 있지 않기 때문이다.

브라우저를 다시 새로고침하면, 브라우저에서 서버에 다시 요청하면서 저장하고 있던 쿠키값을 서버로 전송한다.

서버는 받은 쿠키값을 다시 브라우저로 보내므로 이번에는 이전에 입력했던 쿠키값 '1000원'이 req.cookies.milk에 들어가게 되고, 브라우저에서는 이전에 저장된 쿠키값을 서버로 보내기 때문에 '1000원'이 출력된다.

알아두세요 쿠키는 서버 측에서 클라이언트에게 보내주는 '키 : 값' 형식의 데이터이다.

쿠키 확인

개발자 도구로 들어가면 쿠키를 확인할 수 있다. 단축키 F12를 눌러 개발자 도구를 표시하고 탭에서 〔애플리케이션〕→〔저장용량〕→〔쿠키〕를 선택하여 이동한다.

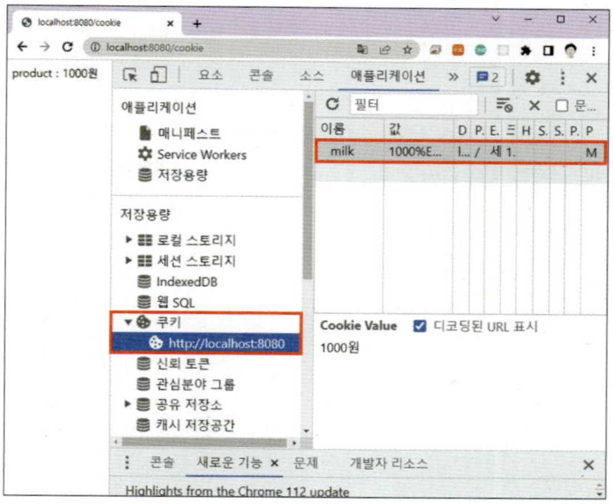

[쿠키]에서 요청한 도메인을 클릭하면 오른쪽 영역에 생성한 쿠키 이름과 값이 나타나는 것을 확인할 수 있다. 일반적으로 특정 사이트에 접속 시 해당 사이트에서 사용하는 쿠키는 이렇게 확인할 수 있다. 예를 들어, 길벗 출판사 웹사이트에 접속한다면 해당 사이트의 사용하는 쿠키를 다음과 같이 확인할 수 있다.

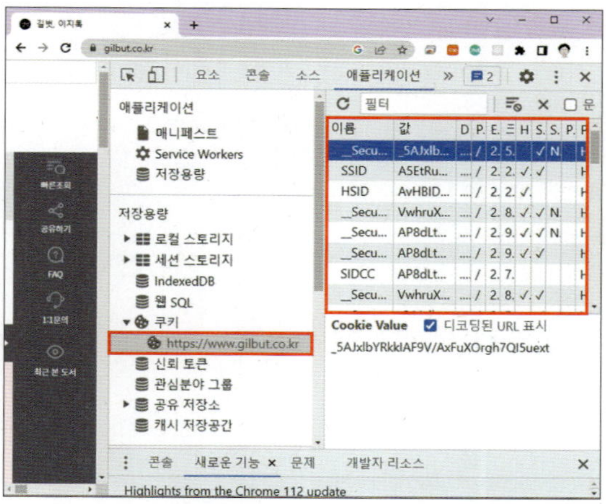

쿠키 변경

쿠키값은 고정값이 아니라서 언제든지 변경 가능하다. 이전에 작성한 코드는 쿠키가 한 번 생성되면 그 값이 변하지 않았다. 쿠키값을 변경시켜 /cookie할 때마다 해당 쿠키값이 1000원씩 증가하는 코드를 작성해 보자.

```
1	................................ 생략 ................................
2	
3	app.get("/cookie", function (req, res) {
4	  let milk = parseInt(req.cookies.milk) + 1000;
5	  if(isNaN(milk))
6	  {
7	    milk = 0;
8	  }
9	  res.cookie("milk", milk);
10	  res.send("product : " + milk + "원");
11	});
```

<결과>

```
$node server.js
포트 8080으로 서버 대기중 ...
```

웹 브라우저 주소창에 'http://localhost:8080/cookie'를 입력하고 접속해 페이지의 출력 결과를 확인한다.

동일한 URL로 접속하기 위해 새로고침을 여러 번 하면, 새로고침할 때마다 금액이 1000원씩 올라가는 것을 확인할 수 있다.

4줄 : 브라우저에서 받은 req.cookies.milk 값은 문자열이다. 우리는 1000씩 증가하는 연산을 할 것이므로 문자열을 정수로 형 변환한다. 그리고 여기에 1000을 더하여 milk 변수에 저장한다.

5줄 : 만약 쿠키가 생성되기 전 브라우저가 처음으로 요청한 경우라면 req.cookies.milk에는 유효한 값이 아닌 NaN이 저장되어 있을 것이다. NaN 값 자체로는 연산이 블가능하므로 isNaN() 함수를 이용하여 miik의 값이 NaN인지 아닌지 체크한다.

7줄 : 만약 milk 값이 NaN인 경우 0을 대입한다.

9줄 : 현재의 milk 값을 쿠키로 브라우저에 보낸다.

10줄 : 현재의 milk 값을 브라우저에 표기한다.

쿠키 보관 시간

쿠키값은 영원히 보관되는 것이 아니다. 사실 그렇게 할 이유가 없기 때문이다. 그렇다고 일일이 해당 쿠키를 삭제하는 것은 비효율적이다. 그래서 쿠키는 일정 시간이 지나면 자동으로 삭제되도록 설정할 수 있다. 이는 우리가 로그인한 후에 일정 시간이 지나면 자동으로 로그아웃되는 것과 유사한 원리이다.

cookie(키, 값, {maxAge : 보관 시간(ms))

cookie() 함수의 3번째 인자인 maxAge를 통해 쿠키 보관 시간을 설정할 수 있다. 이때 보관 시간은 밀리세컨드(1/1000초) 단위로 설정된다. 코드를 수정하여 동작 여부를 확인해 보자.

```
........................................ 생략 ........................................

app.get("/cookie", function (req, res) {
  let milk = parseInt(req.cookies.milk) + 1000;
  if(isNaN(milk))
  {
    milk = 0;
  }
  res.cookie("milk", milk, {maxAge : 1000});
  res.send("product : " + milk + "원");
});
```

<결과>

```
$node server.js
포트 8080으로 서버 대기중 ...
```

웹 브라우저 주소창에 'http://localhost:8080/cookie'를 입력하여 접속해 페이지의 출력 결과를 확인한다. 테스트 방법은 1초 안에 여러 번 새로고침 하여 쿠키의 값이 증가된 것을 확인한 후, 1초가 지난 후에 다시 요청하면 0원으로 초기화되는 것을 확인할 수 있다. 이는 쿠키의 보관시간이 1초로 설정되어 있어 1초 후에 쿠키의 값이 삭제되기 때문이다.

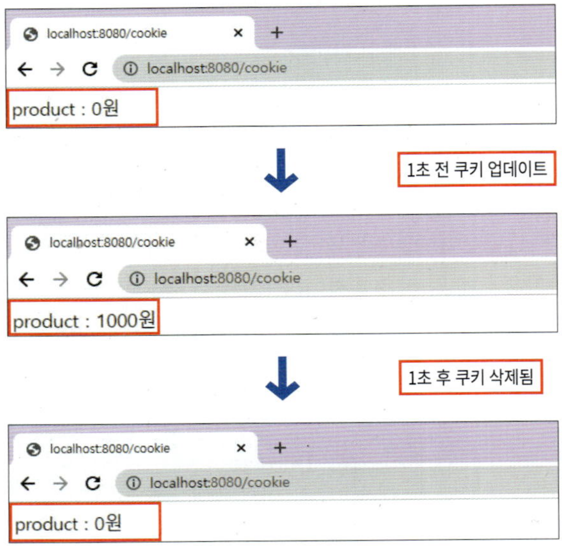

더 알아보기 **쿠키 삭제 기능**

쿠키는 설정에 따라 시간이 지나면 자동으로 삭제가 되지만 바로 삭제하는 기능도 있다.

maxAge : 0을 통한 쿠키 삭제

코드의 cookie() 함수에서 maxAge의 값을 0으로 변경하면 기존의 저장된 쿠키를 바로 삭제할 수 있다.

```
res.cookie("milk", milk, {maxAge : 0});
```

clearCookie() 함수를 통한 쿠키 삭제

clearCookie() 함수에서 삭제할 쿠키의 키값을 전달하면 해당 쿠키를 바로 삭제할 수 있다.

```
res.clearCookie('milk');
```

15.2 JAVASCRIPT

쿠키 보안

쿠키의 안전

쿠키는 쓰임이 다양하고 사용 방법도 간단하지만, 쿠키의 내용은 전송 과정에서 쉽게 노출될 수 있다는 단점이 있다. 따라서 계정 정보라든지 민감한 개인정보라면 당연히 문제가 될 수 있다. 또한 쿠키 데이터는 내 로컬 컴퓨터에 저장되기 때문에 언제든지 열람할 수 있다는 점도 문제가 된다. 즉, 지금까지 우리가 살펴본 쿠키는 보안에 안전하지 않다. 이러한 쿠키 데이터를 안전하게 사용하는 방법 중에서도 쿠키 데이터를 암호화하는 방법을 살펴보자.

쿠키 데이터의 암호화

쿠키를 통해 암호화가 가능하다. 쿠키를 암호화하려면 현재 코드에서 3가지를 변경하면 된다.

① cookieParser에 전달인자로 키값을 넘겨준다. 해당 키값을 사용하여 쿠키 데이터를 암호화한다.

```
app.use(cookieParser('ncvka0e398423kpfd'));
```

키값은 아무 값이나 막 입력하면 된다. 이 값은 특별한 의미 없이 쿠키 데이터를 암호화를 위한 재료로만 사용된다.

② 'req.cookies' 대신 'req.signedCookies'로 변경한다. 쿠키 데이터를 암호화한 상태로 읽어온다.

```
let milk = parseInt(req.signedCookies.milk) + 1000;
```

③ 쿠키 데이터를 암호화된 상태로 생성하기 위해 cookie() 함수 전달인자로 {signed:true}를 추가한다.

```
res.cookie("milk", milk, {signed : true});
```

코드를 다음과 같이 수정한다.

```
  ··········································· 생략 ···········································

  app.use(cookieParser('ncvka0e398423kpfd'));
  app.get("/cookie", function (req, res) {
    let milk = parseInt(req.signedCookies.milk) + 1000;
    if(isNaN(milk))
    {
      milk = 0;
    }
    res.cookie("milk", milk, {signed : true});
    res.send("product : " + milk + "원");
  });
```

〈결과〉

```
$node server.js
포트 8080으로 서버 대기중 ...
```

웹 브라우저 주소창에 'http://localhost:8080/cookie'를 입력하여 접속해 페이지의 출력 결과를 확인하고 단축키 F12를 눌러 개발자 도구로 이동한다. 개발자 도구 탭에서 〔애플리케이션〕→〔저장용량〕→〔쿠키〕 항목을 선택하여 쿠키의 값을 확인해 보자.

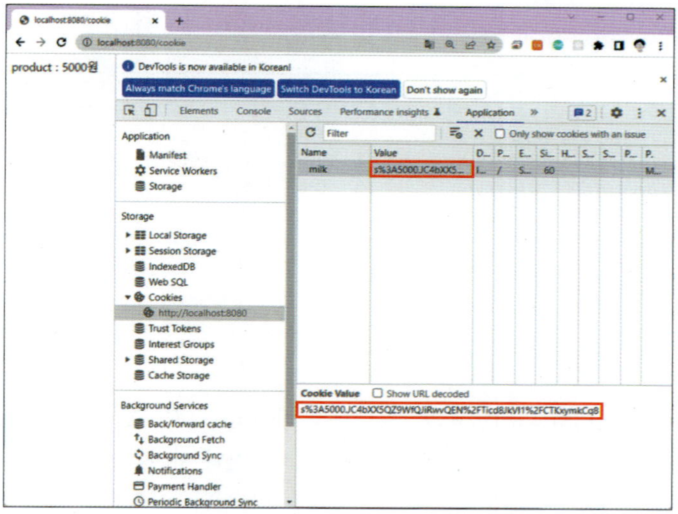

실제 값은 0, 1000, 2000, 3000...과 같은 값이지만, 쿠키에 저장될 때는 암호화되어 사용자가 식별할 수 없는 상태로 저장된다. 이러한 데이터가 탈취되는 것을 막기 위해 암호화된 데이터를 저장하는 것이 중요하다. 쿠키 데이터가 탈취되더라도 암호화된 상태로 저장되어 있기 때문에 그대로 노출되지는 않고 일차적인 보안은 성공하여 보호된다.

더 알아보기 **쿠키 암호화 방법**

정확한 의미에서 앞에서의 방법은 쿠키값의 암호화보다는 쿠키 값에 서명을 추가하여 무결성을 검증하기 위한 방법이다. 암호화된 쿠키값을 원한다면 지금의 토큰 기반 암호화 외에 별도의 암호화 라이브러리를 사용할 수 있다. 쿠키 암호화의 방법은 다음과 같다.

1. **대칭키 암호화**(Symmetric Encryption)
   대칭키 암호화 방식은 암호화와 복호화에 동일한 키를 사용하는 방법이다.
2. **비대칭키 암호화**(Asymmetric Encryption)
   비대칭키 암호화 방식은 암호화와 복호화에 서로 다른 키 쌍을 사용하는 방법이다.

15 인증 시스템 구현

JAVASCRIPT

15.3 세션 방식

세션이란

기존 쿠키에서는 아이디와 비밀번호와 같은 계정 데이터를 쿠키로 교류하기에는 부담스러운 부분이 있다. 중요한 개인정보가 통신 기반에서 브라우저와 서버를 매번 오고 간다는 것은 중간에 해커에 의한 데이터의 해킹 위험이 매우 크기 때문이다. 이러한 쿠키 방식을 조금 더 보완하여 '세션'이라는 방식이 제공되는데, 이 세션 방식은 쿠키와 달리 모든 데이터를 전부 저장하는 것이 아니라 식별자만 저장하는 방식이다.

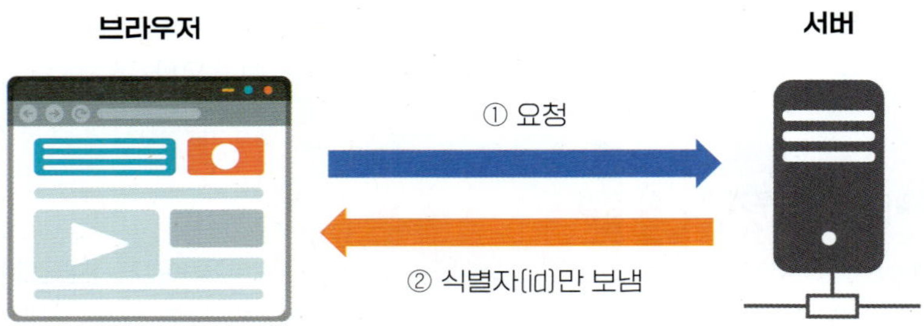

중요한 데이터들이 브라우저에 저장되는 것은 위험하기 때문에 세션 방식은 서버에서 브라우저로 모든 데이터를 보내지 않고, 식별자만을 저장하는 방식이다. 사용자가 서버에 요청할 때 브라우저에서는 저장된 식별자를 서버에 보내고, 서버는 해당 식별자에 해당하는 데이터를 찾아 응답한다. 이러한 방식은 중요한 데이터가 브라우저에 저장되지 않기 때문에 쿠키 방식보다 더욱 안전하다.

세션 생성

세션을 만들기 위해 다음과 같이 명령어를 입력하여 세션 라이브러리를 설치한다.

```
$npm install express-session
```

express-session은 서버가 세션을 이용하게 해 주고 사용자 쿠키에 세션 정보를 담을 수 있게 하는 미들웨어이다. 사용자 쿠키에 세션 데이터를 담을 때는 세션의 모든 데이터를 담는 것이 아니라 세션의 id 값을 저장하고 서버에서 데이터를 관리하게 한다. 이 미들웨어를 사용하는 형태와 주요 옵션의 의미를 살펴보자.

```
let session = require('express-session');
app.use(session({
  secret : 'dkufe8938493j4e08349u',
  resave : false,
  saveUninitialized : true
}))
```


① secret : 세션 아이디를 암호화하기 위한 재료 값이다.

② resave : 세션을 접속할 때마다 새로운 세션 식별자(sid)의 발급 여부를 결정한다. 일반적으로 false로 설정한다.

③ saveUninitialized : 세션을 사용하기 전까지 세션 식별자를 발급하지 않도록 한다. 일반적으로 true로 설정한다.

설정이 끝났으면 다음과 같이 세션을 생성하는 라우터를 한 개 만들어 보자.

```
............................................ 생략 ............................................

let session = require('express-session');
app.use(session({
  secret : 'dkufe8938493j4e08349u',
  resave : false,
  saveUninitialized : true
}))

app.get("/session", function (req, res) {
  if(isNaN(req.session.milk)){
     req.session.milk = 0;
  }
  req.session.milk = req.session.milk + 1000;
  res.send("session : " + req.session.milk + "원");
});
```

10줄 : /session 요청 라우터를 생성한다.

11~13줄 : 브라우저에서 req.session.milk 요청 시 값이 NaN이면 req.session.milk의 값을 0으로 설정한다.

14줄 : req.session.milk의 값에 1000을 누적시킨다.

15줄 : req.session.milk 세션의 값을 브라우저에 전송한다.

```
<결과>

$node server.js
포트 8080으로 서버 대기중 ...
```

웹 브라우저 주소창에 'http://localhost:8080/session'을 입력하고 접속해 페이지의 출력 결과를 확인한다.

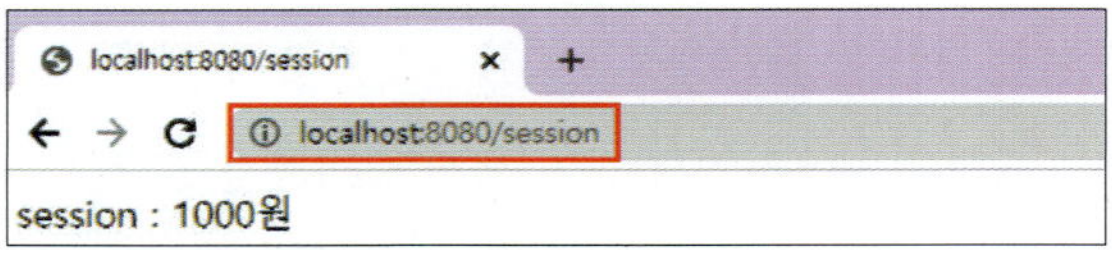

개발자 도구(F12)를 열어서 확인해 보자. 쿠키와 다르게 키값이 저장되지 않고, 'connect.sid'라는 이름의 키값이 저장된 것을 확인할 수 있다.

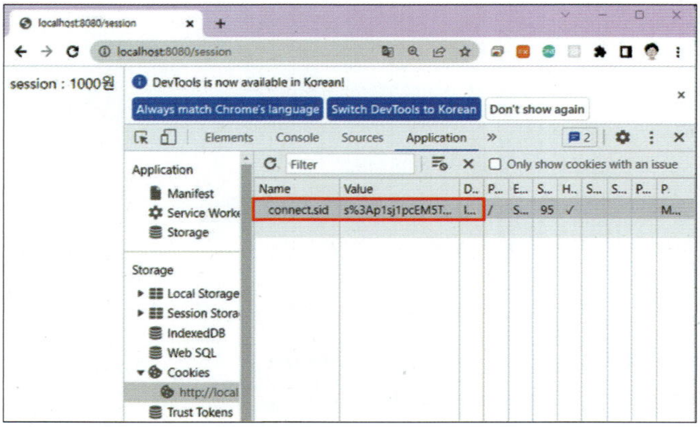

브라우저에 저장된 쿠키값 'connect.sid'는 실제 데이터가 아닌 암호화된 식별자로, 이를 '세션 id'라고 한다. 세션의 실제 데이터는 서버에 저장되어 있으며, 브라우저에서는 세션의 식별자인 세션 id만 전달한다. 서버 입장에서는 세션 id가 같은 요청이 들어왔다면 같은 사용자의 요청이라고 간주할 수 있다. 세션은 쿠키 기반으로 동작하지만, 실제 데이터를 주고받지 않고 서버에만 저장되어 있기 때문에 쿠키보다는 보안상 강점이 있다.

쿠키와 세션 방식 비교

쿠키 방식과 세션 방식의 코드를 모두 구현해 보았다. 서버를 실행하고 두 개의 브라우저를 실행하여 각각 쿠키 방식과 세션 방식의 동작 차이를 살펴보자.

쿠키 방식

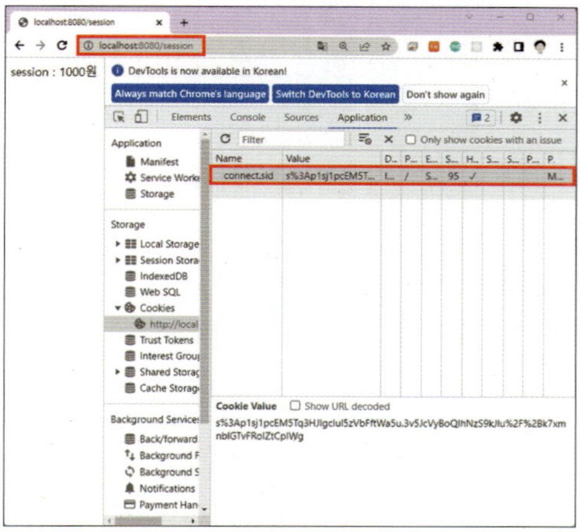

세션 방식

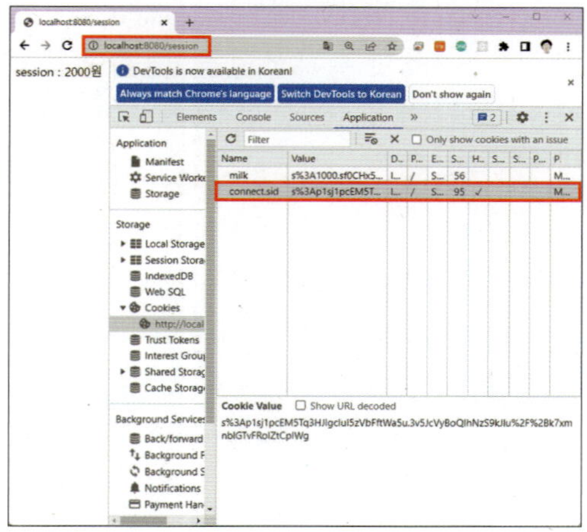

각 웹 브라우저 주소창에 'http://localhost:8080/cookie'와 'http://localhost:8080/session'를 입력하고 접속해 동작을 확인한다. 두 방식 모두 결과는 동일하게 출력되지만, 내부적으로 동작하는 방식에 차이가 있다.

쿠키 방식	세션 방식
① 데이터를 웹 브라우저에 저장한다. ② 요청 속도가 세션 방식에 비해 빠르다. ③ 데이터가 로컬에 저장되기 때문에 변질되거나 해킹당할 우려가 있다.	① 데이터를 서버에 저장한다. ② 서버에서 처리하기 때문에 요청 속도가 쿠키 방식에 비해 느리다. ③ 로컬에는 세션 id만 저장되고 그것으로 구분해서 서버에서 처리하기 때문에 비교적 보안성이 높다.

15.4 로그인 페이지

로그인 페이지 구현

로그인과 같은 민감한 정보는 쿠키 방식에 적합하지 않기 때문에 보안상의 이유로 서버에 계정 정보를 저장한 후 세션 id를 이용하여 로그인 연결 상태를 확인하는 세션 방식이 적합하다. 따라서, 여기에서는 세션 방식으로 서버의 로그인 기능을 구현해 보겠다.

로그인 기능을 구현하기 전에 브라우저에 출력할 로그인 페이지를 작성해야 한다. 'views' 폴더 내부에 'login.ejs'라는 이름의 파일을 새로 생성한 후, 이전에 작성한 'enter.ejs' 파일의 내용을 모두 복사하여 붙여 넣는다. 이는 로그인 화면에는 아이디, 비밀번호, 그리고 로그인 버튼이 필요하기 때문에 기존의 'enter.ejs' 파일과 유사한 구조를 가지고 있어 복사해 온 것이다. 이 작업이 끝나면 다음과 같이 코드를 수정한다.

```
........................................ 생략 ........................................

<div class = "container mt-4">
        <form action = "/login" method="post">
            <div class = "form-group">
            <label>아이디</label>
            <input type="text" name = "userid" class = "form-control">
            </div><p></p>
            <div class = "form-group">
            <label>비밀번호</label>
            <input type="text" name = "userpw" class = "form-control">
            </div><p></p>
            <button type = "submit" class="btn btn-warning"
             style="float:right">로그인</button>
        </form>
</div>

........................................ 생략 ........................................
```

'login.ejs' 파일은 post 요청 시의 URL을 /login으로, 〈label〉 속성과 〈input〉의 name 속성 등을 변경한다.

로그인 라우터 구현

이번에는 작성한 로그인 페이지 'login.ejs' 파일을 화면에 보여 줄 로그인 라우터를 구현한다. 'server.js' 파일로 이동하여 다음과 같이 작성해 보자.

```
1  ........................................ 생략 ........................................
2
3  app.get("/login", function (req, res) {
4    console.log("로그인 페이지");
5    res.render("login.ejs");
6  });
```

3줄 : /login 요청 라우터를 생성한다.

5줄 : render() 함수를 통해 'login.ejs' 파일을 화면에 렌더링한다.

〈결과〉

```
$node server.js
포트 8080으로 서버 대기중 ...
```

웹 브라우저 주소창에 'http://localhost:8080/login'을 입력하여 접속해 페이지의 출력 결과를 확인한다. 로그인 페이지가 출력되면 여기에 아이디와 비밀번호를 입력한 후 〈로그인〉 버튼을 클릭해 보자.

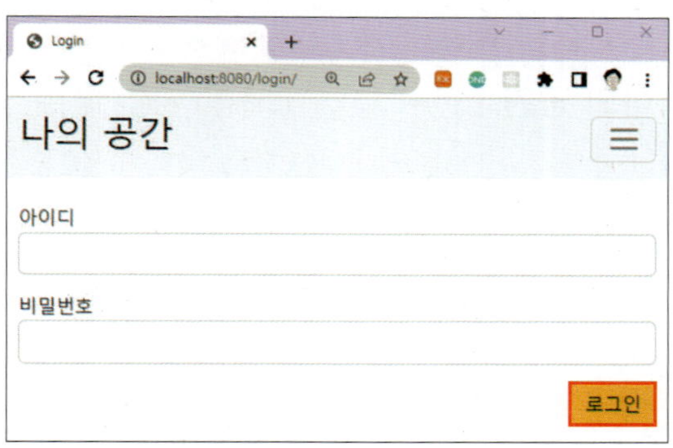

〈로그인〉 버튼 클릭했을 때 입력한 아이디와 비밀번호를 post 방식으로 처리할 라우터가 아직 구현되지 않아 다음과 같은 화면이 표시된다.

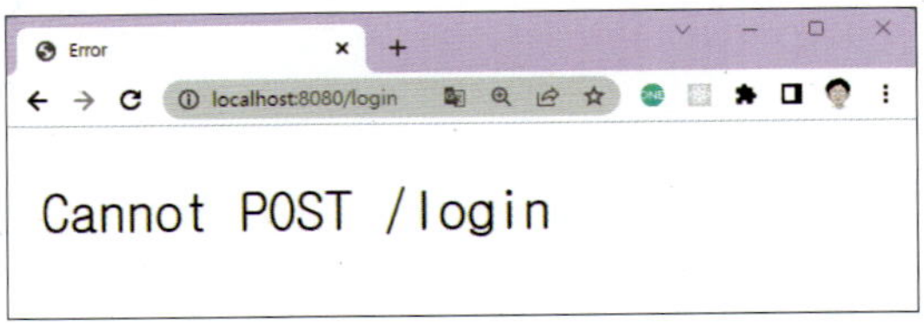

다음과 같이 post 방식의 라우터를 구현해 보자.

```
1    ··························· 생략 ···························
2
3    app.post("/login", function (req, res) {
4      console.log("아이디 : " + req.body.userid);
5      console.log("비밀번호 : " + req.body.userpw);
6      res.send('로그인 되었습니다.');
7    });
```

3줄 : post 방식의 /login 요청 라우터를 생성한다.

4~5줄 : bodyParser 미들웨어를 이용하여 페이지에 입력한 아이디와 비밀번호를 읽어온다. 아이디는 'req.body.userid', 비밀번호는 'req.body.userpw'로 읽어올 수 있다.

서버를 재시작한 후에 웹 브라우저 주소창에 'http://localhost:8080/login'을 입력하여 접속한 페이지에 아이디와 비밀번호를 입력한다.

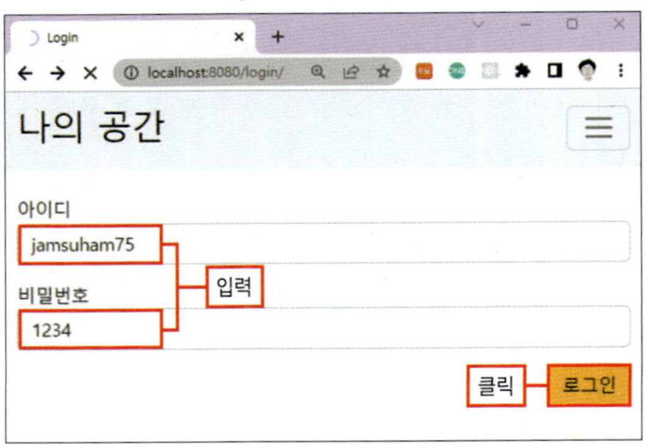

〈로그인〉 버튼 클릭 시 입력한 아이디와 비밀번호 데이터가 서버의 터미널 창에 출력되는 것을 확인할 수 있다.

〈결과〉

```
$node server.js
포트 8080으로 서버 대기중 ...
아이디 : jamsuham75
비밀번호 : 1234
```

15.5 인증 시 세션 적용

DB에 account 컬렉션 생성

〈로그인〉 버튼 클릭 시 무조건 '로그인 되었습니다.'라는 출력은 올바른 동작이 아니다. 입력한 아이디와 비밀번호를 검증하여 로그인 여부를 결정해야 한다. 이를 위해서는 입력한 아이디와 비밀번호 데이터를 저장하고 있는 파일이나 DB가 있어야 하며, 해당 정보와 비교할 수 있어야 한다. 이전에 우리는 몽고DB를 사용하였으므로 DB에 account 컬렉션을 생성하여 비교할 아이디와 비밀번호를 미리 저장해 보자.

먼저 몽고DB 아틀라스에 접속하고, 현재 'myboard' 데이터베이스에 새로운 컬렉션을 추가한다. 계정 정보를 입력하는 컬렉션이므로 Collection name에 'account'를 입력한다.

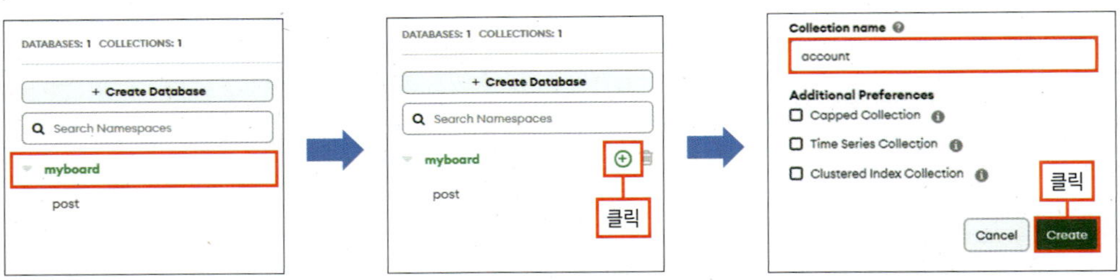

이 컬렉션에 아이디와 비밀번호를 입력하기 위해 userid를 "jamsuham75", userpw를 "1234"라고 입력하고 〈Insert〉 버튼을 클릭한다.

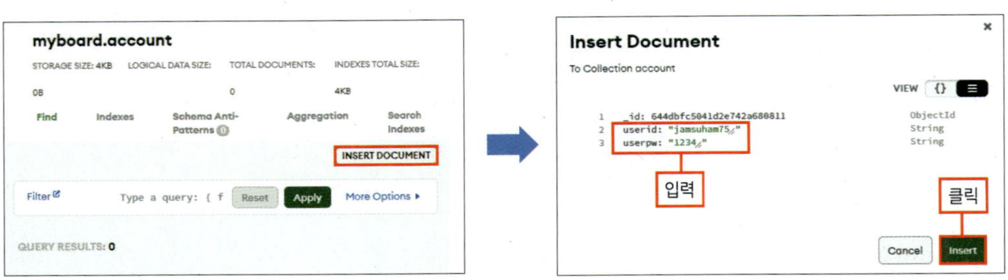

계정 검사 인증 코드 작성

이제 DB에 아이디와 비밀번호가 입력되었으니 사용자가 UI에 입력한 아이디, 비밀번호와 비교하여 로그인 여부를 판별하면 된다. 몽고DB에 접속하는 코드와 DB의 아이디와 비빌번호를 비교하는 코드를 다음과 같이 추가 작성한다.

```
1    ········································ 생략 ········································
2
3    app.post("/login", function (req, res) {
4      console.log("아이디 : " + req.body.userid);
5      console.log("비밀번호 : " + req.body.userpw);
6
7      mydb
8        .collection("account")
9        .findOne({userid : req.body.userid})
10       .then((result) => {
11         if(result.userpw == req.body.userpw){
12           res.send('로그인 되었습니다.');
13         }else{
14           res.send('비밀번호가 틀렸습니다.');
15         }
16       });
17   });
```

7~8줄 : 현재 몽고DB에서 'account'라는 이름의 컬렉션에 접근한다.

9줄 : account 컬렉션 안에서 userid가 사용자가 입력한 'req.body.userid'와 일치하는 도큐먼트가 있는지 검색한다.

10줄 : 만약 userid가 일치하는 도큐먼트가 있다면 해당 항목의 데이터를 result에 넘겨준다. result는 해당 도큐먼트의 모든 데이터를 object 형태로 가지고 있는 셈이다.

11~12줄 : 일단 아이디는 일치하므로 비밀번호를 검사한다. DB의 비밀번호인 'result.userpw'와 사용자가 입력한 비밀번호 'req.body.userpw'를 비교한다. 만약 일치하면 '로그인 되었습니다.'라는 메시지를 브라우저에 보낸다.

13~14줄 : 비밀번호가 일치하지 않는다면 '비밀번호가 틀렸습니다.'라는 메시지를 브라우저에 보낸다.

서버를 재시작한다.

```
$node server.js
포트 8080으로 서버 대기중 ...
```

웹 브라우저 주소창에 'http://localhost:8080/login'을 입력하여 접속해 페이지를 이동하고 아이디와 비밀번호를 입력 후 〈로그인〉 버튼을 클릭한다.

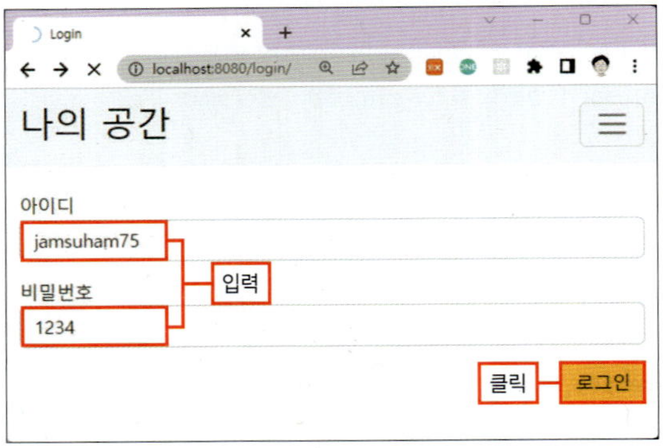

결과적으로 앞에서 작성했던 코드와 동일한 결과를 보여 주지만, 현재 코드는 사용자가 입력한 계정 정보와 DB에 저장된 계정 데이터를 비교하여 로그인 여부를 판별한다는 점에서 큰 차이가 있다.

〈결과〉

```
아이디 : jamsuham75
비밀번호 : 1234
```

계정 검사 인증 코드에 세션 적용

이번에는 기존에 설치했던 'express-session'을 통해 로그인 계정에 세션을 사용해 본다. 이를 위해, 앞서 설정했던 session 미들웨어 코드를 앞쪽으로 옮겨 놓아야 한다. 이 코드가 실행되면 사용자마다 고유한 'req.session'이라는 객체가 생성되어 고유 공간이 생긴다.

```
······································ 생략 ······································

const express = require("express");
const app = express();

let session = require('express-session');
app.use(session({
  secret : 'dkufe8938493j4e08349u',
  resave : false,
  saveUninitialized : true
}))

······································ 생략 ······································
```

이 코드가 서버 코드 앞쪽에 위치하므로 서버가 실행되면 이 코드에 의해 세션의 기본값이 자동으로 생성되는데, 이를 '세션 쿠키'라고 한다.

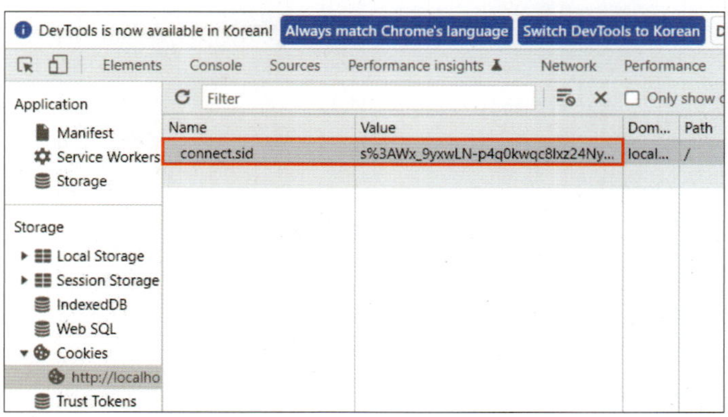

세션 쿠키를 사용하여 한 번 로그인한 사용자는 일정 시간 동안 로그인한 상태를 유지할 수 있도록 다음과 같이 코드를 작성한다.

```
1   ·································· 생략 ··································
2
3   app.get("/login", function (req, res) {
4     console.log(req.session);
5     if(req.session.user){
6        console.log('세션 유지');
7        res.send('로그인 되었습니다.');
8     }else{
9       res.render("login.ejs");
10    }
11  });
12
13  app.post("/login", function (req, res) {
14    console.log("아이디 : " + req.body.userid);
15   console.log("비밀번호 : " + req.body.userpw);
16
17  mydb
18         .collection("account")
19         .findOne({userid : req.body.userid})
20         .then((result) => {
21         if(result.userpw ==req.body.userpw){
22              req.session.user = req.body;
23              console.log('새로운 로그인');
24              res.send('로그인 되었습니다.');
25         }else{
26              res.send('비밀번호가 틀렸습니다.');
27         }
28     });
29  });
```

22줄 : DB 상의 데이터와 입력한 아이디와 비밀번호가 일치하면 계정 정보 req.body에 있는 계정 정보가 'req.session.user'라는 이름의 세션에 추가한다. req.body에는 req.body.userid와 req.body.userpw 데이터가 모두 들어가 있다.

23줄 : 현재의 로그인이 첫 번째 로그인임을 출력한다.

4줄 : req.session을 출력하면 모든 세션 정보가 출력된다.

5~7줄 : 만약 'req.session.user' 데이터가 존재한다면 로그인 상태로 간주하라는 의미이다. 22줄 과정을 한 번이라도 거쳐 간다면 'req.session.user' 데이터는 존재하게 된다.

서버를 재시작한다.

```
$node server.js
포트 8080으로 서버 대기중 ...
```

웹 브라우저 주소창에 'http://localhost:8080/login'을 입력하여 접속해 페이지 이동하고 아이디와 비밀번호를 입력 후 〈로그인〉 버튼을 클릭한다.

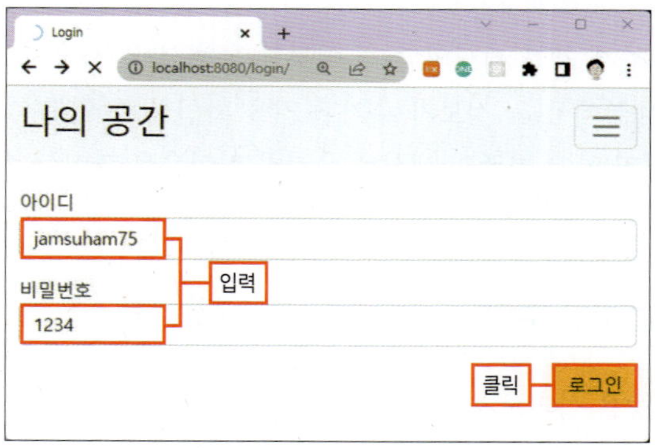


```
<결과>

아이디 : jamsuham75
비밀번호 : 1234
Session {
  cookie: { path: '/', _expires: null, originalMaxAge: null, httpOnly: true }
}
새로운 로그인
```

처음 로그인한 상태이므로 session에 계정 정보는 출력되지 않았지만 로그인 완료 후 session에 계정 정보가 저장되었다.

현재의 웹 브라우저를 종료한 후 다시 시작하고, 웹 브라우저 주소창에 'http://localhost:8080/login'를 입력하여 접속한다.

<결과>

```
Session {
  cookie: { path: '/', _expires: null, originalMaxAge: null, httpOnly: true },
  user: { userid: 'jamsuham75', userpw: '1234' }
}
세션 유지
```

로그인 페이지로 이동하지 않고 세션의 존재 여부를 통해 같은 사용자로 인식하고 로그인 상태로 간주한다. 세션 내부에 user 정보가 추가된 것을 확인할 수 있고, '세션 유지'라는 출력문을 통해 새로 로그인하지 않고 기존의 세션을 유지하고 있음을 확인할 수 있다.

세션을 삭제하여 로그아웃 구현

이번에는 로그아웃 기능을 살펴보자. 로그아웃은 인증 과정에서 세션을 제거한다는 것을 의미한다. 세션을 제거하는 기능은 session에서 destroy() 함수만 호출하면 되어 의외로 간단하다. 먼저 로그아웃 라우터를 먼저 만들고, 로그아웃 요청이 들어오면 세션을 제거하여 로그아웃 되도록 작성해 보자.

```
........................................ 생략 ........................................

app.get("/logout", function (req, res) {
  console.log("로그아웃");
  req.session.destroy();
  res.redirect("/");
});
```

3줄 : /logout 요청을 하면 로그아웃 처리할 수 있는 라우터를 작성한다.

5줄 : req.session.destroy() 함수를 호출하면 현재 도메인의 세션을 삭제한다.

6줄 : 일반적인 페이지의 경우는 로그아웃 후에 홈 화면으로 이동하므로, redirect() 함수를 사용하여 홈으로 이동하도록 처리한다.

서버를 재시작한다.

```
$node server.js
포트 8080으로 서버 대기중 ...
```

웹 브라우저 주소창에 'http://localhost:8080/login'을 입력하여 접속해 이동한다. 그리고 아이디와 비밀번호를 입력 후 로그인 버튼을 클릭한다.

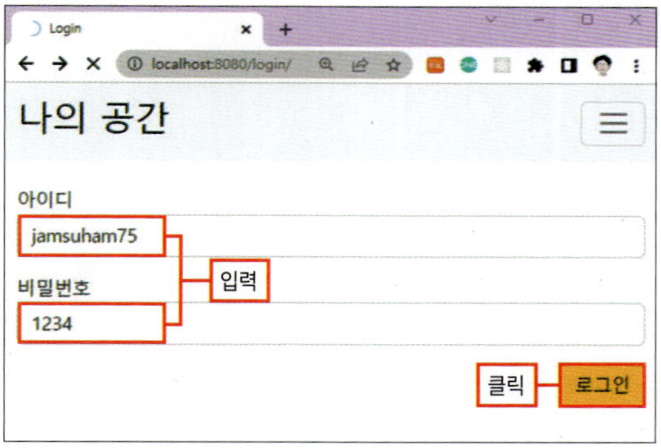


```
<결과>

아이디 : jamsuham75
비밀번호 : 1234
Session {
  cookie: { path: '/', _expires: null, originalMaxAge: null, httpOnly: true }
}
새로운 로그인
```

로그인이 되면 이제 로그아웃하기 위해 웹 브라우저 주소창에 'http://localhost:8080/logout'을 입력한다. 로그아웃 처리가 정상적으로 되었다면 홈으로 이동할 것이다.

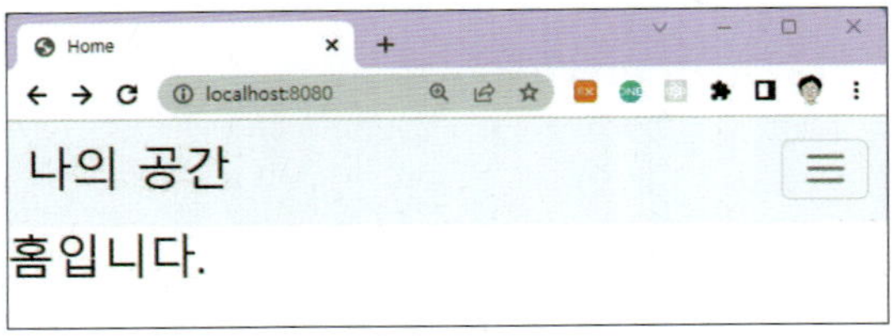

다시 웹 브라우저 주소창에 'http://localhost:8080/login'을 입력해 보자. 세션이 삭제된 로그아웃 상태이므로 로그인 페이지가 나타날 것이다.

로그인과 로그아웃 기능 링크 등록

세션 기반에서 로그인 및 로그아웃의 기능을 구현하였지만, 매번 URL을 통해 로그인, 로그아웃 기능을 수행하는 것은 매우 번거로운 일이다. 보통 일반 웹사이트에서는 사용자의 로그인 여부에 따라 홈 화면에 로그인 또는 로그아웃 링크 메뉴가 표시된다. 세션 기능을 이용하여 로그인 여부에 따라 우리도 로그인 또는 로그아웃의 링크가 표시되도록 로직을 구현해 보자. 먼저 /login 요청에 대한 처리 코드를 다음과 같이 추가 및 수정한다.

```
......................................... 생략 .........................................

app.get("/login", function (req, res) {
```

```
4   console.log(req.session);
5   if(req.session.user){
6     console.log('세션 유지');
7     res.render('index.ejs', { user : req.session.user });
8   }else{
9     res.render("login.ejs");
10  }
11 });
12
13 app.post("/login", function (req, res) {
14   console.log("아이디 : " + req.body.userid);
15   console.log("비밀번호 : " + req.body.userpw);
16
17   mydb
18     .collection("account")
19     .findOne({userid : req.body.userid})
20     .then((result) => {
21       if(result.userpw ==req.body.userpw){
22         req.session.user = req.body;
23         console.log('새로운 로그인');
24         res.render('index.ejs', { user : req.session.user });
25       }else{
26         res.render('login.ejs');
27       }
28     });
29 });
30 app.get("/logout", function (req, res) {
31   console.log("로그아웃");
32   req.session.destroy();
33   res.render('index.ejs', { user : null });
34 });
```

7줄 : /login으로 요청을 했을 때 'req.session.user'에 사용자의 세션이 이미 등록되어 있다면 홈 화면인 'index.ejs'로 이동하라는 의미이다. 이때 이 페이지에 { user : req.session.user } 데이터를 넘겨준다.

24줄 : 처음 로그인 시에 로그인에 성공하면 홈 화면인 'index.ejs'로 이동하라는 의미이다. 마찬가지로 이 페이지에 { user : req.session.user } 데이터를 넘겨준다.

26줄 : 만약 로그인에 실패했다면 다시 로그인 정보를 받을 수 있도록 'login.ejs'로 이동한다.

33줄 : 로그아웃에 성공했다면 홈 화면인 'index.ejs'로 이동한다. 이때 { user : null }와 같이 user에 null 값을 넘겨준다.

이제 'index.ejs'에 넘겨준 user의 값을 통해 로그인 성공 시에 보여 주는 홈 화면과 로그아웃 성공 시에 보여 주는 홈 화면을 다르게 표시해 보자.

로그인 성공 시 홈 화면 구성	로그아웃 성공 시 홈 화면 구성
홈입니다. 반갑습니다. XXX 님. 로그아웃	홈입니다. 로그인 해주세요. 로그인 회원가입

보통 로그인을 성공하면 "반갑습니다. XXX님"과 같이 로그인 사용자의 아이디 또는 이름이 표시되고, 로그아웃 버튼 또는 링크가 표시된다. 로그아웃을 성공하게 되면 "로그인 해주세요."와 같이 로그인 요청 메시지가 표시되고, 로그인 버튼과 회원가입 버튼이 표시된다. 이와 같이 'index.ejs'의 코드를 수정해 보자.

```
1    ........................................ 생략 ........................................
2
3    <body>
4        <%- include('menu.html') %>
5
6        <h1>홈입니다.</h1>
7
8        <% if(user){ %>
9        <h3>반갑습니다. <%= user.userid %>님.</h3>
10       <a href = "/logout">로그아웃</a>
11       <% }else{%>
12       <h3>로그인 해주세요.</h3>
13       <p><p>
14       <button class="w-100 btn btn-warning login"><b>로그인</b></button>
15       <% }%>
16
17   ........................................ 생략 ........................................
```

8~11줄 : 서버에서 user 데이터를 넘겨받았다면 user 데이터에 사용자 아이디인 'userid'를 화면에 출력하고, '로그아웃' 링크를 클릭하게 되면 로그아웃 라우터를 수행하도록 연결한다.

11~15줄 : 서버에서 user 데이터가 null인 경우이다. 이때는 로그인한 상태가 아니므로 "로그인 해주세요."라는 문구를 출력하고, 부트스트랩을 사용하여 로그인 버튼을 배치한다.

서버를 재시작한다.

```
$node server.js
포트 8080으로 서버 대기중 ...
```

웹 브라우저 주소창에 'http://localhost:8080/login'을 입력하여 접속하고 아이디와 비밀번호를 입력 후 〈로그인〉 버튼을 클릭한다.

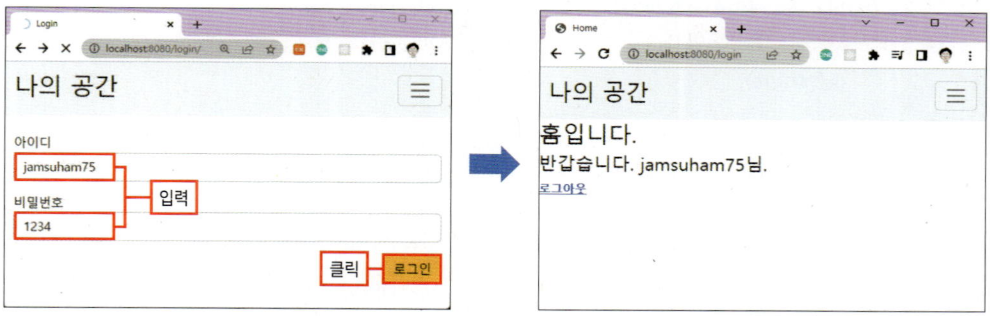

로그인에 성공하면 해당 userid의 값이 화면에 표시된다. '로그아웃' 링크를 클릭하면 코드상에서는 /logout 요청과 연결되어 있다.

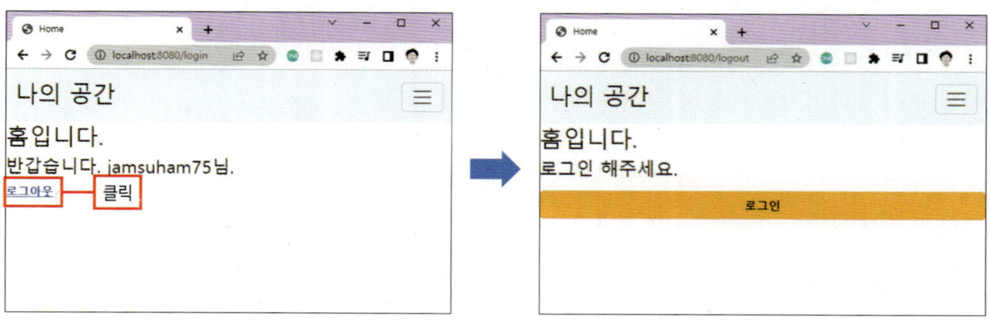

로그아웃에 성공하면 로그인 요청 홈 화면이 나타나게 되는 것이 맞다. 이제 화면에 보이는 〈로그인〉 버튼을 클릭하면 로그인 화면으로 이동하게 만들면 된다. 하지만 버튼 클릭에 대한 이벤트 처리를 하지 않았기 때문에 아무리 〈로그인〉 버튼을 클릭해도 아무런 반응이 없을 것이다. 'index.ejs'에 〈로그인〉 버튼에 대한 클릭 이벤트 처리 코드를 추가하자.

```
1          ································· 생략 ·································
2
3          <h3>로그인 해주세요.</h3>
4          <p></p>
5          <button class="w-100 btn btn-warning login"><b>로그인</b></button>
6          <% }%>
7
8          <script src="https://code.jquery.com/jquery-1.12.4.min.js"></script>
9          <script>
10               $('.login').click(function(e){
11                 location.href = "\login";
12               })
13         </script>
14
15         ································· 생략 ·································
```

8줄 : 제이쿼리 코드를 사용하기 위해서 CDN 방식으로 제이쿼리 라이브러리를 가져온다.

10줄 : $는 제이쿼리를 의미하는 래퍼이다. 문법은 $(선택자)의 형태로 사용하는데 버튼의 클래스 선택자 이름이 login이므로 $('.login')이라고 표기한다. 버튼의 클릭 이벤트를 처리해야 하므로 .click()으로 이벤트 처리기를 구현한다.

11줄 : 자바스크립트 location 객체를 사용하여 버튼 클릭 시 '₩login' URL로 요청하도록 한다.

웹 브라우저 주소창에 'http://localhost:8080/'을 입력하여 접속하고 〈로그인〉 버튼을 클릭하면 로그인 페이지로 이동하는 것을 확인할 수 있다.

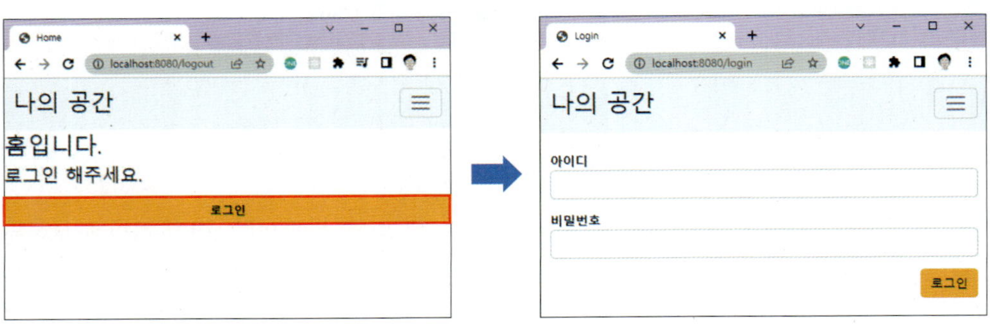

JAVASCRIPT

15.6 회원가입 페이지

회원가입 페이지 생성

로그인과 로그아웃 기능을 구현했지만, 이 기능 이전에 계정을 생성하는 회원가입 기능이 없다. 회원가입 페이지와 기능은 회원가입 데이터를 입력받아 그대로 DB에 저장하기만 하면 되므로 생각보다 간단하다. 먼저 회원가입 페이지를 만들기 위해 'login.ejs' 파일을 복사하여 붙여 넣고, 파일 이름을 'signup.ejs'로 변경한다.

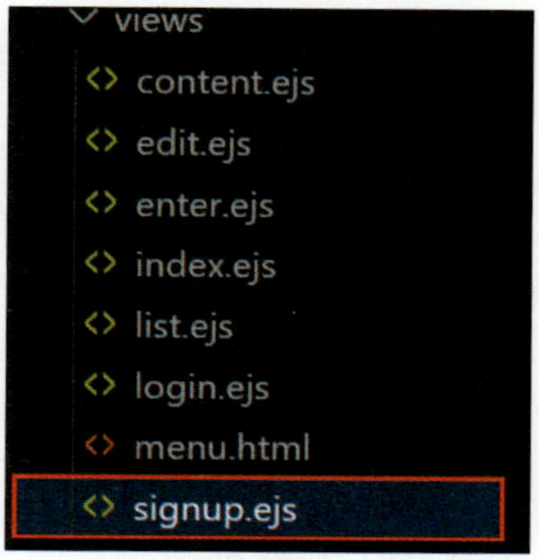

회원가입 페이지의 회원 정보로는 아이디, 비밀번호 외에도 소속, 이메일 정도만 더 추가해 보자. 'signup.ejs' 파일을 다음과 같이 수정한다.

```
........................................ 생략 ........................................

<div class = "container mt-4">
        <form action = "/signup" method="post">
            <div class = "form-group">
            <label>아이디</label>
            <input type="text" name = "userid" class = "form-control">
            </div><p></p>
            <div class = "form-group">
            <label>비밀번호</label>
            <input type="text" name = "userpw" class = "form-control">
            </div><p></p>
            <div class = "form-group">
            <label>소속</label>
            <input type="text" name = "usergroup" class = "form-control">
```

```
16              </div><p></p>
17              <div class = "form-group">
18              <label>이메일</label>
19              <input type="text" name = "useremail" class = "form-control">
20              </div><p></p>
21              <button type = "submit" class="btn btn-primary" style="float:right">
                가입</button>
22          </form>
23
24  ........................................ 생략 ........................................
```

4줄 : 〈가입〉 버튼을 클릭했을 때 post 방식으로 /signup 요청을 한다.

13~20줄 : 아이디, 비밀번호 항목을 복사하여 소속과 이메일 항목을 추가한다. 각각 name을 usergroup과 useremail로 설정한다.

21줄 : 버튼의 이름을 '가입'이라고 수정한다.

회원가입 기능 생성

회원가입 페이지는 완성되었지만, 이 페이지를 화면에 출력하기 위해서는 회원가입 라우터가 필요하다. 먼저 '/signup'으로 요청하면 'signup.ejs' 페이지를 호출하는 라우터를 만들어 보자.

```
........................................ 생략 ........................................

app.get("/signup", function (req, res) {
  res.render("signup.ejs");
});
```

서버를 재시작한다.

```
$node server.js
포트 8080으로 서버 대기중 ...
```

웹 브라우저 주소창에 'http://localhost:8080/signup'를 입력하여 접속하면 회원가입 페이지가 표시된다.

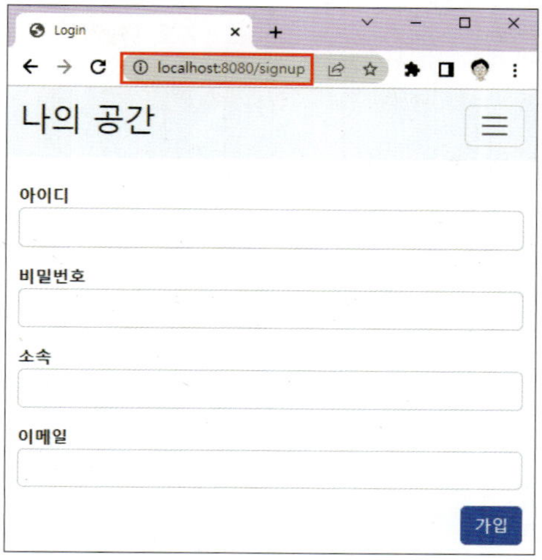

회원가입 페이지를 띄우는 것까지 성공했으니, 이제 회원 정보를 입력하고 〈가입〉 버튼을 클릭했을 때 몽고DB에 저장하도록 코드를 구현해 보자. 몽고DB에 데이터를 추가하는 방법은 '/save' 요청 라우터에서 구현한 적이 있으므로 코드를 참고하여 작성한다.

```
······································· 생략 ·······································

app.post("/signup", function (req, res) {
  console.log(req.body.userid);
  console.log(req.body.userpw);
  console.log(req.body.usergroup);
  console.log(req.body.useremail);

  mydb
    .collection("account")
    .insertOne({
      userid : req.body.userid,
      userpw: req.body.userpw,
      usergroup: req.body.usergroup,
      useremail: req.body.useremail,
    })
```

```
17         .then((result) => {
18           console.log("회원가입 성공");
19         });
20       res.redirect("/");
21     });
```

3줄 : 라우터의 요청은 post 방식의 '/signup'으로 처리한다.

10줄 : 몽고DB의 account 컬렉션으로 접근한다.

11~16줄 : insertOne() 함수가 도큐먼트를 추가하는 기능이다. userid, userpw, usergroup, useremail 총 4개의 사용자 입력 데이터를 추가한다.

17~19줄 : 입력 성공하면 then() 함수를 수행한다.

20줄 : 회원가입 완료 후 redirect()를 통해 홈 화면으로 이동하게 한다.

작성이 끝났으면 서버를 재시작한다.

```
$node server.js
포트 8080으로 서버 대기중 ...
```

웹 브라우저 주소창에 'http://localhost:8080/signup'을 입력하여 접속한다. 회원가입 페이지가 표시되면 회원 정보를 입력하고 〈가입〉 버튼을 클릭한 다음 몽고DB 아틀라스에 접속하여 account 컬렉션에 입력한 회원 정보가 제대로 등록되었는지 확인한다.

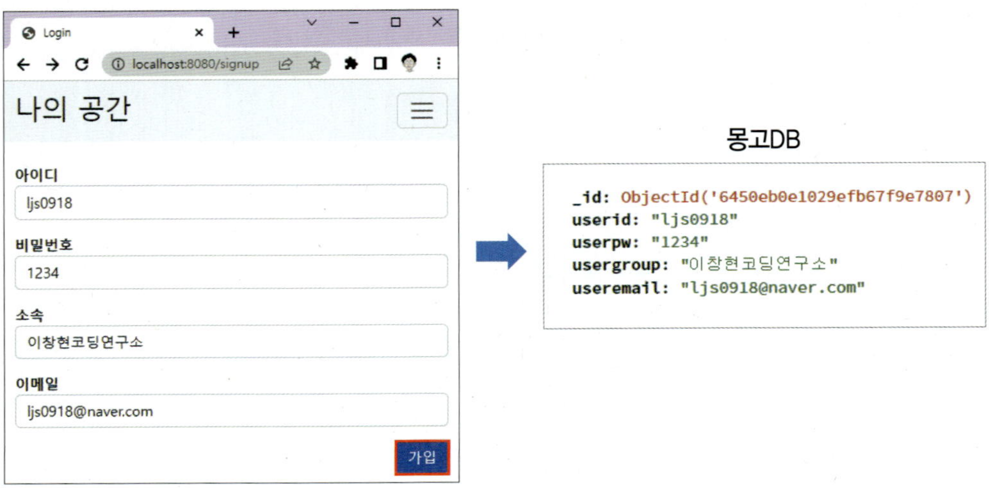

등록이 제대로 되었는지 확인했다면 가입한 아이디와 비밀번호로 로그인을 시도한다. 문제없이 로그인되면 성공이다.

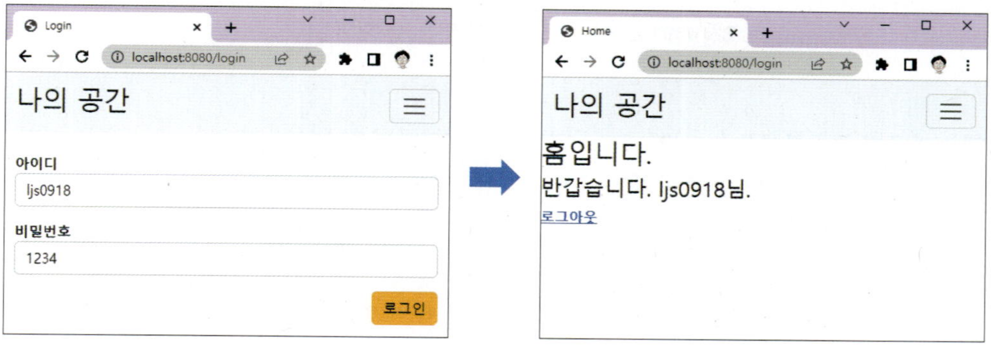

회원가입 또한 매번 웹 브라우저 주소창에 'http://localhost:8080/signup'을 입력하는 것이 불편하므로, 〈로그인〉 버튼을 만들었을 때와 같이 〈회원가입〉 버튼을 홈 화면에 추가하여 클릭하면 회원가입 페이지로 이동하도록 구현해 보자. 'Index.ejs' 파일로 이동한다.

```
 ··········································· 생략 ···········································

<h3>로그인 해주세요.</h3>
<p></p>
<button class="w-100 btn btn-warning login"><b>로그인</b></button>
<p></p>
<button class="w-100 btn btn-success signup"><b>회원가입</b></button>
<% }%>

<script src="https://code.jquery.com/jquery-1.12.4.min.js"></script>
<script>
      $('.login').click(function(e){
        location.href = "\login";
      })

      $('.signup').click(function(e){
          location.href = "\signup";
      })
</script>

 ··········································· 생략 ···········································
```

7줄 : 부트스트랩을 이용하여 〈회원가입〉 버튼을 생성하고, 클래스 이름을 'signup'으로 설정한다.

16~18줄 : 로그인 버튼과 마찬가지로 제이쿼리를 사용하여 회원가입 버튼 클릭했을 때 '₩signup' 요청 URL로 이동하도록 설정한다.

웹 브라우저 주소창에 'http://localhost:8080/'를 입력하여 접속한다. 홈 화면에서 〈회원가입〉 버튼을 클릭하여 회원가입 페이지로 이동하면 성공이다.

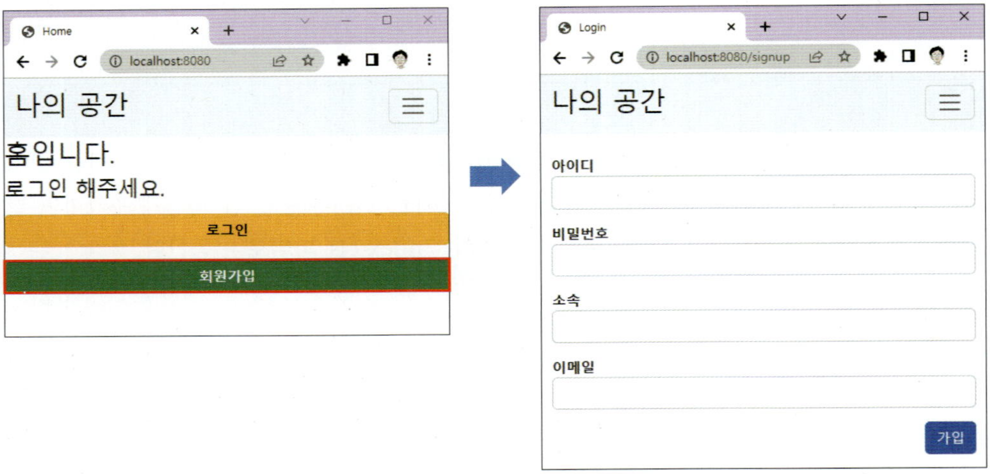

15.7 비밀번호 암호화

JAVASCRIPT

비밀번호 표시 미노출

회원가입 정보에서 가장 민감한 부분은 바로 비밀번호다. 비밀번호가 노출되면 개인정보 전체가 노출될 수도 있다. 따라서 사용자가 비밀번호를 입력할 때는 화면에 비밀번호가 보이지 않고 암호 형태의 문자로 표시되도록 처리해야 한다. 비밀번호 입력은 회원가입과 로그인 화면에 모두 표시되므로 다음과 같이 'signup.ejs'와 'login.ejs' 파일에서 비밀번호 입력에 해당하는 input 태그의 type 속성값을 기존 'text'에서 'password'로 변경한다.

```
.......................................... 생략 ..........................................

<div class = "form-group">
<label>비밀번호</label>
<input type="password" name = "userpw" class = "form-control">
</div><p></p>

.......................................... 생략 ..........................................
```

웹 브라우저 주소창에 'http://localhost:8080/'를 입력하여 접속한다. 로그인 화면에서 비밀번호를 입력하고, 회원가입 화면에서도 비밀번호를 입력해 보면 비밀번호가 직접 표시되지 않고 암호 형태의 문자로 표시되는 것을 확인할 수 있다.

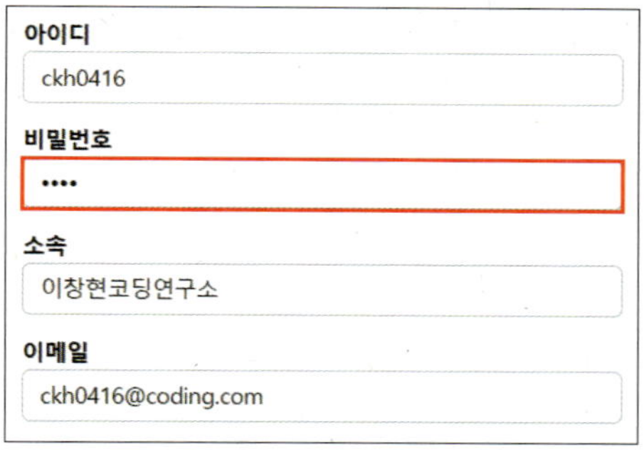

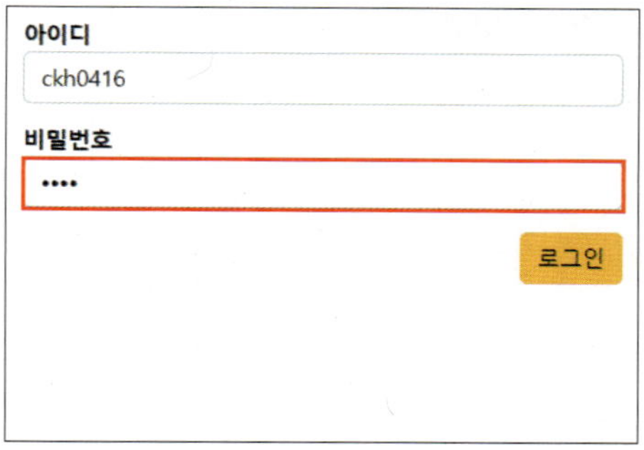

암호화란

비밀번호가 화면에 노출되지 않는다고 해도 문제를 완전히 해결한 것은 아니기 때문에 안심할 수는 없다. 사용자의 눈에 보이지만 않을 뿐이지 파일이나 DB 상에서는 비밀번호가 그대로 저장된다. 만약 누군가가 서버로 데이터를 전송하는 중간에 비밀번호를 가로채거나 심지어 서버 자체가 해커들에게 해킹당하게 된다면 비밀번호는 그대로 노출될 것이고 심각한 보안 사고가 초래될 것이다. 이를 방지하기 위해 여러 가지 암호화 기법이 제공되는데, 이 중에도 단방향 암호화 기법인 SHA256을 이용한 암호화 방법을 간단하게 살펴보자.

먼저 암호화가 무엇인지 개념을 간단하게 알아보자. 암호화란 평문(plain text)을 암호문(crypto text)으로 변환하는 과정을 말한다. 쉽게 말하면 사용자가 입력한 데이터를 알아볼 수 없는 데이터로 변경하여 외부로부터 데이터를 보호하는 것이다. 암호화를 했다면 암호문을 다시 평문으로 변환할 수도 있어야 하는데 이러한 과정을 복호화라고 한다. 마치 독약과 해독제와 같은 관계라고 생각하면 된다.

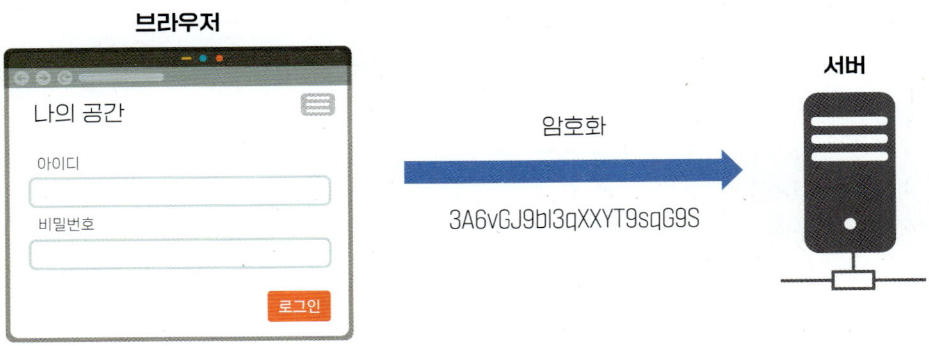

> **더 알아보기** **단방향 암호화와 양방향 암호화**
>
> ① **단방향 암호화** : 암호화를 수행한 데이터를 다시 원래의 데이터로 되돌릴 수 없는 방식을 말한다. 한마디로 복호화가 안된다는 말이다. 이러한 방식은 데이터의 무결성을 검증할 때 사용된다.
>
> ② **양방향 암호화** : 암호화를 수행한 데이터를 다시 원래의 데이터로 복호화가 가능한 방식이다.

SHA 알고리즘으로 회원가입 비밀번호 암호화

SHA(Secure Hash Algorithm) 알고리즘에 대해 알아보고 비밀번호 입력에 적용해 보자. 이 알고리즘은 1999년에 미국 국가안보국(NSA)에서 설계되었다. 해시값의 크기에 따라 해시 함수의 버전이 다양한데 이 중에서도 우리는 SHA256 버전을 사용한다.

먼저 SHA256을 설치한다.

```
$npm install sha256
```

설치가 끝났으면 sha256을 이용하여 해시값을 얻어오는 테스트를 해 보자. 터미널 창에 'node'를 입력하고 >에 프롬프트가 나타나면 다음과 같이 코드를 작성한다.

```
$node
Welcome to Node.js v15.0.0.
Type ".help" for more information.
> const sha = require('sha256');
undefined
> sha('1111');
'0ffe1abd1a08215353c233d6e009613e95eec4253832a761af28ff37ac5a150c'
>
```

sha256 객체, sha를 이용하여 비밀번호 '1111'을 입력하면 암호화된 해시값이 표시된다. 간단한 테스트를 통해 동작 여부를 확인하였다. 이 코드를 이용하여 먼저 회원가입 시 비밀번호를 적용해 보자.

```
........................................ 생략 ........................................

const express = require("express");
const app = express();
const sha = require('sha256');

........................................ 생략 ........................................

app.post("/signup", function (req, res) {
  console.log(req.body.userid);
```

```
    console.log(sha(req.body.userpw));
    console.log(req.body.usergroup);
    console.log(req.body.useremail);

    mydb
      .collection("account")
      .insertOne({
        userid: req.body.userid,
        userpw: sha(req.body.userpw),
        usergroup: req.body.usergroup,
        useremail: req.body.useremail,
      })
      .then((result) => {
        console.log("회원가입 성공");
      });
    res.redirect("/");
  });

  ........................................ 생략 ........................................
```

서버를 재시작한다. 웹 브라우저 주소창에 'http://localhost:8080/'를 입력하여 접속하고 다음과 같이 회원가입을 하자.

몽고DB에 접속하여 방금 가입한 회원정보를 살펴보자.

```
_id: ObjectId('6455bab8000c85032bf47150')
userid: "ckh0416"
userpw: "0ffe1abd1a08215353c233d6e009613e95eec4253832a761af28ff37ac5a150c"
usergroup: "이창현코딩연구소"
useremail: "ckh0416@daum.net"
```

비밀번호가 입력한 그대로 DB에 저장되지 않고 암호화된 해시값으로 저장되어 사용자 및 관리자도 이렇게만 보아서는 비밀번호를 알 수 없다. 물론 비밀번호가 외부의 해킹 공격으로 노출되어서는 안되겠지만 혹여 노출되더라도 암호화 이전에 비해 안전하게 되었다.

암호화된 비밀번호로 로그인

암호화된 사용자 비밀번호로 비교하여 로그인해 보자. 현재 DB에는 SHA 알고리즘으로 암호화된 비밀번호가 저장되어 있다. 사용자가 입력하는 비밀번호는 암호화되기 전이다. 이 두 개의 데이터를 비교하면 당연히 일치하지 않을 것이다. SHA 알고리즘은 단방향 암호화 기법이기 때문에 이미 암호화된 DB의 비밀번호를 복호화할 수는 없고, 반대로 사용자가 입력한 비밀번호를 암호화하여 비교해야 한다.

암호화

1111 == 3A6vGJ9bi3qXXYT9sqG9S

server.js의 /login 요청 라우터로 이동하여 비밀번호 비교하는 코드를 다음과 같이 수정한다.

```
…………………………………… 생략 ……………………………………

app.post("/login", function (req, res) {
  console.log("아이디 : " + req.body.userid);
  console.log("비밀번호 : " + req.body.userpw);
  mydb
    .collection("account")
    .findOne({ userid: req.body.userid })
    .then((result) => {
```

```
10             if (result.userpw == sha(req.body.userpw)) {
11               req.session.user = req.body;
12               console.log("새로운 로그인");
13               res.render("index.ejs", { user: req.session.user });
14             } else {
15               res.render("login.ejs");
16             }
17           });
18       });
19       ........................................ 생략 ........................................
```

10줄 : 사용자가 입력한 비밀번호 req.body.userpw를 sha 객체로 암호화하여 DB에 이미 암호화된 비밀번호와 비교한다.

웹 브라우저 주소창에 'http://localhost:8080/'를 입력한 후 로그인 화면을 통해 로그인해 보자.

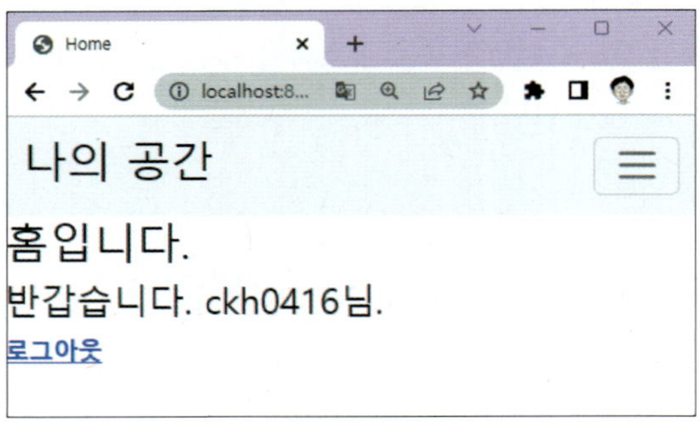

정상적으로 로그인이 수행되는 것을 확인할 수 있다. DB에 저장되어 있는 기존 계정들의 비밀번호도 모두 암호화하여 저장해야 비교할 수 있으므로 모두 삭제하고 회원가입 화면에서 새로 추가해야 한다. 이 작업은 본인의 환경에 따라 다르므로 참고 자료를 검색하여 진행해 보자.

15.8 패스포트 인증 시스템

Passport.js

패스포트(Passport)란 사전적인 의미로 '여권'이라는 뜻으로, 다른 나라의 입출국 허가를 받을 수 있는 수단이다. 마찬가지로 Node.js에서는 패스포트는 Express에서 사용자 인증 기능을 간단하게 구현하게 해 주는 미들웨어이다. 기본적으로 사용자 아이디와 비밀번호를 이용하여 인증하는 방식과 타사의 계정을 이용하여 인증하는 방식이 있다.

타사 계정의 경우는 OAuth를 이용하여 인증할 수 있는데, 대표적으로 페이스북, 카카오, 구글 등이 있다. 타사 계정 정보를 가져와서 인증하는 방법을 '타사 인증(Federation Authentication)'이라고 한다. 타사 인증을 사용하면 비밀번호를 제공할 필요가 없고, 각 인증 기관들의 정보를 접근 권한으로 부여하여 인증할 수 있다.

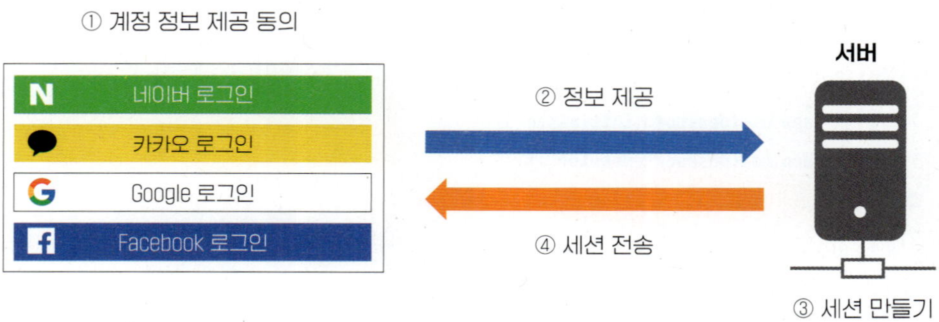

패스포트를 사용하기 위해서 먼저 패스포트 라이브러리를 설치해 보자.

```
$npm install passport  passport-local  passport-facebook
```

설치 라이브러리는 총 3개로 패스포트 사용을 위한 passport, 설치 아이디, 패스워드를 입력받아 인증하는 로컬 방식을 위한 passport-local, 타사 인증 중에 페이스북 계정 정보를 사용하기 위해 passport-facebook을 설치한다.

passport-local 사용

먼저 로컬 방식부터 구현해 보자. 코드 구분을 위해 기존의 'server.js' 파일을 복사하여 붙여 넣고 'server_local.js'라는 이름의 파일을 생성한다. 그리고 이 코드에 설치한 라이브러리와 미들웨어를 다음과 같이 포함한다.

```
1   ........................................ 생략 ........................................
2
3   const express = require("express");
4   const app = express();
5
6   const passport = require("passport");
7   const LocalStrategy = require("passport-local").Strategy;
8
9   let session = require("express-session");
10  app.use(
11    session({
12      secret: "dkufe8938493j4e08349u",
13      resave: false,
14      saveUninitialized: true,
15    })
16  );
17
18  app.use(passport.initialize());
19  app.use(passport.session());
20
21  ........................................ 생략 ........................................
```

7줄 : 각각 passport-local은 타사 인증이 아니라 local에서 인증 기능을 구현하기 위해서 사용한다.

18줄 : app.use() 코드는 미들웨어이다. passport.initialize()의 기능은 req.session이 있는지 확인하고 만약 존재한다면 req.session.passport.user를 추가한다.

19줄 : 넘겨받은 passport.user는 인증된 사용자를 의미한다. passport.session()을 실행하게 되면 deserializeUser()가 실행된다. 이 루틴은 이미 인증된 사용자일 경우 수행되는데 뒤쪽에서 자세하게 설명할 것이므로 지금은 모르는 상태로 넘어가도 상관 없다.

알아두세요

18~19줄 코드는 세션을 사용하는 미들웨어이기 때문에 이미 세션이 생성되어 있어야 하므로 항상 9~16줄의 세션 생성 코드 뒤에 작성되어야 한다. 만약 순서가 바뀌게 되면 오류가 발생한다.

일단 여기까지가 세션 기반의 passport-local 인증 기능 준비가 끝났다. 이제 로그인 시도할 때 패스포트 기반에서 인증하는 코드를 추가해 보자. post 기반 '/login' 요청 라우터의 코드를 다음과 같이 수정한다.


```
1   ······································· 생략 ·······································
2
3   app.post(
4     "/login",
5     passport.authenticate("local", {
6       failureRedirect: "/fail",
7     }),
8     function (req, res) {
9       console.log(req.session);
10      console.log(req.session.passport);
11      res.render("index.ejs", { user : req.session.passport });
12    }
13  );
14
15  passport.use(
16    new LocalStrategy(
17      {
18        usernameField: "userid",
19        passwordField: "userpw",
20        session: true,
21        passReqToCallback: false,
22      },
23      function (inputid, inputpw, done) {
24        mydb
25          .collection("account")
26          .findOne({ userid: inputid })
27          .then((result) => {
28            if (result.userpw == sha(inputpw)) {
```

```
29                 console.log("새로운 로그인");
30                 done(null, result);
31               } else {
32                 done(null, false, { message: "비밀번호 틀렸어요" });
33               }
34             });
35       }
36     )
37   );
38   ........................................ 생략 ........................................
```

5줄 : 로그인 버튼을 클릭했을 때 패스포트에서 아이디와 비밀번호를 검사하는 인증 작업을 위해서 authenticate() 함수를 호출한다. 인증에 실패하면 /fail 요청하고 성공하면 콜백 함수를 호출한다.

9~10줄 : 세션의 전체 데이터와 세션의 패스포트 데이터를 출력한다.

11줄 : index.ejs를 보여 줄 때 세션의 패스포트 데이터(req.session.passport)를 user라는 이름으로 넘겨준다.

16줄 : 아이디와 비밀번호를 인증하는 세부 코드이다. 5줄 passport.authenticate() 함수가 실행되면서 LocalStrategy 객체가 생성된다.

18~21줄 : usernameField와 passowordField는 어떤 폼 필드로부터 아이디와 비밀번호를 전달받을 지 설정하는 옵션이다. login 폼의 아이디와 비밀번호의 name 속성 userid와 userpw를 설정한다. session은 세션 사용 여부를 설정하는 것인데 true로 설정하여 사용하도록 한다.

23줄 : 아이디와 비밀번호가 들어오면 실행되는 콜백 함수이다.

26~27줄 : 입력한 inputid를 DB에서 검색 후 사용자가 있다면 결과를 result에 넘겨준다.

28~30줄 : result에서 userpw 데이터와 입력한 비밀번호 inputpw가 같은지 비교한다. 비밀번호가 일치하면 done(null, result)로 사용자 데이터 객체를 전송한다.

32줄 : 비밀번호가 일치하지 않으면 done(null, false, 메시지)로 에러 메시지를 전송한다.

여기까지 작성하고 서버를 재시작한다. 서버는 'server_local.js'를 실행한다.

```
$node server_local.js
```

웹 브라우저 주소창에 'http://localhost:8080/'를 입력한 후 로그인 화면을 통해 로그인을 시도해 보자. 다음과 같은 에러 메시지가 터미널 창에 출력될 것이다.

```
로그인 페이지
새로운 로그인
Error: Failed to serialize user into session
```

'새로운 로그인' 메시지는 29줄에서 출력한다. 그다음에 에러 메시지가 출력되는데 바로 done() 콜백 함수를 호출한다.

done(서버 에러 객체, 결과 데이터, 에러 메시지)

인증에 성공하든 실패하든 done() 함수를 호출하는데, 자격 증명을 체크하는 곳이다. done() 함수의 사용 문법은 다음과 같다.

① **인증 성공 시** : done(null, 인증된 결과)

② **인증 실패 시** : done(null, false, 에러 메시지)

로그인 성공 시 done() 함수는 passport.serializerUser() 함수를 호출했지만, 아직 구현되지 않았기 때문에 오류가 발생한다. 오류를 해결하기 위해 다음과 같이 코드를 추가한다.

```
........................................ 생략 ........................................

passport.serializeUser(function (user, done) {
      console.log("serializeUser");
      console.log(user.userid);
      done(null, user.userid);
});

app.post(
  "/login",
  passport.authenticate("local", {
```

```
12          succeessRedirect : '/',
13          failureRedirect: "/fail",
14        }),
15        function (req, res) {
16          console.log(req.session);
17          console.log(req.session.passport);
18          res.render("index.ejs", { user : req.session.passport });
19        }
20      );
21      ........................................ 생략 ........................................
```

3줄 : 로그인 성공 시 serializeUser() 함수가 호출되며 done()의 2번째 전달인자 result 데이터가 그대로 user로 넘어온다.

6줄 : 사용자 데이터를 암호화시켜서 세션으로 저장하는 과정이다. 즉, user.userid라는 데이터로 세션을 만든다. done() 함수를 호출하게 되면 deserialize 함수를 호출하게 되는데 이 함수가 구현되어 있지 않아서 'Error: Failed to deserialize user out of session'이라는 에러 메시지가 출력된다.

15~19줄 : 인증 과정이 모두 끝나면 이 콜백 함수를 수행한다. req.session 데이터를 출력하여 현재 세션 데이터를 확인한다. 그리고 세션 데이터를 index.ejs에 넘겨준다.

server_local.js를 재시작한다.

```
$node server_local.js
```

웹 브라우저 주소창에 'http://localhost:8080/'를 입력하고 접속해 로그인을 시도해 보자. 터미널 창에 다음과 같은 오류 메시지가 출력될 것이다.

```
serializeUser
ckh0416
Session {
  cookie: { path: '/', _expires: null, originalMaxAge: null, httpOnly: true },
  passport: { user: 'ckh0416' }
}
```

```
{ user: 'ckh0416' }
Error: Failed to deserialize user out of session
```

deserialize() 함수가 구현되지 않아 발생한 오류이다. 현재 session.passport 정보를 살펴보면 {user: 'ckh0416'}이고 키값이 user이다. 이 정보를 index.ejs로 전달하는데 index.ejs 코드에서 기존에 사용했던 사용자 아이디 키 userid를 user로 변경하면 사용자 아이디가 화면에 출력된다.


```
............................................ 생략 ............................................

<h1>홈입니다.</h1>
<% if(user){ %>
<h3>반갑습니다. <%= user.user %>님.</h3>
<a href = "/logout">로그아웃</a>
<% }else{%>
<h3>로그인해 주세요.</h3>

............................................ 생략 ............................................
```

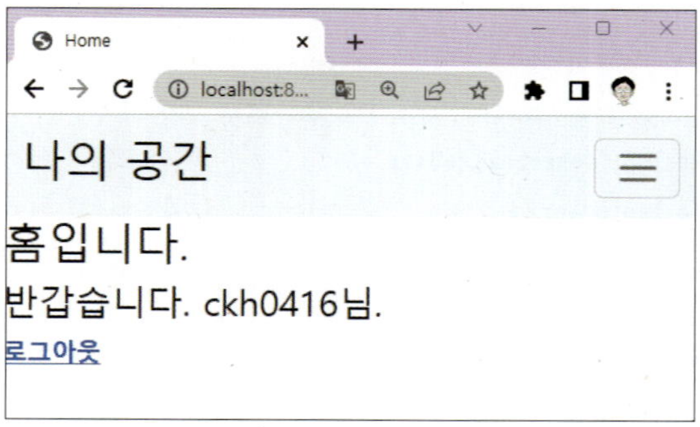

passport-local 기반에서 인증에 성공하였다. 하지만 현재 페이지를 새로고침하거나 새 창을 열어서 'http://localhost:8080/'를 입력하여 접속하면 다음과 같은 에러 메시지가 출력된다.

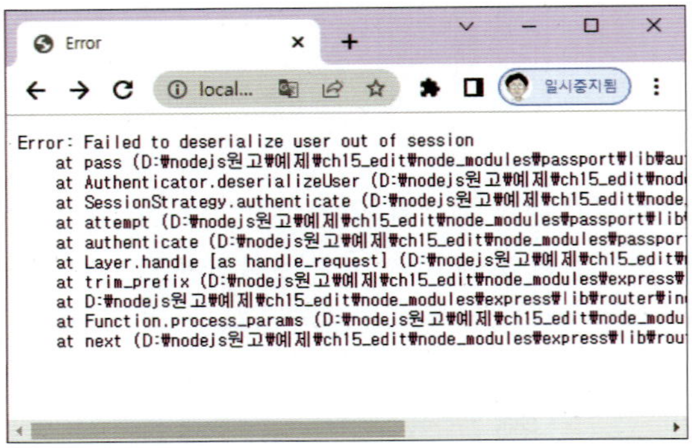

이 오류 메시지의 의미는 처음 한 번 인증은 했지만 세션 유지가 되지 않는 현상이라는 것이다. 로그인 이후에는 모든 요청에 passport.session() 미들웨어가 passport.deserializeUser() 함수를 매번 호출한다. deserializeUser() 함수를 구현하자.

```
..................................... 생략 .....................................

passport.serializeUser(function (user, done) {
    console.log("serializeUser");
    console.log(user.userid);
    done(null, user.userid);
});

passport.deserializeUser(function (puserid, done) {
  console.log("deserializeUser");
  console.log(puserid);

  mydb
  .collection("account")
  .findOne({ userid: puserid })
  .then((result) => {
    console.log(result);
    done(null, result);
  })
});
..................................... 생략 .....................................
```

6줄 : deserializeUser() 함수를 호출하면서 user.userid 데이터를 전달인자 puserid에 그대로 전달한다.

9줄 : 사용자의 세션이 존재한다면 무조건 deserializeUser() 함수가 호출된다. 이 루틴은 사용자 세션이 있다면 사용자를 검증하는데 사용된다.

15~18줄 : 세션의 사용자를 DB에서 검색하여 있다면 사용자 결과 데이터 result와 함께 done() 함수를 호출한다.

server_local.js를 재시작한다.

```
$node server_local.js
```

웹 브라우저 주소창에 'http://localhost:8080/'를 입력하고 접속하여 로그인한다. 똑같은 주소의 다른 창을 열어서 확인하면 한 번 로그인한 세션은 그대로 유지되는 것을 확인할 수 있다.

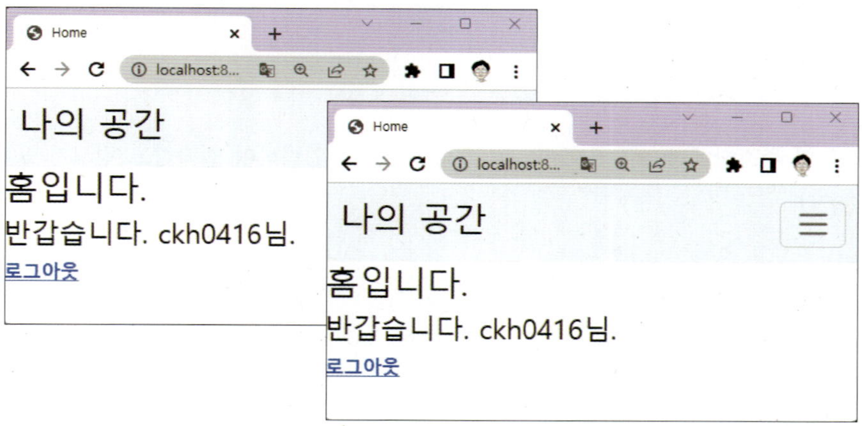

passport-facebook 사용

이번에는 facebook 계정으로 타사 인증하는 방법을 살펴보자. 구현 방법과 사용 형식은 passport-local과 비슷하다. 앞에서 패스포트 기반 페이스북 라이브러리 passport-facebook을 설치했으므로 바로 코드 구현으로 들어간다. 구현을 위해 'server_local.js' 파일을 그대로 복사하여 붙여 넣은 다음 'server_facebook.js' 파일을 생성한다. 이 코드에 passport-facebook 라이브러리를 포함하도록 다음과 같이 코드를 작성한다.

```
…………………………………… 생략 ……………………………………

const passport = require("passport");
const LocalStrategy = require("passport-local").Strategy;
const FacebookStrategy = require("passport-facebook").Strategy;

…………………………………… 생략 ……………………………………
```

타사 인증의 경우는 아이디와 비밀번호가 입력되어 로그인하는 형태가 아니므로 화면에 facebook 링크를 추가하여 클릭만 하면 facebook에 로그인할 수 있다. 이를 위해 'login.ejs'로 이동한다.

```
…………………………………… 생략 ……………………………………

<button type = "submit" class="btn btn-warning" style="float:right">로그인</button>
<a href = "/facebook">Facebook</a>

…………………………………… 생략 ……………………………………
```

웹 브라우저 주소창에 'http://localhost:8080/login'를 입력하여 접속하고 링크가 표시되는지 확인한다.

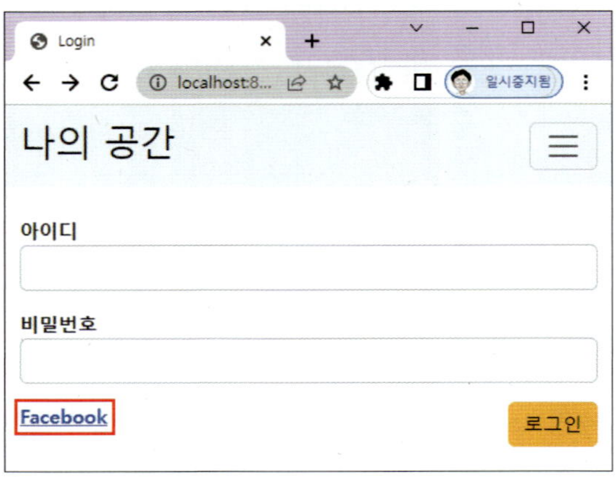

'Facebook' 링크를 클릭하면 기존에 가입되어 있던 페이스북 계정으로 로그인이 되게 만드는 것이다. 이를 위해 먼저 페이스북 개발자 페이지에 안에서 앱을 만들어야 한다.

검색창에 '페이스북 개발자 센터'라고 검색하고 표시되는 'Facebook 개발자 센터'를 클릭한다.

Facebook 개발자 센터 사이트가 표시되면 로그인한 후 앱을 생성한다. Facebook 계정이 없다면 가입을 진행하고, 로그인되었으면 [내 앱] → [앱 만들기]를 선택하여 이동하고 앱을 생성한다.

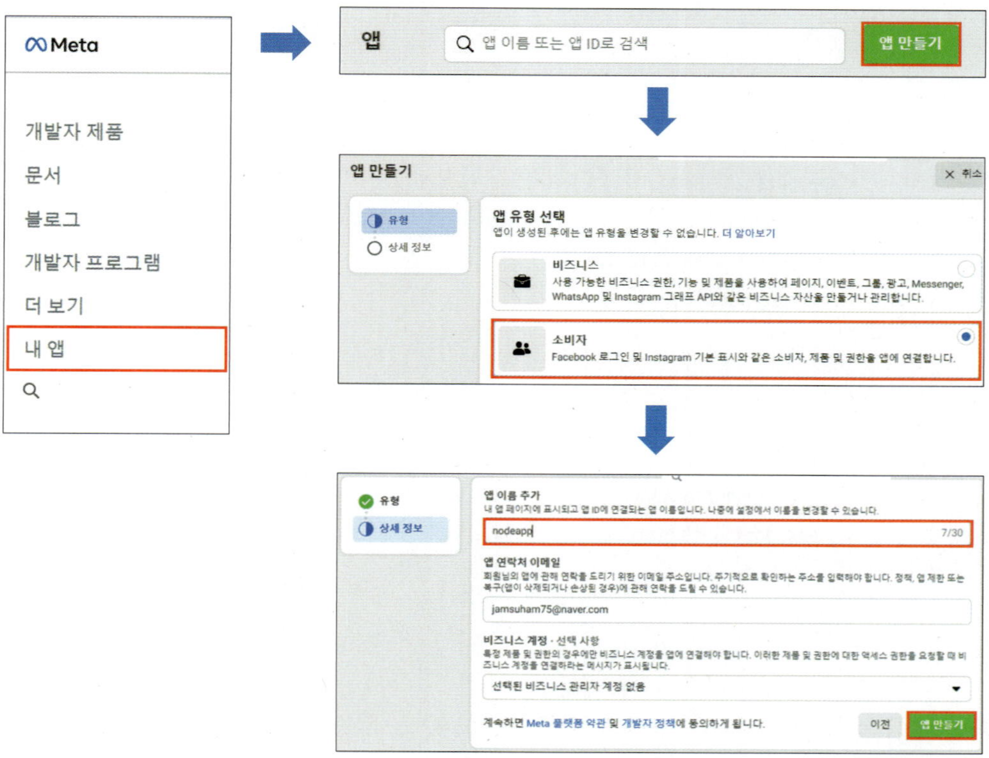

앱이 생성되었다면 왼쪽 메뉴의 〔설정〕 → 〔기본 설정〕을 선택하고 〔앱 ID〕와 〔앱 시크릿 코드〕를 복사하여 메모장과 같은 편집기에 잠시 임시로 붙여 넣는다. 사실상 이 2개가 인증 시 가장 중요한 데이터이다.

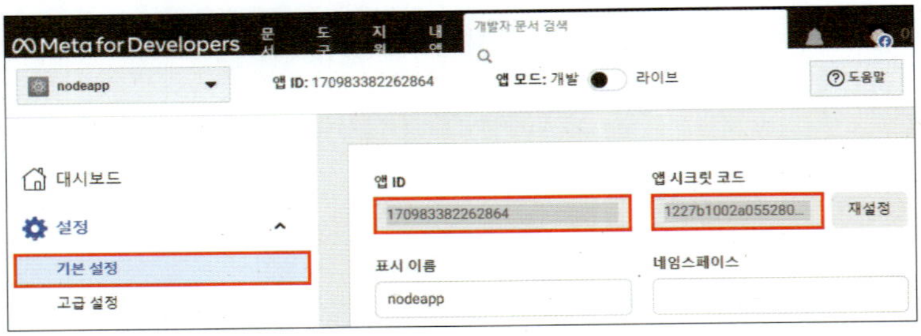

'server_facebook.js' 파일로 이동해서 코드를 추가해 보자. 먼저 /facebook 요청이 들어올 때 처리할 라우터를 작성합니다. 페이스북 인증 과정은 /facebook 인증 요청을 보내면 서버에서 DB와 페이스북 사용자를 비교한다. 인증이 완료되면 등록된 /facebook/callback 콜백 URL로 돌아온다.

```
    ......................................... 생략 .........................................

app.get(
  '/facebook',
  passport.authenticate(
    'facebook'
  )
);

app.get(
  '/facebook/callback',
  passport.authenticate(
    'facebook',
    {
      succeessRedirect : '/',
      failureRedirect: "/fail",
    }),
    function (req, res) {
      console.log(req.session);
```

```
20            console.log(req.session.passport);
21            res.render("index.ejs", { user : req.session.passport });
22          }
23      );
```

3~8줄 : 로그인 화면의 facebook 링크를 클릭하면 페이스북 페이지로 이동하게 한다. 인증 시 페이스북을 활용할 것이기 때문에 'facebook'이라고 입력한다.

10~17줄 : 인증이 완료되면 등록된 콜백 URL에 의해 이 라우터를 수행하게 되고, 성공하면 18줄의 콜백 함수를 수행한다.

18~23줄 : 세션이 정상적으로 생성되었는지 출력하고, 사용자 이름을 화면에 출력하기 위해 'index.ejs' 파일에 세션 정보를 넘겨준다.

이번에는 FacebookStrategy() 코드를 작성한다. 이 코드는 페이스북의 사용자 정보를 얻어와서 인증하는 부분이다.

```
........................................ 생략 ........................................

passport.use(new FacebookStrategy({
  clientID: '17338256474564471',
  clientSecret: '1227b10055dweq280eac4a047d76844a4dlkbj',
  callbackURL: "/facebook/callback"
},
function(accessToken, refreshToken, profile, done) {
  console.log(profile);
  var authkey = 'facebook'+ profile.id;
  var authName = profile.displayName;

  let loop = 0;
  while(loop < 2)
  {
    mydb
      .collection("account")
      .findOne({ userkey: authkey })
      .then((result) => {
```

```
20            if(result != null){
21              done(null, result);
22            }else{
23              mydb
24              .collection("account")
25              .insertOne({
26                userkey : authkey,
27                userid: authName,
28              })
29            }
30          }).catch((error) => {
31            done(null, false, error);
32          })
33          loop++;
34        }
35      }
36    ));
```

4~6줄 : 기존에 페이스북에서 복사했던 〔앱ID〕와 〔앱 시크릿 코드〕를 각각 clientID와 clientSecret에 붙여 넣고, callbackURL 속성에 인증 시 호출할 콜백 URL을 /facebook/callback으로 등록한다. 이 부분은 중요한 부분으로 정보가 맞지 않으면 페이스북 인증을 할 수 없다.

8~11줄 : 페이스북은 사용자 정보가 profile로 넘어온다. profile 데이터를 출력하고 필요한 사용자 데이터를 추출하여 사용한다. authkey의 값은 사용자 식별값으로 앞에 'facebook' 문자열을 덧붙인다.

14줄 : while(loop 〈 2)는 이 루틴을 2번 반복하게 하는데 기존 사용자가 DB에 등록되어 있다면 바로 로그인 처리가 되지만, 처음 방문하는 사용자라면 DB에 먼저 등록하고 다시 사용자 인증을 하기 위해 사용된다.

19~22줄 : DB에서 사용자가 검색되면 사용자 정보를 result에 넘겨준다. done() 함수를 이용하여 serializeUser에 사용자 정보를 전달하고 세션을 생성한다.

25~28줄 : DB에서 사용자 정보를 검색하지 못했다면 userKey와 userid를 DB에 추가한다. DB에 들어가는 데이터의 구조는 다음과 같다.

```
{
  _id: new ObjectId("645975dfddfe8a61221baab200"),
  userkey: 'facebook62185dfdf18981548',
  userid: '이창현'
}
```

이번에는 사용자 세션으로 인증 처리하는 루틴인 serializeUser()와 deserializeUser() 함수를 수정한다. 로직은 local에서의 처리와 동일하고 다만 가져오는 사용자 정보의 속성값만 변경하면 된다.


```
1    ········································ 생략 ········································
2
3    passport.serializeUser(function (user, done) {
4      console.log("serializeUser");
5      done(null, user);
6    });
7
8    passport.deserializeUser(function (user, done) {
9      console.log("deserializeUser");
10     mydb
11     .collection("account")
12     .findOne({ userkey : user.userkey })
13     .then((result) => {
14        console.log(result);
15        done(null, result);
16     })
17   });
18
19   ········································ 생략 ········································
```

5줄 : 페이스북에서 넘겨준 데이터를 user에서 넘겨받는다. 즉, user는 userkey와 userid를 가지고 있다. done() 함수를 호출하여 deserializerUser에 정보를 넘겨준다.

8줄 : 5줄에서 넘긴 데이터를 그대로 넘겨받는다.

12줄 : user.userkey는 고유 식별자이므로 이 데이터로 사용자 존재 여부를 검색한다.

지금까지 페이스북 기반 인증 코드의 긴 작업이 끝났다. 서버를 실행해 보자.

```
$node server_facebook.js
```

웹 브라우저 주소창에 'http://localhost:8080/login'를 입력하여 접속하고 Facebook 링크를 클릭한다.

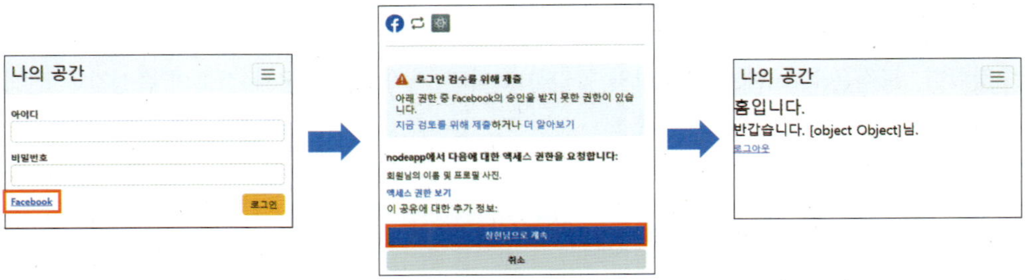

로그인 시 페이스북에서 엑세스 권한 요청 알림이 나타나는데 〈계속〉 버튼을 클릭하면 인증에 성공한다. 그런데 로그인 화면에서 사용자 이름이 [object Object]라고 표시되어 나타난다. 이는 객체 자체를 화면에 출력하려고 했기 때문이다. 15줄에서 기존에는 userid만을 전달했다면, 현재는 user 객체를 전달하기 때문에 'index.ejs' 파일에서 userid에 접근하기 위해서는 한 단계 더 추가해야 한다.

```
.......................... 생략 ..........................

<% if(user){ %>
<h3>반갑습니다. <%= user.user.userid %>님.</h3>
.......................... 생략 ..........................
```

다시 Facebook 링크를 클릭하여 페이스북 로그인을 시도하면 다음과 같이 정상적으로 사용자 이름이 출력되는 것을 확인할 수 있다.

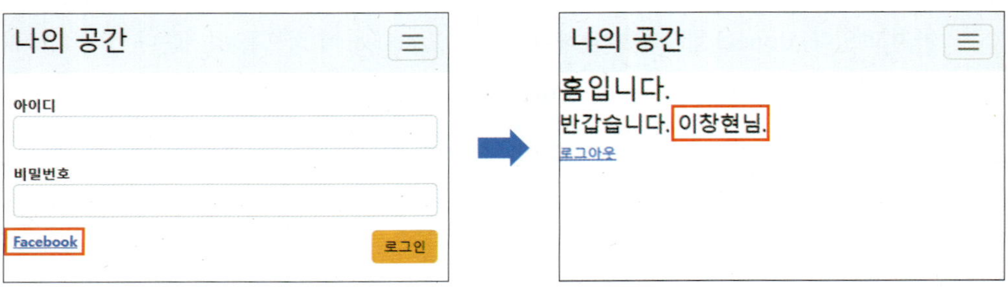

16장

웹 서버 확장 기능 구현

학습목표

- multer 미들웨어의 사용법을 이해하고 이미지 업로드 코드를 작성한다.
- 쿼리 스트링 방식을 이해하고 검색 기능 코드를 작성한다.
- 환경변수와 환경변수가 필요한 이유를 이해한다.
- 기능별로 라우터를 분리한다.
- 클라우드 서버에 배포한다.

16.1 이미지 업로드 구현

이미지 업로드 화면 구성

이번에는 서버에 이미지를 업로드하는 기능을 구현해 보자. 이미지를 업로드하는 시점은 새로운 게시물을 서버에 추가할 때 이미지도 같이 전송하도록 할 것이다. 기존 'enter.ejs' 파일에 이미지 업로드 기능을 하는 컨트롤 코드를 추가한다.

```
1        ··········································· 생략 ···········································
2
3         <button type = "submit" class="btn btn-warning" style="float:right">저장</button>
4        </form>
5       </div>
6
7       <div class="container mt-3">
8         <form action="/photo " method="POST" enctype = "multipart/form-data">
9             <input type="file" name="picture" accept = "image/*" class="btn btn-
10             outline-primary"></input>
11            <button type = "submit" class="btn btn-outline-primary">첨부</button>
12        </form>
13      </div>
14
15       ··········································· 생략 ···········································
```

8줄 : submit 버튼이 눌려지면 post 방식의 /photo 요청을 하도록 설정한다. enctype 속성은 폼 데이터(form data)가 서버로 전송될 때 데이터의 인코딩 방식을 설정한다.

속성	설명
application/x-www-form-urlencoded	파일이 없는 폼에 사용한다. enctype을 설정하지 않으면 기본값으로 적용된다.

multipart/form-data	파일이 포함되는 폼을 전송할 때 사용하는 값이다.
text/plain	인코딩 없이 전송한다. 보안 문제가 있으므로 디버깅 용도로 만 사용한다.

인코딩 속성을 명시하지 않으면 'application/x-www-form-urlencoded'이 기본값으로 사용된다. 이미지나 소리와 같은 바이너리 파일을 전송하려면 'multipart/form-data' 속성으로 설정한다.

9~10줄 : type을 file로 설정하면 파일을 첨부할 수 있는 파일 컨트롤이 생성된다. name 속성은 'picture'로 설정한다.

11줄 : 첨부 이미지를 전송하기 위한 submit 버튼을 추가한다.

웹 브라우저 url에 'http://localhost:8080/enter'을 입력하여 접속하고 추가된 파일 컨트롤을 확인한다.

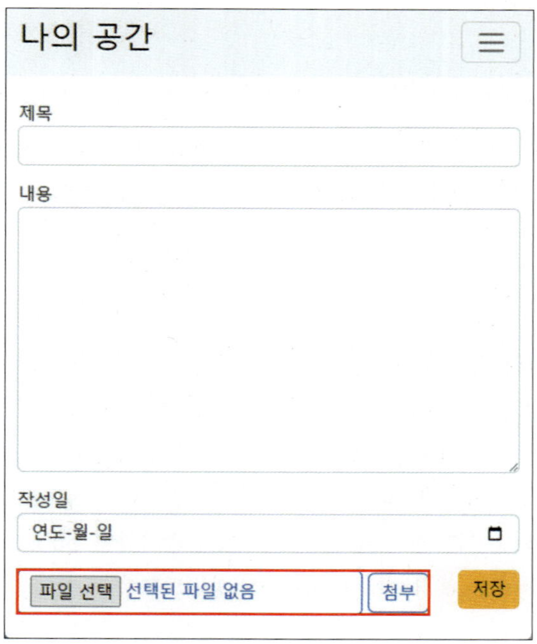

〈파일 선택〉 버튼을 클릭하면 공통 대화상자가 표시되고 로컬의 이미지를 선택할 수 있다. 하지만 아직 첨부 기능을 구현하지 않았으므로 이미지가 서버로 전송되지는 않는다.

multer 미들웨어로 이미지 업로드

파일 선택 후 〈첨부〉 버튼을 클릭하면 post 방식으로 /photo 요청이 수행된다. 먼저 server.js에서 /photo 요청 라우터를 생성한다.

```
······································ 생략 ······································..

app.post('/photo ', function(req, res){
  console.log("서버에 파일 첨부하기");
})
```

서버를 재시작하고, 웹 브라우저 url에 'http://localhost:8080/enter'을 입력하여 접속하고 이미지 파일을 1개 추가한 후 〈첨부〉 버튼을 클릭해 보자.

```
$node server.js
포트 8080으로 서버 대기중 ...
서버에 파일 첨부하기
```

로그를 출력하므로써 /photo 라우터가 잘 동작하는 것을 확인하였다.

이제 이미지를 실제로 서버에 전송해 보자. 이를 위해 multer라는 미들웨어를 사용해야 하므로 먼저 multer 라이브러리를 설치한다.

```
$npm install multer
```

첨부한 이미지를 서버의 어디에 저장할 것인가? 보통 서버의 데이터는 데이터베이스에 저장하지만 이미지나 소리와 같은 바이너리 데이터의 경우 용량이 크기 때문에 데이터베이스에서 읽고 저장하는 것이 성능면에서 비효율적이다. 그래서 서버의 하드디스크에 저장하는 것이 일반적이다. 앞서 스타일 시트 파일을 참조하기 위한 저장소로 'public' 폴더를 생성한 적이 있다. 따라서 첨부되는 이미지도 'public' 폴더에서 관리하여 'public' 폴더 내에 'image' 폴더를 생성한 후 public/image 경로에 이미지가 저장되도록 한다.

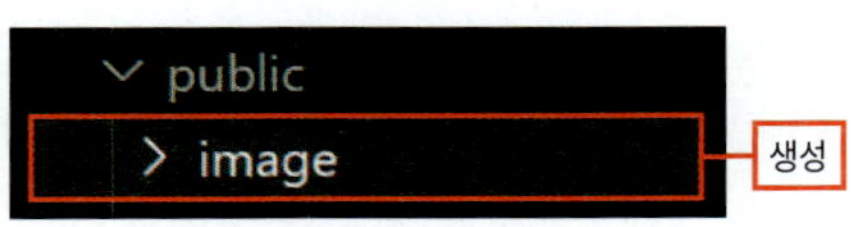

multer 라이브러리를 사용하여 이미지 경로를 설정한다.

```
1       ·································· 생략 ··································
2
3       let multer = require('multer');
4
5       let storage = multer.diskStorage({
6           destination : function(req, file, done){
7               done(null, './public/image')
8           },
9           filename : function(req, file, done){
10              done(null, file.originalname)
11          }
12      })
```


3줄 : multer 라이브러리를 포함시킨다.

5줄 : multer에서는 업로드할 파일을 하드디스크에 저장할 것인지 메모리에 저장할 것인지 결정할 수 있다. 하드디스크의 경우는 diskStorage() 함수를 사용하고, 메모리의 경우는 memoryStorage() 함수를 사용한다.

6~8줄 : diskStorage() 함수에서는 destination과 filename 2가지 옵션이 가능하다. destination은 업로드 할 파일의 경로를 결정한다. 경로는 문자열 형태로 './public/image'로 설정하고, 만약 설정하지 않으면 운영체제에서 임시 파일을 저장하는 기본 경로를 사용한다.

9~11줄 : filename은 폴더 안에 저장되는 파일명을 결정한다. originalname으로 설정하면 파일명 원본 그대로 사용하겠다는 의미이다.

> **알아두세요** 옵션 중에 limits도 추가할 수 있다. 이는 파일의 개수나 파일의 사이즈를 제한할 수 있다.
> limits : {fileSize : 5 * 1024 * 1024} // 파일 제한 5MB

이제 multer를 사용해 보자. 설정한 storage를 multer의 storage 속성에 설정하고 upload 변수에 대입한다.

```
let upload = multer({storage : storage});
```

앞에서 설정한 storage의 내용이 multer를 통해 upload 객체를 생성한다. 이제 누군가가 /photo로 요청을 하면 upload 객체가 미들웨어처럼 실행되도록 다음과 같이 작성한다.

```
1            ..................................... 생략 .....................................
2
3        let upload = multer({storage : storage});
4
5        app.post('/photo', upload.single('picture'), function(req, res){
6         console.log(req.file.path);
7        })
```

5~7줄 : multer를 사용하는 형식이 있다. 파일 업로드 시 사용할 라우터에 upload를 미들웨어처럼 사용하면 된다. 작성 함수 뒤에는 .single을 붙이는데 업로드 방식에 따라 메소드 체이닝을 다르게 사용한다.

```
.single(fieldname)
.array(fieldname[, maxCount])
```

single은 fieldname에 명시된 이름의 단수 파일로 전달받을 때 사용하고, .array는 fieldname에 명시된 이름의 파일 전부를 배열 형태로 전달받는다. 각각 req.file과 req.files에 파일 정보를 갖으므로 req.file.path를 출력하면 업로드할 파일 경로가 출력된다.

서버를 재시작하고, 웹 브라우저 url에 'http://localhost:8080/enter'을 입력하여 접속하고 이미지 파일을 1개 추가한 후 〈첨부〉 버튼을 클릭해 보자.

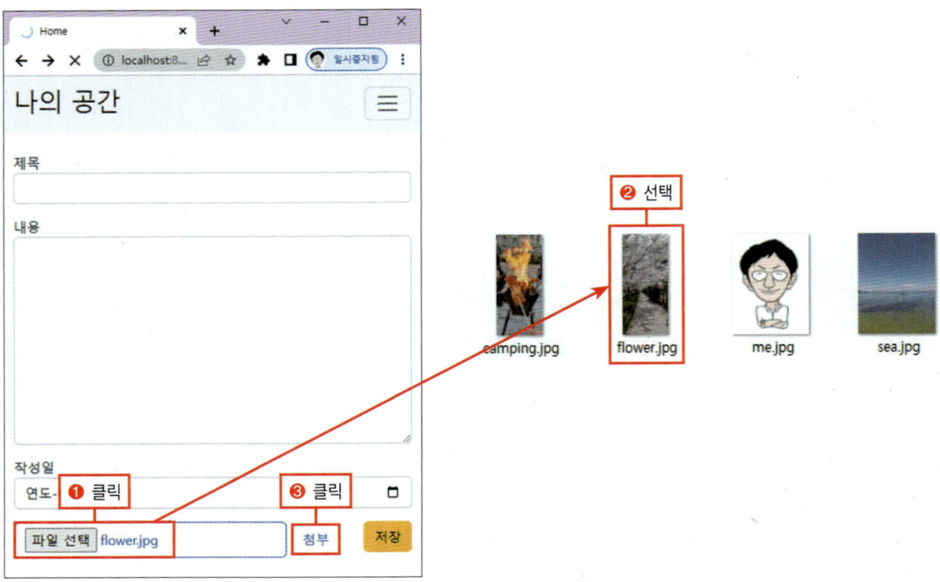

터미널 창에 다음과 같이 출력된다.

```
$node server.js
포트 8080으로 서버 대기중 ...
public\image\flower.jpg
```

현재 파일의 업로드된 경로가 출력되고 실제 'public₩image' 폴더를 확인해 보면 'flower.jpg' 파일이 저장된 것을 확인할 수 있다.

데이터 추가 시 이미지 경로 포함

새로운 데이터를 추가 시 웹 브라우저에서 첨부한 이미지를 서버로 보내는 것까지 성공했다. 기존에는 텍스트 데이터를 DB에 저장하는 방식을 사용하였지만, 이미지와 같은 바이너리 파일의 경우 로컬에 저장하도록 하였으므로 저장된 경로만 DB에 저장하도록 한다. 이는 저장된 경로를 알고 있어야 해당 이미지를 읽어올 수 있기 때문이다. 다음과 같이 〈첨부〉 버튼 클릭 시에 이미지 경로 저장 변수에 해당 이미지 경로를 저장하도록 처리한다.

```
........................................ 생략 ........................................

let imagepath = '';
app.post('/photo', upload.single('picture'), function(req, res){
 console.log(req.file.path);
 imagepath = '₩₩' + req.file.path;
```

```
7     })
8
9     ........................................ 생략 ........................................
```

6줄 : 현재 저장한 이미지 경로를 imagepath 변수에 저장한다.

〈저장〉 버튼을 클릭하면 새로운 게시물이 DB에 추가되는데 이때 이미지 경로 값 imagepath를 추가한다.

```
1     ........................................ 생략 ........................................
2
3     app.post("/save", function (req, res) {
4       mydb
5         .collection("post")
6         .insertOne({
7           title: req.body.title,
8           content: req.body.content,
9           date: req.body.someDate,
10          path: imagepath
11        })
12
13    ........................................ 생략 ........................................
```

10줄 : path 키로 imagepath 데이터를 DB에 추가한다.

서버를 재시작하고, 웹 브라우저 url에 'http://localhost:8080/enter'을 입력하여 접속하고 이미지 파일을 1개 추가한 후 〈첨부〉 버튼을 클릭해 보자. 그리고 제목, 내용, 작성일 항목도 내용을 입력하여 채워넣는다. 데이터 입력이 끝났으면 〈저장〉 버튼을 클릭한다.

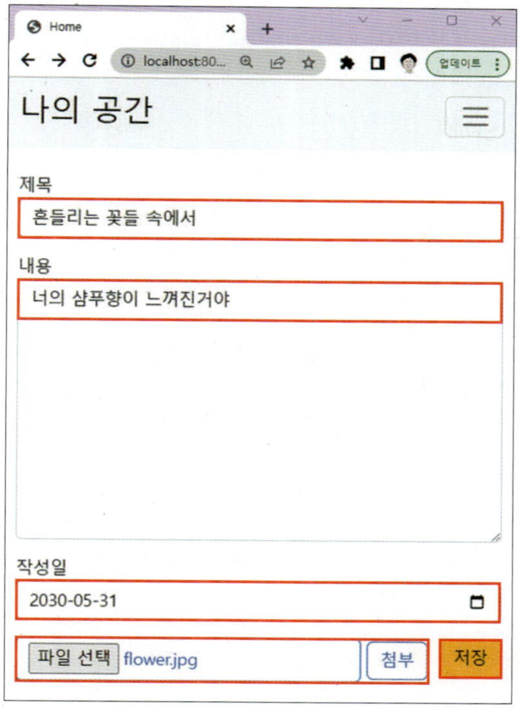

몽고DB에 접속해서 저장한 데이터가 이미지 경로가 정상적으로 저장되었는지 확인한다.

```
_id: ObjectId('645fee9c4cd95936812b0dd3')
title: "흔들리는 꽃들 속에서"
content: "너의 샴푸향이 느껴진거야"
date: "2030-05-31"
path: "\public\image\flower.jpg"
```

내용 페이지에서 이미지 출력

입력한 데이터는 내용 페이지 content.ejs에서 확인할 수 있다. 이때 이미지 경로 또한 DB에서 읽어와서 해당 경로의 이미지를 화면에 출력하도록 한다. 다음과 같이 코드를 추가한다.

```
........................................ 생략 ........................................

<div class="card-body">
        <p class="card-text"><%= data.content %></p>
```

```
5            <img src = "<%= data.path %>"  width = "200"/><p></p>
6            <p class="card-subtitle mb-2">작성일 : <%= data.date %></p>
7            <a href="/edit/<%= data._id %>" class="card-link">수정하기</a>
8      </div>
9
10    ............................................ 생략 ............................................
```

5줄 : DB에서 검색한 결과 데이터를 data가 넘겨 받았으므로 data.path에는 이미지 경로 데이터가 나타난다. HTML 태그인 img로 너비 200인 이미지를 출력한다.

웹 브라우저 url에 'http://localhost:8080/list'을 입력하여 접속하고 목록 중에 앞서 추가한 데이터 항목의 제목을 클릭한다. 내용 페이지에 데이터가 출력되면서 이미지도 나타나는 것을 확인할 수 있다.

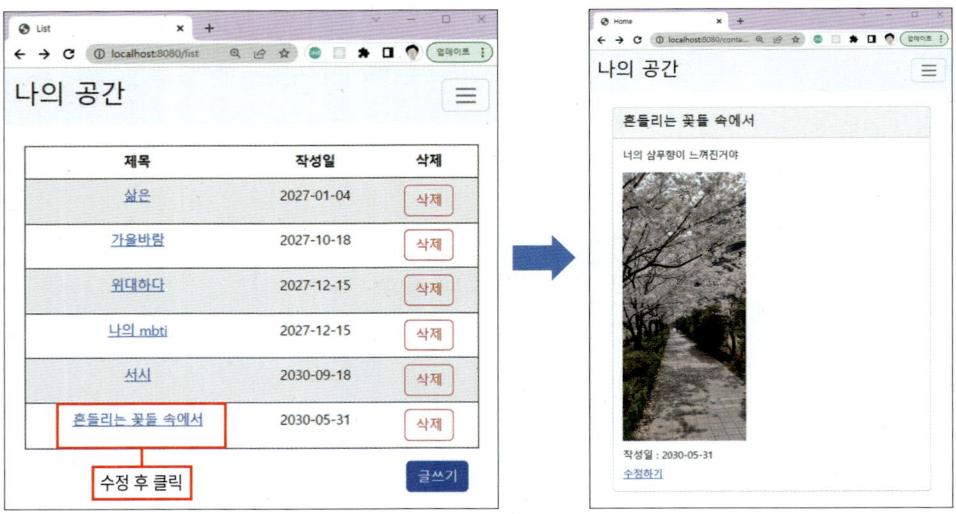

내용 페이지에 목록 링크 추가

내용 페이지에서 데이터를 확인 후, 보통은 다시 데이터 목록으로 이동하는 것이 일반적이다. 현재는 브라우저의 뒤로 가기 기능을 사용해야 목록으로 이동할 수 있는데 이는 불편하다. 이 방법보다는 목록 링크를 생성하여 이동할 수 있게 구현한다.

```
1      ......................................... 생략 .........................................
2
3      <div class="card-body">
4              <p class="card-text"><%= data.content %></p>
5              <img src = "..<%= data.path %>"  width = "300"/><p></p>
6              <p class="card-subtitle mb-2">작성일 : <%= data.date %></p>
7              <a href="/edit/<%= data._id %>" class="card-link">수정하기</a>
8              <a href="/list" class="card-link">목록</a>
9      </div>
10
11     ......................................... 생략 .........................................
```

8줄 : 〈a〉 태그의 href 속성에 '/list' 요청 링크를 추가한다. 이 목록 링크를 클릭하면 '/list' 라우터를 수행한다.

웹 브라우저 url에 'http://localhost:8080/list'을 입력하여 접속하고 목록 중에 원하는 항목을 선택한다. '목록' 링크가 추가된 것을 확인할 수 있고, 클릭하면 목록 페이지로 이동한다.

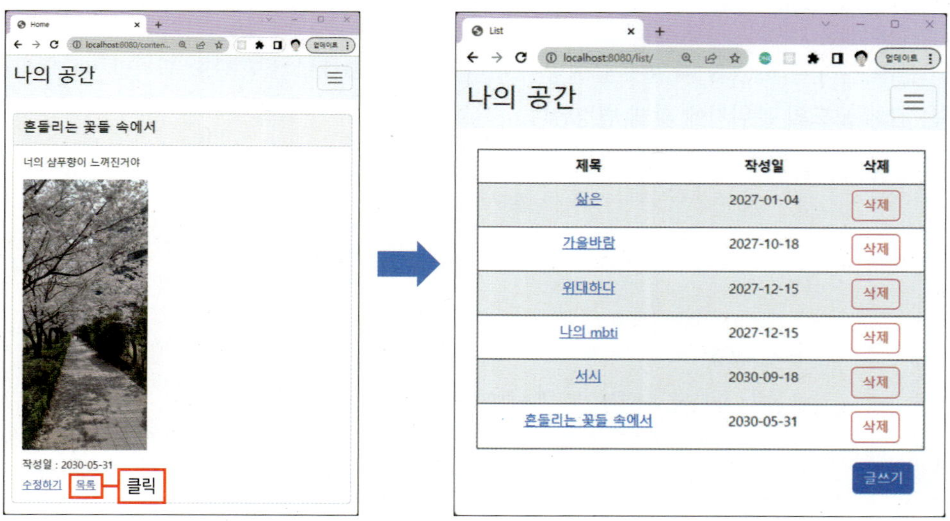

JAVASCRIPT

16.2 게시물 검색 기능 구현

검색창 배치

부트스트랩의 내비게이션 바에 검색창 컴포넌트 코드가 제공된다.

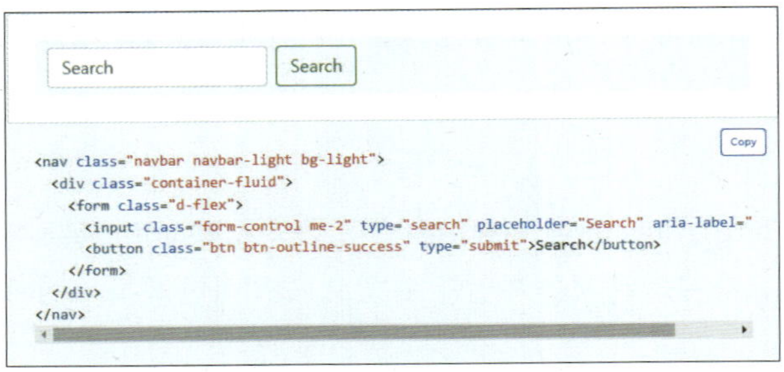

코드를 복사하여 'list.ejs' 파일에 붙여넣기 한다. 코드를 그대로 사용해도 되지만 몇 가지 속성은 전체 코드의 분위기에 맞게 변경한다.

```
1   ........................ 생략 ........................
2
3   <body>
4       <%- include('menu.html') %>
5       <p></p>
6       <div class="container input-group ml-2 my-3">
7           <input class="form-control sword" type="search" placeholder="검색어 입력">
8           <button class="btn btn-success input-group-append sbtn">검색하기</button>
9       </div>
10  ........................ 생략 ........................
```

6줄 : input-group 클래스는 입력 필드 앞이나 뒤에 아이콘 또는 버튼 등을 추가 배치할 수 있는 하는 컨테이너이다.

7줄 : 입력 필드의 타입이 search면 전형적인 검색창 컴포넌트가 배치된다. 클래스 이름은 'sword'로 설정한다.

8줄 : input-group-append를 사용하여 입력 필드 뒤에 추가한다. 만약 입력 필드 앞에 추가하고 싶다면 input-group-prepend를 사용한다. 클래스 이름은 'sbtn'으로 설정한다.

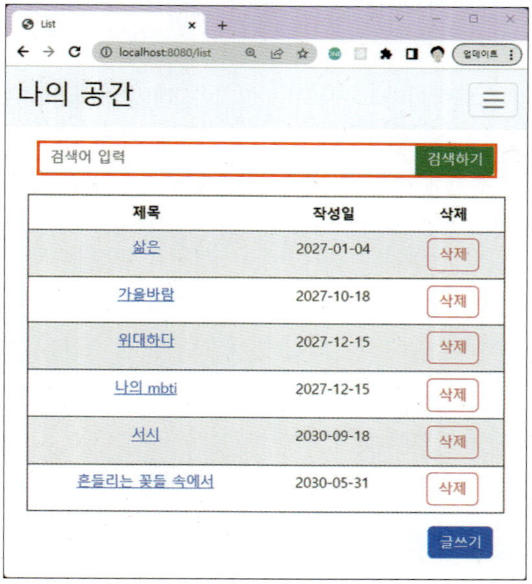

검색창에 검색어를 입력하고 〈검색하기〉 버튼을 클릭하면 DB에서 검색어에 해당하는 데이터를 찾아서 화면에 출력하게 하려고 한다. 이 기능을 구현하려면 쿼리 스트링을 이용해야 한다.

쿼리 스트링 사용

우리는 앞서 시맨틱 url에 대해 살펴본 적이 있다. 이는 하나의 요청 라우터에서 url 파라미터만 다르게 하여 서버에 데이터를 전달하는 형식으로 GET 방식 요청이므로 url에 요청 정보가 나타난다. 이번에 살펴볼 쿼리스트링도 시맨틱 url과 비슷하게 GET 방식 요청으로 url에 데이터를 담아 서버에 전달하는 방식이다. 보통 쿼리스트링은 검색 엔진에서 검색할 때 주로 사용된다. 예를 들어, 네이버 검색창에서 '서시'를 검색해 보자.

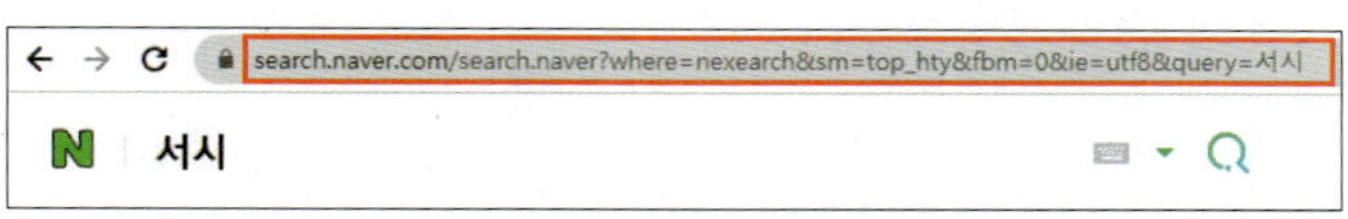

16

웹 서버 확장 기능 구현

url을 살펴보면 중간에 ?가 표시되고 이후에 여러 알 수 없는 문자들로 구성되어 있다. 그나마 알아볼 수 있는 것은 가장 마지막에 'query=서시'라는 검색하고자 하는 단어를 요청하는 구문이다. 이 정보들이 모두 서버로 전달되는 정보들이다. 이러한 형식을 기반으로 쿼리스트링을 사용하는 방법은 다음과 같이 구성할 수 있다.

```
http://localhost:8080/search?value="서시"
```

? 다음의 문자들을 쿼리 스트링이라고 부르며, 형식은 '데이터 이름 = 데이터 값'의 한 쌍으로 관리되는데 데이터 이름이 value인 "서시"라는 데이터 값의 요청을 서버에 보내겠다는 의미이다. 즉, 웹 브라우저 주소창에 이렇게 url을 입력하면 쿼리 스트링의 데이터가 서버로 전달된다는 말이다. 이제 검색 버튼을 누르면 서버로 GET 요청을 할 수 있게 해 보자.

```
1   ······························ 생략 ······························
2
3          $('.enter').click(function(e){
4            location.href = "\enter";
5          })
6
7          $('.sbtn').click(function(){
8           let inputValue = $('.sword').val();
9           location.href = '\\search?value=' + inputValue;
10         })
11         </script>
12
13  ······························ 생략 ······························
```

7줄 : 검색 버튼의 클래스 이름이 sbtn이므로 제이쿼리 $를 사용하여 클래스 선택자 .sbtn으로 클릭 이벤트를 처리한다.

8줄 : 검색창의 클래스 이름을 sword로 설정하였으므로 제이쿼리 $를 사용하여 클래스 선택자 .sword으로 해당 컴포넌트에 접근할 수 있다. 입력된 값을 읽어오기 위해 val() 함수를 호출하여 inputValue에 값을 대입한다.

9줄 : url을 변경할 때 location 객체의 href 속성에 변경할 url을 입력하면 된다. 요청 url을 /search로 할 것이므로 검색 url은 \\search를 입력하고 그 뒤에 ? 검색어를 추가한다. 이는 서버에 GET 요청 시 검색창에 입력한 데이터를 쿼리스트링으로 전달할 것이기 때문이다. '\\search?value='까지는 고정으로 하고 값에 해당하는 데이터는 검색창에서 입력받은 inputValue 값을 뒤에 결합한다.

검색 버튼 클릭 시 location.href를 사용하여 인위적으로 url 주소를 변경한다는 것은 서버에 GET 요청을 하겠다는 것이다. 이 url을 받아서 처리하는 /search 라우터를 작성해 보자. 'server.js' 파일로 이동한다.

```
1  ········································ 생략 ········································
2
3  app.get('/search', function(req, res){
4    console.log(req.query);
5  })
```

3줄 : /search 요청 시 처리하는 라우터이다. 웹 브라우저에서 서버에 요청 시 전달할 모든 데이터는 req에 전달한다.

4줄 : 쿼리스트링으로 전달한 데이터는 req.query에 담겨있다. 이 데이터를 사용하여 DB에서 원하는 데이터를 가져올 수 있다.

서버를 재시작하고, 웹 브라우저 url에 'http://localhost:8080/search?value=서시'를 입력해 보자.

```
$node server.js
포트 8080으로 서버 대기중 ...
{ value: '서시' }
```

이렇게 직접 url을 입력해도 되지만, 검색을 이런 방식으로 하지 않는다. 웹 브라우저 url에 'http://localhost:8080/list'를 입력한다. 검색창에 '서시'를 입력 후 〈검색하기〉 버튼을 클릭해 보자. 앞에서와 동일한 결과가 출력될 것이다.

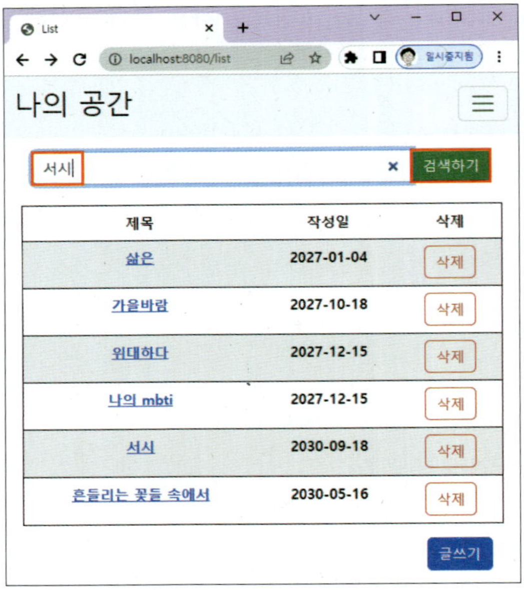

DB에서 검색어 검색

우리의 목적은 입력한 검색어로 DB 데이터를 찾아내는 것이다. {} 형식은 object 자료형이다. 원하는 값 데이터만 얻기 위해서는 req.query.value를 같이 사용하면 입력한 검색어만 가져올 수 있다. 이 검색어로 DB에서 원하는 데이터를 검색해 보자.

```
1   ································· 생략 ·································
2
3   app.get('/search', function(req, res){
4     console.log(req.query.value);
5     mydb
6       .collection("post")
7       .find({ title:req.query.value }).toArray()
8       .then((result) => {
9         console.log(result);
10    })
11  })
```

6줄 : DB에서 post 컬렉션에 접근한다.

7줄 : find() 함수로 title이 입력한 검색어인 req.query.value의 값을 검색한다. 여러 개의 검색 결과를 받을 수 있도록 toArray() 함수를 체이닝한다.

8~9줄 : 결과는 then() 함수의 전달인자 result로 넘어온다. 결과 확인을 위해 result를 출력한다.

서버를 재시작하고, 웹 브라우저에서 'http://localhost:8080/list'를 입력하여 접속한다. 검색창에 '서시'를 입력하고 〈검색하기〉 버튼을 클릭해 보자.

```
$node server.js
포트 8080으로 서버 대기중 ...
{ value: '서시' }
[
  {
    _id: new ObjectId("6427aaacd92a8d5ce77423e8"),
    title: '서시',
    content: '죽는 날까지 하늘을 우러러\r\n한점 부끄럼 없기를',
    date: '2030-09-18'
  }
]
```

DB에서 title이 '서시'인 데이터를 찾아 결과를 넘겨받은 result 데이터 값을 터미널에 출력한다. 원하는 데이터를 해당 DB에서 검색하고 출력하는 기능까지는 문제 없이 구현되었다.

검색한 결과를 화면에 보여 주기

검색한 결과를 터미널이 아닌 웹 브라우저를 통해 사용자에게 보여 주어야 한다. 검색한 결과를 보여주는 화면을 구성해 보자. 대략 검색한 결과를 내용 페이지와 비슷하게 보여 줄 것이므로 'content.ejs' 파일을 복사하여 붙여 넣고 이름을 'sresult.ejs'라고 변경한다.

```
.......................................... 생략 ..........................................

<%- include('menu.html') %>

    <h2 class = "ml-2 my-3 text-center">검색 결과</h2>
    <div class = "container">
```

```
7          <ul class = "list-group">
8            <% for(var i = 0; i < data.length; i++){ %>
9              <li class = "list-group-item">
10             <div class="card" style="width:100%;">
11               <div class="card-header">
12                 <h4 class="card-title"><%= data[i].title %></h4>
13               </div>
14               <div class="card-body">
15                 <p class="card-text"><%= data[i].content %></p>
16                 <img src = "<%= data[i].path %>"  width = "200"/><p></p>
17                 <p class="card-subtitle mb-2">작성일 : <%= data[i].date %></p>
18                 <a href="/edit/<%= data[i]._id %>" class="card-link">수정하기</a>
19                 <a href="/list/" class="card-link">목록</a>
20               </div>
21             </div>
22           </li>
23           <% } %>
24         </ul>
25       </div>
26
27   ........................................ 생략 ........................................
```

7줄 : 검색 결과의 항목이 여러 개일 수 있다. 그래서 화면에 출력 시 리스트 형태인 <ul><li> 태그를 사용한다.

8줄: 게시물이 여러 개인 경우 모두 출력하려면 게시물 개수만큼 반복문으로 반복 수행한다. 0~10 값을 통해 해당 데이터를 읽어올 수 있다. 모든 data 항목을 data[i]로 변경한다.

작성이 완료되면 DB에서 검색한 결과를 data에 넘겨주는 코드를 추가하도록 한다. 앞서 /search 라우터에서 얻어온 result 결과 데이터를 'sresult.ejs' 파일로 보낸다.

```
........................................ 생략 ........................................

app.get('/search', function(req, res){
 console.log(req.query);
  mydb
  .collection("post")
  .find({ title:req.query.value }).toArray()
```

```
8      .then((result) => {
9        console.log(result);
10       res.render("sresult.ejs", { data: result });
11     })
12   })
```

10줄 : db에서 검색 성공하면 결과 데이터 result를 sresult.ejs로 보내며 화면에 출력한다.

서버를 재시작하고, 웹 브라우저에서 'http://localhost:8080/list'를 입력하여 접속한다. 앞에서와 동일하게 검색창에 '서시'라고 입력하고 〈검색하기〉 버튼을 클릭해 보자.

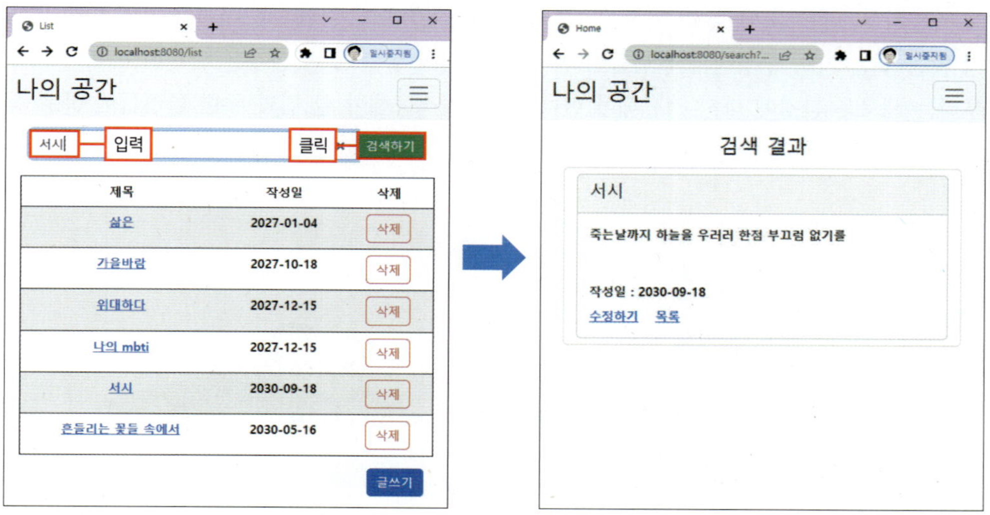

'서시'라는 제목으로 게시물을 1개 더 추가한 후 다시 검색해 보자.

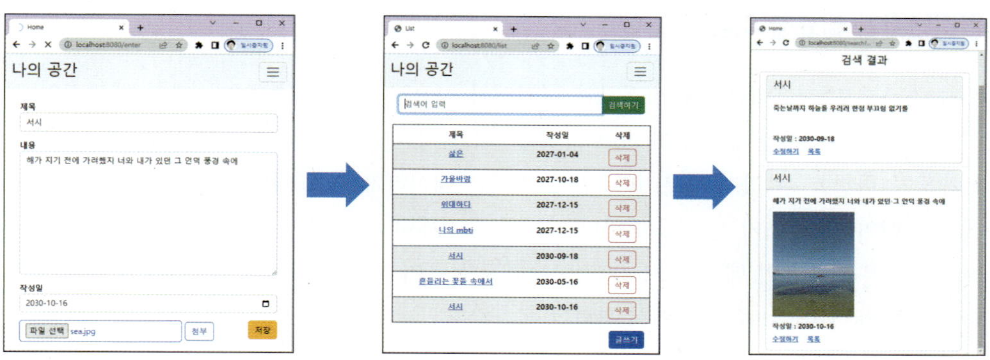

JAVASCRIPT

16.3 .env 파일로 환경변수 관리

환경변수란

일반적으로 운영체제에서 프로세스를 실행할 때 참조하는 값들의 모임을 환경 변수라고 한다. 이름 그대로 환경이라는 것은 핵심은 아니지만 주변에서 반드시 꼭 필요하고 언제든지 변경이 가능하다. 예를 들어, 우리 가족이 이사를 가게 되었다고 가정하자. 이사를 가게 되면 변하지 않는 것은 가족 구성원과 살림들이다. 반면에 집과 살던 주변 환경은 완전히 바뀌게 되고 우리는 새로운 환경에 다시 적응해야 한다. 새롭게 적응해야 할 집과 주변 환경들이 바로 환경변수에 해당된다.

환경변수가 필요한 이유

동작 소스코드는 그대로인데 설정값만 변경해야 하는 경우가 종종 있다. 가장 대표적인 것이 네트워크 프로그램에서 IP와 Port 값이다. 내가 접속할 데이터베이스 서버의 IP와 Port는 언제든지 변경할 수 있기 때문이다. 만약 이러한 데이터가 코드 안에 작성되어 있다면 내가 접속할 데이터베이스가 변경될 때마다 코드를 수정해야 하는 번거로움이 있다. 그래서 IP와 Port와 같은 가변적인 데이터들을 환경변수라고 부르며 별도의 파일에 환경변수를 모아 사용하는데 Node.js는 '.env' 파일에서 관리한다.

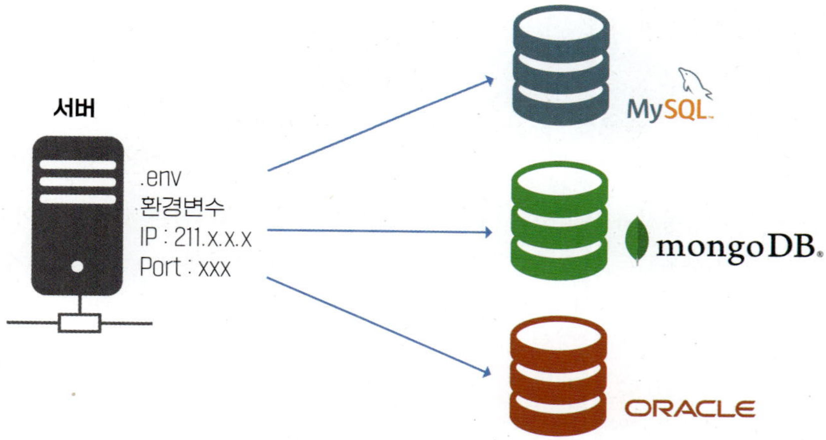

'.env' 파일에 IP와 Port와 같은 중요한 환경 변수들을 미리 작성해 놓고 'server.js' 파일과 같은 서버 코드에서 '.env' 파일에 있는 IP와 Port의 값을 읽어들인다. 이렇게 환경 변수와 코드를 분리하면 코드의 유지보수가 용이하고 코드에 중요 정보가 노출되지 않기 때문에 보안상의 이점도 있다.

환경변수 사용

먼저 환경변수를 사용하기 위한 라이브러리를 설치한다.

```
$npm install dotenv
```

설치가 끝났으면 'server.js' 파일의 가장 맨 상단에 방금 설치한 라이브러리를 등록한다.

```
const dotenv = require('dotenv').config();

const mongoclient = require("mongodb").MongoClient;
const ObjId = require("mongodb").ObjectId;

........................................ 생략 ........................................
```

다음에 server.js와 같은 경로에 새로운 '.env' 파일을 생성한다. 여기에 가변적인 변수들을 모두 다 작성하여 저장하면 된다. 형식은 다음과 같다.

```
변수 = 값
USER_IP = " 192.168.0.1 "
PORT = 3000
```

일반 변수 선언하는 형식과 동일하되 변수의 이름을 대문자로 표기하는 것이 관례이다. 웹 서버에서 가장 많이 사용하는 환경변수가 DB_URL과 PORT 번호인데 server.js 코드 상에 작성되어 있는 몽고DB 데이터를 복사해서 '.env'에 다음과 같이 작성한다.

.env

```
DB_URL="mongodb+srv://admin:1111@cluster0.hmvkf5.mongodb.net/?retryWrites=true&w=majority"
PORT = 8080
```

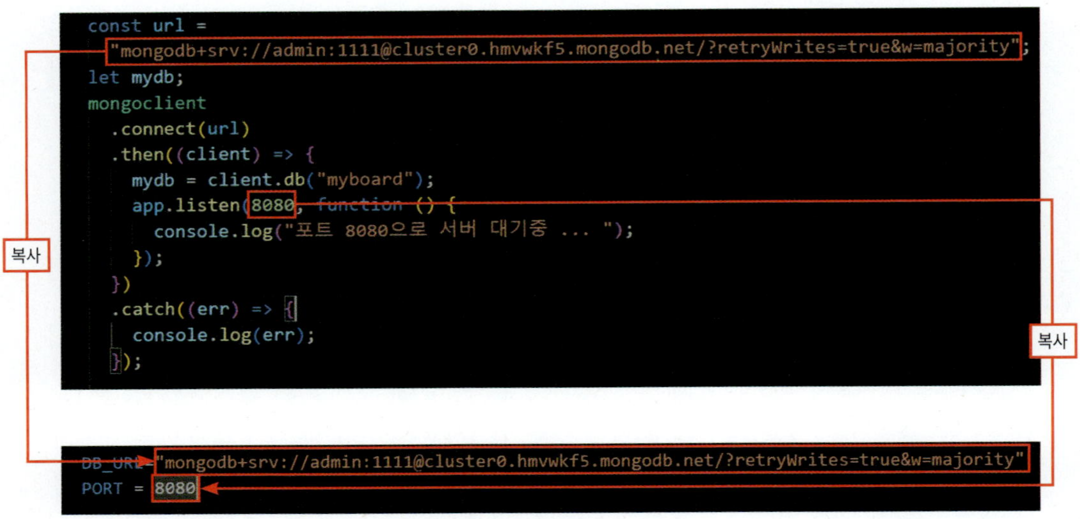

sever.js에서 '.env'의 파일을 읽어오려면 다음과 같은 형식으로 불러올 수 있다.

```
process.env.변수 이름
```

기존 코드에서 .env 파일에 저장되어 있는 환경변수를 읽어오는 코드를 다음과 같이 수정한다.

```
1 ······································· 생략 ·······································
2
3 const url = process.env.DB_URL;
4 let mydb;
5 mongoclient
6   .connect(url)
7   .then((client) => {
8     mydb = client.db("myboard");
9     app.listen(process.env.PORT, function () {
10      console.log("포트 8080으로 서버 대기중 ... ");
11    });
12 })
13
14 ······································· 생략 ·······································
```

3줄 : 몽고DB의 접속 url을 .env의 환경변수 DB_URL로 사용한다.

9줄 : 몽고DB의 접속 포트를 .env의 환경변수 PORT로 사용한다.

서버를 재시작해보자.

```
$node server.js
포트 8080으로 서버 대기중 ...
```

문제 없이 서버가 실행된다면 '.env' 파일의 환경변수를 정상적으로 읽어서 수행한 것이다. 앞으로 이와 같이 가변적인 환경 변수가 필요하다면 서버 코드 안에 작성하는 것이 아니라 '.env' 파일 안에 변수를 추가하여 사용하면 된다. 이 서버가 혹여 다른 환경의 시스템으로 이동하더라도 '.env' 파일의 환경 변수만 수정하면 동일하게 사용할 수 있다는 장점이 있다.

16.4 라우터 분리

라우터 관리의 필요성

지금까지 작성했던 라우터들의 개수만 해도 상당하다. 라우터들이 추가될 때마다 'server.js' 파일 코드의 가장 하단에 작성해 왔다. 이 라우터는 우리가 마치 윈도우 바탕 화면에 파일들을 무질서하게 나열해 놓은 것과 비슷하다. 이러한 무질서한 파일들을 정리하는 1차적 방법은 연관되는 것끼리 폴더로 묶어서 정리하는 것이다. 라우터 또한 연관되는 것끼리 묶어 놓으면 훨씬 관리하기도 편하고 가독성이 좋아져 유지보수가 쉬워진다.

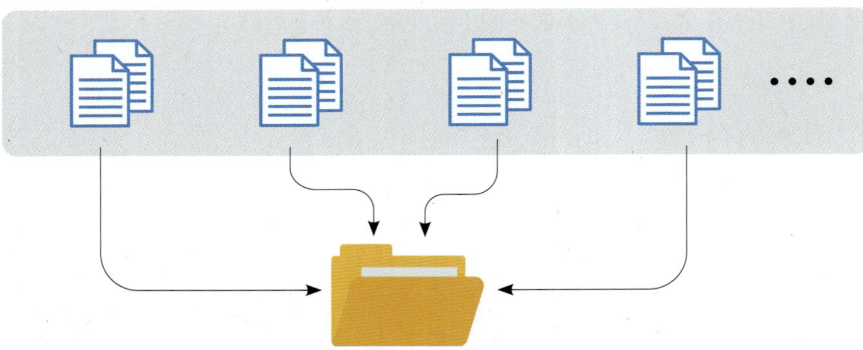

기능별로 라우터 분류

현재 라우터들의 기능은 크게 사용자 인증 기능, 게시물 관리 기능, 게시물 추가 기능으로 나눌 수 있다. 'Server.js' 파일에 중구난방으로 정의되어 있는 라우터들을 기능 기준으로 분류하여 정리해 보자.

분류	auth	post	add
요청 url	/login /logout /signup /cookie	/list /delete /content /edit	/enter /save /upload /photo

인증에 해당하는 기능들은 auth로, 게시물 관리 관련 기능들은 post로, 게시물 추가 기능들은 add로 분류한다.

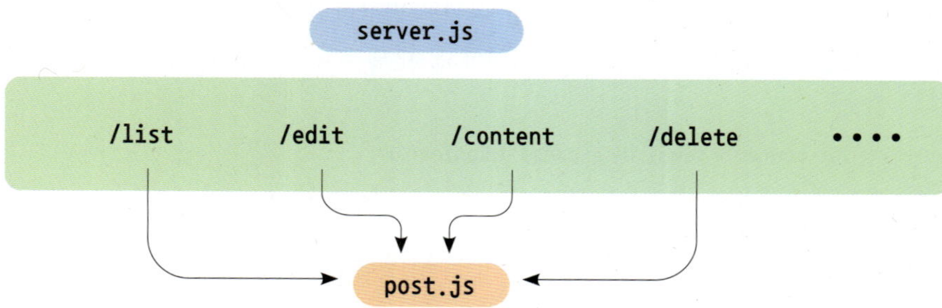

라우터 1개를 분리하는 방법

일단 먼저 1개의 라우터를 분리하도록 한다. 1개의 분리가 성공하면 나머지는 같은 형식으로 분리하면 된다. 'server.js' 파일과 같은 디렉토리에 'routes' 폴더를 생성한다.

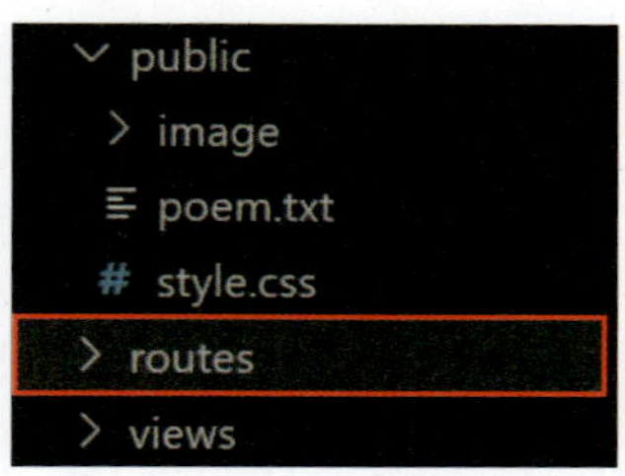

/list 요청에 대한 기능을 분리해 보자. 'routes' 폴더 안에 'post.js' 파일을 생성한다.

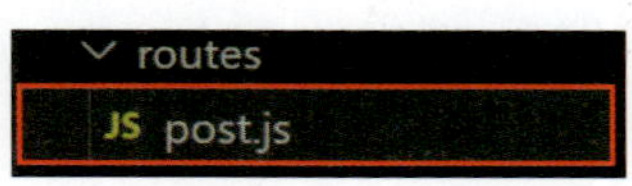

/list 요청 라우터 코드를 'post.js'로 가져온다. 코드만 가져 온다고 정상적으로 수행되지는 않으므로 라우터를 분리하고 동작하게 하기 위한 설정 코드가 필요하다. 'post.js' 파일에 다음과 같이 코드를 추가한다.

```
var router = require('express').Router();
```

우리가 npm으로 설치했던 express 라이브러리의 Router()라는 함수를 사용하여 router 객체를 생성한다. router 객체를 사용하여 get 또는 post 방식의 라우터를 생성할 수 있는데, 기존에 생성했던 app.get()의 app 객체를 router 객체로 변경하면 된다. 'server.js' 파일의 /list 요청 라우터 코드를 잘라내기 하여 'post.js' 파일에 붙여 넣는다.

```
1   var router = require('express').Router();
2
3   router.get("/list", function (req, res) {
4     mydb
5       .collection("post")
6       .find()
7       .toArray()
8       .then((result) => {
9         console.log(result);
10        res.render("list.ejs", { data: result });
11      });
12  });
13
14  module.exports = router;
```

3줄 : 기존에 app 대신 router로 변경한다.

14줄 : module.exports는 어떤 변수를 외부로 내보내겠다 또는 노출시키겠다는 의미이다. 그래서 module.exports = router 는 router 변수를 외부로 내보내겠다는 의미이다.

> **알아두세요** module.exports 처리하는 이유는 post.js는 기존 'server.js' 파일의 일부 기능을 떼어낸 모듈이므로 내부에서 처리하고 해당 결과를 외부로 노출 시켜주어야 동작이 된다. 마치 함수에서 동작 수행을 마치고 결괏값을 반환하는 원리와 비슷하다고 보면 된다.

/list 요청은 server.js를 통해 post.js를 수행하도록 해야 하므로 server.js에 미들웨어를 다음

과 같이 추가한다.

```
1        ........................................ 생략 ........................................
2
3        const bodyParser = require("body-parser");
4        app.use(bodyParser.urlencoded({ extended: true }));
5        app.set("view engine", "ejs");
6        app.use("/public", express.static("public"));
7
8        app.use('/', require('./routes/post.js'))
9
10       ........................................ 생략 ........................................
```

8줄 : 사용자 요청이 들어오면 /routes/post.js 경로의 파일을 참조한다는 의미의 미들웨어이다.

서버를 재시작하고 웹 브라우저에 'http://localhost:8080/list'를 입력하여 접속해 경로로 이동한다.

```
$node server.js
포트 8080으로 서버 대기중 ...
```

서버는 정상 동작하나 /list 경로 요청 시 다음과 같은 오류가 발생한다.

```
ReferenceError: mydb is not defined
```

/list 요청 코드는 데이터 목록을 몽고DB에서 가져오게 되는데, 'post.js' 파일에 몽고DB 객체인 mydb가 정의되지 않았기 때문에 오류 메시지가 나타나는 것이다. 'server.js' 파일에서 몽고DB 코드도 복사하고 붙여 넣는다.

```
1   var router = require('express').Router();
2
3   const mongoclient = require("mongodb").MongoClient;
4   const ObjId = require("mongodbB").ObjectId;
5   const url = process.env.DB_URL;
6
7   let mydb;
8   mongoclient
9     .connect(url)
10    .then((client) => {
11      mydb = client.db("myboard");
12    })
13    .catch((err) => {
14      console.log(err);
15    });
16
17  router.get("/list", function (req, res) {
18      mydb
19        .collection("post")
20        .find()
21        .toArray()
22        .then((result) => {
23          console.log(result);
24          res.render("list.ejs", { data: result });
25        });
26   });
27
28  module.exports = router;
```

3~15줄 : 몽고DB 설정 코드를 추가한다.

다시 서버를 재시작하고 웹 브라우저에 'http://localhost:8080/list'를 입력하여 접속해 경로로 이동한다. 오류 없이 정상적으로 데이터 목록이 출력된다.

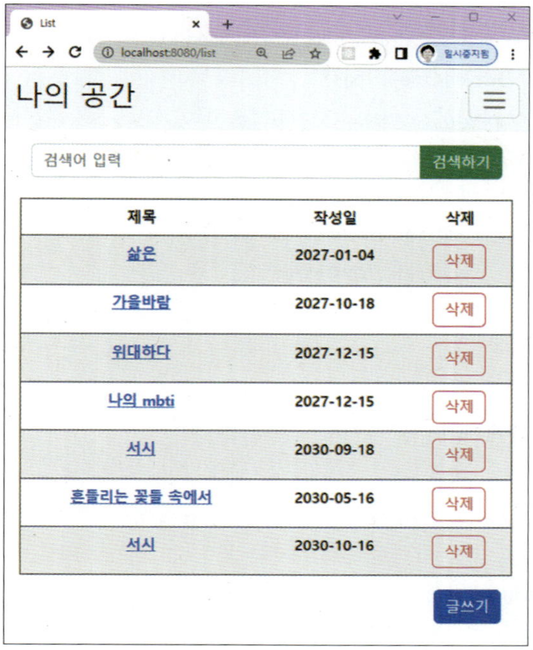

이것이 라우터를 분리하는 방법의 마지막이다. 나머지 라우터들도 동일한 방식으로 분리하여 처리하면 된다.

나머지 라우터 분리

나머지 라우터들도 /list 요청과 동일하게 분리한다. 먼저 'add.js'와 'auth.js' 파일을 생성하고 'server.js' 파일에서 미들웨어를 2개 더 추가한다.

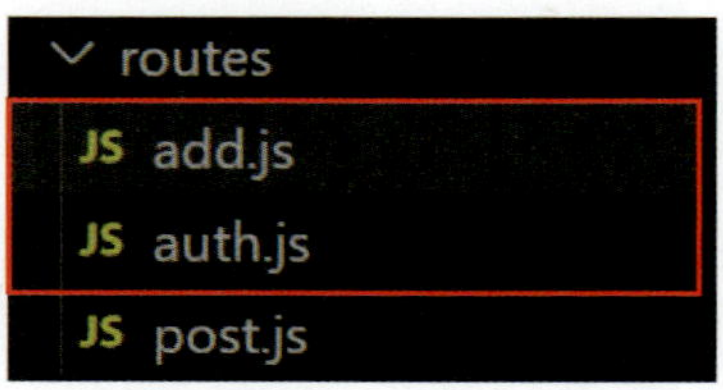


```
........................................ 생략 ........................................

const bodyParser = require("body-parser");
```

```
app.use(bodyParser.urlencoded({ extended: true }));
app.set("view engine", "ejs");
app.use("/public", express.static("public"));

app.use('/', require('./routes/post.js'))
app.use('/', require('./routes/add.js'))
app.use('/', require('./routes/auth.js'))

........................................ 생략 ........................................
```

앞에서 분류한 라우터들을 'add.js' 파일에 추가한다.

```
var router = require('express').Router();

const mongoclient = require("mongodb").MongoClient;
const ObjId = require("mongodb").ObjectId;
const url = process.env.DB_URL;

let mydb;
mongoclient
  .connect(url)
  .then((client) => {
    mydb = client.db("myboard");
  })
  .catch((err) => {
    console.log(err);
  });


//'/enter' 요청에 대한 처리 루틴
router.get("/enter", function (req, res) {
    res.render("enter.ejs");
  });

........................................ 생략 ........................................

module.exports = router;
```

형식상 'post.js' 파일 코드와 크게 다른 점은 없다. add에 해당하는 나머지 라우터들만 추가하도록 한다.

앞에서 분류한 라우터들을 'auth.js' 파일에 추가한다.

```
var router = require('express').Router();

const mongoclient = require("mongodb").MongoClient;
const ObjId = require("mongodb").ObjectId;
const url = process.env.DB_URL;

let mydb;
mongoclient
  .connect(url)
  .then((client) => {
    mydb = client.db("myboard");
  })
  .catch((err) => {
    console.log(err);
  });

 const sha = require('sha256');
 let session = require("express-session");
 router.use(
   session({
     secret: "dkufe8938493j4e08349u",
     resave: false,
     saveUninitialized: true,
   })
 );

 router.get("/login", function (req, res) {
   console.log(req.session);
   if (req.session.user) {
     console.log("세션 유지");
     res.render("index.ejs", { user: req.session.user });
   } else {
     console.log("로그인 페이지");
```

16

웹 서버 확장 기능 구현

```
34            res.render("login.ejs");
35        }
36      });
37    ........................................ 생략 ........................................
38
39    module.exports = router;
```

17~25줄 : 인증 기능의 경우 세션 처리를 해야 하므로 세션 미들웨어 코드를 추가한다.

'auth.js' 파일이 다른 라우터와 다른 점은 인증하기 위한 세션 미들웨어 코드가 더 추가되었다는 점만 특이할 뿐 나머지는 모두 동일하다. auth에 해당하는 나머지 라우터들도 모두 추가한다.

분류 작업이 모두 끝났으면 서버를 재시작하고 웹 브라우저에 'http://localhost:8080/'을 입력하여 접속해 모든 기능을 테스트해 보자.

JAVASCRIPT

16.5 클라우드 서버에 배포

나의 서버를 서비스하려면?

어느 정도 완성된 나의 서버를 외부에 서비스하려면 어떻게 해야 할까? 서버를 외부에 서비스할 수 있게 하는 과정을 배포(Deploy)라고 하는데, 배포하는 방법은 크게 2가지이다.

첫 번째 방법은 지금처럼 나의 PC에서 서버를 실행시켜 놓고 호스팅 업체를 통해 도메인을 구매하여 서비스할 수 있다. 이러한 방법의 문제는 내 PC는 365일 24시간 계속 켜져 있어야 한다는 점과 서버 역할을 하기 위한 하드웨어 사양에 신경을 써야 한다는 점이다.

두 번째 방법은 AWS나 구글 클라우드와 같은 클라우드 플랫폼을 이용하여 배포하는 것이다. 이 경우는 서버가 클라우드 기반에서 동작하기 때문에 365일 24시간 계속 켜져 있다는 점과 물리적인 PC가 아니므로 네트워크만 연결되어 있으면 언제 어디서든 접근 가능하고, 월정액만 지불하면 얼마든지 하드웨어 업그레이드도 가능하다.

클라우드타입 사용

서버를 배포할 수 있는 클라우드 플랫폼은 다양한다. 가장 대표적인 플랫폼이 AWS이고, 구글 클라우드, Asure, 네이버 클라우드, 클라우드타입 등이 있다. 대부분 플랫폼들이 일정 기간 무료 체험 서비스를 제공하기도 하지만 클라우드타입의 경우는 기간에 상관없이 무료로 사용할 수 있어서 클라우드타입에 배포하는 방법을 살펴본다.

먼저 검색창에 '클라우드타입'이라고 검색하거나 'https://cloudtype.io/' 사이트로 이동하고 서비스를 사용하기 위해 가입부터 한다. 타사 인증이 가능한데 클라우드 타입의 경우는 Github(https://github.com/)를 통해 배포하기 용이하므로 웬만하면 Github 계정을 먼저 미리 만들고 연동시키는 것이 좋다. Github 계정 생성은 각자 알아서 생성한다.

〈Github으로 시작〉 버튼을 클릭한다.

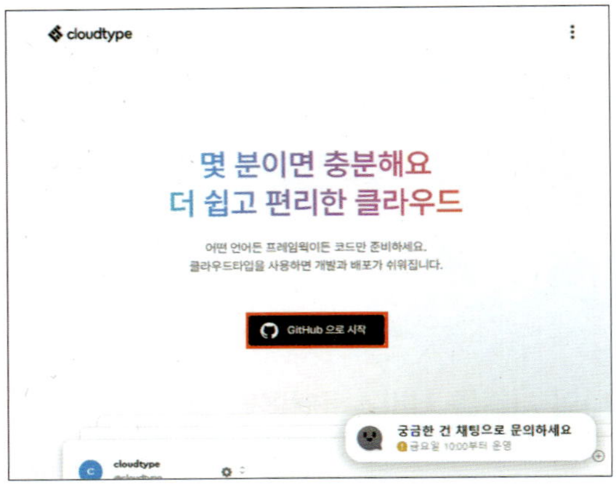

템플릿으로 시작하기에서 'Node.js'를 찾아 클릭한다.

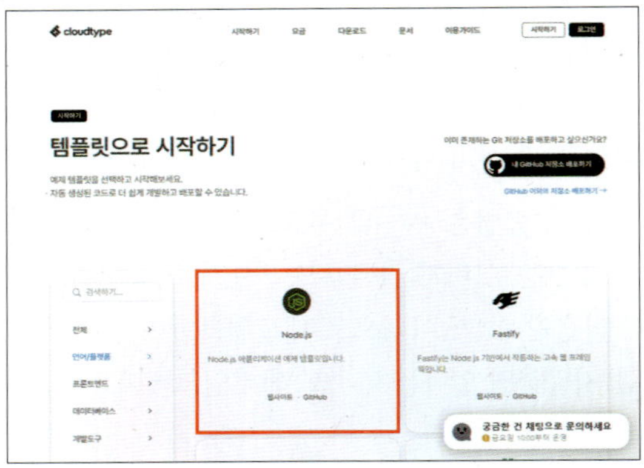

나의 Github 계정에서 저장소를 선택할 수 있는 화면이 표시된다. 그런데 우리는 아직 Github에서 저장소를 만들고 서버 코드를 업로드하지 않았으므로 선택할 수 있는 저장소가 없다. Github에서 저장소를 생성하고 소스 코드를 업로드해 보자.

Github에 서버 애플리케이션 저장소 생성

화면의 오른쪽 상단에서 '+' 아이콘을 클릭하고 〔저장소 만들기〕 메뉴를 선택한다.

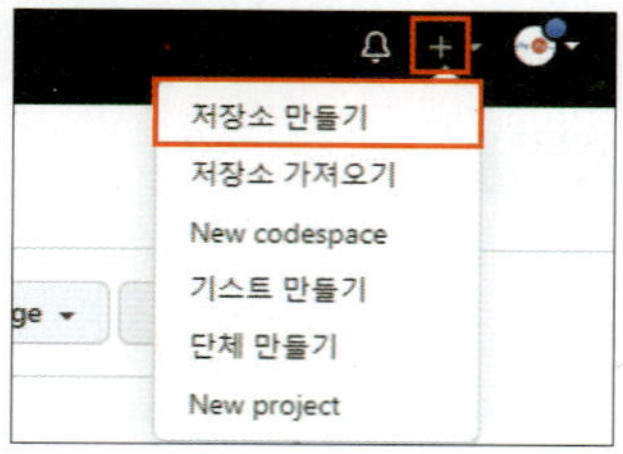

새로운 저장소를 만들기 위한 화면이 나타난다. 저장소의 이름을 'myboard'라고 입력한다. 이 저장소에 대한 부연 설명이 필요하다면 Description에 추가로 작성한다. 다른 옵션들은 기본 설정으로 하고 〈Create repository〉 버튼을 클릭하여 저장소를 생성한다.

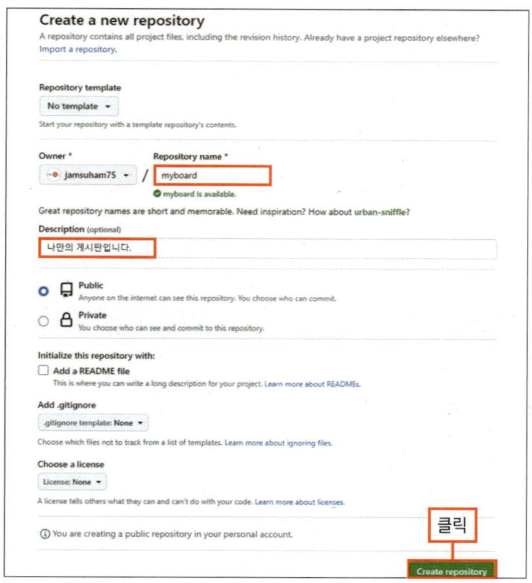

Github의 저장소에 직접 새 코드 파일을 생성할 수도 있고, 기존에 만든 코드 파일을 업로드 할 수도 있는데, 우리는 기존에 만든 코드 파일을 업로드하도록 링크를 클릭한다.

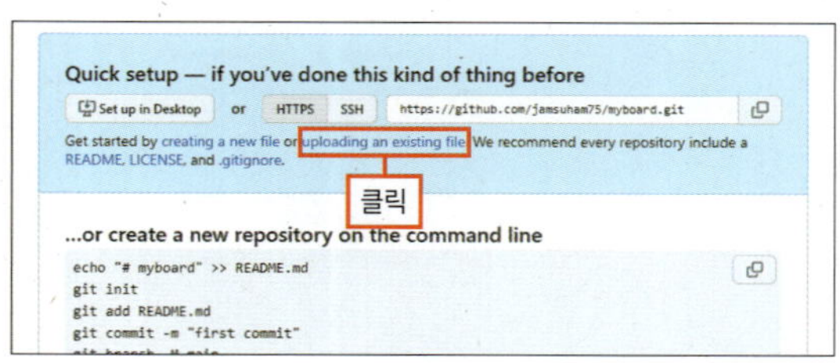

기존에 작성한 서버 코드를 저장소에 드래그 앤 드랍하여 추가한 후 〈Commit changes〉 버튼을 클릭하여 저장한다. Commit changes의 입력창에 커밋 시 내용을 입력할 수 있는데, 이는 이 코드가 언제 무슨 이유로 변경되었는지에 대한 기록을 남겨 버전 관리를 하기 위함이다. 필요 없다면 입력하지 않아도 된다.

파일들을 드래그해서 끌어다 놓는다.

알아두세요 파일 업로드 시 node_module 폴더는 제외한다.

저장소에 파일이 정상적으로 업로드되었다면 성공이다. 다시 클라우드 타입으로 돌아가자.

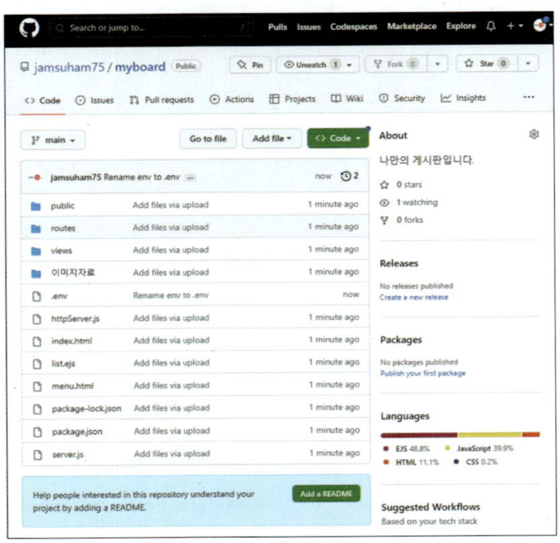

클라우드 타입에 서버 애플리케이션 배포

생성한 myboard 저장소가 목록에 나타난다.

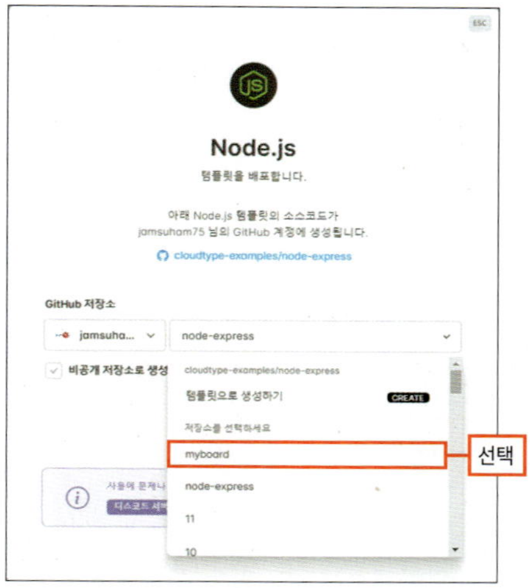

myboard를 선택하면 해당 서버 애플리케이션의 설정 화면이 나타나는데 다음 설정이 매우 중요하다. 먼저 node 버전을 맞추어야 하는데 node 버전 확인은 터미널 창에서 node -v 명령어를 수행하면 바로 확인할 수 있다.

```
$node -v
V18.16.0
```

버전이 '18'이므로 설정을 맞추었다. 그다음은 Port 설정인데 원하는 포트 번호를 아무거나 설정하면 된다. 여기서는 지금까지 8080을 사용하였으므로 그대로 설정한다. install command 설정은 서버 애플리케이션 수행 시 필요한 라이브러리의 목록 및 버전이 package.json에 기록되어 있다. 이 정보를 기반으로 npm ci 명령어를 수행하면 필요한 라이브러리들을 가져온다. 마지막으로 Start command는 서버를 시작할 때 사용하는 명령어이다. 우리가 로컬에서 사용하는 구동 명령어인 'node server.js'를 입력하고 나머지 설정들은 기본 설정으로 그대로 둔 다음 설정이 끝났으면 〈배포하기〉 버튼을 클릭한다.

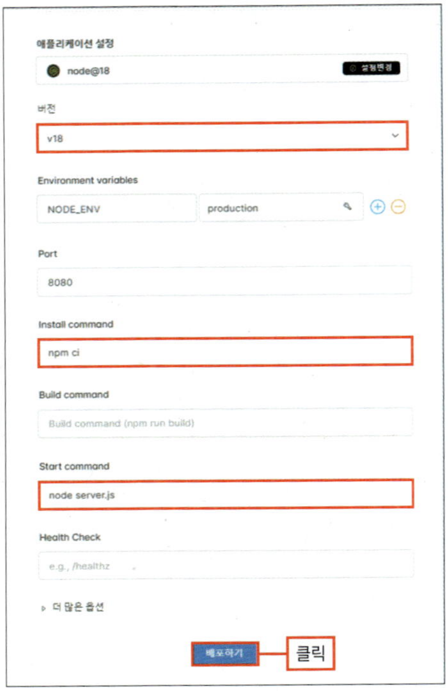

배포가 성공적으로 끝났으면 〈서비스로 이동〉 버튼을 클릭한다. 우리가 만든 서버 애플리케이션이 클라우드 플랫폼에서 잘 구동되는지 확인하기 위해서 생성한 도메인 url로 접속해 보자.

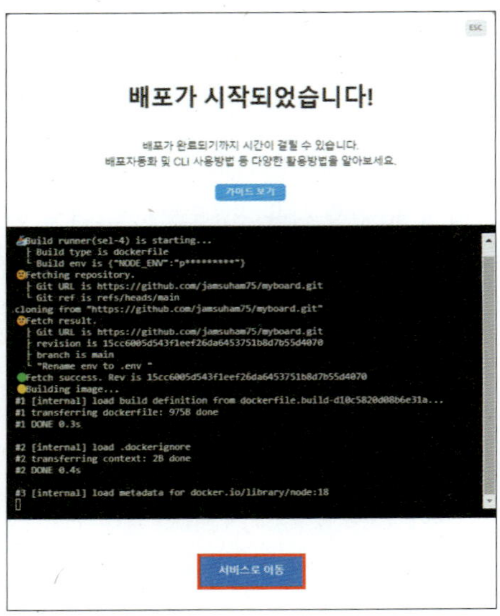

〔도메인〕 탭을 선택하여 이동하고 클라우드타입에서 생성한 도메인을 클릭한다.

해당 생성 도메인에 서버 애플리케이션이 정상적으로 나타난다면 서버 배포 성공이다. 로그인, 회원가입, 게시물 출력하기, 게시물 추가하기 등의 기능들을 하나씩 수행하며 확인한다.

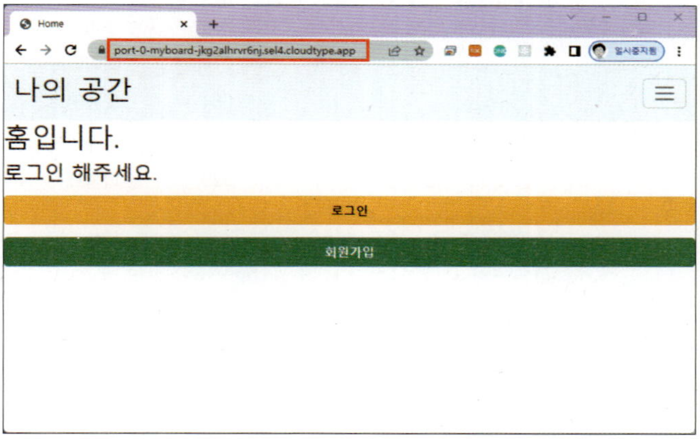